Jesús Cacho
Asalto al poder

Colección Hombres de hoy / 3

Jesús Cacho

Asalto al poder

EDICIONES TEMAS DE HOY

Primera edición: septiembre 1988
Segunda edición: septiembre 1988
Tercera edición: septiembre 1988
Cuarta edición: octubre 1988
Quinta edición: octubre 1988
Sexta edición: noviembre 1988

Colección: Hombres de hoy
© Jesús Cacho
© Fotografía de portada: Ricardo Gutiérrez
EDICIONES TEMAS DE HOY, S.A. (T.H.)
Paseo de la Castellana, 93, 28046 Madrid
Diseño de cubierta: Sidecar
Depósito legal: M-27.995-1988
ISBN: 84-86675-48-0
Compuesto en Cenit, S.A.
Impreso en Talleres Gráficos Peñalara, S.A.
Printed in Spain - Impreso en España

ÍNDICE

A mis padres, Jesús y Teya.

INTRODUCCIÓN

Como todo periodista que se precie, hacía tiempo que en mi cabeza bullía la idea de escribir un libro. Las noticias diarias, viejas con apenas veinticuatro horas de vida, producen en nosotros un cierto sentimiento de frustración por lo perecedero de nuestra tarea. Esa percepción me impelía a intentar hacer algo más. Por encima de cualquier otra consideración, la cuestión se había convertido para mí en un reto. ¿Sería capaz de someterme a la disciplina diaria que el esfuerzo conlleva?

No sé por qué extraño motivo, el tema se me planteaba durante los últimos años con especial relieve durante mis vacaciones veraniegas en Comillas. Seguramente el asunto tiene mucho que ver con la lluvia que en verano, como en invierno, cae sin tino sobre la hermosa villa cántabra, lo que da tiempo a pensar en todo. En esos días nublados, paseando por la inmensa playa de Oyambre, el reto del libro volvía a plantearse en mi cerebro como una especie de reválida pendiente.

La idea tomó cuerpo cuando, a la altura de febrero/marzo de 1987, conocí a Mario Conde. El actual presidente de Banesto y su socio y amigo, Juan Abelló, estaban a punto de cerrar la venta de Antibióticos a la multinacional italiana Montedison, en una de las mayores operaciones económicas realizadas nunca en España. El tema, que no el protagonista, despertó mi curiosidad inicial y encendió la mecha de este trabajo.

Con el paso de los meses, el papel y la figura de Mario Conde fueron cobrando relevancia y el contorno del libro fue abriéndose de forma paralela a nuevos horizontes. Su entrada en Banesto, la OPA del Banco de Bilbao, y la fusión con el Banco Central me pusieron en la senda de un tema del máximo interés, enmarcado en un momento de especial vitalidad de la economía y los negocios en España.

El 9 de febrero pasado inicié el trabajo de campo, aunque desde el verano del 86 venía recogiendo material para mi embrionario proyecto. El 30 de marzo, Miércoles Santo, escribí mis tres primeros folios, los más difíciles. A las 8.30 de la tarde, la tarea cumplida, me dispuse, satisfecho, a ver el partido de fútbol Barcelona-Real Sociedad, final de la copa del Rey. Terminado el encuentro, me preparé a regodearme en la relectura de lo escrito. Enciendo mi pantalla, entro en el programa, repaso el fichero y no encuentro nada. Alarma. Vuelvo a intentarlo, con idéntico resultado. Los folios habían volado, porque se me había olvidado almacenar lo escrito en la memoria de mi ordenador personal.

El incidente fue una premonición de las dificultades con que habría de toparme. Desde entonces han sido tres meses (abril, mayo y junio) de intenso trabajo. Afortunadamente, la meteorología ha acompañado. Era agradable, un sábado cualquiera de primavera, estar escribiendo en mi ático, mientras fuera arreciaba la lluvia.

Para la realización de este trabajo se han efectuado más de cincuenta entrevistas personales con personajes de primera fila directamente involucrados en la historia. Ello me ha permitido disponer de un material de primera mano tan abundante como valioso, que me ha evitado tener que acudir a prensa diaria, revistas y otras publicaciones, que únicamente han sido consultadas a efectos cronológicos.

Mi agradecimiento a Mario Conde. Poder realizar las tres largas entrevistas que me concedió para este trabajo resultó arduo en extremo, dado el nivel de sus compromisos tras su llegada a la presidencia de Banesto. Los buenos oficios de Fernando Garro resultaron decisivos. Mario Conde ha cumplido su palabra, como la cumplió también Juan Abelló. Mi agradecimiento muy especial a José María López de Letona, con quien también mantuve tres largas entrevistas, sin cuya colaboración no hubiera sido posible abordar esta obra con una mínima aspiración de honestidad. Sin duda, éste no será el libro que satisfaga a López de Letona, porque solamente la historia que él mismo escribiera sobre lo ocurrido en Banesto podría de verdad tranquilizar su espíritu. Sirva en todo caso como mínimo homenaje mi convencimiento pleno de su honorabilidad personal en todo el proceso.

En el lado contrario, debo mencionar al ministro de Economía y Hacienda, Carlos Solchaga, y al presidente del Gobierno, Felipe González, que rehusaron la entrevista a pesar de haber sido solicitada con tiempo suficiente.

Mi agradecimiento también a Leonor Cardenal y Monserrat García, que me ayudaron a transcribir muchas de las entrevistas grabadas en magnetofón.

Especial reconocimiento merece el apoyo y estímulo de mi amigo Casimiro García-Abadillo, redactor de la revista *El Globo,* que leyó todo el texto, folio a folio, y me ayudó a corregir muchos errores con sus críticas y consejos. En el último tramo de esta obra aportó también su grano de arena José Antonio Sánchez, de *Diario 16.* Éste y otros muchos amigos periodistas me animaron y empujaron en los momentos de mayor incertidumbre. Ellos saben quiénes son y a ellos animo ahora a lanzarse a la arena. Si uno consigue divertirse escribiendo, como yo me he divertido, el esfuerzo merece la pena.

Me empujaron también a seguir adelante mis hermanos y mis hijas, María (8) y Ángela (4). La primera ofreciéndome gratuitamente posibles títulos, algunos plenos de intencionalidad, como aquel de «Lo que esconde Mario Conde...». La segunda, con su diario interrogatorio de este tenor:

—Papá, ¿por qué folio te llegas?

—Por el cuarenta.

—Y ¿eso es mucho?

Finalmente, mi mujer, Áurea, eficacísima editora de textos, que, sobre todo, ha sido capaz de soportarme durante estos meses.

Capítulo 1

CENA EN LA PLANTA 26

El viento frío del Norte que sopló durante toda la jornada había dejado las calles de Madrid limpias como un espejo. Las luces del Paseo de la Castellana brillaban arriba temblorosas contra la noche. Un Mercedes negro avanza por el carril central en dirección a la Plaza de Castilla, mientras un Volkswagen Passat le sigue pegado a los talones. A la altura de la Plaza de Emilio Castelar los ocupantes del vehículo pueden ver ya la hermosa silueta del edificio que sirve de sede central al Banco de Bilbao.

La torre del Bilbao, en el complejo Azca, tiene esa noche un aspecto inusual. Todas las plantas están apagadas, menos la veintiséis, la ocupada por presidencia. Castellana adelante, la torre se va perfilando contra los oscuros nubarrones como la silueta de un fantasma cortada en dos por un halo de luz. Arriba, colgando del vacío, brillan como ascuas las dos B anilladas que sirven de logotipo al banco norteño.

Los ocupantes del vehículo parecen aliviados. Acaban de dejar Castellana, 7, sede del Banco Español de Crédito y se sienten liberados de abandonar el *mare magnum* en que en pocos minutos se han convertido las plantas once y doce de la sede de Banesto. Consejeros abrumados que hablan de atraco, abogados que venden su receta milagrosa, ordenanzas asustados, secretarias nerviosas y directores generales que llegan sin haber sido llamados para evaluar *in situ* el escenario de la tragedia. Todo es ruido, prisas, ir y venir sin sentido. Una barahúnda que recuerda la situación de una fortaleza asediada a punto de ser abandonada por sus defensores...

Hace escasamente dos horas que la televisión ha lanzado la noticia en su telediario de la noche: el Banco de Bilbao absorbe a Banesto. La bomba. Lo nunca visto en España. José Ángel Sánchez Asiaín, presidente del Banco de Bilbao, quiere explicar su proyecto a los dos más significados accionistas de Banesto, además de vicepresidentes *in pectore* desde hace escasos días. «Os ruego que perdonéis lo intempestivo dc la hora», se ha disculpado Asiaín por teléfono, «pero Emilio Ybarra tiene un acto del banco de Barcelona, que no hemos podido aplazar, y no podrá estar en Madrid hasta pasadas las 10.30».

Camino de Castellana, 81, los ocupantes del vehículo parecen pensativos.

—¡Hay que ver el fregado en que nos hemos metido, Mario. Tú y yo, que acabamos de aterrizar aquí, engullidos de pronto en este tumulto!

—Y que lo digas. Esto es una cosa de locos.

Juan Abelló echa un vistazo por el cristal trasero para asegurarse de que les sigue el coche de escolta, y con un codazo trata de animar a su acompañante.

—¡Vas a ver, Mario, la lección magistral que vamos a recibir esta noche para nosotros solitos! Una oportunidad así no se presenta muchas veces en la vida. Ten en cuenta que el profesor que vamos a tener es catedrático de Hacienda Pública, miembro de la Real Academia de Ciencias Morales y Políticas y lleva doce años de presidente del Banco. ¡Hoy nos vamos a enterar de una vez de las ventajas de las fusiones bancarias...!

—Bueno, en cualquier caso —se anima Conde— lo que está ocurriendo es en sí mismo un hecho histórico, y sólo por eso ya merece la pena vivirlo.

—Por supuesto. ¿Y qué vamos a hacer?

—Escuchar.

—Ya. Una cosa te digo —señala resuelto Abelló— y es que de aquí nos sacan con los pies por delante; ahora nos van a ofrecer pasta, mucha pasta, pero yo no estoy dispuesto a tragar ni mijita...

—Eso lo tengo muy claro. Este es el proyecto de nuestra vida, ¿no? Así que si ofrecen dinero, como si no. No soy comprable, y no porque sea más o menos honrado, sino porque me divierte Banesto. No me divierte el Banesto con el Bilbao, ni ningún otro banco. Me divierte exclusivamente el Banesto.

—Hay que tener cuidado, porque nos pueden decir que tienen el mismo derecho que nosotros a fijarse en Banesto...

—Sí —replica Conde— ¡pero yo lo vi primero!

—Tendría gracia que después de llevar años pensando en la operación, ahora saliéramos por la puerta falsa...

A las puertas de la torre, una pareja de solícitos vigilantes les franquean la entrada. Un ordenanza sale al pie de los ascensores para acompañarles hasta la planta 26. Mario Conde le mira a los ojos, y en días sucesivos esos ojos verdes llegarán a ser tan familiares camino del despacho de Asiaín que terminará intercambiando con su dueño las frases triviales que pueden pronunciarse en el corto vuelo de un ascensor. A Juan le impresiona el silencio y la oscuridad que envuelve esta noche el edificio. Por un instante se deja abandonar por la sensación de misterio, mientras su cerebro trata atropelladamente de acordarse de una película, en blanco y negro, que vio hace muchos años y que de pronto le ha venido a la imaginación.

A la salida de los ascensores, un Sánchez Asiaín galante acude a recibir a sus invitados.

—Hombre, tú eres Mario Conde; encantado de conocerte. Me han hablado tanto de ti últimamente...

—Espero que haya sido bien.

—Perdona, ¿cómo dices?

—Que espero que te hayan hablando bien de mí.

—¡Ah, sí, sí, por supuesto!

Entre risas por el incidente, el anfitrión conduce a sus invitados hasta su despacho, donde los tres se acomodan en un tresillo forrado de piel alrededor de una mesa baja de cristal. Mario Conde, a la derecha de Sánchez Asiaín; Juan Abelló, enfrente. Dos camareros preguntan a los recién llegados qué desean tomar y ambos optan por sendos ''finos''.

Juan Abelló alaba el edificio, y por esa brecha se cuela entonces Sánchez Asiaín con una serie de eruditos comentarios a cuenta de estructuras y volúmenes. El presidente se refiere al llamativo jardín botánico instalado en el techo de la casa, algo que había sido necesario hacer para cumplir no sé qué especificación urdida por las ordenanzas municipales de urbanismo.

—Señor presidente, don Emilio Ybarra acaba de salir del aeropuerto del Prat.

La conversación gira ahora en torno al País Vasco, y los problemas que debe afrontar una institución que prácticamente comparte dos sedes sociales, Bilbao y Madrid. Las dificultades que el señor presidente tiene para trasladar a Madrid una simple máquina de escribir, expuesto como está a recibir la correspondiente queja del Lendakari de turno, siempre presto a defender la patria nutricia de todo lo que suene a esquilmación, por baladí que pueda parecer. Lo del servicio de estudios ha sido duro, pero al final lo hemos ganado. Han comprendido que un departamento como ése debe estar en una ciudad con varias universidades en las que se cursan todo tipo de disciplinas, y que naturalmente es más fácil captar cerebros en Madrid que en Bilbao.

—Y bien, ¿qué os parece? ¿He armado mucho follón? —sorprende de pronto Asiaín a sus interlocutores, los brazos abiertos, como abandonado, la mirada perdida en el vacío...

—Hombre, no sabes bien la que has montado al decidir salir con el tema a los medios de comunicación —asegura Conde.

—Señor presidente, don Emilio Ybarra está ya volando sobre Zaragoza.

—Y te puedo hablar por experiencia —retoma Conde el hilo—. La operación de venta de Antibióticos, una nadería comparada con lo que tú has planteado, provocó una presión tremenda sobre nosotros de los medios de comunicación; figúrate lo que va a ocurrir ahora. ¡No lo quiero ni pensar!

—Hay otra cosa —interviene Juan Abelló— y es el interés que las noticias económicas despiertan desde hace poco tiempo en los medios de comunicación.

—Por supuesto, mi experiencia italiana —comenta Conde— es esclarecedora. Allí Raúl Gardini es un personaje mucho más interesante para los periódicos y la televisión que cualquier político. No hay más que fijarse en el fenómeno del diario *La Repubblica*, y la gran cantidad de noticias de información económica que saca normalmente en primera página. Yo creo que es un hecho social, relacionado con el nuevo rol que está cumpliendo el empresario en la sociedad.

—Señor presidente, don Emilio Ybarra acaba de aterrizar en Barajas.

Don Emilio Ybarra y Churruca, vicepresidente y consejero delegado del Banco de Bilbao, aparece por fin con gesto cansado. Su cóctel en el Hotel Ritz de Barcelona ha sido un éxito apoteósico. Con la noticia que ha conmocionado al país entero recién salida del horno, no podía ser de otra forma. La mayor operación financiera de la historia de España. Ybarra ha sido el triunfador, la estrella invitada, y el Bilbao es el rey de la selva ante el cual corre despavorido el Banesto, un pobre animal desvalido que, con cara de cazurro, huye pidiendo árnica. Don Emilio ha recibido tantos parabienes, tantas palmadas en la espalda, entre un mar de *flashes* y micrófonos, que no puede sustraerse a la idea de que esta cena, a horas tan intempestivas, es una fastidiosa cuestión de trámite. Nadie parece capaz de parar el rodillo del Bilbao, aupado con todo el apoyo del mismísimo Gobierno.

Sentados en torno a la mesa y cuando los camareros han terminado de servir unos estupendos langostinos, el presidente del Bilbao entra en materia.

—Señores, es un hecho demostrado que en instituciones de esta importancia es prácticamente imposible llegar a una fusión pactada o amistosa. Hay muchos intereses en juego y pesan las opiniones de demasiada gente. Se hacen proclamas de buena voluntad, se forman las correspondientes comisiones de estudio, y al final no sale nada. Por esta razón y después de meditarlo mucho, he decidido lanzar esta operación sobre el Banesto que, si cuenta con el apoyo del Consejo del propio Banesto, será una fusión por absorción amistosa, y, si no, será mediante la formulación de una Oferta Pública de Adquisición de acciones, OPA, en Bolsa.

—De manera que si la fusión es amistosa, las condiciones serán éstas —y diciendo esto, Sánchez Asiaín saca una hoja fotocopiada del bolsillo de su americana, que entrega a Mario Conde—; y si no hay acuerdo, porque el consejo de Banesto no dé su conformidad, las condiciones serán estas otras —y Asiaín vuelve a sacar otra hoja fotocopiada de su bolsillo—. Ello significaría para nosotros que ese Consejo no vela adecuadamente por los intereses de sus accionistas, lo que nos obligaría a ir a una OPA.

Conde echa un vistazo a las dos hojitas y se las va pasando a Abelló. A Juan, una de las grandes fortunas de España, un hombre rico de toda la vida, educado en el colegio del Pilar, ''los pilaristas'', con la elite económica y política madrileña, emparentado con la nobleza por matrimonio, un raro ejemplar ibérico del *savoir vivre,* con ciertos toques de *enfant terrible,* el tono áspero de aquellas notas, el agrio perfil de las frases, le desagrada profundamente. Piensa que no hay razón para utilizar un vocabulario tan desabrido que, además, no está de moda. Y nota un sentimiento de repulsa, de rechazo, de ganas de estampar la servilleta en el centro de la mesa y poner a continuación tierra por medio.

—Bueno —pregunta Abelló— y ¿dónde está la gran ventaja de la fusión? —Y al decir esto, Mario y Juan intercambian una mirada de complicidad en recuerdo de la reciente travesía en coche por el Paseo de la Castellana. Ya está, ahora viene, la lección magistral, lo que nunca supo Pablo Garnica, ni el marqués de Aledo, ni Pedro Barrié, ni el conde de Cadagua, ahora y para nosotros solos.

Sánchez Asiaín, a estas alturas de uno de los días más intensos de su vida, parece cansado. Un día donde ha tenido que tomar la decisión de salir a la palestra con un anuncio insólito en la historia bancaria española. Donde ha visitado al ministro de Economía y Hacienda, al gobernador del Banco de España. Ha almorzado con el consejero delegado y presidente *in pectore* de Banesto, José María López de Letona, a quien ha tenido que repetir el mismo discurso. Ha mantenido infinidad de conversaciones telefónicas: con su equipo directivo; con los

20

síndicos de las Bolsas; con presidentes de grandes bancos nacionales y extranjeros... un día, en fin, agotador. Y ahora, a las 12 de la noche, obligado a forzar de nuevo su mente por los mismos derroteros teóricos, se siente extenuado.

El presidente del Bilbao habla sin excesiva convicción de la necesidad de crear instituciones financieras de mayor tamaño para poder competir en Europa, de la mayor disposición de recursos que va a permitir ir a riesgos mayores, de las economías de escala...

—Perdona, presidente —le interrumpe Mario Conde—, pero las economías de escala no las vemos...

—Hombre —replica Asiaín—, básicamente van a venir del hecho de que habrá una notable disminución en los costes de personal...

—Pero bueno —interviene Juan— tú sabes mejor que yo que en este país no es fácil despedir a un empleado, y menos en Banca.

—Bueno, eso se verá; no creo que España sea por mucho tiempo un mercado con una legislación laboral tan inflexible como la actual. Es más, estoy seguro de que con nuestra incorporación a la Comunidad Europea el Gobierno no tendrá más remedio que acabar con ese corsé, y que a la altura de 1992 podremos poner en la calle al personal que sea necesario.

Conde y Abelló se miran perplejos. No es posible que la gran ventaja de la fusión sea poner en la calle a doce mil trabajadores, porque esa es la cifra barajada durante la cena, o más o menos un tercio de las plantillas combinadas de ambas instituciones.

—Hombre, la primera objeción que se me ocurre —matiza Abelló— es que si a nosotros nos dejan hacer eso, no necesitamos que venga nadie a ayudarnos; podemos hacerlo solos, sin necesidad de ninguna fusión. Si el Gobierno nos dice mañana que hay libertad de plantillas y en Banesto sobran seis mil tíos, hasta el portero de Castellana 7, sabría hacer el trabajo...

—Si el problema no es ése —tercia Conde—. El problema es saber cómo ponemos en la calle a doce mil tíos cualificados, con sueldos medios de entre 3 y 4 millones de pesetas, que no son curritos que están sacando remolacha... ¿quién asume esa responsabilidad? ¿Dónde nos metemos cuando vengan los sindicatos a buscarnos...?

—Pero, ¿habrá algo más, alguna otra ventaja más evidente en la fusión? —vuelve Juan a la carga, y mientras los dos hombres de Banesto intercambian miradas de nuevo...

—Pero, hombre, ¿quieres más? —replica José Ángel con gesto sorprendido.

En este momento se produce una interrupción. Uno de los dos ordenanzas de guardia entra solícito en el salón y se dirige a Sánchez Asiaín, a cuyo oído efectúa un comentario. La misiva es discreta y a la vez lo suficientemente alta como para que los invitados se enteren de que el presidente del Gobierno, Felipe González, quiere hablar con el presidente del Banco de Bilbao.

—Perdonad un momento —se excusa Asiaín— que tengo que atender una llamada.

El anfitrión regresa casi al instante. «Se ha cortado», anuncia sin otro comentario.

Juan Abelló ha aprovechado ese receso para salir en busca del servicio. Y en ese lapso, Asiaín e Ybarra aprovechan para lanzarle a Conde la primera oferta concreta. Dinero, mucho dinero, por el paquete accionarial de la pareja en Banesto. Más de 5.000 millones de plusvalías limpias.

Juan se siente aliviado de no haber presenciado el episodio. Para una minoría de afortunados mortales es una cosa de mal gusto hablar de algo tan prosaico como el dinero.

Los comensales están ya dando buena cuenta de un solomillo *a la broch*, cortado en lonchas, acompañado de un espléndido Viña Real Oro del 70, y Juan saca a relucir un tema interesante.

—Os habréis dado cuenta de que en esta fusión que planteáis seguiríamos siendo los mayores accionistas. Porque ¿cuántas acciones tiene vuestro mayor accionista? ¿Y qué paridad intuyes en la fusión?

—No, no, si eso lo sabemos —señala Emilio Ybarra.

—Por supuesto —interviene Asiaín— sabemos de vuestra

vocación industrial, de forma que si esta fusión se lleva a cabo no tendríamos inconveniente en que os hicierais cargo de la gerencia del grupo industrial, que sería, con mucho, el más importante de España, y que tuvierais ahí facultades ejecutivas.

—Por supuesto, el más importante de España gracias a Banesto —señala Abelló con un toque irónico—. Porque ya me diréis dónde está vuestro Petromed, vuestra Unión y el Fénix, vuestras cementeras, vuestro Acerinox... ¡Ah, sí! Creo que tenéis Garavilla, una gran empresa Conservas Garavilla... Y tenéis también Aurora Polar. Una gran aseguradora, sin duda. ¿Qué volumen de primas tiene con respecto a la Unión y el Fénix, que dicen todos que está dormida? ¿Lo que hace el Fénix los domingos...?

Las chanzas de Juan Abelló se pierden en el momento en que el mismo ordenanza vuelve a hacer su entrada en el comedor.

Y Sánchez Asiaín vuelve a disculparse: «Perdonad, me llama el presidente del Gobierno...»

Mientras el número uno del Bilbao está fuera, Abelló ironiza de nuevo ante Emilio Ybarra sobre las ventajas del tamaño en Banca.

—Pero hombre, si para eso están los créditos ''Jumbo''. Te sindicas con cincuenta bancos, a la mayoría de los cuales no los conoce ni su madre, y entre todos dan 100.000 millones de pesetas a la ciudad de El Cairo. Banesto toma 2.000 millones, el Bilbao otros 2.000, vuestros colegas del Vizcaya otro tanto, y así sucesivamente. Se van refinanciando, porque sabes que no te los van a devolver en la vida, y no pasa nada...

La mención del Banco de Vizcaya, el eterno rival, no ha sentado nada bien y Emilio Ybarra reacciona como impulsado por un resorte.

—Con ''ésos'' no nos mezcles, por favor.

La cena toca a su fin y Sánchez Asiaín, de regreso de su conversación con Felipe González, sugiere tomar el café cómodamente sentados en los sofás. Cuando todos están ya instalados de nuevo en el tresillo presidencial, hay un fugaz intercambio de miradas entre Asiaín y su vicepresidente, Emilio Ybarra.

Es como si algo no marchara. Los dos invitados no parecen interesados en hablar de dinero. Hablan de fusiones, de economías de escala, de ventajas e inconvenientes, pero lo hacen de un modo que no cabe lugar a dudas. No van a pasar por el aro, no van a aceptar una fusión sin más. Si alguien pensó en el «toma el dinero y corre», se equivocó.

Y es entonces cuando se produce uno de los momentos claves de la dramática batalla por el control de Banesto. El conserje de guardia irrumpe otra vez en escena para musitar un nuevo mensaje al oído del presidente del Bilbao. Los invitados no logran esta vez enterarse de qué se trata. José Ángel sale de nuevo del despacho a hablar con su misterioso interlocutor. La curiosidad de Mario y Juan queda pronto satisfecha cuando el presidente retorna a la sala y comenta en voz alta:

—Oye, que es Mariano Rubio. Que si sois tan amables de poneros al teléfono.

—Pues no faltaba más —responden casi a dúo— tratándose del gobernador del Banco de España...

—Pero, ¿quién de los dos? —inquiere Mario.

—No; el que queráis.

—Pues iremos los dos —tercia Juan.

—¿Queréis hablar aquí, o preferís una cabina?

—Hombre no, francamente, preferimos la cabina.

Y acompañados por el ordenanza se dirigen a una cabina instalada en el piso superior. Allí, en el ambiente irreal de un pasillo silencioso, en semipenumbra, Mario y Juan se introducen en el habitáculo, cierran la puerta y se disponen a afrontar la prueba. Juan susurra al oído de Mario:

—Coge, coge tú el auricular, que eres gallego y sabrás ser comedido; yo podría mandarle a la mierda y entonces sí que la liamos.

Conde empuña el aparato, y al otro lado aparece el señor Gobernador, más Gobernador que nunca. Aquella fue una conversación larga, de más de diez minutos. Mario Conde sudaba de forma copiosa y Juan, con la oreja pegada al aparato para no perder ripio, sintió en un momento que se estaba asfixiando y abrió la puerta para lograr que entrara algo de aire fresco.

Así, sosteniendo la puerta con una puntera para evitar que se cerrara y con el cuello en escorzo para seguir la conversación, Juan pensó que aquella conversación no se acababa nunca.

Aquello fue un tenso intercambio de frases, como disparos de mortero, que se inició con palabras de persuasión por parte de Mariano Rubio: «y yo creo que debéis tener en cuenta las ventajas que para vosotros tendría la operación, el momento que vive el país, a sólo cuatro años de la plena integración en la CE, por no hablar del deseo de la opinión pública, que con tanta expectación ha recibido hoy la noticia...» y que pronto va ganando clímax, hasta convertirse en un toma y daca violento.

El Gobernador dirige frases terribles, amenaza, presiona a fondo y casi al final, agobiado por la tensión, decide jugar la última carta de su alta autoridad:

—Y mañana te quiero ver en mi despacho a las 9 de la mañana...

—Lo siento Gobernador, sabes que me tienes a tu disposición, pero mañana tengo Consejo de Banesto a primera hora y es una reunión importante para decidir qué actitud vamos a tomar ante la oferta del Bilbao...

—Bueno, pues si no es mañana, el sábado sin falta a la misma hora...

—Te vuelvo a repetir lo mismo, Gobernador. Lo siento. Pero mañana por la noche me voy al campo a descansar y no volveré a Madrid hasta el lunes; necesito pensar y relajarme. La primera fecha que tengo disponible es el próximo miércoles, día 25...

Cuando Mario Conde oyó el click característico al otro lado de la línea, que indicaba que Rubio había colgado el aparato, sintió una inmensa sensación de alivio, mezclada con el bufido de satisfacción emitido por Juan Abelló. Mario Conde, treinta y nueve años, un recién llegado al panorama empresarial español, supo en el mismo instante de colgar el auricular que había salido indemne de la encerrona, y tuvo conciencia clara de que había ganado la batalla de la OPA apenas iniciada.

Mario y Juan vuelven a la mesa y «qué, ¿habéis hablado?», preguntan los anfitriones.

—Pues sí —responde Juan— una conversación muy seria, ¡qué barbaridad!

Pero Mario quiebra la expectación de los dos interlocutores tomando el hilo de la conversación interrumpida antes de la llamada, como si nada hubiera pasado.

—Bueno, yo no sé si esto que habéis planteado de esta forma va a ser posible o no, porque debéis tener en cuenta que...

—En todo caso, habrá que esperar... —interrumpe Ybarra.

—Perdona, Emilio, ¡estoy hablando yo...! —interviene Conde elevando el tono de su voz. Y hay un silencio breve y cortante, un instante de tensión que vuelve a deshacer el propio Mario.

—Decía que no sé si será posible el acuerdo, porque al haberlo planteado de esta forma se ha generado una especie de recelo entre ambas instituciones. Tened en cuenta que al fin y al cabo los bancos, como cualquier empresa, son capitales humanos y va a ser difícil lograr un acuerdo amistoso si los ánimos se encrespan, independientemente de otras consideraciones. Pero vamos a ver si podemos estudiar esto con un poco de calma. Porque, además, ¿cuál es la paridad?

—Eso es lo de menos ahora —responde Asiaín—. También Letona, durante el almuerzo, ha querido hablar de precios; de lo que nosotros queremos hablar es de la filosofía del proyecto.

—Pues esa filosofía no la entendemos, querido presidente; ni la entendemos, ni la aceptamos —manifiesta Abelló—. Yo he venido dispuesto a aprender de tu magisterio, pero me voy decepcionado. Las cosas no pueden plantearse así. Es como si uno fuera a pedir la mano de una bella señorita y antes del encuentro familiar arreara un guantazo al padre de la niña. Pues no —remacha firme Abelló, como si de pronto se hubiera liberado de toda la tensión de la noche—. Primero habrá que camelarse a la novia, contarle mil historias, vestirla de blanco, y después sí, después se la echa un polvo, como de la otra manera. El resultado es el mismo; son los métodos los que difieren. Tú eres una gran autoridad, José Ángel, pues vamos a intentar negociar, llevar adelante unas negociaciones dentro de un plan equilibrado, amistoso y, sobre todo, justo.

La perorata de Abelló parece haber hecho mella en los reunidos. Es casi la 1.30 de la madrugada y la digestión está en pleno proceso. Mario y Juan han sabido valorar cumplidamente el menú. Se nota la mano de Ángeles Ybarra en la intendencia del Bilbao.

José Ángel trata de reconducir el proceso, señalando que, en su opinión, la cuestión puede quedar cerrada ese mismo fin de semana y, con gesto sorprendido, recibe la misma explicación que minutos antes el señor Gobernador:

—Eso sí que no; yo mañana por la tarde me voy al campo y no vuelvo hasta el lunes —afirma Mario con rotundidad—. Además, no creo que se pueda resolver algo tan complicado en cuarenta y ocho horas; habrá que negociar, valorar los bancos...

Camino de los ascensores, Sánchez Asiaín ha recobrado todo el pulso de su encanto personal, dispuesto a despedir a sus invitados con toda clase de amabilidades.

Juan, por su parte, retoma el hilo de su chanzas:

—José Ángel, bien pensado y a la vista de vuestros planteamientos, yo creo que lo adecuado sería que os absorbiéramos nosotros a vosotros; sí, sí, no os riáis. Somos un banco más grande que vosotros; tenemos un grupo industrial más importante que el vuestro. Vosotros sí, tenéis una gestión colosal, pero habéis llegado ya hasta donde podíais. Nosotros, por el contrario, somos todo energía potencial...

Abelló cree ya que es hora de quitarse las caretas y quiere rejonear a fondo:

—Además, tenemos a Mario, un tipo de capacidades probadas, y lo que no sepa de Banca estoy seguro que lo va a aprender en dos días; así que eso, que lo mejor es que os absorbamos nosotros...

Un Sánchez Asiaín cansado, menos brillante que de costumbre, mal fajador, escoltado por un agotado Ybarra que se ha mostrado toda la noche poco locuaz, descompuesto y nervioso, repite, mientras despide con toda cordialidad a sus invitados, su disposición a atenderles durante el fin de semana para lo que gusten.

A la 1.35 de la madrugada del viernes 20 de noviembre, Mario Conde y Juan Abelló abandonaban la torre del Banco de Bilbao. De nuevo a bordo del Mercedes, Mario comenta a su acompañante tener la sensación de estar rodeado por fuerzas enemigas en lo alto de un cerro. «Si asomas la cabeza te vuelan el coco», sentencia el gallego.

—¿Qué piensas? —pregunta Mario.

—Que lo dicho. P'alante. Aquí aguantamos carros y carretas. Al fin y al cabo ésta era la ilusión de nuestra vida, ¿no? Y si hay que irse por dinero, siempre habrá tiempo...

—Lo mismo digo —replica Mario.

El frío arreciaba en un Paseo de la Castellana prácticamente desierto, de vuelta hacia la sede de Banesto, donde se mascaba el amargo sabor de la derrota.

Capítulo 2

NACIDO PARA GANAR

El 14 de septiembre de 1948 nacía en Tuy, provincia de Pontevedra, Mario Antonio Conde Conde, segundo hijo de cuatro, y el único varón, del matrimonio formado por Mario Conde, natural de Madrid y funcionario del Cuerpo de Aduanas, y de la gallega Pilar Conde, de profesión sus labores. A pesar del apellido, claramente gallego, y del lugar del nacimiento, una bonita villa con aspiraciones atlánticas al pie del río Miño y fronteriza con Portugal, el nacimiento de Mario en Tuy fue algo coyuntural, achacable al trabajo de su padre como inspector de Aduanas, a la sazón destinado en la villa gallega. El infante fue bautizado en la iglesia de San Bartolomé de Tuy, monumento histórico artístico que compite en armonía con el estilo gótico primitivo de la catedral.

La familia Conde Conde fue luego destinada a la otra punta de España, a Alicante, adonde Mario llegó con 6 años de edad. Por este motivo, Tuy apenas significa en la vida del personaje algo más que un punto en el mapa, aunque ahora en la villa gallega le salgan a raudales parientes, amigos, señoras que le tuvieron en brazos o le cambiaron los pañales una tarde que el infante se había hecho pis.

Los estudios primarios y medios los realizó Conde en el colegio de los hermanos Maristas de la ciudad alicantina. Tras superar el curso preuniversitario, Mario inició, en septiembre de 1966, con 18 años recién cumplidos, los estudios de Derecho en la Universidad de Deusto, regentada por los Padres Jesuitas, en la margen derecha de la ría del Nervión, al pie del puente de Deusto, camino de Las Arenas y a pocos kilómetros de Bilbao.

El paso por Deusto y la formación allí recibida marcó el carácter y personalidad del personaje. Durante décadas Deusto ha sido la factoría que ha surtido de cuadros dirigentes a la industria y la Banca vascongadas. Como productos estrella de la Universidad de Deusto figuran la Facultad de Derecho y sobre todo la famosa "Comercial" de Deusto, donde los alumnos cursaban a la vez Derecho y Económicas. Los estudiantes marcaban de forma clara al matricularse sus aspiraciones de vida, según eligieran la facultad de Derecho o la Comercial. Los que optaban por Derecho estaban en su mayoría abonados a algún tipo de oposición posterior. Los que se orientaban por la Comercial demostraban ya de entrada su aspiración a figurar entre las elites; si sus expedientes académicos eran buenos, al final de la carrera pasarían a engrosar los cuadros del Banco de Vizcaya o del rival Banco de Bilbao, que tanto monta.

De colocar a los mejores en los puestos más prometedores se encargaba el padre Bernaola, auténtico centro de poder de la Universidad de Deusto y de toda Vizcaya, un jesuita con capacidad para entrar en los despachos de los presidentes del Bilbao o del Vizcaya sin cita previa, un hombre que figuró entre «las cien personas más influyentes de España». Bernaola, rey indiscutido de Deusto entre 1940 y 1974, era lo que en la terminología del Opus Dei (sin duda una comparación horrísona a los oídos de todo jesuita que se precie) se llamaría un «forjador de hombres», aunque son bastantes los que opinan que "el jefe", como tras abandonar la Universidad le llamaban sus distinguidos alumnos, era simplemente un empresario frustrado, o quizá el primer banquero de Vizcaya. Mediante una formación laboriosa, siguiendo a cada uno muy de cerca, y haciendo sudar la camiseta a todo el mundo, el padre Bernaola hacía la lenta selección de la semilla que cada septiembre caía en los surcos de su labrantío, para ofrecer después los mejores frutos al Vizcaya o al Bilbao.

Al finalizar el curso académico, el padre Bernaola hacía su

rastreo particular por la Facultad de Derecho, de forma que aquellos alumnos que destacaban sobre el resto eran invitados a engrosar las filas de la Comercial, todo un cambio de status para un ramillete de elegidos. Luis Bernaola, buen olfateador de figuras en ciernes, se fijó enseguida en Mario Conde y, cómo no, le ofreció el pase a la Comercial. Pero, para su sorpresa, el aludido agradeció el detalle y siguió en Derecho. Debió ser la única vez que el padre Bernaola sufrió tan impensado desaire.

En la Universidad de Deusto, Mario Conde trabó amistad con Enrique Lasarte, actual presidente del Banco de Vitoria, del grupo Banesto, y Fernando Almansa, vizconde del Castillo de Almansa, de profesión diplomático, actualmente residente en Bruselas en la representación diplomática española ante la OTAN. Constituían un verdadero trío: estudiaban juntos, salían juntos y se divertían juntos. Dos cursos después llegó a la Facultad Ramiro Núñez, actual secretario del Consejo de Administración de Banesto, que pronto sería otro de los grandes amigos de Mario. Cuando Núñez entró en Deusto, Mario Conde gozaba ya en el recinto de merecida fama de alumno brillante, dueño de uno de los mejores expedientes académicos. En el círculo de Mario se encontraba también Javier Guzmán, actual consejero del Banco de Vitoria.

En Deusto había que trabajar de firme, es decir, estudiar. Mario era un estudiante muy trabajador, aunque completamente alejado de la imagen del empollón clásico. Fundamentalmente por una cosa: el empollón es, por regla general, un personaje insípido y aburrido; Mario, por el contrario, era un tipo jovial, un joven que sabía divertirse y divertía a sus amigos. «El secreto de Mario», según Ramiro Núñez «era y es su enorme capacidad para administrarse su tiempo», una cualidad envidiable que consiste en encontrar tiempo para todo.

Los alumnos residían en un Colegio Mayor situado dentro de la propia Universidad. Los estudiantes, que acudían de toda España atraídos por el rigor de la enseñanza, no encontraban luego un verdadero ambiente universitario ni en el recinto ni en sus alrededores. Los fines de semana, cuando los jóvenes del País Vasco abandonaban el centro para reunirse con sus familias, al resto le quedaba, al margen de asistir los domingos de forma obligatoria a la santa misa, la magra alternativa de "chiquitear" (tomar vino) por el propio barrio de Deusto o las Arenas. Algunas veces, las menos, los estudiantes se acercaban a Bilbao con la secreta esperanza de toparse con alguna novedad excitante.

Para escapar al tedio, el trío Conde-Lasarte-Almansa protagonizaba de cuando en cuando alguna aventura menor que hubiera fundido los plomos del padre Bernaola. En cuarto de carrera, los tres participaron un sábado de febrero en un pase de modelos organizado por una "boutique" bilbaina. Mario y Enrique lucieron moda de primavera-verano para caballeros, junto a dos bombones de chicas, modelos profesionales y objetivo último de los estudiantes, mientras Fernando Almansa, con ese *touche* que da la nobleza, cumplía de desenfadado presentador del desfile.

«Mario era ya un tío que llamaba la atención», señala Lasarte, «con gran capacidad de comunicación y mucho éxito con las chicas».

Una de las ventajas que sus amigos observan en el personaje para poder compatibilizar de manera tan exitosa trabajo y ocio es puramente fisiológica: Mario es persona que no necesita dormir mucho para estar fresco, de forma que puede pasarse temporadas enteras durmiendo cuatro o cinco horas diarias. Tras la Semana Santa de 1970, el protagonista se encontró de regreso en Deusto con la sorpresa de un examen relámpago de Derecho Mercantil que no había preparado. Enterado de la buena nueva, sus amigos le vieron encerrarse en su cuarto, del que no salió en cuarenta y ocho horas, para preparar un examen que superó sin problemas, en una muestra de la tenacidad que le distinguía. «Mario era un hombre muy disciplinado en su trabajo, que cuando se ponía a estudiar lo hacía en serio, y con una gran capacidad de concentración», asegura Lasarte.

El personaje también apunta ya un cierto olfato para los negocios, como lo demuestra la conocida anécdota de los apuntes comercializados, algo que debió merecer la más alta estima del padre Bernaola. «Teníamos un jesuita en Derecho Canónico que se llamaba el padre Arza», comenta Ramiro Núñez, «que solía poner unos casos de derecho matrimonial verdaderamente endiablados, del tipo de Ruth, judía conversa, se casa con protestante... con cincuenta personajes de por medio, lo que obligaba a los alumnos a tener un sentido de análisis muy fino para ir separando el grano de la paja. Pues bien, Mario había hecho unos magníficos apuntes de esta asignatura y lo que hizo, en unión de otro de sus amigos, José María Rodríguez Colorado, actual director general de la Policía, fue ciclostilarlos y ponerlos a la venta, y no sólo en Deusto, sino también en su sucursal madrileña, el ICADE».

«El éxito de esos apuntes estaba basado en la capacidad analítica y de síntesis de Mario», señala Enrique Lasarte, «en su disposición para detectar el núcleo de cualquier problema, resumirlo y aportar una solución global».

Una consecuencia de su paso por Deusto es que a Mario le sigue gustando el Derecho. «Por encima de empresario o banquero él será siempre un jurista. Es algo que se detecta en la rapidez con que capta cualquier problema legal que surja, aunque, lógicamente, ahora tenga a otros que se ocupen de esas cuestiones», señala Ramiro Núñez. Mario tenía vocación por el Derecho, con unos planteamientos al mismo tiempo que racionales muy radicales, en consonancia con la metodología que se imponía al analizar los problemas. En Deusto era conocido por sus planteamientos *ad sensum contrario;* es decir, si un artículo dice esto y lo de más allá, es que no dice esto otro... «y esto es siempre una actitud provocadora», afirma Núñez.

Ramiro, sin embargo, no cree que el paso por Deusto fuera decisivo en Mario Conde. «Viéndolo hoy, tengo claro que Mario hubiera sido lo que es con o sin Deusto. Es posible que Deusto, gracias a la educación racionalista de los jesuitas, lo hiciera más riguroso, pero en esencia, cuando yo lo conocí, Mario Conde era ya el tipo que llegaría a ser».

Los padres de Mario se trasladan de nuevo a Madrid en 1971, cuando éste cursaba el quinto año de carrera en Deusto. A pesar de tanto ajetreo, no habían perdido del todo sus querencias gallegas y habían seguido conservando la casa comprada con los ahorros familiares en la espléndida Playa América, al lado de Bayona, Pontevedra, adonde el hijo acudía todos los años a pasar las vacaciones de agosto. En el verano de 1971, cuando con 21 acababa de terminar la carrera de Derecho con la calificación de sobresaliente, Mario conoce en Playa América a Lourdes Arroyo Botana, miembro de una familia de once hermanos, una chica recién llegada de Madrid para pasar por primera vez unas vacaciones en casa de unos parientes, que también poseían casa en la citada playa.

Lourdes es la chica nueva en una pandilla de amigos que se conocen ya de años atrás, un encanto de niña luciendo por la arena su palmito. Lourdes piensa que Mario es un tío resultón, buen conversador, inteligente y además gracioso, o al menos hace esfuerzos por serlo. En todo caso, un tipo divertido. Mario cree que Lourdes es una de las mujeres más guapas que ha visto nunca. Y salen juntos una semana, no más.

Y antes de que se den cuenta llega la hora de las despedidas. Mario tiene que partir para hacer las ''milicias universitarias'', el servicio militar que el franquismo había dispuesto para los titulados superiores. «Nos veremos en Madrid», promete Mario. Pero Lourdes abandona Galicia de regreso a Madrid convencida de que no volverán a encontrarse, segura de que la cosa no ha pasado de ser el típico ligue de verano. En todo caso, pensó, ha sido divertido, unas buenas vacaciones...

Pero en octubre, Lourdes Arroyo recibió una sorpresiva llamada telefónica del recluta de Playa América. Estaba en Madrid de permiso y quería verla. Y a partir de ahí comenzaron a salir con cierta asiduidad, poniendo los cimientos de lo que a partir de enero de 1972 sería una relación en toda regla.

El noviazgo entre Lourdes y Mario fue la historia frustrante de un opositor al cuerpo de Abogados del Estado, encerrado mañana y tarde con los libros de texto. Mario se encuentra de nuevo, esta vez en Madrid, con su amigo de aventuras en Deusto, Enrique Lasarte. Éste, tras haber pasado dos años en la Universidad de Londres cursando un *máster* en Derecho, se había instalado en la capital, entrando temporalmente a formar parte del bufete madrileño J. A. Garrigues. Mario y Enrique retoman su relación de amistad, saliendo a cenar, a tomar copas juntos... siempre que Lourdes Arroyo y las oposiciones no pusieran objeción. El tercer amigo del trío, Fernando Almansa, había iniciado la carrera diplomática, que habría de llevarle a las embajadas de España en México y Bélgica, donde aún permanece.

Y en junio de 1973, con apenas año y medio de preparación, Mario supera la prueba con el número uno de su promoción. A presenciar los exámenes suelen acudir familiares y amigos que, en el papel de cirineos, tratan de dar ánimo a los opositores, intentando distraer y aliviar su tensión. Fernando Garro frecuentaba aquellos días el lugar de autos, para apoyar moralmente a su amigo Miguel Vizcaíno. De vez en cuando entraba en la sala donde tenían lugar los exámenes orales, por mor de ver expresarse a la competencia. Tras escuchar una de aquellas intervenciones, Fernando salió de la sala despavorido para anunciar al corrillo en el que su amigo Miguel despachaba sus cuitas:

—¡Joder...! acaba de intervenir un tío que es un monstruo; el hijo de puta sabe más que el tribunal...

Mario Conde saca una de las tres mejores notas de la historia de las famosas oposiciones al cuerpo de Abogados del Estado, las otras dos en manos del que fuera cardenal Herrera Oria y el ministro de Hacienda José Larraz.

Los protagonistas de aquella anécdota se conocerán a principios del verano del 73. El escenario será el campo de fútbol de la Facultad de Ingenieros de Montes, en la Ciudad Universitaria de Madrid. Dos equipos miden sus fuerzas bajo el ardiente sol madrileño. Uno de ellos es casi un elenco de figuras, unas ya consagradas y otras en ciernes: Carlos de la Mata, Eduardo Serra, Arturo Romaní, Joaquín Tena, Fernando Garro, Ignacio Calderón, Fernando Magro, Enrique Moya. Mucho abogado del Estado, amigos y afines. Aquel día debuta con el equipo un rapidísimo extremo izquierda de veinticinco años, opositor de éxito, de nombre Mario Conde, en quien el resto del equipo tiene puestas fundadas esperanzas.

Pero el refuerzo llega al campo sin la vestimenta adecuada.

—Oye, ¿no tendrás una camiseta de sobra? —pregunta Mario al que se vestía a su lado, un tipo muy moreno que ya lucía en la espalda el número ocho de interior derecha.

—Sí, por suerte tengo una —responde Fernando Garro.

El nuevo extremo no demostró nada del otro mundo jugando al fútbol, como no fuera mucha velocidad, aunque aquel día metió un buen gol de cabeza. Al final del partido, muy diplomático, pretendió devolver la camiseta sudada a su legítimo dueño, a cada uno lo suyo, pero éste declinó amablemente.

—Ya me la darás en otra ocasión, no te preocupes.

Aquel día germinó una gran amistad entre Mario Conde y Fernando Garro. Fernando, que con 27 años era director general de un pequeño *consulting* de ingeniería llamado Icsa, al tiempo que secretario nacional de la Federación de Empresarios Textiles, quedó enseguida prendado de la brillantez —fuera de los campos de fútbol, eso sí— de su nuevo amigo. «Me asombró su capacidad de exposición y de síntesis. Con cabeza, voluntad y valor semejantes siempre me dije que era casi imposible que no alcanzara lo que se propusiera en la vida», asegura Garro.

Al domingo siguiente las novias de los chicos, Lourdes y Virginia, rubias y atractivas las dos, acudieron a ver las evoluciones en calzoncillos de sus respectivos, y la amistad a dos se convierte pronto en amistad a cuatro. Los dos, con sus novias primero y esposas después, se verán varias veces a la semana, todos los fines de semana y pasarán juntos hasta las vacaciones de verano.

Conde y Garro han vivido desde entonces una relación intensa, a prueba de bomba. Hasta el punto de que si Juan Abelló fue el hombre clave en la vida de Mario desde el punto de vista económico, Fernando Garro lo ha sido desde el psicológico y afectivo. El papel de Fernando ha sido fundamental en el éxito reciente del banquero Conde, como hombre-para-todo de la absoluta confianza del jefe, guardando siempre las espaldas al amigo, cuidando su imagen ascendente ante los medios de comunicación.

El 29 de septiembre de 1973 Mario y Lourdes se casan en Illescas, Toledo, en presencia de numerosos invitados, entre los que se encontraban sus viejos camaradas de Deusto: Enrique Lasarte, Fernando Almansa, Ramiro Núñez... Los dos primeros se habían casado también ese mismo año, lo mismo que Fernando Garro y Virginia.

Lourdes recuerda aún con cierto susto aquella boda. «El nuestro había sido un noviazgo marcado por las oposiciones, y todavía me pregunto cómo pudimos casarnos tan pronto, porque en realidad nos conocíamos poquísimo... fue una verdadera carambola que saliera bien.» Aquello, ¡cómo no!, había sido una de las decisiones eléctricas de Mario. Pim, pam, pum. La decisión típica de un hombre acostumbrado a no perder el tiempo, convencido de que las decisiones que marcan la vida de una persona, para bien o para mal, muchas veces deben tomarse en un segundo. Mario es un hombre que ve a los humanos divididos en dos grandes bloques: los que se pasan media vida sopesando la conveniencia de optar entre esto o aquello, y los que consumen la otra media lamentándose de no haber optado por ninguna de las alternativas.

El primer destino de Mario, a finales del 73, como abogado del Estado, es Toledo. La pareja se instala en un modesto piso de alquiler, del que lo único que recuerdan es que pasaron mucho frío. La experiencia toledana dura poco, porque en 1974, justo al año, se mudan a vivir a Madrid, aunque Mario seguirá algún tiempo más en la ciudad del Tajo en comisión de servicios. En enero de 1975 comenzó a trabajar de forma definitiva en la Dirección General de lo Contencioso del Estado, en la calle de Alcalá, como jefe de su Servicio de Estudios, donde tenía como superior a Arturo Romaní.

A partir de entonces se inician los mejores años del matrimonio Conde-Arroyo. Son años de libertad que acabarán de forma inevitable estampados contra el muro de las responsabilidades que de forma paulatina irá asumiendo Mario. Salen a cenar con frecuencia, al cine la mayor parte de los domingos a la sesión de las 4 de la tarde, se reúnen de tertulia con los amigos, casi siempre con la compañía inseparable de Fernando y Virginia, y viajan con frecuencia al extranjero. Van a esquiar a los Pirineos en pleno mes de febrero, cuando nadie puede molestarles. Mientras tanto, Lourdes va terminando sin excesivas prisas sus estudios de Derecho en la Universidad Complutense de Madrid.

En el verano de 1974 comienzan a utilizar la isla de Mallorca como lugar de sus vacaciones de verano, primero como invitados en la casa que los padres de Lourdes poseen en Pollensa, y después, cuando llegan los niños, en hoteles o apartamentos que comparten con la pareja formada por Fernando y Virginia. En 1974 nace Mario, el primer hijo del matrimonio, y dos años después vendrá Alejandra. En 1980 los Conde se compran definitivamente su propia casa en Pollensa.

Las vacaciones de verano en Alcudia y Pollensa son uno de los recuerdos más vivos que mantiene la pareja. Eran días de poco dinero y mucha ilusión, donde a los cuatro amigos, tras haber cenado unas hamburguesas, podían darles las 5 de la madrugada de charla en el bar Las Brisas, hablando de lo divino y lo humano. A las 3.30 de la madrugada, el camarero les servía la última consumición y ellos se encargaban después de recoger sillas y copas, a veces cuando ya apuntaba el alba. Mario y Fernando cimentaron en aquellas noches una relación casi fraternal, donde la capacidad de comunicación se convirtió en un fenómeno automático. Sobre la 1 de la tarde del día siguiente ambas parejas se encontraban de nuevo, recorrían la isla en motos alquiladas o embarcaban en un pequeño velero propiedad de Mario, con una de esas horribles neveras portátiles bien repleta de viandas y bebidas. Los cuatro personajes se veían reyes del Mediterráneo, mientras las dos chicas de servicio cuidaban en tierra de los cuatro niños, dos por bando, que hasta ahí alcanzaban entonces los posibles de ambas parejas. De aquella época arranca la pasión de Mario por la vela y su opinión de que Mallorca es el paraíso para la práctica de este deporte.

Es una época donde se está terminando de perfilar el *corpus* ideológico de Mario Conde, un hombre abierto a muchas influencias, preocupado por la religión y sus aspectos místicos, por las filosofías orientales, por el destino del hombre... Al mismo tiempo era un joven alegre y divertido, sumamente ambicioso, muy competitivo, con ideas muy claras de lo que quería hacer en la vida. Fernando Garro le enseñó en una de aquellas vacaciones a jugar al tenis. Al principio Mario recibía palizas monumentales, pero el alumno se aplicó al asunto con ahínco tal que al poco tiempo el maestro comenzó a perder partido tras partido.

En 1975 Fernando Garro se engancha en política con la Unión Democrática Española (UDE) de Federico Silva Muñoz y más tarde con la propia UCD de Adolfo Suárez, participando muy activamente en la llamada transición política. Este ha sido uno de los pocos temas en que han disentido ambos amigos. Mario ha albergado siempre bastantes reticencias hacia la política y los políticos. Un individuo visceralmente práctico y pragmático como él siente recelo hacia una actividad donde todo debe ser consensuado y maquillado. «El poder lo tiene el sillón; nunca la persona», solía repetirle Mario a Fernando cuando éste sentía el vértigo de la política. Como en su etapa de estudiante, Mario mantenía en aquellas fechas posiciones bastante más a la izquierda que las ideas de centro de Fernando Garro.

Al menos en un par de ocasiones Mario Conde fue tentado por la UCD para entrar en política. Transcurría el verano de 1978 y a Mario le ofrecieron un cargo de subsecretario en un Ministerio importante. Fernando Garro era entonces director general en Transportes y Mario había empezado ya a trabajar en los laboratorios Abelló. La oferta se produce en pleno agosto, de manera que los dos amigos, veraneantes en Pollensa, tienen que dejar la isla por unas horas y acercarse a Madrid para discutir la cuestión. Durante el vuelo, Fernando trata de convencer a Mario para que acepte el cargo. «Ahora que he pasado a la empresa privada, que estoy encantado trabajando con Juan Abelló, con muchas perspectivas de futuro... a mí esta gente no me engaña».

La segunda oferta tuvo lugar durante la presidencia de Leopoldo Calvo Sotelo. El ministro de la Presidencia, Matías Rodríguez Inciarte, le ofreció otra importante Dirección General. También dijo que no. Mario tenía ya las ideas demasiado claras sobre lo que quería hacer en la vida. Con el paso del tiempo, el desapego de Mario hacia la política ha ido en aumento. El personaje se manifiesta convencido de que el debate ideológico está finiquitado y que lo importante es descender al terreno de lo pragmático y concreto donde se individualizan las aspiraciones de vida de los ciudadanos.

La vida de Mario y Lourdes transcurre feliz hasta que un día Enrique Medina, abogado del Estado y secretario del Banco del Progreso, amigo y preparador de Mario en sus pasadas oposiciones a la abogacía del Estado, le dice que otro amigo suyo, el dueño de los laboratorios Abelló, está buscando un abogado del Estado para hacer algunos trabajos en la empresa.

—Mira, yo conozco a un compañero mío que le puede interesar —responde Mario.

—¿Y por qué no tú mismo?

—Hombre, pues no; yo ahora estoy aquí muy tranquilo y no quiero complicarme la vida con pluriempleo; luego, dentro de unos años, ya veré lo que hago.

—Pero de todas maneras no perderías nada por tener un encuentro con él.

—Pues claro que no... dile, dile a ese tal Abelló que yo le veo cuando quiera.

Una etapa se cerraba, mientras se abría otra de insospechados horizontes en la vida del personaje. Mario Conde cerraba uno de los capítulos más felices de su vida desde el punto de vista personal, aunque su insatisfacción con el papel de funcionario era una realidad que sólo conocían sus íntimos. El encuentro con Juan Abelló será absolutamente decisivo en su existencia, cambiando hasta su forma de ser y de comportarse. La vida de Mario Conde es un libro en dos tomos claramente diferenciados: antes y después de conocer a Juan Abelló. Éste va a dar una nueva dimensión a su vida, sacando a flote una serie de valores que, aunque innatos en él, permanecían hasta entonces aletargados.

CAPÍTULO 3

AQUÍ MARIO, AQUÍ JUAN

Cuando Juan Abelló Gallo terminó el curso preuniversitario, tuvo que enfrentarse a una conversación intensa con su padre, Juan Abelló Pascual; una de esas conversaciones capaces de marcar el rumbo de una vida.

Juan Abelló había sido un ''pilarista'', alumno modelo del famoso colegio madrileño de El Pilar, un laboratorio de futuros talentos, fábrica de abogados del Estado, políticos de la derecha y del socialismo *light* y empresarios, por la que ha desfilado buena parte de la burguesía madrileña. Abelló, el único hijo varón, y el más joven, de una familia de cinco hermanos, guardaba bastante ese patrón de niño modelo que a todo padre le gustaría poder mostrar a las visitas con satisfacción patricia: guapo, rubio, inteligente, buen estudiante, dicharachero... A Juan Abelló Pascual se le caía la baba con Juanito Abelló Gallo, un joven inexorablemente condenado a tener éxito en la vida, llamado, en suma, a figurar un día en los más altos peldaños de la escala social.

En El Pilar, Juan Abelló, un joven fajador y competitivo, luchaba por el liderazgo de su clase con otro ''pilarista'' notorio, el ex ministro Jaime Lamo de Espinosa. Por entonces ya apuntaban algunas de las cualidades que le habrían de dar notoriedad futura: esa frialdad innata para decir en todo momento lo que piensa, sin importarle un bledo si mata o espanta, sea ante el Papa o el rey de Roma, un lujo que pocos mortales pueden darse en este mundo sin cavarse la ruina. También apuntaban entonces sus dotes de conquistador nato frente al elenco femenino.

La hermana mayor de Juan Abelló recuerda divertida que una de las fijaciones de Juanito, cuando el infante apenas contaba 12 años de edad, era ya el Banco Español de Crédito.

—Niño, ¿tú qué quieres ser de mayor?

—¿Yo?, consejero de Banesto.

Pero cuando terminó preuniversitario, Juan Abelló, como la inmensa mayoría de los jóvenes de su época y de todas las épocas, debió una noche, sentado a la mesa para la cena, afrontar la terrible pregunta paterna: Y bien: ¿qué carrera vas a estudiar?

Juan Abelló Pascual quería que su único hijo varón hiciera Farmacia, para continuar así con el negocio familiar, nacido al lado de los tubos de ensayo. Eran muchos años de tradición los que estaban en juego. Los laboratorios Abelló habían nacido a comienzos de los años veinte en una pequeña botica situada en el madrileño Paseo de las Delicias. Allí, el farmacéutico y doctor en Ciencias Químicas Juan Abelló Pascual desarrollaba sus preparados originales de acuerdo con las prescripciones médicas que los galenos le encargaban.

Años más tarde, el doctor Abelló fundó su primer laboratorio en la calle Vinaroz, en donde nació la primera patente, un preparado de calcio llamado Sanocal, que contribuyó a sacar adelante a varias generaciones de famélicos españoles.

A principios de los años treinta, Abelló creó el primer departamento de Alergia del país y en el treinta y cinco iniciaba el proceso de extracción de alcaloides —compuestos orgánicos nitrogenados que se encuentran en los vegetales— del opio para uso farmacéutico, del que nacerá el Codeisán, la primera codeína disponible en España. En 1941 Abelló abrió su factoría de León, dedicada a la fabricación de productos químicos para la industria farmacéutica.

Pero el hijo del doctor Abelló quería hacer Ciencias Químicas, porque veía en esa carrera una proyección industrial de la que creía carecía Farmacia. El padre desplegó sus mejores argumentos: le habló de las posibilidades futuras en el campo de la producción de medicinas, al fin y al cabo asunto químico; se refirió a los aspectos biológicos de la carrera, a su mayor aplicación médica... Y le convenció. En el fondo el padre se calló su más íntimo argumento: que a él lo que de verdad le apetecía era que su hijo se hiciese farmacéutico y, además, con farmacia abierta. Y si por añadidura lograba algún día llegar a ser catedrático de alguna especialidad en la Facultad respectiva, eso ya supondría el colmo de la felicidad.

Así que el joven se decidió por estudiar Farmacia, con clara conciencia de que su destino estaba marcado: entrar en los laboratorios Abelló al terminar su carrera. Como era de esperar, Juan superó sus estudios sin dificultad y, tras completar las milicias universitarias en Burgos, se dispuso, con 22 años y cierta resignación, a sumergirse en el mundo de las píldoras. Pero, ¡oh sorpresa!, el padre parecía entonces no tener prisa en que su retoño comenzara a trabajar en el negocio familiar. Prefería que hiciera el doctorado. Y ahí plantó cara el joven, deseoso de ganarse su estipendio semanal, y tras serio forcejeo logró entrar en los laboratorios.

Corría el año 1964 y el doctor Abelló, celoso guardián del porvenir de su hijo, quiso de nuevo orientar su futuro: «Vas a empezar por la sección de alcaloides, porque sabiendo hacer derivados del opio, si algún día te arruinas, o hay una guerra, o tienes que emigrar al extranjero, sabiendo eso puedes ganarte la vida en cualquier parte, porque eso es una industria estratégica.» Y una nueva obligación le impuso su padre para afrontar el futuro al albur de cualquier contratiempo: saber manejarse con las técnicas contables. Y el hijo acudió durante varios meses a clase particular con un profesor de contabilidad que tenía al tiempo otro alumno distinguido: Juan March.

Fue así como Juan empezó en alcaloides su lucha diaria con el técnico del departamento, un tan reputado especialista como celoso guardián de sus fórmulas y procedimientos. Había buenos científicos en los laboratorios Abelló. Su padre, un devoto de la química farmacéutica, había dado acogida a numerosos exiliados centroeuropeos tras la segunda guerra mundial, sobre todo húngaros, siempre buenos en química, algún polaco, un yugoslavo...

Pero en Juan Abelló jr. apuntaban ya otras intenciones profesionales, al margen de la alquimia, y por las tardes, en cuanto podía, escapaba para infiltrarse en el puente de mando del negocio, con la secreta intención de husmear y ver papeles. Aquello iba de capa caída. Los laboratorios Abelló, que habían figurado entre los cinco más importantes de España en los años cincuenta, estaban a mediados de los sesenta en torno al puesto cuarenta del *ranking*. La facturación era ridícula, y las cifras de balance daban pena, a pesar de que, gracias a consolidar la participación del 23% que su padre poseía en Antibióticos, S.A., se conseguía amortiguar en parte el efecto deprimente de un negocio que no marchaba. Juan Abelló pronto tuvo clara su verdadera misión: ponerse al timón del negocio, hacerse cargo del departamento comercial, sacar nuevos productos y vender, vender como descosidos, empezando por una profunda renovación de la red comercial.

Su labor comienza a dar resultados. En 1966 se produce el lanzamiento del Citrovit, basado en un procedimiento noruego que estaba arrinconado en la casa desde hacía años; en el 68 se hace otro tanto con el Prevalón, todo un éxito comercial, y en el 70 aparece el Frenadol, como gran producto estrella.

La fórmula de Abelló, como la del resto de los laboratorios, consistía en lanzar productos por medio de copias y asociaciones, además del "cambio de fachada" de fórmulas ya experimentadas y de aplicación inmediata, con poco o nulo aporte investigador.

El desarrollo es espectacular, y del puesto cuarenta se remonta el vuelo hasta el tercero por volumen de facturación, lo cual era toda una heroicidad para unos laboratorios que no comercializaban antibióticos. Cuando Juan Abelló jr. entró en la sala de derrota, la firma contaba con seiscientos empleados y facturaba poco más de 200 millones de pesetas. Cuando él lo dejó, la plantilla era de cuatrocientas treinta personas con una facturación de 5.000 millones de pesetas, y ventas de casi 12 millones por empleado. Ese camino supuso reindustrializar, renovar instalaciones, automatizar y levantar una fábrica nueva, con el joven Juan tocando todos los palillos, el industrial, el comercial y el científico.

Juan Abelló conoce ya el negocio, sabe separar el grano de la paja y se hace pronto una idea cabal de las dimensiones y potencialidades del sector: farmacia no es campo para sacar grandes productividades; no se puede jugar en función de la calidad; los márgenes son muy estrechos. Es muy difícil crecer, en suma.

El joven Abelló va madurando un dato fundamental para su futuro: el negocio farmacéutico no reporta excedentes que permitan pensar en abrirse a otras actividades. Ello enlaza con un interrogante de modelo de vida que por aquel entonces se plantea el personaje: el negocio da sobradamente para vivir bien, pero él aspira a más. Y en tono confidencial, siempre a resguardo de su padre, un enamorado de su laboratorio, Abelló junior. comienza a propalar sus más secretas ambiciones: «Yo no me moriré vendiendo píldoras.»

¿Vender? Imposible estando por medio su padre. En 1968 y en 1970 se habían presentado ya dos ofertas, muy pobres, por parte de firmas norteamericanas. Pero vender el negocio familiar hubiera sido más que una felonía. Y, ¿qué hacer después? Ese era el laberinto que algunas noches conseguía desvelar al joven Abelló.

Al margen del negocio, la vida privada y social de Juanito Abelló transcurría viento en popa. El joven va madurando en un tipo vividor y simpático, a veces deslenguado, que da lustre a las fiestas a las que asiste. Un tipo que comienza a sacar jugo a todo lo que emprende; que profesionalmente se divierte haciendo lo que hace y que en lo social, aun perteneciendo a una familia adinerada pero de origen mesocrático, no ligada a la aristocracia del dinero ni de la sangre, va a romper moldes, irrumpiendo con gran éxito en el mundo de esas dos aristocracias, con mucho desparpajo, con un punto de cinismo, diciendo siempre las cosas atrevidas que a este tipo de gente le divierte oír.

Juanito Abelló, un joven de gran éxito con las chicas en una época no precisamente fácil, se casa con Ana Gamazo Hohenlohe, una mujer espectacular, tanto desde el punto de la belleza como de la lucidez.

Los padres de la joven son Juan Claudio Gamazo, hijo del

Conde de Gamazo, consejero de Banesto y Gobernador del Banco de España, y Pimpinela Hohenlohe, una de las mujeres más guapas que pasearon su palmito por el Madrid en los años cuarenta. La boda entre Juanito y Ana, segunda hija del matrimonio Gamazo-Hohenlohe, vino a entroncar el mundo del dinero con el de la nobleza. El matrimonio con una Gamazo es como un signo astral que refuerza el interés a largo plazo de Juan Abelló por Banesto. Para Juan, Banesto era lo más importante que había en España, con gran diferencia sobre cualquier otra alternativa.

En razón a su amistad con los March, pronto ingresa como consejero del Banco del Progreso. Y allí ve cómo trabajan los hermanos March, bien arropados de notarios y abogados del Estado, esos extraterrestres siempre tan seguros de sí mismos, con todos los códigos metidos en la cabeza, con la solución a punto para cada problema, tan rigurosos, tan exactos, con ese toque culto que humaniza los negocios. Juan Abelló queda prendado, y un buen día, ¡zass...! la lamparilla de Diógenes. «Tampoco a mí me vendría mal cuarto y mitad de abogado del Estado.»

El secretario del consejo del Banco del Progreso era a la sazón Enrique Medina, otro abogado del Estado, ¡cómo no!, que a Juan Abelló le pareció siempre un hombre extraordinariamente inteligente. Y un día de marzo de 1976, se atrevió a proponerle la cuestión.

—Oye Enrique, he pensado que yo necesitaría para el laboratorio algún compañero tuyo que pudiera llevarme las cosas. ¿Conoces alguno?

—Sí, hay un tío muy bueno al que he preparado para las oposiciones al cuerpo y que es amigo mío, pero acaba de terminar las dichosas oposiciones y tiene una vida muy cómoda, así que no creo que quiera pluriemplearse...

—No importa, preséntamelo...

Mario Conde, que estaba en la Dirección General de lo Contencioso, recibe la llamada de Medina, quien le pone al corriente de la historia. Mario le da el nombre de un compañero de promoción. Ante la insistencia de Medina, sin embargo, accede a ver a Abelló.

Y pocos días después, a las 3 de la tarde, Juan Abelló y Mario Conde se daban la mano en la sede del Banco del Progreso, en el despacho de Enrique Medina y con éste como testigo.

—Yo quisiera qué me ordenaras un poco la empresa desde el punto de vista jurídico; que la organices en divisiones jurídicamente independientes, separando la parte inmobiliaria de la industrial, y me pongas a punto un sistema para poder optimizar los costes fiscales. Tenemos un lío considerable a nivel de balance con los distintos activos, y estoy preocupado por el tema impuestos de cara al futuro.

La conversación fue muy directa, como corresponde a dos jóvenes de 34 años, Juan, y de 28, Mario. Ambos descubren enseguida que se comunican con facilidad.

—Me parece interesante lo que dices, pero yo estoy todavía bajo los efectos de la oposición, que ha sido una paliza, y me encuentro zurrado tanto física como mentalmente. En realidad lo que me apetece ahora es pasarme unos años sabáticos en la Administración, en unos puestos más o menos cómodos y con tiempo por delante para pensar. Aunque también te digo que la empresa privada me atrae y creo que en el fondo es mi verdadera vocación, porque definitivamente no me gusta ser funcionario...

La negativa inicial de Mario se disuelve como un azucarillo en menos de una hora de conversación. Prácticamente llegaron allí mismo al acuerdo, con 4.500.000 pesetas de salario anual. A Mario le divertía la aventura de una empresa y le agradaba trabajar con alguien de su edad como jefe. Cuando se despidieron aquella tarde, Mario Conde lo hizo como director general adjunto de Laboratorios Abelló, S.A.

Juan Abelló no ha olvidado ese día; recuerda incluso cómo iba vestido, con un traje azul que todavía hoy conserva. Aquel fue un encuentro trascendental en la vida de los dos hombres. Pocas veces se ha dado una simbiosis tan perfecta como en el caso de Juan Abelló y Mario Conde, y pocas veces una asociación de este tipo trasciende de tal modo la esfera de la vida privada y familiar de los protagonistas.

Juan Abelló era ya un hombre de fortuna, acostumbrado a los placeres de la vida diaria que proporciona una situación económica absolutamente desahogada. Además, era y es un hombre que sabía y sabe vivir. Sentado lo cual conviene enseguida decir que Juan Abelló nunca hubiera podido elevarse a la condición de una de las primeras fortunas de España de no ser por Mario Conde.

A la inversa, Mario era un brillante abogado del Estado, con algunas ideas notables en la cabeza, cierto, pero que sin Juan Abelló difícilmente hubiera podido traspasar la barrera del cómodo anonimato en que viven cientos y cientos de abogados del Estado, poseedores de ideas más o menos brillantes. Juan ha sido la lanzadera que ha permitido a Mario colocarse en órbita. Gracias a los recursos económicos de Juan ha podido Mario desarollar sus cualidades innatas y pasar a engrosar él mismo la lista de grandes fortunas peninsulares.

Pero, a fin de cuentas, ésta es una discusión gratuita. La verdadera fuerza de la pareja ha residido y reside en su amistad y en el convencimiento de compartir unas ideas comunes que ambos deseaban llevar a la práctica, mediante un proyecto estratégico desarrollado paso a paso, con precisión casi matemática y que, y ésta es una de las claves de su éxito, les ha permitido divertirse mientras trabajaban. En el desarrollo de ese proyecto, ambos se han repartido los papeles sin necesidad de echar una moneda al aire. Juan ha sido el hombre de los dineros que ha querido desempeñar un papel más en la sombra, mientras Mario se ha revelado con toda la fuerza de su personalidad como el líder del dúo de cara a la opinión pública. Juan es racional y reflexivo; Mario, intuitivo e impulsivo.

El reparto de papeles estaba cantado. Mario es el hombre de la irresistible ascensión a la fama, mientras que en el caso de Juan la fama es lo de menos, y puede llegar incluso a ser una horterada. Lo que importa es haber triunfado y estar bien colocado y disfrutar de los placeres de la vida y del dinero, algo nada fácil, por cierto, ni para los multimillonarios. Desde este convencimiento vital, Juan, un hombre dotado de gran inteligencia, ha aceptado ese papel de segundón, de personaje en la sombra. Lo importante no es aparentar que se manda, sino mandar de verdad.

El empuje de Mario ha convertido la relación entre ambos amigos en una novela por entregas, una saga con protagonistas cambiantes, que comienza por Juan Abelló, sigue con Juan Abelló y Mario Conde, continúa con Mario Conde y Juan Abelló y amenaza terminar con Mario Conde, con Juanito Abelló plenamente en la sombra.

Juan es el hombre que apostó por Mario. Como una nueva Shelley, él ha sido, de alguna forma, el inventor de este moderno Frankenstein, y está encantado de ver que apostó bien desde el primer momento y que su criatura está triunfando. Aunque ese triunfo signifique que el hombre en la sombra vaya a ir perdiendo de forma paulatina el control de la trama, nadie podrá jamás negarle la invención del monstruo.

Y Juan, un hombre muy rico que no sabe aburrirse, se ve de forma involuntaria arrastrado a las alturas en el mismo cohete que pilota su amigo. Él no quería tanto follón, con la prensa encima, los problemas de seguridad..., pero un buen día le picó el gusanillo y quizá sea divertido, se dijo, mandar más de lo que yo quería mandar, cediendo, eso sí, el protagonismo a Mario, contento de no ser el portavoz, de no tener que dar la cara, para poder seguir haciendo mi vida hasta donde sea posible, dispuesto a aguantar el tirón de trabajo hasta el preciso día en que deje de divertirme.

Mario Conde comenzó, pues, a acudir un rato por las tardes por los laboratorios Abelló. Pero lo que él inicia como un divertimento pasajero se va convirtiendo poco a poco en una pasión totalmente absorbente. De forma paulatina se va metiendo más y más en las entrañas de la empresa, profundizando en los temas, exigiéndole cada día más tiempo. Su vida comienza a cambiar, confirmando los temores de Lourdes, su mujer. Y llega un momento en que debe tomar una decisión importante: no es posible seguir con los dos empleos a la vez. Su situación en la Dirección General de lo Contencioso, a la que de forma paulatina dedica menos tiempo, le preocupa. Y llega así a la conclusión de que debe pedir la excedencia de la Administración.

La decisión es dura, sobre todo para los padres de Mario, que no comprenden que su hijo pueda arriesgar una posición como la alcanzada. Los amigos le advierten que cuide su prestigio profesional, y le recomiendan que haga lo que casi todos sus compañeros de cuerpo: compatibilizar el puesto en la Administración con los negocios particulares. Lourdes, una mujer bastante conservadora, también duda. La pareja discute el tema, lo analiza, y al final acuerda el cambio, consolada Lourdes con el salto salarial que va a protagonizar su marido. Ésta fue una de las decisiones claves de la vida de Mario Conde, una decisión tomada contra casi todas las fuerzas de su entorno.

Aquellos primeros meses en los laboratorios Abelló fueron tremendamente interesantes para ambos personajes. A los tres meses de entrar en la casa, Mario ya estaba plenamente integrado, volcando en el proyecto todo su caudal de energía. Y a los tres meses el subordinado subió al despacho del jefe a leerle la cartilla.

—Mira Juan, creo que me he metido en la aventura de mi vida; la verdad es que me estoy divirtiendo mucho, pero lo que no quiero es quedarme de simple *staff:* yo quiero pasar a la línea ejecutiva.

—Ah, pues eso está muy bien, hombre. Búscate a otro abogado que lleve la parte jurídica y bienvenido; tipos con empuje nunca están de sobra en una empresa.

Los dos años siguientes sirven para ir consolidando la amistad entre ambos personajes. Es una época importante en la vida de Mario, que aprovecha para viajar y conocer legislaciones comparadas y sistemas de funcionamiento gerencial en otros países.

Mario mantenía una buena relación con la persona que le enseñó el abecedario del negocio bancario, Rogelio Minobis, ya fallecido, ex vicepresidente del Banco del Progreso, un hombre que había empezado en la Banca desde abajo, a lo Alfonso Escámez. Y por su cuenta, comenzó a estudiar en su tiempo libre el sistema financiero norteamericano, hasta el punto de que llegó a convertirse en un experto en *T-bills, bonds, stock trends, yields*... dedicado a la confección de *charts* con la información que le proporcionaba Álvaro Álvarez Alonso, de Merril Lynch. Había noches, cuando la pareja vivía todavía en la calle Pío XII, en que Mario se pasaba horas entregado a su secreta pasión por el mundo financiero, siguiendo, cual anónimo gurú, la cotización del dólar, haciendo simulaciones sobre el comportamiento de los tipos de interés, el Dow Jones, los precios del oro, la plata...

A los dos años de estar metido a fondo en laboratorios Abelló, Conde se dio cuenta de que la empresa no tenía potencialidad de desarrollo futuro. Estos pensamientos se plasmarían más tarde en un estudio por él efectuado que se tituló «Abelló, razones de una decisión», donde se daba cuenta de las causas que inducían a la venta de la sociedad. En él se abordaba el análisis en profundidad de la industria farmacéutica nacional, la internacionalización de los mercados y las perspectivas de futuro, en ese marco global, de una empresa como Abelló, con sus debilidades y puntos fuertes. Mario concluía que los laboratorios de su amigo no tenían salida como empresa en manos privadas.

Juan Abelló compartía secretamente los mismos temores sobre el problemático futuro del negocio farmacéutico heredado de su padre. Más que nunca estaba decidido a no morir vendiendo píldoras. Entre los dividendos, los gastos de investigación, de promoción, publicidad, reequipamiento, financiación de *stocks,* etcétera, el negocio no liberaba recursos para ninguna aventura adicional; era un negocio triste, un negociete para vivir bien, pero de escaso futuro para una pareja que ya estaba olfateando piezas de mayor calibre. Juanito Abelló comenzaba a aburrirse soberanamente.

Y un buen día Mario le suelta a Juan una andanada en pleno rostro y sin previo aviso. Habían estado trabajando con los gerentes de una compañía de farmacia danesa y, tras la cena, deciden todos ir a tomar una copa al Molino Rojo, en la calle Tribulete. Y allí, sentados en unos incómodos taburetes forrados de rojo, con el whisky en la mano, mientras las niñas desfilan ligeras de ropa, Mario larga su idea.

—Tú vas a tener que vender Abelló, Juan, porque esto no tiene futuro...

—¿Qué estás diciendo...?

—Lo que oyes. Hace meses que vengo pensando en ello, aunque hasta ahora no me había atrevido a comentártelo.

—Pero, ¿cómo voy a vender yo el negocio de mi familia?

—Pues vendiéndolo; porque un día no lejano entraremos en el Mercado Común y vendrá la patente de producto y nos moriremos por asfixia.

—Sé que este es un negocio estrecho, pero no venderé nunca; más aún, defenderé la sociedad mientras pueda. ¿Y qué hago yo si vendo?

—Vender es correr la gran aventura de lanzarse a la arena y ver lo que hay por el mundo...

—Yo quiero seguir conservando mi empresa.

Aquella noche en la calle Tribulete Juanito Abelló optó por defender gallardamente el futuro de sus laboratorios casi en un acto de romanticismo, aunque íntimamente estaba convencido de que su amigo tenía razón.

—Si quieres seguir en este sector —concluye Mario— lo único que de verdad vale la pena es Antibióticos, S.A. Esa empresa sí que es un buen negocio...

—Eso también es cierto.

—Y no sería mala cosa que nos plantearamos la posibilidad de dar el pase a Abelló y entrar en Antibióticos con todas sus consecuencias.

—No es mala idea, no señor.

Frente a las estrecheces de los laboratorios Abelló, Antibióticos sí era de verdad un negocio capaz de crecer en serio. La estructura de la propiedad accionarial, repartida entonces entre cinco empresas, no favorecía precisamente la realización de una gestión uniforme, pero aún así la sociedad registraba algunos años crecimientos del 50% o del 60%, poniendo en evidencia algunas interesantes realidades que no habían pasado inadvertidas para Conde.

Antibióticos producía en su fábrica de León una materia prima que envasaban otros laboratorios. Marcas de primera fila internacional, que habían abandonado la producción de esa *commodity* por falta de margen, preferían comprarla en León para transformarla después en los antibióticos de última moda, que son los que proporcionan mayor valor añadido. La firma tenía capacidad para exportar a otros mercados, especialmente a países en vías de desarrollo donde el uso de antibióticos se encontraba en plena expansión.

En Antibióticos se ponía de manifiesto la capacidad de mejora de los procesos de fermentación que, lejos de las limitaciones de la química, posibilitan notables rendimientos. La empresa, además de contar con patentes propias, disponía de una demanda asegurada de su principal producto.

«Aquella noche hablamos de Antibióticos y de lo bonito que sería entrar y hacernos con el control. Era un tema que siempre me había hecho ilusión», comenta Juan. «Desde siempre había visto que ahí era donde se podía ganar dinero.» Mario, por su cuenta, lo vio enseguida con sólo analizar los balances de Abelló, S.A., por la repercusión que en ellos tenía el 23% de Antibióticos. «Pero no teníamos un duro para iniciar una operación de ese tipo, lo que no nos libraba de soñar, de repasar la situación de los distintos socios de Antibióticos, de sopesar cuánto tiempo podrían resistir...»

En 1979 se había producido ya un primer acercamiento de la multinacional Merck Sharp & Dohme hacia Juan Abelló. Los laboratorios Abelló son complementarios con sus productos y quieren comprar. Meses más tarde, los americanos de Merck formulan una oferta que Juan comenta con un amigo.

—Si de verdad te dan ese dinero y no vendes, es que estás loco...

Pero a Juanito Abelló le parecía poco, convencido de que la empresa de su padre valía más.

En el mes de abril de 1980, Mario sorprende a Juan Abelló con una mala noticia: quiere abandonar Abelló, S.A., e independizarse.

—No quiero quedarme toda la vida de empleado en la industria farmacéutica y he decidido montar mi propio bufete de abogado.

—¿Por qué te quieres marchar? ¿Qué es lo que no te gusta?

—Si no es nada, Juan; es que mi etapa de Abelló se ha terminado, y he tomado la decisión de independizarme. Quiero saltar al ruedo y hacer algo por mis propios medios.

—¿Qué te voy a decir yo, chico?, que hagas lo que creas conveniente; una cosa te pido, y es que sigas como consejero en Abelló. Y te lo pido por dos motivos: porque tu presencia es necesaria para la empresa, y porque, ya a un nivel personal, han sido cuatro años muy buenos y me gustaría seguir en contacto contigo...

Aquélla fue una decisión complicada para los dos personajes, porque ambos habían llegado a desarrollar una relación de profunda amistad, de gran compenetración, que con el tiempo se iría agrandando. Juan pensó que, en el fondo, su amigo se iba porque no había conseguido convencerle de la necesidad de vender el negocio familiar. Lo que no obsta para que desde abril, en que se produce el anuncio, hasta el 23 de diciembre de 1980, en que oficialmente tiene lugar la separación, ambos vivan su relación de amistad con gran intensidad. Pero en diciembre Conde levanta el vuelo. Diciembre ha sido siempre un mes clave en la vida de Mario Conde y Juan Abelló, un mes símbolo. Las grandes cosas de la pareja han ocurrido siempre en diciembre.

La salida de laboratorios Abelló tampoco fue una decisión fácil para el matrimonio Conde-Arroyo, y de hecho supone un duro *shock* para Lourdes, la mujer de Mario. Es abandonar un empleo seguro por la aventura de una profesión liberal en la que hay que abrirse camino. Era, hasta cierto punto, un salto en el vacío.

Mario Conde y su amigo de Deusto, Enrique Lasarte, montan su despacho en Madrid, en unión de un tercer amigo de San Sebastián llamado Jaime Otegui. Mario y Enrique venían haciendo de forma esporádica desde 1977 algún trabajo conjunto de colaboración profesional en temas de Derecho mercantil. Tras ganar algunos casos sustanciosos, empezó a abrirse paso entre ambos la idea de una colaboración profesional más estrecha. Y en mayo de 1980 el proyecto se hace realidad con la apertura del bufete en la madrileña calle de Maldonado, 31.

La separación de Mario de los laboratorios Abelló no es total, puesto que acepta permanecer como miembro del Consejo. Además, el bufete de Mario lleva los temas jurídicos del negocio de Juan, con lo que ambos tienen ocasión de continuar viéndose con relativa frecuencia.

En el bufete, los tres amigos comienzan a llevar temas jurídico-mercantiles con suerte diversa. En un momento determinado, los socios se introducen en el proceloso mundo de los negocios, tomando la mayoría en una pequeña empresa radicada en el País Vasco, en los alrededores de San Sebastián. Se trataba de una sociedad que fabricaba guantes de caucho adecuados para trabajos duros y peligrosos. Las perspectivas eran buenas, pero las cuentas no cuadraban. Al final, los socios, que no controlaban la gestión, se enteraron de que se estaba vendiendo por debajo del precio de coste. Tras sucesivas renegociaciones de la deuda, Lourdes se plantó: «Yo no firmo más créditos...» Y la aventura se cerró con la pérdida de cerca de 50 millones de pesetas, los primeros 50 millones ahorrados por el matrimonio Conde-Arroyo. De manera que Conde tiene también su pequeño fracaso empresarial escondido, un borrón con el que adornar su currículum de *yuppie* a la americana, donde lo importante no es fallar una o varias veces, sino volver a intentarlo.

En pleno 1981, con Mario ya instalado en su bufete, Juan Abelló concibe una operación aparentemente inocua, pero que se revelará de gran trascendencia con el paso de los meses, cual es la entrada de su amigo y hombre de confianza Mario Conde en el Consejo de Antibióticos. Las cosas comenzaban a complicarse en esa sociedad. El consejero delegado, Enrique Quiralte, cuñado de Juan, comenzaba a ser contestado por buena parte de los socios que componían el accionariado de la sociedad, y era importante tener colocado un hombre como Conde, que ya había apuntado hacia Antibióticos como el gran negocio pendiente. ¿Quién sabe? Aunque Juan opina que el plan de Mario es una quimera, no se pierde nada por adelantar los peones. Juan le pide entonces a su padre que deje su puesto de consejero en la sociedad para que lo ocupe Conde, lo que le acarrea serios disgustos familiares por culpa de los cuñados que se consideran con más derechos. Y el padre, que seguía conservando una gran visión de la jugada, accede de inmediato a la petición de su hijo.

En el negocio familiar, Juan Abelló ve que la situación no despega. Sigue de cerca la marcha de otros laboratorios de la competencia, algunos provistos de productos más comerciales, menos científicos. Y la penetración de las multinacionales es cada vez mayor, como mayor es la tutela de la Administración sobre el sector. La imagen de los laboratorios en general era mala, acusados a menudo de ser los causantes de los males de la Seguridad Social.

Durante dos años, cada vez que un alto cargo de Merck, Sharp & Dohme pasa por España se invitan a almorzar o cenar, se ven, se hablan. Y no hay forma de que Mario asista a esas reuniones, convencido de que Juan no quiere vender y está simplemente mareando la perdiz. Esta actitud del amigo tiene un efecto beneficioso sobre la marcha de la negociación, porque permite a Juan disimular sus secretas ganas de vender; más aún, le permite alardear de un cierto aire de indiferencia. En el fondo a Juan le aterraba la idea de desprenderse del viejo negocio familiar. Y después, ¿qué hacer? ¡No me voy a quedar toda la vida de rentista...! Y, así, Juan Abelló jugaba a la perfección la táctica del vendedor desdeñoso que se deja querer por la otra parte, sin aparentemente acabar nunca de deshojar la margarita.

Un viernes de octubre de 1981, Mario y Juan, acompañados por sus respectivas mujeres, se van de fin de semana a la finca de Juan en Las Navas, en plenos Montes de Toledo. Se trata casi de un retiro espiritual donde los protagonistas van a decidir la suerte de los laboratorios Abelló. Si optan por vender, Juan Abelló quiere saber con su amigo qué van a hacer después, en qué proyecto pueden embarcarse para seguir juntos... Aquella misma semana, Juan había almorzado de nuevo con los hombres de Merck en el restaurante O'Pazo. Aquello rayaba ya en el paroxismo: cuanto más desdeñoso se mostraba el español, repitiendo su vieja cantinela de que no estaba interesado en vender, más se picaban los americanos... Y el Frenadol que llevaba una marcha imparable.

En Las Navas, sin embargo, se produce división de opiniones. Juan llega a la conclusión de que no quiere vender. Definitivamente le asusta el futuro, aunque sea un futuro cargado de millones. Ana Gamazo, su mujer, le apoya, convencida de que para Juan será malo quedarse con los brazos cruzados el resto de su vida. Lourdes se une también a la pareja. Mario se queda solo con su torrente de argumentaciones: él está convencido de que su amigo tiene que vender, y no sólo eso, sino que a continuación hay que iniciar el asalto a Antibióticos, lo que sus interlocutores consideran sencillamente una quimera.

Ambas parejas han pasado la mayor parte del fin de semana en un pequeño salón con chimenea, decorado con algunos de los trofeos de caza del joven Abelló. Juan ha estado sentado muchas horas bajo la imponente testa disecada de un helan de Derby, el mayor antílope existente en África, que él mismo había abatido en una cacería en Camerún. Los cuatro se cansan de darle vueltas al mismo asunto, sin llegar a una decisión final. Y llega la hora, el domingo por la tarde, de preparar el regreso a Madrid. Recogen sus bártulos, los introducen en los coches y cuando Juan termina de dar las últimas instrucciones a los guardeses, sugiere la posibilidad de tomar un último café...

—Muy bien, tomemos ese café —concede Mario.

—Vamos a pasar al salón grande, que me duele un poco la cabeza de estar toda la tarde encerrado en el saloncito ese...

—No, hombre, Juan, que ya está todo recogido, no vamos a dejarlo todo manga por hombro... —protesta Ana Gamazo.

—Que no, por favor, no quiero poner los pies otra vez en el dichoso saloncito...

La pareja está a punto de iniciar una pelea matrimonial por un motivo tan trivial, pero Juan se ha empeñado y finalmente los cuatro pasan a tomar el café al salón principal de la casa.

Y cuando están ya saboreando la infusión de despedida, un gran estruendo estalla de pronto en el saloncito de al lado, con ruido de muebles y cristales rotos... los cuatro se miran perplejos, paralizados por un instante, antes de que echen a correr en dirección al lugar de la explosión. Juan franquea primero la puerta y queda helado ante la escena: la cabeza del helan de Derby se ha desplomado de su lugar de honor en la pared y ha caído con sus casi cien kilos de peso sobre el sillón donde tantas horas ha pasado Juan arrellanado aquel largo fin de semana, luego ha rebotado y se ha estrellado contra una mesa baja de madera maciza y cristal, que ha saltado hecho añicos... Aquello fue toda una premonición para Juan Abelló, que le hizo cambiar de opinión sobre el futuro de los laboratorios fundados por su padre.

A primeros de noviembre de 1981, Juan almuerza con Mario para hacerle saber que definitivamente está decidido a vender. El ejercicio 81 se estaba desarrollando con brillantez, con una facturación prevista de 4.500 millones de pesetas. Conde celebra la buena nueva y pasa a encargarse directamente de las operaciones, en nombre del bufete que regenta.

Y el 10 de noviembre, Juan Abelló y Mario Conde celebran un almuerzo en Zalacaín al que asisten los dos máximos ejecutivos de Merck, Sharp & Dohme en Europa.

—Estamos dispuestos a vender.

—Muy bien, ya es hora... vamos a estudiar la operación y a prepararos una oferta.

El martes 2 de febrero de 1982 es uno de los días negros en la historia personal de Juan Abelló. Esa mañana, el diario *El País* le sorprende con una información en la que se aseguraba que el Frenadol, «el antigripal más popular del mercado español, ofrece irregularidades en su composición y venta». El miércoles, 3 de febrero, el diario ampliaba su información titulando que «Sanidad investiga supuestas irregularidades del antigripal Frenadol», un producto que vendía diez millones de unidades al año. Ese mismo día, tiene lugar una rueda de prensa donde el creador de la fórmula del Frenadol, el doctor Baixeras, defiende la inocuidad del preparado. En la mesa presidencial no se encontraba Juan Abelló, pero sí Mario Conde, dispuesto a echar una mano a su amigo «porque aunque yo sólo era consejero de la empresa, Juan me lo había pedido». Las informaciones aparecidas en *El País* provocaron un gran revuelo, del que se hicieron eco la mayoría de los medios de comunicación, incluida la televisión. La desesperación de Juan no tenía límites.

«Yo sabía que aquello no tenía ninguna base científica y pudo ser una jugada de otra multinacional de farmacia que no he conseguido averiguar. El razonamiento estaba centrado en que el preparado era peligroso si se tomaba en grandes dosis... pues claro, si uno se toma 100 copas de coñac también la palma. El caso sirvió para que determinados personajes volcaran su resentimiento personal hacia mí...»

El asunto no podía haber llegado en peor momento. Laboratorios Abelló estaba en venta, una circunstancia que se llevaba con el mayor de los secretos, y el Frenadol era uno de los productos estrella de la casa, responsable él solo del 30% de la facturación de la firma. Las ventas del producto caen de inmediato de forma dramática, hasta en un 60% en meses sucesivos, y las negociaciones con Merck se interrumpen.

En efecto, los americanos se toman inmediatamente un respiro y pronto remiten una carta señalando que, a causa de lo ocurrido, las negociaciones quedaban suspendidas. Y es entonces cuando a Juan Abelló le entra verdadera psicosis por vender, hasta el punto de que intenta dos gestiones personales con otras dos multinacionales: American Home Products y Revlon.

El escándalo del Frenadol provocó una profunda caída de moral en Juanito Abelló. En junio de 1982 Merck asoma de nuevo tímidamente la cabeza, planteando su potencial interés en el negocio de farmacia de la sociedad. La tormenta parecía haber pasado. Mario y Juan efectúan varios viajes a Estados Unidos a la sede de la multinacional, pero no es hasta septiembre del mismo año cuando la operación parece de nuevo tomar vida.

En la segunda quincena de septiembre del 82, Abelló, S.A.,

entre los cinco primeros laboratorios a escala mundial en especialidades alergológicas, había inaugurado su centro de investigación, con la nueva sede de Alergia e Inmunología Abelló, un asunto al que dentro de la casa se da gran importancia, y en el que se habían invertido 1.000 millones de pesetas. Las ventas de Frenadol se habían estabilizado ya, dentro del considerable bajón sufrido, una caída de la que nunca más volvería a recuperarse plenamente.

Las conversaciones comienzan a acelerarse en octubre, y en diciembre del 82, de nuevo la fuerza de diciembre en las vidas de Juan Abelló y Mario Conde, se llega a un principio de acuerdo, que se sanciona el 10 de enero de 1983 en el Hotel Ritz, en un acto que los protagonistas rubrican con champán.

Juan Abelló recuerda que tuvo serios problemas para contactar con el ministro de Industria, Carlos Solchaga, que los socialistas eran entonces bichos raros, más bien desconocidos para las nobles gentes que habitan las zonas altas de la calle Serrano. Pero una vez conseguido el contacto, el ministro Solchaga le concedió dos largas entrevistas en las que quedó clara la preocupación de la Administración por la españolidad de Antibióticos, S.A., tema en el que, por una vez y sin que sirva de precedente, Mario Conde coincidió con Carlos Solchaga. La preocupación del ministro era superflua, porque ya se había encargado el propio Conde de repetir machaconamente a Juan que el 23% de Antibióticos era intocable. Ese porcentaje era nada menos que el futuro.

El Gobierno, que dio facilidades para la culminación de la venta, quería también preservar la actividad de alcaloides. Los norteamericanos, por su parte, tampoco se interesaron por la actividad de Alergia, un negocio muy interesante que, bien tratado en manos de una multinacional, podía haber dado grandes resultados.

Con los laboratorios Abelló vendidos, las hermanas de Juan seguían sin enterarse de la operación. Menos aún el padre. Juan Abelló temblaba con sólo pensar en el momento en que tuviera que anunciar a su progenitor la mala nueva. El 27 de febrero, Juan decide que no puede ocultar por más tiempo lo sucedido y se lo comunica a sus cuatro hermanas. La sorpresa es grande, pero Juanito dora la píldora haciéndoles ver que lo que en realidad se venden son las marcas, y que la parte del león se queda en casa. Sólo faltaba ya su padre en la ignorancia. El 28 de febrero Juan se fue a esquiar a Church, Suiza, convencido de que al regreso tendría que afrontar una dura conversación. Y el 3 de marzo recibe una llamada telefónica desde Madrid informándole que su padre está muy grave, seguida de otra, un cuarto de hora después, para notificarle que acaba de fallecer. Y así fue como Juan Abelló Pascual se fue de este mundo convencido de que los laboratorios Abelló estaban para siempre en manos de su hijo y heredero.

El 20 de marzo se firmó el precontrato, un momento duro para Juan. Durante un tiempo que le pareció interminable, firmó hoja tras hoja, aquello no se acababa nunca, cláusulas, anexos, activos, pasivos, contratos, salvedades, jubilaciones de los empleados uno detrás de otro, créditos, inmuebles, más de una hora firmando, o al menos eso le pareció a Juan, que no veía llegado el final de su tortura.

El cierre de la operación, una vez obtenidos los permisos oficiales tras el acuerdo del Consejo de Ministros, tiene lugar el 29 de septiembre de 1983, décimo aniversario de la boda de Mario Conde y Lourdes Arroyo. El diario *Cinco Días* aseguraba que «la cifra autorizada por el Consejo de Ministros es de 2.700 millones de pesetas, pese a que se hablara inicialmente de una cantidad del orden de los 3.000 millones de pesetas». Laboratorios de la competencia dicen estar seguros de que el importe de la operación fue en realidad de 4.300 millones de pesetas, una barbaridad de dinero en opinión del sector, y todo un éxito atribuible a la habilidad negociadora de Mario Conde, que, sin abandonar su despacho de abogado de una manera formal, ha sido el que ha llevado el peso de la negociación frente a las tribus americanas.

Los de Merck pagan esa cifra por las licencias de Abelló, porque la parte de tecnología de la firma, como eran los alcaloides y la Alergia, y sobre todo la participación en Antibióticos, quedaban a buen recaudo. Los americanos, con su pragmatismo anglosajón, habían comprado justamente lo que les interesaba, desdeñando el resto, por prometedor que pudiera parecer.

Juan, que era propietario de alrededor del 60% del negocio, con el resto en manos de sus cuatro hermanas, considera que el precio pudo ser mucho mayor de no haber mediado el asunto del Frenadol. Mario Conde, que se ha trabajado la operación de principio a fin, recibió en pago de sus servicio una comisión del 7% de la cifra de venta, equivalente a 300 millones de pesetas, un buen mordisco para iniciar una carrera meteórica hacia el poder y el dinero.

Inmediatamente después de la firma Juanito Abelló se fue una semana a Nueva York, a ver teatro y oír óperas. Durante bastantes meses llevará a cuestas el peso de un cierto remordimiento por la venta del negocio paterno. Aquella había sido una decisión traumática, que durante mucho tiempo pasó factura.

Juan Abelló era ya una gran fortuna, y Mario Conde, con un bufete abierto y muchas ideas por delante, acababa de hacer sus primeros dineros importantes. ¿Qué hacer a partir de ahora? El camino estaba claro. La venta de Abelló se convirtió en el primer peldaño de una imparable ascensión que llevará a la pareja a la cima del poder económico de nuestro país.

De hecho, la venta de Abelló, como la operación Antibióticos, que vendrá después, ha estado siempre en la mente de los dos amigos como la clave del arco de la conquista de Banesto, y en esta dirección, la venta de Abelló no es sino la primera parte de la operación Antibióticos, un primer peldaño que conducirá a la pareja hacia su sueño dorado.

Es casi como el cuento de la lechera, pero a lo grande: con el dinero de Abelló, tomamos la mayoría en Antibióticos; ponemos la empresa a funcionar y la vendemos a Montedison; con el dinero de los italianos nos metemos en el Banco Español de Crédito, y una vez dentro de Banesto, el poder, el Banco Central, y después...

Capítulo 4

EL ASALTO DE ANTIBIÓTICOS

Con el dinero de laboratorios Abelló en el bolsillo, Juan Abelló y Mario Conde tenían ya perfilado el próximo objetivo: la toma de control de Antibióticos, S.A. Se inicia el segundo *round* de un combate a varios asaltos que va a llevar a Conde hasta la cúpula del sistema financiero y empresarial español. Y con ser importantes operaciones de la talla de la negociación con Montedison, o la entrada en Banesto, a la OPA del Banco de Bilbao, ésta que se inicia ahora es cualitativamente la batalla más difícil y espectacular, la operación más llamativa que desde el punto de vista estratégico ha hecho nunca Mario Conde. «Una operación magistral en cuanto a su diseño, concepción, estrategia y ejecución táctica; una obra de arte casi perfecta», según un importante personaje de la gran Banca privada española. Y la victoria final será también la más valiosa, porque colocará a la pareja, todavía al socaire de las miradas del gran público, en disposición de abordar las más ambiciosas metas.

La toma de la mayoría en Antibióticos, S.A., el único gran negocio potencial existente en el sector farmacéutico español, se convertirá en un ensayo general con todo para la gran representación que va a venir después: la negociación con Montedison, la entrada en Banesto, la derrota de la OPA del Banco de Bilbao, y la fusión con el Banco Central.

Para hacerse con el control de Antibióticos Mario Conde va a desplegar toda la gama de sus recursos, que no son pocos, y de sus trucos, que no son menos: constancia, tenacidad, persuasión, capacidad de maniobra, resistencia al cansancio y mucha inteligencia. Va a necesitar, cómo no, grandes dosis de suerte, de esa buena suerte que siempre parece decantarse del lado de los triunfadores.

La pelea de Antibióticos descubre a un Conde en su estado más puro: un fajador que alcanza sus mejores prestaciones en los momentos más duros y tensos de una negociación. Cuando todo el mundo está a punto de reventar, cuando el contrincante se siente hecho polvo por el agotamiento y la tensión, emerge entonces el personaje con toda su artillería mental, su capacidad de repentización, su repertorio de fintas para despistar al contrario (algunos dirían que sencillamente para engañarle); un Mario que se ha fumado tres paquetes de cigarrillos, que ha bebido diecisiete cafés en las últimas doce horas, y que para asombro de propios y extraños parece fresco, dispuesto a seguir adelante, listo a las 4 de la madrugada para sentarse delante de una máquina de escribir y comenzar a teclear él mismo, con la velocidad de una buena secretaria, las cláusulas de un complicado contrato jurídico de compraventa.

Antibióticos había nacido en 1948 tras un concurso público aparecido el 6 de octubre de 1948 en el Boletín Oficial del Estado y en el que entraron cinco laboratorios: Abelló, Zeltia, Ibys, Uquifa e Instituto Llorente. La fabricación de antibióticos era un asunto declarado de interés nacional, y la tecnología la proporciona la firma norteamericana Schenley Corp.

Con el paso del tiempo, la situación de partida se había transformado y cuando Conde y Abelló inician el asalto al palacio de invierno el accionariado estaba dividido en cinco grandes bloques. Instituto de Biología y Sueroterapia, S.A. (Ibys), Zeltia, S.A., y el grupo Abelló, controlaban cada uno el 23% del capital social. Otro 17% estaba en manos del Laboratorio Experimental de Técnicas Inmunológicas, S.A. (Leti), mientras el 14% restante estaba en manos de cuatro personas físicas, que eran las hijas y herederas de Jacinto Mejías, ex presidente del Instituto Llorente, siendo sus maridos quienes llevaban la representación accionarial. Uno de ellos, Francisco Cano Laso, un hombre que será clave en el desarrollo del proceso, representaba a tres de las hermanas Mejías, por tanto el 12,75%, mientras el cuarto, Arturo Díaz Casariego, representaba el 4,25% que era propiedad de su mujer.

Primera comunión de Mario Conde Conde, con traje de caballero de la Orden de Santiago, en 1955, con 7 años de edad. La ceremonia fue oficiada por el Obispo de Tuy (Pontevedra) en la catedral de la villa gallega.

Mario con 28 años, recién incorporado a laboratorios Abelló, S.A., en la estación de esquí de Cerler (Pirineos aragoneses), en febrero de 1977.

Viaje de negocios a Japón, en enero de 1979, para establecer una fórmula de colaboración entre Abelló y los laboratorios Takeda.

Un fin de semana de abril de 1980, en el Parque de Atracciones de Madrid con su hijo mayor, Mario.

En marzo de 1982, en la estación de esquí de Formigal, en el Pirineo aragonés, Mario había abierto su bufete de abogado, abandonando temporalmente a Abelló.

En el restaurante de un hotel de Lisboa durante un viaje de negocios en abril de 1983.

Mayo de 1984, en aguas de Mallorca, a bordo del Silencio, el segundo barco de vela que tuvo Mario Conde.

En abril de 1987, durante una montería en Las Navas, la finca de Juan Abelló, tras culminar la operación de venta de Antibióticos.

Foto tomada por su hermana Pilar en el invierno de 1988 en La Salceda, la finca de Mario en Ciudad Real.

Marzo de 1988, en aguas de Mallorca y a bordo del Pitágoras, el nuevo barco de Mario.

Enero de 1988, en su finca de La Salceda.

En la plaza de toros de Las Ventas de Madrid, durante una de las corridas de San Isidro de 1987.

El 5 de enero de 1988, Cirilo Saiz, el fotógrafo de Banesto tomó este primer plano de Conde, tres días antes de la primera junta general de accionistas que presidió el nuevo presidente de Banesto.

Febrero de 1988. Mario Conde tras una montería celebrada en Las Navas.

Las acciones de Antibióticos propiedad de la familia Abelló habían estado formalmente adscritas a los laboratorios Abelló, S.A. Al venderse éstos a Merck, esos títulos pasan a ser detentados por una sociedad creada al efecto y llamada Inverasa, S.A., una simple tenedora de acciones, de la cual Juan Abelló poseía el 60% y sus cuatro hermanas el 40% restante.

El Consejo de Administración de Antibióticos estaba formado por Arcadio Arienza, de Zeltia, como presidente; Juan Abelló Gallo, como vicepresidente, y Enrique Quiralte, cuñado del propio Juan, como consejero delegado. Además figura como consejero Mario Conde, que entra en 1981 cubriendo el puesto del padre de Juan Abelló. Por Zeltia son consejeros José Fernández y su hijo José María Fernández. Los puestos correspondientes a Ibys los ocupan los dos Bancos acreedores, el Vizcaya y el Santander. Por el primero figuran Álvaro Urgoiti y Gonzalo Urgoiti; mientras que por el Santander está Luis Berge. Están también representadas las herederas de Mejías, en las personas de Francisco Cano y Arturo Díaz. Finalmente, por Leti ocupan plaza en el Consejo Jaime Suñer Pí y Jaime Grego.

Los cambios en el accionariado de la sociedad se han resuelto siempre mediante un pacto de caballeros según el cual, cuando alguien decidía vender su participación, el paquete se prorrateaba entre los distintos accionistas. Juan Abelló padre quiso en cierta ocasión hacerse con la participación de una de las Mejías, pero el intento fue descubierto, organizándose un considerable revuelo en el Consejo, que llegó a estudiar la inclusión en los estatutos de la sociedad de una cláusula estableciendo el derecho de retracto en favor del resto de los accionistas en caso de venta de alguno de ellos.

Con estos antecedentes, no parecía lo más adecuado intentar un acercamiento amigable hacia el resto de los socios para llegar a hacerse con el control de la sociedad. La posición del propio Juanito Abelló en el seno de la sociedad estaba bastante deteriorada desde que en 1972 le fuera ofrecida la presidencia. Juan había rechazado esa presidencia simbólica, sin capacidad de decisión real, y exigido plenos poderes para aceptar el cargo, razón por la cual fue inmediatamente declarado enemigo público número uno del resto de los socios, quemando con ello cualquier posibilidad futura. Afortunadamente para sus intereses, Juan había conseguido colar a su cuñado, Enrique Quiralte, en una revolución palaciega ocurrida en la empresa en 1976.

De modo que, cuando en septiembre de 1983 se firma la venta de laboratorios Abelló a Merck, Enrique Quiralte, casado con Nieves Abelló, es el hombre que ostenta los poderes en Antibióticos, S.A. Quiralte, que había llegado al cargo de consejero delegado con una compañía en difícil situación, fuertemente endeudada a causa de la apertura de la fábrica de fermentación de León, lleva a cabo una buena gestión: establece controles, recorta el gasto y consigue sacar a la empresa de las angustias financieras, logrando el reconocimiento de buena parte del consejo a su positiva labor.

Pero una vez efectuado el saneamiento, la gestión del cuñado de Abelló parece atascarse: Antibióticos se convierte poco a poco en un ministerio y Quiralte, que se ha revelado como un buen defensa, demuestra no servir en funciones de delantero. No es imaginativo ni emprendedor; no crea. Mientras tanto y apoyada en la subida espectacular de la cotización del dólar, Antibióticos, una empresa fuertemente exportadora, pasa a gozar de una situación de tesorería inmejorable. El dinero fluye a raudales, pero Quiralte no sabe muy bien qué hacer con él, como no sea ingresarlo en la cuenta corriente de un banco.

La consecuencia es que el consejero delegado empieza a ser contestado, y de manera especial por el grupo Zeltia. Antibióticos, con una tesorería de varios miles de millones de pesetas es una golosina, un bombón grande y lustroso. Y el consejo se divide en dos bloques, según se apoye o critique la labor de Quiralte.

Se produce entonces la entrada en el consejo de Mario Conde, como representante de los Abelló, y el fiel de la balanza se va a inclinar definitivamente en favor de los que quieren un cambio en la gestión.

Y un día de la primera quincena de octubre de 1983, cuando Juan Abelló acababa de regresar de su semana sabática neoyorquina con las pilas bien cargadas de novedades culturales, el presidente de Antibióticos, Arcadio Arienza, acude a visitarle para hablarle del futuro de la sociedad.

—Esto no marcha, Juan. Tu cuñado Enrique no está dando

el juego que pide la empresa y hace meses que vengo pensando en la necesidad de un recambio.

—Yo creo que Enrique ha hecho una buena labor, pero en cualquier caso habrá que consultar con el resto de los socios. Además, no veo claro cuál puede ser el recambio.

—He pensado en Mario Conde. Creo que nadie mejor para sustituirle. ¿Qué te parece?

—Hombre, no sé, así a bote pronto. Mario es un tío muy valioso, el mejor del Consejo, sin duda alguna, como ya has podido comprobar, y creo que le vendría muy bien a la empresa. Pero antes de hacer ningún movimiento creo que habría que hablar con él, y ver qué planes tiene para el futuro...

—¿Puedes encargarte tú de eso?

—Naturalmente que sí.

Las cosas no podían empezar mejor. El general que defendía la fortaleza ofrecía su ejército en bandeja de plata a las fuerzas que en secreto preparaban el asalto. Con Mario como consejero delegado, pensó Juan, a lo mejor es posible hacer realidad la quimera que desde hace tanto tiempo llevan acariciando. Juan cuenta a su amigo lo que está ocurriendo.

—La caída de mi cuñado Enrique es inevitable y Arienza está pensando en ti como recambio.

—Hombre, es que yo no he decidido lo que quiero hacer a partir de ahora...

—Mira Mario, puedes hacer lo que quieras con tu futuro, porque tomar el poder en Antibióticos nunca te va a impedir dejarlo cuando te dé la gana, pero me parece una oportunidad de oro que nos ponen en bandeja. Ahora sí que creo que se puede hacer realidad ese proyecto con el que tantas veces me has calentado la cabeza...

—Es que para mí no tiene mucho sentido estar en ese Consejo sin ser propietario de una sola acción y menos aceptar el cargo de consejero delegado...

—Por eso mismo te digo que éste puede ser un paso previo de enorme importancia...

La precaria posición de Quiralte como consejero delegado recibe así el golpe de gracia por parte del propio grupo al que representa. Y cuando todo estaba preparado para el derrocamiento del cuñado de Abelló, en una reunión del Consejo, el consejero delegado, enterado del compló, sufre un oportuno amago de infarto que, como anillo al dedo, posibilita el cambio sin traumas. Razón tenía, pues, Arcadio Arienza cuando declaraba que Quiralte se había ido «sólo por motivos de salud».

Se forma entonces una comisión ejecutiva integrada por un representante de cada uno de los grupos accionariales: Mario Conde, por Abelló; Arcadio Arienza, por Zeltia; Álvaro Urgoiti, por Ibys; Jaime Grego, por Leti, y Francisco Cano por las hermanas Mejías.

Esta comisión funciona varias semanas entre octubre y noviembre de 1983, tiempo suficiente para que se demuestren dos cosas: que tal sistema de gestión no es operativo, porque nadie está dispuesto a desatender sus ocupaciones diarias, y que hay un joven cuya brillantez sigue imponiéndose a marchas forzadas. Este joven, Mario Conde, que dice disponer de tiempo libre y se manifiesta dispuesto a pilotar la nave con todas sus consecuencias, acaba recibiendo formalmente el puesto de consejero delegado a finales de noviembre de 1983. *Item* más: si el Consejo le otorga su confianza, él está dispuesto a desempeñar el cargo como profesional independiente, desvinculándose totalmente del grupo Abelló, de forma que su amigo Juan debería pasar a integrar esa ejecutiva en representación de su propio paquete. Arienza estaba seguro de la bondad de la mercancía: «Conde ha sido elegido consejero delegado exclusivamente por su categoría profesional.»

Ésta es quizá la estrategia de diversión más audaz que Mario pone en juego en la batalla por el control de Antibióticos. Y los contrincantes pican. Bien es verdad que el peculiar temperamento de ambos personajes coadyuva al engaño: antes y después de ser nombrado consejero delegado, Mario y Juan mantenían a menudo posiciones divergentes en muchos asuntos que afectaban a la marcha de la sociedad; divergencias que alguna vez alcanzan el umbral de la pelotera. Y este dato es mal interpretado por los competidores, especialmente por Zeltia, que también aspiraba secretamente al control de Antibióticos.

La situación entronca de forma directa con uno de los misterios que más especulaciones suscitan en todo lo que afecta a la pareja, cual es el grado de fortaleza y cohesión de la amistad entre Mario Conde y Juan Abelló. «La gente piensa que si tienes los mismos intereses económicos, tienes que ir con tu socio todas las mañanas a misa juntos, al trabajo juntos, a las fiestas juntos. Que, en definitiva, uno está obligado a aparecer con el socio de la mano en los mismos sitios, los mismos días y a la misma hora», asegura Juan Abelló. Y nada más lejos del carácter de ambos personajes; a uno le gusta navegar y al otro cazar; a uno montar a caballo y al otro esquiar... quizá sea en los toros el único lugar donde suelen aparecer juntos.

Los socios de Antibióticos, especialmente Zeltia, cometieron alguna otra equivocación. Cuando los dos personajes formaban ya un bloque compacto, una unidad de intereses, creyeron posible separarlos —como luego intentarán personajes de mucho más peso económico y político— mediante la puesta en práctica de algunas estrategias elementales, tal que el dinero o los halagos, «sin darse cuenta de que Conde no se mueve fundámentalmente por dinero, entre otras cosas porque es un tipo sobrado de facultades para ganarlo si de eso se trata», asegura Abelló.

En noviembre de 1983 Mario Conde se convierte, pues, en consejero delegado de Antibióticos, S.A., trabajo que se toma muy en serio y que no abandonará hasta que, en diciembre de 1987, sea nombrado presidente del Banco Español de Crédito. Tres años en los cuales Conde va a pasar de manejar una tesorería de 4.000 millones de pesetas en Antibióticos a manejar una cifra de recursos ajenos cercana a los 2 billones de pesetas en Banesto.

El nuevo mandamás de Antibióticos abandona definitivamente su bufete de abogado en la calle Maldonado, en el que seguirán trabajando Enrique Lasarte y Arturo Romaní, incorporado tardíamente. Ambos serán captados por Conde para el Consejo de Antibióticos cuando, en enero de 1985, la operación de control se consume.

En las Navidades de 1983, los dos amigos, en unión de Arturo Romaní, con el dinero de la Merck todavía caliente en el bolsillo, se van de turné por América del Sur con el importante objetivo de divertirse todo lo posible. Visitan Río de Janeiro; Buenos Aires, donde Abelló mantenía una filial de Alergia e Inmunología; Cartagena de Indias, Panamá y Miami. Lo pasan a lo grande, se ríen mucho y de alguna forma se confabulan para la gran batalla que se avecina. Al fin y al cabo, la operación de venta de los laboratorios Abelló, y todo el mal trago pasado con el Frenadol, no tenía otro objeto que ése: el abordaje de Antibióticos, S.A.

Durante los primeros meses del año 84 Juan Abelló se dedica a la reorganización de su patrimonio, mientras Mario se lanza a fondo en ese perfecto campo de entrenamiento en que para él se convirtió Antibióticos. El nuevo consejero delegado sabía dónde tenía que actuar y actúa sin dilación. Y aquello que no sabe, lo aprende rápidamente. «Es como una esponja: capaz de absorber cualquier tipo de enseñanza», asegura uno de los que le conocieron en aquella etapa. Mario estructura la empresa, identificando y separando los negocios que convivían revueltos dentro de la firma, constituyendo dos grandes bloques de actividad: la fabricación y venta de materias primas, por un lado, y la fabricación y venta de especialidades farmacéuticas, por otro. Redefine también las áreas de administración, financiera y jurídica de la sociedad.

Más importante aún, estos años van a perfilar de manera definitiva el instinto depredador del personaje, entendida la expresión como forma de concebir el mundo de los negocios y llevarlos a la práctica: los golpes se estudian en profundidad y de forma casi obsesiva —lo que este gallego puede hacer en un mes o en veinticuatro horas— y una vez tomada la decisión se actúa sin miramientos, con la velocidad del rayo.

Los resultados no se hacen esperar: 1984 es un año bueno, donde ya se nota la mano de Conde en la cuenta de resultados, a lo que contribuye también la favorable relación de intercambio peseta-dólar. La situación de tesorería de la sociedad sigue siendo impresionante. El camino a seguir estaba cada día más claro.

En el verano de 1984 Juan se va a navegar con Mario en aguas de Pollensa, Mallorca. A navegar y a algo más. Juan expone al amigo que ha llegado el momento de actuar y le pide que participe en la operación al 50%.

—¿Pero con qué recursos? Porque tú eres ya dueño de una gran fortuna, pero yo soy un pelao...

—¡Qué cosas dices! Tú sabes mejor que yo que para eso están los bancos. Tengo amigos en el sector y creo que no sería difícil conseguir financiación.

—Bueno, yo estoy dispuesto a lanzarme en picado... Y, ¿por dónde empezamos?

—La cosa está clara, por Ibys.

—Te equivocas, Juan; yo creo que hay que empezar por el grupo Cano...

—El que está equivocado eres tú. Ten en cuenta que en Ibys están el Santander, el Vizcaya y el Central, que con tal de cobrarse sus créditos no pondrán grandes pegas para pactar.

—Ah, pero hablas de comprar Ibys, no su participación en Antibióticos...

—Pues claro, Mario. Ibys sin el paquete de Antibióticos no es más que un montón de deudas...

—De todas maneras sigo pensando que es mejor empezar por los Cano.

—Pues explícate...

—Si empezamos por Ibys nunca llegaremos a hacernos con la mayoría de Antibióticos, porque el resto se pondrá en guardia y no habrá manera de llevar al huerto a ninguno más. Mientras que si comenzamos por Cano y conseguimos convencerle de que venda, se desatarán los nervios y la operación entrará en su recta final, con los de Ibys como candidatos inmediatos a vender por las causas que tú has expuesto...

—Hombre, no está nada mal pensado eso, no señor...

Abordar el control de Antibióticos no era fácil. En efecto, para alcanzar la mayoría hacía falta hacerse por lo menos con la participación de dos accionistas. Y hacía falta echarle valor al asunto porque, en cuanto se descubriera el pastel, se iba a producir una violenta reacción por parte del resto de los accionistas; reacción a la que la pareja malamente iba a poder responder, siendo todavía minoritarios, como no fuera con declaraciones de buena voluntad, y no sé por qué se ponen ustedes así si se trata solamente de un 14%...

Antes de meterse en harina, Juan y Mario almuerzan en el

otoño del 84 en el restaurante Zalacaín con Jaime Botín, consejero delegado del Banco Intercontinental Español, Bankinter. Mario no conocía todavía al hijo menor de don Emilio Botín, amigo de Juan Abelló desde hace tiempo. Los dos amigos le explican la operación en ciernes y cuando terminan reciben del banquero una prueba de confianza.

—Todo lo que me habéis contado me parece muy sensato, y os deseo suerte...

—Hombre, te lo hemos contado lógicamente por algún motivo, y es que quizá en el transcurso de la operación necesitemos algún tipo de financiación bancaria.

—En principio podéis contar conmigo para lo que sea menester. No necesito explicaros que en ese caso tendría que dar cuenta del asunto al ''jefe''...

—Por supuesto, nos parece lógico.

La primera víctima será Francisco Cano Laso, representante ya de los cuatro paquetes de las hermanas Mejías. Conde hace gala de sus mejores argumentos juridicistas: tenéis un exceso de concentración patrimonial a nivel de personas físicas, vais a tener problemas con el fisco... Rápidamente se lanza en tromba por la pendiente psicológica, ¡ay, los problemas de los hijos!, ¡el porvenir!, las angustias fiscales de las herencias que legan acciones en lugar de dinero contante y sonante, las broncas entre herederos... Qué inteligente sería por tu parte que les convencieras a todos para vender, ahora que la empresa está en la cresta de la ola. Y nadie mejor para comprarte que Juan Abelló, que puede pagarte un buen precio. Además te hacemos el diseño fiscal de la operación. Y Francisco Cano acepta la oferta y vende el paquete familiar del 14% a algo menos del 200% de su valor, por una cantidad que no llega a los 1.000 millones.

Conde da un salto cualitativo en su status. De gerente pasa a propietario, al adquirir personalmente la titularidad de la mitad del paquete correspondiente a las Mejías, un 7%, que sufraga en parte con la comisión que recibió de su amigo Juan por la venta de los laboratorios Abelló a Merck. El otro 7% lo adquiere el propio Juan Abelló.

El 11 de diciembre de 1984 el resto de los accionistas se enteran por la prensa de la operación. Hay apresurados intercambios de llamadas telefónicas, indignación, convocatoria de reuniones urgentes, nervios a flor de piel... ¿quién será el próximo? Un gesto de preocupación se dibuja en el rostro de más de un accionista ante la posibilidad de verse en minoría frente a un hombre de la habilidad de Mario Conde.

El grupo Abelló pasaba así a controlar el 37% de la sociedad. El próximo que vendiera les otorgaría la mayoría. Conde y Abelló no tenían el camino fácil, pero tampoco excesivamente difícil. Mario se había aplicado ya a conocer las debilidades de las tres sociedades que ahora compartían accionariado.

Ibys era una sociedad con capital muy atomizado. A consecuencia de deudas bancarias no amortizadas, los Bancos Central y Vizcaya poseían en torno a un 4% del capital, mientras el Santander era dueño de un 7%. Los puestos ejecutivos estaban ocupados por miembros de la numerosa familia de los Urgoiti, la fundadora, aunque su porcentaje accionarial no sobrepasaba el 11%, con el de los hermanos Juan Manuel, Álvaro y Gonzalo reducido a un simbólico 1% cada uno, lo cual no era óbice para que siguieran ocupando los puestos de representación de la sociedad. Juan Manuel Urgoiti, director general del Banco de Vizcaya, es a la vez el presidente de Ibys, mientras que Álvaro y Gonzalo son miembros del Consejo de Antibióticos.

La situación de Leti, por su parte, era todavía más dramática, ya que más de la mitad de las acciones que poseía en Antibióticos estaban hipotecadas como garantía de préstamos bancarios.

Los afectados por el golpe de mano de Conde y Abelló celebran apresuradas reuniones, con vistas a presentarse ante el consejo del próximo 19 de diciembre de 1984 con una postura uniforme de rechazo y firmeza ante lo que consideran una ruptura unilateral del pacto de caballeros.

Tras esta aparente actitud de bloque, cada uno de los socios intenta, sin embargo, tantear el terreno por su cuenta con el principal protagonista. Mario almuerza el mismo día 11 de diciembre en Zalacaín con el presidente Arcadio Arienza.

—Nos hemos enterado de que habéis comprado el paquete de los Cano.

—Pues sí, es verdad que lo hemos comprado.

—Comprenderás que ello nos coloca en una difícil situación, porque habéis violado el derecho de retracto que ha sido desde siempre una norma de la casa.

—Yo no creo que se pueda hablar de eso. Este hombre ha querido vender y nosotros hemos comprado porque consideramos que hacíamos un buen negocio al precio que hemos pagado.

—¿Pero tenéis voluntad de dominio, de llegar a la mayoría?

—Pues no, la verdad es que no; hemos comprado este paquete porque era una buena oportunidad y punto.

Mario Conde sale del almuerzo convencido de que Arienza no parece excesivamente contrariado con la operación, y piensa que quizá no se produzca la reacción violenta que llegaron a temer.

Mario se ve también en Zalacaín con los hermanos Juan Manuel, Álvaro y Gonzalo Urgoiti. Los Urgoiti quieren saber cuáles son los planes de Conde y Abelló, si se van a parar o van a seguir comprando, si quieren quedarse con todo...

—No, no, no pretendemos tomar el control.

—¿Y podemos pensar en la posibilidad de seguir conviviendo en la sociedad como hasta ahora?

—Por supuesto que sí; no existe ningún afán dominador por nuestra parte.

En el transcurso de la cena a Mario le dio la sensación de que los Urgoiti tenían algo más importante que decirle que protestar levemente por la compra del paquete Cano; es algo que en un último instante de desconfianza, quizá de temor, no se atreven a plantear, pero que Mario coge al vuelo y archiva en su memoria como un dato que puede resultar transcendental para el inmediato futuro.

Finalmente, el consejero delegado almuerza también con Jaime Grego, representante de los laboratorios Leti en Antibióticos.

Sin embargo, Leti, Zeltia y los Urgoiti —uno de los cuales, Gonzalo, que lleva la voz cantante de los coaligados, aspiraba a la presidencia de la firma— se han movido en la sombra, y en una reunión secreta mantenida el 18 de diciembre, el día antes del consejo, deciden golpear duro: Conde y Abelló deben retrotraer la operación de compra del paquete de los Cano, de forma que ese 14% se ofrezca a todos los accionistas y se prorratee su distribución, como ha sido práctica habitual. Si Mario Conde se niega a dar marcha atrás, se pedirá y votará sin más miramientos su destitución como consejero delegado. Y otra cosa más: se propondrá el reparto de un dividendo importante que reduzca los excedentes de tesorería de la sociedad, como una forma de evitar posteriores tentaciones hegemónicas, es decir, que con los propios recursos de la sociedad se pueda financiar la compra de otros paquetes accionariales. Los coaligados parecen decididos a golpear fuerte: dimitir a Conde si no deshace la operación, y privarle de artillería para otras posibles acciones.

En este consejo iba a debutar como secretario Ramiro Núñez, otro viejo camarada de filas de Deusto. Ramiro, un hombre de la mayor importancia en el desarrollo de toda la estrategia futura de Conde, había ingresado en el cuerpo de inspectores técnicos fiscales del Estado, y tras un año en Harvard y dos en la silla española del Banco Mundial, se disponía a aceptar la oferta de su amigo Mario, que le ofrecía la posibilidad de saltar a la empresa privada.

Y llega el esperado consejo del 19 de diciembre, quizá el más importante de la vida de Mario Conde. Y un comunicante anónimo se encarga de llamarle por teléfono el mismo día 19, de buena mañana, para ponerle al corriente de que los coaligados van a pedir su cabeza. Conde ve entonces el panorama «más negro que el sobaco de un grillo».

Cuando Ramiro Núñez toma asiento para asistir al que iba a ser su primer consejo como secretario de Antibióticos, el presidente de la sociedad, Arienza, le dice que haga el favor de abandonar la sala, porque la sesión se va a celebrar sin la asistencia del secretario. Bello comienzo. Arienza abrió la sesión con una descarga de fusilería. Su tono había cambiado diametralmente del mantenido durante el almuerzo secreto con Mario en Zalacaín.

—Un significado accionista y el consejero delegado han comprado un paquete de acciones, violando la regla no escrita de la sociedad, lo que supone un grave quebrantamiento de la con-

75

fianza depositada en el señor Conde por el resto de los accionistas.

Para demostrar que no tienen intenciones de dominio, Mario juega fuerte la carta de ofrecer al resto un pacto de sindicación consistente en que, por un lado, no efectuarían nuevas compras sin el visto bueno del resto del consejo, y, por otro, si algún otro socio quisiera vender su paquete, el grupo Abelló renunciaba a la participación que pudiera corresponderle para reequilibrar de nuevo los porcentajes de participación accionarial.

Pero la oferta cae sobre barbecho. Como en Fuenteovejuna, al resto de los socios de Antibióticos ya no le sirven las buenas palabras y quieren hechos concretos.

—O se retrotrae la operación, de forma que se ofrezca a todos participar en el reparto del paquete Cano, o destitución inmediata del consejero delegado.

Mario interviene a la desesperada manifestando su asombro por este castigo que se le impone por haber comprado acciones, al tiempo que aprovecha para cantar las muchas cosas buenas que ha hecho por la sociedad, la marcha de la cuenta de resultados....

Nada que hacer. La tensión subía de grado y no había que hacerse ilusiones: la suerte estaba echada. Mario y Juan se habían pasado esta vez de listos. Abelló callaba en su sillón presa de una gran incertidumbre, mientras a Enrique Quiralte parecía haberle tragado la tierra. El resto, en bloque, estaba resuelto a cargarse al consejero delegado. Aquello era el final de la brillante y corta carrera empresarial de Mario Conde.

Y Mario saca bandera blanca.

—Bueno, señores, estoy dispuesto a negociar en los términos que ustedes quieran...

—No, no —corta uno de los asistentes— aquí no se negocia nada; aquí hay que tomar ahora mismo la decisión de destituir al consejero delegado.

Y entonces Arcadio Arienza le echa un impensado capote a un Mario que se encontraba ya con el agua un poco más arriba del cuello.

—No, señor; en eso no estoy de acuerdo. Nosotros hemos dicho que a negociar o a la calle, y si él ofrece negociar, tenemos que escucharle y tomar una decisión sólo después de escucharle.

El consejero delegado ofrece entonces la rendición sin condiciones.

—Quiero deciros que nunca imaginé que la compra del paquete de Paco Cano iba a acarrear estos problemas, y quizá sea el momento de hacer público examen de conciencia. Sé que os debo una satisfacción y quiero deciros que, tras meditarlo, he llegado a la conclusión de que ha sido una chiquillada, una ingenuidad que estoy dispuesto a arreglar. Ni mi voluntad ni la de Juan Abelló ha sido tomar el control de Antibióticos. Yo he comprado porque siempre he dicho que no tiene sentido mi presencia en este consejo sin ser propietario...

»Así que si os oponéis a la operación yo doy marcha atrás ántes de fin de año, para que no tenga consecuencias fiscales ni para Cano ni para nosotros... Y una cosa más quiero deciros: me gustaría orientar de modo definitivo mi actividad profesional en la gestión de Antibióticos; creo que los resultados están ahí, y si vuelvo a contar con vuestro respaldo tal vez sea el momento de separarme definitivamente de Juan Abelló y trabajar como representante puro de los intereses de todos los accionistas y no de uno solo.

Los aguerridos atacantes, a quienes Conde ha congelado súbitamente las baterias, intercambian miradas atónitas, sonríen y respiran aliviados... ¡uf!, no habrá necesidad de sacar la navaja barbera... mejor así, todo arreglado.

En cuanto salen del consejo, Abelló y Quiralte se precipitan al despacho de Mario. La tensión es tremenda. Juan sólo tiene una frase:

—¿Y qué hacemos ahora? ¿Qué vamos a hacer?

—No tengo ni pajolera idea —responde Mario airado—. Lo único que sé es que de momento sigo siendo consejero delegado, y si no hubiera hecho el *strip-tease* que acabo de hacer estaría en la puta calle, y si estuviera en la puta calle pues todo se habría ido al carajo...

—Y ¿qué se te ocurre?

—Pues no se me ocurre nada, joder, déjame pensar...

—¡Mira que esto es la ruina, la ruina...! —exclama, compungido, Juan.

—¡Pero deja de lamentarte, cojones, que más arruinado estoy yo...! —le recrimina Mario de forma perentoria—. ¡Yo soy el tío más arruinado del mundo ahora mismo! Pero espérate, que ya pensaré algo.

—Pero... ¿qué se te ocurre?

—¡Y yo qué coño sé...! No se me ocurre nada de nada, pero algo pensaré seguro...

Tras el consejo, los reunidos tienen previsto un almuerzo en el restaurante Jockey, convocado para homenajear al miembro del Consejo José Fernández que pasa a la situación de retiro. Tras las tensiones que acababan de vivirse, no podía decirse que el hombre de Zeltia hubiera tenido demasiada suerte a la hora de fijar la fecha del banquete de despedida.

Ya en el salón donde iba a tener lugar el ágape, Mario toma asiento al lado de Gonzalo Urgoiti, el representante de Ibys. Cuando la comida va ya avanzada, Conde trata de lanzarle un cabo.

—Menudo consejito que hemos tenido hoy, ¿eh?

—Sí, ha sido duro, qué duda cabe...

—¡Que me lo pregunten a mí...!

—Quizá haya habido demasiados nervios por parte de alguno...

—Y bien, ¿cómo está el asunto? —le interpela Conde bajando la voz—. ¿Estarías dispuesto a que habláramos del futuro de Ibys o no?

—Hombre pues, más o menos...

—¿Y cuánto queréis por Ibys?

—¡7.000 millones...!

—No digas coñas... ¡Eso, ni por el forro!

—Bueno —musita Urgoiti—; empecemos a hablar de 5.000 millones...

—Te pasas un pelín, pero podemos empezar a hablar a partir de 5.000 millones. ¿Nos llamamos mañana?

—De acuerdo.

Mario sonríe por primera vez en aquella dura mañana. Con discreción coge un trozo de papel y escribe un mensaje: «Estoy ya negociando la compra de Ibys.» Se levanta en busca de los lavabos y cuando pasa por detrás de Juan Abelló, situado muy cerca de la puerta de salida, desliza sigilosamente un papelito doblado encima de la servilleta que Juan mantiene sobre sus rodillas.

No había terminado Mario de atender sus urgencias cuando Juan irrumpía pálido en los lavabos.

—¿Pero qué me dices? —grita casi alborozado.

—Lo que has leído. ¿No querías que pensara algo? Pues ya está.

—¿Pero cómo es eso, dame algún detalle?

—Pues nada, que ya está arreglado el tema: me he quedado con Ibys...

—¡Déjate de coñas...!

—Nada, hombre, que mañana comenzamos a negociar la compra de Ibys a partir de los 5.000 millones de pesetas. Se van a enterar éstos de lo que vale un peine...

El resultado es que todo el mundo sale del almuerzo de Jockey con la sonrisa navideña dibujada en el rostro, convencidos de la justeza de aquel «to er mundo e güeno». Las fiestas están encima, qué bonito es irse a casa con todo arreglado, a la vuelta de las vacaciones hacemos un consejo, sobre el 12 de enero, y formalizamos el reparto entre todos del paquete Cano. Podemos también incorporar por fin la cláusula, no es que desconfiemos, no, pero vamos a meterla de una vez en los estatutos, para que si hay otro accionista que quiera vender en el futuro, pues se sepa ya fijo que hay derecho de retracto.

Al día siguiente, Jaime Grego, que actuaba como secretario en funciones del Consejo de Antibióticos, acude al despacho de Conde para cotejar la redacción del acta de la reunión del día anterior. El hombre de Leti se mostraba conciliador.

—Pienso que ayer protagonizamos todos un espectáculo subido de tono. Yo creo que se hizo mucho el indio...

La respuesta de Conde es fría.

—Cada cual es muy libre de valorar la reunión como quiera. Por mi parte creo que hice lo que debía hacer...

—¿Y cómo redactamos el acta?

—Pues contando lo que pasó. Ahora bien, quiero que quede bien claro en ese acta que todos los consejeros, todos los consejeros de Zeltia, Ibys y Leti exigieron que se retrotrajera la operación bajo amenaza de destituirme del cargo.

—Hombre, tampoco es eso, yo creo que podíamos hacer una redacción algo más suave...

—Ni hablar; me opongo. Debe quedar claro que todos se manifestaron partidarios de poner en la calle al consejero delegado...

El intento de Grego de suavizar tensiones revelaba lo que algunos suponían: que la arquitectura de la unidad tan ardorosamente alcanzada entre los coaligados presentaba en sus cimientos bastantes grietas. La realidad era que, en el fondo, muy pocos estaban dispuestos de verdad a hacer que la sangre de Conde llegara al río. Así, era más que problemático que Luis Berge, director general del Banco de Santander y representante del banco en el Consejo de Ibys, y por este motivo también en el de Antibióticos, estuviera dispuesto a pedir la cabeza de Conde. Don Emilio Botín-Sanz de Sautuola y López, presidente del Banco de Santander, estaba al tanto de la aguja de marear. El fino catador que es don Emilio, como esos ojeadores que se pasan la temporada futbolística en el anonimato intentando descubrir nuevos artistas del balón, se había ya percatado de que aquel chico era oro puro, canela en rama, y no estaba dispuesto a malograr su futuro, un futuro que podía ser también prometedor para su banco.

Por otro lado, el presidente de Zeltia, que a su vez lo era de Antibióticos, Arcadio Arienza, no estaba convencido de que se debiera repartir ese dividendo extra. Si el derrocamiento de Mario Conde se llevaba a efecto, como estaba planeado, éste podía poner en apuros al resto de los accionistas ante la opinión pública y los propios trabajadores, acusándoles poco menos que de querer arramplar con la caja.

A partir del día siguiente, Mario y Juan inician una doble negociación. Por un lado con los Urgoiti; por otro, con Jaime Botín y su Bankinter, bajo la atenta mirada de don Emilio Botín senior.

En la mañana del 20 de diciembre, ambos amigos comienzan a parlamentar con los Urgoiti. Gonzalo trata de nuevo de poner sobre la mesa la cifra de los 7.000 millones de pesetas, con escaso éxito. Los compradores ofrecen quedarse sólo con el 51%, porcentaje que servía al fin último de la operación, cual era el control del paquete de Ibys en Antibióticos, y además abarataba la mercancía. Los números de Conde y Abelló consistían en valorar la sociedad en 3.000 millones si compraban el 51%, y en 3.500 si tenían que comprar el 100%. Por razones que califican «de prestigio», los Urgoiti quieren que la pareja conceda al resto de los accionistas minoritarios la oportunidad de vender también sus acciones al precio que fuera con ellos pactado.

El viernes 21 de diciembre, a las 10 de la noche, ambas partes llegan a un acuerdo en 3.927 millones de pesetas, pagaderos en tres plazos iguales: el primero el día de la firma; el segundo a un año, y el tercero a dos, sin intereses en ninguno de los casos. En valor actualizado, Mario y Juan estaban comprando en 3.200 millones de pesetas. Con ello terminaban de un plumazo con el problema de la mayoría de Antibióticos. Al despedirse esa noche, Conde entrega a Gonzalo Urgoiti un modelo de contrato ya redactado.

Los dos amigos y los Urgoiti vuelven a reunirse en días sucesivos, incluidos Nochebuena y Navidad. Como abogado de los hermanos Urgoiti entra en escena Luis Zarraluqui, y ambas partes analizan los aspectos jurídicos de la operación. El 26 de diciembre se inicia la cuenta atrás. El día 27, a las 5 de la tarde, existía ya un acuerdo definitivo.

De forma paralela, Conde y Abelló habían perfilado también el planteamiento financiero de la operación con Bankinter. Jaime Botín, tras peinar de arriba abajo los balances, había decidido apostar, aunque todo quedaba en última instancia en manos del viejo Botín.

Tras el acuerdo con los Urgoiti, Mario y Juan acuden a la sede de Bankinter, en el Paseo de la Castellana, 29, y cierran definitivamente la obtención de un crédito de hasta 4.000 millones de pesetas, al 50% cada uno. Los Botines no son monjas de la Caridad y exigen su parte en el festín. Quieren participar con ellos en el asalto a Antibióticos. Por encima de los protagonistas planeaba la severa mirada de águila de don Emilio que, pocas horas después, iba a poner en peligro la operación.

Tras abandonar Bankinter, Juan Abelló, su abogado Francisco Ortiz y Mario Conde, se acercan con todo encarrilado a la notaría de Félix Pastor Ridruejo, a quien presentan la operación. El notario se manifiesta deslumbrado por la que considera una jugada de extraordinaria brillantez, con tan pocos riesgos aparentes. Pero en el mismo despacho comienzan pronto a aparecer, primero tímidamente, algunas pegas, y más tarde lo que parecen ser riesgos considerables no suficientemente evaluados. Gran parte de los problemas estaban centrados en el decreto 279/1984, de 25 de enero, sobre regulación de ofertas públicas de adquisición de valores mobiliarios, vulgarmente llamada Ley de OPAS. No hay que olvidar que Ibys cotizaba en Bolsa. Y hay un momento, pasadas ya las 2 de la madrugada, en que Mario, muy castigado por la tensión vivida desde el día 18, mortalmente cansado, arroja la toalla.

—Venga, no se hace la operación.

—¡Pero qué dices! —exclama Juan.

—Que no, que son demasiados palillos, demasiadas pegas. Que yo no sigo...

—Pero hombre, vamos a dejarlo si estás cansado, pero todo esto que estamos hablando aquí ya lo has detectado y valorado tú con anterioridad; no es ninguna sorpresa.

La tensión podía más.

El día 28 de diciembre, a las 6.30 de la mañana, Mario se tira de la cama tras una noche en la que no ha conseguido descansar de verdad. Su mujer, Lourdes, está ya en Mallorca, donde todo el equipo de Conde ha quedado citado para pasar las fiestas de Navidad. Mario ha soñado muchas cosas. Ha soñado que era perseguido por un ejército de mendigos que blandían desesperados miles de letras de cambio. Le preocupa la entrada de los Botines en la operación. Si esa participación llega a conocerse, tanto él como su amigo Juan aparecerán ante la opinión pública como meros testaferros de los Botines, y él no está dispuesto a ser un muñeco en manos de nadie.

A las 9 de la mañana Conde llama por teléfono a Luis Berge,

consejero-director general del Santander, para notificarle el envío de una cláusula especial de responsabilidad. El Banco de Santander, como el Vizcaya y el Central, era accionista de Ibys y por tanto también tenía que vender. A las 10 de la mañana Mario está en Fortuny 37, sede de Torreal. Para terminar de componer la imagen de un día caótico, los teléfonos se habían roto en la oficina que ambos amigos mantienen aún abierta. Cuando al borde de las 11.30 la avería ha sido reparada, Mario recibe una llamada de Luis Zarraluqui. Resulta que según el Banco Central la operación no se puede realizar porque colisiona con la legislación sobre OPAS.

Mario se subleva. Puesto al habla con Félix Pastor, el notario opina también que ese es un argumento juridicista sin más valor. Mario le pide que se ponga en contacto con José Manuel Echevarría, abogado del Banco Central. Félix lo hace y al cabo de una hora devuelve a Mario la llamada: Oh, sorpresa, Echevarría ha convencido al notario de que no es posible llevar adelante la operación.

—¡No puede ser! —exclama Mario, mientras entra en una fase de profunda depresión.

No se acaban ahí los problemas. Los Botines se han subido al carro de las angustias de Mario y de qué forma. El cachorro Botín comunica por teléfono durante la mañana que ni él ni su banco entrarán con ellos en la operación. Es demasiado arriesgado. Jaime trata de disculparse. El estaba convencido, pero... son órdenes de arriba.

La batalla es dura. Mario no sabe ya a qué frente atender. Juan intenta que su amigo Jaime reconsidere su postura.

—Pero si ayer fuiste tú el que...

—Sí, es cierto, pero ya te dije que tenía que consultar con mi padre.

—Mira, tanto Mario como otros abogados están convencidos de que la operación se puede hacer...

—Oye Juan, yo podría plantear de nuevo el tema al «jefe» si extendéis ese documento de limitación de responsabilidades no sólo al banco, sino a mí y a mi padre.

Al cabo de un rato, es el propio Luis Berge quien también

quiere verse amparado por tal cláusula. Mario se desespera. Recuerda cómo el día anterior había tenido que cederle a los Botines un 25% de la parte que le correspondía. Los dos amigos habían cedido también a la exigencia de los banqueros de que el 50% del tráfico bancario de Antibióticos se hiciera a través del Santander. Aquello era apretar demasiado el cuello de las víctimas. Mario tiene entonces un gesto de valor.

—Mira Jaime, no importa que no vengáis vosotros. Podemos hacer solos la operación, siempre que contemos con el préstamo de Bankinter...

A la 1.30 de este 28 de diciembre Juan y Mario se acercan a la sede de Bankinter, para firmar la póliza de crédito ante agente de Cambio y Bolsa, mediante la pignoración de los títulos de Ibys. Firman avales, documentos de garantías y contragarantías... Mario no sabe muy bien lo que firma, aunque tiene la sensación de estar firmando hasta su pena de muerte. Juan, muy impresionado, se refugió en un extraño mutismo. Miraba al Paseo de la Castellana desde la planta octava de Bankinter y sentía vértigo. Juan se acordó entonces de su padre y le entró de pronto la terrible sospecha de si no estaría tergiversando todo el mensaje que le había transmitido su progenitor. Conde se sentía perplejo. Una póliza de 4.000 millones no era ninguna broma; si luego no tenían que utilizarla, el ridículo podía ser de los que hacen época. Y si Félix Pastor, que era el que había preparado toda la operación, se negaba, no se podría hacer.

Tras la firma en Bankinter, los dos amigos vuelven a Fortuny. Mario agarra la legislación sobre OPAS y se encierra a estudiar. La Facultad de Deusto acude en su ayuda con aquellas argumentaciones suyas *del sensum* contrario: si la ley dice esto, es que no dice lo otro y lo de más allá. Sigue negando los argumentos del abogado Echevarría, pero enseguida parece encontrar una solución: la ley limitaba al 25% el porcentaje a adquirir en una empresa para no incurrir en la obligación de la OPA. Para evitar problemas, había que echar mano de un tercero, y Mario tuvo entonces la idea de repescar a Enrique Quiralte. Félix Pastor, puesto al corriente de la novedad, seguía sin estar plenamente convencido.

Mario y Juan salen a continuación hacia el Eurobuilding,

donde tenía lugar la junta general de accionistas de Ibys. Alvaro Urgoiti, el presidente de la sociedad, se mostraba desolado tras conocer las noticias que hablaban de que la operación no se podía hacer. Los Urgoiti, con la lista de accionistas de Ibys en la mano, han ido en los últimos días llamando por teléfono uno a uno para contarles que había un comprador para sus acciones dispuesto a pagar un buen precio. Convencer al personal ha sido un trabajo bastante penoso: es el momento de sacarle cuatro duros a «esto», porque tampoco la sociedad da para muchas alegrías. Mario trata de animar a Álvaro. La operación se hace y él debe ahora plantearla sin miedo ante la junta. Mientras el acto se desarrolla, Juan y Mario reponen fuerzas en el bar, pasean por los pasillos y fuman sin parar. Al final, tras tres horas de espera, de la sala de juntas sale fumata blanca.

A las 7.30 de la tarde todos parten camino de la notaría de Félix Pastor. Empieza entonces un calvario con más de setenta personas, accionistas de Ibys —entre ellos directores generales de varios bancos—, abarrotando las dependencias de la notaría. Es una noche dramática. Gente, ruido, desorden. Y en ese marco había que redactar las escrituras. A las 10.30 de la noche se firmaba la primera, precisamente la del Santander, por la cual el banco de los Botines vendía sus acciones a la pareja. A las 3 de la madrugada, la última, la de los Urgoiti. Un poco antes, a las 2.45, Mario Conde comienza a hacer recuento de las acciones de Ibys ya en su poder. Faltaban 100.000 para alcanzar la mayoría. Era el desastre. Si quedaban en minoría después de tanto esfuerzo, los restantes podían unirse y pasarles el rodillo. Conde vuelve a contar y recontar. Seguían faltando 100.000 acciones. Mario comienza a sentir un sudor frío y Juan nota que algo no marcha.

—¿Qué pasa, Mario?

—Nada, no pasa absolutamente nada.

Y cuando Mario sentía ganas de tirarse por la ventana, descubre una señora mayor, casi una anciana, que dormitaba acurrucada en el fondo del pasillo, convertida en estatua de sal.

—Pero bueno, señora, ¿qué hace usted aquí? ¿Espera a alguien?

—No, es que tengo unas acciones y me han dicho que viniera aquí a venderlas... pero nadie me atiende.

—A ver... déjeme ver sus títulos...

La anciana tenía una póliza de 125.000 acciones... ¡Conde dio un salto de alegría!

—Pues claro que sí, señora, ahora mismo la atendemos, venga para acá...

La suerte de los ganadores había funcionado de nuevo en el momento oportuno.

A las 3.30 de la mañana del 29 de diciembre la operación de compra de Ibys, y por tanto la toma de control de Antibióticos, había terminado. A la salida de la notaría el frío aprieta, pero Conde se nota ardiendo como si fuera una tarde de agosto. Cuando todos se despiden, Ramiro Núñez abraza a Mario. Es un abrazo desaforado, algo que le sale de dentro y que deja un poco estupefactos a los demás. Es el abrazo del amigo que se sabe al lado de alguien llamado a grandes cosas. A esa hora tan intempestiva, Mario saca de la cama al director financiero de Antibióticos para decirle que la operación Ibys había concluido.

La batalla estaba ganada. Los compradores abonan un precio situado en torno al 700%, cuando en Bolsa Ibys estaba cotizando en la mitad. Don Emilio Botín queda impresionado por la capacidad de gambeteo de Mario Conde. Pero hay otro banquero a quien la brillantez de la operación ha llamado también la atención. Se trata de Pedro Toledo, consejero delegado del Banco de Vizcaya, que desde entonces seguirá muy de cerca los pasos de Conde. Ese chico llegará...

Y el 28 de diciembre, Día de los Inocentes, los hombres de Zeltia y Leti se enteran de que están a punto de quedarse en minoría en Antibióticos, S.A. Es el final. Los nuevos dueños de la mayoría tienen el detalle de anunciarles personalmente la buena nueva al día siguiente, aunque la prensa ya daba cuenta de la operación.

El 29 muy temprano, Mario salía para Mallorca. En el aeropuerto de Son San Juan está Lourdes, su mujer, ansiosa de noticias:

—¿Qué pasa, qué habéis hecho...?

—Pues nada, nada, que sencillamente hemos comprado Ibys.

—Y ¿cómo?

—Con un crédito de 4.000 millones que nos ha dado el Bankinter...

—¡Pero qué barbaridad estás diciendo...!

—Lo que acabas de oír.

—Estáis locos, locos de remate, y desde luego empeñados hasta más allá de las cejas...

Juan se fue a pasar el fin de año a Suiza, donde le esperaba ya su familia para disfrutar unos días en la nieve. Pero a consecuencia de la tensión acumulada aquellos días, con la firma de aquel preocupante crédito con Bankinter, Juan fue víctima de una depresión que le tuvo en cama la mayor parte de los siete días que pasó en tierras helvéticas. Eso sí, la estancia en Gstaad le sirvió a Juanito Abelló para leer mucho, entre otras cosas el ''España'' de don Salvador de Madariaga.

El 2 de enero de 1985, la junta sindical de la Bolsa de Madrid suspendía la contratación pública y la cotización oficial de Ibys, ante el anuncio de la OPA dirigida a los accionistas minoritarios.

A la vuelta de Reyes, Conde y Abelló se reunen con los dueños de Zeltia y les anuncian su disposición a comprar su paquete en Antibióticos.

—Podemos hacer un esfuerzo para comprar también lo vuestro...

—Y nosotros podemos también hacer otro esfuerzo para no ir a los periódicos y contar ciertas cosas que sabemos, y a los Tribunales a ver qué ha pasado con la legislación sobre OPAS...

En efecto, durante unos días, Zeltia y Leti estuvieron a punto de saltar a la palestra de la opinión pública. Ellos creían que jurídicamente no se sostenía el hecho de que los compradores hubieran dado esquinazo tan fácilmente al reglamento de OPAS, por el simple mecanismo de poner las participaciones a nombres distintos. Pero tampoco se atrevieron. Además, «Conde no es un tipo que haga chapuzas...», pensaron. La figura de Mario infundía ya respeto.

Zeltia y el dúo ya mayoritario en Antibióticos inician entonces conversaciones. La gerencia de la firma de Porriño, Pontevedra, está convencida de que Juan y Mario han comprado muy barato a Cano e Ibys y hacen a la pareja un planteamiento arriesgado: están dispuestos a hablar, pero con la condición de que se adopte una valoración idéntica para su paquete o para la mayoría. Es decir, Zeltia estaba dispuesto a comprar el 60% de Antibióticos que ya está en manos de Conde y Abelló, o a vender su 23% en la sociedad. La pareja acepta el reto.

Son negociaciones complejas, efectuadas con mucha intensidad. En un mismo día y a horas diversas se negocia en distintas oficinas, en hoteles, en cafeterías... Y al final se alcanza el pacto: es Zeltia quien vende su paquete en una negociación a cara de perro, efectuada en muy pocos días. Mario Conde pone de nuevo de manifiesto sus habilidades negociadoras, que alcanzan todo su potencial cuando los temas parecen absolutamente revueltos. Mario es ya una autoridad en operaciones de ingeniería de compraventa, una autoridad que pronto tendrá ocasión de demostrar frente a los italianos de la Montedison.

El 17 de enero de 1985 se cierra el trato en Madrid, pagando por el paquete de Zeltia un valor próximo al 500%. El montante de la operación se eleva a los 3.200 millones de pesetas, de los cuales 2.500 se pagan al contado, mediante un talón de Bankinter, y el resto mediante la cesión de un inmueble valorado en 700 millones de pesetas. El pacto secreto entre Conde-Abelló y Jaime Botín había fraguado por fin. Los Botines pasarán a ser propietarios del 23% —en realidad el 22,8%— que Zeltia poseía en Antibióticos.

El 26 de enero, *Cinco Días* da cuenta de que Conde y Abelló, tras la operación de Zeltia, controlan la mayoría absoluta del grupo Antibióticos. La importancia de la inversión realizada sorprende en medios de Farmaindustria, la patronal del sector, acostumbrados a que los que compren sean siempre extranjeros. «Las cúpulas de los Ministerios de Sanidad e Industria han visto con satisfacción esta línea de inversión que vienen patrocinando y que deja en manos españolas la primera fábrica de antibióticos, la primera de derivados del opio y la primera de sueros, con lo que estratégicamente el sector continúa siendo controlado por capital nacional.»

El 28 de enero, la Junta Sindical de Madrid acordó autorizar la tramitación de la oferta pública de adquisición formulada por Antibióticos sobre la totalidad de las acciones de Ibys. El 31 de enero, la prensa publicaba el correspondiente anuncio de la operación, preparada por Ramiro Núñez. Las acciones de Ibys, de 500 pesetas de nominal, se pagaban al 575 %, lo que suponía un precio por acción de 2.875 pesetas. Era la primera OPA que se formulaba en España con precio aplazado, porque el primer tercio se paga en el momento de la operación y el resto en los dos años consecutivos.

Inmediatamente después de terminar con Zeltia, Conde y Abelló se dirigen a Leti, el último de la fila, una sociedad en situación financiera crítica. El 17 % de las acciones que poseía de Antibióticos estaban pignoradas como garantía de una serie de créditos bancarios. Los dos amigos compran los créditos con sus garantías y por el 5 % adicional abonan una suma cercana a los 300 millones en metálico.

Y al final se plantea el tema de las hermanas de Juan Abelló, un asunto que dio lugar a abundantes rumores, donde interviene como asesor de las hermanas el abogado Ramón Hermosilla. Conde y Hermosilla chocan al principio de una forma que levanta chispas, pero luego comienzan a entenderse y al final «terminamos haciendo un trato verdaderamente interesante para todo el mundo».

«Se había roto ya ese vínculo familiar que supone la presencia de los padres», asegura Juan Abelló. «Y llegó un momento en que Mario y yo teníamos que iniciar nuestro despegue personal. El nuestro era ya un planteamiento que transcendía lo puramente económico, y en ese contexto no podían seguir primando ataduras de tipo familiar. Creo que pagamos a todo el mundo muy bien, más de lo razonable en aquellos momentos.»

Juan Abelló, Mario Conde y Enrique Quiralte componen una sólida mayoría de casi el 78 % por ciento del capital de Antibióticos. El 22,8% restante estaba en manos de Jaime Botín. El crédito de 4.000 millones de pesetas tenía un precio. Con la venta a Montedison, los Botines harán en menos de dos años el negocio del siglo.

Conde, un abogado del Estado, se situaba al frente del primer grupo farmacéutico nacional. «Lo suyo es la mezcla y fermentación de los recursos humanos, financieros y gerenciales en ese complejo y difícil organismo que es la empresa. Un aprendiz de brujo dentro de la más moderna y arriesgada farmacopea del *management*», decía el periodista Bernardo González en la revista *Mercado*.

A finales de febrero de 1985, Mario Conde y Juan Abelló controlan el 100% del capital social de Antibióticos. Una operación globalmente muy importante, que coloca a los protagonistas en el sendero de Banesto y del Central. El sueño hecho realidad. El cuento de la lechera comenzaba por una vez a cumplirse: con esto compro aquello, lo vendo después y compro lo de más allá... así hasta llegar a la cúpula de los dos más grandes bancos privados españoles. La meta utópica que ambos se habían marcado en los días de francachela y copas se hacía cada día un poco más realidad.

CAPÍTULO 5

LA IMPORTANCIA DE SABER VENDER

En enero de 1985 Juan Abelló pasa a ocupar la presidencia de Antibióticos, S.A., mientras Mario Conde es nombrado vicepresidente y consejero delegado. Los vencedores reorganizan inmediatamente el Consejo de Antibióticos, dando entrada en él a Ricardo Egea, un representante de Bankinter, el banco industrial del Santander. Los intereses de don Emilio Botín, a quien algunos atribuyen el diseño en la sombra de la operación, estarán así bien representados en la sociedad. El paquete de los Botines en Antibióticos, uno de los secretos mejor guardados por Mario Conde, era del 22,8%.

Mario se rodea en Antibióticos de un equipo de expertos que, a su condición de buenos profesionales, unen la fidelidad a su persona, una fidelidad nacida de la amistad. Es en realidad un equipo de incondicionales que parecía preparado para aventuras de más envergadura que la simple gestión de Antibióticos, S.A., por importante que fuera la empresa. Es, de hecho, un equipo que se ha mantenido compacto desde entonces y que ha pasado en bloque al Banco Español de Crédito: Luis Ducasse, director general de Fermentación y Síntesis; Ramiro Núñez-Villaveirán, secretario del Consejo; Fernando Garro, director general de Relaciones Institucionales; Salvador Salort, director general de Administración y Finanzas; Enrique Lasarte, miembro del Consejo, como Arturo Romaní, importante hombre de apoyo del equipo desde el exterior.

Mario retoma el libro de cocina de Antibióticos, dispuesto a condimentar en el menor tiempo posible un menú capaz de satisfacer el paladar del más exigente *gourmet* multinacional. 1985 y 1986 son años de realización profesional para Mario como gerente. Su gran virtud, cual es la capacidad para transmitir entusiasmo, su estilo comunicativo, muy directo, se expande por el grupo creando una cierta ideología del trabajo a la japonesa: todo por y para la empresa. Hasta el último empleado se siente partícipe de un proyecto colectivo. El absentismo se reduce prácticamente a cero, y nuevas perspectivas profesionales parecen abrirse para toda la plantilla. Mucha gente joven, recién salida de la Universidad, entra en la empresa, y son bastantes los que en ella descubren su verdadera vocación espoleados por la ductilidad de un directivo capaz de saltarse las reglas: el director financiero es un químico; el mejor comercial es un abogado, y el director para el área de cosméticos es un farmacéutico.

Conde racionaliza la sociedad separando claramente los negocios de los servicios, e integrando en las dos grandes divisiones —la de materias primas y la de especialidades farmacéuticas— las actividades afines. Penibérica se integra en el negocio de fermentación, e Ibys en el de farmacia. Y gasta buenos duros en un eficaz sistema informático, porque para una compañía cuya facturación depende casi en un 60% de la exportación era importante conocer al detalle los tipos de cambio de las divisas. Desde un terminal de ordenador instalado en su despacho, el consejero delegado sigue al dedillo el funcionamiento del grupo entero.

Dos cambios en el equipo directivo resultan fundamentales para el despegue de la sociedad. Por un lado, el relevo en la dirección de la planta de fermentación de León. Francisco Salto Maldonado, un catedrático de brillante cabeza, sustituye a Justino García, logrando que los rendimientos en fábrica se incrementen en un 40%, al implementar desarrollos de fermentación, extracción y métodos enzimáticos. Además mejora el clima laboral y la plantilla deja de trabajar por obligación para comenzar a sentirse integrada en un proyecto de futuro, con la consiguiente mejora en los rendimientos.

Otro cambio importante es la sustitución en el departamento

comercial de Julio Ferreiro por Eduardo Gómez-Acebo. El nuevo director comercial acaba con las comisiones, rompe con el esquema de *broker* único, comienza a moverse por el país y consigue una mejora global en los precios de venta del orden del 15 al 20%.

El hombre fuerte de Antibióticos hace de las reuniones del Consejo de Administración sesiones de terapia de grupo. Nada más llegar se quita la chaqueta, que coloca tras el respaldo de su asiento y comienza a hablar caminando de arriba abajo, subiéndose a menudo los pantalones a la altura del estómago con las manos metidas en los bolsillos, en un buen remedo de Charlot. Los temas se analizan en profundidad, a menudo con profusión de transparencias. Todo el que tenga algo que decir debe decirlo. En esta nueva forma de proyectar y programar no parecía haber meta imposible o inalcanzable. Todo ello conforma un especial espíritu de grupo, donde la amistad y la admiración por el ''jefe'' constituyen la argamasa sobre la que se levanta esa «cultura gerencial» que se convertirá pronto en una de las expresiones favoritas del personaje.

«Parecía imposible equivocarse con Mario», señala un miembro del equipo. «Yo salía de los consejos, reuniones maratonianas que podían durar cinco o seis horas, como si me hubieran dado un masaje.»

Conde comienza a exhibir en las revistas de economía su irreprochable imagen de *yuppie* arrollador, con su pelo engominado, su vestimenta a la italiana, sus corbatas... Además de imagen, vende filosofía gerencial. Maneja conceptos teóricos como la llamada «cultura de los tres círculos»: margen, excedente y beneficio. Una empresa solamente puede vivir cuando gana dinero, pero sólo tiene futuro cuando, además, genera excedentes empresariales; y su función está plenamente justificada cuando otorga beneficios a sus accionistas.

Los resultados económicos no se hacen esperar. De hecho, los síntomas ya eran claros en 1984, ejercicio en el que se percibieron los primeros síntomas de reacción a los cambios introducidos por Conde. La cifra de ventas del grupo, que en 1984 había sido de 12.500 millones de pesetas, salta en 1985 hasta los 20.200 millones, para colocarse en 1986 en los 27.800 millones de pesetas, un 60% de los cuales corresponde a exportaciones, con un *cash-flow* (beneficios más amortizaciones) de 4.500 millones y beneficio neto en torno a los 3.000 millones de pesetas. Antibióticos era un negocio saneadísimo, metido en una senda de facturación de 60.000 millones de pesetas a tres años vista.

Un informe confidencial de una firma consultora con base en Madrid, efectuado a principios de 1986, ponderaba la tecnología de fermentación de Antibióticos como una de las mejores de Europa, con unas óptimas perspectivas de rendimientos y *cash-flow* a corto plazo. Sin embargo, barruntaba ya en el horizonte algunos interrogantes serios. A largo plazo, la supervivencia de la firma pasaba por convertirse en una verdadera multinacional, con los costes que ello llevaba aparejado. La simple venta de materia prima a países en vías de desarrollo era un arma de doble filo, porque muchos de los grandes mercados de Antibióticos en países del Tercer Mundo iban a tender con el tiempo a construir sus plantas de fermentación y contar con su propia producción de antibióticos, como había hecho España a principios de los 50.

El informe concluía que a Mario Conde y Juan Abelló, a quienes atribuía una «dudosa vocación empresarial a largo plazo», no les quedaba más alternativa que vender el negocio, o tratar de llegar a un acuerdo de fusión con una multinacional del sector farmacéutico.

La cuestión no había pasado inadvertida para Conde. Tanto él como su socio y amigo, Juan Abelló, tienen planes de altura para el futuro. A corto plazo le preocupa sobre todo la división de especialidades farmacéuticas de Antibióticos que, aun siendo mucho mejor que la de Abelló, adolecía de los mismos defectos estructurales: la capacidad investigadora de la sociedad no podía asegurar a largo plazo la aparición de los fármacos necesarios para competir en un mercado cada día más abierto. Y llega a la conclusión de que hay que vender el negocio de farmacia.

En el mes febrero de 1986, los dos socios inician contactos

secretos con la multinacional norteamericana Smith, Kline & French, SKF, la inventora de la Cimitrina, que recoge bien el guante. Y en abril comienzan unas negociaciones bastante largas, que se quiebran a la altura del mes de julio, a la hora de hablar de dinero. Los americanos ofrecen una cantidad que ambos socios consideran muy baja.

A la altura del mes de junio del mismo año se inician conversaciones con Gist Brocades, para constituir un «joint-venture» al 50%. Mario propone a la firma holandesa desgajar las divisiones de fermentación de ambas sociedades y hacer con ellas una entidad nueva para controlar el mercado mundial de la penicilina. A los holandeses les encantó una idea que Mario defendió con su habitual ardor. Gist disponía de mejor tecnología en penicilina que Antibióticos, de forma que aquél podía ser un acuerdo de gran importancia para la sociedad española: el mercado potencial aumentaba de forma espectacular y la fábrica de León podía poner al día sus sistemas y su plena capacidad de producción.

Pero los holandeses de Gist Brocades, la primera potencia europea en los llamados *bulk antibiotics* o antibióticos básicos, con cerca del 15% del mercado continental, descubren pronto sus cartas: no están interesados en un proyecto de *joint-venture* al 50% con Antibióticos; lo que quieren es dominar, y si no hay una relación de dominio se van tranquilamente a la sombra de los tulipanes. Con el respaldo del bufete Melchor de las Heras, ofrecen 27.000 millones de pesetas por el 100% de Antibióticos. La oferta queda a primeros de agosto sobre la mesa de ambos socios, dispuestos a pensarse la respuesta definitiva durante las vacaciones de verano, qué el ferragosto madrileño no es el mejor momento para tomar decisiones de tal envergadura.

Hay otro intento de *joint-venture* que involucra a Alergia e Inmunología, S.A. La idea consistía en hacer una asociación al 50% con la multinacional alemana Boehringer Mannheim, los distribuidores de Antibióticos en la RFA, para lograr una implantación mundial basada en la competitividad de los procesos de Alergia, en línea con los mejores del mundo. Pero los germanos no acaban de ver el negocio y al final se retiran sin una explicación convincente.

Cuando Mario Conde regresa de su tradicional veraneo en Pollensa, el asunto Gist Brocades está sobre la mesa. Los holandeses creen que la operación va a salir, pero en un momento determinado, a la altura del mes de octubre, Mario manda parar el carro. Algo importante acaba de ocurrir.

Juan Abelló llama un día desde su casa por teléfono a su amigo con un mensaje aparentemente inocuo.

—Oye, me ha llamado un tío que se llama Steve Apply, diciendo que quiere hablar con nosotros del tema Antibióticos.

—Pues recíbele tú, y luego me cuentas.

Abelló cita en su casa al extraño mensajero y, en plena entrevista, presa de excitación por lo que está oyendo, aprovecha una visita al servicio para tirar de teléfono y contarle a Mario.

—Oye, que este tío esta diciendo algo importante...

—¿Y qué dice?

—Pues que los de Montedison están interesados en comprar Antibióticos.

—¿Qué ofrecen?

—¡Mucho más dinero que los de Gist...!

Mario extrae sus propias conclusiones. Montedison, el segundo grupo empresarial italiano en importancia, tras Fiat, había estado intentado durante meses la compra del grupo sueco Fermenta. La operación se fue finalmente al traste, con el escándalo del presidente de la sociedad sueca, el polémico egipcio Refaat el-Sayed, ocupando las primeras páginas de la prensa internacional. Y con la agravante de que Montedison había hecho ya una ampliación de capital con vistas a dotarse de los recursos suficientes para afrontar la operación. Lo que se llama «quedarse compuesta y sin novio.»

Tras el fiasco de la operación Fermenta, Antibióticos se erguía para los italianos como una alternativa con ventaja en algunos extremos sobre la sueca, especialmente en lo que a tecnología de fermentación se refiere, que era el punto débil de los italianos. La firma española contaba con fuerte presencia en los llamados *bulk pharmaceutical* o materias primas para la producción de derivados de la penicilina, disponiendo de un importante volumen exportador, y una planta muy competitiva a nivel internacional radicada en León. Sin olvidar que España era ya el séptimo país mundial por consumo de productos farmacéuticos. Las sinergias con Erbamont, la filial con sede en las Antillas holandesas en la que Montedison agrupa sus intereses en el sector farmacéutico, eran claras.

¿Quién se acercó primero a quién? Difícil saberlo, aunque hay versiones contradictorias. En cualquier caso, Mario Conde mantiene un primer encuentro con Apply. Es una cena en el restaurante Zalacaín, a principios de noviembre de 1986. Aquella noche Mario había salido de la sede de Antibióticos, en la calle Bravo Murillo, y bajaba en su coche por la calle José Abascal en compañía de Ramiro Núñez. Conde parece concentrado y Núñez le hace todo un vaticinio cuando se despide:

—Me da la impresión de que de esta cena tuya de hoy va a salir algo importante...

En efecto, ese encuentro va a sentar las bases de la que al final será una de las operaciones financieras de más envergadura de la economía española.

—¿Están ustedes interesados en mantener conversaciones con Montedison para la venta de su grupo?

—En principio sí, pero primero me gustaría ver cuál es la filosofía del tema, conocer algunos detalles previos...

Conde quiere saber si Montedison estaría interesado sólo en el negocio de farmacia y no en el de fermentación.

—En absoluto. Montedison quiere hablar de la totalidad de Antibióticos. Incluso del capital humano de la sociedad. Sabemos que Antibióticos es un grupo que está bien gerenciado y ese es uno de sus grandes activos.

Conde se interesa inmediatamente por el asunto. Montedison poseía una línea de fermentación que, con importantes problemas de gerencia, no había conseguido despegar. El tema de la división de farmacia de Antibióticos se arreglaba mediante su integración en Farmitalia Carlo Erba, una de las filiales de Erbamont. Podía ser una oportunidad para que el equipo español de Antibióticos gestionara todos los activos químicofarmacéuticos de Montedison. La idea le parecía divertida. Era

97

la oportunidad de que un equipo como el que había formado en Antibióticos pudiera internacionalizarse.

Tras el «sí» inicial de Abelló y Conde, diversos especialistas de Montedison comienzan a viajar a Madrid para verle las tripas a Antibióticos. Se inician entonces unas conversaciones, en el plano puramente técnico, acerca de activos, mercados, cuenta de resultados, beneficios, balances previsionales, etcétera. Por la noche, los italianos acuden como moscas al panal de El Portón, el local andaluz que este mismo mes de diciembre Mario Conde ha abierto en López de Hoyos esquina Velázquez, en compañía de varios socios amantes del baile por sevillanas y del buen vivir, como el restaurador Lucio, dueño del restaurante Casa Lucio. El Portón era ya lugar de cita obligada de una derecha otoñal de medio pelo, más bien carroza y hortera, pero los italianos lo encuentran fascinante.

—¿E dove andiamo questa sera?

—Al Portone...

Y los italianos, con la ducha recién puesta, salen pitando del hotel por sevillanas, para alucinar hasta las 4 de la madrugada con el flamenco y el finito, convencidos de que aquello era algo parecido a Jauja, sin terminar de creerse que a las 8 fuera necesario estar de nuevo en pie para seguir negociando.

Entre octubre y diciembre de 1986 Conde viaja en distintas ocasiones a Milán, Ginebra y Roma para entrevistarse con el presidente del gigante químico italiano, Mario Schimberni.

En uno de estos viajes, Conde plantea a Schimberni la posibilidad de que los dos socios españoles tomaran una participación accionarial en Montedison.

—¿Tendría el equipo dirigente de Foro Bonaparte inconveniente en que invirtiéramos parte del importe de la operación de venta de Antibióticos en acciones, por ejemplo un 3%, de la propia Montedison?

—En absoluto. Pero no entiendo muy bien con qué objeto...

—Puede haber varios motivos. Por un lado, el puramente financiero. Por otro, pensamos que la venta de Antibióticos puede presentarse mejor ante la opinión pública y la Administración española si planteamos una contraoperación de este tipo.

—Pero en cualquier caso tendrían ustedes que comprar los títulos en Bolsa...

—Naturalmente que si invertimos, nos gustaría estar representados en el Consejo.

—Se puede estudiar...

—Para ser más claro, tanto a mí como a mi socio nos gustaría entrar en el Consejo...

—Hombre, dos puestos en el Consejo de Montedison con un 3% me parece demasiado —argumenta Schimberni.

Mario Conde saca también a colación un asunto de gran importancia.

—Habrá que hablar con las autoridades españolas para que den el visto bueno. Ya conoce los antecedentes y las esperanzas que había puestas en Antibióticos como la futura multinacional española de farmacia...

—No se preocupe, eso déjelo de nuestra cuenta...

Y tan dejado. Mario Schimberni tenía el mejor abogado para estas cuestiones. Nada menos que el primer ministro italiano, el socialista Bettino Craxi. Craxi y el Partido Socialista Italiano van a actuar como intermediarios de la operación Montedison-Antibióticos. Para un destacado político socialista en activo, que desea mantener el anonimato, la cosa es relativamente normal en Italia «donde, detrás de toda gran operación económico-financiera, se encuentran los políticos y/o los partidos». Craxi, que, según el mismo político, llegó a hablar de la operación con Felipe González, actúa de «asesor externo» de Montedison en la operación. El trabajo de campo diario, la labor de enlace entre italianos y españoles, va a ser encomendado por Bettino Craxi a Ferdinando Mach, un hombre de su absoluta confianza.

Mach di Palmstein, 41 años, de padres suizos, de maneras discretas y cuidadas, estudió en Milán en la famosa Universidad Bocconi, donde se hizo amigo de Claudio Martelli y de otros futuros líderes del PSI. Hablando cinco idiomas —inglés, alemán, francés, español e italiano—, Mach lo tenía todo para triunfar: cultura, don de gentes, elegancia... Pronto Mach recibió de sus amigos del Partido Socialista en encargo muy delicado: organizar las finanzas del PSI. Con este objetivo, Mach fundó en marzo de 1977 la Coprofin Spa, de la cual era administrador único, aunque el dueño final fuera el PSI. El primer aumento de capital de sociedad fue suscrito íntegramente por la So. Fin. Im., la sociedad inmobiliaria del PSI, fundada por Nerio Nesi, otro líder del partido, presidente de la Banca Nazionale del Lavoro. Coprofin fue liquidada el 21 de noviembre de 1985, tras unos años de vida extremadamente agitada.

Mach, hombre muy escurridizo para la prensa, salta por primera vez a la luz pública a raíz del escándalo Eni-Petromin, relacionado con el petróleo importado por el ente público italiano de Arabia Saudita. Más tarde, el juez Carlo Palermo, de Trento, lleva a cabo una monumental investigación acerca de un complejo asunto de drogas, tráfico de armas, y financiación en torno a exportaciones, en la cual salen a relucir la Coprofin y su filial, Promit, como intermediarias en negocios con el Tercer Mundo. El esquema era simple: presas, autopistas, material militar, plantas llave en mano... eran vendidos a países en vías de desarrollo por empresas italianas, las cuales cobraban sus servicios mediante el mecanismo del «crédito comprador» previamente facilitado por Italia a los países en cuestión. Las empresas vendedoras debían destinar un porcentaje de su facturación en tales negocios a las arcas de las dos sociedades del PSI.

A primeros de febrero de 1987 se produce la quiebra del hombre de negocios italiano Gianfranco Maiocco, por un importe de unos 4.000 millones de pesetas. El juez de Turín Giangiacomo Sandrelli llama a declarar a Ferdinando Mach sobre el origen y destino de 120 millones de liras donados por Maiocco, y Mach declara que el destinatario final era el PSI. Esas aportaciones entraban en las arcas socialistas sin figurar en los balances oficiales del partido, por lo que el PSI es acusado de violar la ley de financiación de partidos políticos, acusación que provoca que el propio Craxi, entonces primer ministro italiano, se querelle contra los diarios *La Repubblica* y *Avanti*.

Pero Ferdinando Mach no ha sido tanto el tesorero del PSI como de la corriente mayoritaria que encabeza Bettino Craxi.

Cualquiera que en Italia quiera enlazar con la cúpula del PSI debe hablar con Ferdinando Mach, un hombre que lo sabe todo de las finanzas ocultas del Partido.

El futuro de Mach, cuya madre posee una villa en Ibiza que suele visitar con frecuencia, ha resultado dañado por estos golpes. Él aspiraba a algún puesto de relevancia, en pago a sus méritos en el partido, como la sucesión de Nesi en la presidencia de la Banca Nazionale del Lavoro. Sin embargo, la estima que los líderes del PSI sienten por él no ha menguado. La celebración de su segundo matrimonio, en febrero de 1987, concitó a la plana mayor del PSI en la Taverna dell'Orso, de Roma: Claudio Martelli, Rino Formica, Gianni De Michelis, Claudio Signorile. Sólo faltó Bettino, su gran valedor, de viaje oficial en el extranjero como primer ministro.

En el último año y medio, Mach se ha dedicado a trabajar con gran éxito en la Bolsa de Milán, aunque fundamentalmente haya seguido echando una mano en las finanzas del PSI.

Llegada la hora de hablar de dinero, Mario Conde maneja con discreción un baremo comprendido entre 14 y 15 veces la cifra de beneficios. Los italianos decían que no, aunque insistían en que había que determinar cuál era la capacidad real de la sociedad para generar beneficios futuros.

El 19 de diciembre, el rotativo económico *Cinco Días* y el diario *El País* daban cuenta de la noticia, aparecida el día anterior en el *Financial Times*. «El grupo italiano Montedison está en negociaciones muy avanzadas para la compra de una participación en Antibióticos. Esta participación podría ser incluso mayoritaria.»

Con los estudios técnicos listos, el final de año se acercaba a marchas forzadas y Conde se da cuenta pronto de que los italianos, no sabe por qué motivo, tienen prisa por cerrar el trato antes de fin de año.

Conde acierta y el sábado 27 de diciembre recibe en Madrid una llamada de Schimberni, pidiéndole que acuda a Milán los próximos días 29 y 30 para concretar los detalles finales del acuerdo.

Y el 29 de diciembre de 1986, Mario Conde se reúne en

Foro Bonaparte, el magnífico palacio neoclásico que sirve de sede en Milán a la multinacional Montedison, con Schimberni, Steve Apply, el consejero delegado financiero del grupo, y Filippo Lombardo, el actual presidente de Antibióticos.

La reunión se inicia a las 11.30 de la mañana con una invitación de Schimberni a Conde para que exponga su visión del futuro de Antibióticos, su opinión sobre los distintos negocios de la firma española, el área de farmacia, la de fermentación... y todo acompañado por una lista escrita de casi 40 preguntas, que comprenden detalles sobre cifras, plantilla, personal directivo, posicionamiento en los mercados, estrategias...

Los reunidos interrumpen la sesión para almorzar en la misma sede de Foro Bonaparte. Para entonces, Schimberni y Conde habían resuelto ya una curiosa cuestión de procedimiento.

—¿En qué idioma hablamos?

—Sugiero que lo hagamos en inglés —señala Schimberni.

—¡Ni hablar...! —se resiste obstinado el español—. Somos latinos y mediterráneos y no vamos a utilizar como vehículo de comunicación un idioma anglosajón, del norte...

—¡Ma, non posiamo capire di questa manera...!

—Sí, sí —responde Conde en castellano—. Si yo hablo despacio mi español y usted despacio su italiano seguro que nos entendemos. Y si surge algún problema insuperable entonces usamos el inglés... Además podemos hablar los dos un nuevo idioma, el «espaliano»...

Conde, lejos de sus bases de apoyo madrileñas, trataba de encontrar alguna ventaja idiomática tras la que escudarse en caso de tener que dar una hipotética marcha atrás. Siempre es más fácil decir que uno se ha equivocado si habla en una mezcla irreconocible de español e italiano...

En la sesión vespertina, los reunidos comienzan la laboriosa redacción de un *preliminary agreement,* un acuerdo de principio. Allí Mario, solo como un Tancredo, se bate el cobre contra el ejército de lugartenientes de Schimberni, asesorado además por el *investment bank* norteamericano Wertheim Schroder & Co., participado al 50% por el grupo británico Schroders. Los italianos se han llevado también a Milán a un abogado del bufete madrileño J. A. Garrigues.

El documento va tomando forma con lentitud. Mario mide cuidadosamente las palabras. Cada diez minutos llama por teléfono a Madrid. Al otro lado del hilo está Ramiro Núñez, el hombre en la sombra de todo el imperio Conde-Abelló, listo para resolver cualquier tipo de duda. Mario es un jurista y tiene plena conciencia de la importancia del escrito que puede firmar esa misma noche. Por eso va introduciendo cláusulas que en un momento determinado, si la cosa se tuerce, puedan permitirle una retirada honrosa. Conde sabía que con aquel documento estaba cerrando la operación y, a pesar de ser un tipo que disfruta con el mano a mano, sentía cierta sensación de vértigo al verse negociando un acuerdo de tal calibre en dos días y en tales circunstancias.

Una de las cláusulas que introduce el hombre de Antibióticos es que el precio se pague en dólares y con un cambio fijo del dólar de 135 pesetas.

—No, no, nosotros le pagamos a usted en pesetas.

—Ni hablar, ustedes me tendrán que pagar en dólares y con un dólar indexado en pesetas.

Aquel día, con un dólar orientado a la baja en todos los mercados de cambios, Conde ganó mucho dinero.

El documento avanza muy lentamente. Entre las llamadas de Conde a Madrid y el trasiego de asesores de Schimberni, que entran y salen con propuestas nuevas o alteraciones a lo ya elaborado, la noche se va echando encima. Conde va notando el creciente nerviosismo de Schimberni en el tira y afloja. El presidente de Montedison parecía tener prisa por reunirse con sus invitados a escasas horas de la Nochevieja.

—Bueno, señor Conde, que yo me tengo que ir.

—Ah, pues muy bien, váyase...

—¿Pero no va a ir usted con su familia?

—Sí, sí, pero no pasa nada, vuelvo en enero... —responde Conde haciendo alarde de sangre fría—. Yo también tengo a mis amigos esperándome en Mallorca...

—Bueno, pues vamos a ver si nos ponemos de acuerdo...

Sobre las 10 de la noche del 29 de diciembre, lo único que quedaba prácticamente por decidir era el precio...

Schimberni adelanta una cifra.

—Yo podría pagar como máximo unos 450 millones de dólares.

—Eso me parece poco, no sé si se podrá aceptar...

—Es lo máximo que podemos pagar; tenga en cuenta que se trata de más de 20 veces la cifra de beneficios...

—Yo lo siento mucho, pero creo que con esa cantidad va a ser muy difícil la operación; no creo que podamos aceptarlo, aunque tendré que consultar a Madrid con mi socio...

—Bueno, pues piénselo usted muy bien y nos vemos mañana a primera hora, pero tenga en cuenta que ese es un precio magnífico... Yo creo sinceramente que no podríamos pagar más.

—No se preocupe, lo pensaré bien...

Pasadas ya las 11 de la noche, cuando Schimberni está a punto de despedir a Conde en la puerta de Foro Bonaparte, el empresario italiano se atreve con una pregunta que es casi una confidencia.

—¿Lei pensa que posiamo firmare domani?

—Hombre sí, pienso que sí... aunque repito que tendré que hablar detenidamente con mi socio. Pero antes, una cuestión de orden: yo me quedo esta noche en Milán con la condición de que el jet de Montedison me lleve mañana a Mallorca...

—No hay problema, mi avión le llevará a usted a Mallorca...

—Eso me parece una idea estupenda —replica Conde.

Cuando Mario llega en torno a las 11.30 de la noche al Hotel Ducca, casi daba saltos de alegría. A pesar de sus fingidas protestas ante los italianos, 450 millones de dólares, más de 60.000 millones de pesetas, era un precio de cine mudo, casi una locura, una cifra impresionante, más del doble de lo que había ofertado Gist Brocades...

Lo primero que hace Mario nada más entrar en su habitación es llamar a Juan Abelló a su casa de Madrid.

—Juan, yo creo que esto está prácticamente rematado...

—Y qué, y qué, ¿en qué condiciones?

—450 millones de dólares...

—¡Pero chico, eso es magnífico! ¡Es una maravilla...!

Naturalmente que lo era. Conde-Abelló o Abelló-Conde, que tanto monta, acababan de protagonizar lo que en el argot financiero se denomina un «pelotazo», el mayor, sin duda, de la historia empresarial española.

Como siempre que ha vivido una tensión nerviosa al límite, Conde cena solo aquella noche. Es una situación que le relaja. En el restaurante del Ducca hace los honores solitarios al queso parmesano, su especialidad italiana, acompañado de una botella de buen vino.

Aquella noche Mario Conde no pudo dormir. Los nervios le tenían atenazado. Su cerebro, imbuido de la importancia de la operación, parecía querer estallarle.

A las 9 de la mañana del martes, 30 de diciembre, Conde estaba ya atravesando el portón de entrada de Foro Bonaparte, ungido de cierta condescendiente indiferencia...

—Hombre, he consultado con mi socio y en principio ese precio podría ser admisible...

Y el equipo del italiano se pone manos a la obra con la montaña de papeles, todo el mundo presa de gran actividad, para dar la redacción definitiva al documento base y sus anexos. Conde termina por convencerse, divertido, de que los italianos tienen unas ganas locas por firmar e irse a pasar las fiestas con sus familias.

Así que aprovecha para meter las últimas salvedades, poniendo a prueba el nerviosismo contenido de Schimberni.

Los italianos, por su parte, hacen firmar a Conde un anexo por el cual éste se comprometía a mantenerse de consejero delegado de Antibióticos durante un período de tres años, una cláusula que un año después habría que renegociar como consecuencia de su desembarco en Banesto.

A las 3 de la tarde, con el documento firmado, el avión privado de Schimberni parte de Milán con destino a Mallorca. Conde, contento como unas pascuas, lee y relee el contrato, deteniéndose con especial deleite en la cifra mágica. No termina de creérselo. 450 millones de dólares equivalen a 23 veces los beneficios de 1986 y a 17 veces los previstos para el año 87.

Pero, oh contrariedad, cuando el birreactor sobrevuela la isla de Mallorca, una niebla cerrada impide toda posibilidad de aterrizaje en el aeropuerto de Son San Juan...

—Pues hay que aterrizar, porque están ahí todos mis amigos esperándome y esta noche hay juerga de la buena.

—Ma non é possibile, la nebbia...

—Ni nebbia ni pollas, tú tira p'abajo como sea...

Y el piloto italiano, farfullando no sé qué juramentos inaudibles, enfila el morro del jet hacia abajo, en busca de la supuesta pista. Mario estira el cuello, intentando ver algo más allá de la nuca del piloto y, de pronto, el pequeño aparato aparece rodando por la pista...

La llegada es un alborozo. La familia y los amigos están en el aeropuerto esperando la llegada del héroe negociador. Lourdes, su mujer; Fernando Garro y Virginia; Arturo Romaní; Luis Ducasse, todos están invitados en su casa de Pollensa a pasar la Nochevieja. Todos leen con avidez el contrato y nadie termina de creerse lo de los 450 millones de dólares...

Tras las vacaciones de Navidad, cuando todo había quedado atado y bien atado en Milán, la Administración socialista se entera de la segunda mayor operación —tras la compra de Seat por la multinacional alemana Volkswagen— financiera en que se ve envuelta una empresa española, y se enteran también la prensa y los sindicatos.

Para la Administración española el asunto era de importancia. La venta de Antibióticos (que incluía la del resto de sociedades de su grupo: Peniibérica, Alcaloides, Alcaliber, Ibys, Alergia e Inmunología y A.C. Cosmetics) suponía el final del sueño de una «multinacional española de farmacia», una cantinela que a menudo habían repetido Conde y Abelló, y que el propio Gobierno, por no decir los sindicatos, se habían llegado a creer. Deshacer ese encantamiento iba a convertirse a partir de entonces y hasta la firma del definitivo acuerdo en la principal tarea de Mario Conde.

A pesar de que los italianos se habían comprometido a «engrasar» políticamente la operación en ambos países, Conde no se quedó con los brazos cruzados. A través de su amigo Jorge

Verstrynge, consigue una entrevista con el vicepresidente del Gobierno, Alfonso Guerra, a quien comenta la operación. Cuando Verstrynge es despedido de Alianza Popular, Conde le apoya financieramente en el intento, fallido, de crear un nuevo grupo político disidente de la derecha.

El primer morlaco había que lidiarlo en el Ministerio de Industria, y hasta allí llegó un día de enero Mario Conde para explicar al entonces ministro el acuerdo alcanzado con Montedison. Luis Carlos Croissier, buen amigo de Conde, recuerda todavía el nerviosismo del gallego en aquella ocasión. Mario explica con acaloramiento la condición de la sociedad como monoproductora de antibióticos, la imposibilidad de ir más allá a menos que se llegara a dominar el mercado mundial del producto, cosa harto difícil, el fracaso de algunos intentos de *joint-venture* con multinacionales extranjeras...

«¿Qué pensaba yo en aquel momento?», se pregunta Croissier. «Tenía delante una pareja compuesta por un financiero puro, Juan Abelló, y un hombre joven brillante, que ha logrado resultados espectaculares en la sociedad tras sacudirla de arriba a abajo, pero que tiene prisa por escalar, por alcanzar metas mucho más ambiciosas. Los dos socios querían vender y además tenían prisa por hacerlo, y cuando alguien quiere vender no hay forma de impedírselo...»

El director general de Industrias Químicas, Miguel Ángel Feito, fue quien mayores reparos puso a la operación, al hacerse de alguna manera sensible a los argumentos de los sindicatos. La Administración había ayudado mucho a Antibióticos vía fijación de precios, ayudas en I+D y, lo que es más importante, registrándole patentes con la argucia de que, al no pertenecer a la CE, no era de aplicación en España la normativa comunitaria sobre patentes de producto. El Ministerio de Industria trataba, sobre todo, de conservar en manos españolas el negocio de fermentación de la sociedad.

Bien es cierto que Conde y Abelló siempre dejaron claro que la operación nunca se llevaría a efecto contra la voluntad de la Administración. Pero, ¿cómo oponerse cuando los dueños quieren vender?

El 23 y 24 de enero tiene lugar en Palma de Mallorca una «cumbre» hispano-italiana que presiden los jefes de Gobierno respectivos, Felipe González y Bettino Craxi. Hay razones para pensar que uno de los asuntos que viajaron a la isla balear en la cartera de Craxi fue el de la operación Antibióticos-Montedison.

El 15 de febrero, mes y medio después del acuerdo alcanzado en Milán, el diario *El País* informa que «el grupo italiano Montedison valora la compra de Antibióticos en 60.000 millones de pesetas». Para el rotativo, «el acuerdo está hecho, aunque antes de anunciarlo públicamente Montedison quiere dar seguridades al Gobierno español de que con esta operación no cambiará el *status quo* de Antibióticos».

Según el diario, la decisión de la compra de la firma española se había tomado en una reunión del consejo de Montedison celebrada el 31 de enero, en la que también se aprobó el acceso a la vicepresidencia y al comité ejecutivo de la multinacional de Raúl Gardini, el príncipe consorte del grupo agrícola Ferruzzi gracias a su matrimonio con Ida Ferruzzi. Gardini era con mucho el primer accionista de Montedison, con el 26,6% del capital social.

La filosofía de Conde sobre la operación se resumía en un escrito de siete folios entregado al Gobierno y titulado ''Principios básicos de la integración Montedison-Antibióticos''. En él disculpaba la necesidad de vender, señalando que «el planteamiento mundial del sector farmacéutico es ya un hecho incontrovertible. La fortaleza del negocio depende de manera directa de la capacidad de investigación, y los costes de investigación y, en general, los costes de aprovisionamiento tecnológico en este campo son de tal magnitud, que solamente una dimensión a escala mundial permite la consolidación segura de empresas en este sector».

El líder de Antibióticos no se andaba por las ramas a la hora de argumentar teóricamente la conveniencia de la operación. Para alcanzar esa dimensión adecuada, señalaba en dicho informe, era «imprescindible desarrollar empresas europeas, que puedan contar con el nivel tecnológico presente y el aprovisionamiento tecnológico futuro...».

Aspecto importante era asegurar «el mantenimiento de la identidad propia de Antibióticos», para lo cual, tras la venta a Montedison, la actividad del grupo español quedaba dividida en dos bloques: el área químico farmacéutica, en la cual se integraban los activos de fermentación de la propia Antibióticos, los de sus filiales Penibérica y Alcaliber, y los de Montedison ubicados en Italia. Todo este bloque, que se rebautizaba con el sugestivo nombre de Antibióticos Italia, iba a estar gobernado por la gerencia española de la firma. De alguna forma, Conde vendía la ilusión óptica de que Antibióticos no sólo se conservaba en España sino que se hacía multinacional. Y con ejemplo a mano: todo el mundo identifica a Grundig como una marca «made in Germany»; muy pocos saben que el dueño de su capital social es la muntinacional holandesa Philips.

El otro bloque era el de las especialidades farmacéuticas, en el que se integraban tanto las de Antibióticos como las de Ibys, Alergia e Inmunología y las de Farmitalia Carlos Erba en España. En este subsector, el equipo de Antibióticos seguiría controlando las actividades a realizar en el mercado local español.

La firma italiana respetaba los puestos de trabajo y se comprometía a invertir en investigación, especialmente en la planta de León, una cifra de 11.000 millones de pesetas en los tres años siguientes.

Sin duda Conde vendía una mercancía imaginativa, distinta a la de tantos españoles que han enajenado su negocio a una multinacional sencillamente porque alguien les ofreció un buen día una millonada y la aceptaron, convencidos de que nunca es tarde para vivir de las rentas. Además, estaba el compromiso de invertir una parte importante de la operación en la compra del 3% de Montedison, lo que le otorgaría un puesto en el Consejo de Administración de la multinacional. Por primera vez iba a tener lugar en España una inversión en el extranjero de tanta importancia. Conde y Abelló parecían haberse hecho eco de la preocupación de tantos españoles por las ventas masivas de activos a multinacionales extranjeras, sin que por parte española se produjera un movimiento recíproco en sentido contrario.

El discurso de Conde no consigue convencer a los sindicatos, que, sin embargo, poco podrán hacer para impedir el acuerdo. La mismísima Matilde Fernández, un peso pesado del PSOE, secretaria general de la Federación Estatal de Industrias Químicas de UGT y actual ministra de Asuntos Sociales, lanzó el 26 de febrero sus dardos contra una operación de la que «se benefician dos señores y se perjudica a nuestro país». La sindicalista urgía a la Administración a no aprobar la venta, salvo que fuese del 50% como máximo. «Incluso el sector público podría tomar parte de las acciones si fuera necesario.» La venta del 100% significaba perder la única posibilidad de contar con una multinacional de farmacia española.

En términos parecidos se expresa Comisiones Obreras, que denuncia los apoyos que la empresa había recibido de la Administración en el pasado. CC.OO. saca a colación una contradicción sonrojante: la Administración estaba poniendo en marcha el Plan de Fomento a la Investigación Farmacéutica, al objeto de superar el desfase tecnológico, en el momento en que el primer grupo nacional optaba por venderse a un socio extranjero para superar precisamente este problema. ¿Qué harán el resto de las empresas? ¿No habría que revisar la política de desarrollo tecnológico del sector?, se preguntaba el sindicato.

El estrambote opositor lo coloca el mismísimo José María Escondrillas, presidente de Explosivos Río Tinto hasta el 13 de julio pasado, quien llega a presentarse en Industria pidiendo encabezar el banderín de enganche con el que oponerse a la venta al extranjero de una empresa estratégica como Antibióticos.

El lunes 23 de febrero Mario Schimberni se entrevistaba en Madrid con los ministros de Industria, Luis Carlos Croissier, y de Sanidad y Consumo, Julián García Vargas. El italiano viene a convencer de que la supervivencia de Antibióticos como empresa y como marca está plenamente asegurada. Croissier le plantea el deseo del Gobierno de que compre únicamente la parte de farmacia, o que, por lo menos, el 50% del negocio de fermentación siga permaneciendo en manos españolas, pero el italiano no está dispuesto a variar sus objetivos.

La estrategia de Industria queda, pues, reducida a intentar amarrar al máximo los compromisos de los compradores italianos con el futuro de Antibióticos. Claramente la solución final no dependía de Industria. El «sí» estaba cantado, porque la operación venía avalada por arriba, gracias a los buenos oficios de Bettino Craxi y su hombre de confianza, Ferdinando Mach.

El viernes 27 de febrero Mario Schimberni era recibido en La Moncloa por el presidente del Gobierno, Felipe González. El italiano iba acompañado por los hombres de Antibióticos, Mario Conde y Juan Abelló.

González se lamenta ante Schimberni:

—A mí me hubiera gustado mucho que Antibióticos se hubiera convertido en la gran multinacional española de farmacia.

—Pero no ha sido posible, Presidente —responde Conde—. A nosotros también nos ilusionaba esa idea.

—¿Y por qué no ha sido posible? —interpela irónico Felipe...

—Porque las reglas están hoy muy claras para el sector en todo el mundo —interviene Juan—. Para poder competir con las multinacionales americanas sería preciso duplicar los márgenes. Allí emplean en investigación casi un 10% de la facturación. Si además tienen que pagar impuestos y retribuir a los accionistas, quiere decirse que sobre ventas están ganando más de un 35% antes de impuestos, cuando aquí nadie llega al 20%. Es una diferencia abismal en los márgenes.

—En todo caso —señala Schimberni— Antibióticos tiene asegurado su futuro.

—Su futuro italiano...

—Tenga en cuenta, Presidente, que para mí personalmente la venta de Antibióticos es una gran pérdida sentimental, porque es algo que contribuyó a fundar mi padre en el año 49...

—Bueno, ya se sabe que las estructuras familiares no son hoy mantenibles.

—Sí, es cierto, pero eso no quita ese valor sentimental.

A finales de febrero existía ya constancia de que la operación gozaba de las bendiciones tanto de la Administración italiana como de la española. El acuerdo para la compraventa del 100% del grupo Antibióticos estaba hecho, aunque el precio final se había reducido a 430 millones de dólares a consecuencia de unos ajustes introducidos en los beneficios de la firma española correspondientes al año anterior. Con todo, casi 58.200 millones de pesetas, que no eran moco de pavo. Para *Financial Times* este precio suponía pagar 23 veces la cifra de beneficio. ¿Demasiado dinero? Depende. Una de las frases favoritas de Conde es que «una cosa vale lo que alguien está dispuesto a pagar por ella».

El reparto del pastel no dejaba de aportar datos de interés: A Juan Abelló, propietario del 46% de las acciones del grupo Antibióticos, le correspondían casi 26.800 millones de pesetas. A Mario Conde, titular del 25%, le tocaban, por tanto, más de 14.500 millones de pesetas. A Enrique Quiralte, cuñado de Juan Abelló, el control del 7% del negocio le suponía ingresos de más de 4.000 millones de pesetas. Y Jaime Botín, presidente de Bankinter, que tan hábilmente se había montado al carro a finales de 1984 y principios del 85, financiando la toma de control de Antibióticos, le correspondían ahora 12.800 millones de pesetas.

En conjunto, los amigos Mario y Juan disponían de una liquidez que rondaba los 41.000 millones de pesetas. Emilio Botín coge sus excelentes plusvalías y se va con la música a otra parte, con cierta sensación de alivio de ambos socios y amigos. Contando con los dineros de Enrique Quiralte, dispuesto a viajar a los infiernos con ese mirlo blanco llamado Mario Conde que le había hecho multimillonario en un abrir y cerrar de ojos, el dúo disponía de una tesorería, lista para invertir en cualquier otro proyecto, de más de 45.000 millones de pesetas.

Con el permiso del fisco español, naturalmente. El diseño fiscal de la operación era una de las claves de la operación tratando de evitar que el 40% del producto de la venta fuera a parar a las arcas públicas. Sobre ese diseño, debido en buena medida a la cabeza de Ramiro Núñez, quizá uno de los mayores expertos españoles en la especialidad, los protagonistas guardan un discreto silencio. «Eso sí que es absolutamente secreto», declara Conde. La solución, en cualquier caso, parece caminar por la vía normal de la ampliación de capital y el derecho de suscripción preferente.

El martes 3 de marzo el acuerdo se da por cerrado en la prensa española e italiana, en razón a un escueto comunicado hecho público a un tiempo en Madrid y Milán. Para *La Republica*, Schimberni había concluido «un asunto complejo sin revelar las interioridades del mismo».

Para entonces ya había aparecido en escena un nuevo personaje, Raúl Gardini, que del 27% del capital social de Montedison da el salto al 40%, y lo da poco antes de firmarse el contrato.

La llegada de Gardini como un terremoto preocupa a la pareja vendedora española, al plantear de pronto una serie de interrogantes. La prensa italiana especula entonces con que este episodio puede frustrar la operación. Mario Schimberni tranquiliza a Conde sobre la feliz culminación del acuerdo, pero los españoles no las tienen todas consigo.

El peligro podía venir del hecho de que el *tycoon* italiano planteara una revisión del precio pactado en la operación. Algunas informaciones periodísticas habían afirmado en Italia que Montedison había pagado demasiado dinero por Antibióticos, siendo así que la propia multinacional tampoco estaba para muchas alegrías financieras, con una deuda que a finales de 1986 estaba cifrada en 430.000 millones de pesetas, por debajo, sí, del medio billón de pesetas de diciembre de 1985, y que apenas hacía dos años que acababa de salir de los números rojos.

Las especulaciones en torno al precio pagado por Montedison tuvieron su origen en el propio Raúl Gardini y su equipo. El líder de Ferruzzi consideró que la venta de un paquete del 3% de la multinacional química a la pareja española era una maniobra de Schimberni para obstaculizar su entrada en tromba en la sociedad.

Círculos próximos a Gardini difundieron entonces la especie de que el precio de la operación se había ''inflado'' artificialmente hasta los 58.200 millones de pesetas para hacer posible el pago de determinadas comisiones a Mario Schimberni, al PSI y a los hombres de Craxi, pagos que se habrían efectuado merced a la existencia de un acuerdo privado firmado en Ginebra, Suiza, entre el propio Schimberni y Mario Conde.

¿Cobran algo Craxi y sus amigos del PSI? Imposible saberlo, aunque la participación de ambos en la operación Antibióticos está fuera de duda. De acuerdo con una versión difundida por el entorno de Gardini, tales comisiones, dentro de la estrategia habitual de financiación de la Internacional Socialista, habrían alcanzado también al Partido Socialista Obrero Español (PSOE), a quien, según ella, le correspondieron 15 millones de dólares, unos 1.700 millones de pesetas.

¿Se pagaron comisiones al PSOE?

«Ni una peseta, absolutamente ni una», asegura Conde.

En cualquier caso, la pareja vendedora española manifiesta desconocer esta cuestión. «Si Montedison ha pagado comisiones al PSI o al PSOE es algo que ignoramos por completo; yo no he visto a Bettino Craxi en mi vida, y en cualquier caso nosotros no hemos pagado una comisión a nadie», mantiene Conde.

Y el contrato se firma, como estaba previsto, el 18 de abril de 1987. Casi todas las grandes operaciones de Mario Conde se firman en día 9 o en un día del mes cuyos dos guarismos sumen 9. Hay un mes mágico para Conde, que es diciembre, y hay también un número mágico, el número de la suerte, que es el 9. La mayor parte del equipo de Conde había pasado en vela la noche del 17 al 18 de abril en la notaría de Félix Pastor Ridruejo, preparando la escritura de compraventa, con todos los anexos de rigor. A las 9.30 de la mañana, los dos equipos, español e italiano, se encuentran en la primera planta de la Banca Commerciale Italiana, en la calle Serrano, para culminar la operación. Y a las 19.45 horas, después de haberse recibido la transferencia bancaria desde Milán a la oficina madrileña de la BCI, y tras haber cotejado pacientemente la documentación en ambos idiomas, Filippo Lombardo, por Montedison, y Mario Conde y Juan Abelló, por Antibióticos, sellan con sus firmas la operación, en presencia del notario Félix Pastor. Desde la misma oficina de Serrano, los nuevos multimillonarios hispanos reparten la suma en varias tajadas que ingresan en cuentas bancarias españolas. Al Hispano de Claudio Boada le caen así de repente 10.000 millones de pesetas.

Tras la firma, Mario Conde pone en práctica otro de los ritos de su imparable carrera hacia la cumbre: invitar a cenar a su equipo, mujeres incluidas. El ágape tiene lugar en Jockey, y a él asisten, además de la pareja de amigos, Ramiro Núñez, Fernando Garro, Enrique Lasarte, Luis Ducasse y Arturo Romaní.

Los dos amigos lucían exultantes un acuerdo que «asegura la supervivencia de la marca y la cultura gerencial de Antibióticos», mientras para el gigante italiano la compra parecía un asunto más del orden del día, y el entonces ministro español de Industria la aceptaba como inevitable. Croissier tenía, además, que batirse el cobre contra los que, dentro de su propio partido y del sindicato UGT, trataban de instrumentalizar políticamente la operación contra él.

El miércoles 13 de mayo los socios de Torreal, la firma que agrupa los intereses de Mario Conde y Juan Abelló, habían ya culminado la operación de compra en la Bolsa de Milán del 3% de Montedison, equivalente a 60 millones de títulos, con un coste aproximado de 17.000 millones de pesetas, dirigida por el agente de Cambio y Bolsa milanés Giorgio Murchio, hombre muy relacionado con Credit Suisse. Era la mayor inversión efectuada nunca por españoles en el extranjero. El precio medio de la compra fue de 2.800 liras por acción.

De acuerdo con los términos del acuerdo de compraventa, ese porcentaje daba a Mario Conde el derecho a ocupar uno de los 15 asientos de que constaba el Consejo de Administración de la multinacional. Sin embargo, Gardini, que ya controlaba el 40% de Montedison tras haber adquirido el paquete de Gianni Varasi, tendría algo que decir sobre el tema...

En efecto, a mediados de mayo el diario italiano *La Repubblica* especulaba con un supuesto veto de Raúl Gardini a la entrada de Conde en el Consejo de Montedison. El líder de Ferruzzi no había comprendido la operación Antibióticos y estaba dispuesto a recomprar a los socios de Torreal su 3% de Montedison. A cambio, según *La Repubblica*, ofrecía acciones en dos de los intereses del grupo Ferruzzi: Eridania o Silos di Genova.

Sin embargo, la reunión del Consejo de Administración de Montedison del 23 de mayo confirmaba la entrada de Mario Conde en el Consejo de la multinacional. Y de qué forma. El número de consejeros se ampliaba a 21, de los cuales 10 iban a parar a hombres de Schimberni y otros 10 pasaban a poder de Raúl Gardini. El sillón número 21 le era asignado a Conde. Más dramática era la composición del Comité Ejecutivo, que se ampliaba a 8 miembros, de los cuales 4 eran hombres de Gardini y 3 de Schimberni. El octavo sería Mario Conde, que, de forma sorprendente, pasaba a convertirse en el fiel de la balanza, el hombre que podía alterar un equilibrio de poderes que ya se antojaba precario y difícilmente duradero. Para Schimberni, Mario Conde era uno de los suyos, pero ésa se antojaba una suposición demasiado arriesgada de cara al inmediato futuro. La edición europea del *Wall Street Journal* hizo notar al día siguiente el sorprendente papel de árbitro conferido al español en el seno de los máximos órganos de gobierno de Montedison, mientras en España la noticia pasaba totalmente inadvertida.

El *crash* de las bolsas mundiales del 19 de octubre de 1987 supondrá un duro coscorrón financiero para Conde y Abelló, en relación a su inversión en el grupo Montedison. Las acciones por las que habían pagado 2.800 liras en abril, cotizaban en noviembre a una media de 1.400/1.450 liras, cambio del que pueden colegirse unas pérdidas estimadas para todo el paquete de entre 8.000 y 8.500 millones de pesetas.

Pelillos a la mar. En la primavera de 1987, Conde y Abelló, la pareja de moda, tenía en su poder 45.000 millones de pesetas, que son muchas pesetas. Descontados los 17.000 millones de la inversión en Montedison, quedaban 28.000 millones de pesetas. Un buen bagaje para iniciar la próxima aventura. Todo estaba saliendo a pedir de boca. Las etapas se cumplían con precisión matemática. La venta de Abelló a Merck; el golpe de Estado en Antibióticos, y ahora su venta a Montedison. El cuento de la lechera seguía empeñado por una vez en desmentirse. El próximo paso sería un gran banco.

CAPÍTULO 6

ENCUENTRO EN EL SERVICIO DE CABALLEROS

La clase emergente de los nuevos capitalistas españoles es muy amante de la naturaleza. El campo es su pulmón, la sala de reposo y el gimnasio donde cada fin de semana se oxigenan para volver el domingo por la noche a Madrid, frescos como rosas, dispuestos a partir del lunes a reñir la batalla de los despachos, los teléfonos, los almuerzos de negocios, las estrategias que deben asegurar el crecimiento sin pausa de sus enormes fortunas.

Esta nueva clase de multimillonarios españoles, la mayoría de ellos entre los 40 y los 50, son, además, empedernidos aficionados a la caza. Armados con sus rifles de mira telescópica, perfectamente equipados de los pies a la cabeza —bota alta, sombrero de fieltro, pantalón de caña, jersey y chaqueta de tono verde oliva— suelen organizar concurridas cacerías, a las que con frecuencia asisten invitados de la vieja aristocracia española. Es bueno codearse algún fin de semana que otro con tres o cuatro marqueses, alguna condesa todavía de buen ver, o un conde de medio pelo. A unos les atrae el brillo de la historia y el blasón; a los otros les encanta el dulce contacto, siquiera momentáneo, del dinero.

El sábado, de buena mañana, las aguerridas huestes montan a las puertas de las fincas en los poderosos cacharros mecánicos que les conducirán a los puestos de ojeo. Es hermoso el ajetreo de los perros nerviosos, los criados que se afanan, en un ir y venir, por recuperar lo que se le ha olvidado al amo, las risas mordaces de los escopetazos que se declaran dispuestos a afinar hoy su puntería y desquitarse de la negra jornada que tuvieron el sábado anterior.

Algunos las han heredado, pero la mayoría las ha ido comprando conforme se asentaba su fortuna dineraria. Grandes fincas en las provincias de Toledo, Ciudad Real, Jaén... Hay un claro efecto mimético, nunca confesado, que les lleva a competir por contar con la finca más hermosa, con más regadío, con más monte, con más venados, corzos, ciervos y muflones. Así, esta nueva elite del dinero y los negocios española es hoy propietaria de las mejores, las más espectaculares casas de campo de toda Europa, algunas de ellas dotadas con helipuerto para facilitar un rápido traslado desde el despacho a la finca.

Para los millonarios españoles, la caza, además de afición, es un ejercicio social, quizá el más importante. Las esposas de estos superricos han puesto a sus maridos un apelativo muy ajustado: son los "supergalácticos", los Botín, los March, "los Albertos", los Conde, los Abelló, los Pablito Garnica, algún Fierro... gente entre los 40 y 50, que tiene dinero, mucho dinero, que va y viene en avión privado, que aparece en los periódicos. Los "supergalácticos" suelen cazar juntos entre cincuenta y setenta días al año, lo que quiere decir que comparten muchas horas en un ambiente distendido y muy competitivo a la vez, de gran camaradería, donde, tras hartarse a pegar tiros, vienen las largas cenas seguidas de larguísimas tertulias. A menudo, tras cazar en un coto el sábado, pasan a otro el domingo. La proximidad de los terrenos posibilita tales permutas. Al lado de Las Navas, la espléndida finca de Juan Abelló, está situada Las Cuevas, de Alberto Cortina, y la de su primo Alcocer, y la de Juan Monjardín, un acaudalado agente de Cambio y Bolsa miembro del grupo de los "supergalácticos". No lejos de allí se encuentra La Salceda de Mario Conde, y El Roblecillo de Pablo Garnica jr., o la nueva gran mansión de Emilio Botín jr., con aeropuerto privado, en la provincia de Toledo. Más lejos está Las Navas de la Condesa, la maravillosa finca de Jaime Botín en Almuradiel, Ciudad Real, y Altalejos, la finca de Carlos March al Sur de la provincia de Badajoz.

El miércoles 11 de noviembre de 1987 buena parte de los

"supergalácticos" se encontraban cazando en Las Navas. Juan Abelló, el mejor tirador del grupo, hacía de anfitrión a casi una veintena de cazadores, apellidos ilustres, entre los que se encontraban el duque de Calabria o Juan Mora Figueroa, un asimilado de los "supergalácticos". El programa incluía para el día siguiente, jueves 12, una montería en la cercana finca de Alberto Cortina, Las Cuevas, en Navas de Estena.

Mientras los representantes de este nuevo y poderoso grupo social se afanaban en derribar muflones, los rumores de que algo gordo se estaba cocinando en Madrid habían llegado ya a los círculos privilegiados de los bien informados. Álvaro Álvarez Alonso, íntimo amigo de Juan Abelló y cuñado de Pablo Garnica jr., presidente del Banco de Madrid, del grupo Banesto, había tenido el martes 10 de noviembre un soplo de gran calado. Alguien le comenta que se está preparando «la mayor operación financiera de la historia de España». Cuando Álvaro intenta conocer algún detalle, su interlocutor se bate en retirada, queriendo escurrir el bulto.

—Pero, ¿es algo que afecta a Banesto?

—Relativamente; es algo que tiene que ver con Conde y Abelló.

—¡Pero qué me dices! —exclama sorprendido Álvaro.

—Sí, sí... Se han metido en un lío (ambos eran ya flamantes vicepresidentes de Banesto) de unas proporciones que ni se imaginan... Han querido volar demasiado alto y lcs van a cortar las alas. Lo que pasa es que económicamente saldrán bien parados. No conseguirán lo que ellos querían, pero a nivel de pasta les van a terminar de hacer ricos...

El miércoles 11, Álvaro Álvarez tiene ya constancia de que se trata de una OPA sobre Banesto, pero ignora el nombre del protagonista.

Álvaro llama enseguida a sus amigos para ponerles en guardia, pero no están en sus despachos. Se han ido al campo. A las 7 de la tarde de ese miércoles, una hora adecuada para dar por terminada una montería, llama por teléfono a Las Navas y allí le comunican que todos han salido en dirección a Las Cuevas, donde los invitados piensan pernoctar para cazar al día siguiente. Álvaro decide dar tiempo al traslado y sobre las 8.30 telefonea a la finca de Alberto Cortina, donde consigue hablar con su cuñado, Pablo Garnica jr.

—¡Qué me dices; tú estás mal de la cabeza; quién se va a atrever a meterse con Banesto...!

—Que sí, que hay algo, seguro.

—Pero vamos a ver, ¿quién te ha contado esa historia?

—No te lo puedo decir ahora... pero estoy seguro de lo que digo. ¡Como también de que estáis ahí monteando y haciendo el capullo y os van a coger en bragas...!

El tono burlón del joven Garnica ha hecho de repente dudar a Álvaro Álvarez de la veracidad de su información. En efecto, Banesto es mucho Banesto.

Con una cifra de activos de más de 2,5 billones de pesetas, recursos ajenos de más de 1,8 billones, y el grupo industrial más potente del país, Banesto es algo más que un banco: es una parte importante de la economía española, un factor moldeador de comportamientos y actitudes económicas. Desde el punto de vista sociológico, Banesto trasciende con mucho su carácter de mera entidad bancaria. El banco fundado por capitales franceses en un lejano 1902 es ya algo tan español como la paella, las corridas de toros, la Semana Santa, o la Giralda de Sevilla. Realmente hacía falta mucho valor para que otro banco español, de menor dimensión además, osara hincarle el diente a Banesto como si de cualquier empresita de tres al cuarto se tratara.

Pero Álvaro estaba en lo cierto y el viernes 13 de noviembre recibe el *imput* definitivo: la víctima es, efectivamente, el Banco Español de Crédito; el "agresor", el Banco de Bilbao.

Gracias al toque de atención de Álvarez Alonso, las gentes de Banesto están ya el fin de semana del 14 y 15 de noviembre al tanto de una serie de peligrosos rumores, algunos contradictorios, que apuntan directamente al corazón de la entidad.

El lunes 16 de noviembre don Pablo Garnica Mansí, el "don Pablo" de Banesto por antonomasia, llamó a su despacho a Juan Abelló:

—Oye, ¿has oído algo de un Decreto que prepara el Gobierno para la absorción de Banesto por otro banco?

—Pues no, pero ¡qué barbaridad! ¡Cómo va a ser posible eso!

—Es que me han dicho que hay un Decreto preparado por el Ministerio de Economía contra el banco...

Desde la semana anterior se venía notando en Bolsa un fuerte movimiento con las acciones de Banesto. Letona comenta el dato en comisión ejecutiva, y el martes 17 anuncia a sus colegas que, efectivamente, se ha comprobado que es el Banco de Bilbao el que está comprando, a través de la firma de *brokers* de Manuel de la Concha.

A partir del lunes 16, Madrid es un hervidero de extraños rumores financieros. Las versiones que reciben los hombres de Banesto son contradictorias. López de Letona se mostraba preocupado. Unos días antes, el banco había efectuado una emisión de bonos convertibles en acciones, por importe de 20.000 millones de pesetas y, ante la sorpresa general, el inversor italiano Giancarlo Parretti, una de las nuevas y rutilantes estrellas del panorama financiero español, se había descolgado con una carta al Consejo de Banesto en la que manifestaba su disposición a suscribir en exclusiva la totalidad de la emisión.

La comisión ejecutiva examinó el tema y decidió declinar la propuesta de Parretti, acordando al mismo tiempo trocear las compras de tales bonos. Pero a Mario Conde le quedó en la mente la idea inquietante de alguien que había querido quedarse con toda la emisión. Conde, por su parte, intentó hacer algunas averiguaciones de índole política en torno a los rumores de OPA, aunque sin resultado aparente. En áreas del Gobierno la tranquilidad parecía ser absoluta. Sin embargo, la sensación inquietante de que algo iba a suceder estaba en la calle.

También el miércoles día 11 uno de los hombres mejor informados de España, el catalán Javier de la Rosa Martí, había sido ya puesto sobre la pista de la operación del Bilbao. Y de qué forma.

De la Rosa detesta viajar a Madrid. Llegar a la capital de España supone para él adentrarse en una cueva de lobos en la que no sabe bien por dónde le llegan las dentelladas. Javier es feliz en su reducto de Barcelona, en su maravilloso *penthouse* al lado del estadio de Sarriá, o en su casa de Llavaneras, o todavía más en su residencia de Cadaqués. Pero Madrid es el peligro, el rumor envenenado, el favor en cómodos plazos, el mal humor del alto cargo que hay que engrasar, la envidia, sobre todo la envidia, y el *stress*.

Javier de la Rosa, el hombre de KIO en España, es uno de los personajes más sugestivos y apasionantes del panorama español de los negocios. Para unos, un superdotado, que en Wall Street estaría elevado a la categoría de mito. Para otros, un individuo poco fiable y sumamente peligroso. Unos le respetan y otros le temen. La manguera de los petrodólares kuwaitíes que él maneja puede hacer temblar a cualquier empresa o banco español como un lirio bajo la tormenta de verano. Pero Javier de la Rosa, para fruición de sus enemigos, tiene su talón de Aquiles en el asunto de la Banca Garriga Nogués, un tema que se ha convertido en un arma arrojadiza contra él, un pesado sambenito que el afectado sobrelleva con cierta resignación.

El 11 de noviembre de 1987 Javier de la Rosa se encontraba en Madrid en una más de sus constantes visitas a la capital del Reino. Sobre las 5 de la tarde, en su despacho madrileño de la calle Padilla, casi al pie de la ruidosa arteria de Serrano, Javier recibe una visita inesperada: Manuel de la Concha, ex síndico de la Bolsa de Madrid, amigo íntimo del gobernador del Banco de España, Mariano Rubio, e ínclito representante, con el propio gobernador, de la llamada *beautiful people*. Tras el abandono de sus funciones en la Bolsa madrileña, De la Concha se gana la vida, y muy bien, al frente de un *merchant bank,* según la terminología anglosajona, denominado Ibercorp y antes Investcorp. Manolo de la Concha llegó el 11 de noviembre a la calle Padilla con un recado insólito.

—Mira Javier, tengo algo muy importante que comunicarte. Es sabido que tus relaciones con el Banco de España, particularmente con el Gobernador, son malas después del asunto de la Garriga Nogués; también conoces que tus recientes actividades inversoras preocupan seriamente al Gobierno, especialmente al ministro de Economía y Hacienda...

—¡No me digas! —le interrumpe De la Rosa—; no sabía que un pobre hombre como yo preocupara tanto en las altas esferas...

—Sí, sí, no te hagas el tonto; sabes muy bien de qué estoy hablando.

—Tú dirás, chico...

—El encargo que traigo es muy importante para ti. Esta es la ocasión para reconciliarte con Mariano Rubio y hacer olvidar el tema de la Garriga. Al mismo tiempo puedes prestar un servicio al Gobierno de grandes proporciones. Creo que te conviene prestarme atención...

—Soy todo oídos, chico; suelta ya, que me tienes en ascuas...

—Se trata de lo siguiente: la semana que viene tendrá lugar el lanzamiento de una gran operación financiera, que empezará de la siguiente manera: habrá un banco que lanzará una OPA sobre el Banco Español de Crédito...

—Pero hombre, ¡qué tonterías dices! ¡Qué me vas a contar a mí! ¿Crees que Banesto se dejaría hacer una cosa así?

—Sí, sí, seguro —responde rotundo De la Concha—. El Gobierno está dispuesto a apoyar a tope la operación. El presidente de ese banco se ha entrevistado ya con el Gobernador, con Carlos Solchaga y con el propio Felipe González y la operación está en marcha. Salomón Brothers ha recibido el encargo de hacer el diseño de la operación y yo de intentar conseguir el mayor número posible de acciones de Banesto antes del anuncio de la OPA. El banco que va a actuar contará con apoyo crediticio del Banco de España para llevar adelante la operación...

—Y, ¿se puede saber de qué banco se trata?

—No, el asunto es muy confidencial.

—Pero no entiendo a qué viene todo este montaje —señala atónito De la Rosa.

—Pues está bastante claro. El Gobernador opina que no puede permanecer con los brazos cruzados ante lo que está ocurriendo en el Banesto.

—No sé qué es lo que está ocurriendo. Y no sé por qué queréis meterle un palo a Banesto...

—Hombre, me sorprendes. No creo que tú precisamente estés satisfecho con aquella casa. No se puede hacer lo que le han hecho a Letona. No señor. Los antiguos administradores, que tendrían que estar en la cárcel, se están cargando la operación de relevo montada con Letona y la gota que colma el vaso es la llegada de Conde y Abelló. Mariano opina que es intolerable el reparto que allí se ha hecho, dando a estos dos poderes ejecutivos sobre el área industrial. Eso es gravísimo, lo comprendes, ¿no?, porque es dividir el banco en dos, destruirlo, y desde luego ni el Gobierno ni el Banco de España están dispuestos a consentirlo...

—En cuanto a Conde y Abelló, se han caído con todo el equipo. Económicamente saldrán bien librados, eso por supuesto, pero no irán más lejos. Han estado jugando con fuego y hasta aquí han llegado. Ellos tendrán mucho dinero, pero han olvidado que nosotros tenemos el poder...

—¿Y cuánta gente está al corriente de lo que me estás diciendo? —pregunta De la Rosa.

—Únicamente tres, aparte del Gobierno, claro. Y de esos tres uno es el Gobernador y otro yo mismo...

—Bueno, y ¿qué quieres de mí? —inquiere perplejo De la Rosa.

—Muy fácil. Sabemos que manejas un paquete de más de 8,5 millones de acciones de Banesto, equivalente al 12% del capital social de la entidad, que es propiedad de inversores norteamericanos y británicos...

—¡Alto, alto ahí...! ¿Quién ha dicho semejante cosa?

—Mira, Javier, no te hagas el tonto... lo sabemos perfectamente. No es el momento de hacerte el despistado.

—Bueno, y ¿qué?

—Pues que queremos que nos vendas ese paquete. Que nos lo vendas o que nos ayudes a comprarlo, poniéndonos en contacto con los propietarios. Vengo de almorzar con Mariano y vuelvo a repetirte que tu colaboración sería muy apreciada. Naturalmente, sin contrapartidas de ningún tipo, claro está...

—¡Ah, hombre, eso está muy bien! Lo que me faltaba por oír...

—Comprenderás que el Gobernador no puede comprometerse a nada. Lo que sí puedo decirte es que el favor no se olvidaría. Además, te advierto que te conviene separarte de esos dos...

—¿Por qué, si puede saberse?

—Porque si no, os va a venir una inspección fiscal a los tres que os vais a caer de culo...

—Mira —corta De la Rosa—, una cosa te digo, y es que no me creo una palabra de toda esta historia.

—Bueno, si no te lo crees, podemos ir a ver ahora mismo al Gobernador, que le acabo de dejar en un restaurante.

Y dicho y hecho, ambos personajes montan en un coche y se ponen en camino del restaurante madrileño "O'Pazo", en la calle Reina Mercedes. Allí, apoyados en la barra, en el prosaico ambiente de un bar cargado de humo y mil olores, cuando los clientes se están ya retirando, dispuestos a afrontar una nueva tarde de despacho con el estómago repleto de delicadas viandas, Mariano Rubio, que ha abandonado por un momento su mesa y a sus acompañantes, ratifica a Javier de la Rosa, mientras se toman un café, la veracidad de la operación, entre fuertes críticas para los viejos gestores del banco y los recién llegados, Conde y Abelló, y el estado de cosas provocado por su entrada en Banesto.

—Bueno, mira, —explica humilde De la Rosa— yo lo único que conozco es una serie de fondos y bancos de inversiones extranjeros que tienen acciones de Banesto. En cuanto regrese a Barcelona, trataré de conseguir las direcciones y teléfonos y os los pasaré.

—De acuerdo, pero date prisa, que el tema es muy urgente.

El episodio deja conmocionado a De la Rosa. Durante toda la tarde y el viaje de vuelta a Barcelona pugna con la necesidad de desahogarse, de contárselo a alguien. Lo ocurrido le parece una historia fantástica, irreal, una de esas cosas que sólo pueden pasar en Madrid.

Camino de vuelta a su despacho de Padilla, Javier de la Rosa contempla admirado los frutos producidos por lo que años atrás fue simplemente una intuición. El asunto Garriga había terminado, dejando maltrechos algunos currículums y no pocas amistades que tiempo atrás se proclamaban eternas. Por primera vez en muchos años Javier estaba fuera de Banesto. Llegaba la hora de pensar en el futuro. Y en una de esas decisiones que distinguen a los que están llamados a sobrevivir a cualquier naufragio, Javier se fijó, cómo no, en Banesto: el banco más rico de España, un valor seguro, con una cotización en Bolsa casi de risa. De la Rosa puso manos a la obra, dispuesto a labrarse esa reputación que ahora le distingue como el más fino olfato bursátil de estos reinos. Y así fue como recomendó a una serie de grupos extranjeros la inversión en Banesto. Con una condición: que los derechos políticos en España de esos paquetes quedaran en sus manos.

Javier de la Rosa vuelve a Barcelona y esa misma noche empiezan ya las llamadas de Manolo de la Concha. Llamadas apremiantes, obsesivas, omnipresentes. A sus oficinas de Barcelona, a las de Madrid, a su domicilio...

Casi al mismo tiempo, Javier, un hombre que dispone del mejor sistema de información existente en el mercado, ha sabido que Tom Enders, ex embajador de Estados Unidos en España y nuevo vicepresidente de Salomon Brothers, está en Madrid.

Las piezas comienzan a encajar.

Mientras tanto, De la Rosa, con la sensación de haber sido cogido en una trampa mortal, decide poner tierra por medio. El jueves 12 de noviembre sale en dirección a Londres, sede europea de KIO. El viernes 13 está ya en París, donde pasará el fin de semana acompañado por su mujer. En el hotel, Mercedes es testigo de las llamadas apremiantes de De la Concha. El domingo por la noche regresan a Barcelona y el lunes 16, por la mañana, Javier está de nuevo camino de Madrid. Allí, por fin, hace entrega de la famosa lista de inversores extranjeros en Banesto, con nombres y teléfonos, que tanto persiguen Manolo de la Concha y sus poderosos amigos.

Pero el ex síndico va a conocer estos días una de las experiencias más frustrantes de su vida. Cuando la ansiada relación de nombres llega a sus manos, De la Concha cree morir de espanto al comprobar que no son tres o cuatro las direcciones a contactar, sino cerca de una quincena, con los porcentajes aproximados de acciones en su poder anotados al margen. Definitivamente, pensó De la Concha, Javier de la Rosa no tenía demasiadas ganas de colaborar.

El lunes 16, cuando la presión sobre él era insostenible, Javier de la Rosa cena en casa de Mario Conde, con éste y su socio, Juan Abelló. El financiero catalán conocía ya el nombre del banco atacante, pero no se atreve a mencionarlo. Sin embargo, hace partícipes de sus temores a los nuevos hombres fuertes de Banesto, quienes reciben el mensaje sin dejar traslucir especiales signos de alarma.

El martes 17, Javier despista a sus perseguidores saliendo camino de Lisboa, de donde regresará al día siguiente, miércoles. A su vuelta a Madrid, la capital es ya un mar de rumores que empiezan a rebasar el círculo de los iniciados para llegar a las redacciones de los periódicos.

El miércoles 18 de noviembre Mario Conde tenía todo listo para partir de viaje hacia Suiza. Pocos minutos antes de las 2 de la tarde, recibe una llamada urgente en Banesto. Javier de la Rosa está almorzando en "O'Xeito" y quiere verle con suma urgencia. Como lo más probable es que ambos estén siendo seguidos por los servicios de seguridad, quedan en encontrarse en los servicios de caballeros de "O'Xeito". Allí, en el cuarto de aseos de este restaurante de la Castellana, muy cercano a la sede de Banesto, con aire furtivo, atentos a la puerta para evitar ser sorprendidos, ambos financieros mantienen una insólita entrevista.

—Efectivamente, van a por vosotros y es el Banco de Bilbao.

—¿Pero de qué se trata exactamente? —pregunta Conde.

—Es una operación de absorción y se aprueba por decreto ley tras el Consejo de Ministros de pasado mañana, viernes.

—¿Y tú crees que el Gobierno se va a embarcar en una operación de ese tipo?

—Sí, sí; no hay nada que hacer. Esto es imparable, y yo

no puedo resistir más la presión a la que me están sometiendo para que venda.

—¡Aguanta, aguanta! —le urge Conde—. ¡No cedas! ¡Vamos a ver qué podemos hacer!

Conde suspende su viaje a Suiza y se queda a trabajar en Madrid. Y rápidamente comienza a atar cabos. Letona había querido contratar días atrás a un director para la división internacional de Banesto, y tras las correspondientes búsquedas había llegado a un práctico acuerdo con un tal Carvallo, a la sazón director del Banco de Bilbao en Londres. Cuando Conde se enteró del fichaje, comentó a Letona su interés por verle antes de que firmara el contrato, lo cual no pareció sentar muy bien al consejero delegado. Pero Conde insistió en que si su vida —y su dinero— iban a estar de ahora en adelante volcados en Banesto, quería conocer a la gente con la que se iba a jugar los cuartos.

Conde mantiene efectivamente una entrevista con el candidato y da su aprobación a la contratación del mismo, que queda en incorporarse de inmediato. El martes 17 de noviembre, sin embargo, Carvallo anuncia a Letona que lo siente mucho, pero que no le interesa Banesto.

—Pero bueno, José María, ¿cómo es posible que este tío, que ya había dado el sí, diga de repente que no viene?

—Pues sí, chico, sí. Me he quedado de piedra —replica Letona con su tono de voz característico.

Conde concluye, en este miércoles amenazante, que el candidato ha consultado a Ybarra y éste le ha disuadido del cambio con muy buenas razones. El estallido de la tormenta se acercaba a pasos agigantados.

Manolo de la Concha, en su rastreo telefónico en busca de Banestos por distintas plazas financieras extranjeras, se ha encontrado pronto con una sorpresa. Los titulares de los paquetes facilitados por De la Rosa, evidentemente al tanto de lo que se estaba tramando, comienzan a destaparse con unas pretensiones económicas desorbitadas, subiendo los precios a cada nueva oferta formulada por De la Concha. Y hay un detalle absolutamente definitivo: a partir de un determinado momento, todos comienzan a pedir el mismo precio, una cifra disparatada, del orden del 1.400%, cuando en la Bolsa de Madrid la cotización rondaba el 900%. Verde y con asas, pensó De la Concha.

Los socios de Investcorp abandonan definitivamente la persecución de esos paquetes el mismo miércoles 18, por la noche. El financiero catalán, como un nuevo Beltrán du Guesclin, estaba seguro de haber cumplido con Mariano Rubio dándole la lista, pero había ayudado a su señor...

Javier de la Rosa, un nombre vetado en Banesto después del asunto Garriga, acababa de efectuar a la institución una de las mayores contribuciones de su larga historia. El destino de su paquete hubiera alterado radicalmente la suerte de la operación lanzada por el Bilbao. Con un 12% del capital social en su poder, el Bilbao hubiera partido el 19 de noviembre desde una posición de fuerza muy distinta. Javier de la Rosa, proscrito y abandonado por sus viejos amigos, Pablo Garnica Mansi, ''don Pablo'', y José María Sainz de Vicuña, se había mantenido fiel a sus amigos de siempre.

Capítulo 7

LA SOMBRA DE MARIANO ES ALARGADA

Aquel 4 de diciembre de 1985 hacía frío en Madrid. Era una tarde ideal para dejar pronto la oficina e irse a casa, enfundarse una bata y colocarse delante de la chimenea. Pero la Fundación de Estudios de Economía Aplicada, que patrocina el Banco de España y preside el profesor Rojo, actual subgobernador del Banco de España, celebra aquella tarde, en la sede de la Bolsa de Madrid, una de las dos reuniones anuales de su Patronato. Juan Herrera Fernández, marqués de Viesca de la Sierra, consejero de Banesto y presidente de Petróleos del Mediterráneo (Petromed), sintió no poder eludir el compromiso. Aquella mañana, a la salida de la reunión diaria de la ejecutiva, Herrera había comentado a don Pablo Garnica.

—Bueno, Pablo, nos vemos esta tarde en la Bolsa, ¿no?

—Pues no, yo no podré ir. Pero si vas tú, representa ya de paso a Banesto.

A partir de las 6 de la tarde, un río de banqueros y algunos empresarios se van dando cita en la biblioteca de la Bolsa de Madrid, en la Plaza de la Lealtad, un santuario donde se guardan los libros de apuntes de los viejos agentes de Cambio y Bolsa.

Tras la reunión del sanedrim del patronato, comienza la asamblea general, con lectura de la memoria de actividades y adelanto de buenos propósitos para el año que viene. El carpetazo final es recibido con alivio. Llega la hora de la copa. Un camarero se acerca a Juan Herrera con un whisky, pero éste declina el ofrecimiento, ahora que me he quitado ya del escocés, y pide un vaso de buen vino. Y casi por sorpresa aparece por detrás Mariano Rubio, su trago en la mano.

—Pero hombre Juan —se chancea— ¡ya estás con el tinto!

—No, no, es que no quiero beber whisky...

—Juan, vente para acá un momento, que tengo algo que comentarte.

Al lado de una ventana, discretamente alejados del tumulto, el Gobernador suelta la bomba.

—Oye, que este año no vais a poder dar dividendo...

—Hombre, cómo no, con lo rico que es Banesto... —replica jocoso Herrera.

—Que no, que no es una broma, Juan, te hablo en serio. Con la situación de catástrofe del Garriga Nogués el banco no podrá dar dividendo este año.

—¡Pero qué me dices! —balbucea incrédulo Herrera—. Ya le he advertido a don Pablo de la situación, pero yo no pensaba que fuera tan grave el asunto.

—Pues lo es. El servicio de inspección ha demostrado que el problema es muy grave. Hay al menos un agujero de 30.000 o 40.000 millones de pesetas. Vamos, que se ha comido con creces el capital. Es mucho peor de lo que os creéis, a pesar de lo cual en el banco nadie parece darse por enterado...

—¡Bueno, bueno! —acierta a pronunciar un Herrera consternado.

—Y es la hora de que hagáis algo, porque esto viene a confirmar lo que llevo diciendo hace tiempo, que esa casa está anquilosada, que no se puede tener gerentes de 80 años al frente, con una estructura de poder patriarcal...

—Yo hablaré otra vez con la casa.

—Creo que tú debes actuar y tomártelo completamente en serio....

—Mira, Mariano, soy muy respetuoso de la jerarquía, y lo que voy a hacer es ponerlo en conocimiento de Jaime (Jaime Argüelles, vicepresidente de Banesto) y hablamos después contigo.

Sentir el frío de la noche en el rostro le sentó bien a Herrera. Se notaba inquieto y excitado, y el hombre de Petromed, tras despedir a su chofer, prefirió darse un paseo hasta su cercano domicilio, junto a los Jerónimos. Toda una vida puede desfilar, como una película, por la mente de un hombre en cinco minutos de paseo por la soledad de una noche de invierno. El asunto del Coca, el Banco Madrid, Agromán, Isodel, Urbis, y... para acabar de rematar la fiesta, el Garriga Nogués. Hasta aquí hemos llegado, pensó Herrera, ya no va a ser posible trampear más. Es lo que tantas veces he hablado con Jaime. Alguien tendrá que asumir sus responsabilidades en todo lo que ha pasado. El banco no puede seguir dando tumbos.

Aquélla era un crisis de mala gerencia que se venía gestando desde hacía mucho tiempo, y que ahora estaba a punto de estallar. La alarma ya era evidente en la mayoría de los consejeros, una alarma, por qué no, unida a un cierto afán de revancha. Era la hora de pasar factura a la soberbia, los desplantes y los silencios de don Pablo.

Desde 1970 Banesto había padecido la dictadura personal de don Pablo Garnica Mansi, hijo de uno de los hombres más notables de la historia del banco, Pablo Garnica Echevarría, presidente de la institución entre los años 1932 y 1959. La de Garnica Mansi, con todo, fue una dictadura muy especial. Don Pablo gobernaba manteniendo en la superestructura al recientemente fallecido José María Aguirre Gonzalo como presidente decorativo. «Don Pablo no daba cuenta ni a la ejecutiva ni al consejo de muchas de las cosas que sucedían en el banco», señala un consejero que quiere mantener el anonimato. Se sobreentendía que todo lo que hacía don Pablo era por el bien del banco, cierto, pero eso llevaba aparejado un sistema de dirección completamente centralizado, paternalista y autoritario.

La de José María Aguirre y Pablo Garnica era una simbiosis casi perfecta. Aguirre le venía muy bien a don Pablo, porque le libraba de las tediosas tareas de representación inherentes a un presidente. El dueño de Agromán se daba plenamente por satisfecho con estar en el pedestal y sacar adelante la constructora gracias al Banco Español de Crédito. Mientras tanto, el verdadero poder estaba en manos de don Pablo. «Banesto sufrió así una dictadura caracterizada por la falta de dirección, de capacidad de gestión, que impedía que nadie tomara parte en las decisiones, pero que permitió que sucedieran cosas como las de Coca, Madrid o la Garriga», asegura Antonio Sáez de Montagut, miembro del Consejo de la entidad y presidente de Tudor, S.A.

Mientras Aguirre hacía de reina madre, don Pablo gobernaba Banesto con mano de hierro. Don Pablo es de alguna forma, el "último hidalgo castellano". Padre de 14 hijos, 7 hembras y 7 varones, don Pablo era y es un *workoholic,* un adicto al trabajo, un ser sumamente frugal, seco en el trato personal, capaz de infundir en sus empleados un sentimiento de temor indisimulado.

Es hombre al que no le interesaron nunca las pompas y vanidades del mundo. Extraordinariamente creyente y rezador, casi de misa diaria, es al mismo tiempo una persona terriblemente dura y exigente con su gente, por no decir con los morosos, en un modo de comportamiento aparentemente muy poco cristiano, que contrasta en esa profunda religiosidad.

En su estrecho contacto con el banco, era un hombre también con sus debilidades. «Uno de mis puntos de fricción con Pablo era la facilidad con que se le daban créditos a Agromán», señala Juan Herrera. «Nadie me hacía caso. Yo di ahí una batalla inútil, que me costó casi una depresión. Hay que acabar con esto, me animaba el resto del Consejo, pero a la hora de la verdad todos se echaron para atrás y me encontré con el culo al aire. Y la cosa culmina con la aventura del Garriga Nogués, en la cual a pesar de las advertencias que se hicieron, don Pablo no reacciono, o si lo hizo fue tarde y mal.»

La filosofía gerencial de don Pablo se puso claramente de manifiesto con el caso Garriga Nogués. Nadie estaba autorizado a solicitar a Javier de la Rosa detalles sobre la marcha de la entidad. «Eso ya lo he despachado con el presidente», era la respuesta invariable del aludido. Javier era su protegido, había puesto su confianza en él, y con eso valía.

La alarma de muchos consejeros, sin embargo, estaba atemperada por la confianza en la propia capacidad del banco para digerir "chicharros". En todo caso, éste sería uno más... Cuando los primeros olores sobre el Garriga comenzaron a dejarse sentir, es el propio don Pablo el que piensa que el asunto podía arreglarse «sin dar tres cuartos al pregonero», sin tener que aplicar el bisturí, lo que hubiera supuesto una decisión traumática para un hombre que había llegado a considerar a Javier de la Rosa como un hijo más. «Don Pablo te ha tratado como a un hijo», le dijo Herrera a De la Rosa, «y tú vas a acabar con él».

El tema del Garriga pone en evidencia algo que ya era viejo: la crisis de dirección que sufría el banco. «Lo que ocurre es que con esa crisis toman cuerpo las aspiraciones personales de poder de algunos consejeros, caso de Argüelles y Herrera», señala Sáez de Montagut, «que ven la posibilidad de sustituir a Pablo Garnica».

A mediados de 1984, el Banco de España había remitido una carta a don Pablo dando cuenta de la alarma de las autoridades por el tema del Garriga, y exigiendo que la misiva fuera leída ante todos los miembros del Consejo. Se hicieron algunos cambios en el organigrama de la entidad catalana; entró alguna gente nueva, como Manuel Igea, pero eso fue todo. Eran paños calientes. A don Pablo le habían señalado con el dedo, pero él no se daba por aludido.

Tras el encuentro con el Gobernador, Juan Herrera habla al día siguiente con Jaime Argüelles en su despacho de vicepresidente, antes de la comisión diaria de la 1 de la tarde. Aquello, más que un cambio de impresiones, es una confirmación de viejos temores.

—Esto, efectivamente, se veía venir —comenta resignado Argüelles.

—Y Mariano quiere hablar rápidamente con el banco —le apremia Juan.

—Pues podemos comer mañana, si no te importa.

—Sí, es una buena idea; si quieres monto una comida en Petromed con Mariano. E inmediatamente después hablamos con Pablo...

Pero a la salida de la comisión, Jaime coge del brazo a Juan Herrera y le comenta:

—He estado pensando.... y tal vez convendría decírselo ya

mismo a Pablo. Sería mejor que se viniera a esa comida para que entrara directamente en el asunto.

—Pues mira, yo también he estado pensando en eso, porque esto de los intermediarios no es bueno. Vamos a decírselo y que venga. Será bastante violento, pero es lo mejor.

—¿Qué le parecerá a Mariano?

—Hombre, no creo que tenga inconveniente; además, con llamarle por teléfono primero está arreglado el asunto.

Y en el comedor instalado en la quinta planta de Petromed tuvo lugar a mediados de diciembre de 1985 un almuerzo que cambió el curso de los acontecimientos en Banesto y en la Banca española. La pitanza fue breve y en cuanto se hubo retirado el servicio, gente de Petromed de total confianza, los comensales se dispusieron a escuchar la voz de Mariano Rubio, la autoridad.

El núcleo del debate es el análisis que efectúa Mariano de la situación del Garriga Nogués.

—Me alegra encontrarme con vosotros, como siempre, pero lamento que sea por un motivo no muy placentero. Creo que este almuerzo se tenía que haber celebrado hace mucho tiempo; por unas causas u otras, no ha sido así; pero los hechos son tozudos y al final acaban por imponer su lógica. El caso es que el banco lleva este año un ejercicio malo *per se* y malo también en comparación con otros bancos de su tamaño.

—Este banco siempre ha ganado dinero —interviene don Pablo.

—Puede ser, pero ahora está dejando de ganarlo. Entre los siete grandes bancos españoles hay dos grupos perfectamente diferenciados —asegura Mariano—. En el primero, hay un banco que va muy bien y tres bien. Y en el segundo, en el cual os encontráis, hay tres que van de regular a mal.

—Desde luego es una desgraciada coincidencia —señala el Gobernador— que los tres mayores bancos privados del país estén metidos de forma simultánea en una grave crisis...

—En vuestro caso, esto no viene sino a certificar mis temores. Las pérdidas del Garriga son mucho mayores de las que os suponéis y de hecho el banco tendría que dedicar todos los beneficios de este año para provisionar este asunto. La situación es muy complicada desde el punto de vista del banco emisor, y esto puede acabar muy mal.

—Yo no creo que sea para tanto... —interviene don Pablo.

—Pues lo es. La situación a la que se ha llegado es un síntoma revelador de que las cosas hace tiempo que no van bien aquí. Hay que atacar el problema de raíz, y quiero deciros que es hora ya de que esta casa se modernice y cambie. Tenéis que concienciaros de que hay que dar un giro radical a la gerencia de la institución, modernizarla; el banco no puede seguir así. Y ese giro empieza por un tema personal; aquí hay que cambiar personas, porque la gerencia y las decisiones al fin y al cabo las toman personas con nombres y apellidos...

—No se puede seguir considerando los consejos como un premio a servicios prestados por generaciones anteriores —prosigue tajante Mariano, en medio del silencio de los reunidos—, ocupados por personas que sin aportar nada no tienen participación accionarial significativa. Entidades del volumen y de la importancia de Banesto no pueden encontrar solución a sus problemas de personal directivo entre cuatro o cinco familias exclusivamente. En cualquier país de economía libre, cuando el mando, al nivel que sea, falla, hay que sustituirlo, bien promoviendo a personas de la casa o buscando los sustitutos en el mercado.

—No se puede enviar a discutir al Banco de España problemas de vital importancia —prosigue un Rubio embalado—, a personas que ni por edad ni por mentalidad sintonizan con los interlocutores.

La conversación ha ganado en pocos minutos cotas de gran tensión. Juan Herrera es víctima de un extraño temblor en la mejilla, mientras la mirada huidiza de don Pablo parece la de un león enjaulado, pugnando por destrozar los barrotes y ganar la libertad.

—Perdone que le diga al señor Gobernador que el Banco de España también tiene buena parte de culpa con sus políticas de coeficientes —trata de defenderse don Pablo...

—No se puede culpar de la situación actual de Banesto al

tema de los coeficientes, aun reconociendo que son muy gravosos. En las mismas circunstancias Banesto ganaba dinero antes, como ahora lo siguen haciendo entidades similares.

—El banco ofrece síntomas de anquilosamiento claro. La negativa persistente a aceptar fórmulas nuevas, actividades de *merchant bank,* lanzamiento de nuevos productos...

—De todas formas —insiste don Pablo— las cosas van a mejorar con el papel comercial...

—Mira, Pablo, es absurdo pensar que la solución al problema actual puede venir del papel comercial. Los problemas de Banesto vienen de temas como el Garriga.

—De todas maneras, el banco tiene una fortaleza indiscutible, y con sólo aflorar las reservas ocultas...

—El tema de las reservas ocultas, que tanto te gusta manejar, no me vale de gran cosa. Las reservas ocultas valen lo que se obtenga de ellas al realizarlas, pero dejan al que lo hace en una lamentable situación para enfrentarse con un futuro incierto.

—Sigo opinando que este banco ha resuelto situaciones peores...

—No te lo niego, pero es increíble que un tema de esa naturaleza e importancia se pueda haber prolongado durante varios años sin que os hayáis enfrentado seriamente con él. Los errores nacen cuando se otorga una confianza sin límites a personas desprestigiadas, absolutamente conocidas en el gremio y en la calle.

—¿Qué se puede hacer? —interviene Jaime Argüelles.

—Lo que vosotros queráis, porque la solución debe salir de la propia entidad. El Banco de España no piensa intervenir, pero no podrá impedir, dada la gravedad del tema, que lo hagan otras instancias... Y creo que soy suficientemente claro. Yo puedo frenar esto por ahora, pero llegará un día en que no podré hacerlo, y es mejor que tratemos de resolverlo aquí alrededor de una mesa...

—El banco está decidido a arreglar sus problemas —asegura, con un punto de pesadumbre, don Pablo.

—Es que es necesario que se vea inmediatamente el propósito de rectificación en la práctica. Siempre me decís que sí, que sí, que las cosas se van a arreglar, y luego nunca hacéis nada. Tenéis que empezar ya; que se vea mañana mismo... Pensad en el panorama que puede presentarse de cara a una junta general con esta situación, y con la prensa aireando el tema, como es lógico.

—¿Puede el Banco de España facilitar alguna ayuda? —pregunta Juan Herrera.

—Contad con toda nuestra ayuda. El apoyo para salir adelante no os va a faltar. Pero como estamos hablando de que quiero cosas concretas, esa ayuda la tendréis sólo contra la presentación de un plan coherente y sobre todo con personas idóneas.

—Continuar en la misma dirección —concluye Mariano— será peligrosísimo para el propio Banco Español de Crédito y para sus accionistas, y desde luego, forzará una intervención del Banco de España. Siento ser tan rotundo, pero a menos que vosotros mismos adoptéis las medidas quirúrgicas necesarias, el Banco de España tendrá que tomar cartas en el asunto, porque le obligarán a ello...

Cuando Mariano acaba su brillante faena, don Pablo se siente abrumado y, sin pensarlo dos veces, se lanza a la arena con una propuesta de la que no tardará mucho tiempo en arrepentirse.

—Bueno, el mensaje está claro, y creo que tengo a la persona...

—Antes de que digas nada —interrumpe Mariano— quiero decirte que no necesitas ahora mismo decir ningún nombre, lo podéis pensar con más tranquilidad.

—Nada, nada, ya está pensado y tengo el nombre. ¿Qué te parece José María López de Letona?

Los comensales recuerdan que el rostro de Mariano Rubio acusa el impacto, y en la levedad de un segundo revela excitación, incredulidad y sorpresa a la vez. Pero el Gobernador se repone con decisión.

—Te vuelvo a repetir, Pablo, que no necesitas dar ahora mismo ningún nombre, que podéis tomaros vuestro tiempo...

—Nada, nada —insiste don Pablo—. ¿Te parece bien Letona?

—Hombre, ¡qué quieres que te diga! Todos conocemos a Letona. Él es muy amigo mío, como sabéis; somos incluso algo parientes. Es un buen profesional y no habría ninguna objeción; además él es ya un hombre de la casa...

Los reunidos en la sede de Petromed acababan de abrir una nueva época en la historia del Banco Español de Crédito. José María López de Letona, un hombre más conocido por su currículum político que por sus éxitos empresariales, acababa de ser nominado como futuro hombre fuerte de Castellana 7, para el próximo quinquenio o quizá más. Mariano Rubio jamás pudo pensar que su tensa filípica ante don Pablo fuera en unos segundos a provocar tan fenomenal vuelco en la cúspide del más tradicional de los grandes Bancos españoles. Él y sus amigos de la *beautiful* tenían motivos para estar satisfechos. No es extraño, pues, que días después dedicara la siguiente flor a don Pablo: «Me quito el sombrero ante tan rápida y dolorosa decisión. Don Pablo Garnica es todo un caballero.» Banesto bien vale un elogio.

Juan Herrera también recibirá elogios del Gobernador, en forma de varias cartas autógrafas en las que Mariano Rubio le da las gracias: «Querido Juan, no sabes el favor que has hecho a tu institución aclarando los temas, tu ayuda ha sido sumamente importante; querido Juan, te puedes apuntar el feliz desenlace de esta crisis a tu valiosa intervención...»

Este primer encuentro a cuatro es seguido por otros más, en la sede de Petromed y en el propio edificio de La Cibeles. En la agenda de Herrera aparece una reunión el 26 de diciembre de 1985, a las 6 de la tarde, en el Banco de España. Y un almuerzo a las 2 de la tarde del 30 de diciembre, también en la sede del banco emisor.

El consejo de administración celebrado el 29 de enero de 1986, último miércoles de mes, nombraba a José María López de Letona nuevo consejero de la entidad. Letona llegaba teóricamente para cubrir la baja dejada por Gregorio López Bravo, otro ex ministro de Franco, fallecido en el accidente aéreo del monte Oiz, y llamado a ser un firme candidato a la sucesión de Pablo Garnica.

140

El relevo de verdad se llamaba José María López de Letona. Aunque alguna prensa especulaba tímidamente con la transcendencia de este nombramiento, para aquellos que estaban en el centro de la trama no cabía duda de que Letona estaba llamado a los mayores destinos en Castellana 7. Pero los plazos eran los plazos.

Durante los meses de enero y febrero de 1986, la cúpula de Banesto vive días de frenética actividad, mientras se cocina el relevo sugerido por Mariano Rubio. Los tres primeros espadas de la institución —Garnica, Argüelles y Herrera— se ven con frecuencia mañana, tarde y noche, a menudo en compañía de Mariano Rubio. Argüelles y Herrera emplean muchos paseos entre las cercanas sedes de Petromed y Banesto analizando y madurando la situación.

En uno de esos paseos del invierno de 1986, a la salida de una de las ejecutivas de los martes, Herrera lanza a su interlocutor un globo sonda.

—Mira, Jaime, yo no tengo apetencias personales, porque la Banca no es mi carrera y además la edad que ya tengo no es la mejor para cambiar de profesión. Pero lo que podíamos hacer es aprovechar lo de las dos vicepresidencias. Y entonces sí pido yo una vicepresidencia.

—¿Cómo, cómo? —inquiere Argüelles.

—Sí, mira, podemos hacer una cúspide en la que don Pablo sería presidente; tú y yo, vicepresidentes, y Letona, consejero delegado. ¿Qué ganamos con ello? Pues que el cambio o la modernidad, como quieras llamarlo, tendría tres votos en esa cúpula; y el mantenimiento de los principios o esencias del banco, pues otros tres.

—Hombre, es una buena fórmula —señala Jaime—. Hablaré con Pablo.

Mientras tanto, Letona había visto la oportunidad de su vida, y presumiblemente bien aconsejado, jugó fuerte su baza, que no era otra que la baza del Banco de España. No iría a Banesto de simple consejero para servir de freno a las iras del banco emisor. Si don Pablo y las ''familias'' querían a Letona de abrelatas ante La Cibeles, él tendría que ir con todos los poderes. La Cibeles, don Pablo y las circunstancias regalaban a López de Letona el primer banco privado español. Ello no sin que Mariano Rubio se cubriera repetidamente las espaldas, repitiendo a sus interlocutores en más de una reunión:

—Oye, que yo no tengo ningún compromiso con Letona; si tenéis otro hombre, decídmelo...

El 17 de marzo de 1986 Juan Herrera tuvo que hacer un viaje relámpago de treinta y seis horas a Alemania. Petromed estaba a punto de firmar un acuerdo de colaboración con una multinacional alemana del petróleo, algo parecido al firmado tiempo después con British Petroleum. Y a las 12.30 de la noche, cuando Juan estaba ya recluido en su hotel de Colonia, Pablo Garnica jr. le envía un recado urgente desde Madrid: «El asunto Letona y Banesto ha explotado ya, y mañana (por el miércoles, 19 de marzo) hay un consejo adelantado en el que se aprueba el tema. Así que vente para acá.»

En efecto, a primera hora de la tarde del 17 de marzo de 1986 tiene lugar una decisiva reunión en la sede del Banco de España, con don Pablo, Mariano Rubio y Jaime Argüelles como protagonistas. A don Pablo no le ha sentado nada bien la idea de Herrera de las dos vicepresidencias-bisagra, y en un instante de furia adopta otra dramática determinación.

—Letona no será sólo consejero delegado, sino también vicepresidente de Banesto.

A las 6 de la tarde del mismo día, una persona muy ligada a la casa llegaba a Castellana 7 y, tras preguntar por don Pablo, era recibido por Sainz de Vicuña.

—Espérate, porque don Pablo ha ido al Banco de España. Le han llamado urgentemente y no creo que tarde ya mucho.

A las 6.30 llega don Pablo deshecho, y en el despacho vacío de presidencia, en su día ocupado por Aguirre Gonzalo, tiene lugar una conversación dramática.

—¡Encerrona al canto!, ¡canallas! Me ha llamado Mariano y estaba allí Argüelles. Y Jaime ha dicho delante de Mariano que Letona tenía que ser consejero delegado del banco. Y yo he dicho que no sólo consejero delegado sino también vicepresidente...

—¡Pero qué me dices! responde atónito Vicuña.

—Sí, sí, a ver qué hacemos, porque esto es gravísimo...

—¡Pero cómo has podido admitir eso Pablo, no lo entiendo, y encima vicepresidente...!

—Pues sí, porque si hemos de salvar esta crisis pues que sea administrador delegado y además vicepresidente. Y a estos dos, ¡que les den por el saco...!

Don Pablo Garnica, que cree haber sido víctima de una conspiración palaciega en su propia casa por parte de Jaime Argüelles y Juan Herrera, había decidido vengarse de sus colegas de Banesto en el mismo lujoso despacho de Mariano Rubio. Don Pablo ha jurado que Jaime Argüelles, que ha saltado por encima de Oriol, a quien hubiera correspondido la vicepresidencia, no le sustituirá a él por nada del mundo. Con el mismo furor hace añicos las aspiraciones de Juan Herrera, un hombre que por edad podía aspirar perfectamente a la presidencia como eventual relevo, a su vez, de Jaime Argüelles.

Al día siguiente, víspera de San José, Vicuña parecía roto ante el mismo visitante de Banesto.

—¡Me han jodido! Me han pedido que deje de ser director general porque Letona ha exigido todos los poderes, y don Pablo, como un idiota, ha cedido...

El testigo trata de animarle, pero en vano.

—¡Es terrible, don Pablo pensó ayer en el Banco de España que podría simultanear el cargo de consejerodelegado con López de Letona, pero resulta que según el estatuto sólo puede haber un administradordelegado, y don Pablo no sigue. ¡Estos cabrones se la han metido doblada...!

—A mí también me lo parece... ¡Esto ha sido la encerrona del siglo!

Así, en el consejo del 19 de marzo, día de San José, adelantado excepcionalmente porque el último miércoles de mes coincidía con la Semana Santa, López de Letona era nombrado vicepresidente y consejero delegado (administrador delegado, en la terminología afrancesada de la casa) del Banco Español de Crédito. Letona tomaba las funciones que durante décadas había ejercido don Pablo Garnica. Don Pablo, tan directo como de costumbre, con ese hablar suyo característico, que a veces parece despectivo sin serlo, como arrastrando las palabras, con un cierto deje "cheli", lo anunció con rotundidad ante sus colegas del consejo:

—Bueno, y a partir de ahora el que manda es "éste"; que quede claro para todos, porque lo he puesto yo y porque creo que es lo mejor para la casa...

Rubio, con el apoyo directo de Herrera y Argüelles, fuerza el cambio de Banesto, aunque, eso sí, con la complicidad de don Pablo, algo que le será después censurado día tras día por las "familias" hasta el mismo instante en que Letona abandone Castellana, 7.

El rumor de la intervención de Mariano Rubio en la crisis de Banesto era lugar común en los ambientes financieros y como tal llegó al Parlamento. A una pregunta del portavoz socialista en la Comisión de Economía, Mariano negó su intervención directa tanto en el nombramiento de Letona, en Banesto, como en el de Claudio Boada, en el Hispano Americano. «La inspección del Banco de España detectó una serie de problemas que se habían producido o se estaban produciendo, y lo puso en conocimiento del presidente de Banesto.» Don Pablo Garnica había efectuado el nombramiento de Letona por cuenta propia, renunciando, «en su actitud que le honra», según Rubio, a sus poderes.

Pero don Pablo lo ve desde otra óptica, y está convencido de no haber renunciado a nada. López de Letona era su empleado en el Banco de Madrid, y pasa a ser uno más de los 16.000 fieles servidores del grupo Banesto que le rinden pleitesía. Es como si para el puesto de administrador-delegado hubiera elegido al director de Cáceres, pero con algunas ventajas adicionales, la más importante de las cuales es su amistad con Mariano Rubio. A don Pablo le llega a parecer una jugada maestra. Poner a uno de sus empleados al frente de la institución y ganar, por fin, la paz con el Banco de España. Por supuesto, piensa, en Banesto seguirá mandando él.

Herrera opina que don Pablo cometió dos errores de bulto:

no darse cuenta de lo que había pasado en el banco y de su responsabilidad en el asunto Garriga, y darle demasiado poder a Letona.

El marqués de Viesca de la Sierra, sin embargo, aparece a los ojos de todos como el principal aliado de Letona al iniciar éste su reinado en Banesto. Ambos habían celebrado varias reuniones a solas. Los personajes se conocían de tiempo atrás. Antonio Solano, cuñado de Letona y compañero de Herrera en los jesuitas de Valladolid, había sido ayudado por el presidente de Petromed a salir adelante en sus tiempos de modesto capitán de Artillería. Con estos ingredientes, se va forjando la leyenda de que Juan Herrera es el fiel escolta de Letona dentro del banco, como Mariano Rubio lo es fuera. La relación entre ambos personajes durará casi hasta el verano de 1987, en que de nuevo se produce un abismo insalvable entre ellos.

El 19 de marzo de 1986, día de su santo, José María López de Letona alcanzaba la púrpura en Banesto. La prensa se dio por enterada de la magnitud del cambio, que prácticamente coincidió con el nombramiento de Luis Coronel de Palma, otro ex gobernador del Banco de España, como vicepresidente del Banco Central. Pero mientras Coronel llegaba al banco de Alfonso Escámez como figura decorativa, López de Letona lo hacía para ostentar el poder real.

Con el nombramiento en el bolsillo, López de Letona se va con su familia a pasar las vacaciones a Sotogrande, Cádiz, lugar de veraneo habitual de numeros VIPS españoles.

Letona, un ex ministro de Franco, llegaba a Banesto con las bendiciones del Banco de España, una entidad clave en la formulación de la política económica de cualquier Gobierno, en este caso socialista. Era un dato más del *melting pot* de un partido que con la O de Obrero en sus siglas, mantiene en puestos claves a personajes de corte liberal en lo político y de gustos y maneras exquisitas en lo social. A Alfonso Guerra no le gustó en absoluto el nombramiento de Letona. Un apunte más en la cuenta de Rubio que, como se verá, tendrá una extraordinaria importancia muchos meses después en la solución de la OPA del Bilbao.

La llegada de Letona a Banesto, por otra parte, supone el fracaso de una solución renovadora interna. Triunfa el cambio impuesto desde fuera. Las dos personas que parecían llamadas a ser los delfines de la institución, Pablo Garnica jr., y Jacobo Argüelles, ven frustrada su alternativa de poder. Durante años forman el segundo nivel ejecutivo del banco, y ambos conocen un duro aprendizaje en el saneamiento del Banco de Madrid; uno de los dos parecía llamado a ser un día presidente de Banesto. Sin embargo, la línea se quiebra.

Pablo Garnica jr. asiste resignado al hundimiento de su carrera. Nadie es profeta en su tierra. Pero Jacobo Argüelles trata de rebelarse. Con la llegada de Letona a Banesto verá de nuevo su oportunidad. Todo lo apuesta a la carta Letona. Para entonces el odio entre Jacobo y don Pablo es visceral. Hay una teoría según la cual Argüelles jr. fue el único que se atrevió a cantarle la gallina a don Pablo sobre lo que ocurría en el Garriga Nogués, firmando con ello su sentencia de muerte. Cuando ve que con don Pablo no llegará nunca a nada, se echa en brazos de Letona, y estará a punto de ver culminados sus esfuerzos con el cargo de consejero delegado. De hecho, hay consejeros de Banesto que opinan que el único y exclusivo cerebro de Letona en el banco fue Jacobo Argüelles. Muy al final, la cabeza pensante se verá arrastrada al averno por los errores estratégicos de su protector.

Capítulo 8

TÍA CARLOTA Y SUS *BEAUTIFULS*

Don Pablo Garnica Mansi está convencido de que el Banco Español de Crédito, su Banesto, ha sido víctima en los últimos años de una conspiración, minuciosamente planificada y ejecutada, cuyos protagonistas tienen nombres y apellidos. Digerir los pildorazos de los bancos Coca y Madrid, con los que a última hora tuvo que pechar por presiones de la autoridad monetaria, le costó a Castellana, 7 una cifra comprendida entre 130.000 y 140.000 millones de pesetas. Si le añadimos el saneamiento más reciente del Banco Garriga Nogués, la cifra total supera seguramente los 240.000 millones de pesetas.

Don Pablo dice que éste es dinero que el banco no ha podido reflejar en sus beneficios anuales; es decir, ha dejado de ganar, o lo que es lo mismo, ha debido detraer de sus reservas y cuentas de resultados en perjuicio de sus accionistas y clientes. «Banesto, que tenía una marcha muy satisfactoria y que era el primer banco español en todos los órdenes, tuvo dos accidentes que en realidad fueron dos estafas», afirma rotundo, «y que fueron la compra del Coca y del Madrid». A ello vino a sumarse el tema Garriga. «Sin estos tres grandes tropiezos, el Banco Español de Crédito se hubiera hinchado estos años a ganar dinero», asegura don Pablo, «porque la estructura de la red bancaria es sanísima, una máquina de hacer dinero».

Como en la vida de cualquier simple mortal, los celos juegan a veces un papel capital en el devenir de las grandes instituciones, aunque éstas sean aparentemente tan asépticas y despersonalizadas como un gran banco. Los celos fueron responsables de que Banesto se metiera en la operación de compra del Banco Coca. «Ahí nos lanzamos a la piscina sin agua», comenta Pablito Garnica jr. «Yo era director de sucursal de Banesto en Madrid, y en la plaza se sabía del Coca que era el que más pagaba por el pasivo y el que menos intereses cobraba.» Sucedió que el gran rival, el Banco Central, acababa de desplazar a Banesto, tras la compra del Banco Ibérico, del primer lugar de *ranking* bancario español por volumen de depósitos, un puesto que tradicionalmente había correspondido a Castellana 7. Eso no se podía consentir. Y Banesto ideó la compra del Coca, con lo cual el puesto de honor del ansiado *ranking* volvería a estar ocupado por su dueño natural...

Ignacio Coca, hijo de Julián Coca Gascón, un modesto campesino que antes de la Guerra Civil había puesto los cimientos de su banco concediendo préstamos a lomos de una mula por la sierra de Béjar, cursó estudios en el colegio de los Jesuitas de Valladolid. Como Juan Herrera. Lejos de sus familias —uno procedía de Salamanca y otro de Santander—, ambos hicieron buenas migas en el internado. Un poco mayor que ellos, en el mismo colegio estudiaba también José Antonio Girón de Velasco, eximio falangista, durante muchos años ministro de Franco y gran protector de Ignacio Coca. Las vidas de Juan e Ignacio se separaron después, para volver a coincidir tangencialmente a la vuelta de los años, cuando los Coca compraron la finca La Cepilla, ubicada al oeste de la provincia de Madrid, muy cerca de El Santo, la espléndida mansión campestre que la marquesa de Viesca de la Sierra, bisnieta del General Martínez Campos, cabeza del pronunciamiento de Sagunto, y esposa de Juan Herrera, posee en los alrededores. Así fue como la caza volvió a unir a los antiguos compañeros de colegio en las cercanías de San Martín de Valdeiglesias.

Y un día del otoño de 1977 don Pablo llamó a Herrera a su despacho.

—Oye, tú eres amigo de Ignacio Coca, ¿no?

—Pues sí, no demasiado, pero sí que le conozco bien.

—He pensado que podías sondearle, porque a nosotros nos puede interesar comprar el Coca. Son casi 40.000 millones de depósitos y con ellos recuperaríamos la ventaja que ha tomado el Central con el Ibérico.

—Hombre, yo puedo hablar con él.

Y así se hizo. Ignacio Coca apareció un buen día por Banesto y al poco tiempo, él y don Pablo cerraban la operación en un tiempo récord de poco más de quince días. Don Pablo planteó la absorción en la reunión del consejo del 21 de diciembre de 1977, y el organismo «contagiado de las corrientes unionistas del Banco Central», según manifestación de uno de sus miembros, aprobó encantado el inicio de los trámites legales precisos para absorber al Banco Coca. A la salida de la reunión, un significado ramillete de consejeros, entre los que se encontraba don Pablo Garnica, José María Sainz de Vicuña, Vicente Camacho, Dositeo Barreiro y Jaime Argüelles, en unión de algunos periodistas, brindaron con champán para celebrar la vuelta de Banesto al primer lugar del *ranking* de los siete grandes.

Cinco días antes, el 16 de diciembre, Pablo Garnica e Ignacio Coca habían suscrito un documento privado en el que, tras expresar que ambos compartían «plena coincidencia de criterios e ideas comunes en las que comulgaban», se fijaba la condición de que «don Ignacio Coca sería nombrado consejero y vicepresidente del Banco Español de Crédito, quien propondrá a otras dos personas para ocupar otros dos puestos de consejeros».

En aquellos días de vino y rosas, Ignacio Coca pactó por escrito con Pablo Garnica y Juan Herrera la sindicación de sus acciones, para formar así un bloque homogéneo que asegurase a ambos directivos de Banesto el control político de la entidad. Y en una carta secreta de fecha 12 de enero de 1978, que el firmante califica de «pacto de honor», Ignacio manifiesta a ambos destinatarios:

«Me obligo con vosotros a ejercitar todos los derechos políticos derivados de mi condición de accionista de Banesto, y me comprometo a no vender las acciones, ni enajenarlas por ningún otro título o gravarlas en cualquier forma sin un acuerdo previo con vosotros dos. Este compromiso lo mantendré durante los cinco años siguientes a la absorción.»

El banquero asume tales compromisos «para encontrar una fórmula que asegure la estabilidad y la continuidad de la gestión administrativa de Banesto, sin que la presión de un fuerte paquete de acciones en mi poder o eventualmente en el de otras personas altere la situación actual».

Tras la operación de canje de acciones, los Cocas eran dueños de cerca del 9% del capital social de Banesto, mucho más que el resto de consejo junto.

«Seguramente nos encontraremos algún gatuperio», había advertido don Pablo a sus colegas del organismo rector, «pero, no espero más allá de 1.000 a 1.500 millones de pesetas de créditos dudosos...»

Al final, el embrollo del que hablaba don Pablo resultó ser de muchos miles de millones de pesetas. «Yo sabía que el Coca había tenido una inspección del Banco de España, a consecuencia de la cual el Consejo Superior Bancario le impuso una sanción, que al final no llegó a pagar porque lo paró el Ministerio de Hacienda; cuya intervención interpretamos como una señal de relativa tranquilidad sobre la situación del banco», asegura Garnica.

Tras las primeras conversaciones con Ignacio Coca, ambas partes llegaron a un acuerdo basado en la práctica desarrollada por Banesto en otras absorciones previas: «yo le compro el banco y usted se compromete a garantizar —con lo que yo le pague por las acciones, más sus bienes personales— el resultado de una serie de créditos de dudoso cobro, durante un período de tiempo prudencial». «Yo creo que cuando se hace eso uno debe considerarse cubierto, ¿no?», se pregunta don Pablo. «Pero Ignacio Coca aseguraba que era propietario del 75% de las acciones del banco, y al final resultó que suyas de verdad no eran más allá del 20%. El resto eran propiedad de sus hermanos, a consecuencia de un testamento muy confuso que había dejado su padre, el fundador del banco. Y así ocurrió que su hermano Arturo era el que más acciones tenía».

Y lo que es más grave, cuando la gente de Banesto desembarcó en el Coca, «se empezaron a ver una serie de cosas monstruosas», señala don Pablo, «como que en las cuentas de caja no había metálico sino avales; o que había una serie de créditos dados a sociedades insolventes por cantidades muy grandes, o que se habían valorado los inmuebles muy por encima de su valor real. Y el colmo fue que el señor Coca, tras el acuerdo de intenciones, firmado en diciembre de 1977, y mientras se llevaban a cabo las operaciones de absorción, dio una serie de créditos nuevos —por importe de 26.500 millones de pesetas y concedidos a espaldas de Banesto— a sociedades suyas sin ninguna solvencia y con su sola firma».

Como parte del acuerdo, el banquero garantizó el buen fin de casi 36.700 millones de pesetas, importe de los créditos concedidos a 165 sociedades vinculadas a su persona, la mayor parte de las cuales eran insolventes.

Aquello parecía mucho más que el gatuperio que esperaba don Pablo. «Era algo impensable.» Entonces Banesto quiso dar marcha atrás en la fusión, pero «fuimos presionados por el Banco de España para que siguiéramos adelante».

Por ironías del destino, José María López de Letona ocupaba a la sazón el puesto de gobernador del Banco de España, y José María Aguirre Gonzalo, presidente de Banesto, tuvo que escuchar de boca de López de Letona fuertes argumentos en contra de esa retirada.

—Volveros atrás es poner en quiebra al Coca, y eso tendría consecuencias muy importantes para toda la banca, en general, y para el Banesto en particular, que aparecería como el culpable.

«Banesto podía haber dicho que salga el sol por Antequera. ¡A mí qué me cuenta...!», asegura don Pablo. Pero no lo hizo. En primer lugar porque ni Aguirre Gonzalo ni Pablo Garnica eran la clase de banqueros dispuestos a resistir una presión del Banco de España. Un desafío a la autoridad monetaria era algo inconcebible para unos hombres acostumbrados a obedecer los dictados del Gobierno, de cualquier Gobierno. Y así fue como Aguirre Gonzalo fue una mañana al Banco de España con instrucciones de resistirse a la firma y regresó a Castellana 7 con la cabeza gacha y el acuerdo firmado bajo el brazo.

—No he tenido más remedio que aceptar —fue la única explicación de Aguirre a sus compañeros de consejo.

—Ya nos las arreglaremos —le animó don Pablo.

El entonces consejero delegado asegura que la operación no se deshizo porque, en el fondo, hasta 1979 se creyó que Ignacio Coca cubriría los riesgos descubiertos y desconocidos e irregulares que fueran apareciendo. Las garantías que avalaban tales riesgos se instrumentaron mediante pólizas de crédito personal concedidas a nombre de Ignacio Coca.

«El asunto Coca nos ocasionó pérdidas que pueden cifrarse entre 50.000 y 70.000 millones de pesetas por las buenas», manifiesta don Pablo. «Porque las sociedades de los Coca no sólo no pagaron el principal de aquellos créditos ni sus intereses, sino que demandaron nuevas ayudas por importe de más de 6.300 millones de pesetas, que hubo que concederles para evitar su quiebra.»

La familia Coca pondría después en duda la afirmación central de don Pablo de que Banesto no podía imaginar los problemas que existían en la entidad. Basan su opinión en el hecho de que en las últimas semanas de 1977 ya estaban trabajando en el banco a absorber comisiones técnicas de ambas partes, en las que participó Sainz de Vicuña. Más aún, a partir del 2 de enero de 1978, dos directivos de Banesto, que vigilaron la marcha de las operaciones y su funcionamiento, se instalaron en la sede del Coca. Manuel Igea, en fin, materializó su presencia en el banco a partir del mes de abril de dicho año. A partir del 1 de junio, el control del Coca por Banesto fue absoluto, aunque la escritura pública no se firmó hasta el mes de septiembre de 1978.

Lo del Banco de Madrid tiene un origen distinto, aunque en el fondo sea otra gigantesca acumulación de errores de gestión y ausencias de liderazgo. Ocurría que a Banesto le tildaban de falta de agresividad en el negocio extranjero. Sudamérica estaba de moda para la gran Banca española. Y Banesto, sensible a esas críticas y a la moda en curso, decidió comprar el 60% de un pequeño banquito llamado Unión de Bancos de Uruguay (UBUR), que era filial del grupo Banco de Madrid.

El accionista mayoritario y presidente del Banco de Madrid, así como de su filial, el Banco Catalán de Desarrollo (Cadesbank), era un millonario catalán, de nombre Jaime Castell Lastortras, mientras que como vicepresidente ejecutivo y consejero delegado de ambas instituciones figuraba, desde principios de 1974, Claudio Boada Villalonga. ¡Eccolo...! Boada, otro hombre ilustre que se cruza en el camino del Banco Español de Crédito. Claudio Boada era ya conocido en Banesto desde sus tiempos de director general en la empresa SACA, de Sevilla. Más tarde pasó a Enasa y de allí a presidente del Instituto Nacional de Industria (INI), el grupo de empresas públicas. Del INI salió el caballero en triunfador, hasta el punto de que partió decidido a crear un gran grupo industrial bajo el paraguas de Botín, presidente del Banco de Santander, quien no acepta. Llama después a la puerta de Banesto, y el marqués de Deleitosa le ofrece un asiento en el consejo. «Sí», contesta Boada, «pero a condición de que me autoricéis a crear con vosotros mi mini INI». «No» es la respuesta. Su idea llega por fin a los predios de un gran amigo suyo de toda la vida, Jaime Castell, dueño del Banco de Madrid, y allí, en 1973, cobra por fin vida el *holding* Promociones y Desarrollos Industriales, S.A. (Prodinsa), del que Boada será presidente, cargo que compatibilizará con los ya citados en el Madrid y Cadesbank. Prodinsa llegará a contar con cerca de 150 sociedades en los sectores más variopintos, y protagonizará uno de los más rotundos fracasos de la historia empresarial española.

Boada, que estaba considerado como un amigo de Banesto, gozando de la plena confianza de don Pablo Garnica (que intentó nombrarle consejero de Petromed), concibe una idea genial: el Banco Español de Crédito tenía que entrar en el Banco de Madrid. Claudio presiona al hombre fuerte de Banesto, y el asunto se salda, el 5 de abril de 1978, con un acuerdo de intercambio de participaciones por el que Castellana 7, adquiere el 17% del capital del Madrid, a cambio de acciones de Banesto (cerca del 3,5% en aquel momento). La cifra total del intercambio ronda los 600-700 millones de pesetas, una nadería. El comunicado oficial de Banesto, del 6 de abril de 1978, habla textualmente del «comienzo de una etapa que estamos seguros que para ambas partes no será sino fuente de todo género de satisfacciones...»

«Claudio vino a hablar conmigo y me dijo que los problemas que tuviera el Banco de Madrid en el sector textil, el área de actividad de Jaime Castell, eran competencia exclusiva de éste», señala don Pablo. «Pero que lo demás él lo conocía bien, y que el Madrid estaba perfectamente sano y no tenía problemas.»

En realidad, la entrada de Banesto en el Madrid cuando aún no se había consumado la fusión con el Coca, es el resultado de una operación más complicada, en la que converge la amistad de cuatro personajes dispuestos a influir en Castellana 7 para que la operación se lleve a efecto: Claudio Boada, Mariano Calviño (falangista histórico, primer gobernador civil de Barcelona tras la Guerra Civil), Jaime Castell y José María Sainz de Vicuña. «Entre estos cuatro consiguieron meter con fórceps el Madrid al Banesto», comenta un consejero de la casa que prefiere mantener el anonimato. No tanto fórceps: un diario madrileño daba cuenta de la noticia, señalando que «la lucha por la cabecera de la Banca privada española provoca la multiplicación constante de rumores de fusión entre bancos».

A consecuencia del intercambio accionarial, a Castell le correspondió un puesto en el Consejo de Banesto, sillón que llegó a ocupar su hijo, Jaime Castell Mercader. «Si él manda un Castell al Consejo de Banesto, nosotros tendremos que mandar un Garnica al Consejo del Madrid», fue la trascedental explicación de un importante personaje de Castellana 7. La idea originaria consistía en estudiar el banco y, una vez vista su situación, acabar absorbiéndolo.

Banesto destaca entonces en el Madrid a Pablo Garnica, hijo, que en julio de 1978 aterriza por la sede de la entidad. Tras las vacaciones de verano, Garnica jr. comienza a zascandilear y a primeros del año siguiente, 1979, tenía listo un informe, que remite a su padre, en el que venía a decir que Banesto tenía que salir de allí a toda prisa. Algo olía a podrido y no en Dinamarca.

El asunto provoca una fuerte marejada en la dirección de Banesto durante la primavera de 1979. Tras sucesivas reuniones, la comisión ejecutiva adopta la decisión de abandonar el campo. Aguirre Gonzalo es el encargado de comunicar la nueva al Banco de España. Y Aguirre Gonzalo vuelve de la plaza de La Cibeles contando una historia que a los consejeros les pareció *déjà vu*.

—Vengo de ver al Gobernador —a la sazón José Ramón Álvarez Rendueles—, y me ha dicho que no tenemos más remedio que pechar con el Madrid...

—¡Ni hablar! —gritan casi a coro varios consejeros—. ¡Cómo que no tenemos más remedio!

—Sí, porque dice que ya tenemos una participación significativa, y es un banco que está en dificultades...

Pero la comisión de Banesto está ese día en plena forma, se calienta y decide rebelarse contra la autoridad. Aguirre llama a Rendueles y le hace saber que la ejecutiva ha dicho que no seguirá en el Madrid.

—Pues muy bien —replica Rendueles— entonces la cosa es de tal gravedad que haga usted el favor de convocar a la comisión de Banesto para una reunión en el Banco de España hoy mismo, a las cinco de la tarde.

Y a hora tan torera, a la altura de mayo de 1979, Aguirre Gonzalo, don Pablo, Jaime Argüelles, José María Oriol, Julio Mora y Juan Herrera se encaminan a la sede del banco emisor. Rendueles preside la reunión, con Aguirre a su derecha y don Pablo a su izquierda, mientras Mariano se acomoda entre Juan Herrera y Jaime Argüelles.

El encuentro es agrio. Los argumentos de Rendueles y Rubio se centran en que el banco ha adquirido un compromiso con el Madrid y no puede abandonar la nave, so pena de grave crisis para el entero sistema bancario español.

Alguien saca a colación que Banesto se ha metido en esta aventura en virtud de unos balances aprobados por el propio Banco de España y que luego han resultado falseados.

—Ah, no, el Banco de España no puede hacerse responsable de eso...

—Pues entonces, ¿quién se hace responsable?

Don Pablo se resiste todo lo que puede, mientras Aguirre contemporiza, según su estilo, siempre respetuoso con la autoridad monetaria.

El resultado de esta reunión es que los hombres de Castellana 7 arrojan la toalla allí mismo. Banesto tendrá que bailar otra vez con la más fea.

El 18 de junio de 1979, el compromiso con el Banco de Madrid toma cuerpo con la firma del llamado «Protocolo Ifisa», que suscriben el Madrid, Banesto y el Banco de España. Ifisa era una sociedad instrumental del grupo de Jaime Castell que

155

tomaba depósitos —pagando extratipos— y servía de secreta bodega donde se guardaban los asuntos podridos. El inicio de la operación de saneamiento del grupo bancario del Madrid que supone el citado Protocolo incluye la liquidación de Ifisa, con la devolución de depósitos, la venta de valores y participaciones y la recompra de las propias acciones para reducir el capital.

En esta tesitura, el Consejo de Banesto opta por comprar las acciones a Castell (pero no sus empresas, ni las de su familia) y otros accionistas minoritarios. Con la vista gorda de la Administración, el financiero catalán, que dimite de sus cargos en el grupo, se exilia en Suiza, donde su grupo bancario había puesto ya una pata asociado a la Société de Banque Suisse.

Simultáneamente se anuncia el ascenso de Claudio Boada a la presidencia del Madrid y del Cadesbank, lo que se consuma en la junta general del Banco de Madrid del día 23 de junio de 1979. La primera tarea del flamante presidente fue vender a la Caixa catalana su futura sede social, un llamativo edificio de cristal situado en el Paseo de la Castellana, esquina Miguel Ángel, porque «un banco necesita dinero y no piedras». En la rueda de prensa del citado 23 de junio, Boada declara a los periodistas que el único problema del Madrid es Intelhorce y que el banco «va como una rosa».

El Banco de España aporta las primeras ayudas para el saneamiento, y para velar por su adecuada utilización y el feliz cumplimiento de los acuerdos, Mariano Rubio anuncia que quiere un hombre de su confianza en el Consejo del Banco de Madrid. Este hombre era José María López de Letona y Núñez del Pino, cuyo nombramiento se produce el 30 de junio de 1979. No hacía ni diez días que Boada era presidente del Banco, y ya llega su amigo Letona. Boada llama también a otros ilustres amigos; como José María Amusátegui, que es nombrado consejero adjunto al presidente, como Enrique Moya, que más tarde llegará hasta la presidencia del INI, o como Luis Abenza. Secretario del Consejo es nombrado Fernando Castromil, un hombre que luego tendrá mucho que ver con el resto de la historia. Las órbitas vitales de Banesto y López de Letona se tocan por primera vez.

José María López de Letona, nacido en Burgos, 65 años, es fundamentalmente un ingeniero de Caminos metido a empresario desde su juventud, un hombre que durante su carrera disfrutó de fama de haber sido «el mejor alumno de la elitista Escuela de Caminos de la década de los cuarenta». Letona, hijo de militar, necesitó un crédito, habilitado por la propia escuela, para acabar sus estudios, lo que consiguió en 1949. Pese a su juventud, su carácter emprendedor llamó la atención de los tecnócratas del Opus Dei —organización a la que siempre se le ha supuesto cercano—, entonces a cargo de la nave desarrollista del franquismo. Su contacto, aparte de Vicente Mortes, fue especialmente intenso con Laureano López Rodó, comisario del Plan de Desarrollo, y Gregorio López Bravo.

Con la crisis de octubre de 1969, que supuso la salida del Gobierno de los "azules", López Rodó le hizo ministro de Industria, conformando, con López Bravo, el Gobierno de los "Lópeces", representantes de la tecnocracia próxima al Almirante Carrero Blanco. Su entusiasmo por la energía y la siderurgia no le permitió olfatear la inminente crisis petrolífera y de los sectores industriales pesados, para los que había aplicado una política expansiva.

Tras su caída como ministro, en enero de 1974, se le otorgó la presidencia de la Empresa Nacional de Petróleo (Enpetrol), cargo que compaginó con la fundación de Interholding, un grupo privado de empresas. Cuando ocurre la muerte de Franco, en 1975, López de Letona es un político en la reserva que cuenta con poderosos amigos, que lanzan su nombre como alternativa a Carlos Arias Navarro para la presidencia del Gobierno, en la llamada «operación Lolita». De hecho, Letona llegó a figurar en la terna que el llamado Consejo de Estado presentó al Rey y que supuso la elección de Adolfo Suárez.

En agosto de 1976, y antes de las primeras elecciones generales democráticas, Suárez busca acomodo a López de Letona, designándole Gobernador del Banco de España. Letona ocupó el cargo desde el mes de agosto de 1976 hasta el de febrero de 1978. Como Gobernador, Letona añadió a su currículum de ingeniero de Caminos y empresario un cierto lustre de financiero. Poco antes de su cese, pudo divisar la incipiente crisis bancaria española, un fenómeno de largo alcance que comenzó a despuntar con el Banco de Navarra, en enero de 1978.

El 22 de septiembre de 1979 el Banco de España concede apoyos especiales al Banco de Madrid y Cedesbank para que terminen de limpiar el asunto Ifisa.

Las circunstancias, sin embargo, no ayudan. El país está en plena crisis, una crisis llegada a España con varios años de retraso, pero que aquí se manifiesta con una virulencia sin parangón. Las industrias caen como moscas. El agujero del Madrid había seguido unas pautas de libro en este tipo de catástrofes: el banco concedía créditos cuantiosos a sociedades de su grupo; éstas no podían siquiera hacer frente al pago de intereses, de forma que éstos se iban acumulando al principal de los créditos, con lo que las deudas engordaban sin freno. «Para sostener a sus empresas, el banco se veía obligado a captar pasivo a cualquier precio, lo cual deterioraba aún más su situación» diría Letona después.

El Banco de Madrid se encuentra en plena crisis con un grupo enfermo de más de cien empresas, el Grupo Prodinsa, creado por Claudio Boada, que comprendía actividades tan variopintas como la fabricación de esquíes (Samid), embutidos, vinos (Luis Megía) juguetes, aceros, editorial (Argos Vergara), electrónica, transporte marítimo, turismo (Almerimar), seguros (La Constancia) y un largo etcétera.

Intelhorce, como Hilaturas Gossipium, fue una de las perlas que ennoblecieron, al margen de Prodinsa, el joyero industrial del grupo Madrid. Intelhorce, vendida por Boada a su amigo Jaime Castell cuando era presidente del INI, originó ella sola pérdidas de más de 13.000 millones de pesetas, y se convirtió en un sacamantecas para el filial de Banesto. La solución sería su retorno al sector público en 1980, cumpliendo así esta empresa malagueña un curioso viaje de ida y vuelta: privatizada cuando apuntaba beneficios; socializada en coyuntura de pérdidas. Y ambos procesos de la mano del mismo hombre, Claudio Boada.

A mediados de octubre de 1979, Banesto decide la disolución de Prodinsa, pasando sus participaciones accionariales a los dos bancos del grupo Madrid.

Don Pablo, muy preocupado con el problema, concibe la idea de colocar por su cuenta en el Catalán de Desarrollo a Javier de la Rosa, con el encargo privadísimo de que comience a investigar la situación. De la Rosa inicia sus trabajos a primeros de febrero de 1980 y para Semana Santa ya ha completado su informe, en el que cuantifica el agujero del Madrid en 80.000 millones de pesetas, muy por encima de lo que sospechaba la autoridad monetaria.

El joven ejecutivo catalán, teledirigido por don Pablo, veía todas las tardes en el Madrid a un señor metido en un despacho, un tal López de Letona, con un sueldo entonces de 30 millones de pesetas anuales, para aliviarle de la mala salida de la crisis de Gobierno, y cuyo trabajo no se sabía muy bien en qué consistía. Letona compaginaba entonces su cargo de presidente de Seopán, la patronal del sector construcción, por las mañanas, y su presencia en el grupo Madrid por las tardes.

A finales de marzo, Banesto acuerda solicitar nuevas ayudas al Banco de España a través de la Corporación Bancaria, o de su sustituto, el Fondo de Garantía de Depósitos (FGD), cuya constitución era inminente, para hacer frente a la delicadísima situación por la que, como revelaba el citado informe, atravesaban los bancos de Madrid y Cadesbank. Al mismo tiempo, decide cerrar al Banque Catalanne de Developpement, el pretencioso invento imperial de Castell, con oficinas en París y Perpignan.

La situación era crítica. Banesto presiona ante La Cibeles para que todos, banco emisor, Banca privada y al propio Banesto arrimen el hombro en el saneamiento de la herencia recibida de Castell y Boada. El miércoles, 7 de mayo de 1980, el Banco de España llama a capítulo a Boada. Las buenas palabras de junio anterior, cuando Claudio fue elevado a presidente con la esperanza de que arreglara el entuerto, se han desvanecido. Se impone la cirugía.

Y el 15 de mayo se firma definitivamente el acuerdo para el saneamiento del grupo bancario del Madrid, que suscriben el Banco de España, Banesto y el resto de los ''siete grandes'' de la Banca privada. En el acta del mismo se reconocen unas pérdidas acumuladas de más de 10.000 millones de pesetas, cuyo saneamiento debe asumir Banesto mediante una ampliación de capital por idéntica cuantía, lo cual eleva la participación del Banco en el Madrid al 80% del capital social. Parte del acuerdo incluye el pase momentáneo del Cadesbank —al que formalmente estaba adscrito el *holding* Prodinsa, causa de las pérdidas del Madrid—, al Fondo de Garantía de Depósitos. El Fondo le lava la cara mediante la reducción del capital a una peseta y su posterior ampliación hasta 3.000 millones, y le compra activos fallidos por importe de 16.000 millones. Ya recuperado, Cadesbank vuelve a Banesto.

El Banco de España se compromete por su parte a aportar una serie de ayudas, en forma de un crédito blando por importe de 17.000 millones, al 8% de interés, más otros 15.000 millones a Cadesbank, más exención de coeficientes durante cinco años. El resto de la Banca privada pone también su granito de arena, otorgando un crédito de 5.000 millones a cinco años y al 6% de interés.

La escuadrilla de bomberos de Banesto en el Madrid se incrementa a primeros de junio con la llegada de hasta siete subdirectores generales, entre los cuales figuraban Jacobo Argüelles y Félix Muelas. López de Letona enlaza, pues, en el Madrid con el segundo nivel ejecutivo de Banesto, el formado por Pablito Garnica, Jacobo Argüelles y Félix Muelas.

El 30 de junio de 1980, la junta general de accionistas del Banco de Madrid aflora las pérdidas correspondientes al capital del Cadesbank, aplica todas sus reservas para su cancelación, amplía capital, asegurando Banesto la emisión de las correspondientes acciones, y nombra nuevo Consejo de Administración, compuesto por Claudio Boada, como presidente, y López de Letona, José María Amusátegui, Jacobo Argüelles, Pablo Garnica jr., y Félix Muelas, actuando como secretario Fernando Castromil. Los consejeros constituyen la comisión ejecutiva. Tras la junta, Claudio Boada asegura que la aportación de Banesto supone entrar en una etapa «absolutamente despejada» de la vida del banco.

El 6 de abril de 1981 causa baja en el Consejo José María Amusátegui, siendo sustituido por Javier de la Rosa Martí.

Su jefe natural, Claudio Boada, tampoco dura mucho. Su salida estaba cantada. El 3 de junio del mismo año, Boada huye de la quema para pasar a presidir el *holding* público Instituto Nacional de Hidrocarburos (INH), nacido por una decisión política al desgajar del INI el sector energético. El flamante presidente del INH, sin embargo, no se va sin cobrar su indemnización del Banco de Madrid, asunto que pide a Javier de la Rosa que arregle con don Pablo.

De un banquito que se debate en una crisis industrial feroz, Boada pasa, y no por arte de magia, a un *holding* energético que es una máquina de ganar dinero. Boada, con el apoyo de sus poderosos amigos, comenzaba así a levantar su reputación de empresario, después de haberle endosado a don Pablo Garnica y a Banesto el grupo del Banco de Madrid y su fastuoso *holding* Prodinsa.

A los pocos días de abandonar el Madrid, Boada se despedía de don Pablo en el despacho de éste en Castellana 7. Sainz de Vicuña era testigo.

—Bueno, serás consciente del regalo envenenado que nos has dejado en el Madrid.

—¡Cómo, cómo dices eso, Pablo...! —Contesta Boada, aparentemente ofendido.

—Sí. Me has decepcionado, Claudio, y me has decepcionado doblemente. Primero porque no sabías lo que estaba pasando en el Madrid y me dijiste que lo conocías perfectamente y que el banco estaba bien...

—¡Pero qué me estás diciendo, yo te dije...!

—Y después, Claudio, porque no has sido capaz de arreglar la situación.

—Mira Pablo, ¿sabes lo que te digo?, que de cuando en cuando es muy bueno recibir una ducha de humildad.

La ducha de humildad —una frase que ha terminado por hacerse célebre en la intrahistoria de la casa— que Claudio Boada la suministró a don Pablo, como si de un purgante se tratara, le costó a Banesto otros 70.000 millones de pesetas.

Para sustituir a Boada don Pablo echa mano de López de Letona. Tenía la ventaja de que ya estaba en la casa, y sobre todo era un hombre del Banco de España. El mismo 3 de junio de 1981 Letona era nombrado presidente del Madrid. Es la persona adecuada para que lo ocurrido no trascienda, piensa don Pablo, y estos trapos sucios se puedan lavar en la intimidad... El Consejo del Banco de Madrid queda formado por Letona y todo el segundo nivel ejecutivo de Banesto, a saber, Pablo Garnica, hijo, Jacobo Argüelles y Javier de la Rosa, como los tres mosqueteros aspirantes al título de ''delfines'' de don Pablo, más Félix Muelas, Manuel Igea y Fernando Castromil.

Poco a poco la flotilla de choque destacada por Banesto en el Madrid fue sacando a flote la nave. La digestión había sido pesada, pero todo el mundo la daba por buena si era la última.

Pues no. Durante todos estos años se estaba gestando el último gran calvario de Banesto, el caso del Banco Garriga Nogués, un caso que, con don Pablo cogido a contrapié, va a suponer la caída en picado sobre el Español de Crédito del poderoso clan de la *beautiful people*. A través de los mecanismos de intervención del Banco de España, el grupo comandado por Mariano Rubio va a instalar en Castellana 7 a José María López de Letona, desplazando de la jefatura al mismísimo Pablo Garnica, además de provocar la salida fulminante del consejero director general y mano derecha de don Pablo, José María Sainz de Vicuña.

La crisis del Garriga revela como ninguna otra el peculiar estilo de dirección del hombre fuerte de Banesto. Los ejecutivos de la casa tenían que ganarse la confianza de don Pablo. Era como presentarse a un examen de reválida. El que pasaba la prueba estaba seguro de contar a partir de ese momento con las bendiciones del gran capo. Se es o no se es. Los controles internos no son rigurosos ni sofisticados. Don Pablo no entiende bien de moderneces como la de los auditores externos. No le gustan las actas —hasta la llegada de López de Letona en Banesto no se hacían actas de las reuniones de la comisión ejecutiva—, ni el papeleo. La suya es una dirección presidencialista, basada en la confianza. Si hay confianza, todo vale. Si no la hay, se destituye al ejecutivo y punto.

El Banco Garriga Nogués era un modesto banco catalán, 100% propiedad de Banesto, con unos recursos inferiores a 2.000 millones de pesetas. Don Pablo coloca un buen día al frente del mismo a Javier de la Rosa y la institución conoce un espectacular salto adelante, pasando en pocos años a contar con una cifra de depósitos que, a finales del ejercicio de 1985, sobrepasaba los 105.000 millones de pesetas. Crecimiento llamativo, clientela sofisticada, buenos beneficios y sobre todo, algunas operaciones con visos de genialidad y promesa de grandes resultados, como la de Quash-Tierras de Almería.

La inversión en Tierras de Almería, S.A., iniciada a finales de 1981, se convertiría, sin embargo, en la tumba de Javier de la Rosa. La sociedad se creó para la explotación masiva de cultivos de invernadero, flores, frutas y hortalizas. Pero problemas de diversa índole, como los elevados costes financieros que soportaba la sociedad, determinaron al final rendimientos muy inferiores a los previstos. El Garriga, cuya participación era en un principio minoritaria, siguió inyectando dinero en una sociedad ya en dificultades, hasta el punto de convertirse en el accionista único. Llegó un momento en que estaba claro que el Garriga Nogués no podría recobrar los créditos concedidos con dinero, además, tomado del interbancario. El banco se había comido, con creces, su capital social.

Al final todo vino a resultar en un gran fiasco. Las cosas no eran tan de color de rosa. «De la Rosa le dio un impulso muy fuerte a la entidad, pero se metió en una serie de operaciones arriesgadas a las que al final tuvimos que hacer frente», señala don Pablo. «Pero lo hicimos porque quisimos, porque la gente se olvida que un banco al final es una sociedad anónima y uno puede perder su capital social pero nada más.»

Los servicios de inspección de Banesto ya habían detectado una serie de anomalías antes de que la propia inspección del Banco de España se diera cuenta de lo que ocurría. Don Pablo había sido también alertado. Por su propio hijo, Pablo Garnica jr., para empezar. «Yo le decía a mi padre que era imposible que el Garriga creciera todos los años del orden de un 50%, cuando el resto de la banca, grande, pequeña y mediana lo hacía a un 15%. Ahí había algo...».

Otro aviso le vino desde la cercana Petromed. Juan Herrera Fernández, acompañado de su hijo, Juan Herrera Martínez Campos, llamó un día a la puerta del despacho de don Pablo. Herrera jr. era consejero del Garriga Nogués y quería poner en conocimiento del patrón una serie de cosas que le intranquilizaban: «En el Garriga pasa esto y lo de más allá.» Y don Pablo, aparentemente muy impresionado, reacciona en caliente: «Dile a Javier que venga y te vienes tú también.»

A la salida, Herrera jr., pensaba que el asunto había entrado en vías de solución. Ingenuo, pensaba Herrera padre. Don Pablo, entrado en años y cascado, parecía haber sobrepasado ya la barrera de las decisiones traumáticas.

Para tratar de arreglar el entuerto, De la Rosa idea una complicada operación de venta de Quash a un grupo árabe, con el judío David Grebler de intermediario. Corre el mes de octubre de 1984 y los compradores exigen un aval de Banesto por importe de 4.500 millones de pesetas. Pero don Pablo y Vicuña ya no controlan la comisión ejecutiva y Javier de la Rosa no consigue ese aval. A causa de este incidente, asegura el propio De la Rosa, «la operación de Quash no se pudo cerrar hasta julio del 85 y en condiciones más precarias, lo que más tarde aprovechará Letona para deshacer la operación». Argüelles y Juan Herrera insisten en la ejecutiva en que el asunto no está arreglado y, en opinión de alguno de sus compañeros de sillón, ven en ello la posibilidad de lanzarse a tumba abierta contra don Pablo, para tratar de defenestrarle definitivamente.

Javier de la Rosa asegura que ante esta situación de descontrol interno, en noviembre de 1985 presenta ante notario sus poderes como vicepresidente ejecutivo de Garriga Nogués, aunque su dimisión no se producirá hasta febrero siguiente.

La guerra del Garriga no está contada, pero Javier de la Rosa tiene su explicación a punto. «Yo he sido el pagano de esta crisis. Yo no oculto nada, pero por fidelidad a don Pablo me he tragado entero un asunto que no procedía del Garriga, sino del propio Banesto en su mayor parte, porque estaba por arreglar aún lo del Coca y lo del Banco de Madrid, que fue un agujerazo de más de 120.000 millones de pesetas. Y yo solito he aguantado la marea por amistad a don Pablo.»

La crisis del Garriga será el detonante de una crisis más profunda: la de un modelo de gestión basado en la confianza paternalista. Esa crisis provocará un vuelco en las relaciones de poder de la cúpula de Banesto.

Desde luego que ello no se hubiera producido sin la acción exógena del Banco de España, clara y terminante como se verá. Y ante la incredulidad del propio don Pablo, para el que Banesto tenía capacidad suficiente para digerir sapos como el del Garriga y muchos más. Es la teoría de la conspiración que maneja don Pablo: El Banco de España, que hace tiempo le anda buscando las cosquillas a Banesto, al que ha suministrado dos puyazos del tamaño del Coca y del Madrid, ve en el tema Garriga la oportunidad de asestar a Castellana 7, el golpe definitivo que le permita colocar a uno de sus hombres al frente de la entidad. Los ahijados de «la tía Carlota» pasan al ataque.

La historia echa sus raíces en Ribadeo, una preciosa villa situada en la esquina nororiental de Lugo, casi una atalaya colgada sobre el vecino reino de Asturias, del que está separada por la ría del Eo. En el centro de la villa hay una placa que recuerda a los Bustelo, familia de abolengo, propietaria de un palacio en el lugar. Una de las figuras señeras de Ribadeo y del matriarcado de los Bustelo es la abuela Carlota. Del árbol de ''la tía Carlota'' ha germinado toda una clase social, uno de los clanes o grupos de presión más importantes en la historia contemporánea española: el de los *beautiful people,* la gente guapa, en traducción al castellano.

El bar del Parador Nacional de Ribadeo, con la ría enfrente y la panorámica de la villa asturiana de Castropol al otro lado, ha sido testigo muchos veranos de largas y curiosas reuniones en las que se mezclaban varios apellidos ilustres, miembros del tronco común de la ''la tía Carlota'': los Bustelo, los Calvo Sotelo, los Del Pino...

El ex presidente del Gobierno Leopoldo Calvo Sotelo es uno

165

de los nobles hijos de Ribadeo. Su pueblo le debe la construcción del puente que une ambas márgenes de la ría y evita ahora un recorrido de casi treinta kilómetros que, a través de Vegadeo, era necesario efectuar para pasar de Asturias a Galicia. Leopoldo es cuñado de Rafael del Pino casado con Ana María Calvo Sotelo. Rafael del Pino Moreno es presidente y propietario de la compañía constructora Ferrovial y accionista importante del Banco Hispano Americano, que en estos momentos preside su amigo Claudio Boada, uno de los más significados miembros del clan de los *beautifuls*.

En l951, Rafael del Pino y su primo José María López de Letona y Núñez del Pino entran en el equipo directivo de Vías y Construcciones, S.A., empresa dedicada a la construcción y renovación de vías ferreas, de la que Letona llegaría a ser director general en 1956 y consejero en 1960.

En 1952, cuatro de los más ilustres personajes del *establishment* español de las últimas décadas se reúnen para colaborar, en mayor o menor medida, en la fundación de la compañía constructora Ferrovial: Rafael del Pino, José María López de Letona, Leopoldo Calvo Sotelo y Claudio Boada.

Tras la crisis de Gobierno de 1969, que posibilita el nombramiento de Letona como ministro de Industria, éste coloca a su amigo Claudio Boada como presidente del INI. Letona reorganiza la Empresa Nacional del Gas (Enagas), a cuyo frente coloca como presidente a su amigo y primo Rafael del Pino. A las órdenes de Rafael trabajó en Enagas el mismísimo Mariano Rubio Jiménez, actual gobernador del Banco de España.

Cuando tras el *shock* petrolífero cae Letona, en enero de 1974, el ex ministro compagina el trabajo de presidente de Enpetrol, la Empresa Nacional de Petróleo, con la creación de Interholding, S.A.

La muerte de Franco y el cambio de régimen deja al pairo a alguna de las figuras señeras del grupo, pero ahí estaba Rafael del Pino, el capitalista del clan, para echar una mano, eso sí, con los dineros de José Luis Ballvé, el fundador del grupo Campofrío. Nace así Interholding, un ambicioso planteamiento empresarial que inicia sus operaciones el 5 de abril de 1974, con domicilio social provisional en la propia vivienda del ex ministro, y años más tarde en la vecina calle Arga, y en el que participan Emilio López de Letona, José Ignacio Cabrera Lorente, casado con una hermana del ex presidente Calvo Sotelo, el propio Leopoldo Calvo Sotelo Bustelo, y Rafael del Pino Moreno, presidente de Ferrovial, entre más de otros veinte accionistas, los más importantes de los cuales son el propio López de Letona, presidente, y Rafael del Pino, vicepresidente.

La sociedad inicia su andadura con un capital social de 200 millones de pesetas, la mitad desembolsados, que luego se amplían a 300 millones. El 16 de julio de 1974, el consejo de Interholding otorgó plenos poderes a Mariano Rubio Jiménez, el que llegaría a ser poderoso subgobernador y gobernador del Banco de España y que a la sazón se encontraba sin trabajo, como director general de la sociedad. Rubio Jiménez aumentó el capital social a 400 millones de pesetas en junio de 1975, y posteriormente a 562 y 600 millones de pesetas. En octubre del 74, Mariano Rubio fue nombrado además consejero de Interholding. El 31 de enero de 1975 entró en el consejo Carlos Perez de Bricio, y el 8 de septiembre de 1976 dimitieron de sus cargos José María López de Letona y Mariano Rubio, asumiendo la presidencia el ya vicepresidente Rafael del Pino. El 31 de marzo del 77 entra en el consejo Fernando de Liñán y Zofio. Sólo Claudio Boada faltó a la cita de Interholding. El 27 de agosto de 1984 la sociedad pasó oficialmente a mejor vida, aunque parece que nunca disfrutó de una existencia mínimamente digna.

Si Boada dejó el Banco de Madrid para pasar a presidir el INH, López de Letona abandona Interholding para pasar a dirigir nada menos que el Banco de España. Su subgobernador será Mariano Rubio y en el servicio de estudios de la entidad comenzará a velar armas otra figura señera del grupo, Miguel Boyer Salvador, que procedía del INI y que llegará a ser ministro de Economía y Hacienda, ocupando actualmente la presidencia del Banco Exterior de España.

Cuando Mariano Rubio asciende a Gobernador, coloca a su amigo López de Letona, entonces un poco perdido, como consejero del Banco de Madrid. López de Letona y Mariano Rubio, burgaleses los dos y algo parientes, siempre cabalgando juntos. Claudio Boada ya era presidente del Madrid.

La crisis del Hispano Americano dio ocasión al grupo para desarrollar sus estrategias sobre la pizarra. La dimisión forzada de Alejandro Albert dejaba vacía la presidencia del tercer gran banco privado español. Mariano Rubio tenía ya candidato: Manuel de la Concha, miembro del grupo y a la sazón síndico de la Bolsa de Madrid. Pero una interesada filtración periodística segó de raíz las posibilidades de De la Concha. Mariano Rubio, sin embargo, "sugerirá" al Consejo del Hispano otro nombre conocido: el de Claudio Boada, que, el 24 de enero de 1985, era nombrado presidente. Boada, con su álter ego detrás, José Mario Amusástegui, llama pronto a su lado a otro viejo amigo, absolutamente descolocado: Leopoldo Calvo Sotelo. Y llega también enseguida otro importante personaje, Rafael del Pino. En suma, el viejo lema de los mosqueteros, todos para uno y uno para todos, o el más popular de hoy por ti, mañana por mí...

Estas idas y venidas ocurren bajo la mirada atenta de Rafael del Pino. El dueño de Ferrovial, considerado actualmente como una de las grandes fortunas de España, pasa por ser el *think tank,* la cabeza pensante del clan, el gran estratega. Rafael del Pino ha cobijado y defendido la carrera profesional de muchos nombres ilustres, mientras él ha preferido siempre estar en la sombra, maniobrar desde un discreto segundo plano. Tres de los cuatro sillones con que cuenta el Consejo de Administración de Ferrovial están ocupados por José María López de Letona, Leopoldo Calvo Sotelo y Bustelo y Claudio Boada Villalonga. Todos para uno y uno para todos.

El gran momento de la llamada *beautiful people* llega con la subida al poder de los socialistas, con los que "entroncan" de una manera asombrosa. Ellos no son socialista, pero son modernos, europeos, hablan inglés y les hubiera encantado haberse educado en Eton y Cambridge. Tienen ese toque de clase, ese aire exquisito, esa forma de mirar distante de que carece la camisa blanca de Nicolás Redondo. Son, sin duda, un buen aditamento para presentarse ante la Europa rica y zambullirse sin problemas en la defensa de postulados teóricamente reñidos con la vieja doctrina de Pablo Iglesias, ello tanto en lo económico como en lo social o lo geoestratégico.

Durante 1986 y 1987, el grupo está a punto de consolidar su posición como verdadera clase dirigente de este país. Claudio Boada accede a la presidencia del Banco Hispano Americano en enero de 1985, un puesto al que llega de rebote desde la presidencia del INH, merced a los buenos oficios de su amigo, Mariano Rubio. El Hispano había entrado en crisis, y la grave enfermedad de su presidente, Alejandro Albert, simplificó en gran medida un relevo que de otro modo se hubiera forzado.

Jamás mortal alguno pudo imaginar semejante salto con las credenciales de banquero dejadas por Boada en el Banco de Madrid. López de Letona se incrusta poco después en el Banco Español de Crédito, y todo parece indicar que el 1 de enero de 1988 estará al frente del buque insignia de la Banca privada española. Y queda el Banco Central, el otro «banco enfermo». Para este caso hay ideada una estrategia que pretende colocar en el sillón de Alfonso Escámez a Miguel Boyer, una estrategia de la que, dicho sea en honor a la verdad, el propio Miguel Boyer se ha mantenido sustancialmente al margen.

Por todo esto, don Pablo Garnica Mansi está convencido de que al Banco Español de Crédito, «su» Banesto, el banco de su padre, «le han llevado al huerto entre unos cuantos».

Capítulo 9

VÍA CRUCIS

El 1 de abril de 1986 se instala en Banesto, como vicepresidente y consejero delegado, José María López de Letona, listo para arreglar los entuertos en que se había metido la institución, sirviendo fielmente las directrices de la autoridad monetaria y, ¿por qué no?, dispuesto a labrarse una reputación de banquero al frente del más señero de los grandes bancos privados españoles. Visto desde Castellana 7, lo del Banco de Madrid había sido una oposición para Letona, una oposición larga y pesada, un puesto por el que pocos hubieran peleado. Ahora, tras aprobar el examen, le llegaba la hora de tomar el mando de un gran paquebote. Su entrada va a significar el principio de una de las batallas corporativas más cruentas de la historia empresarial española. Una historia plagada de recelos, engaños y traiciones.

López de Letona llega a Castellana 7 creyendo haber amarrado bien la situación. «Acepté el cargo con la condición de tener poderes suficientes para poder responsabilizarme al 100% de mi gestión. Pedí los mismos poderes, ni uno más, ni uno menos, que hasta el momento había tenido Pablo Garnica Mansi, anterior consejero delegado. Era mi única exigencia, y eso se lo hice saber tanto a Garnica como a Argüelles y Herrera en las conversaciones de primeros de año.» Letona plantea, pues, un cambio completo de papeles: yo quiero ser el Pablo Garnica de la nueva etapa, viene a decir, de modo que don Pablo debe pasar a partir de ahora a ser el Aguirre Gonzalo de antaño, un presidente honorario sin poderes ejecutivos concretos.

171

Pablo Garnica le asegura que tendrá todos los poderes del consejo, salvo los que por ley son indelegables y que corresponden al presidente de la entidad.

Letona entra preparado para sufrir. Estar al lado de don Pablo no va a ser un camino de rosas. Durante más de cincuenta años las vidas de don Pablo y Banesto se confunden. Don Pablo domina con mano de hierro la organización, conoce a los empleados de la sucursal de Villanueva de la Serena, y ha pisado hasta los últimos rincones de la casa. Es un hombre opaco y difícil, de pocas palabras, de hablar hosco. Durante muchos años ha centralizado todo el poder y lo ha ejercido de un modo absoluto. A pesar de Letona, en lo más profundo de su ser está decidido a seguir manteniendo las riendas, y no por un motivo de ostentación humana, sino porque para don Pablo, Banesto es su vida, es su banco, es él mismo. La llegada de una persona con plenos poderes, relegándole a él a un segundo plano, tenía que afectarle y molestarle. «Yo lo sabía», comenta Letona, «y por eso puse la condición para hacerme cargo de la responsabilidad del banco de contar con los mismos poderes con los que Garnica había gobernado antes de mi llegada».

«Don Pablo, un hombre atrabiliario y complicado», explica Juan Herrera, «estaba convencido de que él iba a seguir manejando los hilos de la institución, pero Letona quería mandar e iba decidido a conseguirlo. Era la oportunidad de su vida».

El primero de abril Letona se instala provisionalmente en el despacho del vicepresidente que utiliza Jaime Argüelles. El del consejero delegado está todavía ocupado por don Pablo, que se ha negado siempre a desplazarse al despacho del presidente, vacío desde la salida de Aguirre Gonzalo. Por fin, a los pocos días, Garnica mueve sus cosas al despacho reservado para el número uno, y Letona puede sentarse en el sillón que durante años ha pertenecido a Pablo Garnica.

Recién aterrizado en Castellana 7, el flamante consejero delegado tiene un encuentro con don Pablo que va a marcar ya el vía crucis en que se habrían de convertir los días de Letona en Banesto. El escenario es el despacho del presidente.

—Bueno, ¿qué planes tienes, qué vas a hacer...? —pregunta don Pablo.

—Mira, lo primero que voy a a hacer es cambiar a Vicuña —contesta Letona.

—Pues no sé por qué; no veo razón para que tengas que entrar cortando cabezas...

—No se trata de cortar cabezas, Pablo. No es eso. Si el Banco de España pide un cambio de gestión y resulta que aquí sigue el mismo presidente y el mismo administrador-director general, esto no va a tener pase...

Letona ve inmediatamente las orejas al lobo y adivina para sí el papel del jamón en un sandwich, emparedado entre ambos personajes, cortocircuitado.

—Es que Vicuña ha sido un fiel servidor de esta casa...

—Ya lo sé, Pablo. Yo soy amigo suyo, pero cuando se producen las circunstancias que está viviendo el banco no es posible andar con paños calientes. Cuando no queda más remedio que hacer cambios, se hacen y punto. Pero no te preocupes por Vicuña, ya se le buscará una salida honorable.

—Hombre, es que esto se va a interpretar como que yo lo he echado. ¡Al fin y al cabo tú has venido aquí porque yo te he puesto...!

—No, Pablo, yo voy a actuar aquí como consejero delegado con todos los poderes, los que me habéis concedido, pero no voy a ser una marioneta tuya...

La cosa estaba clara. Don Pablo parecía resuelto a seguir manejando las bridas del caballo, y aunque encaja esta primera ducha fría a regañadientes, piensa seguir en sus trece. «El presidente no aceptó nunca en su fuero interno la nueva situación. Se ve forzado por las circunstancias a admitir mi relevo y pretende, desde el primer momento, seguir mandando por mi intermedio», asegura Letona.

Letona lleva a cabo, pues, las primeras ejecuciones sumarias. Era el precio de la crisis. José María Sainz de Vicuña, consejero-director general y durante muchos años mano derecha de don Pablo, es desterrado a la presidencia del filial Garriga Nogués. Vicuña, otra institución en Banesto, «se conformó siempre con ser el fiel servidor de don Pablo, y su gran pecado fue prestarse sempiternamente al juego, sin haber tenido la gallardía de plantar cara un día».

En el transcurso de la primera semana de su reinado en Banesto, López de Letona, acompañado por el que será su fiel lugarteniente hasta su dimisión, Jacobo Argüelles, viaja a Barcelona a enfrentarse con el nudo gordiano de la casa, el asunto del Banco Garriga Nogués. Se trataba de comprobar *in situ* la situación real de la entidad filial, que había dado origen a la revolución gerencial de Banesto. De hecho, los primeros meses de trabajo de Letona estarán dedicados casi exclusivamente al tema Garriga Nogués.

Pero en Barcelona ambos personajes se encuentran con que Javier de la Rosa había dispuesto de plenos poderes conferidos por el presidente de la casa matriz. Si Letona quiere pedir cuentas a De la Rosa, tendrá que hacer lo propio con don Pablo, entre otros. Entonces, Jacobo Argüelles, el supuesto cerebro de Letona, concibe la idea de encargar un trabajo especial en el Garriga a José Luis Fominaya, compañero de ambos en el Banco de Madrid, al que nombran presidente de la comisión ejecutiva del filial catalán. Al mismo tiempo, Fernando Castromil, procedente también del Banco de Madrid, se convierte en secretario del Consejo de Banesto y peón de brega de Letona.

Y ahí se inicia el drama, «Letona empieza a utilizar el tema Garriga contra don Pablo y contra Vicuña. Don Pablo comienza a verse acosado, mientras Vicuña, al que sacan de la comisión ejecutiva, se arruga completamente», asegura un consejero de Banesto que quiere mantener el anonimato.

Al regreso de Barcelona, Letona y Garnica vuelven a medir sus fuerzas. El escenario es otra vez el despacho presidencial y el tema versa en torno a las operaciones en Bolsa de la cartera de valores del banco.

—Bueno, Pablo, quiero decirte que a partir de ahora las órdenes para el movimiento de la cartera de valores las doy yo...

—¡Pero cómo, cómo, si eso siempre lo he hecho yo!

—Ya lo sé, pero a partir de ahora lo haré yo, porque para eso soy el consejero delegado...

—Me parece un proceder poco correcto —afirma don Pablo francamente enfadado—. Ésa es una tarea que he venido haciendo yo toda la vida en esta casa.

—Que sí, Pablo, pero que ahora voy a ser yo quien lo haga, porque ésa es una prerrogativa del consejero delegado. De todas formas, si te parece tan grave, lo único que puedo hacer es tenerte al corriente, consultarte, pero en cualquier caso las órdenes las daré yo...

La batalla estaba planteada. Sin embargo, el enfrentamiento entre Letona y don Pablo no será la causa de la caída final de López de Letona. La de don Pablo es una guerra de guerrillas, que no tiene como fin último la derrota del consejero delegado. Si hubiera sido por don Pablo, Letona sería hoy, con toda probabilidad, presidente del Banco Español de Crédito. Entre otras razones, porque don Pablo Garnica no tenía fuerza moral para derribar a Letona. El viejo presidente había fracasado al timón de Banesto y él lo sabía. El asunto Garriga no sólo se llevó más de 70.000 millones de pesetas de las arcas del banco (cerca de 100.000, según las últimas estimaciones), sino la reputación de Pablo Garnica Mansi como banquero.

El presidente sabía que por esta razón no contaba con el apoyo del consejo, a pesar de que individualmente muchos de sus miembros sintieran hondo aprecio por él. «Él era un hombre hundido, porque no le apoyábamos en su fracaso y eso lo sabía...» Por eso don Pablo estuvo siempre en la retaguardia de la guerra de guerrillas contra Letona, incordiando, eso sí, hasta el mismísimo 19 de noviembre de 1987, en que el Banco de Bilbao planteó su asedio a Banesto.

La caída de Letona será resultado de la rebelión de las tradicionales ''familias'' de Banesto, una auténtica rebelión a bordo contra José María López de Letona y la autoridad monetaria que irá tomando cuerpo en la comisión ejecutiva y en el propio consejo de administración; una revuelta que llegará a triunfar a pesar de don Pablo. Una lectura apresurada de lo acontecido consiste en decir que las llamadas ''familias'' reaccionan cuando ven seriamente amenazadas sus posiciones de privilegio, sus prebendas, lo cual supone, de entrada, otorgar a Letona un papel de Robespierre que no le cuadra. Ésa parece una interpretación superficial. Y de hecho, buena parte del consejo manifiesta de forma explícita su apoyo a Letona durante sus primeras semanas en el banco.

Pronto los caminos se bifurcan. «Letona demostró su escasa valía al mes y medio de estar al frente del banco... Yo estaba horrorizado», asegura Juan Herrera. Los errores del propio Letona, un hombre que reconoce que «a mí me gusta pisar callos», provocaron la espantada de algunos consejeros, mientras en otros fue el honesto convencimiento de que éste no era el hombre adecuado para salvar la institución lo que motivó el enfrentamiento. En uno y otro grupo, naturalmente, había también muchos intereses económicos amenazados.

En abril, un Vicuña acosado pide por favor a Javier de la Rosa que hable con Letona sobre el tema Garriga. Y ambos se sientan frente a frente en el despacho del nuevo consejero delegado en Castellana 7.

—¡Me están diciendo que en el Garriga Nogués hay un agujero de más de 70.000 millones de pesetas! —enfatiza Letona.

—Oye, oye, José María, que yo sé cuál es el agujero de la Garriga, no me vengas...

—Sí, pues un agujero muy gordo —interrumpe Letona— ¡y algo habrá que hacer!

—Yo lo que he hecho es callar la boca para no comprometer a nadie y cargar yo con todas las culpas...

—Pero a ti... ¿Te daban instrucciones?

—Mira José María, eso ya lo encontrarás tú en los papeles...

—Porque, claro, muy distinto sería para ti si me reconoces ahora que han sido don Pablo y Vicuña.

—Distinto, ¿por qué?, distinto ¿por qué? —interrumpe De la Rosa fuera de sí.

—Pues porque tú puedes recibir...

—¿Recibir qué...? Mira, José María, como empieces tú, empezaré yo y no voy a dejar títere con cabeza...

La discusión había alcanzado su momento culminante. Varios directores generales que hacen antecámara en espera de ser recibidos por el consejero delegado oyen con nitidez la fenomenal pelotera que se ha montado en el despacho del jefe. En un momento determinado, Letona baja la voz y se hace el silencio en el antedespacho. Por esta razón durante mucho tiempo circuló en Banesto la leyenda de que De la Rosa había amenazado a Letona con algo de tal magnitud que había conseguido cambiar de plano las intenciones del consejero delegado para con el antiguo hombre fuerte de Garriga.

El resultado es que López de Letona no volvió a citar más a Javier de la Rosa, y de hecho no lo mencionó jamás en público o lo hizo con guante de seda. Letona se sumó así al silencio general sobre lo ocurrido en el Garriga Nogués. «Yo me dije, tengo 39 años y una vida por delante. Si yo hubiera tirado de la manta, todo el mundo me hubiera llamado traidor, y no podría tener nunca más un amigo», asegura De la Rosa. «He preferido que don Pablo se cubriera; como que no sabía nada; como que le he engañado. Yo tengo todos los papeles y hoy, mañana o pasado mañana, puedo salir a defenderme si me atacan directamente. Por eso preferí aislarme y, eso sí, recomendar a mis amigos que compraran Banestos en Bolsa, porque yo sí sabía lo que de verdad valía el banco...»

«El problema de Letona en Banesto fue creerse Dios al día siguiente de entrar», prosigue De la Rosa. «Él trató de apurar el pozo del Garriga para crear ese gran agujero que necesitaba, y para ello tuvo que deshacer la operación Quash. Pero como eso tenía un coste fiscal muy importante, encargó a su amigo Santiago Foncillas un laudo para presentar en Transacciones Exteriores y poder deshacer la operación sin pagar impuestos. El caso es que yo todavía estoy esperando que alguien del banco me pida seriamente una explicación de lo ocurrido. Nadie me ha preguntado nada. Sólo recados que con insistencia me mandaban desde Madrid cuando yo ya había empezado a trabajar con KIO en el tema de Torras Hostench, para que me estuviera quieto, para que no hiciera nada...»

Un importante hándicap que se suele atribuir a López de Letona es que llegó a Banesto sin equipo. «No se puede decir que yo estuviera solo cuando llegué al banco», asegura el interesado. «Durante casi siete años, desde el 78, había trabajado codo con codo, día tras día, en el Banco de Madrid, con el segundo nivel gerencial de Banesto: Pablo Garnica hijo, Jacobo Argüelles y Félix Muelas, directores generales adjuntos y de los más cualificados de la casa. Los tres formaban parte del comité ejecutivo del Madrid, que se reunía todos los días.»

De los tres, Letona elige desde el primer día a Jacobo como su hombre de confianza. «Es la persona que está más próxima a mí, y con la que yo tengo un contacto más directo. En razón de las funciones que desarrolla, director general del departamento financiero, es el hombre adecuado para trabajar a mi lado. Es una elección que hago en función de la cualificación profesional y de las funciones que desempeñaba en Banesto.»

La decisión de elevar a Jacobo Argüelles como indiscutido ''segundo'' de Letona es uno de los primeros asuntos que le enfrentan al ''aparato'' de Banesto. Jaboco, hijo del vicepresidente y consejero Jaime Argüelles, y casado con Regina Sangro Gamazo, marquesa de San Severo, es un personaje peculiar que goza de escasas simpatías dentro de la organización. Dos hechos notables concurren en él: su gran inteligencia y capacidad como banquero, algo en lo que todos —incluidos sus enemigos, y son legión— coinciden, y su antipatía y acritud, en lo que la unanimidad es igualmente total. Desde el punto de vista de las relaciones humanas, Jacobo no parecía el mejor aliado para Letona, un hombre ya de por sí de difícil trato. La alianza de dos antipáticos profundos como Letona y Argüelles, ayudará a consolidar el bloque opositor de ''las familias'' de Banesto.

Muy pronto se plantea en la cúpula de la entidad una cuestión de capital importancia: cómo tapar los agujeros y a qué ritmo hacerlo. «Cuando yo llego, Banesto tenía necesidad de hacer un ajuste del orden de 160.000 millones de pesetas: pérdidas que hay que cancelar, atribuibles fundamentalmente a la crisis del Garriga Nogués; insuficientes dotaciones en activos normales, y ausencia de provisiones en temas como el fondo de pensiones, un asunto en el que Banesto andaba muy retrasado con respecto a otros bancos.»

En el ejercicio de 1985 Banesto contabiliza unos beneficios

antes de impuestos de 22.500 millones de pesetas. Ello quiere decir que el banco, suponiendo un porcentaje anual de aumento de tales beneficios del 10% y que todos los excedentes se dedicaran a ese propósito, hubiera necesitado un mínimo de cinco años para amortizar esos 160.000 millones de pesetas. No parecía posible recurrir a los recursos generados por vía ordinaria para taponar la brecha.

El "aparato" de Banesto es partidario de cerrar la herida de forma paulatina, mediante un plan de saneamiento a varios años que, naturalmente, habría que negociar con el Banco de España. El acuerdo se da por sentado: para eso está ahora en la casa de consejero delegado un amigo del Gobernador. Don Pablo empuja en esa dirección, porque, opina, «no se adelanta nada con hacer públicos una serie de problemas que se pueden resolver en casa. Yo creo que es malo eso de salir al público. No hay por qué dar tres cuartos al pregonero», sin duda una de las frases favoritas de don Pablo.

Pero el amigo del Gobernador, apoyado por Juan Herrera y Jaime Argüelles, prefiere una solución distinta. López de Letona piensa que es mejor aplicar al enfermo una medicina de caballo y tratar de sanarlo en un año. «Dada la magnitud de las pérdidas», asegura Letona, «si hubiéramos hecho un plan a varios años, el banco hubiera estado durante cinco o seis años bajo la sospecha de estar ocultando problemas graves sin resolver. A mí me pareció más conveniente coger al toro por los cuernos y ver si el banco tenía capacidad para abordar el problema de una tacada, de un modo frontal». Ocurre, además, que el pregonero estaba ya al tanto no de los tres cuartos, sino de la pieza entera. La prensa, siempre tan respetuosa con la Banca, había olfateado sangre y seguía la pista de Banesto.

Con el conflicto planteado, Letona parlamenta con Mariano Rubio. El Banco de España rechaza un plan de ajuste de cinco años. «Ahí hay un problema y hay que resolverlo cuanto antes.» La autoridad monetaria, viene a decir Rubio, no puede respaldar un plan que presuponga una ocultación de la situación al accionista, al depositante y a la opinión pública. El banco emisor se muestra dispuesto a ayudar, a facilitar las cosas, pero alguna explicación habrá que dar... «¿Se puede resolver un problema como el de Banesto sin llamar la atención sobre lo que ha pasado en el Garriga Nogués, cuando el agujero de este banco es de más de 70.000 millones de pesetas?» Mariano Rubio piensa que no.

La disputa se dilucida en una comisión ejecutiva en la cual López de Letona, apelando a su posición ante la autoridad competente y sus recién estrenados poderes, se lleva el gato al agua.

Esta manera de abordar la crisis significa el primer choque frontal entre el nuevo poder, representado por López de Letona, y el poder tradicional, encarnado en las "familias" y su líder natural, don Pablo Garnica. Para éste, el enfrentamiento tiene una lectura más alarmante: las implicaciones, la dejación de responsabilidades, los errores de gestión, pueden salir a la luz pública. La victoria de la opción Letona de saneamiento traumático supone que los trapos no se van a lavar en casa, por sucios que estén, y que cualquiera, especialmente don Pablo, corre el peligro de ser señalado con el dedo.

López de Letona se lo juega todo a una carta. Si ese programa de ajuste rápido sale bien, habrá ganado la partida y podrá consolidar su situación en el banco a despecho de sus enemigos. Habrá valido la pena aguantar un año o dos de tensiones con don Pablo. Él no puede cargar con las culpas de otros. Necesita airear la situación de la herencia que recibe. «En las primeras entrevistas que concedo, lo único que interesa a los periodistas es la importancia de las pérdidas del Garriga Nogués: que si voy a decir el agujero, que si es de más de 30.000, que si sobrepasa los 40.000. Todo está centrado en el Garriga Nogués. Y yo llego a la conclusión de que si digo que no pasa nada y que el Garriga ha perdido 7.000 millones, ¡la gente no me va a creer! Aparte de las implicaciones en Bolsa y en los ambientes bursátiles, donde Banesto se movía de un modo muy pesado. Es decir, Banesto era un banco bajo sospecha.»

Letona decide, pues, poner los problemas sobre la mesa. «Esto es lo que hay, y vamos a ver cómo lo resolvemos.» Al mismo tiempo comienza a idear una estrategia que le elimine el problema del Garriga Nogués de una tacada. La solución, desinvertir. «En realidad lo que hace Letona es vender una serie de activos de Banesto en los que había plusvalías importantes, y con ello cancelar pérdidas», asegura don Pablo. «Y esos activos estaban en la casa porque alguien se había preocupado de tenerlos...»

La expectación dentro de la organización del banco se va centrando en la fecha de la junta general de accionistas, fijada para el 27 de mayo de 1986. Todos se preguntan cómo va a lidiar don Pablo ese toro, es decir, cómo va a explicar lo inexplicable, la crisis del Banco Garriga Nogués.

Y llega el día. Don Pablo reconoce que el Garriga «constituye el principal problema de Banesto, aunque, por el tamaño de las dos entidades, no afecta a la solvencia del banco matriz». Reconoce las insuficiencias en la gestión del grupo, que permiten problemas como ese, y justifica los cambios introducidos en la necesidad de llenar esas lagunas. Durante más de una hora el viejo presidente efectuó una verdadera autocrítica que vino a demostrar una cosa: que don Pablo tenía en Banesto carisma suficiente para pasar incólume la prueba de una junta que se presentaba tan difícil, incluso dando por descontado que todas las juntas bancarias están manipuladas y que la capacidad de los eventuales discrepantes para influir en ellas es nula.

El presidente anuncia un dividendo con cargo al ejercicio 85 idéntico al del 84, lo que ya de por sí suponía un retroceso, al tiempo que informa de la decisión de dedicar 17.000 millones para sanear el Garriga, una suma claramente insuficiente para tapar el agujero, cuyo tamaño no cuantifica. Y da un dato significativo sobre la batalla que se libra de puertas adentro: el filial catalán se saneará «durante los próximos años con las plusvalías obtenidas y la generación de fondos normal del banco». Una estrategia, pues, claramente divergente de la que postulaba Letona.

Don Pablo supera con muchas tablas la prueba de la junta. Lo que en su fuero interno Letona —que asiste al acto en silencio, sentado a la derecha del presidente— y Mariano Rubio creyeron que podía convertirse en el Waterloo de Garnica, fue en realidad una ocasión para reforzar la moral del viejo banquero. El corolario es que don Pablo sale del trance decidido como nunca a no soltar las riendas de Banesto, aunque careciera de proyecto concreto para el futuro.

Y a partir de entonces se reanuda, con renovados bríos, la lenta erosión de Letona y su gente dentro de Banesto. Don Pablo sigue mandando y dando órdenes, a menudo contradictorias con las del consejero delegado. Las murmuraciones se convierten en moneda corriente en despachos y pasillos.

López de Letona, conocedor de que la guerra que libra en el seno del banco no es otra cosa que una lucha sorda por el poder, intuye que, como en los asedios medievales, debe orientar su estrategia a cortar las fuentes de aprovisionamiento de las "familias", las famosas prebendas. La propuesta de jubilación a los 70 años para todos, directores y consejeros —«incluido el propio consejero delegado», aclara Letona—; su posición sobre las regalías de los consejos de las sociedades filiales (alguien ha calculado que las distintas ramificaciones del árbol de las "familias" de Banesto se reparten al año, entre consejos de diverso tipo, unos ingresos superiores a los 1.000 millones de pesetas); el tema de la transmisión patrimonial de los puestos en el consejo... son asuntos cuyo mero planteamiento va a soliviantar a las "familias". Letona lo sabe, pero decide jugársela.

Desde finales de mayo el nuevo consejero delegado viene comentando de manera informal la necesidad de rejuvenecer la cúpula directiva. Por fin, en una comisión ejecutiva de mediados de junio, se atreve a dar el paso al frente. El consejero delegado comenta escandalizado ante sus colegas que hay un director general que cuenta 92 años; hay otra persona con 82 en cargos de dirección. «Para no tener que señalar a nadie con el dedo», propone Letona, «es mejor adoptar una medida genérica: que a la edad de setenta años todo el mundo se jubila y punto».

La respuesta no tardaría en llegar. En la reunión del Consejo de Administración correspondiente al mes de junio, el miércoles, día 25, tercer consejo de Letona en Banesto, el "aparato" le mete un gol clamoroso al flamante consejero delegado. La reunión transcurre sin incidentes, pero en el turno de ruegos y preguntas, Antonio Sáez de Montagut, presidente de Tudor, pide la palabra.

—Quiero proponeros la ampliación del número de miembros de la comisión ejecutiva. Creo que la comisión está desabastecida, hay gente muy mayor en ella y en realidad se ha convertido en un monólogo de José María, y pienso que sería bueno para la institución ampliarla en dos personas, para lo que propongo los nombres de Ricardo Gómez-Acebo y de César de la Mora.

Letona palidece primero, enrojece después y monta, finalmente, en cólera. Está tan excitado que no logra expresarse con claridad. Es casi un balbuceo incoherente.

—¡Protesto, protesto, esto es intolerable...! ¡Esto es un abuso, una trampa, porque no se me ha consultado para nada...!

Don Pablo ríe para sus adentros.

—Pero cálmate, hombre, que el asunto no tiene tanta importancia, ¡qué más da que seamos nueve que siete en la ejecutiva!

—Sí que tiene importancia, Pablo, y tú lo sabes, tiene la suficiente importancia como para haberlo incluido en el orden del día del Consejo... ¡Yo no puedo aceptar que a espaldas mías se acuerde una modificación de la comisión ejecutiva y se me sorprenda en el Consejo en el turno de ruegos y preguntas!

Juan Herrera se muestra también indignado.

—¡Esto es una felonía...! —exclama el presidente de Petromed.

Pero varios consejeros intervienen apoyando la propuesta de Sáez de Montagut.

—¡Quiero que conste en acta mi protesta! —vuelve a insistir, colérico, Letona—. Yo no tengo nada que oponer a estos nombramientos, lo que me molesta es la forma en que se han planteado... Es una modificación que se hace a espaldas del primer ejecutivo del banco, de un señor a quien el Consejo ha otorgado su confianza y ha concedido plenos poderes.

Pero don Pablo se había definido y eso equivalía a que la suerte estaba echada. Ricardo (Dicky) Gómez-Acebo y César de la Mora entran a formar parte de la comisión ejecutiva. El complot, debido a la iniciativa personal de Sáez de Montagut, ha funcionado a la perfección, con un Letona cogido por sorpresa. Don Pablo, que se había limitado a darse por enterado cuando el hombre de Tudor le anunció lo que tramaba, comenzaba a recoger los frutos de la incipiente rebelión de sus lugartenientes. Con esas dos incorporaciones a la ejecutiva se aseguraba una cómoda mayoría en el órgano de gestión y control del banco, a salvo de ausencias coyunturales, enfermedad o accidente imprevisto.

La comisión ejecutiva queda integrada, tras este golpe de mano, por Pablo Garnica, su hermano Gabriel Garnica, José María López de Letona, Jaime Argüelles, Juan Herrera, Inocencio Figaredo, Antonio Sáez, Dicky Gómez-Acebo y César de la Mora. Letona, que ya estaba en minoría, quedaba bloqueado todavía más. Cualquier propuesta que quisiera hacer aprobar tendría que ser consensuada con la "mayoría natural" que controlaba don Pablo. A Letona sólo le quedaba el apoyo incondicional de Jaime Argüelles y, en algunos casos, el de Juan Herrera, un hombre que fluctuaba entre ambos bloques.

Ricardo Gómez-Acebo y Duque de Estrada, marqués de la Deleitosa, se va a convertir, con su entrada en la ejecutiva, en el zurriago de José María López de Letona en Banesto. Todos los demás nadan y guardan la ropa. Siguen el ejemplo de don Pablo, hombre más amigo de actuar que de hablar. Letona se ha quejado amargamente de este comportamiento. «Ante mí don Pablo nunca decía nada; nunca protestaba o me contradecía. Silencio; agachaba la cabeza, se daba media vuelta y listo. Pero actuaba a mis espaldas.»

El que voluntariamente acepta el incómodo papel de látigo, el que da la cara, es Dicky. Hasta el mismo día en que Letona dimite. Y lo acepta por temperamento, por formación cultural y por extracción social. Dicky pertenece a una familia de gran renombre en la España actual. Una familia muy poco conocida durante el siglo XIX, pero que, magníficamente colocada en la segunda mitad de este siglo, merced a sus relaciones sociales, ha alcanzado éxitos económicos y financieros notables.

Dicky es el hijo mayor de Jaime Gómez-Acebo y Modet, marqués de la Deleitosa y presidente de Banesto entre 1959 y 1970, y nieto de José Gómez-Acebo y Cortina, marqués de Cortina y presidente del banco desde 1918, año de la "españolización" de la entidad, hasta 1930. Dicky, como hijo mayor del marqués de la Deleitosa, hereda, además del título nobiliario, la «joya de la corona», la pieza más importante de la colección familiar, cual es la consejería de Banesto.

El segundo hijo del marqués es Ignacio (Paddy) Gómez-Acebo, un personaje notable y notorio del "todo Madrid". Paddy, en unión de Fernando Pombo, regenta el bufete de abogados Gómez-Acebo y Pombo, Asociados, uno de los más importantes de Madrid. Paddy, amigo del Rey Juan Carlos, está casado con Isabel Carvajal, hermana de Jaime Carvajal, un histórico del Banco Urquijo y amigo a su vez de La Zarzuela. El tercero es José Gómez-Acebo, de profesión doctor en Medicina, y director del Centro Superior de Investigaciones Científicas de Madrid. El cuarto es Luis Gómez-Acebo, duque de Badajoz, casado con la infanta Pilar de Borbón, hermana del Rey Juan Carlos. Y el quinto es Jaime Gómez-Acebo, gerente de la antigua sociedad de patentes de la familia, Clarke, Modet y Cía. La única hembra es Isabel Gómez-Acebo, conocida por "la nena", casada con un banquero frustrado, Alejandro Fernández de Araoz, fundador del Banco Internacional de Comercio, uno de los más conspicuos casos de la crisis bancaria española.

Dicky Gómez-Acebo, al decir de muchos una notable inteligencia desaprovechada en Banesto por don Pablo, es, sin duda, el consejero más independiente de la casa, un hombre que presume de independencia y hace gala de gran osadía ante el Banco de España y ante quien sea. Un aristócrata nada pagado de su título, enamorado del humor británico, que aprendió en la Universidad del Midland Bank, en Londres, y que puede permitirse el lujo de no tener pelos en la lengua. Con estos ingredientes personales y familiares, no es extraño que Dicky se haya divertido durante casi dos años mortificando a José María López de Letona, un hombre de carácter duro, rectilíneo de puro recto, de escaso sentido del humor, serio y severo como un monje cartujo. Dicky arremeterá sin piedad contra el frágil basamento de Letona en Banesto, hasta que, con la inapreciable ayuda de Sáez de Montagut y Pablo Garnica, jr., principalmente, consiga derribarlo. Dicky es el ariete del que se sirve un consejo mayoritariamente decidido a dar con los huesos de Letona en tierra, pero en el que ninguno está dispuesto a desempeñar esa tarea ingrata.

En la primera comisión ejecutiva que tiene lugar tras la encerrona del Consejo de junio, Letona cree llegada la hora de su desquite. En efecto, el martes 1 de julio, el consejero delegado presenta una protesta oficial ante la comisión ejecutiva.

—Interpreto lo acontecido el 25 de junio pasado como una maniobra que revela una absoluta falta de confianza en mi persona. Por ello quiero plantear ante esta comisión la siguiente exigencia: o se me renueva la confianza o yo presento mi dimisión en este mismo momento.

Un silencio espeso cae sobre los reunidos. Don Pablo, como de costumbre, rompe el hielo.

—Que sí, hombre, que tienes nuestra confianza. No sé por qué te lo has tomado tan a la tremenda...

—Y una cosa más os digo —vuelve a la carga Letona— si lo aprueba esta comisión, lo volveré a plantear en el próximo consejo para que el Consejo de Administración en pleno ratifique esa confianza.

Y, en efecto, el Consejo celebrado el 30 de julio ratificó su plena confianza en López de Letona. El consejero delegado, sin embargo, negaría al diario *El País,* en su edición del 19 de julio, la existencia de cualquier problema. «Desmiento tajantemente la amenaza de dimisión», aseguraba ese día el propio Letona.

El consejero delegado se toma, pues, su pequeña revancha, pero a un alto precio. La amenaza de dimisión no hace sino encrespar los ánimos de sus enemigos, que creen descubrir el truco: «La dimisión se va a convertir en el arma disuasoria de Letona para mantenerse en Banesto y llegar a la presidencia.» La premisa mayor de este planteamiento es que tanto Letona como sus oponentes saben que el Banco de España no permitiría una situación de descabezamiento en la entidad y reaccionaría de forma contundente.

El 26 de junio, un día después de esa reunión de la ejecutiva en la cual Letona había logrado una reparación moral para su causa, un acontecimiento imprevisto viene a romper la tregua, afectando profundamente los pilares emocionales de López de Letona: el suicidio del banquero Ignacio Coca.

Aquélla parecía una mañana como otra cualquiera en el palacete de Orfila 9, residencia de la familia Coca. En la planta baja, el personal de servicio se afanaba en la reglamentaria limpieza matutina, tratando de no dañar los mil valiosos objetos artísticos que pueblan los salones de la residencia, algunos verdaderas obras maestras, máscaras de terracota etruscas, piezas de ajuar de la época romana, pinturas... casi un museo privado, aunque lo mejor de la casa desde el punto de vista pictórico se guarda en la residencia campestre de La Cepilla, cerca de San Martín de Valdeiglesias.

Ignacio Coca se había levantado a la hora de costumbre, en torno a las 9 de la mañana. Como cada día, Néstor, su ayuda de cámara, le prepara el baño y luego pone a punto su indumentaria para la jornada, el traje impecable, la camisa, los gemelos de oro. Después le ayuda a vestirse. Néstor se extraña de que don Ignacio no quiera esta mañana colocarse el escapulario-medalla que durante toda su vida ha llevado sobre el pecho pendiendo de una cadenita de oro.

En el patio de la casa, Ángel, el chófer, tiene ya listo el viejo Jaguar que utiliza siempre don Ignacio. Le ha tomado cariño a este trasto ilustre, que ha sido testigo de tantos momentos felices de su vida. Dentro de unos minutos tendrá que conducir al señor hasta la sede de Banesto, donde Coca iba a mantener una entrevista importante con alguien igualmente importante.

Néstor termina de acicalar a don Ignacio, impecable en su traje azul marino, y distraídamente se dedica, como cada mañana, a poner en orden las habitaciones del señor. Ignacio Coca coge entonces una diminuta llave que siempre llevaba consigo y abre con ella una cómoda de caoba; a continuación tira del minúsculo pomo de una gaveta y extrae un pequeño revólver, que empuña, mientras entra en el cuarto de baño, cuya puerta entorna tras sí.

El disparo sonó seco, como un chasquido. Néstor quedó un instante petrificado, pero Silvia Moroder León y Castillo, la esposa, llegaba ya corriendo desde sus habitaciones, presa de gran alarma. Por un instante había pensado que algo se había roto en la cocina, situada en el piso inferior, pero una reacción instintiva la hizo correr mientras llamaba a su marido. Néstor y Silvia tratan de abrir la puerta del cuarto de baño del señor, pero algo pesado hace de palanca y no lo consiguen. Silvia ordena a Néstor que avise enseguida a los hijos mayores, que están en sus cuartos, situados en la tercera planta. Casi al instante baja Borja. ¡Qué ha pasado!, y pugna con su madre manejando de forma infructuosa el picaporte de la puerta de servicio. ¡No sé, no sé, algo le ha ocurrido a tu padre, llama a tu hermano...!

Íñigo, que estaba terminando su asueto matinal, no se ha enterado de nada, pero ve llegar a Borja muy excitado, algo le ha ocurrido a papá, baja corriendo. Iñigo desciende resuelto a la segunda planta, empuja con fuerza la puerta del servicio y consigue ver que el cuerpo yacente de su padre está haciendo de parapeto impidiendo franquear la puerta. Con un pie consigue liberar el obstáculo. Ignacio Coca tiene el rostro cubierto de sangre, pero todavía respira. Silvia grita tratando de saber lo ocurrido, e Íñigo piensa por un momento que su padre ha resbalado y se ha golpeado la cabeza contra la bañera, pero casi al instante descubre el pequeño revólver, inmóvil, en uno de los rincones del servicio.

Hay voces apresuradas y ruido de pasos que suben a la carrera por la hermosa escalera de mármol blanco que une la planta principal con la de las habitaciones del matrimonio. Entre Néstor, Ángel y los dos hijos mayores bajan a toda prisa el cuerpo de Ignacio Coca y lo introducen en la parte trasera del Jaguar. Ángel conduce y lleva a su derecha a Silvia Moroder. Atrás va tendido el herido, cuya cabeza sostiene Manuel, el mecánico, tratando de taponar la herida en la sien por donde mana abundante sangre, camino del hospital de la Cruz Roja, en la Avenida de la Reina Victoria.

Por suerte, en el hospital les atiende en seguida el doctor Madrigal, médico de la familia. «Hay esperanzas», anuncia el galeno cuando introducen al herido en quirófano. Pero al poco tiempo vuelve a salir para anunciar el desenlace.

No había transcurrido media hora cuando alguien llama al hospital desde la sede del Banco Español de Crédito para enterarse de lo ocurrido. Un misterio. Las llamadas vuelven a repetirse cada diez minutos para sorpresa de médicos y familia. Tiempo después aparece por allí González Zaldúa, el albacea testamentario que ha pasado ya a trabajar con el Banesto en el mismo puesto que desempeñó en vida de Ignacio: la gerencia de las empresas de la calle Lagasca, que el financiero había cedido al banco como forma de pago de parte de su deuda. Silvia, muy nerviosa, critica ante Zaldúa el comportamiento de Banesto para con su marido, y aquél trata tímidamente de justificar la actitud de la entidad, lo que motiva que los hijos se encrespen y se produzcan momentos de gran tensión.

Hacia el mediodía, los rumores sobre la muerte de Ignacio Coca comienzan a llegar al circuito de los iniciados. La versión más repetida es que se trata de un accidente. El financiero ha resbalado en la bañera, golpeándose en la cabeza de manera fortuita.

La muerte de Ignacio Coca surte el efecto de reabrir para el gran público un asunto que ya parecía archivado. Para la familia, sin embargo, la venta del Banco Coca en un ya lejano 1978 se había convertido en una fuente inagotable de terribles tensiones, una especie de pozo sin fondo donde todos los peligros tenían cara y gestos de acreedores.

Las cifras de la deuda Coca eran de mareo. En septiembre de 1978, cuando se cierra notarialmente la operación de compraventa del Banco Coca, las garantías asumidas por el financiero ante Banesto ascendían a 53.354 millones de pesetas, cantidad que, a consecuencia de los intereses vencidos y no pagados y agregados al principal se elevaba, a la altura de septiembre de 1983, a 88.722 millones de pesetas, de los cuales 34.534 millones correspondían a intereses.

El 30 de septiembre de 1983, Ignacio Coca y el consejero-director general de Banesto, José María Sainz de Vicuña, llegaron a un pacto para la refinanciación y amortización parcial de la deuda. En virtud del mismo, Ignacio Coca hizo entrega a la entidad de una serie de sociedades que gestionaba González Zaldúa en las oficinas de la calle Lagasca (entre ellas el grupo Meliá, Parque Coimbra, Nueva Sierra, etc.), por un valor patrimonial de 51.076 millones de pesetas, lo que redujo la cifra deudora a 37.646 millones de pesetas. El financiero consiguió con esta refinanciación un período de carencia de dos años en el pago de intereses.

Al llegar el mes de septiembre de 1985 el problema volvió a plantearse en toda su crudeza. La familia tenía que hacer frente al pago de intereses trimestrales por más de 900 millones de pesetas. En enero de 1986, parte de la cifra adeudada ya no se paga.

Manuel Igea, director general de Banesto, visita a Ignacio Coca en sus oficinas de la calle Almagro en enero de dicho año.

En presencia de Íñigo Coca, Igea se muestra por primera vez amable.

—Habéis pagado tanto, pero os queda por pagar otro tanto este mismo mes, y no hemos hecho más que empezar...

—Es que no vamos a poder pagar de ninguna manera esas cifras; está fuera de nuestras posibilidades...

—Pues algo habrá que hacer, porque el banco tiene que cobrar...

—Pues algo habrá que hacer, por supuesto, porque nosotros no podemos pagar no ya la deuda, sino los intereses.

Los Coca deciden elaborar un plan de amortizaciones para presentar a Banesto. Se trataba de que el banco, al ritmo de vencimiento de los créditos, fuese adquiriendo la titularidad de las sociedades que aún seguían siendo propiedad familiar. Los Coca, por su parte, además del finiquito, pretendían quedarse con algunas de las propiedades más directamente ligadas a la familia.

Cuando el plan está listo, Ignacio Coca, a través de Igea, trata denodadamente de ser recibido por don Pablo Garnica para exponérselo. Y en febrero, después de casi un mes de llamadas telefónicas, don Pablo accede a recibir a padre e hijo. En el despacho de don Pablo, Ignacio e Íñigo Coca se sientan frente al presidente, Sainz de Vicuña y Manuel Igea.

Don Pablo, profundamente convencido que la compra del Banco Coca había sido una estafa en toda regla, recibe con su delicadeza habitual a los visitantes:

—¡Hombre, me alegro que hayas traído a tu hijo contigo, así podrá enterarse de la clase de sinvergüenza que es su padre...!

La andanada surte el efecto de sumir a Ignacio en una profunda postración. Incapaz de articular una sola palabra, será su hijo, Íñigo, quien se las entienda con los responsables de Banesto.

—Nosotros queremos pagar —dice tímidamente Íñigo...

—¡Pues más os vale! —replica airado don Pablo—. ¡Porque debéis cerca de 40.000 millones de pesetas al banco! ¡Lo del Coca ha sido una estafa, te lo digo con todas las palabras delante de tu padre, y estamos ya hartos de aguantar esta situación...!

—Le repito que nosotros queremos pagar, pero no podemos afrontar esas cantidades porque no tenemos forma humana de hacerlo.

—¡Sí que tenéis, sí; bien sé yo que sí! ¡Lo que tenéis que hacer es traer el dinero que tu padre se llevó fuera de España; ya verás como entonces sí que podéis pagar...!

—No sé qué me está usted diciendo...

—¡Pregúntale a tu padre, pregúntale! Ya verás como él sí que sabe.

—Mire usted, le propongo una cosa; le vamos a extender un poder firmado por mi padre para que investigue en cualquier banco del mundo los saldos de todas las empresas participadas por mi padre que usted encuentre...

Don Pablo abandona acto seguido la reunión malhumorado, y es Igea quien entonces se manifiesta absolutamente contrario a escuchar el menor detalle del plan elaborado por los Coca.

—Para empezar a hablar tenéis que traer en metálico 20.000 millones de pesetas.

—Pero bueno, ¿de dónde vamos a sacar nosotros ese dinero?

—Vosotros sabréis, pero don Pablo te ha dicho de dónde...

—Pues te vuelvo a repetir lo que le acabo de decir a don Pablo: os damos la oportunidad de investigar donde queráis.

—En cualquier caso, dame ese papel —interviene Vicuña—; no perdemos nada con echarle una ojeada...

Al cabo de un par de semanas, Manuel Igea se presenta en la calle Almagro con la respuesta.

—Este plan es totalmente inviable, y os damos una semana de plazo para que paguéis, porque, en caso contrario, vamos a empezar a ejecutar pólizas.

—Pues qué quieres que te diga, ejecuta, más perderá el banco —asegura Íñigo.

—Creo que no sabes muy bien con quién te estás jugando los cuartos, muchacho. Te advierto que el banco es una apisonadora. Banesto es un elefante que tarda en ponerse en movimiento, pero, cuando lo hace, arrasa...

—¡Pero si queremos pagar, te vuelvo a repetir —asegura Íñigo ante el mutismo total de su padre—, y hemos hecho un plan que no queréis ni siquiera entrar a discutir, en el cual queda claro que queremos pagaros!

—¡Eso no nos vale para nada, tenéis que pagar en metálico!

—Yo insisto en que es mejor que lleguemos a un acuerdo amistoso, porque estamos dispuestos a pagar hasta donde podamos.

—Olvídate de ese papel que habéis hecho, porque te repito que no nos vale. Para hablar del tema tenéis que poner 20.000 millones encima de la mesa y entonces entramos a discutir las sociedades que os quedan y su valoración.

—Pero tú sabes bien que nosotros no tenemos esos 20.000 millones...

—Eso es asunto vuestro... ¡Si lo traéis de fuera, a lo mejor sí que lo tenéis...!

—No insistas en ese tema, por favor.

Ésta sería la última reunión con Igea a la que acude Íñigo.

En el futuro, Ignacio Coca se verá alguna otra vez con el ejecutivo de Banesto. Ignacio es, a estas alturas, un hombre derrumbado. De carácter extrovertido y alegre tiempo atrás, desde hace poco vive encerrado en sí mismo, como si se hubiera rodeado de un muro insalvable con la pretensión de ahorrar a su familia su drama personal. El financiero visita con frecuencia la consulta de un psiquiatra catalán, y su vida va transcurriendo en los últimos años con la ayuda de las píldoras. Cualquier breve período de bonanza en su carácter es seguido de profundas depresiones.

A pesar de todo, la familia paga algunas cantidades durante esta primera parte del año 1986, como cerca de 900 millones de pesetas que Ignacio Coca extrae de sus cuentas particulares para entregar al banco.

El primero de abril de 1986 tiene lugar la llegada de López de Letona a Banesto como primer ejecutivo. Los Cocas reciben esperanzados el relevo, porque piensan que quizá sea más fácil negociar con el nuevo consejero delegado que con Pablo Garnica. Ignacio Coca parece hacerse ilusiones, todo se puede arreglar todavía, y llama a Manuel Igea para hacerle saber su interés por ver a Letona.

Pero los días van pasando, sin que en Orfila se reciba ninguna señal del nuevo hombre fuerte de Banesto. Ignacio Coca comienza a perder las esperanzas. Pronto los días se convierten en semanas y las semanas en meses. No hay novedad. No ser recibido por Letona, un hombre a su vez abrumado por el calibre de los problemas recibidos en Banesto, parece derrumbar definitivamente las esperanzas de Ignacio Coca, que termina por encerrarse en sí mismo.

Silvia Moroder pide ayuda a Enrique Sarasola Lerchundi, viejo amigo de la familia y personaje influyente por su relación con Felipe González, y Enrique comienza a visitar con cierta frecuencia el palacete de Orfila. ¿Puedo ayudar? ¿Qué puedo hacer?, preguntaba el visitante, para obtener siempre la misma respuesta del financiero: No pasa nada, Enrique, si todo se va a arreglar...

A punto de doblar el mes de mayo, Silvia Moroder llama

angustiada a Juan Herrera como último recurso. Herrera, muy amigo de la familia en otros tiempos, había jugado un papel destacado en la operación de venta del Coca a Banesto.

—Mira, Juan, estamos atravesando una situación penosa. Ignacio está destrozado porque Letona no le recibe. Sólo te pido una cosa: que hagas lo posible para que Letona reciba a mi hijo Íñigo; sabes que Ignacio no está en condiciones de discutir estos temas con nadie; lo único que te pido es que reciba a Íñigo.

—No te preocupes, veré lo que puedo hacer.

Juan Herrera nunca contestó a la llamada de Silvia, pero en la segunda semana de junio Manuel Igea llamó a Ignacio Coca para comunicarle que, al fin, iba a ser recibido por Letona. Un rayo de luz parecía brillar para el abrumado banquero.

—Espera que llamemos a Íñigo, que está de viaje en Marbella, para que te acompañe —urge Silvia.

—¡No, no, que no hace falta! Iré yo solo.

—Ignacio, que es mejor que vayas acompañado por Íñigo.

—No insistas Silvia, iré solo; y estoy seguro que se va a arreglar todo.

Ignacio Coca va ilusionado camino de Banesto, y vuelve al poco rato destrozado, para confesar a Silvia, casi entre sollozos, que Letona poco menos que le ha echado del despacho.

El incidente parece acabar con él. Lentamente va madurando su última decisión. Manuel Igea llama de nuevo y le urge a que haga frente al pago de una póliza por importe de 11.290 millones de pesetas, con fecha de vencimiento de 26 de junio, jueves. Ignacio Coca le asegura que cumplirá sus compromisos. Como si tratara de ganar tiempo frente a su decisión final, ya tomada, ordena a Loti, su secretaria de la oficina de Almagro, que si llama el señor Igea le diga que está de viaje en Estados Unidos, pero que el jueves acudirá a su cita con Banesto.

El miércoles 25 de junio, Ignacio Coca contempla, en la biblioteca de Orfila 9, y en compañía de sus hijos Íñigo y Borja, el partido de fútbol que en México enfrentaba a las selecciones de Argentina y Bélgica, y que retransmitía la segunda cadena de TVE a partir de las 23.50. Sus hijos comentan el hecho insólito de que Ignacio aguante hasta el final, cerca de las 2 de la madrugada, viendo los goles de Maradona. A la hora de ir a acostarse, Íñigo y Borja le notan desencajado y se extrañan de la forma especial en que su padre les besa.

El día que Ignacio Coca decidió acudir a su cita con la muerte, su deuda con Banesto se elevaba a 47.565 millones de pesetas, de los cuales nada menos que 9.919 millones correspondían a intereses generados por la deuda desde 1983, año de la postrera reestructuración lograda por el banquero. La idea del viaje a Estados Unidos, que conocía Banesto y que en Castellana 7, se interpretó como una posibilidad de que el financiero se hubiera decidido al fin a repatriar los caudales que don Pablo estaba seguro tenía en el extranjero, hizo correr por Madrid el rumor de que, el día de su suicidio, Ignacio Coca portaba en el bolsillo de su americana un cheque a favor de Banesto por importe superior a los 11.000 millones de pesetas.

La muerte de Ignacio Coca, un hombre destinado a ser vicepresidente de Banesto, y uno de sus principales accionistas, cae como una losa en Castellana 7. El fallecido deja una carta manuscrita a su mujer e hijos, en la que asegura no poder resistir por más tiempo la presión a la que se ve sometido por la cúpula directiva de Banesto. La sospecha de que esas presiones han sido la causa inductora del suicidio tienen el efecto de desquiciar aún más la situación en la entidad bancaria.

Un hombre cansado de resistir y abrumado por los pleitos y las cifras de una deuda que jamás podría pagar, a pesar de la enorme fortuna familiar, había sucumbido a la tentación de una salida rápida, con la que pensaba proteger a su familia. En los últimos años había sido protagonista de tres procesos judiciales. El primero, en noviembre de 1974, seguido por presunto delito de ampliación de capital en el Banco Coca, sin publicidad ni conocimiento del resto de los accionistas. En el segundo, celebrado en febrero de 1983, la Audiencia Nacional le absolvió de un delito de evasión de capitales por el que Enrique Miñarro, consejero delegado del Coca, fue condenado a seis meses de arresto y una multa de 200 millones de pesetas.

Finalmente, en febrero de 1986, había resultado condenado a un año de prisión menor y multa de 45.000 pesetas por un delito continuado de falsedad en documento público.

Con todo, esta serie de pleitos no serían nada comparados con los que su suicidio va a provocar entre la familia y la gerencia de Banesto. Letona tenía prisa por tapar agujeros en el banco, y el Coca era uno de esos asuntos envenenados que quería resolver cuanto antes. ¿Apretó demasiado Letona a Ignacio Coca? Una pregunta de difícil respuesta. El consejero delegado de Banesto, en cualquier caso, cree que estaba cumpliendo con su obligación de banquero, un oficio en el que, ya se sabe, «cuando hay que hacer determinadas cosas, hay que hacerlas aunque duelan», en opinión de Letona.

El Consejo del 30 de julio, además de ratificar la confianza a Letona, conoce la primera propuesta sobre la solución de la crisis Garriga Nogués y el dividendo a cuenta del ejercicio 86, que será idéntico al distribuido el año anterior. Un detalle que no pasa inadvertido.

Esta propuesta delimita ya los perfiles de la nueva batalla que se avecina en el seno del Consejo: la cuenta de resultados del ejercicio. «Ya en julio tengo una idea bastante aproximada de la cuantía del agujero del Garriga, y voy meditando sobre la manera de encarar el problema», señala Letona. «Y, naturalmente, el esquema pasa ineludiblemente por hacer un plan de desinversiones y generar plusvalías que hasta el momento han estado latentes, para utilizarlas en el saneamiento del balance. ¿Cómo hacerlo de otro modo? La idea de detraer una parte de los beneficios anuales e ir amortizando poco a poco era una simpleza. Dedicar 10.000 millones al año hubiera precisado dieciséis años para amortizar los 160.000 que necesitábamos.»

En agosto, un nuevo trapo sucio sale a flote. Se trata de Agromán, la empresa constructora de Aguirre Gonzalo a la que el banco, sin participar en su accionariado, ha concedido siempre créditos con prodigalidad. Las deudas de la firma constructora con la entidad bancaria se elevaban ya a una suma cercana a los 40.000 millones de pesetas y su amortización se

196

presentaba más que problemática. Para reducirla, Banesto condona deuda por importe de 9.000 millones a cambio de inmuebles de la constructora, al tiempo que acude a una ampliación de capital —transformación de deuda en participación en el capital— de la sociedad por un valor nominal de 4.000 millones de pesetas, aunque el banco paga 8.000 millones. A pesar de esta operación de aseo y limpieza, la deuda de Agromán con Banesto siguió siendo superior a los 20.000 millones de pesetas.

Durante el verano se consuma también la ruptura del contrato de compraventa de Quash-Tierras de Almería, S.A., el gran problema del Garriga Nogués, suscrito entre el banco filial y un consorcio formado por los árabes de Uranian Business y los holandeses de Dawn Investiment BV. Una cláusula del contrato permitía a los compradores deshacer la operación en una serie de circunstancias, recuperando su inversión. Y así sucedió. El consorcio árabe se sintió desilusionado por las características y los problemas del negocio y Banesto se vio obligado a devolver 19,2 millones de dólares que los compradores habían adelantado. Para lograr el acuerdo final, que devolvía la titularidad de Quash a Banesto, fue precisa la intervención de Santiago Foncillas, un viejo amigo de Letona, como mediador. Resuelto el embrollo, otro hombre del entorno del consejero delegado, Enrique Dupuy de Lome, ex director general de Minas cuando el propio Letona era ministro de Industria, fue nombrado presidente de la sociedad. Las acusaciones de amiguismo comenzaron a dejarse oír por los despachos de Castellana 7.

El 17 de septiembre, en una aparición ante la prensa de Barcelona, Letona anunció la creación de un nuevo banco catalán, el Banc Catalá de Crédit, producto de la integración en su solo tronco del Banco Catalán de Desarrollo (Cadesbank), el Garriga Nogués y las dieciséis sucursales catalanas del Banco de Madrid. Comenzaba así una política de racionalización de las participaciones bancarias de Banesto, presente hasta en catorce entidades distintas, cuyas actividades y mercados se solapaban con frecuencia.

En la capital catalana, Letona habló de Quash-Tierras de Almería, el grano infestado del Garriga, asegurando que los riesgos contraídos en dicha sociedad se elevaban a 30.000 millones de pesetas (10.000 en capital y 20.000 en créditos). Los periodistas se quejaron de la información que facilitó el banquero, «escasa, en relación a la expectación despertada», según un periódico local, pero el teórico hombre fuerte de Banesto aprovechó la ocasión para mandar un recado envenenado a sus colegas del consejo, especialmente a don Pablo. «El agujero del Garriga Nogués todavía no está cifrado. Estamos trabajando en ello, pero yo me comprometo a que antes de final de año lo diré con pelos y señales, y lo diré al céntimo...» López de Letona tensaba un poco más la espada de Damocles que pendía sobre la cabeza de don Pablo.

En la segunda mitad de octubre, el consejero delegado plantea al consejo la absorción del Garriga Nogués y la propuesta de cierre del ejercicio 1986. «Yo sostengo que para resolver el problema del banco hay que dedicar todos los recursos generados en el ejercicio a tapar el agujero Garriga. Hay que confesar primero que en el filial hay una pérdida tan importante y que por eso hay que dar ese año beneficio cero.»

Las intenciones de Letona caen como una bomba en Castellana 7. Banesto, el buque insignia de la Banca privada española, el primer grupo industrial del país, el que más beneficios ha conseguido siempre, tenía que dar beneficio cero... Un recién llegado como Letona, un extraño en el mundo de las tradicionales ''familias'', iba a mostrar en público las vergüenzas de la casa. Inconcebible.

Las relaciones de Letona con la prensa son otro motivo de fricción. Don Pablo estaba advertido de las intenciones de Letona de iniciar una etapa de mayor transparencia informativa, pero a la hora de la verdad esa política mueve a escándalo en una entidad tradicionalmente tan opaca como Banesto. Y no es que Letona sea precisamente un ''avant garde'' en materia de transparencia, pero don Pablo le echa en cara que el banco esté todos los días en los papeles. «Todo esto pasa por esa manía tuya de reunirte con la prensa...»

A toro pasado, don Pablo es más contundente. «Desde el momento que entró Letona opinó que lo que había que hacer era explicar a la gente la historia del Coca, la historia del Garriga... y ésta fue su política. Él venía de fuera, y es hasta normal que pretendiera decir que allí había una serie de problemas y, oiga, que se los apunten a otro...»

Consciente o inconscientemente, las intervenciones de Letona ante la prensa suponen una crítica implícita a los antiguos administradores. Sus colegas en el consejo piensan que el consejero delegado persigue una proyección personal a costa del banco. «Yo creo que la gente hace de los cargos un sillón para su publicidad particular. Es como los futbolistas», asegura don Pablo, «que lo que menos les importa es la marcha del club».

El "contraste de pareceres", por decirlo con una expresión en boga en los tiempos del Letona político, llega a límites kafkianos. Cuenta don Pablo, con su peculiar estilo: «Yo le dije un día "pero si es que tú eres muy antipático, José María...", y él me respondió "y tú también, Pablo, y tú también"...»

A estas alturas Letona tiene ya definido su *staff* directivo. Para ello se ha servido de un informe de gestión encargado a la firma Espacontrol —que también eran los auditores externos de Banesto— y a la sociedad consultora McKinsey. El resultado es un nuevo organigrama, muy parecido al existente, aunque con ligeros retoques. La cúpula directiva queda estructurada en el consejero delegado, como gran patrón, cinco directores generales, y un equipo asesor. Aquellos cinco puestos corresponden a Pablito Garnica, jr., a cargo de la dirección de banca al consumidor; Jaboco Argüelles, verdadero *primus inter pares,* al frente del área financiera; Félix Muelas, internacional y grandes empresas; Joaquín Clotet, dirección técnica (informática) y José Menéndez, administración. Como secretario del consejo, Fernando Castromil.

El 21 de octubre de 1986 entra en Banesto la primera oferta del hombre de negocios italiano Giancarlo Parretti sobre el grupo de empresas Meliá. Un personaje pintoresco, polémico e inteligente a la vez, entra en la órbita de José María López de Letona. A partir de octubre de dicho año, Parretti será protagonista habitual en las páginas de los periódicos españoles, y su papel será importante, tanto en la caída de Letona como en el resultado de la OPA del Banco de Bilbao.

Nacido en Orvieto (Italia) hace 46 años, en el seno de una familia humilde, Giancarlo Parretti, tras unos años difíciles y oscuros, aparece por primera vez en el mundo de las finanzas italiano a principio de los años setenta. En 1973, en sociedad con Francisco Vulcano, comienza a construir su pequeño imperio en Siracusa, isla de Sicilia. Juntos compran dos hoteles, el Villa Politi y el Park Hotel.

Parretti da un paso importante en sus aspiraciones cuando poco después conecta y hace amistad con el senador democristiano Graziano Verzotto, presidente del Ente Minerario Siciliano, hombre poderoso y bien introducido en diversos ambientes, que le hace nombrar presidente de los Albergatori, una especie de paradores estatales, y presidente del Siracuse Fútbol Club.

Los buenos oficios de Verzotto duran, desgraciadamente, poco, porque en 1975 el senador se ve envuelto en el escándalo de Michele Sindona, al descubrirse que el Ente Minerario efectuaba fuertes depósitos en la Banca milanesa a tipos de interés tales que permitían grandes comisiones tanto para Verzotto como para Sindona. El senador huye de Italia, y pocos años después reaparece en París, donde restablecerá los contactos con Parretti.

En 1976, tras un largo viaje por Estados Unidos, donde entra en contacto con la realidad editorial norteamericana, Parretti decide lanzarse al negocio editorial. Ese mismo año funda, en compañía de su inseparable socio Vulcano y un grupo de empresarios ligados a la Democracia Cristiana, el *Diario de Siracusa,* 16 páginas en formato tabloide, que trata de abrirse mercado a costa del monopolio del diario *La Sicilia.*

En 1977, con el socialista De Michelis, funda la cadena de los *Diari Veneti.* Pero entre 1979 y 1980 la aventura termina. Todos los *Diari,* uno tras otro, cierran, mientras Giancarlo se ve envuelto en procesos legales a cuenta de su anterior cargo de presidente del Siracusa FC.

El 31 de marzo de 1981 Parretti es condenado por el juez Cordaro a un mes de reclusión. Al mismo tiempo es arrestado por el procurador de Siracusa, doctor Favi, por apropiación indebida, manipulación de balances y falso reparto de beneficios durante su etapa de presidente del club Siracusa. Parretti pasa veinticuatro días en la cárcel antes de lograr la libertad provisional.

Los hoteles de Parretti y Vulcano son embargados por la Banca de Sicilia y la Popular de Siracusa.

En 1981 contacta con Cabassi, quien a través de la sociedad Costerm se interesa por la situación de los hoteles sicilianos de Parretti, los cuales adquieren por 1.200 millones de pesetas, de los cuales 800 deben emplearse en saldar deudas bancarias. Con los 400 restantes, Parretti reorganiza en París su actividad de hombre de negocios.

En 1983 nace en Luxemburgo la *holding* Interpart, con un capital de 50 millones de ECUS, la unidad de cuenta europea. El accionariado de la sociedad, con acciones al portador, es difícil de seguir, aunque en ella participan Vulcano, el ex senador Verzotto y, el más importante socio de Parretti, Florio Fiorini.

La vida de Fiorini como hombre de negocios transcurre paralela en el tiempo a la de Parretti, para fundirse ambas en la Europa rica, fuera de su Italia natal. Fiorini alcanzó notoriedad en Italia como director financiero del Ente Nazionali De Idrocarburi (ENI). El futuro no podía ser más prometedor para este brillante financiero, hasta que el asunto del Banco Ambrosiano se cruzó en su camino. Fiorini ideó un plan para rescatar al Ambrosiano con capital del ENI, y de esa forma fue a dar con sus huesos en Suiza.

Con base en Ginebra, Fiorini fundó la Société Anonyme D'Exploitations Agricoles (SASEA), otro *holding* de complejas ramificaciones. La Sasea e Interpart mantienen participaciones cruzadas en sus respectivos accionariados, aunque lo importante son las vinculaciones de los dos jefes de fila. Parretti es el hombre impulsivo, trabajador, listo tirando a pillo; Fiorini es el financiero, la cabeza pensante del dúo. Ambos participan con porcentajes variables en todos los negocios que emprenden. Pero nada se hace hasta que Fiorini ve los números.

El contacto con Fiorini engrandece de forma inusitada los horizontes de Giancarlo Parretti. Gracias a su relación con Cabassi, en 1985 y a través de la sociedad Finpart, ambos inversores adquieren el 51% de la compañía Ausonia, entrando a participar en la De Angeli Frua, en Paramatti y en la Sapa.

El 22 de febrero de 1986, Giancarlo es arrestado por tercera vez en Roma. La orden, firmada por el juez Izzo, contempla las acusaciones de extorsión, falsedad y apropiación indebida en relación con la actividad editorial desarrollada a caballo entre los setenta y los ochenta. Al mismo tiempo debe prepararse a declarar ante la comisión de control de la Consob sobre el organigrama societario de las sociedades De Angeli Frua, Ausonia y Paramatti.

El 26 de febrero de 1986 el Tribunal de San Marino revoca a la Faci, controlada por Finpart, la autorización para operar en su territorio. Se nombra un liquidador, mientras la sociedad es investigada por irregularidades cometidas en el aumento de capital de 50 millones de pesetas a 1.500 millones, efectuado tras la adquisición de la De Angeli Frua.

Las relaciones entre Parreti y Cabassi se tornan también borrascosas y acaban en los Tribunales. Parretti pretende el pago de 700 millones de pesetas, obteniendo la pignoración de los bienes personales del constructor, mientras el Instituto Bancario Italiano presentaba instancia de quiebra a cargo de la Finpart.

Todos estos problemas, sin embargo, no detienen la expansión del imperio Parretti. Tras ceder a la Sasea de Firoini su participación en la De Angeli Frua, entra en la sociedad francesa Media Presse Comunication (MPC), con la idea de relanzar, en unión de Salvatore Picciotto, periodista y editor, el diario parisiense *Le Matin*, ligado al partido socialista francés.

En realidad Parretti, durante muchos años miembro del partido socialista italiano, de quien es nombrado representante en París, ha adquirido el 12,5% del diario a través de la sociedad Edipart, financiera editorial en manos de Picciotto, controlada a su vez por Interpart Edition, el 60% de la cual es propiedad de Interpart, mientras el 6,5% pertenece al grupo editorial español Zeta, propiedad de Antonio Asensio. La operación, sin embargo, fracasa, a pesar de la inyección de 35 millones de francos. El dinero dura poco tiempo, las ventas no consiguen despegar y los libros de contabilidad terminan en los Tribunales.

Los pasos de Parretti y Fiorini se encaminan ahora hacia España. Giancarlo contacta en nuestro país con Luis Peña, un militar retirado que desde el principio se va a convertir en ''secretario para todo'' de Parretti en nuestro país, dedicado a servir al italiano con total honestidad. Luis Peña pone en contacto a Parretti con José Meliá y con el banquero ibicenco Abel Matutes, destacado miembro de Alianza Popular. Del contacto con Meliá sale la idea de recomprar a Banesto el grupo hotelero.

Don José Meliá llama a un amigo en la entidad bancaria y le pide que le consiga una entrevista con López de Letona. A mediados de octubre de 1986, el consejero delegado recibía en su despacho al inversor italiano. La entrevista fue muy corta, de apenas diez minutos.

—Si quiere que hablemos sobre Meliá, presénteme una oferta con garantías bancarias de primera fila —pide el banquero.

Giancarlo Parretti culminará con éxito su primera operación en España. La presencia de Parretti y Fiorini en nuestro país ha estado siempre acompañada del mar de fondo de los rumores en torno a la procedencia de su dinero. Unas especulaciones desmesuradas, ante la evidencia de que los capitales movidos por ambos inversores son relativamente modestos y quizá no sobrepasen los 100 millones de dólares, eso sí, bien rotados. Ahí parece estar el secreto. Parretti y Fiorini desembarcan en España atraídos no por los activos de Banesto, sino por el «boom» que la Bolsa española comenzaba a apuntar a mediados de 1986. El secreto está en sacar a Bolsa una sociedad (lo primero que hacen en España es comprar dos pequeñas sociedades cotizadas en la Bolsa de Madrid: Escala y Compañía Mobiliaria), ampliar capital y recibir dinero fresco del mercado. En épocas bursátiles que los norteamericanos califican de *bull market,* de subida continuada de las cotizaciones, como la vivida en las bolsas españolas en 1987 hasta el famoso lunes negro, el esquema funciona a la perfección. El ahorro que acude al parqué alimenta el crecimiento imparable de este tipo de negocios. Cuando la Bolsa cae, no hay nada que hacer. El negocio se para en seco. Ésta es, muy a grandes rasgos, la situación actual de Parretti en España: bloqueados hasta que doña Bolsa guste animarse.

Claro que hasta el 19 de octubre de 1987, Parretti tuvo tiempo de edificar una sólida fortuna en España. Las oportunidades estaban ahí, a la vista de todo el mundo. De alguna forma, Parretti es un cazador de recompensas, dicho en el buen sentido de la palabra, un financiero permanentemente "al loro", que olfatea las oportunidades de negocio allí donde hay problemas (caso Banesto), oferta, compra, sanea, arregla la fachada y vende si aparece un buen comprador. El negocio parece fácil cuando se ha completado, pero hace falta tener la visión suficiente para estar en el lugar adecuado en el momento oportuno.

Con todo, lo más apasionante de la presencia de Parretti en España es su estrecha relación con Banesto, especialmente con Jacobo Argüelles, cuya mente afilada idea la estrategia de convertir al italiano en singular sociedad de cartera en la batalla que se avecina con la pareja Conde-Abelló. Las relaciones de Parretti y López de Letona, por el contrario, han sido mucho más frías y distantes, y quizá fueran dignas de psicoanálisis. A Letona el simple nombre de Parretti le produce escalofríos. Como si contaminara. El de Orvieto es como el fiel enamorado permanentemente desdeñado por la dama altiva. Giancarlo es el antitipo italiano, en perpetua querella no ya con la moda, sino con el más elemental sentido estético en el vestir. Además está el tema de la cárcel, un asunto espinoso para un Letona, aunque, como asegura el propio Parretti, «en Italia no eres nadie si no has pasado por los juzgados por algún asunto de índole financiera», y si no, que se lo pregunten al mismísimo Carlo de Benedetti y otras rutilantes estrellas italianas de las finanzas.

Con todo, Giancarlo Parretti fue absuelto en enero de 1988

de las dos causas penales que tenía abiertas ante los Tribunales de Palermo (24 de julio de 1981) y Nápoles (19 de febrero de 1986). Hoy es un hombre limpio desde el punto de vista de la justicia italiana. El 23 de mayo pasado, y mediante carta personal del presidente Samuel Kanyon Doe, Parretti fue nombrado cónsul honorario de la República de Liberia en Barcelona, con lo que ya puede cruzar las fronteras provisto de su pasaporte diplomático.

En cualquier caso, la presencia constante de Parretti sacándole a Banesto los asuntos incómodos dio lugar a murmuraciones dentro y fuera del banco. Letona insiste en que sabe de Parretti lo que se puede aprender de una persona presentada de prisa en un pasillo, pero el italiano sugiere conocer a Letona como si ambos hubieran hecho juntos un crucero de Navidad en busca del sol de medianoche. «Lo que ocurre es que Parretti ha manipulado a la prensa de un modo descarado. La prensa ha jaleado sus pasos en España de forma inaudita.»

El cierre del ejercicio 86 da lugar en octubre a una batalla en toda regla. El consejero delegado anuncia su disposición a no dar dividendo con cargo al ejercicio 86 y dedicar todos los resultados del año al saneamiento de los quebrantos heredados, especialmente el caso Garriga. La propuesta de Letona crea una verdadera tormenta en la comisión ejecutiva, que reacciona en bloque contra la sola idea. «Eso se interpretó no como una necesidad racional y técnica de resolver el problema del banco, sino como una postura personal mía, un deseo de poner de manifiesto errores en la gestión pasada de la entidad.»

Ante la reacción contraria de toda la comisión, y en vista de que ni el propio Jaime Argüelles le apoya, Letona se ve forzado a abandonar su idea y a solicitar del Banco de España autorización para repartir un dividendo con cargo a reservas, una medida calificada en sectores financieros como muy poco ortodoxa.

El 30 de octubre comenzó a cotizar en Bolsa Acerinox, empresa dedicada a la fabricación de productos de acero inoxidable en la que Banesto posee cerca del 42% del capital. La salida a Bolsa de Acerinox es una pequeña victoria de Letona, que impone sus tesis a don Pablo, a quien el evento le parece "una tontería".

A primeros de noviembre se aprueban en comisión las normas para regular las ventas de la cartera de valores de Banesto, y a mediados de noviembre Letona anuncia que ya no es preciso vender más activos para equilibrar la situación. «Seguiremos vendiendo la cartera de valores en aquellas operaciones en que por razones estratégicas nos convenga, o porque sean títulos cuya enajenación no afecte sustancialmente a la estructura de nuestro grupo industrial, o porque nos hagan ofertas verdaderamente apetecibles.»

En torno a esta fecha, Letona alude en comisión ejecutiva a la necesidad de arreglar el tema de las "Isas", las sociedades de cartera del banco, propietarias de las acciones del grupo industrial y asegurador de la entidad.

El miércoles 5 de noviembre Letona convoca a los medios de comunicación para dar cuenta de la situación del banco y anunciar la autorización del Banco de España a su esquema de reparto de resultados del ejercicio. El consejero delegado cuantifica un agujero real de 73.000 millones de pesetas en Garriga Nogués, más una serie de riesgos adicionales, la mayor parte de los cuales aún están vivos y que pueden alterar el cómputo final por importe de otros 30.000 millones de pesetas. Los depósitos del banco habían caído, en versión oficial, en un 20% desde primeros de año, y a consecuencia del escándalo. Los problemas del filial procedían de «la mala gestión anterior», asegura Letona, que, sin embargo, descarta «la existencia de responsabilidades penales». La prensa dedica matizados elogios al aperturismo informativo del consejero delegado, mientras en Castellana 7, el acto se considera una deliberada e innecesaria provocación contra don Pablo y el resto de los gestores. El bloque de las familias se moviliza para impedir como sea el acceso a la presidencia de López de Letona.

Tras el *show* del 5 de noviembre, y ante la inminencia del Consejo de Administración del día 26 del mismo mes, previo al último del año donde debía revisarse la renovación del cargo de presidente del Consejo, Letona se enfrentaba, con el Consejo en contra, a una de las tareas más penosas de su etapa en Banesto: forzar la dimisión de Pablo Garnica y su propio ascenso a la presidencia. El consejero delegado hacía tiempo que venía comentando entre sus escasos fieles el tema de la sucesión de don Pablo. Se hacía preciso proponerlo primero a la comisión ejecutiva, pero el bloque mayoritario venía rehuyendo la cuestión desde hacía varias semanas. Dicky Gómez-Acebo lideraba, como casi siempre, el boicot. «Dejad que lo proponga ante el Consejo y allí hablaremos...»

Pero el viernes 21 de noviembre, con don Pablo en Sevilla, López de Letona consiguió cazar a los miembros de la ejecutiva y, en una tensa reunión, planteó frontalmente el tema.

—Creo que ha llegado el momento de la jubilación de don Pablo. Las autoridades monetarias están siguiendo muy de cerca este asunto, y más después de las revelaciones que ha sido necesario hacer a la opinión pública en torno al reparto de los resultados del ejercicio, y no sería de recibo continuar como si nada hubiera pasado, además de que el banco necesita renovar sus cuadros gerenciales. Y, naturalmente, si don Pablo va a cesar, hay que decírselo ya, porque el consejo de diciembre está encima y hay que arreglar esta cuestión antes de fin de año para que no sea reelegido.

—Y ¿cuál va a ser el *modus operandi*? —pregunta Dicky.

—Pues complicado, porque yo le tengo que presentar a don Pablo una carta firmada por todos los consejeros, en la que se diga que es voluntad mayoritaria del Consejo su cese como presidente y mi ascenso simultáneo al puesto.

—Tú presentarás esa carta, pero sin mi firma... —interpela cortante Gómez-Acebo— porque yo no firmaré nada contra don Pablo.

Y diciendo esto, Dicky se levanta de su asiento y abandona la reunión, siendo seguido por la totalidad del bloque de mayoría. Sentado queda Letona, acompañado por su fiel Jaime Argüelles.

El lunes siguiente, 24 de noviembre, don Pablo, puesto al tanto de lo ocurrido por Dicky, va recibiendo uno por uno en su despacho a los miembros de la ejecutiva. El último en entrar es Ricardo Gómez-Acebo.

—No te voy a andar con rodeos, Ricardo... Parece que me tengo que ir, porque así lo piensa el Banco de España. Pero si yo me voy es para que tú te quedes de presidente del banco. He consultado a una quincena de consejeros y todos están de acuerdo en que así sea, y así lo voy a plantear en el consejo del miércoles.

—Mira Pablo, ni qué decir tiene que te agradezco mucho el gesto. Hemos estado toda la vida muy unidos; nuestros padres ya fueron amigos, y siempre hemos hecho lo que creímos mejor para el banco, pero estoy convencido de que mi presidencia tendría graves inconvenientes...

—¿Por qué?

—Pues por lo mismo que acabas de decir del Banco de España. Si en La Cibeles se oponen, nosotros podemos hacer de nuestra capa un sayo, pero si no autorizan dar un dividendo sería mala forma de empezar una presidencia. Si encima Letona dimite, porque se considere agraviado, el follón puede ser descomunal... No es que no me atreva, porque a ''éste'' se le sustituye si hace falta y damos un dividendo aunque haya que luchar a brazo partido, pero esa pelea puede ser mala para el banco y para los accionistas.

—Es que no quiero dejarle a ''éste''.

—Yo creo que si somos inteligentes, podemos jugar una carta importante con el tema de tu dimisión...

—¿Cómo...?

—Sí; podría ser una jugada de astucia que anunciaras tu marcha al Banco de España, diciendo que te vas de manera irrevocable, porque pienso que es más que probable que Mariano te pida entonces por favor que te quedes un poco más...

—¿Y qué adelantamos con eso?

—Pues ganar tiempo. Yo creo que tenemos que ganar tiempo, Pablo. Creo que es mejor que continúes tú y tener tiempo para tomar una decisión más pausada.

Y don Pablo jugó esta carta de forma magistral ante el Gobernador del Banco de España.

—Bueno, vengo a contarte que pasado mañana pienso anunciar en el consejo mi abandono de la presidencia, y que he pensado nombrar a Ricardo Gómez-Acebo como mi sustituto, porque ese es el sentir mayoritario del Consejo; así que, en realidad, vengo a despedirme del Gobernador...

—¡Pero hombre, cómo vas a hacer eso! —replica trémulo Mariano Rubio...

—Sí, porque el Consejo, a quien he consultado casi en su totalidad esta mañana, se ha declarado abrumadoramente partidario de esta solución...

—¡Pero si no hay necesidad de que tú te vayas! Vamos, ¡digo yo! Por qué te vas a marchar, si estás en plena forma...

Y allí mismo, en presencia de López de Letona y de Jaime Argüelles, que casualmente ha caído por el lugar, las partes llegan a una fórmula de compromiso, no sin que antes don Mariano Rubio imponga a su amigo como futuro presidente de Banesto.

—Muy bien, Letona será presidente, pero el día que yo me vaya.

—¿Y cuándo te vas a ir?

—El día que me vaya, porque acabas de decir que estoy estupendo de forma...

—Sí, Pablo, el día que tú te vayas, pero dentro del próximo ejercicio.

La estrategia había funcionado a medias. Don Pablo volvió muy contento al banco y contento explicó a sus amigos los detalles del acuerdo. Habían ganado un respiro de casi un año, en espera del milagro...

El consejo del 26 de noviembre de 1986 reeligió por unanimidad a don Pablo como presidente de la entidad, aunque acordó elevar a López de Letona a la presidencia ''en la fecha más oportuna'', que tendría lugar a lo largo del próximo ejercicio.

Mientras todo esto ocurría, la deuda Coca seguía engordando velozmente, a consecuencia de unos intereses impagados que pasaban a engrosar automáticamente el principal. A mediados de diciembre tiene lugar una reunión entre Jacobo Argüelles y Fernando Castromil, por una parte, y los hermanos Íñigo y Borja Coca, con su abogado Marcial Fernández Montes, por otro, con el albacea testamentario, José Luis González Zaldúa, en un incómodo punto medio, que supuso la práctica ruptura de seis meses de desencuentros en que ambas partes habían intentado llevar adelante algo parecido a una negociación. Desde el suicidio del financiero se habían celebrado en torno a una docena de reuniones, sin ningún resultado. La familia pretendía un finiquito con el reparto de la herencia, que el banco consideraba lesivo para sus intereses.

La Navidad se acercaba como un justo premio para los esfuerzos de José María López de Letona.

Capítulo 10

LA REVANCHA DE DON PABLO

1986 fue un año duro para José María López de Letona. El 31 de diciembre, a la hora de echar la vista atrás, Letona divisó un páramo abrasado donde había esperado ver crecer un bosque. El año que terminaba había empezado cargado de grandes promesas. Su entrada en Banesto parecía una buena oportunidad para cerrar de forma brillante una más que notable trayectoria profesional. El no era un *parvenu,* un hombre sin currículum. Ahí estaba su cargo de ministro, su paso por la cabecera del Banco de España e incluso su presencia en aquella famosa terna que le había convertido en presidente del Gobierno *in pectore*. Y cuando su tiempo parecía definitivamente ido, con un Gobierno socialista en el poder que apuntaba años de mando, le surgía la oportunidad de redondear la faena. Ser presidente de Banesto no era moco de pavo.

Desde el principio supo que las cosas no iban a ser fáciles, aunque nunca imaginó que la vida fuera tan difícil como primer ejecutivo de Banesto. Quizá había pisado demasiados callos, un defecto muy suyo, lo sabía. La lucha diaria con don Pablo y su gente había supuesto un desgaste continuo, una prueba cuya dureza no deseaba ni a su peor enemigo, hasta el punto de que la segunda mitad del año había resultado para él una de las más penosas de su vida.

Sin embargo, pensaba Letona, lo peor ha pasado ya; va a merecer la pena aguantar unos cuantos meses más hasta hacerse con las riendas del poder absoluto. Entonces podrá emplear la escoba a gusto, reformar de arriba abajo el Consejo, meter en él a gente de su confianza y disponerse a terminar su carrera en paz. No era posible que pudiera perder esta partida. Con el apoyo del Banco de España, Letona se sabía en este final de año un hombre destinado al éxito. Poco podía imaginar que con las doce campanadas de Nochevieja se iniciaba para él el año más amargo de su vida.

Apenas comenzado 1987, el 17 de enero, se iniciaba la serie de pleitos derivados del caso Coca. Un asunto en el que Letona poco había tenido que ver, pero que durante meses actuará de lenta apisonadora que minará su moral y su capacidad de resistencia. Enfrentado a un Consejo dividido, el tema Coca será otro factor de desestabilización interno en la institución, un asunto que provocará acritud y amargura añadidas.

La viuda e hijos de Ignacio Coca, ante la dura realidad de ver desaparecer su fortuna, habían decidido defender su suerte hasta el final y por todos los medios. A primeras horas de la noche del viernes 16 de enero, los abogados de la familia presentaron en el juzgado de guardia de Madrid una querella criminal contra los máximos dirigentes del Banco Español de Crédito por presuntos delitos de falsedad documental, usura y contra la vida e integridad personal del banquero suicidado el 26 de junio del año anterior. La acción judicial iba dirigida contra don Pablo Garnica Mansi, José María López de Letona, José María Sainz de Vicuña y Manuel Igea Gil, estos dos, ex directores generales de la entidad.

El fondo de la querella sostenía que las presiones efectuadas por los encausados sobre Ignacio Coca, para conseguir que entregara su patrimonio al banco como forma de pago de la deuda que mantenía con la entidad, podrían haber sido la causa inductora del suicidio del banquero. En otras palabras, los Coca expresaban así su convicción de que la muerte del paterfamilias se había debido a la depresión psíquica motivada por las presiones de los hombres de Banesto.

¿Qué es lo que había provocado tan fenomenal reacción casi siete meses después del suceso? El mismo 16 de enero un notario se había presentado en el palacete de Orfila, situado a un tiro de piedra de la calle Génova, para requerir a los Coca el pago de 11.290 millones de pesetas, importe de una póliza de crédito personal vencida. El banco se había cansado de un tira y afloja de más de seis meses de negociaciones infructuosas. La respuesta fulminante de la viuda, Silvia Moroder, y sus cinco hijos, Íñigo, Francisco de Borja, Alvaro, Víctor y Otilia, fue una querella por presunto delito contra la vida del financiero, que incluía el historial clínico del banquero suicidado, escrito por su médico de cabecera, el doctor Pozuelo.

El calibre de las cifras manejadas por Banesto en la deuda de la familia Coca causaron sensación. Desde el punto de vista de Banesto, el asunto sólo podría dañar la imagen de la institución ante la opinión pública. Sobre una deuda inicial en el año 1978 de 53.000 millones de pesetas en números redondos, el banco reclamaba el pago de intereses por importe de 44.000 millones. Los intereses casi igualaban al principal de la deuda. En lo que a imagen se refiere, ésta era la versión bancaria del clásico David y Goliat, un Goliat usurero dentro de la tradición más negra del prestamista inmisericorde, dispuesto a chupar la sangre de una pobre —lo que evidentemente no era el caso— familia.

Las cifras anteriores desmentían las barajadas por el propio Letona en su conferencia de prensa del 5 de noviembre del 86, en la cual, y al referirse al tema Coca, había manifestado que las garantías de los créditos concedidos al banquero suicidado estaban estimadas en 15.000 millones de pesetas, por lo que los quebrantos para Banesto ascendían a unos 5.000 millones de pesetas. La querella quebraba el proyecto de Letona de tener liquidado el caso Coca antes de la junta general anunciada para el 24 de febrero de 1987.

El juez encargado del tema, Eladio Galán, decidió días después admitir a trámite la parte de la querella referida a falsedad en documento mercantil y estafa, mientras remitió al juzgado 32, el que entendió en su día el suicidio del banquero, la referida al delito contra la vida. El mismo juez citó a declarar al juzgado de instrucción número 7 de Madrid a don Pablo, Letona y Sainz de Vicuña, quienes serían objeto de situación desairada de la voraz atención de los *flashes* de los fotógrafos.

Banesto no se quedó con los brazos cruzados. Tras poner el asunto en manos del abogado Stampa Braun, contraatacó durante la última semana de enero embargando la herencia yacente de los Coca (las sociedades Incosol, Hotel Los Monteros, Urbanización Los Monteros y Golf Río Real), sus bienes personales, las acciones y las cuentas bancarias de la viuda y sus cinco hijos. Antes de que el embargo fuera efectivo, la familia consiguió sacar de varias cuentas de la sucursal de Banesto en Marbella unos 60 millones de pesetas en metálico.

El 2 de febrero, Letona recibió una buena noticia. El juzgado de instrucción número 32 de Madrid había decidido no admitir a trámite la parte de la querella criminal relativa al delito contra la vida e integridad del banquero suicidado.

El enfrentamiento entra el 6 de febrero en un terreno inédito, de gran interés para los estudiosos de la Banca española. La familia Coca decide sacar algunos trapos sucios a la calle, poniendo en circulación interensantísimas revelaciones sobre pactos contractuales efectuados con motivo de la operación de absorción del Banco Coca por Banesto. El penalista y abogado de los Coca, Horacio Oliva, lo tenía claro: «el caso Coca ha consistido y consiste en una lucha por el control político de Banesto».

La familia da cuenta entonces de la existencia del ''pacto honor'' de sindicación (cuyos términos exactos, sin embargo, no revela) de fecha 12 de enero de 1978, suscrito entre Ignacio Coca, Pablo Garnica y Juan Herrera, y cuyo contenido se relata en otro lugar. También denuncia la existencia del acuerdo de 16 de diciembre de 1977, por el que Ignacio Coca quedaba facultado para nombrar dos consejeros más en Banesto, cargos que, obviamente, estaban destinados a sus hijos.

Este incumplimiento llevó a Silvia Moroder a solicitar notarialmente el día 19 de febrero al hombre fuerte del banco, López de Letona, el nombramiento de los dos hijos mayores del matrimonio, Íñigo y Borja, como miembros del Consejo de Administración de Banesto.

La querella contra los directivos de Castellana 7 por presunto delito contra la vida de Ignacio Coca es respondida a su vez por el banco con otra querella contra la familia por acusación falsa. Se entra así en una etapa de fuego cruzado entre los abogados de ambas partes. El médico de cabecera de Ignacio Coca vuelve entonces a mediar en el conflicto con nuevos testimonios sobre la salud del paciente. Para el doctor Pozuelo, «no cabe duda de que las presiones ejercidas fueron el determinante de su muerte. Quién fue el pistolero y causante de esta muerte Dios lo sabe».

En un clima enrarecido aún más por el fenomenal lío judicial con la familia Coca, Banesto celebró el 24 de febrero su junta general de accionistas. Don Pablo inició el acto con la lectura de un breve parlamento de seis folios, en los que excusó cualquier maniobra que del pacto secreto con Ignacio Coca pudiera colegirse para lograr el control de la entidad. Tras él, López de Letona tomó las riendas del evento como primer ejecutivo para reconocer que la entidad había perdido ''pulso'' durante el año anterior en lo que a la actividad típica bancaria se refiere, lo que venía a constituir una crítica encubierta al anterior equipo de gestión de la casa.

En realidad, la situación de Banesto era bastante más preocupante que esa pérdida de pulso a que se había referido eufemísticamente Letona. De hecho, el enfermo presentaba encefalograma casi plano. En efecto, el epígrafe ''recursos generados de explotación'' de la cuenta de pérdidas y ganancias, es decir, el resultado del negocio bancario típico, había pasado de 48.270 millones de pesetas en 1985 a 48.673 en 1986, con un incremento inferior al 1%, porcentaje absolutamente llamativo comparado con el resto del sector. Los recursos generados totales, antes de provisiones y amortizaciones, fueron de 84.868 millones de pesetas, pero más de 36.000 millones correspondían a los llamados ''beneficios atípicos'', producto del proceso de enajenaciones iniciado por Letona para tapar agujeros.

Como corolario, el banco destinaba todos los recursos generados a saneamiento y dotación de fallidos, contabilizando un beneficio cero, aunque repartiendo un dividendo de 8.212 millones de pesetas (idéntico al del año anterior) con cargo a reservas, lo que suponía debilitar la estructura de recursos propios de la entidad, en una operación poco ortodoxa que, naturalmente, tuvo que contar con el visto bueno del Banco de España. Como alguien apuntó, al margen de agujeros del tipo Garriga Nogués (cuya cuantía quedó definitivamente cifrada en 73.814 millones de pesetas) o de cuestiones tales como Agromán, Isodel, etcétera, el problema de Banesto seguía siendo Banesto. El banco estaba pidiendo a gritos un revulsivo.

La junta tuvo momentos movidos. Un accionista tomó la palabra para exigir depuración de responsabilidades: «Cuando un gestor se equivoca gravemente debe dimitir.» El día anterior, Letona había respondido a la pregunta de si no sería necesario tomar medidas ante los errores de gestión cometidos, manifestando que «los accionistas son los que tienen que enjuiciar la actuación de los miembros del Consejo de Administración de Banesto».

A pesar de que Letona dedicó en el transcurso del acto «palabras de homenaje» al hombre sentado a su izquierda, Pablo Garnica, la cosa no estaba para cumplidos. Aquel homenaje sonaba a falso. Para los que estaban al tanto de lo que se cocía entre bastidores, la junta vino a significar un nuevo enfrentamiento entre don Pablo y Letona, los dos centros de poder que pugnaban por la supremacía en la casa, al reclamar aquél para sí el pleno protagonismo como presidente del banco en la cita anual ante los accionistas. De hecho, don Pablo tuvo que pelear duro para presidir la asamblea y leer su discurso. Letona, que en la junta anterior había permanecido en silencio al lado de Garnica, consideraba que ésta era de verdad ''su'' primera junta como primer ejecutivo con plenos poderes de la entidad, correspondiéndole, por tanto, el primer papel en la representación. «La forma de llevar la junta fue un ejemplo típico de hasta qué punto se equivocó Letona en Banesto al intentar marginar a un hombre del carisma de don Pablo dentro de la casa», señala un consejero.

Don Pablo y sus muchachos tuvieron además ocasión de sentirse de nuevo aludidos con el relato puntilloso que Letona efectuó de los achaques de la entidad. El que un hombre como Letona, una de cuyas frases predilectas es la de que «no hay que hacer la retransmisión de la jugada», pasase de pronto como un adalid de la política de información y puertas abiertas, no dejaba de ser paradójico. Pero así de relativas eran las cosas en Banesto. Para don Pablo y los suyos éste era un caso más de la autopublicidad que venían denunciando. Por lo demás, los ilusos que esperaban que el corajudo presidente anunciara en la junta la fecha definitiva de su retirada y el paralelo traspaso de poderes al vicepresidente y consejero delegado, se llevaron un chasco. Don Pablo no estaba por la labor.

«Letona, a causa de su ambición, tomó un poder muy por encima de lo que es normal», asegura el propio don Pablo, «creando una situación que no tenía precedentes. Lo normal es que la carta a los accionistas, por ejemplo, la firme el presidente, no el consejero delegado, pues la firma él... son cosas de prepotencia. Y al fin y al cabo, me digo, si yo le he puesto a usted al frente de esto y su trabajo no me gusta...».

La frase es absolutamente reveladora de la forma en que don Pablo entendió siempre la presencia de Letona en Banesto. El ex ministro y ex gobernador del Banco de España era "un mandao" en el más amplio sentido de la palabra, que podía ser expulsado del cargo si su trabajo no gustaba a quien de verdad era el poder en Banesto. Esta íntima convicción de don Pablo, sin embargo, no quiere decir que hubiera ya apostado por acabar con Letona. En efecto, cuando la mayor parte de los miembros del Consejo y de la comisión ejecutiva habían ya optado de forma clara por desenterrar el hacha de guerra, don Pablo seguía sumido en su duda hamletiana, sin atreverse a dar el paso al frente, obcecado en una paulatina guerra de desgaste sin horizonte aparente, como si toda su estrategia consistiera en esperar la aparición de algún fenómeno inesperado que viniera a resolver la situación, no necesariamente a su favor. A finales de febrero, su hijo, Pablo Garnica Gutiérrez, le plantea la cuestión de forma directa.

—¿Vamos a ir a por Letona? Porque si no yo me largo de aquí... —Don Pablo le mira, agacha la cabeza, da media vuelta y se va sin decir palabra.

Pablo Garnica hijo, decide entonces escapar del infierno de

217

Castellana 7 y comunica a Letona que está dispuesto a pasar al Banco de Madrid si así lo estima conveniente. Garnica hijo da la batalla por perdida y entiende que es absurdo soportar la tensión diaria de la sede central. Como director general del área comercial, Garnica jr. ejercía un control directo sobre la red de sucursales del banco, un puesto de importancia estratégica que Letona y Jacobo Argüelles deseaban recuperar para colocar en él a uno de sus fieles, Joaquín Clotet. Viendo que la batalla está perdida porque su padre no se decide, Garnica junior. pone el asunto en bandeja a los hombres de Letona y en el mes de marzo pasa al Banco de Madrid.

Jacobo Argüelles, a quien antaño unió una buena amistad con Pablito Garnica, procura que el apartamiento del heredero del presidente sea un evento controlado y pactado. El sábado, 14 de marzo, Argüelles visita a Garnica jr. en su despacho de Castellana 7 y le pide calma y apoyo «para no hacer las cosas más difíciles a Letona». Si su actitud es positiva, le promete una de las vicepresidencias de la entidad para el futuro.

El desplazamiento de Garnica jr. de la dirección general comercial que ocupaba y de la propia sede central del banco es considerado por don Pablo como un verdadero *casus belli* contra Letona. Pocas veces recuerdan en la casa haber visto al presidente tan enfadado. El propio Mariano Rubio sitúa en este acontecimiento un punto de inflexión en la batalla entre los dos poderes de Banesto: «Las fricciones tienen su momento culminante cuando Letona, que quiere reorganizar al banco, decide sacar a Pablo hijo del área comercial y enviarlo al Banco de Madrid.»

Aunque a finales de año Letona había anunciado al Consejo que la situación del banco no hacía ya necesaria la enajenación de nuevos activos, la entidad, con intereses en 160 empresas, sigue desprendiéndose de participaciones financieras e industriales durante la primera mitad del 87. La situación de ebullición de la Bolsa, por un lado, y el boyante comportamiento de la economía, por otro, coadyuvan al proceso. Don Pablo sigue mirando con mucho recelo esta política, porque «una cosa es vender unas participaciones en determinadas empresas y otra muy distinta es decir que el banco entero está en venta...».

Así, en el mes de marzo, Letona vende por 600 millones de pesetas el Banco Trelles, una pequeña entidad radicada en Asturias con cuatro oficinas y 2.485 millones de pesetas de depósitos de clientes, a Manuel de la Concha, socio, con Jaime Soto entre otros, de Investcorp. Más que un banco en sí lo que De la Concha y sus socios compran es una ''ficha'' bancaria que les permita efectuar de verdad todo tipo de operaciones financieras como un verdadero banco de negocios. La noticia concitó los más sabrosos comentarios en los cenáculos madrileños. Los *beautifuls* —Mariano Rubio, De la Concha y López de Letona— atacaban de nuevo. El club seguía dispuesto a facilitarse las cosas.

—¿Por qué aprueba el Consejo de Banesto esta operación?

—Porque no podíamos decirle a todo que no —contesta un consejero.

En marzo Banesto vende el 50% que poseía en la sociedad Semsa por una suma de 590 millones de pesetas. Vende también al grupo Hiram Walker la participación del 18% que mantenía en la empresa Pedro Domecq, S.A. La siguiente es Acerías y Forjas de Azcoítia, S.A. (Aforasa), enajenada en una suma cercana a los 3.000 millones de pesetas. En marzo quedaron perfiladas las condiciones de venta del grupo Meliá a Interpart-Sasea, de los amigos Giancarlo Parretti y Florio Fiorini. El precio se pacta en 8.000 millones de pesetas, y los compradores ofrecen como garantía de pago las acciones de las empresas compradas, además de efectuar un depósito de 2.000 millones de pesetas. Los restantes 6.000 millones se harán efectivos en dos fases antes del 30 de septiembre de 1988. Pero cuando el 22 de abril se cierra el acuerdo, Letona decide rebajar 500 millones de pesetas a Parretti por pago al contado de 7.500 millones de pesetas.

Giancarlo comenzaba por aquel entonces a asomarse, si bien tímidamente todavía, a las páginas de los periódicos españoles. Su presentación en *Diario 16* no puede ser más polémica: «Italianos de la Logia P-2 quieren comprar el Hotel Don Pepe», tituló el matutino el día 20 de febrero. El redactor, que fechaba la noticia en Sevilla, había oído campanas, puesto que lo que

Parretti compraba no era el Hotel Don Pepe, una llamativa perla del grupo Meliá, sino toda la cadena hotelera. El periódico aseguraba que Florio Fiorini había tenido problemas con la justicia italiana, habiendo «abandonado el país a raíz del escándalo de la Logia P-2, asociación secreta implicada en diversos delitos perseguidos por jueces de aquel país». La afirmación motivó que la pareja acudiera por primera vez a los tribunales españoles, ganando el pleito.

El lunes, 27 de abril, Banesto pasa a una cuenta más del rosario Coca al ejecutar el aval de 2.435.822 acciones del propio banco, casi un 3,4% de su capital social, que habían sido otorgadas por Ignacio Coca como garantía de uno de los créditos concedidos por Banesto a cuenta de la fusión de ambas instituciones. La operación, que se realizó al cambio bursátil del día, se elevó a 4.294,5 millones de pesetas, pasando esas acciones a engrosar la autocartera de la entidad.

A primeros de mayo se llevó a cabo la desinversión en el Banco Guipuzcoano a que se alude en otro lugar. Con ello iba tomando cuerpo el diseño del grupo bancario pergeñado por López de Letona: Banesto como banco cabecera; Banco de Madrid, que absorbía a los bancos General, Peninsular, Alicantino y Albacete, como segunda marca del grupo; Banc Catalá de Crédit como entidad específica para el área catalana, y Banco de Vitoria, para el País Vasco. Finalmente Bandesco se erigía en el Banco de negocios del grupo. Ello quería decir que las participaciones en Guipuzcoano, Isbank, Saudí Español y Sindicato de Banqueros de Barcelona tendían a ser enajenadas. El caso de Isbank, Banco de las Islas Canarias, donde Banesto mantenía una participación del 18%, fue sintomático. Algunas presiones del Banco de España levantaron de pronto en Castellana 7, el fantasma del Banco de Madrid, donde un 17% llegó a convertirse en uno de los tropiezos históricos de la casa. Banesto, esta vez, se apresuró a poner tierra por medio.

El miércoles 3 de junio saltó a escena uno de los asuntos que más contribuyeron a dañar la imagen de López de Letona dentro y fuera de Banesto: el tema de la participación de su hijo como intermediario en la venta de empresas del banco.

La bomba explotó en el telediario que presenta el periodista Luis de Benito, a las 8.30 de la noche, con una información que aludía a la existencia de profundas divergencias en el seno del Consejo de Banesto, a consecuencia de la intervención de José María López de Letona jr. como intermediario habitual en operaciones de enajenación de activos efectuadas por el banco. Las supuestas irregularidades, en opinión del periodista, podrían dar lugar a que algunos consejeros solicitaran la dimisión de Letona como primer ejecutivo de la entidad.

La aparición de esta noticia en televisión, un medio inusual para un tipo de información económica dotada de tan alto contenido especulativo, causó un verdadero terremoto dentro y fuera de la casa. En la misma tarde del miércoles, el periodista había tratado de buscarse algún apoyo informativo. Apenas una hora antes del telediario, De Benito, que aseguraba poseer pruebas fehacientes que mantenía a buen recaudo en una caja fuerte, llamó al responsable de la sección de economía de *El País* para ponerle al corriente de la novedad y ofrecer la primicia. Pero el periódico optó por abstenerse, al no conseguir ninguna información propia sobre el tema, dado lo avanzado de la hora. Los anatemas contra el locutor-periodista no se hicieron esperar.

En su edición del jueves 4 de junio el diario económico *Cinco Días* recogía ya el desmentido de Letona y su grupo. Se trataba de «divergencias normales en el seno del Consejo, que en ningún caso se han hecho patentes y procedentes de un número muy reducido de antiguos consejeros que nunca han aceptado la entrada de López de Letona». Su jefe de prensa en Banesto, el periodista Miguel Ángel Gozalo, fue más explícito: «Estamos ante una maniobra contra Letona auspiciada por la familia Coca y el empresario Enrique Sarasola, que ya intentaron hacer valer antes de la junta del banco.» Los Coca negaron cualquier relación con el suceso.

El mismo día, los servicios de comunicación del banco emitían una nota en la que se afirmaba que la comisión ejecutiva había reiterado su confianza en López de Letona, asegurando que «todas las decisiones tomadas en la última etapa lo han sido con el acuerdo unánime de sus consejeros». La nota desmentía que Letona hubiera presentado su dimisión.

El viernes 5 de junio, *El País* propinaba un varapalo a las tesis del primer ejecutivo de Banesto al publicar una información titulada: «El hijo de López de Letona interviene como *broker* habitual en la venta de empresas de Banesto.» Según ello, José María López de Letona y Olarra y su socio, Fernando Franco Suárez, utilizaban como despacho profesional una oficina situada en las Torres de Colón a nombre de Inerga, S.A. sociedad que había sido comprada por ambos socios en 1983 al Banco de Madrid, del que precisamente era entonces presidente López de Letona padre.

Inerga había sido un ejemplo más de aquel bello ramillete de sociedades que fue el *holding* Prodinsa, creado por Claudio Boada bajo el paraguas protector del Banco de Madrid. Cuando Letona se hizo cargo de la presidencia del banco, ya en la órbita de Banesto, su tarea prioritaria, como años después haría en la casa matriz, consistió en desprenderse de la mayor parte de las empresas, entre ellas Inerga, que fue vendida a su propio hijo y a su socio por 400 millones de pesetas. Al estallar el asunto, como secretario de Inerga figuraba Alfredo Sánchez de Zabala, uno de los socios fundadores, con Letona padre, de otro *holding* de postín, Interholding, un proyecto empresarial de escaso éxito lanzado por López de Letona y Rafael del Pino, al que ya se ha aludido.

Distintas fuentes coincidieron en el testimonio de que cuando un potencial comprador se acercaba a Banesto para interesarse por una empresa, era remitido a los ''asesores técnicos'' del banco, que no eran otros que los socios de Inerga, cuyas oficinas, en las Torres de Colón, se encontraban a cincuenta metros de la sede de Banesto. Por aquellos días, una entidad bancaria francesa intentaba la adquisición para un cliente de la Sociedad Ibérica de Transmisiones Eléctricas, S.A. (Sitre), de la que era presidente Fernando Franco Suárez. El banco francés se veía así en la insólita situación de tener que hablar con la misma persona como presidente de la empresa a comprar y como miembro de la sociedad que intermediaba la operación. Hay testimonios de al menos dos ciudadanos británicos, que aseguran haber mantenido conversaciones en Londres con Letona jr. en torno a la eventual compra de empresas de Banesto.

El asunto mereció la atención del Banco de España que, en una reunión de su Consejo, trató tangencialmente la cuestión. Las críticas contra Letona fueron casi unánimes. Sólo Mariano Rubio salió en defensa de su amigo, zanjando la discusión al afirmar que se trataba de una campaña de infundios.

Todo apunta a que el tema se filtra desde el propio Consejo de Administración de Banesto. Letona, con su habitual diplomacia, había comentado por los pasillos que «no sé cómo hablan de nepotismo, cuando es tradicional el nepotismo en esta casa», al descalificar los rumores sobre su hijo. El comentario llegó a oídos enemigos, y la respuesta no se hizo esperar.

Éste es uno de los temas que todavía hoy solivian tan a López de Letona. «Todo eso es mentira, una burda mentira. Y lo grave es que se pueda decir una mentira de ese calibre en el telediario de las 8 de la tarde. En la comisión ejecutiva del martes 2 de junio no ocurrió absolutamente nada.

»La actuación de mi hijo como *broker* es una falsedad que, como todo, arranca en un hecho real y es su participación, de una forma absolutamente fortuita, en la venta de Celulosas de Asturias, S.A. (Ceasa).»

Un día Carlos Pérez de Bricio, ex ministro de Franco y experto en liquidación de empresas en crisis, a la sazón presidente de Ceasa, llama al despacho de su íntimo amigo López de Letona.

—Oye, José María, quiero preguntarte si tienes alguna persona en el banco que pueda ayudarme a hacer unas proyecciones de *cash flow* a cinco años de Ceasa, porque quiero hacer el cuaderno de ventas.

—Pues mira, me parece que no puedo recomendarte a nadie porque no lo tengo; ése es el caso.

—Y ¿no sabes de alguien que pudiera ayudarme?

—Hombre, si no te importa, mi hijo ''Jose'' te puede echar una mano, porque él se dedica a estas cuestiones.

—Por mí, encantado.

—Le voy a llamar ahora diciéndole que se ponga a tu disposición, y después le llamas tú directamente.

—Estupendo, pues muchas gracias.

«Y mi hijo, como un favor, ayuda a Pérez de Bricio a hacer esas proyecciones; por supuesto, *gratis et amore*, sin cobrar un céntimo, pero ni un céntimo. Sin embargo, eso sirve para dar a entender que yo estoy utilizando a mi hijo como intermediario en las ventas que hace Banesto, sugiriendo que está cobrando sustanciosas comisiones de las que, supongo, me harán a mí partícipe. Y esta basura es la que algún querido consejero del banco hace llegar a TVE...

»Y hay dos testigos de que esto es así: el propio Pérez de Bricio y Juan Miguel Villar Mir, que a última hora llega representando a un grupo americano con una nueva oferta por Ceasa y habla también con mi hijo, porque es el que había hecho todo el desarrollo a futuro de la empresa. Y esta intervención de mi hijo es lo que da pie a esa serie de patrañas... porque yo no podía imaginar la clase de gente de la que estaba rodeado. Y sí, naturalmente, todo eso perjudica mi imagen, porque mientras yo hacía ese favor con la mayor ingenuidad del mundo, la gentuza que me rodeaba estaba lanzando ya la insidia...»

El caso es que Banesto vende Ceasa por 8.500 millones de pesetas, cuando, de acuerdo con algunas fuentes, Torras Hostench había ofrecido 9.000, y Scott Gureola hasta 10.000 millones de pesetas.

«Nunca me decían las cosas a la cara, nunca», se lamenta Letona. «Yo no me enteraba de ninguna de esas tensiones que decían que teníamos; todo se hacía a mis espaldas. A la cara nadie me dijo nunca nada, y estoy dispuesto a carearme con quien sea. En las comisiones ejecutivas todo era cordialidad, educación y buenas maneras. Las maniobras y los navajeos venían por la espalda...»

La ''liquidación de existencias'' que aparentemente había iniciado Letona con su llegada a Banesto tenía profundamente disgustada a la vieja guardia de la casa, que consideraba que el consejero delegado no estaba mejorando el negocio estrictamente bancario de la entidad, sino engordando la cuenta de resultados a base de «enajenar las reservas —empresas y cartera de valores— del banco gestadas durante generaciones. Para este viaje no se necesitan tantas alforjas».

Conocedor de las críticas, Letona trata de amansar al Consejo, y el 10 de junio, con motivo de la reunión internacional que el banco celebra todos los años en Estepona, el consejero delegado no tuvo obstáculo en manifestar que «la operación de saneamiento de Banesto fue posible gracias a la política de prudencia y recursos acumulados a lo largo de los años...»

Entre tanta angustia, Letona se toma un respiro y decide cambiar el logotipo de la institución. Al fin y al cabo él era el modernizador y la fachada de Banesto necesitaba de todas todas un remozado. Así que encarga a un especialista británico el diseño de la nueva imagen corporativa de la entidad, que da lugar a la aparición de la actual B en los colores rojo, azul y amarillo. «¿Era modernizador por haber encargado a una empresa el estudio de un escudo (*sic*) para el banco?», se pregunta don Pablo, «eso era una tontería....» remacha contundente, «porque lo que tenía que hacer era trabajar más y no hablar todos los días con la prensa...».

Esta larga lucha de guerrillas va poco a poco minando la moral de López de Letona. El *affaire* de su hijo surte el efecto de ponerle sumamente nervioso. Por primera vez el consejero delegado y vicepresidente de Banesto ve en peligro su futuro en el banco y teme no poder consolidar su posición en la casa. De forma insistente comienza a presionar a don Pablo para que anuncie de una vez su definitiva retirada de la presidencia, lo que da lugar a uno de los temas de conversación habitual en los despachos de Banesto: las prisas de Letona por llegar al poder absoluto.

«Yo no tenía ninguna prisa por llegar al poder», replica Letona. «Se lo dije varias veces muy claramente al Consejo: he sido ministro, gobernador del Banco de España, incluso presidente del Gobierno *in pectore*... ¿creen ustedes que ser presidente de Banesto supone para mí a estas alturas algo esencial? La prueba de la verdad de lo que decía es que me he ido...»

El consejo de diciembre del 86 había decidido, a propuesta del propio Garnica, prolongar un año más su presidencia otorgándole la facultad de determinar el definitivo adiós en la fecha que él fijara de 1987. «Con motivo de las tensiones casi constantes que surgían en el banco, yo le pido a Garnica que fije la fecha del relevo; le insisto en ello porque hay dos centros de poder, y comienza a preocuparme la posibilidad de que la organización se desmoralice. La estructura de poder está en discusión, no se sabe quién manda, y eso es malo para el banco.»

Don Pablo no se resigna a dejar de mandar y el personal hace tiempo que se pregunta qué es lo que pasa, quién es el que realmente corta el bacalao. Don Pablo da sus órdenes y el consejero delegado las suyas. Letona es en teoría el primer ejecutivo, pero don Pablo sigue tocando todos los timbres. Por los pasillos se veían y oían escenas burlescas.

—Me ha llamado don Pablo y me ha dicho que hagamos esto...

—Pero eso no puede ser, si Letona me ha dicho a mí que hagamos lo otro...

«Esa insistencia mía es interpretada por algunos consejeros como que quiero llegar al poder cuanto antes», concluye López de Letona. Tras el escándalo de TVE sobre Letona jr., el consejero delegado efectúa un informe sobre lo sucedido, que presenta en la reunión de la comisión ejecutiva del 15 de junio, en el cual insiste en la necesidad de concretar la fecha del relevo. Letona había decidido echar el resto. «Yo le digo que la única forma de desmentir esos rumores sobre si hay tensiones o no, sobre si mi hijo ha intervenido o no, es que salga a la palestra y concrete exactamente la fecha del relevo, y así terminamos de una vez con esta sensación de barullo. Pero yo no tenía prisa por llegar al poder, porque si así hubiera sido hubiera actuado de otra forma.»

Aquélla fue una ejecutiva tensa, como tantas otras. Al terminar de leer su informe, Letona trata de utilizar sus mejores argumentos:

—No hay mejor manera de desvirtuar todas estas historias que están afectando la imagen del banco que haciendo pública de una vez la fecha de tu marcha...

—Pero qué tontería... poner tanto énfasis en que me vaya, como si fuera tan importante —asegura don Pablo con su peculiar manera de arrastrar las palabras.

—Es importante, sí, Pablo, es muy importante —reclama Letona con su típica voz chillona de los momentos de excitación.

—Pues muy bien, si tanto insistes, ahora mismo te lo digo...

Don Pablo descuelga un teléfono interior y marca el número del jefe de personal.

—Oye, dime cuándo se cumplen los 55 años de mi entrada en el banco....

—El 12 de diciembre, don Pablo —contesta una voz al otro lado del hilo.

—Pues ese día me voy, el 12 de diciembre, que hará 55 años que ingresé en esta casa... ya puedes estar tranquilo.

Don Pablo, con 78 años, había apurado al máximo el plazo que le fuera otorgado en la reunión del Consejo del 26 de noviembre del 86. Firmemente opuesto a López de Letona, consideraba inevitable su acceso a la presidencia. Ni por un momento pensó en encabezar un motín para defenestrarlo; enfrentarse a la autoridad monetaria le parecía al viejo banquero un sacrilegio, una actitud sumamente peligrosa para el banco y sus accionistas. Su única arma era prolongar su estancia al máximo, como si quisiera dilatar la agonía hasta el final... esperando el milagro que finalmente habría de llegar.

En un diario económico de fecha 16 de junio pudieron leerse cosas como ésta: «En medios de Banesto se aprecia que es razonable que Garnica quiera completar su mandato, entre otras cosas porque su experiencia y su buen estado físico le permiten rendir a plena satisfacción.»

En este clima de enfrentamiento soterrado, hay un hombre que se da cuenta de la paulatina pérdida de posiciones de Letona. Entre las "familias" de Banesto, este hombre es considerado precisamente como el cerebro del consejero delegado. Él ha decidido actuar por su cuenta y, trabajando en la sombra, prepara una estrategia que pueda sostener a Letona frente al decisivo ataque de los barones que, está seguro, no tardará en llegar. Se trata de Jacobo Argüelles.

Entre Jacobo y Giancarlo Parretti se ha establecido ya a estas alturas una sólida amistad. El italiano es imaginativo y no le importa asumir riesgos si hay dinero a ganar. Puede ser un vehículo ideal para el montaje de una estrategia de largo alcance que permita a Letona llegar al 12 de diciembre. Si Letona fracasa, su propio futuro profesional en el banco se irá al garete.

Así es como a finales de junio, Parretti y Argüelles conciben un ambicioso plan destinado a arropar la gestión de Letona con un paquete accionarial que le dote ante el Consejo de argumentos de más peso que el ya gastado de su amistad con el gobernador del Banco de España. A oídos de Jacobo han llegado ya los escarceos de Conde y Abelló para meter cabeza en el accionariado del banco.

Argüelles concibe la idea de convertir de Parretti en una especie de "sociedad de cartera" del equipo de gestores que comanda Letona. Se trataba de llegar a reunir un paquete de control comprendido en principio entre el 8 % y el 10 % del capital social del banco. Gracias a sus amigos milaneses, Parretti conoce la existencia de un 3 % de Banesto en manos del banco británico Morgan Grenfell. Giancarlo ha estado ya sondeando en Londres y conoce la posibilidad de comprar. Otro 2,5 % procedería de la autocartera de la entidad. Un 1,5 % se compraría en el mercado, de varios paquetes de menor entidad ya localizados. Y cerca de un 2 % procedería de La Unión y el Fénix, a través de Jaime Argüelles, padre de Jacobo y presidente de la aseguradora.

La fórmula iba a consistir en la creación de una sociedad tenedora de acciones participada al 50 % por Interpart-Sasea y por el equipo Letona-Argüelles, con Parretti siempre en primer plano. Los suizo-luxemburgueses cedían a sus amigos los derechos políticos de su paquete y les otorgaban la posibilidad de ir rescatando sus títulos con los beneficios anuales que generara la sociedad vía dividendos. En una segunda fase, inmediata en el tiempo, el proyecto contemplaba la colocación de esa tenedora de acciones en Compañía Mobiliaria, firma ya propiedad de Interpart-Sasea y cotizada en la Bolsa de Madrid. En Compañía Mobiliaria podrían subsumirse las acciones de Banesto en La Unión y el Fénix, Petromed, Patrisa, Cartisa, Imbatisa... (las sociedades de cartera de la entidad bancaria).

Argüelles comenta su plan a Letona, pero a la hora de la verdad al consejero delegado le entra miedo y manda paralizar la iniciativa. López de Letona ha desmentido tajantemente la existencia de este plan.

Aunque no se lleve a cabo o se postponga, el equipo de Argüelles le pide a Giancarlo Parretti un favor: que limpie a Banesto del enojoso asunto de la "deuda Coca". Como premio le venderán un paquete de casi 1,5% de la autocartera de la entidad.

Como el plan Parretti se empantana, a primeros de julio Banesto coloca en el exterior el 2,4% de su capital social. Se trataba de 1.750.000 acciones procedentes de la autocartera de la entidad, muy engordada tras la adjudicación, un par de meses antes, del paquete accionarial que fue de Ignacio Coca. El *placement* fue efectuado por el banco británico J. Henry Schroder Wagg & Co., gracias a la amistad que une a Jacobo Argüelles con algunos de los ejecutivos de Schroders, como Michael Wellman, que colocó esos títulos entre sus clientes europeos y norteamericanos.

El 15 de julio saltaba a la prensa una de las bombas informativas de la etapa Letona. Ese día *El País* publicó en su sección de economía una información según la cual Banesto estaba negociando con los grupos Interpart y Sasea, de Parretti y Fiorini, la venta de la llamada "deuda Coca".

En realidad, el acuerdo para la transmisión a Parretti de los créditos a nombre de Ignacio Coca de los que era titular Banesto se había logrado el 7 de julio, con las firmas de Jacobo

Argüelles y Fernando Castromil, por parte de Banesto, y de Giancarlo Parretti por parte de Interpart. El preacuerdo se eleva a escritura pública el 30 de septiembre. El precio de la transmisión de los créditos se fijó en 15.585 millones de pesetas, lo que suponía para el banco aceptar una quita superior al 63%, puesto que la deuda estaba fijada entonces en 42.000 millones de pesetas.

Interpart se comprometía a entregar a Banesto 250 millones de pesetas como señal en el momento de la firma del precontrato. Para sufragar el resto, Giancarlo Parretti ofreció a la entidad española un complejo menú dividido en dos tramos.

El primero hacía referencia a la cesión a Banesto de 850.000 acciones ordinarias antiguas de la Banque Bruxelles Lambert, con sede en Bruselas (Bélgica) valoradas al precio de 11.188 millones de pesetas. Interpart se comprometía a ceder esas acciones, depositadas en su filial Bobel NV., de Amsterdam, libres de toda carga o compromiso.

Banesto podía rechazar la posibilidad de hacerse titular de dichas acciones —lo que se obligaba a manifestar a Interpart con antelación suficiente— y elegir el pago en metálico de los referidos 11.188 millones de pesetas. En este caso, Interpart disponía de 3 años para hacer efectivo el pago mediante cheque con aval bancario y sin intereses de ningún tipo si el abono se efectuaba en un año, y del 12% si se consumían los tres años.

Los 3.897 millones restantes se sufragaban mediante la transmisión a Banesto del edificio Iberia Mart I, situado en la calle Pedro Teixeira de Madrid, construido en 1973, con una superficie total de 25.097 metros cuadrados, de los cuales 18.670 lo son sobre superficie. En los dos tramos, Interpart se comprometía a correr con los gastos de transmisión de los distintos activos.

En cuanto a la situación de los créditos traspasados, Banesto trataba de cubrirse las espaldas respondiendo de su existencia y legitimidad, pero no de la solvencia de los diferentes deudores de los mismos. Interpart aceptaba la situación procesal de los distintos créditos litigiosos con la familia Coca, y otorgaba además a Banesto la facultad de poder romper el acuerdo a su voluntad antes del 31 de julio, sin más obligación para el banco que devolver los 250 millones adelantados a cuenta por el comprador.

En caso de que antes del 30 de septiembre el contrato no se llevara a efecto por causa imputable a Interpart, éste debía pagar a Banesto una penalización de 250 millones de pesetas, además de perder los 250 entregados como señal. Lo cierto es que en una carta fechada en la segunda mitad de noviembre, Jacobo Argüelles recordaba a Parretti que los 250 millones de pesetas de señal no habían llegado a Banesto, a pesar de haber transcurrido más de cuatro meses desde la firma del precontrato.

Los créditos que compra Parretti se refieren a una póliza de 18.309 millones de pesetas, con garantía pignoraticia de 2,4 millones de acciones de Banesto propiedad de Ignacio Coca. Sumando intereses y descontado el producto de la pignoración de ese paquete, el total adeudado por Coca ascendía a 18.084 millones de pesetas. Otra póliza por importe de 11.290 millones de pesetas, sobre la que se seguía juicio ejecutivo en el juzgado número 20 de Madrid, y que con sus intereses ascendía a 13.999 millones de pesetas. Una tercera póliza por importe de 3.365 millones, incluidos intereses y una cuarta más, a nombre de la sociedad Golf Río Real, que con intereses se elevaba a 3.442 millones de pesetas. En total, y sumadas otras pólizas de menor cuantía, aunque suficientes para arruinar a una gran fortuna española, la deuda total que adquiere Parretti alcanza un nominal de 42.362 millones de pesetas.

Los bienes que las avalan y que pasan también a poder de Parretti se referían a las sociedades Coinsa (oficinas de Almagro 21; cuatro viviendas en Sierra Nevada; palacete de Orfila, y urbanización Los Monteros y Golf Río Real); Agrícola Industrial Ganadera, S.A., Aigsa, cuyo activo es la finca de La Cepilla, de 15,5 millones de metros cuadrados, más casa principal, viviendas de empleados, cuadras, etc. Los Monteros, S.A. (chalé, supermercado y oficinas, parcelas urbanizadas y sin urbanizar). Coto del Río, S.A., con una parcela urbanizada de 5.000 metros cuadrados como activo. Hotel Los Monteros, S.A., con todas sus dependencias (bungalows, pistas de tenis, squash y terrenos). Golf Río Real, (compuesto por la finca La Paz, finca Torrevieja, Urbanización Río Real, y el Birdie Club, en construcción), y finalmente, el Hotel Spa Incosol, la clínica situada en la urbanización Río Real.

A finales de julio, otra sorpresa, también con Parretti como protagonista. Banesto e Interpart llegan a un acuerdo por el cual el inversor italiano y su socio, Florio Fiorini, siempre en perfecta *entente cordiale,* adquieren un millón de acciones del Banco Español de Crédito, de 500 pesetas de valor nominal cada una, al cambio de 725%, por un importe total de 3.625 millones de pesetas, importe que Interpart satisface mediante carta de crédito emitida por Credit Lyonnais Bank Nederland, de Rotterdam, Holanda, emitida el 31 de julio.

Lo llamativo del asunto es que cuando se firma el contrato, el 4 de agosto, la cotización en Bolsa de las acciones de Banesto había rebasado ya el 1.000%, mientras a Parretti se le ceden al 725%. Para entonces Conde y Abelló ya llevaban semanas de intensos contactos y llamadas telefónicas casi diarias con Juan Herrera. Más aún, sus intenciones ya habían sido planteadas, un poco a cara de perro, ante la comisión ejecutiva del banco.

Pero Banesto hace oídos sordos a los deseos de la pareja y prefiere colocarle un paquete importante a Parretti, un hombre que no plantea ninguna apetencia de poder en la casa. La maniobra causa una fuerte impresión en Conde y Abelló, que consideran lo acontecido como una medida defensiva del grupo Letona y hace que por primera vez se abra un profundo interrogante sobre el futuro de su entrada en Banesto de la mano del consejero delegado. Conde y Abelló comienzan a partir de entonces a moverse con mayor sigilo.

El paquete adquirido por Parretti, sin embargo, queda inmobilizado en Banesto por una serie de cláusulas restrictivas que se incorporan al contrato de compraventa. En efecto, las acciones quedaban depositadas en Castellana 7 hasta el 31 de julio de 1990, sin que Interpart pudiera retirar ese depósito hasta después de esa fecha. Además, Interpart se comprometía a no enajenar, pignorar ni gravar por ningún concepto tal paquete, salvo en la garantía constituida a favor del Credit Lyonnais a cuenta de la carta de pago citada. Parretti se obligaba a delegar por escrito en Banesto la representación de ese paquete en todas las juntas generales que tuvieran lugar hasta la fecha citada de julio de 1990. Cualquier acción adicional que correspondiera a Interpart como consecuencia de hipotéticas ampliaciones de capital quedaría sujeta a las mismas restricciones. En caso de que Interpart incumpliera algunas de las estipulaciones, Banesto podía automáticamente disponer de esas acciones mediante la simple devolución de la cantidad entregada.

Como cláusula de resolución del contrato se añadía una sorpresa más: el hecho de que a 30 de septiembre de 1987 no se hubiera consumado el contrato de 7 de julio por el que Giancarlo Parretti adquiría de Banesto los créditos de que era titular frente a Ignacio Coca y distintas sociedades propiedad del mismo. En otras palabras, la venta a Parretti del millón de acciones quedaba supeditada a que el italiano pechara con la ''deuda Coca''.

Si a partir del 1 de agosto de 1990 Interpart deseara enajenar su paquete, Banesto se reservaba el derecho de tanteo que le facultaba para retener para sí o cualquier otra persona física o jurídica de su elección el mencionado paquete, que sería recomprado al precio medio de Bolsa resultante de los diez últimos días de cotización. En el caso de que Interpart no comunicara a Banesto el cambio de dueño de esas acciones, el banco quedaba facultado para retraer las acciones adquiridas por terceros.

La sucursal holandesa de Credit Lyonnais remitió, con fecha 4 de agosto, una relación de firmas de Interpart que estaban autorizadas para mover las cuentas de la sociedad. En la lista A, figuraban, además del propio Giancarlo, Frederic Scheer, María Cecconi —esposa de Giancarlo— y Luciano Rotondi. En la lista B figuraban Antoni Cornella, Florio Fiorini, Yoram Globus, Menahem Golan y Valentina Parretti. Todos los de esta lista B necesitaban una firma del grupo A para poder disponer de cualquier cantidad en dicha cuenta. Globus y Golan son los principales accionistas del grupo norteamericano Cannon Group Inc., dedicado a la producción fílmica, en el que ha tomado una mayoría de control el propio Parretti.

La presencia del andorrano Antoni Cornella entre las huestes de Parretti es uno de los asuntos más misteriosos y que más han preocupado al Gobierno socialista del grupo Interpart. En efecto, Cornella apareció tiempo atrás relacionado con José María Ruiz Mateos, con ocasión de las causas judiciales que con motivo de la expropiación de Rumasa se seguían en la Corte de Justicia de Londres.

La ligazón se había producido con motivo de la vista seguida por la propiedad del llamado *sherry lake* o *lago de jerez*. Al producirse la expropiación de Rumasa, Ruiz Mateos tenía almacenados en Gran Bretaña cerca de 12 millones de litros de vino de jerez, que durante años había exportado a granel a las islas. Cuando la Rumasa estatal reclamó la propiedad de ese vino, apareció la sorpresa del andorrano Cornella asegurando ser el dueño legítimo del ''lago'', que decía haber adquirido a Ruiz Mateos. Los títulos de propiedad presentados por Cornella fueron plenamente rechazados por los tribunales británicos, que otorgaron la titularidad del citado vino a la nueva Rumasa. A raíz de este incidente, el andorrano fue considerado en áreas gubernamentales como un testaferro de Ruiz Mateos.

Con estos antecedentes, la presencia de Cornella en el equipo de Parretti alarmó sobremanera al Gobierno, siempre preocupado por el origen de los caudales del italiano. La sombra de José María Ruiz Mateos planeaba sobre el grupo Interpart. En áreas del Gobierno no se descartaba la posibilidad de un regreso subrepticio a España de los cerca de 30.000 millones de pesetas que han faltado para cuadrar las cuentas de la Rumasa expropiada y que se supone fueron puestos a buen recaudo por el empresario jerezano en el extranjero.

Por todo ello, la implicación masiva que el grupo Interpart alcanza en 1987 con el Banco Español de Crédito de López de Letona no dejó de causar sorpresa y malestar en la Administración y no contribuyó precisamente a enaltecer ante el Gobierno la imagen del ex ministro y ex gobernador del Banco de España.

Las exigencias de la familia Coca impedirían a Parretti culminar con éxito la imaginativa operación en que se había embarcado. Para Silvia Moroder, una mujer culta, muy relacionada con los ambientes pictóricos, la negociación directa con un hombre de las características de Parretti no dejaba de ser una humillación más a la que le sometía Banesto. Desde un principio hubo entre los Coca un rechazo frontal a llegar a un acuerdo con el financiero italiano, como si su solo nombre contaminara. Para el lenguaje llano del de Orvieto, los Coca eran «un apellido ilustre... Tan ilustre como arruinado».

Las maneras de expresarse de Parretti suponían ya una barrera infranqueable entre las partes en litigio. En una de las primeras sesiones negociadoras, en septiembre de 1987, en el despacho del abogado de los Coca, Enrique García Sánchez, tuvo lugar una anécdota esclarecedora. Cuando Parretti, un hombre para el que no parecen existir obstáculos en una negociación, trataba de acelerar la solución del caso, García Sánchez le pone pegas:

—El asunto no es tan fácil como usted piensa, Giancarlo, porque hay unos bienes gananciales a los que mi defendida no ha renunciado.

—Ma, que cosa vuole dire con esto —inquiere el italiano en su peculiar *espaliano*...

—No —aclara el abogado—, quiero decir que existe una viuda...

—¡Ma, questo non è problema, lei e io ci cassiamo...! (ella y yo nos casamos) —replica Giancarlo entre grandes carcajadas y ante la mirada fría de los hijos de Silvia, Íñigo y Borja.

Parretti había olido de nuevo un buen negocio. Por 15.585 millones de pesetas se adjudicaba propiedades que una valoración efectuada durante el mes de agosto por la firma especializada American Appraisal España, por encargo del propio Parretti, había valorado en 27.000 millones de pesetas. Algunas de tales propiedades estaban localizadas en la denominada ''milla de oro'' de Marbella, y todo ello en pleno *boom* inmobiliario español.

A la entrada del verano de 1987, el verano más movido de la historia económica española, la pareja inversora compuesta por Mario Conde y Juan Abelló estaban llamando a las puertas de Banesto.

Capítulo 11

EL NIÑO QUE QUERÍA SER BANQUERO

Dicen que los niños prodigio norteamericanos tienen lista una respuesta estereotipada cuando alguien les pregunta qué quieren ser de mayores: Yo, presidente de los Estados Unidos de América. Mario Conde, un abogado del Estado de brillante currículum, primero, y un agresivo ejecutivo de una modesta empresa farmacéutica después, tenía también preparada su respuesta cuando, con veintipocos años, alguien le preguntaba por los planes de futuro. Él quería ser presidente del Banco Español de Crédito, una aspiración que sonaba por lo menos tan arrogante como la del neófito aspirante a la Casa Blanca.

Pero lo sorprendente es que la entrada de Mario Conde y Juan Abelló en Banesto no es, como pudiera pensarse, producto de una decisión repentina tomada a prisa cuando, tras el llamativo ''pase'' efectuado con Antibióticos, S.A., ambos se encuentran de pronto dueños de una fortuna sin saber muy bien qué hacer con ella. Por el contrario, el asalto a Banesto es producto de una estrategia meditada y planificada, decidida con varios años de antelación, aunque el éxito final se deba en gran medida a una serie de milagrosas carambolas que han llevado a Conde a la presidencia del banco con, al menos, dos años de antelación sobre el calendario por él mismo previsto.

Juan Abelló, como ya se ha visto, tuvo siempre clara la idea de «no morirse fabricando píldoras». Fue un sentimiento que debió mantener siempre lejos del conocimiento de su padre, un hombre dedicado en cuerpo y alma durante toda su vida a la farmacia y que hubiera considerado poco menos que una traición las ideas de su hijo. Pero Juan se había dado cuenta muy pronto de las reducidas dimensiones de la empresa familiar, un negocio para vivir bien, pero que limitaba el horizonte del propietario al *modus vivendi* de las laboriosas clases acomodadas. Y Juan Abelló aspiraba a mucho más. Ésta es una referencia que apunta, al mismo tiempo, en otros empresarios españoles de campanillas: "los Albertos". Los dueños del grupo Construcciones y Contratas suelen decir, refiriéndose a su participación en el Banco Zaragozano, que un banco mediano es un negocio «de perra gorda». Ellos ya estaban también pensando en un bocado más apetitoso, tal que el Banco Central.

Cuando los caminos de Mario Conde y Juan Abelló se cruzan, la aspiración bancaria adquiere para ambos categoría de obsesión. Y ¿por qué la Banca? Porque, como relató Juan Muñoz en su clásico "El poder de la Banca en España", la Banca es la actividad en la que se concentra el poder económico en nuestro país. Así como en Italia, un país elegido con frecuencia a la hora de las comparaciones, ha existido siempre una poderosa aristocracia industrial —tipo Agnelli, Benedetti o Gardini— que oscurece plenamente a la bancaria, en España se ha dado el fenómeno contrario. Al sur de los Pirineos, un banco grande es mucho más que una gran empresa, aunque sus parámetros numéricos sean equivalentes. Nadie puede decir realmente que «ha llegado» en España en el mundo de los negocios si no es presidente de uno de los grandes bancos privados.

Mario Conde y Juan Abelló ya tenían claras estas ideas cuando sólo eran dos perfectos desconocidos, antes incluso de hacerse con el control mayoritario de Antibióticos, S.A., un control que dos años después iba a propiciar su gran salto adelante.

A finales de 1983, Juan y Mario ponen en práctica su primer intento de desembarco en el sector bancario. El objetivo era el Banco Hispano Americano. La institución fundada en el año 1900 por un grupo de financieros con intereses en las antiguas colonias, entre los que sobresalía Antonio Basagoiti Arteta, atravesaba momentos críticos provocados por un mal bastante común: la falta de capacidad de gestión. En el banco soplaban vientos de fronda y parecía el momento adecuado para que alguien con ideas y dinero intentara la aventura de tomar el control.

Ideas ya tenían los aspirantes; dinero, algo menos. En aquel momento disponían de un excedente cifrado en torno a los 3.000 millones de pesetas, producto de la operación de venta de los laboratorios Abelló a la multinacional Merck Sharp & Dhome.

Así que Juan Abelló contacta con su amigo Jaime Soto López-Dóriga, a la sazón un joven valor en alza en la gerencia del Hispano. El primer encuentro, a comienzos de enero de 1984, tiene lugar en la residencia de campo de Soto de Oropesa. Juan expone sus ideas sobre la Banca; cuenta su asociación con Mario Conde; asegura no ver gran futuro en el sector farmacéutico, y reconoce que terminará abandonando la producción de medicamentos. Lo que verdaderamente le obsesiona es la Banca, porque es de los pocos sectores que de por sí son autosuficientes en España, y donde, por descontado, está el poder económico de verdad. Juan realiza muchas preguntas a Jaime sobre la situación del Hispano y le lanza una idea que resume la clave de su estrategia futura. La mayor parte de los grandes bancos privados españoles son bancos de nadie; son bancos de los gerentes en todo caso, porque el consejo de administración no llega a poseer en algunos casos ni el 1% del capital social...

«Eso es especialmente verdad en el caso del Hispano Americano», reconoce Soto.

A la semana siguiente de este encuentro tiene lugar una reunión de más porte en la casa de campo de Abelló en Las Navas (Ciudad Real). Mario, Juan y Jaime salen de Madrid después de almorzar y estarán conversando en la residencia de Abelló hasta bien entrada la madrugada del día siguiente, después de haber cenado y libado con generosidad.

Los reunidos hacen un examen exhaustivo de la Banca española, que reconocen abocada a un proceso de renovación, sus órganos de gestión, y las personas que obstentan el control. El grueso de la charla está centrado exclusivamente en el Hispano Americano, entidad que tanto Mario como Juan con-

sideran un "banco de nadie", el único, además, que tras el relevo de Luis de Usera en la presidencia no tiene al frente una
"personalidad parapeto" de características tan acusadas como
las de un Escámez o un Garnica. Para ellos, está claro, es el
banco elegido.

Jaime explica las circunstancias de la toma de control del
Banco Urquijo, con los riesgos que un problema de ese tamaño
podía tener para el propio Hispano. Todos coinciden en ese
punto, pero todos valoran igualmente que, a pesar de los problemas, hay en el Hispano una solidez de gran banco necesitado, eso sí, de una revolución gerencial. En un momento determinado, Juan abordó el punto clave:

—Y ¿qué porcentaje crees tú que habría que tomar en el
Hispano para poder hacerse con el control?

—No sé, pero teniendo en cuenta lo que controla el consejo, yo creo que un 4% o un 5% sería más que suficiente...

—¿Eso cuánto dinero es?

—Pues se calcula ahora mismo. El capital social son cerca
de 30.000 millones de pesetas, y la cotización bursátil no llega
al 200%, lo que quiere decir que el banco vale en Bolsa en torno
a los 60.000 millones de pesetas. Luego un 4% vendría a suponer una inversión de unos 2.400 millones de pesetas.

—Naturalmente. Yo creo que lo podemos hacer —interviene
Conde—. Nosotros podemos comprar en Bolsa, pero para poder entrar en el banco necesitamos contar contigo...

—Bueno, no debéis olvidar la situación creada con la llegada de Albert; este hombre acaba de entrar, lógicamente tiene
sus planes y no sé cómo vería una entrada de este tipo por vuestra parte. Puede ser más complicado de lo que parece.

—Mira, Jaime, para qué nos vamos a engañar —asegura
Juan— creo que nosotros debemos actuar al margen de la entrada de Albert. A mí me encantaría contar contigo y te digo
con absoluta confianza que tú puedes ser nuestro hombre allí,
tú podrías utilizar nuestro paquete.

—Independientemente, por supuesto, de que nuestro objetivo a medio plazo es entrar en el Consejo y mandar —aclara
Conde.

—Por supuesto —corrobora Juan—, eso debe quedar muy claro.

—No, si está claro —afirma Jaime—. El asunto está en que en el banco se han producido acontecimientos de gran importancia con la salida de Usera y no se sabe bien cómo va a quedar restablecido el equilibrio interno.

—Yo creo, Jaime, que tienes un poco la pelota en tu tejado —asegura persuasivo Juan—. Creo sinceramente que la situación del Hispano no está cerrada, que ahí se van a producir acontecimientos todavía más radicales que no sabemos en qué medida te van a afectar. Yo creo que tú debes adelantarte a esos acontecimientos y jugar fuerte, y yo quiero que juegues con nosotros...

—De todas maneras —insiste Jaime— hay que sondear primero el camino con Albert; a ver qué piensa de una potencial entrada vuestra en el accionariado del banco.

A la mañana siguiente, muy temprano, con el cuerpo castigado por los efectos de la larga charla nocturna aderezada con profusión de copas, los tres salen de regreso a Madrid para estar en sus despachos a las nueve de la mañana.

Jaime Soto contó muy pronto a Alejandro Albert la conversación mantenida con Abelló y Conde. Y no se anduvo por las ramas. «Estos señores están dispuestos a entrar en el capital del banco, convencidos de que pueden aportar sus ideas en el terreno de la gestión, pero, naturalmente, si toman esa posición es para llegar a mandar al final... Desde luego, es gente válida, y al Consejo no le vendría mal algún respaldo accionarial significativo», argumenta Soto.

Alejandro Albert reacciona en una doble dirección. Por un lado, es consciente de la necesidad de respaldar su gestión con un bloque accionarial significativo. Pero por otro las intenciones finales de Conde y Abelló le producen perplejidad y miedo. Se asusta. Acaba de estrenar la presidencia del banco y ya hay alguien que está pensando en ponerle en el disparadero a medio plazo...

Soto transmite a la pareja inversora la reacción de Albert y el proyecto va entrando de forma paulatina en vía muerta. La interpretación de ambos amigos, muy *a posteriori,* es que Jaime

241

Soto prefirió jugar la carta de Alejandro Albert, dejando de lado la de dos *outsiders* como Conde y Abelló, al fin y al cabo dos perfectos desconocidos con mucho dinero y más ambición. Desde la perspectiva de Jaime, el envite parecía demasiado fuerte, en unos momentos, además, especialmente turbulentos de la historia del Hispano. Soto apuesta por Albert y pocos días después, el 26 de enero de 1984, era nombrado consejero delegado del Hispano Americano, con 41 años de edad y todo un porvenir por delante.

Albert y Soto no parecían tener, como dijo el poeta, más enemigo que el tiempo. Y el tiempo se encargó pronto de devorar su futuro, disipando, cuando ya el tren de la oportunidad se alejaba en el horizonte, alguna de las incógnitas planteadas por Juan Abelló aquella noche de enero en Las Navas. Ya era tarde. Tanto Jaime Soto como el propio Alejandro Albert habían sido barridos en la vorágine del cambio y el avance arrollador de la nueva casta de la *beautiful people*.

El proyecto bancario de Conde-Abelló cobra nuevos impulsos a caballo de los años 86 y 87. En enero de 1987 la operación Montedison parece caminar hacia su definitiva culminación. Ambos están a punto de convertirse en dueños de una fortuna importante, y muy pronto se van a ver enfrentados a la necesidad de tomar una decisión trascendental sobre su dinero y su futuro profesional.

A principios de año, Mario Conde contacta ya con Julio Feo, secretario personal del presidente Felipe González, para que transmita a la Moncloa las intenciones de la pareja. Se trata de que el poder establecido conozca el proyecto económico que les anima, y dé el visto bueno al objetivo que apunta en el horizonte: Banesto. El correo transmite el mensaje y devuelve una respuesta tranquilizadora: O.K.

Tras la firma del contrato definitivo con Montedison, ambos amigos quieren tomarse las cosas con cierta tranquilidad. Durante un viaje a Vitoria por carretera, Mario comenta a su amigo Enrique Lasarte que «lo que procede ahora es no pegar ni golpe, descansar y esperar a ver qué hacemos después del verano».

Sin demasiadas urgencias, pues, la pareja decide, no obstante, explorar varias posibilidades. A primeros de abril de 1987, Juan Abelló entra en contacto con Pablo Garnica jr. Se trata de un encuentro informal en el curso de una montería, en el que Abelló sondea a su amigo sobre la situación del Banco Español de Crédito. El hijo de don Pablo le informa que Banesto tiene algunos problemas, básicamente centrados en el saneamiento en curso y en algunas filiales poco o nada rentables, pero que el negocio bancario de la casa es incombustible, con una red de sucursales que es una máquina de ganar dinero y un potentísimo grupo industrial que camina a menos de la mitad de su potencial.

Tras este primer contacto, ambos quedan a las pocas semanas para almorzar en Jockey. Juan Abelló parece ya tener muy perfilada la decisión de invertir en Banesto, y Pablo Garnica jr. le instruye sobre la complicada situación que vive el banco a nivel de cúpula directiva, con un Letona enfrentado a la práctica totalidad del Consejo. Abelló pide ayuda a Pablo, y éste queda en hablar con su padre sobre el asunto.

Cuando Pablo hijo encara el tema, su padre no quiere ni oír hablar de ello. Para él, Conde y Abelló son dos señoritos, sin ninguna experiencia bancaria, a quien ha caído encima una lluvia de millones. Además son muy jóvenes, y ése es un pecado de lesa majestad para don Pablo.

Aunque Banesto es el objetivo, el dúo no se cierra a otras alternativas. De hecho, en aquel momento se enfrentaban dos concepciones distintas: con 45.000 millones de pesetas se podía comprar el 10% de Banesto, o el 100% de un banquito pequeño, y aún sobraría dinero. Frente al riesgo de apostar por Banesto y fracasar en el intento de forzar su entrada en el Consejo, dado el clima de lucha interna que vivía la institución, se alzaba la posibilidad de controlar cómodamente la mayoría del capital en un banco de menor tamaño. Pero, para dos espíritus ambiciosos como los de Conde y Abelló, Banesto seguía siendo Banesto, el buque insignia, mientras el negocio de un banco mediano, y no digamos pequeño, parecía poca cosa para sus aspiraciones.

A Juan Abelló le gustaba también el Urquijo, un banco que estaba siendo objeto de un costoso saneamiento por cuenta del Hispano Americano. El Urquijo es entidad con fama de elitista y un tipo de negocio muy cualificado. Puede ser un banco que case perfectamente con la personalidad de ambos amigos. Claudio Boada hacía escasos meses que había estado en tratos serios con Credit Suisse para su venta. Francisco (Pancho) Novela, presidente de la institución, se había enterado del asunto cuando un buen día descubre en el aeropuerto de Zurich a los enviados de Boada, José María Amusátegui y Miguel Geijo, en plena faena negociadora, pero la operación había entrado en punto muerto por las pretensiones del presidente del Hispano, que se había descolgado con varias decenas de miles de millones de pesetas.

Juan sondea por diversos caminos, pero un buen día, el 2 de abril de 1987, cuando el acercamiento estaba aún en su fase inicial, una indiscreción hace aparecer el tema en la prensa, frustando con ello el buen fin de la operación. Boada se queja amargamente al día siguiente, afirmando, entre otras cosas, no conocer de nada a Conde, lo que no le parece nada bien al joven millonario, que amenaza retirar de forma fulminante los 10.000 millones de pesetas depositados en el Hispano tras recibir el cheque de Montedison. Y don Claudio, ducho en estas lides, debe tirar de teléfono y disculparse.

Esta noticia, sin embargo, surte el efecto de poner sobre aviso a otros potenciales objetivos sobre la naturaleza de las intenciones de Conde y Abelló. Es el caso del Banco Guipuzcoano. Mario Conde le había echado el ojo al banco que entonces presidía el fallecido José María Aguirre Gonzalo. Una circunstancia venía a facilitar las cosas. El Guipuzcoano y Banesto mantenían participaciones accionariales cruzadas desde los tiempos de Aguirre en Castellana 7, y López de Letona, a la altura del mes de abril, había llegado a la conclusión de que tal mecanismo no reportaba ninguna ventaja al banco, por lo que había decidido deshacerlo en el marco de su política de desinversión.

El 4 de mayo, ambas entidades anunciaron haber llegado

a un acuerdo. Banesto se desprendía del 30,25% de la entidad vasca, al tiempo que recuperaba algo más del 3% de su capital social que estaba en poder del Guipuzcoano, lo que convertía a esta entidad en uno de sus accionistas, personas jurídicas, más importantes.

El Guipuzcoano, una entidad fundada en 1899, se encontró de repente con más de un 30% de su capital en las manos, sin contar la autocartera, y sin saber muy bien qué hacer con ello. Conde veía la oportunidad de oro en la compra de dicho paquete, que le hubiera convertido, con un desembolso inferior a los 5.000 millones de pesetas, en el mayor accionista, con mucho, del banco norteño. Sin embargo, la «joya de la corona» del Guipuzcoano, el 3% de Banesto, había desaparecido ya.

Pero Juan Abelló no vio nunca con simpatía esta salida. Del banco de Aguirre Gonzalo le desagradaba hasta el nombre, como en una especie de acto reflejo derivado de las tensiones políticas centradas en el País Vasco y especialmente en Guipúzcoa. Y la operación no se hizo.

A primeros de mayo, ambos amigos habían deshojado ya la margarita. Se trataba de jugarse el todo por el todo en Banesto, a sabiendas de que esa elección era la más arriesgada de las posibles.

El 13 de mayo de 1987, tres personas llegan a almorzar al restaurante Zalacaín. Se trata de Mario Conde, Jaime Lamo de Espinosa y Mauricio Hatchwell, que oficiaba de pagano. Hatchwell, que acaba de ganar la representación para España del *investment bank* norteamericano Goldman Sachs, quería conocer a un joven que alguien le había descrito como «un fenómeno de los negocios». Perseguía también algo más prosaico. Como Conde y Abelló se habían embolsado ya el producto de la venta de Antibióticos, Mauricio pensó en proponerles la creación de un banco de negocios en España, bajo la tutela de Goldman Sachs.

Tras el almuerzo, la charla se prolongó por espacio de sus buenas dos horas y se adentró por senderos insospechados: antecedentes profesionales, puntos de vista políticos, inquietudes religiosas... «Descubro en alguien que era definido como un tiburón un interés casi obsesivo por cuestiones tales como el destino del hombre. Conde, sin ser practicante, se me reveló como un hombre profundamente religioso en el sentido existencial del término.»

La charla con Hatchwell, español, judío sefardita, vinculado a la causa del estado de Israel, da ocasión a Conde de explicar sus puntos de vista sobre la trayectoria histórica del pueblo judío y su papel en el mundo actual. Conde manifiesta una vieja atracción por el pensamiento liberal de Raimundo Lulio, el filósofo mallorquín de origen sefardí nacido en Pollensa, Mallorca, un lugar donde Mario mantiene casa abierta.

En un momento determinado, Mauricio entra en materia y plantea su condición de representante para España de Goldman Sachs, uno de los primeros *investment bank* del mundo, responsable del 15% al 20% de las operaciones diarias que se efectúan en la Bolsa de New York. España, por su parte, está de moda, la Bolsa madrileña es como un cohete que sube sin parar. Puede ser el momento de crear, con socio tan distinguido, un banco de inversiones en España.

—Todo eso que me dices está muy bien, pero yo estoy pensando en otras cosas....

—¿Te parece trivial lo que te he dicho?

—No, no, pero hay ahora mismo otras cosas más interesantes. ¿Tienes la paciencia de escucharme?

—Por supuesto.

—Mira, la verdadera oportunidad que hay ahora mismo en España se llama Banco Español de Crédito. Y te voy a decir por qué. Es un banco que ha tenido y tiene problemas, pero que cuenta con un potencial de negocio impresionante. Su red bancaria es una máquina de hacer dinero y su grupo industrial, infrautilizado, puede convertirse en el primer gran *holding* español, la primera multinacional española de verdad. El que controle Banesto controla un buen pellizco de la economía española, de forma que desde allí es posible de verdad influir en la creación de riqueza, en el cambio del comportamiento empresarial, en la modernización de este país. Me refiero a la necesidad de preparar a los jóvenes, de romper tabúes, de enaltecer el afán de superación y la satisfacción por el trabajo bien hecho... No hay plataforma mejor que Banesto para promocionar el cambio de cultura económica que España necesita...

Hatchwell, sorprendido, se queda un instante callado, mientras barrunta en su interlocutor una cierta inclinación por las historias fantásticas.

—Si me permites hacer de aguafiestas, esto está bien para una charla de café, pero se trata de Banesto. ¿Tú has meditado bien lo que eso supone? Y otra cosa, ¿crees que va a ser fácil entrar allí?

—No creo que sea fácil en absoluto, pero la situación interna de enfrentamiento que ahora mismo vive el banco puede ser un factor que facilite nuestra entrada, y en dos o tres años nos permita llegar a mandar. Estoy convencido de que se puede lograr y ésta es ahora mismo la batalla que me quita el sueño.

—Querido amigo, siento decirte mi parecer: tu proyecto es un sueño mesiánico... Ahora bien, si hay alguien capaz de hacerlo en España, ése eres tú...

La fuerza que transmite Conde termina por contagiar a Hatchwell, quien se olvida de Goldman Sachs y se atreve a proponer un brindis:

—Hoy es un día muy importante para mí. Un 13 de mayo de 1962 concocí en Madrid a Mónica, la que hoy es mi esposa; y hoy, 13 de mayo de 1987, conozco a un español de categoría fuera de lo común...

«Aquel almuerzo fue impactante para mí. Era un flechazo en alguna manera similar al de Mónica, mezcla de admiración y de confianza en lo que expresaba. Yo he recorrido prácticamente todo el mundo y he conocido todo tipo de personas, y mantengo que es muy difícil encontrar un individuo como Conde. Y no me refiero sólo a España. Mientras hablaba con él estaba pensando en Robert Rubin y mentalmente les comparaba. Rubin, también muy joven, es uno de los tipos más brillantes que he conocido: presidente de Goldman Sachs, doctor en Derecho, *cum laude,* por la Universidad de Yale y MBA por la de Harvard.

»Pero Conde me parece incluso más interesante desde el punto de vista que posee una cultura más completa que Rubin, más universal. Además, la ventaja de Conde es que no sólo sabe comunicar, sino que sabe motivar.»

—De manera que te agradezco tu ofrecimiento sobre Goldman —asegura Conde—, pero mi batalla está ahora en Banesto...

—En todo caso, si falla eso, no eches en saco roto la posibilidad que te he comentado.

En la segunda mitad de mayo, Juan Abelló y Juan Herrera Fernández, marqués de Viesca de la Sierra, coinciden un día en un cóctel. Herrera ha sido buen amigo del padre de Juan, con quien ha cazado en muchas ocasiones, en algunas de las cuales coincidió también con el hijo.

—¿Tú crees, Juan, que podríamos pensar en tomar una participación en Petromed? —pregunta Abelló.

—Hombre, no creo que hubiera ningún problema. Es más, por mí encantado... Sois gente joven y seria.

—Aunque a lo mejor nos metemos en algo más gordo...

—Pues tú dirás.

El 10 de junio, el abogado Ramón Hermosilla recibe una llamada en su despacho de la calle de Velázquez, casi esquina a Goya. Al otro lado del hilo Mario Conde le pregunta si puede visitarle al día siguiente.

El 11, jueves, Mario parlamenta por la mañana con Hermosilla, a quien explica sus proyectos, que son los de su socio Abelló, y pide ayuda para propiciar un acercamiento hacia Pablo Garnica Mansí.

—Sabemos que te une una amistad profunda con don Pablo desde hace tiempo y queremos que, de alguna manera, seas nuestro introductor de embajadores. Como sabes, acabamos de vender Antibióticos y disponemos de unos recursos importantes que hemos pensado invertir en Banesto. Queremos orientar nuestro futuro hacia el sector bancario y hemos decidido que Banesto es el candidato por muchas razones.

—Pero, ¿os planteáis intervenir en la gestión o se trata de una simple inversión financiera?

—Mira, nosotros queremos entrar en el banco, porque pensamos que podemos contribuir a transformar la estructura de la entidad; creemos que podemos aportar muchas cosas. Tú conoces a bastantes personas del Consejo, no sólo a don Pablo y nos gustaría que trasmitieras que nuestro ánimo no es el de aves de paso; queremos entrar para quedarnos, y con espíritu constructivo contribuir al afianzamiento de la institución.

—Supongo que conocéis las tensiones internas que se están viviendo en el Consejo entre Letona, por una parte, y el resto, por otra. Esta situación puede dificultar vuestros proyectos.

—Sí, no te niego que conocemos esas tensiones...

—Entonces habréis calibrado que se os presenta una elección compleja...

—Hemos estado ya dándole vueltas a eso, y pensamos que no será posible la entrada si no es contando con el beneplácito de Letona, por todo lo que éste supone de cara a la autoridad monetaria. Pero también queremos de alguna forma contar con don Pablo, cuyo peso en el banco y en el Consejo todos conocemos.

—Yo creo que vuestra estrategia es equivocada, y que no lograréis lo que pretendéis apoyandoos en Letona. El verdadero poder en Banesto sigue siendo don Pablo, pero es vuestra elección.

—Hombre, se trata en un principio de que don Pablo nos conozca, y conozca nuestras intenciones, ya veremos cómo se van desarrollando los acontecimientos.

El 12 de junio, viernes, Ramón Hermosilla contacta con don Pablo y le habla por primera vez de la pareja inversora. Don Pablo, como buen hidalgo castellano, es reacio a toda novedad, y se muestra renuente. Piensa, de entrada, que, con la batalla de Letona planteada, la aparición de ambos inversores sólo puede contribuir a complicar más el panorama. Además, son muy jóvenes...

El miércoles, 1 de julio de 1987, Mario Conde y Juan Abelló son invitados a La Moncloa con motivo de la visita a España de un presidente norteafricano. Antes del banquete, Mario se acerca con su copa en la mano a un lugar de los jardines del palacio donde departían Felipe González y Juan Abelló.

—Bueno, presidente, quiero que sepas que nuestro proyecto está en marcha.

—¡Ah! —exclama aparentemente sorprendido Abelló—, ¿es que el presidente sabe algo de nuestros planes en Banesto?

—El presidente del Gobierno —contesta Felipe González—, sabe todo lo que tiene que saber...

En la primera quincena de julio, Juan Herrera recibe en su despacho una llamada de Juan Abelló. Él y su socio quieren verle. Y pocos días después los tres se sientan a hablar en la quinta planta de la sede de Petromed.

—Creo que ya te hice una insinuación hace varias semanas —interviene Abelló—. El caso es que queremos entrar en Banesto. Estamos decididos a intentarlo, porque para nosotros entrar en esa casa sería la culminación de nuestra carrera profesional y humana.

—Me parece muy bien; yo creo que estáis en la situación ideal para lograrlo.

—Ahora bien, queremos que sea una entrada amistosa y de acuerdo con todo el mundo. No queremos follones. Si hay oposición, miramos otra cosa y listo.

—No lo sé. Si por mí fuera, ya os digo que eso estaba hecho ahora mismo. Creo que lo mejor será plantearlo primero a Letona, a ver qué le parece. Ya sabéis que las cosas no están muy bien que digamos...

Juan Herrera comenta la novedad a su hijo, Juan Herrera Martínez Campos y a Alfonso Osorio, vicepresidente de Petromed. La noticia, en unos hombres que llevan tiempo oyendo a Herrera describir la situación de caos reinante en Banesto, da alas a la imaginación. Ésta podría ser una alianza importante. Puede que haya llegado el momento de crear un grupo de control accionarial alrededor del banco. Con relativamente poco dinero, piensa Herrera, la pareja puede conseguir en bolsa un importante paquete de acciones que, sumadas a las de Petromed y alguna más, podrían constituirse en un núcleo de control del banco y sus órganos de gestión.

Herrera, un hombre que, como Jaime Argüelles, jugó un papel muy importante en la llegada de López de Letona en Ba-

nesto, había sido, hasta el día que contacta con Conde y Abelló, uno de los escasos apoyos de que había dispuesto la gestión
del consejero delegado al frente del banco.

A los pocos días, Herrera y Letona mantienen una conversación en el despacho del vicepresidente.

—Bueno. ¿Y qué quieren hacer aquí estos señores?

—Pues nada especial, José María; son unos señores que tienen dinero, que son españoles y que lo quieren colocar aquí.
Y además dicen que si hay oposición se van...

—Claro, es que aquí no hay más que moscones rondando,
cuando se enteran que estamos saliendo adelante.

—Mira, José María, ésta puede ser una oportunidad para
colocar autocartera, que nos la estamos tragando continuamente.

—¡No sé por qué dices eso, Juan!

—Porque estamos vendiendo sistemáticamente acciones de
la autocartera a sociedades extranjeras que, en cuanto la cotización sube 40 o 50 enteros, nos las colocan de vuelta en la
Bolsa de Madrid, y nosotros a comprar otra vez, aunque más
caro...

—Eso no es así, Juan y te lo he dicho muchas veces.

—¡Pues es así, José María, te empeñes o no! De acuerdo
en que si le vendes a la Unión de Banques Suisses no va
a ser la misma UBS la que venga a soltarlo a los cuatro días,
pero para eso están las fiducias... Si a veces no hay más que
contar los paquetes que se venden y que se vuelven a comprar y sale la cuenta justa, hombre, cómo me puedes decir
que no...

—Bueno, y ¿qué?

—Pues que tenemos la oportunidad de drenar autocartera
con unos señores que quieren ser accionistas estables.

—Una cosa te digo, Juan. Si yo recibo a estos señores, en
cuanto hable con ellos lo cuento en la comisión ejecutiva. Con
las tensiones que hay en el banco, yo no puedo verme con ellos
a espaldas de la ejecutiva, porque si se enteran van a pensar
que se trata de una confabulación

—Pero hombre, si ellos quieren hablar contigo primero, no
se trata de nada más...

—Ellos quieren hablar conmigo de confabulación —dice Letona rotundo—. ¡Y yo a eso me niego!

La apertura no había sido muy afortunada. López de Letona piensa que ya tiene demasiados problemas en casa como para procurarse alguno más. «Cuando Herrera establece contacto con Conde y Abelló», asegura Letona, «probablemente piensa que si entran de su mano se va a poder formar un bloque de control con ellos y conmigo, porque hasta ese momento Juan había apoyado mi gestión en el banco, y cree que por fin va a poder alcanzar su vicepresidencia».

Letona era seguramente demasiado optimista a estas alturas sobre el estado de ánimo hacia él de Juan Herrera. De acuerdo con sus palabras, el marqués de Viesca de la Sierra estaba ya a esas alturas más que «horrorizado» por la gestión de Letona, además de espantando «ante la perspectiva de un Banesto letonizado tras el 12 de diciembre». Actuar de introductor de embajadores de unos señores que dicen querer comprar hasta el 10% del capital social del banco, puede ser una importante baza de futuro. Juan Herrera sostiene con firmeza que nunca ha aspirado a la presidencia de Banesto, aunque haya quien mantenga lo contrario, pero le hubiera gustado ver culminada su carrera como vicepresidente. Don Pablo lo sabe hace tiempo y el Consejo también, pero Juan tiene demasiados enemigos dentro del organismo. La llegada de Mario Conde y Juan Abelló puede ser su oportunidad.

Capítulo 12

UN LARGO Y CÁLIDO VERANO

A lo largo de 1987 España vivió uno de los momentos más apasionantes de su reciente historia económica. Un país tradicionalmente parado, se ponía súbitamente en movimiento y experimentaba en primavera una inesperada floración de tipos y de ideas nuevas, algunas de las cuales madurarán y darán fruto en el otoño e invierno siguientes. Un aluvión de nuevos negocios, y nuevos empresarios, desconocidos meses atrás, parece inundar de repente la escena nacional, relegando a los políticos a las páginas interiores de los periódicos. Es como si al olmo seco que cantara Machado le hubieran florecido de repente mil ramas verdes.

España parecía un hervidero de posibilidades, como si sus fuerzas naturales, encorsetadas tras largos años de crisis, hubieran sido de pronto liberadas. Unas fuerzas que, adecuadamente orientadas, podían producir un avance descomunal. ''La movida'' se había adueñado del mundo económico.

Son los Conde y Abelló, dos empresarios jóvenes, como tantos otros, que hacen un fabuloso negocio con la venta de su empresa a una multinacional y que parecen querer demostrar que en España también se pueden abordar grandes operaciones financieras. Ellos encarnan el *look* italiano del empresario moderno y ''echao p'alante''; ellos son el espejismo italiano en quien todos quieren mirarse en esta nueva época.

Son ''los Albertos'', Alberto Cortina y Alberto Alcocer, primos carnales, hijos de Alfonso Cortina, ministro de Asuntos Exteriores con el franquismo, y de Alberto Alcocer, primer alcalde de Madrid tras la guerra civil. A causa de su matrimonio con las hermanas Koplovitz, hijas de Ernesto Koplovitz y de Esther Romero-Usúa, marquesa de Cavapeñalver, y ahijadas de Ramón Areces, los primos "Albertos" se criaron, empresarialmente hablando, en las ubres del patriarca de El Corte Inglés. Sin embargo, "los Albertos", con trabajo e inteligencia, han aprendido a volar por sí solos y quieren ya abandonar el manto protector de don Ramón. Su imperio se asienta sobre el grupo Construcciones y Contratas (Conycon), y alcanza a Fomento de Obras y Construcciones, S.A. (Focsa), Portland Valderrivas, el Banco Zaragozano (30%), el de Fomento (5%), y Cartera Central (51,2%). Hoy son quizá la segunda gran fortuna de España, una fortuna calculada en torno a los 200.000 millones de pesetas, y están decididos a dejarse notar en otros sectores fuera del de la construcción, su negocio originario.

"Los Albertos" encarnan la imagen del nuevo empresariado español. Tipos simpáticos y divertidos, pero tremendamente duros en cuestiones de dinero. Apasionados de la caza, ambos son dueños de grandes fincas en la provincia de Ciudad Real y, desde fecha reciente, de importantes colecciones de pintura. Alberto Cortina en el "dandy" del dúo: conversación fluida, don de gentes y simpatía hacen de él un individuo humanamente atractivo. Alcocer es hombre dotado de un humor muy especial, capaz de hablar en el argot de Vallecas, pero duro como una roca cuando de negocios se trata. Ambos tienen en común su escasa capacidad para el chismorreo, virtud muy de alabar por estos pagos.

Son, cómo no, los March, Carlos y Juan. Los hermanos March, herederos de aquel otro Juan March que hizo su imperio en aguas del Mediterráneo, son hoy titulares de la primera gran fortuna española, estimada entre los 250.000 y los 300.000 millones de pesetas. Carlos y Juan March son los únicos españoles que figuran en la relación de los hombres más ricos del mundo que anualmente elabora la revista norteamericana *Forbes*. Para la publicación del excéntrico Malcolm Forbes, los March son «los contrabandistas de Baleares», dueños de un imperio que Juan March inició «gracias al contrabando de tabaco entre la Península y el norte de África». Hoy los March, como no podía ser de otra forma, se han rodeado de esa pátina de dignidad que el dinero concede por igual a todo el que lo posee.

Los hermanos March no se han dedicado a vivir de las rentas, sino que han sabido conservar y acrecentar el capital recibido. De hecho, es la única fortuna clásica del franquismo —en contraposición al caso de los Fierro o los Coca— que no sólo ha pervivido, sino que ha crecido en tamaño e importancia de forma palmaria. Los March son como esos invertebrados que tras pasar el franquismo invernando —y haciendo buenos negocios—, están ya dispuestos a salir a la luz, a pesar de su amor por el secretismo, y hacer valer plenamente su posición en una España integrada en Europa. Hoy son la primera potencia económico-financiera no institucional del país.

Hay incluso empresarios tradicionales, grandes fortunas como los Entrecanales o los Del Pino, que de repente parecen despertar, querer participar en las nuevas oportunidades que depara un país y una Bolsa en ebullición, abandonando el *low profile* del que han hecho gala durante décadas.

Hay, sobre todo, un cambio de actitudes, de mentalidad. Por encima de la aparición de personajes con nombres y apellidos concretos, cuenta la presencia de cientos, de miles de empresarios jóvenes. De hecho, en opinión de algún estudioso, la verdadera revolución que en 1987 se produce en España tiene lugar a nivel de empresarios individuales. Numerosos empresarios deseosos de hacer cosas, unidos por una característica casi común: todos han vuelto la espalda a la Banca, la poderosa Banca española, tradicional dueña y señora de vidas y haciendas, y responsable, en buena medida, de la epidemia de suspensiones de pagos de años atrás. Por primera vez, los empresarios individuales se ciscan en la Banca.

No es casual que los Condé-Abelló, ''los Albertos'', los Areces, los Polanco, los Entrecanales, los Del Pino, los Ballvé, e incluso los March procedan de sectores no bancarios. Muchos de ellos, jóvenes empresarios de la industria y los servicios, invierten ahora en la gran Banca privada y quieren hacer valer sus posiciones a nivel gerencial. Durante mucho tiempo, exceptuando claramente el caso de Botín en el Santander, los banqueros españoles eran en su mayoría meros gerentes, con mínima participación en el capital social. Ahora, los dueños del capital quieren mandar. Y seguramente lo van a hacer de otra forma.

Estos empresarios, esos miles y miles de profesionales de diverso tipo que ni siquiera se acuerdan ya de la transición política, han aceptado mentalmente el cambio económico y desean fervientemente trabajar y prosperar en un nuevo tipo de país. Como ocurre a menudo, los cambios sociales preceden a los institucionales. El cambio mental y generacional en el mundo económico español era un hecho en el verano del 87, aunque sólo entonces vaya a plasmarse en datos concretos.

El terremoto afecta de manera especial al sector bancario. Protagonista abrumadora de la realidad económica española, la Banca, tras años y años de fastidiosa teórica sobre fusiones y ''delfines'', parece de pronto víctima de una fiebre revolucionaria que amenaza trastocar en dos semanas lo que ha permanecido inalterable durante decenios. El sistema de los ''siete grandes'' bancos privados, un entramado caduco y obsoleto, sin futuro, se venía abajo como breva madura, tras haber aburrido al personal durante décadas.

La decisión de Sánchez Asiaín de iniciar a principios de 1987 los preparativos de una gran operación de redimensionamiento —vulgar fusión— del Banco de Bilbao, implica un salto histórico de grandes proporciones cuya cualidad más destacable es el paso de la teoría a la práctica. La OPA del Banco de Bilbao es un síntoma de modernidad en cuanto supone la quiebra de un sistema de pactos que parecían encarnados en la ''tradicional'' foto de los almuerzos de los presidentes de los ''siete grandes''. Todo estaba atado y bien atado. La foto saltará hecha pedazos por culpa de la decisión de esa OPA, que inaugura en España la era de un capitalismo financiero de corte liberal a la americana. Nada de arreglos: el más listo y el más guapo se quedará con la chica más bella del baile.

Un precedente de ese factor de modernidad que se avecinaba lo constituyó, en la primera mitad de 1986, la operación bursátil llevada a cabo por el Grupo March con Popular de Inversiones, S.A., (Popularinsa), la sociedad que sirve de nexo jurídico a los cinco bancos (Andalucía, Castilla, Crédito Balear, Galicia y Vasconia) del grupo Banco Popular Español. Los March, en efecto, fueron los primeros protagonistas de una operación de tiburoneo clásico a la americana hecha en la Bolsa española. La víctima fue don Luis Valls Taberner, presidente del Banco Popular y notorio miembro del Opus Dei, además de interesante personalidad por su cultura e inteligencia.

Pero la inteligencia y la lectura de los clásicos no le ponen hoy a nadie a sotavento de una operación de este tipo. «A primeros de año contábamos con un paquete del 12,5% en Popularinsa, y me ofrecí a colaborar aportando nuestra experiencia en la gestión del grupo, pero no nos quisieron», asegura Carlos March. «Hubo un señor que se enfadó muchísimo. Entonces era casi una afrenta personal comprar acciones —que nos parecían una buena inversión— en un banco cuyo dueño lo era sin tener un duro en el capital social». Con la ayuda de Claudio Boada, que le cede un paquete del 6% en poder de Banif, sociedad dedicada a la gestión de patrimonios del Hispano, el porcentaje de los March llega casi al 20% de Popularinsa. Al final, Luis Valls, para quien el incidente fue «un secuestro con pago de rescate», tuvo que plegarse a la operación recomprando, a primeros de abril de 1986, el paquete en manos de los March y dejando en la refriega algunas valiosas plumas (en torno a los 3.500 millones de pesetas) en forma de sustanciosas plusvalías.

En el verano del 87 confluyen varias operaciones en marcha de tan singular calado que amenazan configurar un nuevo mapa en las relaciones del poder económico en España. De repente todo se pone en movimiento; todo parece haber despertado en súbita fiebre de actividad. Se compra, se vende, se pactan alianzas... Es el cambio económico que, por fin, casi diez años despues del cambio político, estaba llamando a las puertas del país.

Este verano está en marcha la operación de entrada de

Conde y Abelló en el Banco Español de Crédito. Conde, un hombre dotado de sensibilidad para captar la realidad española, llega al teatro de operaciones en el momento adecuado. Quizá su mayor habilidad haya residido en saber que este país era en realidad "otro país", distinto al que pregonan los clichés. Un país más avanzado y moderno que sus clases dirigentes. Poseído de una ambición sin límites, donde lo que importa es, precisamente, llegar a ser un hombre muy importante —la riqueza es casi un producto residual de tal condición—, Conde ha olfateado el despertar español y se ha convertido en uno de sus más genuinos representantes. Ese convencimiento va a orientar todas sus pautas de comportamiento: hay muchas cosas por hacer y hay que hacerlas aceleradamente, con prisa... como si el tren de la oportunidad estuviera a punto de abandonar la estación.

No es casualidad que el cambio económico español se produzca al mismo tiempo que el cambio en Banesto. Banesto, el entramado financiero-empresarial más genuinamente español, va a conocer este año la transición de una época a otra. El giro radical que se empieza a gestar en Banesto es todo un símbolo de la mutación global de la economía española. A un banco gobernado por "las familias" más tradicionales del viejo capitalismo español llega de repente un equipo de jóvenes gestores —y a la vez propietarios—, dispuestos a protagonizar un cambio inimaginable no años, sino meses atrás. Y será, como lo fue el político, un cambio sin ruptura con el pasado, en realidad una transición consensuada.

En el verano del 87 el más influyente *lobby* español, el de la llamada *beautiful people,* se está jugando una partida decisiva en su consolidación como el grupo de presión más poderoso del país de cara al final de siglo. El campo de batalla es precisamente Banesto. El grupo controla ya el Hispano Americano; ha colocado a Letona como favorito en la carrera del Español de Crédito, y tiene fundadas esperanzas sobre el futuro del Banco Central. Los *beautifuls* van a perder la partida, porque su triunfo iría en contra de esta otra España que emerge. En la España donde los propietarios, los capitalistas de verdad dan la cara, están de sobra los clanes que, sin respaldo económico, sin arriesgar un duro propio, pretenden monopolizar el poder por delegación o dejación de sus legítimos dueños.

Se empieza entonces a hablar de una nueva clase o grupo social. Los *beautifuls* han muerto. Es la hora de la *successful people;* la "gente de éxito", los Conde, "los Albertos" o los Polanco de turno. La gente que no vive de traficar con influencias, sino que influye ella misma.

Está en marcha este verano la entrada del grupo March en el capital del Banco Hispano Americano, así como en el del Banco Popular, un asunto aún no resuelto.

Está tratando de entrar de forma definitiva en nuestro país un español atípico y multimillonario, Marc Rich, un hombre de tal potencial que, en opinión de un ministro socialista, «España, que ha jugado bien sus cartas para hacerse con la colección Thyssen, debería tratar definitivamente de atraer a Rich, si de lo que de verdad se trata es de que aquí haya dinero y se genere riqueza».

Está en marcha la gran batalla de los KIO planteada en varios frentes, básicamente en los sectores químico, bancario y alimentario.

Durante la primavera del 87 se trabaja en una interesante operación que entra en vía muerta en verano, pero que puede volver a ponerse de actualidad. Se trataba de fusionar el Hispano Americano con los activos de banca comercial del Banco Exterior de España, una idea que parecía gozar del beneplácito del trío Boada-Boyer-Rubio. La parte del negocio internacional del Exterior, la garantizada por CESCE como apoyo a las exportaciones españoles, pasaría a ser absorbida por la Banca oficial, idea que a su vez enlaza con la creación de un gran *holding* financiero público en torno al ICO.

Surgían iniciativas nuevas por doquier. El Banco de Bilbao adquiría el 5,14% del Hambros Bank, uno de los más tradicionales *merchant bank* británicos, mientras el rival de la acera de enfrente, el Banco de Vizcaya, se asociaba con el grupo March y los "nuevos ricos", Mario Conde y Juan Abelló, para crear con el grupo norteamericano Advent International una importante sociedad de capital riesgo en nuestro país.

Grandes fortunas, aparentemente escondidas, salían de pronto a la luz, como la de Jacques Hachuel, comprador en pleno agosto de los almacenes madrileños Celso García. Para que hubiera de todo, hubo hasta un multimillonario... ¡mauritano!, Hamida Boucharaya, que durante el verano compró al Banco Urquijo el Parque de Atracciones de Madrid.

Los magnates italianos se habían fijado en España. Mientras Raúl Gardini trataba de invertir en el Central, las huestes de Carlo de Benedetti creaban su sucursal española, Cofir, de la mano también del Banco de Bilbao y del grupo Construcciones y Contratas, vía Banco Zaragozano.

Habían llegado también ''los otros italianos'', los Giancarlo Parretti y Florio Fiorini, financieros con capitales especulativos que llegan sin alharacas, de puntillas, dispuestos a pasar inadvertidos hasta donde les sea posible, a pesar de lo cual invierten en España cerca de 30.000 millones de pesetas, a los que sacarán buenos rendimientos.

Con todos estos ingredientes y alguno más, el verano de 1987 se había convertido en una especie de gran teatro donde se estaba representando, tras las bambalinas, el cambio de la economía española.

Era como el despertar de un país dormido. En opinión de José Ángel Sánchez Asiaín, «no se trataba de una o varias flores que se abren a la vez; es mucho más; es, ni más ni menos, que la llegada en tromba de la primavera. Todo explota a la vez».

Todo explota tras decenios, siglos de negligencia y abandono. Son conocidas las tesis que hablan de la ausencia de una burguesía mercantil en España que impide al país sumarse a la revolución industrial del siglo pasado. La llegada de la dictadura franquista tiene lugar sobre un país básicamente rural y atrasado, con algún foco de industria pesada en el País Vasco y una cierta tradición mercantil en Cataluña. Con el fin de la segunda guerra mundial llega la frustración de un Plan Marshall, que no alcanza a la Península. El ''milagro'' económico de los años sesenta es en buena medida un espejismo que per mite la aparición de un empresariado que se acostumbra a vivir a la sombra protectora del Estado, un empresariado que se vale de los aranceles aduaneros para prosperar y enriquecerse gracias a una mano de obra abundante y barata. Y la crisis de los setenta, la muerte de Franco, con la llegada de la democracia en precarias condiciones económicas. Por fin, la entrada en la CE se plantea como la última tabla de salvación para un país sumido en la encrucijada: tasas de paro insoportables en un entramado socioeconómico donde se funden aspectos de modernidad con factores de atraso, y donde, por encima de todo, no hay una conciencia nacional clara de cuál puede ser el papel, económico y político, de España en el concierto de las naciones de su entorno.

El 1 de enero de 1986 surgió en el horizonte como una fecha hito, un punto de inflexión en la vida del país. El parapeto arancelario tiene que desmontarse de forma paulatina en cuatro años. En 1990 España será plenamente Europa, pero en 1992 Europa será verdaderamente un mercado sin fronteras, donde todos podrán competir con todos. Es este un dato fundamental que incide de plano en la súbita aceleración del mundo de los negocios hispano. El que quiera competir a partir del 92 tendrá que tomar posiciones de forma inmediata. Se impone la creación de unidades mayores.

Las variables macroeconómicas comienzan entonces a animarse, bajo la presión de los excedentes empresariales acumulados tras varios años de sacrificios salariales gestionados por el Gobierno socialista.

Llega el *boom* inmobiliario. Grandes fortunas como la de Luis García Cereceda, o Emiliano Revilla, que había ingresado 7.000 millones de pesetas por la venta a Unilever de su negocio cárnico, o César ''Pucci'' Montenegro, un príncipe de ascendencia croata que se pasea por Madrid a bordo de un Rolls Royce, competían en la capital de España por los pocos solares disponibles con grupos extranjeros como los suizos de BTK (Blum, Touraine, Klain), o el grupo británico Heron, el sueco Reinhold, la aseguradora suiza Winthertur, o el kuwaití KIO, entre otros. Era la fiebre del oro.

Hoy KIO, de la mano de Prima Inmobiliaria, unas veces, y a nivel individual, otras, es uno de los más importantes promotores inmobiliarios existentes en nuestro país, siendo propietario, a finales de 1987, de casi 270.000 metros cuadrados de oficinas situados en Madrid, en su mayor parte, y Barcelona (en torno a 50.000 metros cuadrados).

Y el capital internacional, especialmente europeo, descubre España como nueva frontera inversora, donde prácticamente todo está por hacer. Todo este aluvión de dinero foráneo coincide con el despertar, con la floración de nuevas figuras empresariales autóctonas, y todo confluye en el verano de 1987.

El cambio del 87 se condimentó con el ingrediente, absolutamente básico, del *boom* de las Bolsas españolas. Por primera vez se produce en España el espejismo de un capitalismo popular. Atraído por la constante subida de los valores bursátiles, el modesto ahorro privado se atreve a asomarse al parqué. Dinero extranjero, especialmente de grandes fondos de inversión, fondos de pensiones, etc., acude en cascada al nuevo El Dorado madrileño. El edificio de la Plaza de la Lealtad, sede de la Bolsa de Madrid, se antojaba de pronto un *remake* bastante apañadito de Wall Street. Todo valía; ''chicharros'' con cuentas de resultados penosas se colocaban y subían como si de la IBM se tratara. Aquello era una bicoca. Nuevas empresas anuncian cada día su salida a cotización, mientras el mecanismo de las ampliaciones de capital funciona a todo trapo. Así se hicieron en la Bolsa de Madrid algunas cuantiosas fortunas en el plazo de pocos meses.

En el verano y otoño madrileños de 1987 se produce la curiosa sensación de que lo que sobraba en España era dinero, y lo que faltaban eran ideas, proyectos o negocios concretos donde invertirlo. No era difícil encontrar grupos dispuestos a poner sobre la mesa 10.000 millones de pesetas para colocar en un buen proyecto. Con exceso de liquidez, la penuria parecía estar entonces en la falta de negocios concretos.

Y hablar del *boom* de la Bolsa española en 1987 es hablar de la Kuwait Investment Office (KIO). De hecho, nada de lo ocurrido realmente en España durante 1987 y 1988 puede entenderse sin acudir a KIO y esencialmente a su hombre en España, Javier de la Rosa Martí. Javier de la Rosa se convirtió en 1987 en el azote de muchos empresarios españoles *ancien régime*. Empresarios cuya capacidad, como el valor al recluta, se les supone, y que de pronto vieron horrorizados cómo el capital árabe manejado por De la Rosa podía de la noche a la mañana ponerles un cohete en el trasero, haciéndoles salir disparados del sillón. El mayor espectáculo del mundo.

Javier de la Rosa, el "hombre de la manguera", manejando a su antojo el chorro de los millones kuwaitíes, ha sembrado el pánico en el mundo empresarial español, para deleite de las Bolsas, que le deben gran parte del famoso *boom*. En un mercado bursátil tan estrecho como el español, la llegada de un grupo con tesorería tan importante como el kuwaití no podía sino sembrar el desconcierto. A partir del mes de junio de 1987, la sombra de KIO planeaba sobre cualquier título cuya cotización se moviera al alza. El interés, ficticio o real, de KIO por un valor hacía disparar su cotización. Cuando la presencia del grupo árabe se confirmaba, todo el mundo compraba. KIO era un valor seguro. KIO convertía en oro todo lo que tocaba.

El fenómeno KIO es un factor que coadyuva a esa modernidad mencionada, entendida como la implantación en España de un capitalismo liberal rabioso. Su presencia en España contiene un ingrediente ejemplificador no desdeñable y especialmente interesante en la eclosión que vivía el país durante 1987. Cierto tipo de empresarios de campanillas, que parecían serlo por herencia, se ven de pronto en peligro, lo cual no dejaba de ser una buena medida profiláctica.

Las salidas a Bolsa con ampliaciones de capital monstruo, tipo Torras Hostench, como forma de capitalizar las empresas con ahorro privado, ha sido algo que los kuwaitíes popularizaron el pasado año en España. Por otro lado, KIO ha sido en España una buena *business school*. En efecto, los árabes y Javier de la Rosa han enseñado cómo hacerse millonario en la Plaza de la Lealtad sin pasar por Wall Street. Y son muchos los que hasta el famoso *crash* mundial del 19 de octubre tomaron buena cuenta de las lecciones gratuitas recibidas y se aplicaron con dedicación a la tarea de enriquecerse. Con una diferencia: KIO podía poner sobre la mesa en un momento determinado 50.000 millones de pesetas si hiciera falta, cosa harto improbable en otros casos.

Javier de las Rosa y sus KIO tomaron el pasado año fuertes posiciones en cinco de los siete grandes bancos privados españoles: Banesto, Central, Vizcaya, Bilbao y Popular. En 1988 la lista engordó con el Banco de Santander. En algunos, los grupos representados por Javier de la Rosa se erigieron en primeros accionistas individuales, caso del Central, Banesto, Vizcaya y Bilbao. Se comprenderá con este simple dato por qué hoy no puede entenderse nada de lo que ha pasado en España en los dos últimos años en el terreno económico sin referirse a Javier de la Rosa.

Una de las fechas cumbres de ese irrepetible verano del 87 es sin duda la del 23 de julio. Ese día, Torras Hostench, *ergo* KIO, *ergo* Javier de la Rosa, deciden pegar el petardazo. Mediante un sencillo comunicado aparecido en el tablón de anuncios de la Bolsa de Barcelona, el grupo Torras anunciaba oficialmente el control del 4,65% del Banco de Vizcaya, el 2% del Banco Central y el 15% de Explosivos Río Tinto. Ese 2% de novedad en el Banco Central, sumado al 4,95% vendido hacía menos de un año a GSM, la filial suiza de KIO, convertían al grupo kuwaití en dueño de casi el 7% del primer banco privado español. La bomba atómica.

¿Por qué esta repentina salida a la luz, contraviniendo la santa regla de la discreción tan querida por KIO en otras latitudes? Para Javier de la Rosa, se trataba de açallar definitivamente los rumores sobre si los kuwaitíes estaban aquí, allá y más allá. El caso es que la aparición pública del grupo anunciando sus inversiones causó enorme impacto. ¿Por qué? Porque oficializa su presencia e implantación en nuestro país. A partir de entonces los rumores dejan de serlo y se convierten en realidad hasta para los desinformados. De la Rosa consigue el efecto contrario al que buscó, armando un verdadero zipizape a todos los niveles. Es como si hubieran tocado a rebato.

La España profunda va a despertar de su modorra para rebelarse de nuevo contra el invasor moro.

Todo de una manera un tanto cínica, porque la movida de los KIO no podía haber pasado inadvertida en los círculos informados. La ampliación de capital efectuada en Torras Hostench, el buque insignia de KIO en nuestro país, a primeros de junio de 1987, hablaba por sí sola de las intenciones del grupo que representa Javier de la Rosa. Aquella ampliación, de más de 50.000 millones de pesetas, lo nunca visto en las Bolsas españolas, colocaba a la sociedad con unos recursos propios (capital y reservas) de más de 55.000 millones de pesetas. ¿Para qué tanto dinero? Sin duda no para profundizar en el negocio papelero.

Es la señal de estampida, el síntoma de que algo gordo iba a ocurrir en España en los meses venideros. Torras estaba llamada a más grandes destinos: actuar como cabecera en la Península de los intereses del grupo kuwaití. Y con un componente estratégico de altos vuelos: a partir de esta ampliación, el titular de las operaciones inversoras del grupo no era ya KIO sino una empresa española llamada Torras Hostench, en la cual la participación árabe es actualmente del 47,5%. Los KIO "nacionalizaban" así, al menos formalmente, sus actividades en España.

A la altura del anuncio mencionado, KIO estaba muy metido, además, en el capital social de Ebro, Compañía de Azúcares y Alcoholes, aunque los hombres del grupo aludieran al asunto hablando de una modesta participación del 5%. Otro tanto ocurría en la Sociedad Anónima Cros, donde los planes de KIO apuntaban ya a una toma del 24,9%, con el objetivo puesto en otra ampliación de capital gigante, tipo Torras, por importe de 55.000 millones de pesetas, de forma que fuera Cros quien se hiciera cargo de ERT como cabecera de un grupo químico español de dimensión europea. Y todo ello consolidable en el balance de Torras, como *holding* o cabecera de los intereses kuwaitíes en España. El grupo había tomado también un 4% en la papelera Empresa Nacional de Celulosas (ENCE).

La inversión de KIO en el Vizcaya es uno de los episodios

más apasionantes de la historia del grupo en nuestro país. Pedro Toledo, el elegante dandy que preside el Vizcaya, había anunciado con poco tino ante un grupo de periodistas en la última junta de accionistas del banco, celebrada a primeros del año 87, que a él nunca se le colaría un árabe por la espalda, en clara alusión a lo acontecido a Alfonso Escámez en el Central. No se sabe muy bien si para entonces KIO se había fijado ya o no en el banco norteño, pero lo cierto es que el grupo se le coló a Toledo en lo que parecía a todas luces una refinada y sutil venganza árabe, de la que Toledo no se enteró a ciencia cierta hasta que lo leyó en los periódicos.

«Llevábamos tiempo dándonos cuenta de que la participación extranjera en el banco era muy fuerte», comenta Pedro Toledo. «Aunque no sabíamos quiénes eran, no desconfiábamos, porque el tema de los tiburones todavía no había aparecido en España. Así que tratamos de enterarnos, preguntando por los canales habituales. Yo pensaba que había unas reglas de juego en la comunidad financiera que debían cumplirse, tanto en España como en el extranjero. Pero, de repente, dejan de cumplirse. Y nos dimos cuenta de que había algo raro. Algunos *brokers* que deberían estar agradecidos al Vizcaya, porque habían ganado mucho dinero con el banco, habían cambiado de bando. No sólo no nos dijeron nada, sino que nos mandaron con cajas destempladas. Nos mintieron. No nos dijeron la verdad. Pecamos de ingenuos.»

«Lo gracioso del caso es que KIO compró el paquete al propio Banco de Vizcaya, en el plazo de una semana y sin que se diera cuenta, merced a la utilización de diferentes *brokers*», asegura un agente de Cambio y Bolsa madrileño, que quiere guardar el anonimato. Corría el mes de mayo, y el jeque Fahad Al-Sabbah, número uno de KIO en Londres, se encontraba en Madrid para asistir a una reunión del Consejo del Banco Atlántico, escoltado por el fiel Javier de la Rosa. Y una mañana, en la *suite* del jeque en el Hotel Ritz, el financiero catalán tiene una idea brillante con la que combatir el aburrimiento:

—Excelencia —que tal era el tratamiento que De la Rosa

dispensaba por aquel entonces a Al-Sabbah—, hay aquí una oportunidad de oro con un banco español muy bonito...

—Adelante.

El descubrimiento causó una verdadera conmoción en la alta gerencia del Vizcaya y en el propio Pedro Toledo, quizá el banquero que goza de mejor imagen en nuestro país como hombre joven, abierto y dialogante. «Yo pensaba que su paquete era bastante menor. Ésa fue la sorpresa. Nosotros creíamos que podían tener un 1% o como mucho un 2%, pero no casi el 5% que anunciaron. Pero sobre todo fue la agresividad con la que lo dieron a conocer el 24 de julio, con unos artículos en la prensa que parecía que a Escondrillas, a Escámez y a mí nos iban a quitar el sillón de un momento a otro.» A pesar de que los árabes tranquilizan a los afectados sobre sus intenciones, a Toledo le entró miedo. Nadie estaba seguro. Cualquiera podía recibir un día en su casa la visita del hombre del turbante.

Pero el Vizcaya y Toledo no se cruzan de brazos y ese mismo fin de semana, el 25 de julio del 87, reaccionan aprobando una ampliación de capital mediante la elevación del nominal de las acciones de 500 a 750 pesetas, con lo que el capital social del banco aumentaba en un 50%. Es una medida —que pasa casi inadvertida— de corte defensivo, de la que se benefician los accionistas del banco, incluida KIO. La capacidad de reacción del Vizcaya, cuya capitalización bursátil aumentó en una semana en 160.000 millones de pesetas, es una muestra más del repentino *aggiornamento* que se había producido en el verano de 1987. El episodio de KIO en el Vizcaya, no obstante, va a tener una gran repercusión en algunas de las cosas que van a ocurrir en la segunda mitad del 87 y principios del 88. Entre otros motivos porque va a volcar definitivamente a Pedro de Toledo por la vía de las fusiones bancarias.

En la primera semana de agosto, Toledo dirige una carta al jeque Al-Sabbah. «Como presidente del Banco de Vizcaya es para mí una satisfacción que un grupo tan poderoso como KIO haya invertido en el banco que dirijo...», aseguraba la misiva. «En el fondo le estoy muy agradecido a KIO, porque me ha sacado del anonimato. ¿Quién había oído hablar del Vizcaya en el extranjero antes de este episodio?», se pregunta Toledo.

«Nosotros nunca le discutimos a KIO su inversión. Los negocios son los negocios. Y como presidente, mi obligación era atender al accionista más importante del banco.»

Donde sí querían hacer cosas los KIO era en el Banco Central, entre otras, traerle a Alfonso Escámez cuentas de 200 y 500 millones de dólares. Pero Escámez cierra la fortaleza a cal y canto por miedo a que un buen día le birlen el sillón. La frustrada operación de Cepsa contribuyó a enrarecer el ambiente. Pero KIO, que había forzado las defensas del Vizcaya como una mariposa, se le cuela a Alfonso Escámez hasta la cocina. Aunque las acciones de los bancos son nominativas, la figura de la fiducía, las sociedades interpuestas y otros mecanismos similares hacen prácticamente imposible controlar el destino de los paquetes bancarios que cambian de mano, a pesar del esfuerzo de los bancos, que se aplican a la tarea con elogiable dedicación. Así, el paquete real del Central en manos de los KIO es toda una entelequia, aunque en el verano del 87 podía sobrepasar el 17% y es posible que haya llegado hasta el 19% o el 20%.

Alfonso Escámez opta definitivamente por la defensa contra el invasor. Ninguna resistencia tan heroica, sin embargo, como la de José María Escondrillas. Cuando a la altura de mayo-junio la presencia de KIO en ERT era ya un clamor, Escondrillas, su presidente, adoptó la decisión de ignorar la evidencia, como meses después haría Escámez. Tan tarde como el 13 de julio de 1987 Escondrillas manifestaba, y su servicio de prensa distribuía, que «lo de KIO, es un bulo», calificando de «falsos y estúpidos» los rumores al respecto. Escondrillas, que pudo ser el hombre del grupo árabe en el sector químico español, prefirió por causas desconocidas jugar la carta contraria, y, al grito de «¡Santiago y cierra España!», se dispuso a atrincherarse en la sociedad y resistir numantinamente el asalto de la caballería árabe.

Se empieza así a fraguar a partir del citado 23 de julio un curioso fenómeno que se desarrollará durante el verano y el otoño del 87, cual es la creación de un núcleo de oposición a

KIO por parte de notorias personalidades del mundo de la empresa y de la Banca, que sienten sus sillones presidenciales amenazados por el capital árabe. Es el club anti-KIO o la liga del "no pasarán".

Se trata de Alfonso Escámez, líder natural del grupo; de José María Escondrillas, su *force de frappe*; de Francisco Lozano, presidente de Ebro, también amenazado por KIO; de Pedro Toledo, presidente del Banco de Vizcaya; de Claudio Boada, que se considera indirectamente amenazado, como el presidente de Sociedad General Azucarera de España, José Joaquín de Ysasi Ysasmendi; de Luis Magaña, y de alguno más. El grupo cuenta con importantes adhesiones, más o menos explícitas, como las de Rafael del Pino (Ferrovial) o la de José María López de Letona (Banesto), por citar sólo dos miembros del llamado club de los *beautifuls*. Cuentan también con significativos apoyos a nivel político. A través de José María Escondrillas, la liga del "no pasarán" enlaza con la fracción vasca del PSOE, emparentada con Eduardo Santos, ex subsecretario de Industria, amigo de Escondrillas, consejero del Banco Central, y actual presidente de Nueva Montaña Quijano; Francisco Fernández Marugán, un hombre importante en el aparato del PSOE, les une a núcleos de Ferraz 3, sede del partido; la liga enlaza también con un sector del socialismo catalán, enfrentado a Javier de la Rosa por viejas querellas, como Rafael Suñol, ex presidente del Banco de Crédito Industrial, y como el mismísimo Narcís Serra, ministro de Defensa y principal valedor ante el Gobierno durante muchos meses de las tesis de Escondrillas frente a los KIO. Los coaligados disponen además de los servicios profesionales de tan consumado relaciones públicas como es Ladislao Azcona, ex televisivo famoso y a la sazón adjunto a la presidencia de ERT.

La liga del "no pasarán" celebra algunos desayunos de trabajo en la sede del Banco Central, y durante las vacaciones de agosto mantiene encuentros más o menos informales al pie de la piscina de la residencia de verano de Alfonso Escámez en Águilas, provincia de Murcia, al borde del Mediterráneo. Pedro Toledo, del Vizcaya, que veraneaba en Jávea, es uno de los visitantes. «Un día entero da para bañarse en la piscina, tomar el aperitivo, almorzar y charlar de mil cosas, aunque a mí lo que me interesaba era el tema de la fusión», señala Toledo.

Si las resistencias a las aventuras empresariales de Javier de la Rosa eran muchas, las bancarias todavía lo eran más, al contar con el respaldo de la autoridad monetaria. Mariano Rubio ya había efectuado su famosa declaración llamando al orden a cualquier grupo extranjero que pretendiera tomar el control de algún gran banco nacional. La alusión era demasiado directa, aunque también podía tener otros potenciales destinatarios.

De la Rosa se manifiesta ante sus amigos desengañado por la falta de colaboración en asuntos que podían traer mucho dinero extranjero a España. «Todo por el miedo de unos cuantos a perder su sillón», asegura. En los consejos de administración de la gran Banca, el tema KIO causa pavor. Muchos creen ver en la trastienda la mano sabia del viejo Emilio Botín-Sanz de Sautuola y López, presidente del Santander y quizá la tercera gran fortuna española. La amistad y entendimiento entre Javier de la Rosa y Emilio Botín es conocida en las cúspides y ello causa alarma. Hay un momento en que De la Rosa imagina una cruel venganza, consistente en sacar de golpe a Bolsa todas sus participaciones bancarias. Podía ser el *crash*. Se iban a enterar los señores de la Banca.

La operación de toma de la mayoría en Cros pone de manifiesto ante la comunidad financiera las excelentes relaciones existentes entre Javier de la Rosa y el viejo Botín. El 27 de agosto, y en Santander, ambos personajes firmaban la venta a Torras de un paquete del 9,2% de Cros propiedad del banco cántabro, que, no obstante, seguía conservando una participación más que testimonial en la firma química. Don Emilio Botín, vicepresidente de Cros a efectos de representación de acciones, y hombre siempre atento a los movimientos de KIO, no quería quedarse al margen de las futuras meriendas del grupo árabe:

—Señor Rosa, que conste que yo sigo de vicepresidente de Cros porque usted me lo ha pedido...

—¡Oiga, don Emilio, que yo no se lo he pedido!

—Pues piénselo, señor Rosa, piénselo, a ver si le conviene a usted.

—Mire, don Emilio —reacciona De la Rosa tras un instante de perplejidad— lo he pensado y quiero que usted siga de vicepresidente de Cros.

—Muy bien, pero sepa usted que a mí no me gusta estar en los sitios sin saber quién entra y quién sale...

—No se preocupe, don Emilio, que yo le tendré siempre informado.

Ya metidos en harina, Javier de la Rosa decide conducir el diálogo por otros derroteros:

—Bueno, don Emilio, y ¿por qué no hablamos de participaciones bancarias?

—Como usted quiera, señor Rosa.

—Ya sabe usted que tengo tomadas posiciones en alguno de los grandes...

—Ya estoy informado, ya estoy informado... ¡Es usted un joven muy agresivo!

—Bueno, tampoco es tanto. Tenemos algo en el Vizcaya y el paquete que nos vendió Escámez en el Central. Lo nuestro no es importante comparado con las operaciones que están en marcha, como la de Conde y Abelló en Banesto...

—Sí, ya estoy enterado. Ya sabe usted que mi hijo Jaime es muy amigo de estos chicos. Creo que ahora quieren hablar con usted...

—¡Ah, yo no sé nada! ¡No tengo nada que ver con Banesto...!

—Vamos a ver, señor Rosa, sepa usted que yo no me chupo el dedo como el señor Letona y he seguido sus pasos al milímetro... De todas formas, si piensa usted algo en concreto con respecto a este asunto, sepa que yo le escucharé de mil amores.

Emilio Botín, el «zorro del desierto» de la Banca española, parecía ya estar adivinando posibles escenarios en los que poder sacar suculenta tajada.

El enfrentamiento mantenido durante el pasado año entre De la Rosa y algunos de los empresarios miembros de la liga del "no pasarán", especialmente José María Escondrillas, es, de alguna forma, otro de los factores de modernidad que aparecen en 1987 en la economía española. Por primera vez se plantea en España el debate —que en Estados Unidos ha merecido ríos de tinta con la aparición de los *raiders*, aquí llamados tiburones— sobre quiénes son realmente los dueños de las empresas, si sus gerentes o sus accionistas. Por primera vez se plantea en España un conflicto abierto entre la alta gerencia de una empresa —Escondrillas y su equipo— y sus principales accionistas —el grupo KIO—, conflicto que en 1988 se planteará brevemente también en la compañía Ebro.

Los problemas, sin embargo, no arredran al "hombre de la manguera". La fama de su oficina de Barcelona, Quail España, como máquina de ganar dinero en Bolsa ha traspasado ya las fronteras. Hasta ella se acerca el mismísimo Raúl Gardini. El líder de Ferruzzi quiere tomar una participación importante en el Banco Central. De la Rosa y la mano derecha de Gardini, Sergio Cragnotti, vicepresidente de Agricola Finanziaria, del grupo Ferruzzi, mantienen una entrevista en Milán. El *tycoon* italiano quiere nada menos que el 51% del Central.

—Se ha demostrado que porcentajes menores no aseguran el control de una sociedad —asegura Caragnotti— y nosotros estamos yendo en todas nuestras inversiones europeas a por paquetes del 51%.

—¡Pero eso es una barbaridad! Ese porcentaje es absolutamente imposible de lograr en el caso de un banco español...

—¿Por qué? ¿Se trata de dinero?

—No. Se trata de que el Banco de España no permitiría ni de lejos la toma de una participación semejante. Si habéis pensado en algo así, os aconsejo que abandonéis la idea...

—De todas formas —insiste el italiano— queremos que nos hagas un informe detallado de la situación del banco, los problemas con la autoridad monetaria y las posibles alternativas a esta inversión.

La amenaza de KIO en el Vizcaya y en el Central ha contribuido a unir con lazos sentimentales a los presidentes de ambas entidades. En realidad, el interés del Pedro Toledo por el Banco Central de Alfonso Escámez viene de lejos. Tras la llegada al poder del primer Gobierno socialista salido de las elecciones de octubre del 82, Pedro Toledo mantuvo una larga conversación con Carlos Solchaga, recién instalado en el Ministerio de Industria, donde el banquero vasco conoce de primera mano el pensamiento del nuevo Gobierno sobre el tema de las fusiones. Carlos Solchaga estaba iniciando los primeros pasos en la reordenación del sector eléctrico.

—Y algo parecido tendrá que ocurrir en la Banca, convéncete, Pedro. La Banca es una de las preocupaciones del Gobierno socialista. Ha habido una crisis bancaria muy fuerte, pero no está todo liquidado como la gente piensa.

—Hombre, yo creo que lo peor ya ha pasado...

—No lo sé, pero me temo que no. Ahora puede venir la crisis de los grandes. Hay algunos rumores poco tranquilizadores en torno a Hispano y Central. Se han cometido errores de gestión de bulto, y eso es lo que preocupa al Gobierno: que la próxima crisis bancaria sea la de la gran Banca, con las consecuencias que ello tendría para toda la economía del país.

—Y pues...

—Pues que habría que tratar de encontrar soluciones antes de que llegue la epidemia.

—Pero es muy difícil, Carlos, tratar de encontrar soluciones globales...

—Yo creo que algo se podrá hacer en el futuro si nos adelantamos a los acontecimientos. Por ejemplo, en el caso de una eventual fusión Vizcaya-Central.

—Eso lo veo como una quimera. Sinceramente, Carlos, hay demasiados intereses personales en juego.

—No lo sería si se hicieran las cosas bien. Escámez no termina de configurar un equipo de ejecutivos, no hay un sucesor. Tú, Pedro, eres joven y puedes esperar. Si esa fusión se plantea dejando a Escámez en la presidencia, la gestión puede ser cosa vuestra, y eso sería muy bien visto por el Gobierno...

A partir de aquella conversación, Pedro Toledo y Carlos Solchaga, que procedía del Banco de Vizcaya, han ido manteniendo conversaciones informales de tarde en tarde, en las que a menudo salía a relucir el futuro de la Banca. Eran diálogos de amigos en los que se especulaba mucho y se concretaba poco, pero que servían a Toledo para mantener abierta una línea de comunicación directa con el Gobierno.

Cuando se oficializa en el Vizcaya la presencia accionarial de los KIO, Toledo acude, muy alarmado, a pedir árnica a su amigo Carlos Solchaga.

—La Banca es un sector estratégico y el Gobierno no debe permitir la toma de posiciones de un grupo como KIO, que es una agencia gubernamental del Estado de Kuwait.

—Muy bien, Pedro, pero ya hace mucho tiempo que venimos hablando de estas cosas y no os acordáis de Santa Bárbara hasta que no truena...

—Yo quiero saber si vais a hacer algo.

—Y, ¿qué quieres que hagamos?

—Lo que acaba de anunciar Leigh-Pemberton, el gobernador del Banco de Inglaterra, en Dublín: la libertad está muy bien, pero ningún grupo industrial o bancario extranjero podrá llegar a dominar ninguno de los grandes bancos privados británicos...

—¿Qué sugieres, pues?

—Que les paréis los pies; que deshagan esa operación. Nosotros estamos dispuestos a recomprar ese paquete.

—Veremos qué se puede hacer.

—Además, ya hemos hablado de que el Vizcaya estaba reservado para otro tipo de operación...

—Sí, Pedro, pero ahí tienes a Escámez tan campante, sin que tú hayas dado un paso al frente, al menos que yo sepa...

—Estoy dispuesto.

—Bien; pues intentaremos arreglar lo de KIO, pero tú intenta arreglar al Gobierno lo del Central...

A lo largo del verano del 87, Pedro Toledo, con los KIO ya bien metidos en casa, se entrevista varias veces con Alfonso Escámez. Toledo propone abiertamente al banquero de Águilas un proyecto de fusión de ambas entidades, como forma adecuada de defenderse del invasor. Dos hombres de edad, formación y currículum diferentes descubren que se entienden dialogando, constatan que la comunicación es fluida. Toledo se ilusiona con el proyecto. Al contrario que la nueva clase emergente de los millonarios hispanos, Toledo asegura haber sentido siempre un gran respeto por su figura. «Me he llevado siempre bien con él y le he admitido como líder.»

El casamiento Vizcaya-Central es una de las fusiones ''cantadas'' por los teóricos del sistema. Son entidades complementarias. A la fortaleza de mastodonte del Central —aunque con algunos preocupantes achaques—, le viene como anillo al dedo la capacidad gerencial del Vizcaya. Toledo no tiene ambiciones personales a corto plazo. Es joven y puede esperar. El esquema de mando está cantado. Escámez presidente durante unos años, y Toledo consejero delegado y delfín incontestado. La operación cuenta con todas las bendiciones del Banco de España y de Carlos Solchaga, y todos contentos viendo entrar en vías de solución el problema gerencial y generacional del Central. Todos menos Alfonso Escámez, que se limita a escuchar y dejarse querer. «Yo creo que Escámez no se veía agredido. Se sentía seguro, porque pensaba, erróneamente, que lo tenía todo bien amarrado...»

El 16 de septiembre se produce el anuncio de otra operación financiera de gran envergadura, un fruto más de la cosecha que este verano nuevo en la historia económica de España estaba deparando. Desde hacía tiempo se venía notando en la Bolsa de Madrid un movimiento inusitado en torno al Banco Hispano Americano. «Habíamos tenido información confidencial de que la operación de saneamiento del Hispano Americano era un éxito, y como la cotización estaba muy baja, el negocio parecía servido en bandeja», asegura Carlos March. «Así que en pleno mes de junio hablé con Claudio Boada, con quien me une una buena amistad, y le comuniqué nuestras intenciones de invertir en el banco, a lo cual no puso objeción.»

Ese día se hace oficial que el grupo March había tomado una participación del 2% en el Hispano Americano, un porcentaje que muchos consideraban muy superior en la realidad. En la misma fecha se anuncia también la presencia en el accionariado del Hispano del multimillonario Marc Rich, con un porcentaje similar, que la gerencia del banco redujo *a poste-*

riori a la mitad. Al margen de la cacofonía que producen ambos nombres, no cabe deducir en esta aparición simultánea más intríngulis que la realidad de un valor, el Hispano, que invita a comprar y la existencia de tesorería suficiente en ambos grupos para invertir. Los March y Marc Rich son dos casos diferentes, unidos por el cordón umbilical del dinero.

Los March aprovecharon el *crash* del 19 de octubre para invertir en títulos del Hispano cerca de 10.000 millones de pesetas adicionales. Su participación accionarial, reconocida, en el banco que preside Boada es del 5%, con un valor en el mercado superior a los 16.000 millones de pesetas, aunque los sempiternos sospechosos la siguen elevando varios puntos por arriba. En todo caso, ese 5% convierte a los March en el primer accionista individual del Hispano, considerando al Commersbank alemán y su 10% como un accionista pasivo.

Algo parecido ha ocurrido con la inversión en el Banco Popular, donde el grupo que lideran ambos hermanos mantenía ya hace tiempo una cartera de casi un 2%. La caída bursátil del 19 de octubre fue de nuevo aprovechada por los financieros mallorquines para, con una fuerte inversión adicional, elevar su participación hasta casi el 5% del capital social del banco que preside Luis Valls Taberner, por un valor de unos 12.000 millones de pesetas. Así, pues, los March son también los mayores accionistas individuales del Popular, aunque aquí se trata claramente de una inversión "inamistosa", dadas las peculiares relaciones existentes entre los hermanos y Luis Valls.

El 21 de octubre, el Banco de Vizcaya anuncia haber llegado a un acuerdo con Torras-KIO para la recuperación del paquete accionarial en manos de los kuwaitíes. La operación convenía a todos. A Javier de la Rosa, porque el Gobierno, vía Solchaga, ya había manifestado claramente su "no" a esa vía de penetración. Era, pues, una inversión sin futuro, que contribuía a enfadar al poder. La reventa del paquete podía ser considerada, por tanto, como una muestra de buena voluntad por parte de De la Rosa hacia las autoridades monetarias y especialmente hacia Carlos Solchaga, con quien espera congraciarse merced a este gesto. Además, le permitía efectuar un buen negocio, un negocio redondo. Para Pedro Toledo el asunto significaba recuperar la tranquilidad: «La entrada agresiva de KIO tanto en el Vizcaya como en el Central, se resolvió de manera distinta porque nosotros tuvimos una actitud más comprensiva de entender el fenómeno.» A partir de este momento Pedro Toledo deja de tener la más mínima relación con la liga del ''no pasarán''.

Javier de la Rosa se había presentado un buen día en el despacho barcelonés de Alfredo Sáenz, presidente de Banca Catalana y mano derecha de Toledo en temas de importancia estratégica, para anunciarle que KIO pensaba efectuar un *placement* en la Bolsa de Nueva York con sus acciones del Banco de Vizcaya, acciones que iban a ir a parar a fondos de pensiones internacionales.

—Espera unos días, que hablaré con mi presidente —interviene Sáenz—. No creo que haya ningún problema para que os las compremos nosotros.

—No, mira, porque eso va a parecer un *greenmail*... (recompra por una sociedad de sus propias acciones pagando una fuerte plusvalía al tiburón).

—No te preocupes, que hace tiempo que decidimos recomprar si se presentaba la oportunidad.

Y el acuerdo se firma en Madrid el 18 de octubre de 1987, precisamente un día antes del *crash* bursátil español y mundial, en presencia de Javier de la Rosa y Richard M. Robinson, de la oficina londinense de KIO, por un lado, y de Ángel Corcóstegui y Alfredo Sáenz, por otro.

El pacto comprende la recompra por el Vizcaya de un paquete de 1.390.000 acciones, equivalentes al 5,03% del capital social del banco, constituido por 27,6% millones de acciones, con una plusvalía para Torras-KIO de 5.970 millones de pesetas. Un brillante pellizco para una operación de apenas seis meses de duración.

Alfredo Sáenz larga el mismo día de la firma otra andanada a Javier de la Rosa:

—Oye, y ese paquete del Central, ¿no lo venderíais?

—¿Cuánto quieres...?

—Todo lo que tengas.

—De acuerdo, pero tendrás que ser rápido, porque estoy iniciando conversaciones con otros señores...

—Espera otra vez que consulte con mi casa, no te comprometas en firme...

Alfonso Escámez tampoco se ha quedado parado, y como Pedro Toledo ha intentado por su cuenta buscar una forma de rescatar o recolocar en manos menos exigentes el paquete que él mismo había vendido a los kuwaitíes. El presidente del Central ha llegado a explorar la posibilidad de una alianza con el mismísimo Giancarlo Parretti. A través de una gestión efectuada por Luis Peña, Alfonso Escámez ha recibido al hombre de Interpart y ha ido directamente al grano.

—¿Quién es usted?

—Un hombre de negocios que puede tener el 5% de su banco...

—¡Ah, pues no está nada mal! —replica Escámez con cierta sorna.

—Sepa usted, señor Escámez, que sus KIO tienen el 13% del Central en su poder...

—Bah, ¡qué tontería!

—Bueno, allá usted... Y yo puedo tener un 5% de ese paquete que me vende el grupo árabe, a través de mi socio en Suiza, el señor Fiorini...

—¿Tendrá usted alguna prueba de todo lo que dice?

—Sí, la tengo

Y el financiero italiano extrae de su maletín una fotocopia del contrato suscrito en octubre del 86 entre el Banco Central y GSM, la sociedad suiza de KIO.

Alfonso Escámez pega un brinco en su sillón...

—¿Cómo tiene usted eso en su poder?

—Se lo estoy diciendo y usted no me cree —machaca el italiano con su más amplia sonrisa.

—¿Y a ustedes les interesa ese paquete del 5%?

—Puede ser —responde Parretti.

—Pero debo advertirle que no podrá entrar nunca en el Consejo de Administración, ni podrá estar representado en él...

—De acuerdo, eso no me interesa, pero quiero estar informado de la marcha del banco; quiero saber...

—No.

—Entonces, encantado de haberle conocido...

¿Cuál es el futuro de la inversión de los March en el Hispano y el Popular? Difícil saberlo. Todo hace suponer que su entrada en el primero, al contrario de lo ocurrido en la casa de Luis Valls, ha sido un proceso pactado. La voz de los millonarios mallorquines es siempre escuchada con atención en la Plaza de Canalejas, sede del Hispano. Los March parecen encontrarse a gusto en su actual papel de reyes en la sombra. «Yo cargo no quiero ni medio, porque no me quiero hipotecar», asegura Carlos. «Quiero conservar libres mis alitas para poder hacer lo que quiera con mi grupo.»

—¿Es Carlos March un potencial presidente del Hispano Americano?

—Ni hablar, y no lo digo por falsa modestia. Yo nunca hipotecaré la independencia de mi casa en aras de presidir un banco, y conste que ofrecimientos se me han hecho...

—¿Qué será del Hispano, entonces?

—No lo sé. Supongo que allí hay gente, como José María Amusátegui, que pueden desear jugar un rol de protagonistas en el futuro. Yo lo único que le pido al Hispano, y creo que estoy en mi derecho, es información como primer accionista que soy...

Los March parecen muy volcados en su grupo de empresas, cuya importancia no ha sido suficientemente valorada. Casos como su presencia mayoritaria en Carrefour, la quinta potencia mundial en distribución, parecen haber pasado casi desapercibidos. O la realidad del *holding* Uralita, que este año facturará cerca de 80.000 millones de pesetas, y puede ponerse en 2 ó 3 años en los 120.000-130.000 millones.

—Esto es lo que me motiva: ir a las grandes unidades que tengan posibilidades de competir en el mercado único europeo. Y sin oscurantismo, porque de hecho somos el grupo más agresivo de España con mucho.

Aunque sea arriesgado hacer pronósticos, es muy posible

que en la solución final vayan a jugar factores de índole psicológica ajenos al frío significado de los números.

En efecto, a la altura en que se encuentra el mundo español de los grandes negocios, con la repentina aparición de fulgurantes estrellas, desconocida hasta ayer, los March se enfrentan a un problema de matiz psicológico o de actitud mental: continuar trabajando en la sombra, como han hecho siempre, o saltar a la palestra de un protagonismo que por recursos e importancia del grupo les corresponde desempeñar. La táctica de los March ha sido buena durante el franquismo y la transición. Ganar dinero tenía mala prensa y alardear de ello mucho peor. Pero el tiempo pasa y las actitudes cambian.

La aparición en escena de gente como Mario Conde o Alberto Cortina ha sumido a los March en una cierta incertidumbre, perceptible por encima de la rotundidad de sus respuestas. ¿Qué hacer? ¿Salir a la calle o quedarse tras la reja? Más aún, fenómenos como la publicidad obsesiva que actualmente rodea a Conde han excitado hasta extremos ridículos los celos de un Carlos March —celos que el interesado no se recata en revelar en el círculo de sus amigos—, que parece dispuesto a hacer suya aquella frase de la izquierda histórica: a la calle que ya es hora... frente a la decisión de su hermano Juan, el misántropo cerebro del grupo, de continuar donde siempre han estado.

El Hispano Americano es, entre los grandes, el banco donde la sucesión de la actual presidencia es más problemática; en realidad, todo un misterio. Una entrada a fondo del grupo March despejaría ese interrogante. Los March tomarían carta de grandes banqueros y el Hispano, en el que se subsumirían los intereses bancarios de la familia en la Banca March, el Banco del Progreso y el Banco de Asturias —dando por sentada una solución británica para el Natwest-March— podría perfilarse como grupo autónomo, al margen de las movidas bancarias por llegar. Tampoco conviene olvidar que los March son los primeros accionistas, con cerca del 17%, del norteamericano Bank of Virginia, una institución situada en el puesto 60 del *ranking* bancario USA, de mayor tamaño que el propio Banco Popular.

Una fusión Popular-Hispano, el gran miedo de Luis Valls

por mor de las presiones políticas, con los March como puente, es una posibilidad no descartable a nivel teórico. La «insularidad» de los March, no obstante, hace improbable, en opinión de los entendidos, cualquiera de estas salidas.

Caso distinto es el de Marc Rich. Este judío de mirada afable y huidiza, de aspecto tímido, sempiterno fumador de habanos, buen amigo de sus amigos, lleva años tratando de meter la cabeza en España de forma definitiva y al margen de sus tradicionales negocios en el comercio de materias primas. Rich quiere ser ''alguien'' en el país de su pasaporte, aunque sin grandes resultados. El *lobby* antijudío, que a la vez lo es antiárabe, le tiene cerrada la puerta. Sólo los limpios de sangre llegarán al reino de los cielos.

El anuncio del golpe del Banco de Bilbao sobre Banesto del jueves 19 de noviembre sorprendió a Pedro Toledo en las islas Canarias, donde el equipo del Vizcaya celebraba una reunión de su Consejo de Administración. Aquel día, Toledo recibió, como el resto de los presidentes, una llamada telefónica del gobernador del Banco de España, Mariano Rubio, para darle cuenta de la operación que se preparaba. Unas horas después era Sánchez Asiaín quien, en llamada de cortesía, comunicaba personalmente a su colega el alcance de la iniciativa.

La noticia causó un profundo impacto en el presidente del Vizcaya. Toledo reunió de forma urgente a su consejo para, en menos de media hora, darle cuenta de lo sucedido, después de lo cual y como estaba planeado, el viernes por la tarde el grupo viajó a Lanzarote para unas vacaciones de fin de semana.

Toledo disfrutó poco del mar. El que el Gobierno y el Banco de España hubiesen autorizado el lanzamiento de una OPA de un gran banco sobre otro era para el banquero una novedad extraordinariamente preocupante, que implicaba un cambio total de situación; era la ruptura del *statu quo*. Así que el domingo 22 de noviembre, a mediodía, Toledo alquiló un aerotaxi en el aeropuerto de Las Palmas y a las 4 de la tarde se encontraba ya en Madrid.

Desde la sede madrileña de su banco, situada en la calle de Alcalá a escasos 50 metros de la del Central, Toledo se puso a trabajar de firme. Lo primero, llamar a Alfonso Escámez. A las 7 de la tarde de ese domingo de noviembre el presidente del Vizcaya se dirigía a la residencia de Escámez, situada en el elegante distrito residencial de La Moraleja.

—Y bien, querido Alfonso, ya ves la marcha que ha tomado esto...

—Sí, sí, ya lo veo, y a mí me parece todo descabellado.

—Puede serlo, a mí tampoco es que me haya gustado mucho lo ocurrido. Pero comprenderás que algo tenemos que hacer...

—Bueno, yo pienso oponerme claramente en la reunión del Consejo Superior Bancario de mañana...

—No voy por ahí. Quiero decir que algo tendremos que hacer nosotros, como Vizcaya y Central. Hace tiempo que venimos hablando; conoces el gran afecto que siento por ti. Yo no tengo ninguna ambición personal y te cedería el protagonismo... Creo que ha llegado la hora de estudiar en serio una operación.

—Mira, Pedro, yo te agradezco mucho esas palabras, pero no veo por qué de repente todo el mundo tiene que empezar a fusionarse como si eso fuera la panacea...

—Puede que no lo sea, Alfonso, pero hay cosas que ocurren, lo quiera uno o no. Mira lo que le ha pasado a Banesto. Y me da la impresión de que tú no eres totalmente independiente, que tienes ahí ese tema de los KIO que te van a incordiar...

—No, no. Su porcentaje es muy pequeño, y eso lo tengo yo muy bien atado.

—Que no te engañes, Alfonso, que la información que yo tengo no va por ahí... que tienen muchos más que ese cuatro y pico que les vendiste tú mismo el año pasado...

—Que no, Pedro, que estás equivocado.

No hubo posibilidad de diálogo. Alfonso Escámez, aferrado a sus tesis, no parecía maduro para una operación como la que Toledo proponía. Escámez quería un amigo, no un compañero de cama. Así que el presidente del Vizcaya, dándose cuenta de la situación, pliega velas y se apresta a la retirada. Aquel 22 de noviembre de 1987 marcó el final de los contactos Vizcaya-Central para una eventual fusión.

Capítulo 13

EL HOMBRE DE LA ROSA

Una cálida tarde de finales de julio de 1987. Este viernes, el abogado Matías Cortés ha decidido despedirse de su despacho de la calle Velázquez hasta el lunes, almorzar en casa, y después de la siesta darse un baño en la piscina de su residencia, situada en el exclusivo recinto de Puerta de Hierro. Una piscina a la que se desciende por una amplia escalera forrada de terrazo, que se va sumergiendo mansamente en el agua. La suya parece una villa italiana trasvasada por arte de magia de la Toscana, con sus tonos ocres del exterior tan cálidos como raros de encontrar en España. El jardinero tiene este año el césped impecable, como una alfombra, un verdadero *lawn* del que se enamoraría más de un británico. A las 7 de la tarde Cortés, un hombre que trasciende claramente el papel de abogado para convertirse en uno de los más finos estrategas existentes en la jungla de los negocios madrileña, tiene fijada una visita importante.

Puntuales llegan los dos invitados, cada uno con su séquito respectivo. Afuera el bochorno aprieta, y el ambiente de frescor y sosiego que se respira en la biblioteca de la casa, la luz que entra en semipenumbra, le sugiere de pronto al ex ministro una situación de atardecer en una desierta catedral gótica.

Cómodamente instalados entre libros y cuadros —hay uno muy hermoso de Antonio López a la entrada, que los visitantes han podido admirar—, mientras fuera cantan las cigarras, los tres hombres abordan una conversación que se va a prolongar hasta cerca de las 10 de la noche. Matías ha hecho de introductor entre sus dos visitantes, que no se conocían previamente. Javier de la Rosa está encantado de departir con hombre tan notable como el ex ministro, una cabeza reputada como de las mejor amuebladas del país.

—Yo creo que, en la coyuntura en que te encuentras, es muy interesante que conozcas la opinión autorizada de nuestro amigo, que sin duda te ayudará a tomar las decisiones adecuadas —señala Cortés.

Javier de la Rosa Martí, un hombre polémico donde los haya, pero al tiempo una cabeza privilegiada para las grandes operaciones financieras, se ha convertido en unos pocos meses en el *factotum* de la economía y las finanzas españolas. Es como si su talento hubiera estallado en poco más de un año en una variedad de combinaciones inalcanzables para sus numerosos enemigos. No sería aventurado afirmar que Javier es, en realidad, el auténtico eje sobre el que pivotan los grandes negocios que este año de 1987 están teniendo lugar en un país llamado España.

Javier de la Rosa está metido de forma simultánea en tantas operaciones que cuando intenta hacer un repaso global es víctima de una inevitable sensación de vértigo.

—Tú, Javier, necesitas poner un poco de orden en todo lo que estás haciendo, darle un sentido, una dirección adecuada. No puedes estar metido en cincuenta sitios a la vez...

—Pero ¿por qué no, Matías? estamos en un país de economía de mercado. ¿Se puede o no se puede hacer negocios aquí?

—Claro que se puede, lo que ocurre es que no puedes entrar como un burro en una cacharrería, pisando callos por todas partes, porque vas a tener detrás un hospital, más bien un asilo de ancianos, buscándote para darte una paliza.

—¿Qué quieres decir?

—Que te has convertido en un peligro para mucho empresario español de campanillas, que ahora ven con espanto que hay un señor que maneja todo el dinero del mundo y que, de la noche a la mañana, les puede poner en la calle...

—Pero ésas son las reglas del juego, ¿o no?

—Sí, si no te falta razón, sólo que estamos en España...

—¿Y qué quieres sugerir con eso?

—Pues que tienes que andarte con tiento, porque un día puedes aparecer en una cuneta...

—¡Pero hombre, Matías, cómo me dices esas cosas..!

—Yo creo —interviene el ex ministro— que Matías está en lo cierto, aunque esa expresión haya sido demasiado coloquial. Por lo que él me ha explicado, tienes en curso unas inversiones muy importantes en sectores distintos. Y en el bancario, que es lo que yo conozco un poco, tu situación es complicada.

—¿Por qué? Nosotros no vamos a hacer nunca nada que vaya en contra de los deseos de las autoridades monetarias del país. Ahora bien, la Bolsa está abierta para todo el que tenga dinero y quiera invertir, y si hay títulos bancarios infravalorados que yo y mis clientes creemos que pueden ser negocio, nadie nos puede impedir invertir en ellos.

—De acuerdo, el planteamiento es irreprochable. Pero ningún Gobierno del mundo, ni el más liberal que pudiéramos imaginar, dejaría de mirar con preocupación y trataría de canalizar la actividad inversora de un grupo extranjero que, en pocos meses, toma posiciones importantes en Banca, fertilizantes, alimentación, inmobiliario... debes comprenderlo.

—Pues no sé qué hacer, la verdad... porque lo único que estoy haciendo es meter dinero extranjero en este país a espuertas, ¿qué quieren? El otro día alguien me dijo en Londres que en Estados Unidos me habrían hecho ya un monumento. ¿No quieren inversión extranjera? Pues yo se la traigo...

—Esto no es Estados Unidos, como tú sabes muy bien, querido Javier... —asegura Matías.

—No lo es, ciertamente, —corrobora el ex ministro— y por eso yo creo, Javier, que debes encauzar de alguna forma tus actividades inversoras, sobre todo las bancarias, que son las que más pueden molestar al Banco de España y alarmar al Gobierno...

—Es lo que yo te vengo diciendo —corrobora Matías—, que tienes que poner un poco de orden en todo lo que estás haciendo y no enfrentarte al mismo tiempo a toda la comunidad empresarial y financiera.

—En el tema bancario —retoma el hilo el ex ministro Boyer— yo creo que debes establecer unas prioridades, pero sobre la base de que no puedes tener amenazados a los siete grandes bancos a la vez, porque eso no te lo van a permitir.

—¿Y qué se puede hacer?

—En mi modesta opinión, si tú has elegido el Banco Central para hacer una inversión más o menos estable, porque es la única que al menos parcialmente has pactado con el propio banco, debes concentrarte en ese objetivo y olvidarte del resto. Yo te aconsejaría que te centraras en el Central y vendieras el resto, lo cual tranquilizaría muchos ánimos alterados.

—Desde luego la nuestra es una inversión financiera, no queremos entrar en el Consejo del Vizcaya, por ejemplo.

—Pues más a nuestro favor —señala Matías—. No vais a entrar en el Consejo porque el Gobierno no os dejaría... ya has visto el anuncio de Mariano de que no se va a permitir el control de un banco por capital extranjero. Si es una inversión financiera, yo creo que debes vender; haces un buen negocio y recompones un poco tu estrategia, porque la verdad es que ahora tienes a medio país en un grito...

—Pero claro, es que con el Central vamos a topar al final con el mismo problema...

—Sin duda alguna —corrobora el ex ministro—, y eso en mi opinión te obliga a pensar en algún tipo de estrategia. Esto creo que ya lo hemos hablado Matías y yo. En resumen, mi opinión es que deberías pensar en un mecanismo de "nacionalización" del paquete KIO en el Central e incluso los otros paquetes, creando una sociedad, una tenedora de acciones, con algún grupo español con el que pudiérais ir asociados, de manera que ellos, al menos formalmente, ostentaran la mayoría... no se me ocurre otra idea...

—Sí, de acuerdo, pero ¿con quién? Porque no hay mucho donde elegir...

—Tienes toda la razón —afirma Matías—; no hay mucha gente con perfil adecuado, y sobre todo con capacidad financiera suficiente, como para embarcarse en una operación de este tipo...

—¿En quién estás pensando?

—Pues mira, como son habas contadas, se me ocurre pensar en los March, pero éstos parece que están ya embarcados en su propio proyecto con el Hispano. Está lógicamente Juan Abelló y su amigo Conde, que podrían ser los adecuados para una idea de este tipo, pero también parece que se orientan definitivamente por el Banesto. Y quedan ''los Albertos''...

—¡Bah...!

—¿Qué quieres decir con eso?

—Que no, hombre, que no, que no van a querer; ellos además son constructores y le tendrán que pedir permiso a Areces y será un follón...

—Bueno, por intentarlo que no quede. Desde luego por dinero no será, porque a éstos el dinero les sale por las orejas... Pero aún en el caso de que ''los Albertos'' estuvieran de acuerdo en unirse a esta operación, el problema no estaría resuelto —advierte Matías.

—¿Entonces?

—No, porque obviamente no me imagino a ''los Albertos'' presidiendo el Banco Central. La guinda de esa operación consiste en encontrar una persona adecuada, un hombre de prestigio reconocido para liderar ese proyecto y para convertirse en breve plazo en potencial sustituto de Alfonso Escámez en la presidencia del Central. Y para esto tampoco hay tantos candidatos...

—¿En quién estás pensando?

—Hombre, no sé, tú verás...

—¿A ti te interesaría liderar un proyecto de este tipo, Miguel? —pregunta Javier de la Rosa como si, tras unos momentos de perplejidad, hubiera visto la luz.

—Muchas gracias, pero no creo que esto se pueda responder así, a bote pronto...

—Yo creo que pocas personas podrían encontrarse en España con tu perfil y tus cualidades. Si a ti te interesa —continúa ya un De la Rosa plenamente confiado en la idea— yo te lo ofrezco formalmente desde este momento.

—Gracias de nuevo, pero creo que es un asunto para analizar y decidir cuando llegue el momento.

—Bueno, es que yo quiero decirte algo más, en el clima de confianza en el que estamos hablando, y por si te sirve de ayuda para tomar una decisión: nuestra participación en el Central, al margen de lo que se ha reconocido públicamente, nos permitiría abordar la operación desde una posición de protagonismo que nadie podría equilibrar...

—Mira, Javier, yo ahora me debo profesionalmente a otra institución y estoy aquí contigo porque me lo ha pedido Matías, pero quiero que sepas de manera rotunda que yo no puedo participar en ninguna conspiración ni nada que se le parezca contra Escámez o contra nadie. Si una vez resueltos tus problemas sigues pensando en mí para un asunto de esta naturaleza, será cuestión de que me plantees formalmente el tema, y entonces yo prometo estudiarlo y darte una respuesta...

—Hombre, no te habrás enfadado...

—En absoluto, pero yo quiero dejarte claro cuál es mi forma de pensar y de actuar.

Los tres personajes se despiden cordialmente y quedan en seguir en contacto para madurar las ideas que acaban de aflorar.

Javier de la Rosa, catalán, católico practicante, 40 años, el hombre de KIO en España, había armado ya a estas alturas el gran taco en el mundo de las finanzas patrias. Antes de sus vacaciones de agosto, Javier y su Torras Hostench tenían el pie puesto en los bancos de Bilbao, Vizcaya, Banesto, Central, Popular y en las empresas ERT, Ebro, Ence, aparte de otros intereses de menor resonancia.

Es Javier de la Rosa uno de los personajes más apasionantes del actual panorama español de los negocios, un hombre cuya capacidad para las grandes operaciones de "ingeniería financiera" sobresale muy por encima de la media del empresariado español. *Sedotto e abbandonato* tras el *affaire* del Banco Garriga Nogués (filial del Español de Crédito), allí quedó De la Rosa como el pagano en cuyo debe se apuntaron todas las cuentas que no cuadraban, es decir, los casi 100.000 millones de pesetas en que al final se contabilizó el agujero del referido banco catalán. Las claves del asunto Garriga siguen siendo un misterio, puesto que ninguno de los directos implicados ha querido tirar de la manta. De la Rosa, en cualquier caso, parecía un hombre hundido, por cuyo futuro muy pocos hubieran apostado un simple real. Javier de la Rosa, ''JR'', ''Ricardo Corazón de León'', ''el hombre de la manguera'', que por todos estos motes y alguno más se le conoce en distintos ambientes madrileños, prefirió pasar como el malo de la película, el chivo expiatorio donde don Pablo Garnica y don José María Sainz de Vicuña lavaron sus carencias gerenciales.

Nadie podía imaginar que con tamaña losa a las espaldas este hombre iba a convertirse, a la vuelta de pocos meses, en el personaje más poderoso de España —en tanto en cuanto dinero signifique poder—, en el hombre a batir, en el coco de mucho empresario que veía amenazado su *dolce far niente* por la manguera de los petrodólares kuwaitíes.

El miércoles 7 de octubre de 1987, Javier de la Rosa celebró su 40 cumpleaños con una fiesta como no se había visto otra igual en Barcelona desde los tiempo de Jaime Castell y Julio Muñoz, los dos mayores anfitriones que registra la historia barcelonesa de la postguerra. Casi un centenar de personas se dieron cita en su elegante domicilio de Sarriá, tras el campo de fútbol del RCD Español. De la Rosa comparte propiedad, en un inmueble exclusivo, con el conde de Godó, propietario de *La Vanguardia,* con Antonio Asensio, el dueño del grupo editorial Z, y con José Manuel Lara, dueño de la editorial Planeta. Un centenar de amigos íntimos, entre los que se encontraban la *crème* de la *jet* catalana: ex ministros, empresarios, banqueros, jeques árabes, abogados, agentes de Cambio y Bolsa, algún periodista, pudieron saborear un menú cuyo precio estimó un cronista local en 70.000 por barba, compuesto de caviar beluga, hígado de oca, guisado de cigalas y centolla, filete de cabrito lechal, savarín a la fruta fresca, los mejores borgoñas y champán Dom Perignon.

Javier, remontando de las cenizas como el Ave Fénix, se ha convertido en un personaje adulado, temido y envidiado a la vez. Todos quieren contar con su amistad, porque de esa amistad se puede derivar el conocer con veinticuatro horas de antelación cuál será la próxima operación bursátil en la que se embarcará, lo que puede suponerle al afortunado embolsarse unas cuantas decenas de millones, quizá centenas, poniendo diligentemente en práctica lo que en Estados Unidos llaman *inside trading*, y que todos condenan de puertas afuera con la boca pequeña. Son muchos los que en este país han ganado dinero gracias a Javier de la Rosa, y algunos de ellos personajes de campanillas.

El poder de Javier de la Rosa dimana directamente de su condición de hombre de la absoluta confianza de la Kuwait Investment Office (KIO), la agencia estatal kuwaití cuya tarea consiste en colocar los excedentes dinerarios del petróleo en activos sólidos radicados en el mundo industrializado, principalmente Europa, Estados Unidos y Japón, como forma de asegurar el nivel de vida de los escasos habitantes del país en una eventual era post-petróleo. Su carácter se asemeja mucho al de un fondo de pensiones estatal, manejando en torno a 45.000 millones de dólares, es decir, más de 5 billones de pesetas, equivalentes a la mitad de las reservas de divisas del Estado kuwaití. La estrecha relación de amistad con el vicepresidente de KIO, Fouad Khaled Jaffar, constituye el baluarte último en España de Javier de la Rosa, contra el que se estrellan las maniobras de sus enemigos. Todos los intentos efectuados desde Madrid por romper esa alianza han fracasado, como muy bien sabe el ministro de Economía y Hacienda, Carlos Solchaga.

Ahora bien, no es sólo una alianza basada en la amistad. Javier de la Rosa ha hecho ganar a KIO en España muchos miles de millones de pesetas. Conocido es el valor que los árabes, fieles amigos de sus amigos, conceden a la amistad. Si además de amistad hay dinero por medio a ganar, tanto mejor. Candidatos a sustituir a Javier de la Rosa en el corazón de los KIO obviamente no han faltado ni faltarán; el problema consiste en localizar otro hombre que les haga ganar siquiera la mitad del dinero ganado con De la Rosa.

Todas las operaciones de KIO en España son, lógicamente, operaciones 100% de Javier de la Rosa, que los kuwaitíes bas-

cado directamente, con 21 años, al Banco Pastor, del que llegaría a ser director general adjunto. De La Coruña regresa a Barcelona y en 1973, gracias a sus relaciones con José María Sainz de Vicuña, entra de vicepresidente ejecutivo en el Banco Garriga Nogués. Pronto se convierte en el verdadero delfín de Banesto, de la mano de don Pablo Garnica, quien le otorga su máxima confianza, hasta el punto de pasar parte de sus vacaciones estivales en la residencia de verano de don Pablo en Noja, Santander. Su estrella entró en barrena con la crisis de la entidad catalana, saldada con el agujero descrito. Pero cuando nadie daba una perra gorda por su futuro, aparecieron los KIO, con quienes había contactado en su etapa en Garriga.

Hoy Javier de la Rosa es mucho más que KIO. Es toda una serie de fondos de inversión extranjeros dispuestos a jugarse los cuartos con él donde y cuando quiera. Para los árabes, ''JR'' se ha convertido en una especie de consejero aúlico, cuya opinión es solicitada ya para asuntos que rebasan las fronteras españolas.

En España, Javier de la Rosa y sus KIO han jugado fuerte, entre otros, en el sector bancario y concretamente en el selecto club de los hasta hace poco ''siete grandes'' bancos privados. Hoy sigue siendo el accionista minoritario más importante en al menos cuatro de dichos siete. De la Rosa ha tocado la espina dorsal del sistema económico español, de donde se colige la conmoción causada en los más variados estamentos, públicos y privados. Por eso, cualquier explicación de lo ocurrido en España en el terreno de los negocios durante 1987 y lo que está ocurriendo en 1988 tiene que pasar indefectiblemente por Javier de la Rosa.

La aventura comenzó en 1984, con la compra de la finca Las Lomas, en Cádiz, y de la papelera Inpacsa, radicada en Balaguer, Lérida, y propiedad de la familia Porcioles, el antiguo alcalde de Barcelona. La salida a Bolsa de Inpacsa, a la altura de junio de 1987, dio ocasión a Javier de la Rosa para poner en práctica su generosidad de cristiano, una virtud con la que se consigue predisponer voluntades y abrir puertas aparentemente infranqueables. Operaciones iniciales fueron la compra del 30% de la cadena hotelera Hotasa, junto al hotelero mallorquín, Gabriel Escarrer, dueño de la cadena Sol, y la participación en la reprivatización del Banco Atlántico. Tanto el Atlántico como Hotasa eran piezas del antiguo imperio de José María Ruiz Mateos.

Tras la gran operación realizada en Torras Hostench, el actual buque insignia de KIO en nuestro país, la entrada en serio del grupo kuwaití en el sector bancario español se produjo en septiembre de 1986. KIO y el Banco Central llegaron a un acuerdo, tras dos meses de negociaciones entre De la Rosa y Escámez y, eventualmente, Epifanio Ridruejo y Luis Blázquez, para la compra de un paquete del 4,95% del capital social del Central, procedente de la autocartera del banco, que se inscribe a nombre de la sociedad suiza del grupo kuwaití GSM Securities Management, que paga una cifra aproximada de 14.400 millones de pesetas. El acuerdo se firma en Ginebra el 20 de octubre de 1986, en presencia del síndico de la Bolsa de Barcelona, Bañares, de Javier de la Rosa y de Luis Blázquez. El precio final queda establecido en torno al 770%, cuando en Bolsa ya cotizaba 100 enteros por arriba. Escámez, le mete un gol al Banco de España, y hace la operación sin decir ni pío a Mariano Rubio.

El grupo árabe adquiere el compromiso de mantener la propiedad de ese paquete durante al menos dos años, con opción al propio Central en caso de venta. Escámez, *motu proprio*, ofrece al grupo árabe dos puestos en el consejo del banco, dos puestos que De la Rosa piensa dedicar al jeque Al-Sabbah, presidente de KIO, y a Khaled Jaffar, vicepresidente. «Pero luego Escámez no cumple la promesa, y van pasando los meses sin que la "invitación" se concrete», señala De la Rosa, lo que marcará el inicio de la ruptura entre KIO y el Banco Central.

Durante los primeros meses de 1987, KIO y el Central abren un nuevo frente negociador. Se trataba de llegar a un acuerdo en torno a una toma de participación del orden del 15% en el capital de la Compañía Española de Petróleos (Cepsa), la empresa de refino del grupo Central. Cuando todo parecía listo para la firma, a la altura del mes de abril, la operación se vino abajo. La cotización bursátil de Cepsa no paraba de subir y Escámez exigía el último precio del mercado. Los kuwaitíes acusaron veladamente a las gerencias del Central y de Cepsa de haber manipulado al alza la cotización de los títulos de la petrolera durante el período de negociaciones. Algún respetable caballero, que compró acciones a crédito para venderlas después a los árabes, se pasó esta vez de listo y puso en fuga a los compradores.

Al poco tiempo de romperse definitivamente las conversaciones, la cotización de los títulos Cepsa comenzó a bajar de forma ostensible. ¡Oh misterio!. Alguien que estaba en el meollo de la operación se veía obligado, tras la retirada de los KIO, a soltar papel perdiendo buen dinero.

Y es que no es fácil dar sopas con honda a Javier de la Rosa en materia bursátil. Muchos rumores han poblado las Bolsas españolas durante el período de eclosión de KIO, en torno a supuestas prácticas fraudulentas del grupo comandado por De la Rosa. Estos rumores, nunca demostrados, apuntaban al "calentamiento" de determinados valores cuando KIO ya había tomado fuertes posiciones en los mismos. La consiguiente alza que ello producía era aprovechada por el grupo para soltar parte de lo adquirido en demasía, consiguiendo así financiar con las plusvalías obtenidas buena parte de sus operaciones bursátiles reales.

A finales de abril de 1987 el grupo comienza a adquirir tímidamente notoriedad en España con motivo de la venta de su paquete del 30% en la cadena hotelera Hotasa. Es un ejemplo típico de la manera de hacer negocios de KIO: Todas las inversiones lo son a largo plazo hasta que se presenta alguien con ganas de comprar, caso de Escarrer, quien quería controlar el 100% de Hoteles Agrupados, S.A., o la coyuntura permite vender con la posibilidad de materializar una brillante plusvalía, que en el caso de Hotasa superó los 5.000 millones de pesetas.

Durante la primavera del 87 comenzó a gestarse en la oficina de Javier de la Rosa la paulatina entrada de KIO en el capital de Explosivos Río Tinto (ERT). Con el paso de los meses y a causa de la numantina resistencia del presidente de ERT, José María Escondrillas, a entregar la sociedad a su principal accionista, la inversión en ERT se convertiría en el gran pinchazo de Javier de la Rosa, motivo de diarios quebraderos de cabeza, aunque al final, (el 12 de julio de 1988), después de un año de lucha agotadora, Escondrillas haya terminado por rendirse, otorgando las llaves de la fortaleza a Javier de la Rosa.

Durante el verano del 87, sin embargo, Escondrillas, miembro destacado de la liga del ''no pasarán'', pasó a convertirse en el principal apoyo logístico del frente anti-KIO en España.

Tras el petardazo del 24 de julio de 1987 que llena las páginas de todos los periódicos españoles, al oficializar KIO su presencia en el capital del Central, Vizcaya y ERT, la conjura contra ''JR'' toma plenos vuelos. Los afectados, como los calificaba Matías Cortés, eran ya demasiados. Alfonso Escámez, Pedro Toledo, José María López de Letona, José María Escondrillas, Francisco Lozano... En pleno verano, la presión contra De la Rosa alcanza su clímax. Sus enemigos son poderosos y disponen de recursos y acceso al poder, porque algunos son el poder mismo, como es el caso de Carlos Solchaga, ministro de Economía y Hacienda, o están muy cerca de él, como es el caso de Mariano Rubio, gobernador del Banco de España. Y en un momento determinado, están a punto de dar con los huesos de De la Rosa en tierra o, mejor dicho, en la cárcel.

En efecto, un escándalo soterrado sobre una presunta evasión de divisas salpica por esas fechas a Javier de la Rosa. Lorenzo Rosal Bertrand, antiguo consejero del Garriga Nogués, y hombre muy introducido en los negocios en Cataluña, amigo de Javier, se ve envuelto en un asunto de delitos monetarios por un importe de 1,5 millones de dólares, unos 170 millones de pesetas. Javier se presenta en Madrid, dispuesto a declarar y ayudar a su amigo, a sabiendas de los riesgos que corría, teniendo como tenía a todos los servicios de seguridad del Estado pisándole los talones. ¿Pertenecía ese dinero a De la Rosa? El afectado lo niega de forma tajante. En cualquier caso, resulta difícil adjudicar la autoría del episodio a un hombre con un nivel de inteligencia más que contrastado, y más difícil todavía si se considera la cuantía de esa cifra a la luz de la fortuna personal del personaje.

El asunto se extiende como una balsa de aceite por el "todo Madrid". Alguien, que ve llegado el momento de pasar factura a esta especie de Almanzor que recorre victorioso las estepas castellanas a golpe de petrodólar, atiza el fuego. Las llamas llegan hasta el Banco de España, pero Rubio, un caballero *malgré tout*, hace oídos sordos a las invitaciones espúrias que le sugiere alguno de sus amigos y no entra en el juego.

Pero la hoguera está encendida. Escondrillas, en su estrategia de vender al Gobierno el carácter de empresa estratégica de ERT e impedir con ello la toma de poder de los KIO, ha juzgado conveniente colocar en el consejo de ERT al general Víctor Castro Sanmartín, subsecretario de la Gobernación con Manuel Fraga, ex director general de Aduanas, ex director general de Armamento y Material del Ministerio de Defensa, ex jefe de información del Estado Mayor Central, y hombre muy relacionado con los servicios de inteligencia del Estado, que cuenta a la sazón con una hija en los Servicios de Inspección del Banco de España. Ladislao Azcona cree disponer entonces de artillería pesada con la que reforzar las posiciones de la liga del "no pasarán" en su lucha contra el hombre del turbante.

Javier de la Rosa es llamado a Madrid a declarar ante la Brigada de Delitos Monetarios. La citación está prevista para un lunes de la primera quincena de septiembre, y el afectado se trae el fin de semana a Madrid a toda su familia, dispuesto a resistir en la capital del reino hasta que se aclare la cuestión, con la ayuda de sus poderosos amigos, que también los tiene.

Las secuelas de ese episodio gravitarán sobre Javier de la Rosa durante el resto del año, continuando aún hoy, porque el asunto no está cerrado. Como nunca faltan lazarillos en el reino de la picaresca madrileña, el afectado ha tenido trabajo añadido con sólo tratar de espantar a quienes se ofrecen para librarle de todos sus problemas a cambio de dinero, favores o información confidencial. O las tres cosas a la vez.

Con esto, a la vuelta de las vacaciones de agosto los intereses bancarios de KIO en España se encontraban en punto muerto o, quizá mejor, bloqueados. A finales de junio, Mariano Rubio, en la serie de conferencias que anualmente patrocina Euromoney, había lanzado su aviso a navegantes: el Banco de España vería muy mal que un grupo extranjero se hiciera con el control de alguno de los grandes bancos privados españoles. La alusión parecía demasiado directa, aunque también podía tener otros potenciales destinatarios.

Los argumentos de Matías Cortés van ganando terreno. El "hombre de la manguera" acepta la realidad. Habrá que pensar en un enfoque nuevo —racionalización, lo llama Matías— para sus actividades inversoras. No se puede golpear en todas partes al mismo tiempo. En la Banca parece aconsejable vender donde sea posible, realizando plusvalías. El tema, con todo, no es fácil. Las compras del Banco Central se han hecho en torno al 650% y la cotización está ya este verano por los 1.200%. El negocio puede ser redondo, pero ¿quién tiene capacidad para absorber esas cifras? Tendría que ser el propio banco, dispuesto a engordar su autocartera. La otra posibilidad, insiste el abogado Cortés, es tratar de sacar adelante algún acuerdo de cooperación con grupos indígenas para nacionalizar paquetes.

En el verano del 87 Javier de la Rosa habla con Blázquez, del Central, sobre el futuro del paquete comprado.

—Mira, Escámez no ha cumplido y nosotros no hacemos nada con esa inversión ahí metida, así que, si queréis recuperarlo, vuestro es...

—Ah, muy bien, lo consultaré con el patrón.

Pero al cabo de unos días, llega una respuesta bastante desalentadora.

—Que no. Habéis tomado unos compromisos de permanecer ahí dos años y tenéis que cumplirlos.

—Mira, Luis, dos años parados no nos quedamos ni locos, te lo advierto...

—Es la última palabra de Alfonso.

—Pues adviértele que no nos va a quedar más remedio que hacer algún tipo de operación; luego, que no se queje...

Javier de la Rosa quiere ir cerrando flecos. El 8 de septiembre almuerza en Madrid con el abogado Stampa Braun. Se trata de que el catedrático haga de hombre bueno entre él y José María López de Letona, con vistas a la firma de un tratado de paz entre ambos. De la Rosa está dolido porque cree que Letona ha jugado fuerte en la propagación de los rumores sobre su problema con Delitos Monetarios y éste sospecha que el catalán se le ha colado en Banesto por la puerta de atrás. Seguramente los dos tenían razón. Aunque Letona no podía imaginar su importancia, estaba en lo cierto cuando sospechaba que su banco no podía haber quedado al margen de la demostrada voracidad de ''JR'' por los títulos bancarios. A lo largo de 1986, De la Rosa, esta vez de la mano de fondos de inversión británicos y norteamericanos, había ido entrando como la marea en Banesto hasta hacerse con un paquete accionarial que era y es el más importante, con mucho, a nivel individual del banco y del que iba a depender en gran medida la suerte de la OPA del Banco de Bilbao sobre Banesto.

Igualmente atascado estaba el tema de Explosivos. Matías Cortés ha conseguido que De la Rosa renuncie a su idea de una junta general extraordinaria. En septiembre, Cortés trabaja en la preparación de un nuevo Consejo de Administración de la sociedad, en el que entren personalidades de prestigio que contribuyan a fortalecer la posición de su cliente. La presidencia, con un sueldo de 50 millones de pesetas, le es ofrecida a Eduardo Serra, el ex subsecretario de Defensa, mientras que como consejeros se barajan nombres de personas de confianza del Gobierno socialista y del Banco de España, incluido algún título nobiliario cercano a La Zarzuela, junto a figuras de prestigio internacional, como Gaston Thor.

El asunto se presta a las mil maravillas para, de paso, intentar ''engrasar'' las tensas relaciones entre Mariano Rubio y Javier de la Rosa. Matías Cortés inicia una mediación, vía Jaime Soto, su socio y amigo en Investcorp, ahora Ibercorp, Manuel de la Concha, que incluía algún premio de menor cuantía en forma de nombramiento a dicho Consejo. La respuesta de los destinatarios es muy alentadora, y todo parece indicar que con la composición del Consejo de Administración

299

de ERT, Matías Cortés va a conseguir que Javier de la Rosa mate varios pájaros de un tiro.

El ministro de Industria, Luis Carlos Croissier, sugiere por su parte el nombre de Javier Vega Seoane, ex director general del INI, para la presidencia. Y hay alguno más, entre ellos algún ex ministro de la UCD, que se ofrece *motu proprio* para el encargo.

Sin embargo, la salida de Escondrillas, barajada a mediados de septiembre, resultó un espejismo. El presidente de ERT, muy al contrario, reforzó sus defensas con la incorporación de un abogado tan bien relacionado como José Mario Armero y, además, fichó al *merchant bank* Lazard Frères & Co., representados en España por Juan Lladó Fernández-Urrutia, conocidos en el argot madrileño como ''los lázaros'', al objeto de preparar una estrategia *anti-takeover* frente al grupo KIO.

El tema de ERT se había convertido en un peligro para Javier de la Rosa y alguien pensó que podía ser incluso su Waterloo, si ello se traducía en la primera falla importante en la amistad entre Javier y sus amigos londinenses de KIO. Y de nuevo las habilidades estratégicas de Matías Cortés entran en juego. Para el abogado, la única forma de desalojar a Escondrillas y terminar con bien el contencioso de ERT consistía en hacer que el otro bloque de afectados por la cabezonería del presidente de ERT, los 125 bancos acreedores de Explosivos, y el propio Ministerio de Industria —a quien el enfrentamiento paralizaba la reconversión del sector fertilizantes— se unieran de forma voluntaria a las tesis de KIO, apoyando con sus votos los planes de Javier de la Rosa. Para ello había que poner al alcance de esos acreedores algún tipo de zanahoria, de forma que antes de fin de año fueran los propios bancos, deseosos de cobrar sus deudas pendientes, quienes pidieran la marcha del fogoso guerrillero Escondrillas.

El plan ha funcionado finalmente tal como fue diseñado, pero antes José María Escondrillas, fuertemente apoyado por Narcís Serra, estuvo a punto de provocar él solo una crisis ministerial. Y ha sido la intervención personal de Felipe González quien al final ha saldado la cuestión. A la salida del Consejo de Ministros del viernes 15 de enero de 1988, Felipe llamó a despacho urgente a Carlos Solchaga y Luis Carlos Croissier. Acababa de leer una información aparecida aquella mañana en el diario *El País*.

—A ver Carlos, qué coño es esto. ¡Este tío no me hace a mí las crisis de Gobierno!

—No te preocupes; si es que éste es un cabezón...

—Pues arréglalo de inmediato. Que deje de enredar y de liarme a la gente.

El 1 de octubre, el ministro de Economía y Hacienda, Carlos Solchaga, manifestaba en Washington ante un grupo de periodistas españoles que «estaba interesadísimo en conocer las intenciones ocultas de KIO», toda una declaración de altura en el titular de uno de los ministerios clave de cualquier Gobierno. Era una señal evidente de que las cosas no marchaban, y que la presencia de Javier de la Rosa al frente de las actividades de KIO en España estaban produciendo el bloqueo de las inversiones del grupo.

En esa línea, a mediados de mes se produce un hecho insólito. El Gobierno envía a Londres en misión especial al ex secretario personal del Presidente, Julio Feo, para que transmita a la cúpula europea de KIO la preocupación de la Administración por la falta de información sobre los planes a largo plazo del grupo en España, y la preocupación adicional por la presencia de Javier de la Rosa al frente de sus intereses en la Península. El papel de Julio Feo, como el de un extraterrestre caído de improviso en las playas de Ipanema, es más bien pobre, pero los árabes deciden enviar a Madrid una embajada de buena voluntad.

Y así, el martes 20 de octubre, el vicepresidente Fouad Khaled Jaffar se presentaba en Madrid luciendo una de sus más estrambóticas corbatas para ir a cumplimentar al ministro de Economía y Hacienda, Carlos Solchaga, y tratar de mejorar las relaciones entre Javier de la Rosa y la Administración socialista. La embajada kuwaití iba acompañada por ese singular relaciones públicas en que Manuel Guasch, presidente de Fasa Renault, consejero de Torras y nuevo presidente de Ebro, se ha convertido para los KIO en Madrid, mientras De la Rosa quedaba esperando el resultado de la mediación en el Hotel Ritz, a escasos metros del Ministerio. La entrevista es corta, y el árabe, todo simpatía, da toda clase de seguridades al ministro sobre la voluntad de permanencia del grupo en nuestro país. Carlos Solchaga le hace saber la preocupación del Gobierno por las fuertes posiciones tomadas por KIO en la gran Banca privada. La Administración española consideraría un gesto amistoso la paralización de esa política de inversiones bancarias y una paulatina retirada. Jaffar no pone objeción y cita el acuerdo ya alcanzado con el Vizcaya, a punto de hacerse público, como prueba de esa buena voluntad. Cuando los visitantes están de pie, listos para el apretón de manos de despedida, Carlos Solchaga se atreve a abordar el tema espinoso.

—El único problema que queda pendiente es el de su hombre en España, el señor De la Rosa, que no inspira confianza al Gobierno.

—¡Ah! —se vuelve sorprendido Jaffar— ¿y se puede saber por qué?

—Tenga usted en cuenta que es un hombre que está bajo investigación del tribunal de Delitos Monetarios...

—¡No me diga, señor ministro...! Pues hágame usted el favor de avisarme antes de hacer algo, porque yo estoy convecido de que el señor De la Rosa es inocente. Yo estoy aquí para defenderle, porque es íntimo amigo mío. Sepa que si el señor De la Rosa no pudiera seguir trabajando con nosotros, KIO retiraría todas sus inversiones en España...

Una respuesta tan dura deja helados a los testigos: el propio Manuel Guasch, atónito, deseando que se le tragara la tierra; el secretario de Estado de Economía, Guillerno de la Dehesa...

A la salida del Ministerio de la calle de Alcalá, Jaffar y Guasch se encaminan directamente al Hotel Ritz, donde esperaba impaciente Javier de la Rosa. Allí el kuwaití ofrece una improvisada rueda de prensa donde anuncia que, en pleno infarto del lunes negro bursátil, su grupo ha invertido 4.600 millones de pesetas en la Bolsa de Madrid ese 20 de octubre. Todo un presente de buenas intenciones dedicado al fogoso ministro del ramo, con el que Jaffar acompaña su «satisfacción por la marcha de sus negocios en España». El árabe adelanta que el paquete KIO en ERT es ya del 20%, queriendo llegar al 24,9%, lo mismo que en Cros.

Al día siguiente, 21 de octubre, el Banco de Vizcaya anuncia, en efecto, haber llegado a un acuerdo con Torras-KIO para la recuperación del paquete accionarial en manos de los kuwaitíes. Un problema menos para Javier de la Rosa. A partir de ahora, el equipo de apoyo del financiero, siguiendo los consejos de Matías Cortés, se aplicará como tarea prioritaria en la búsqueda de un socio español con el que "nacionalizar" el paquete KIO en el Banco Central. De la Rosa se lo ofrecerá primero a Conde-Abelló, pero éstos ya estaban metidos hasta el cuello en el lío de Banesto. También hará un último recordatorio al propio Central, a través de Luis Blázquez.

El hombre que, a indicación de Matías Cortés, propiciará el acercamiento a "los Albertos", será Álvaro Álvarez Alonso, un brillante profesional que acaba de montar su propio negocio, la sociedad de intermediación Ibermer (en la que participan como socios, entre otra gente importante, el propio Matías Cortés y Enrique Sarasola), tras haber abandonado la dirección española de la multinacional Merrill Lynch.

El camino es una larga carrera de obstáculos que es preciso ir superando poco a poco. De la Rosa siente en principio ciertos recelos ante la presencia de Álvarez Alonso en la operación, a causa de su parentesco con don Pablo Garnica. Y lo que es más importante, aunque De la Rosa conocía a Alfonso Cortina, consejero delegado de Portland Valderrivas, y hermano de uno de "los Albertos", no había tenido el menor contacto directo con la pareja de propietarios de Construcciones y Contratas (Conycon). El financiero catalán piensa que hay muy pocas posibilidades no ya de acuerdo, sino de acercamiento a los constructores, y, en efecto, no iba descaminado: éstos no querían saber nada de "JR"...

Los trabajos preparatorios de la operación de acercamiento se habían iniciado ya el 8 de septiembre en Madrid, en una reunión de todo el equipo en la que se van perfilando detalles. A finales de septiembre tiene lugar en Barcelona una cena en el restaurante Reno, en la que toman parte como primeros espadas el propio De la Rosa, junto a Cortés y Álvarez Alonso. En esa reunión se analizan a fondo los perfiles del problema, se decide iniciar el acercamiento a los dueños de Conycon y se concretan las vías para hacerlo. Álvarez Alonso recibe formalmente el encargo de actuar como *broker* de la operación.

Se trataba en principio de crear una sociedad *holding*, tenedora de participaciones bancarias, en la que se integrarían los distintos paquetes en poder de Javier de la Rosa en el Banco Central y en otros bancos, junto a las participaciones de ''los Albertos'' en el Banco Zaragozano (en torno al 30%) y en el Banco de Fomento (5%), del grupo Banco Central.

El primer encuentro entre ''los Albertos'' y Javier de la Rosa no es muy alentador. Los constructores se ven a solas con el financiero porque, si falta hiciera, quieren poder negar incluso que le han visto... Así que Matías Cortés debe esperar pacientemente en un lugar cercano a que termine la reunión.

A partir de este momento, los caminos de Javier de la Rosa y Matías Cortés se separan, en un proceso en el que ha tenido mucho que ver el ministro Solchaga.

La posibilidad de una *joint-venture* con ''los Albertos'' parecía remota tras el primer encuentro. Álvaro Álvarez Alonso tuvo clara la idea de que, para mover la voluntad del dúo, había que presentarles la operación bien mascada. Tratar con los dueños de Conycon tiene una gran ventaja: si un negocio está claro y se puede ganar dinero, cualquier otro tipo de consideraciones pasa a segundo plano. Para empezar, estaba el problema de la liquidez. ¿De dónde extraer los cerca de 20.000 millones de pesetas que valía la mitad del paquete KIO en el Central? «Estos señores tendrán algún activo que se pueda vender y que pueda interesarle a su vez a KIO...», se dijo Álvarez Alonso.

Y así nació la idea de la permuta de los terrenos de la madrileña Plaza de Castilla, propiedad de la sociedad Urbanor, mayoritariamente participada por el grupo Conycon. Álvarez

Alonso y su socio, Enrique Sarasola, intervienen directamente en la venta de dichos terrenos a KIO. El meollo de la compleja operación financiera que da lugar al nacimiento de Cartera Central, sin embargo, corre a cargo directamente de De la Rosa y los propios "Albertos". No obstante, el nombre de Ibermer, la sociedad de Álvarez Alonso, servirá como paraguas de toda la operación, al objeto de resguardar la figura de un Javier de la Rosa que entonces estaba siendo sometido al pleno acoso gubernamental, un tema en el que los buenos oficios de Sarasola le resultan al financiero catalán de un valor inapreciable.

El proceso desemboca finalmente el jueves 26 de noviembre, en plena tormenta de la OPA del Banco de Bilbao sobre Banesto, en otra noticia de enorme impacto que estremece de nuevo al mundo financiero español. KIO y el grupo Construcciones y Contratas (Conycon) anunciaban la creación de una sociedad, llamada Cartera Central, cuyo objeto social era la tenencia y administración de un paquete del 12,25% del Banco Central.

El acuerdo definitivo había sido alcanzado y rubricado el lunes 23 de noviembre en la sede londinense de KIO, en el 150 de Cheapside Street, y presentado en Madrid al presidente González al día siguiente, 24 de noviembre. El capital social de Cartera Central, de 32.775 millones de pesetas, estaba suscrito en un 51,2% por Conycon, y en un 48,8% por KIO. Los constructores aportan a la sociedad un paquete del 5,25% del Central que les es vendido por KIO al precio medio del 911%. Como forma de pago, "los Albertos" entregan al grupo árabe terrenos de su propiedad ubicados en plena Plaza de Castilla de Madrid. Por su parte, KIO aporta a Cartera otro paquete del 5% del Central y, además, sindica en la nueva sociedad otro 2% del Central que era propiedad de Torras Hostench. La "nacionalización" formal del paquete KIO en el Central era un hecho.

KIO hacía, pues, todo el gasto. De una tacada, el grupo árabe revelaba ser dueño del 12,25% del primer banco privado del país. Don Mariano Rubio y el Banco de España, cogidos de nuevo *in fraganti*, prefieren correr un tupido velo antes que pedir explicaciones públicas. A nivel privado, Rubio no puede disimular su enfado. La operación le ha sentado como un tiro.

"Los Albertos", además, no se han dignado anunciarle la operación. Simplemente, le han puenteado. Gracias a los buenos oficios de Enrique Sarasola, cuyo *fee* en la operación asciende a varios cientos de millones de pesetas, "los Albertos" han sacado adelante el asunto hablando directamente con Felipe González y con Carlos Solchaga. Con todo, para amortiguar el escándalo —del que nadie parece darse por enterado— los nuevos socios montan endebles explicaciones donde se dice que el paquete que aporta Conycon procede o procederá de imaginarias compras en Bolsa...

Igualmente sorprendido se vio Alfonso Escámez, que acababa de anunciar una ampliación de capital precisamente destinada a defenderse de indeseados abrazos de oso. El día anterior, miércoles 25 de noviembre, "los Albertos" anunciaron por la noche la mala nueva a Escámez. El presidente del Central pidió cuarenta y ocho horas de plazo para pensarlo y comunicarlo al Consejo, que no le fueron concedidas.

La operación de Cartera Central es un notable éxito táctico de Javier de la Rosa. Al estar la mayoría del capital de la sociedad en poder de "los Albertos", serán los constructores quienes en adelante tendrán que dar la cara en la ardua pelea con Alfonso Escámez, lo que permitirá al financiero catalán permanecer, ¡por una vez!, en un discreto segundo plano. Al mismo tiempo, Javier de la Rosa lograba sus primeros aliados poderosos en Madrid. El perro De la Rosa dejaba de andar sin collar por el asfalto madrileño.

Antes de firmar el acuerdo con "los Albertos", De la Rosa todavía hizo un último recordatorio a Alfredo Sáenz, de Banca Catalana.

—Oye Alfredo, dile a Pedro Toledo que si no me decís nada, yo dispongo del paquete del Central...

—Espera, espera un poco que voy a hablar con Bilbao.

—No, es que sois vosotros quienes me habéis planteado el tema y todavía estoy esperando una respuesta.

Los movimientos de don Alfonso Escámez comienzan a multiplicarse. Por un lado consigue que su buen amigo —además de importante cliente bancario— Ramón Areces, rompa sus vínculos con los maridos de sus ahijadas, provocando la salida de todos los hombres de El Corte Inglés del Consejo de Administración de Construcciónes y Contratas, un acontecimiento de gran trascendencia futura a la luz de la eventual desaparición del patriarca de los grandes almacenes.

Pero Alfonso Escámez se ve entonces obligado a admitir en privado su larga serie de errores. El presidente del Central intentará romper la nueva alianza Albertos-KIO mediante ofertas y proposiciones de todo tipo a Javier de la Rosa. A nivel de opinión pública, el de Águilas opta, sin embargo, por la táctica del avestruz: ignorar la evidencia, lo que no hace sino provocar la hilaridad de los círculos financieros, en detrimento del buen nombre del esforzado banquero.

Mientras Escámez niega públicamente la autenticidad de la operación, ''los Albertos'' le propinan otro susto al ofrecerse amablemente a adquirir, en la primera quincena de diciembre, la autocartera del Banco Central. A primeros de enero, de 1988, Cartera Central quedó formalmente constituida con un capital de 41.000 millones de pesetas, sobre los 32.775 originarios, al objeto de poder acudir a la ampliación del Central entonces en curso y seguir manteniendo su participación del 12,25% del banco.

En esta situación, todas las referencias estaban centradas en la junta general de accionistas que el Banco Central iba a celebrar el sábado 23 de enero de 1988. ¿Contaría Cartera Central con las tarjetas de asistencia a la misma? El martes día 19, las hostilidades estaban en su punto culminante, con las partes intercambiándose comunicados de gran dureza. Y de repente, el miércoles 20, con gran sorpresa, ambos bandos anuncian haber llegado a un acuerdo por el que de lo dicho no hay nada, sino buena voluntad y deseos de colaboración a raudales. ¿Qué había motivado tan fenomenal cambio?

La clave estaba en una reunión celebrada por ''los Albertos'' con Alfonso Escámez en la tarde del miércoles día 20. A las 17 horas se iniciaba en la sede del Banco Central una de las reuniones más tensas mantenidas entre ambas partes. Alfonso Escámez no quiere testigos («era demasiado grave la amenaza que pesaba sobre él») y se ve a solas con ambos primos, mientras la comisión ejecutiva permanece reunida durante cinco horas en un salón de al lado, y Javier de la Rosa pulula por los pasillos del banco a partir de las 7 de la tarde en compañía de Luis Blázquez. Cuando, ya noche cerrada, los reunidos se levantan de sus asientos, después de que Romualdo García Ambrosio y Juan Bule tomaran nota de los acuerdos y redactaran el correspondiente documento, el hombre de Águilas había entregado a sus oponentes las llaves de la ciudadela.

García Ambrosio pasaba a formar parte del Consejo del banco de manera inmediata, y Escámez se obligaba a nombrar tres nuevos consejeros en representación de Cartera Central inmediatamente después. Pero no era eso todo, ya que en la junta del 25 de junio don Alfonso se comprometía a nombrar tres consejeros más de Cartera, elevando la representación total del grupo Albertos-KIO en el máximo organismo del banco a siete personas. Por si fuera poco, Cartera Central tendría a partir de junio el control de la comisión ejecutiva del banco, y aunque de la presidencia no se habló, Escámez dejaba de ser consejero delegado a partir de dicha junta. Al abandonar la sede del Banco Central, ''los Albertos'' cruzan la calle de Alcalá y depositan los acuerdos en el libro de registro del Banco de España.

La clave del por qué de la rendición incondicional de Escámez sigue siendo hoy uno de los secretos más apasionantes que guardan estos meses pasados no menos apasionantes. ¿Con qué amenazaron los Albertos-KIO a Alfonso Escámez...?

El caso es que esa amenaza, como se verá al concretarse la fusión Banesto-Central, se revelará en buena medida como pólvora mojada. Intentar meter en la cárcel al presidente de un banco no es cosa fácil. Alfonso Escámez tiene también sus amigos, y algunos son de tronío. El hombre de Águilas hace tiempo que lleva personalmente la cartera de inversiones de La Zarzuela, y de tan destacado lugar no han dejado de llegar mensajes a Javier de la Rosa y Cartera Central en favor de don Alfonso, un hombre al que en Palacio se respeta y quiere. La Zarzuela aboga por una solución amistosa que suponga una salida honorable de Escámez. Para refrendarlo, consideraría con agrado la concesión al banquero de un título nobiliario como el de ''conde de Águilas'' o similar.

Antes de la junta del 23 de enero, Luis Blázquez visita dos noches casi seguidas el domicilio barcelonés de Javier de la Rosa para ofrecerle comprar su paquete. Al precio que sea.

—Es tarde Luis. Os lo advertí no sé cuántas veces, pero no me hicisteis caso. Ahora ya he asumido unos compromisos que pienso cumplir.

La junta del Central se celebra en calma chicha tras el acuerdo, pero el banquero de Águilas iba a rebelarse con todas sus fuerzas contra el leonino acuerdo suscrito con ''los Albertos''. Toda su energía se dedicará a partir del 25 de enero a encontrar una salida que le permita escapar del abrazo mortal de Cartera Central.

Claudio Boada, presidente del Hispano Americano, estaba ya sentado a la puerta de su banco esperando, como el árabe del cuento, ver pasar por delante la fruta madura de Alfonso Escámez pidiendo comprensión.

El Gobierno, por otra parte, seguía empeñado en las fusiones y desde finales de enero había iniciado una nueva oleada de presiones para evitar que el proceso se ralentizara tras la operación Bilbao-Vizcaya.

El lunes 15 de febrero, ''los Albertos'' reciben un chivatazo de alto nivel procedente de la propia sede del Banco Central, en la calle Alcalá 49. «La fusión Central-Hispano está prácticamente hecha.» Conmoción general, llamadas a Barcelona y Javier de la Rosa que debe desplazarse a toda prisa a Madrid. A partir de las 4.30 de la tarde de este lunes, un ''gabinete de crisis'' se instala en las oficinas de Ibermer, en el edificio de La Pirámide del Paseo de la Castellana: ''los Albertos'', Javier de la Rosa, Romualdo García Ambrosio, Álvaro Álvarez Alonso...

Hay que parar la operación. De la Rosa coge el teléfono

y comienza a llamar a Luis Blázquez cada quince minutos, sin resultado.

—No está don Luis; ya sabe que cuando usted llama siempre se pone en seguida.

Las llamadas se van acortando en el tiempo, mientras va en aumento el nerviosismo del secretario de Blázquez. Y ya pasadas las 6 de la tarde, De la Rosa se larga un farol.

—Yo no le quiero molestar, pero si tiene usted que llamarle al Hispano, dígale por favor que le estoy buscando para un tema muy urgente...

—¡Yo no sé nada! ¡Yo no sé dónde está...! —exclama asustado el secretario...

La treta surtió efecto. A los dos minutos, el director general del Central estaba al aparato. De la Rosa se enfada y juega fuerte.

—¡Como hagáis esa fusión vais todos al juzgado, te lo advierto! Alfonso no puede adquirir ningún compromiso sin el visto bueno de Cartera y si lo hace viola los acuerdos firmados con nosotros el 20 de enero...

—Pues ahora mismo voy a ver al presidente, porque a mí me ha engañado entonces...

—Y otra cosa te digo. Sabemos que Alfonso ha firmado ya un protocolo de fusión. Y sabemos que eres tú el que está llevando el peso de la negociación por el Central, con Geijo y Amusátegui por el Hispano...

—¡Yo no estoy haciendo nada! Lo único que he hecho ha sido intercambiar balances con el Hispano, pero lo mismo he estado haciendo con el Popular y no ha pasado nada...

Al cabo de media hora, Blázquez vuelve a llamar con noticias frescas de don Alfonso.

—He hablado con el presidente y se lo ha tomado fatal... ¡Hay que ver qué falta de confianza la vuestra!

—Pues tú me dirás...

—Que no hay nada de nada, y por supuesto no hay nada firmado...

Los reunidos de La Pirámide creen haber obtenido una información importante de la que no estaban seguros. La cosa todavía no estaba hecha. Pero al poco rato llegan noticias de José Ramón Álvarez Rendueles, ex gobernador del Banco de España y presidente del Banco Zaragozano, mayoritariamente participado por "los Albertos". Rendueles acaba de presentar la memoria del banco a Mariano Rubio y el gobernador le ha reconocido que la cosa está en marcha.

Por la noche, los socios de Cartera Central reciben el soplo definitivo. La misma "garganta profunda" del Central llama a Romualdo García Ambrosio a su domicilio y le reconoce que, efectivamente, los documentos están redactados. Los socios están a punto entonces de filtrar la noticia a los medios de comunicación, pero al final deciden no hacerlo, valorando que ello podía contribuir a acelerar la operación.

A primera hora de la mañana del martes, 16 de febrero, los socios de Cartera remiten varios requerimientos notariales a Alfonso Escámez en solicitud de información y tratando de parar la operación.

Boada estaba lanzado. Esa misma semana pide autorización a Comerzbank para efectuar la fusión y consulta con sus principales accionistas, los March.

No se sabe bien si el acuerdo no se consumó por la acción desesperada de De la Rosa-Albertos o porque en el fondo Escámez nunca estuvo convencido de la bondad de un casamiento con Claudio Boada. Tras haber gozado de novias tan exquisitas como Pedro Toledo, o tan cultas como Sánchez Asiaín, el himeneo con Boada le debió parecer a Escámez un premio de consolación. El Gobierno, naturalmente, apoyaba a tope la operación. Era resolver el problema del Central con un hombre de la casa. Mejor solución no hubiera podido imaginarse. Pero Alfonso vio claro que esa fusión suponía su muerte fulminante. Entre la disyuntiva de morir en la ribera de "los Albertos" o hacerlo en la de Boada, el de Águilas prefirió agotar al límite sus posibilidades, en espera de la solución milagrosa...

Por si ello fuera poco, Boada no parecía dispuesto a una fusión a cualquier precio. El presidente del Hispano quería comprar buena mercancía y al mejor costo. Mario Conde, que también probó el paño del arca, susurraría al oído de alguno de sus íntimos: «Han pretendido venderme una burra al precio de un pura sangre...» De hecho, la fusión Central-Hispano se empantanó a causa de la disparidad de criterios a la hora de la valoración de ambos bancos. Boada quiso apretar demasiado. Cuando los números uno, Boada-Amusátegui y Escámez, tomaron las riendas del asunto, sustituyendo al dúo Blázquez-Geijo, surge el tema clave de la paridad de la fusión. Como resultado de las valoraciones efectuadas por Shearson Lehman Brothers, dicha paridad salía a 1 acción del Central por 1,25 del Hispano, o lo que es lo mismo, la relación de intercambio sería de 4 acciones del Central por 5 del Hispano.

Los socios de Cartera Central manejaban por aquellos días una relación de 2 acciones del Central por 3 del Hispano, más favorable, por tanto, para el banco que preside Escámez. El 12,5% de Cartera Central hubiera pasado a convertirse en el 7,65% del banco fusionado. Para seguir controlando un 10% de la nueva entidad, y frustrar la estrategia de Escámez de diluir su participación, hubiera sido necesario aportar 19.500 millones de pesetas más.

Pero Boada decidió plantarse, exigiendo un cambio a la par: una acción del Central por una del Hispano. Claudio opina que su banco ha culminado su proceso de saneamiento, mientras que no se puede decir lo mismo del Central. Al grupo industrial de Escámez, Boada opone su grupo financiero, la Corporación Financiera Hispamer. Y las conversaciones se bloquean el fin de semana del sábado 20 de febrero.

Mientras tanto, ''los Albertos'' presionaban a tope a Javier de la Rosa para que KIO sacara a la luz sus paquetes secretos en el Central y los subsumiera en Cartera.

—¡Sácalos, sácalos ya...!

—¡Que no, que Mariano Rubio y Solchaga me matan...!

Se trataba de otro paquete accionarial del 9% del Banco Central en poder de KIO. Pero ¿cómo aflorar semejante ''paquetón'' adicional, de cuya existencia don Mariano Rubio no sabe oficialmente nada, sin exponerse a las iras del Gobierno y las autoridades monetarias? Habría que esperar tiempos mejores.

El caso es que ese 9% en el arcano se fue convirtiendo con el paso de las semanas en casi un 13%, con lo que, de hecho, el grupo árabe mantenía a finales de mayo pasado el control de casi una cuarta parte del primer banco privado español, vulnerando claramente la política del banco emisor respecto a las participaciones bancarias extranjeras y la propia futura ley de Disciplina Bancaria.

Como el 12% de Banesto, el 13% adicional de KIO en el Banco Central es un paquete bloqueado o, más bien, secuestrado por la autoridad monetaria, un paquete que es muy difícil que pueda jugar otro papel que no sea cobrar el dividendo a final del ejercicio. De que no salga a la superficie se encarga Mariano Rubio con sus constantes amenazas. A cambio, el Gobernador hará la vista gorda con tal de que esas participaciones sigan estando en el más absoluto *underground*.

Y mientras Cartera Central discutía si eran galgos o podencos, don Alfonso Escámez se fusionaba con Mario Conde. El banquero de Águilas había encontrado en el antiguo abogado del Estado el cariño y la comprensión que le negaron los duros hombres de Conycon. «Es lo que vengo diciendo a "los Albertos" que tendríamos que haber hecho nosotros con Alfonso Escámez: darle el mando varios años y terminar con el problema, pero "los Albertos" están durísimos y se han negado en redondo...», asegura Javier de la Rosa.

Un fenómeno de largo alcance que tiene lugar durante los primeros meses de 1988 es la fractura de la entente cordial que durante 1987 existió entre Mario Conde y Javier de la Rosa. Las expectativas que el financiero catalán tenía depositadas en el nuevo banquero se frustran; la línea de colaboración se rompe y De la Rosa, a consecuencia del rechazo, es empujado a echarse en brazos de "los Albertos".

Es un error que Mario Conde pagará caro, porque De la Rosa no se ha quedado con los brazos cruzados. Durante el primer trimestre del 88, KIO ha ido recomprando de forma paulatina el paquete de Banesto que estaba en poder de distintos inversores institucionales extranjeros. «Lo hemos comprado y lo hemos cambiado de sitio... ahora sí que son nuestros de verdad.» Por tanto, KIO, *ergo* Javier de la Rosa, es dueño de un paquete de nada menos que el 12% del Banco Español de Crédito, lo que le convierte de lejos en el mayor accionista de la entidad, a mucha distancia de la pareja Conde-Abelló.

La estrategia está clara. Ese paquete en manos de KIO es, de nuevo, un paquete muerto, bloqueado, como ocurre con el 13% adicional del Central. Sin embargo, es una carga de profundidad contra Mario Conde, una amenaza formidable contra la estabilidad del joven banquero de Banesto.

Es, además, un paquete que se ha recomprado a un precio bastante por debajo de la actual cotización bursátil del banco, por tanto, un buen negocio en sí mismo. Ese paquete permite nuevas aperturas en la partida estratégica que Albertos-KIO juegan contra la nueva pareja Conde-Escámez. Las novedades no se han hecho esperar, y el 30 de mayo de 1988 los socios de Cartera Central provocaron un nuevo golpe de efecto al anunciar la compra de un 2% del capital del Banco Español de Crédito. ¿De dónde había salido ese paquete? ¿con qué dinero se había comprado? No de la Bolsa, ciertamente, sino del cofre de los tesoros de los amigos árabes de Javier de la Rosa. El financiero catalán, a través de Cartera Central, iniciaba un nuevo proceso de "nacionalización" de su paquete en Banesto.

A largo plazo, los deseos de De la Rosa apuntan a situarse en un discreto segundo plano. Narciso de Mir, su lugarteniente catalán, pasará a ocupar los puestos en los consejos de administración que sean necesarios. "JR" quiere quedarse en la sombra y terminar de arreglar algunos asuntos pendientes, como la fusión ERT-Cros, separar las papeleras de Torras Hostench, de forma que ésta quede exclusivamente como la gran sociedad que agrupe todos los intereses KIO en España. Al tiempo, su despacho barcelonés, Quail España pasa a denominarse Diagonal Inversiones.

Desde ese discreto segundo plano al que aspira, a De la Rosa le gustaría convertirse en el gran muñidor en la sombra de un nuevo tipo de capitalismo español. Los March, "los Albertos", los Botín, los Conde-Abelló, representantes de la nueva generación de multimillonarios hispanos, no son suficientemente ricos para competir en el extranjero, pero podrían serlo con Javier de la Rosa y la manguera de sus petrodólares apoyándoles por detrás, en segunda línea, canalizando hacia ellos las enormes sumas de los KIO manejadas por los Lombard Odier, los Morgan Grenfell... Al fin y al cabo, es así como están funcionando los Benedetti y los Gardini de turno. Sólo haría falta que dejaran a un lado sus celos personales y que aceptaran cierto reparto de papeles y zonas de influencia. Si así lo hicieran, esta plétora de españoles podrían convertirse en los nuevos magnates de Europa. Inteligencia tienen; lo único que les falta es dinero, pero para eso ya está ''JR''...

El único problema de Javier de la Rosa en el horizonte es el marcaje al que le tiene sometido el Gobierno socialista. Javier no puede dar ni un solo paso sin contar con el beneplácito del ministro Solchaga. El catalán es la manifestación más aberrante de un estado de cosas que movería al escándalo a más de un bien pensante convencido de la limpieza de las reglas del juego de una economía de libre mercado: nada se puede hacer en España sin pasar por el fielato de La Moncloa y su principal ministerio económico, lo que origina, como una consecuencia natural, los famosos tráficos de influencias, los negocios de los amigos del Presidente y demás historias que hoy son noticia diaria en el país.

El caso de Javier de la Rosa es, con todo, el ejemplo más extremo del síndrome. De la Rosa es como aquellos opositores del franquismo que vivían en libertad condicional, teniendo que presentarse todas las semanas en el cuartelillo de la Guardia Civil. El viernes 11 de marzo, una historia del periodista Casimiro García Abadillo en la revista *El Globo*, sobre un supuesto pacto KIO-Gobierno, motivó que el financiero fuera llamado urgentemente a capítulo a Madrid, de forma que De la Rosa tuvo que viajar a la capital el mismo viernes por la noche para dar explicaciones a Solchaga, en presencia de su jefe de gabinete, Luis Sempere.

La toma de un paquete accionarial en la editorial Zeta, de Antonio Asensio, que había recibido el *nihil obstat* gubernamental, debió ser deshecha después de que Jesús Polanco, el multimillonario editor de *El País*, utilizara toda su artillería pesada, que es mucha, contra esa entrada de KIO en un sector estratégico como el de la prensa. De nuevo Javier de la Rosa fue llamado a Madrid para recibir las indicaciones oportunas. La vida sigue...

CAPÍTULO 14

ALGUIEN LLAMA A LA PUERTA

Los nombres de Mario Conde y Juan Abelló se escuchan por primera vez en Castellana 7, en la reunión de la comisión ejecutiva del Banco Español de Crédito de 28 de julio de 1987.

Aquel día, López de Letona y Herrera informan del interés de ambos inversores por colocar en Banesto una parte importante de las plusvalías obtenidas con la venta de Antibióticos. Los miembros de la ejecutiva reaccionan a la defensiva.

—¡Ojo, a ver con qué pretensiones vienen éstos...! —Comenta don Pablo, haciéndose eco de la inquietud general.

—Creo que conviene hablar con ellos, aunque con todas las precauciones necesarias —añade otro consejero—. Primero hay que saber qué es lo que quieren...

El acta de la reunión es muy escueta, y en ella no se citan para nada los nombres de los interesados. «El consejero señor Herrera hace una exposición sobre el interés demostrado por un grupo inversor en tomar una posible participación en el capital social del banco. La comisión se da por enterada.»

El intento de Conde y Abelló merece una gélida acogida, tanto por parte de Letona como del resto de miembros de la ejecutiva. El consejero delegado recibe instrucciones de negociar con ellos a la contra. Más aún: hay que tirar para arriba del precio de las acciones, para dificultarles la operación.

La pretensión de la pareja inversora podía dejar al descubierto algunas incómodas realidades. Unos recién llegados que se hicieran con el 4% del capital del banco podrían exhibir ya

317

el doble de acciones que el resto del consejo junto, lo que no era una constatación del gusto de los instalados.

El 28 de julio es una fecha importante en los anales de la institución. Muy pocos podían entonces sospechar, más aún tras este recibimiento hostil, que ambos inversores iban a llegar tan lejos y en tan corto período de tiempo. Si alguien se hubiera atrevido a pronosticar que Mario Conde, un joven todavía en los 38 años, lleno de fuerza y ambición, pero completamente ajeno al rancio mundo de ''las familias'' de Banesto, iba a ser presidente y consejero delegado de la institución apenas cuatro meses después, habría sido tachado de loco.

Banesto, el templo del conservadurismo, la casa donde las grandes decisiones maduran sólo con los años, parecía *a priori* el lugar menos indicado como pista de entrenamiento de jóvenes agresivos con ganas de comerse el mundo. Las circunstancias por las que atravesaba el banco, además, no eran las más idóneas, aunque luego se demostrarán precisamente como las idóneas. ''Las familias'', tras el rejón de castigo que para ellas había supuesto la entrada de Letona, no podían mirar sino con recelo las aspiraciones de ambos inversores, quienes, por si fuera poco, no se recataban de afirmar, al ser preguntados por sus intenciones, que querían invertir para mandar.

El Banco de España, por su parte, empeñado en sostener a su delfín López de Letona en Banesto contra viento y marea, no iba a permitir así como así que un par de aventureros, sin ninguna experiencia bancaria, diera al traste con la brillante operación recambio diseñada por el cerebro de Mariano Rubio.

Uno de los aspectos más llamativos de la corta e intensa trayectoria de Mario Conde y Juan Abelló es que todo el mundo se ha confundido, ha errado en alguna ocasión con ellos. Muchos son los que en algún momento han infravalorado a la pareja o han pretendido utilizarla para sus fines, para terminar al final siendo víctimas de la estrategia superior del dúo. Mariano Rubio ve en agosto de 1987 con buenos ojos las intenciones de Conde-Abelló de entrar en Banesto, porque barrunta que pueden convertirse en un apoyo con el que apuntalar a Letona. ''Las familias'' se ponen en guardia por idéntico motivo, y más tarde pactan con ellos, creen utilizarlos, para sacudirse definitivamente al hombre del Banco de España. Y mientras tanto, paso a paso, los planes a largo plazo de Conde y Abelló se van cumpliendo de forma inexorable.

Durante la última semana de julio, Juan Herrera, Mario Conde y Juan Abelló celebran varios almuerzos para preparar la estrategia de entrada en Banesto. Herrera está ya convencido —animado por su hijo Juan y por Alfonso Osorio, vicepresidente de Petromed y uno de los barones de Alianza Popular— de que para él ésta es una oportunidad de oro por muchos motivos. En uno de esos almuerzos, Herrera anima a sus interlocutores a comprar en Bolsa.

—Yo creo que tenéis que empezar ya.

—Sí, ya nos hemos puesto en marcha.

—Pero hacedlo con tiento, por Dios. La oportunidad es tan clara que yo mismo pienso comprar para Petromed. Tengo un dinero para invertir y quiero reforzar la posición que tenemos en Banesto. Pero claro, si la cosa se dispara, yo me lo tendría que pensar...

Conde y Abelló insisten a Herrera para que presione a López de Letona, y el marqués de Viesca lo hace hasta la saciedad. Siempre con la misma respuesta.

—Pero hombre, tienes que hablar con ellos, ¿qué te cuesta?

—Te vuelvo a repetir, Juan, que yo no tengo nada que hablar con esos señores. Y punto.

—Es que éstos han dicho que están dispuestos a comprar.

—¡Pues que compren! A eso no me puedo oponer. Que compren. Así me ahorran autocartera...

El viernes 31 de julio Letona está ya al corriente sobre algunas compras importantes de títulos Banesto que empiezan a detectarse en Bolsa. El consejero delegado decide interrogar a Herrera.

—Estamos viendo mucho movimiento en Bolsa, ¿tú sabes si estos dos están comprando?

—Pues no tengo ni idea.

«Yo creo que Juan Herrera les había animado a que compraran, con el argumento de que todo se arreglaría, y lo hace sin confesarlo al banco», asegura Letona.

Ese mismo día, Giancarlo Parretti tira de teléfono y llama personalmente a José María López de Letona.

—Tenemos diez días para hacer la operación, señor Letona...

—¿De qué me habla usted?

—De la operación que hemos hablado con Argüelles.

—Y, ¿qué quiere de mí?

—Que tenemos que hacerlo ahora, porque a través de mis amigos italianos sé que los señores Conde y Abelló están comprando y le van a coger a usted desprevenido. Si quiere hacer algo hay que hacerlo ya...

—Eso son fantasías suyas. Yo sé mejor que nadie lo que pasa en esta casa y todo está bajo control...

Las vacaciones de verano se presentan sin que Conde y Abelló hayan logrado el menor progreso aparente. A primeros de agosto don Pablo Garnica tenía invitados en su residencia de verano de Noja, Santander. Allí está su hermano Gabriel Garnica, Inocencio Figaredo, César de la Mora y Ricardo Gómez-Acebo. Aquellos días se iba a celebrar en Santander todo un acontecimiento social, al que algunos de los presentes en casa de don Pablo estaban invitados: la boda de una hija de Jaime Botín-Sanz de Sautuola y García de los Ríos, consejero delegado de Bankinter.

En Noja se dan cita los incondicionales del presidente de Banesto, dispuestos a aprovechar el verano para arroparle emocionalmente y levantarle el ánimo. El viejo espíritu guerrero de don Pablo se encontraba desarbolado desde aquel año terrible que fue para él 1985 con el inimaginable tropiezo del Banco Garriga Nogués. Don Pablo se ha hundido y, en el mismo proceso, ha reafirmado, hasta extremos casi reverenciales, el tradicional respeto y temor que siempre ha sentido por la autoridad monetaria.

Pero en el círculo de sus íntimos ha germinado ya el espíritu de rebeldía contra don Mariano Rubio y su hombre en Banesto. Sin embargo, nada se podrá hacer sin el permiso tácito o expreso de don Pablo. En Noja, Dicky Gómez-Acebo em-

320

pleó sus mejores armas psicológicas para preparar al presidente.

—Vamos, Pablo, hay que descansar ahora y animarse para, a la vuelta del verano, poner las cosas en su sitio en el banco...

—Mira, Ricardo, yo creo que eso está muy difícil...

—Hombre, no hay que tener tanto miedo a lo que diga Mariano Rubio...

—¡Es que nos tiene cogidos por el cuello, con sus amenazas del dividendo y todo eso...!

—Pero, Pablo, convéncete que esto no puede seguir así; no es de recibo que un país moderno, europeo y todo eso, tenga cada mañana que estar pendiente del humor con que se levanta el señor Gobernador del Banco de España...

—Dicky, no insistas, yo no puedo meterme de ninguna forma con Mariano Rubio; creo que sería algo suicida, muy perjudicial para los accionistas...

Al día siguiente, al borde de la piscina y con don Pablo ausente, los invitados abordan un interesante tema de conversación. Se trata de esa pareja de jovencitos, los tales Conde y Abelló, que dicen querer entrar en el accionariado.

—¿Pero están comprando ya?

—Sí, sí, parece que sí...

—¿Y quién lo ha dicho?

—Creo que lo están haciendo por indicación de Herrera.

—Pues eso puede ser un asunto interesante para nosotros, si lo sabemos aprovechar —asegura Ricardo Gómez-Acebo.

—Tú dirás...

—Si están decididos a entrar, es muy importante saber de la mano de quién lo van a hacer...

—Pues ya ves, parece que la de Juan Herrera.

—¡Pero eso es una barbaridad...!

—Mira, Pablito —interviene de nuevo Gómez-Acebo—, tú eres amigo de Abelló, ¿no?

—Sí, lo soy.

—Tienes que hablar con ellos inmediatamente y decirles que se están equivocando, que con quien tienen que hablar es con "éste" —dice Dicky en un expresivo gesto refiriéndose a Pablo Garnica...

Los miembros de la comisión ejecutiva de Banesto habían sido citados para el 12 de agosto en Madrid. Esa mañana, mientras Madrid hervía en pleno ferragosto, los ilustres prohombres de la casa van llegando a Castellana 7, luciendo su bronceado. A las 10 de la mañana ya está Juan Herrera, que a las 7 ha abandonado el Hotel Landa Palace de Burgos, donde desde hace unos años se ha aficionado a pasar sus vacaciones lejos del tráfago de la costa mediterránea. Poco después de las 10 llega, en el primer avión salido de Málaga, López de Letona, desde su lujoso retiro de Sotogrande, una de las urbanizaciones más exclusivas de la costa española. Más tarde hace su entrada Jaime Argüelles, procedente de Asturias.

—Oye, José María, ¿tienes el almuerzo libre? —pregunta Argüelles.

—Pues sí, porque tengo a la familia en Sotogrande; acabo de llegar.

—Si te parece, almorzamos juntos.

—Por mí, encantado.

Al cabo de una hora, el Gobernador del Banco de España llama a su amigo en Banesto.

—¡Qué casualidad!, no sabía que estuvieras aquí.

—Es que tenemos ejecutiva esta tarde.

—Pues yo estoy de paso por Madrid y me encuentro solo. ¿Quieres almorzar conmigo?

—Yo encantado, pero ocurre que tengo el almuerzo comprometido.

—Y con quién, si puede saberse...

—Con Jaime Argüelles porque todos estamos más o menos en la misma situación, con las familias fuera de Madrid.

—¿No os importa que me una?

—En absoluto.

Letona llama por teléfono a Argüelles para comunicarle la novedad, y se topa a su vez con otra más.

—Pues mira —aclara Jaime— me acaba de llamar Juan Herrera. Me dice que también está solo y que se viene con nosotros.

—Pues arreglado; no seremos tres sino cuatro.

Los cuatro prohombres se encuentran en los hermosos salones del Hotel Ritz. Es un alivio, con el calor de ahí afuera, sentir el aire acondicionado, pisar las mullidas alfombras, pasear la mirada por la distinguida clientela, los trajes blancos de alpaca, la actitud indolente de los que dormitan con el *Herald Tribune* entre las manos, arrellanados en los sillones, lejos del infierno de las playas.

En tiempos de la presidencia de Aguirre Gonzalo, estas reuniones de agosto eran motivo anual de un almuerzo de confraternización —uno más de los muchos celebrados a lo largo del año, por los motivos más variopintos—, en el Hotel Palace o en una de las marisquerías de la calle Fuencarral. Con López de Letona se habían acabado estas historias. En realidad, acusan muchos consejeros, «con Letona se acabaron las relaciones humanas dentro del consejo. Fue el gran pecado de un hombre antipático y agrio que no supo o no pudo conquistar el alma de sus colegas».

Este mediodía, en el Ritz, Juan Herrera aprovecha su oportunidad para sacar a colación el tema de Mario Conde y Juan Abelló y su pretendida entrada en Banesto.

—Yo les conozco poco —interviene Mariano Rubio— pero en principio no me parece mal que entren nuevos accionistas en el banco, y más en este caso que supondría un rejuvenecimiento del Consejo, algo de lo que, como sabéis, venimos hablando desde hace tiempo. Estos dos son profesionales, tienen dinero y quieren invertirlo; no veo nada malo en ello...

La misma tarde, Juan Herrera se da buena prisa en comunicar lo sucedido a sus patrocinados.

—Oye, que el Gobernador encantado. Así que esos rumores de que si la autoridad monetaria se iba a oponer, ni hablar. El camino está despejado.

Al otro lado del hilo festejan la buena nueva. Que el Gobernador no ponga obstáculos es toda una baza a su favor. La tesis de que hay que entrar de la mano de López de Letona cobra definitiva fuerza.

En la ejecutiva de ese 12 de agosto, Letona presenta un pequeño informe sobre las compras de acciones del banco que se han hecho en Bolsa. Eran llamativas. Y Conde y Abelló ya habían sido identificados, a pesar de que compraban a través de muchas sociedades —sus títulos han aparecido después a nombre de una decena de firmas—, incluidos algunos *brokers* extranjeros.

—Las compras de títulos Banesto se han multiplicado por cinco —anuncia Letona— mucho más de lo que sería normal dentro del movimiento alcista de todos los valores bancarios.

En efecto, nada menos que 2,2 millones de acciones de Banesto, algo más del 3% del capital social del banco, había cambiado de manos en lo que iba de mes.

«Cuando el Consejo tiene constancia de que Conde y Abelló están comprando, se les ponen los pelos de punta», asegura López de Letona, «y el primero a don Pablo, porque son conscientes de que si llegan a un acuerdo conmigo, se ha terminado la historia para ellos. Temen que puedan convertirse en un apoyo para mí. Como al mismo tiempo entraban de la mano de Herrera, en contra del cual estaban todos, piensan que ya están perdidos...»

Pero López de Letona tampoco entiende la oportunidad estratégica que Conde y Abelló le iban a poner en bandeja, y en su fuero interno se parapeta inmediatamente contra los invasores. Él tenía sus planes particulares, que consistían en resistir unos pocos meses más hasta el desalojo definitivo de don Pablo, ya fijado para un próximo 12 de diciembre, de modo que la llegada de la pareja inversora venía a alterar su horizonte inmediato, constituyéndose, cuando menos, en un incordio. Había también, seguramente, un exceso de confianza. Un desembarco inamistoso contra él no sería permitido por el Banco de España. Gravísimo error de apreciación. La apertura que en el tablero de ajedrez de Banesto suponía la aparición en escena de Conde y Abelló, hubiera necesitado de una finura estratégica de la que carecía Letona.

Durante todo el mes de agosto, las llamadas de Mario Conde, desde su casa de verano en Pollensa, a Juan Herrera, instalado en el Landa de Burgos, son casi diarias. La cotización de Banesto se ha ido ya por las nubes. El *inside trading* está funcionando a la perfección.

—Yo creo que deberíais parar, porque esto se ha puesto a unos niveles imposibles.

—No podemos, Juan, nosotros tenemos que seguir comprando.

—Como queráis, pero yo desde luego he parado. Me parece una burrada cómo se ha puesto la cotización. En mi opinión tendríais que esperar a que pasara la marea, a que se haga una autocartera de peso y entonces la compráis...

—Tú sabes que eso no va a ser posible, porque este señor no va a querer ni recibirnos.

Herrera, en efecto, había parado de comprar, tras hacerse con algo más de 400.000 títulos adicionales de Banesto para Petromed, con lo que la petrolera pasaba a controlar cerca del 4,5% del capital social de banco, aunque sus deseos hubieran sido llegar hasta el 6%.

La reunión del Consejo de Aministración del miércoles 26 de agosto está centrada en el gran tema: el pacífico asedio a la fortaleza de los señores Conde y Abelló. Sin embargo, ¡oh maravilla!, el acta de la reunión sigue sin mencionar los nombres de ambos personajes. Se han convertido en algo tabú. Letona, tras comentar que el tema de la deuda Coca y Giancarlo Parretti sigue su curso normal en los términos previstos, hace referencia al importante volumen de contratación de acciones que se están produciendo, «sin que se hayan podido detectar los interesados, ni contrastar los diferentes rumores». Don Pablo se refiere también a la «presión compradora, que puede responder a intentos de personas concretas», tema «de especial interés para el banco».

Del 1 al 5 de septiembre, Mario Conde pasa unos días con Raúl Gardini en Ca Dario, su residencia de descanso de Venecia, un palacio de doce grandes habitaciones construido en 1487 al borde del Gran Canal veneciano, a un tiro de góndola de la Plaza de San Marcos. La que fuera en sus orígenes residencia de un embajador de la corte del Dux ante el infiel otomano, es hoy lugar de retiro de Raúl Gardini, al que el líder de Ferruzzi acude todos los fines de semana desde su oficina de Ravena. La estancia en Venecia resulta de vital importancia para

325

Conde. Allí se gana el aprecio de Gardini y consigue que éste entierre sus suspicacias en torno a la operación Antibióticos-Montedison. Toma cuerpo entonces el pacto entre ambos personajes.

Desde Venecia, los dos se desplazan a Porto Cervo, al norte de Cerdeña, para practicar la vela, su deporte favorito. Gardini está ya preparando su asalto definitivo a la presidencia de Montedison, de donde quiere desalojar a Mario Schimberni. Quiere saber la posición de Mario y sus pensamientos sobre la multinacional italiana. Conde le cuenta su estrategia inmediata en España: está decidido a abrirse camino en el sector bancario, concretamente en Banesto, y a lo mejor es posible que te tenga que llamar, Raúl, para que me eches una mano en el tema...

El 8 de septiembre, en comisión ejecutiva, Letona, «a propuesta del jefe de personal», expone los deseos de la plantilla de adquirir acciones del banco.

—El personal está presionando porque, claro, está viendo cómo sube la cotización, y parece que todo el mundo quiere ganar unas perras. Yo no estoy muy convencido, porque la cotización está ya muy alta, pero en todo caso se podrían ceder a la plantilla unas 800.000 acciones, no más, porque tampoco hay en autocartera.

—Yo creo que eso es muy peligroso —interviene Gómez-Acebo— con las acciones al 1.400%. Si luego bajan, van a querer que el banco corra con las pérdidas y es un mal negocio para todos...

—No, no; tengo estudios fiables de que la Bolsa va a continuar subiendo y en el 88 el índice de la de Madrid subirá otro 30%.

—Si tú lo dices..., pero me parece un desatino.

La propuesta de Letona no es aceptada por la comisión, pero el consejero delegado decide abrir al personal líneas de crédito para la compra de acciones en Bolsa. Se trata de créditos blandos al 8% de interés.

La decisión es polémica, porque una acción de este tipo puede encarecer automáticamente los deseos compradores de

Conde y Abelló. Y, en efecto, ello es interpretado como una maniobra defensiva contra la entrada de la pareja.

Ya de vuelta de las vacaciones, el 9 de septiembre, Conde y Abelló van a tener por fin oportunidad de verse las caras por primera vez con don Pablo y con López de Letona. Es un encuentro en el que confluyen esfuerzos y mediaciones diversas. El domingo anterior, los dos amigos, han cenado en casa de Juan Herrera. ¿A quién ver primero? El hombre de Petromed opina que no cuesta nada ver a don Pablo, aunque el que tiene que resolver es Letona. Ramón Hermosilla y Pablo Garnica junior, que creen firmemente lo contrario, llevan tiempo trabajándose a don Pablo para que reciba a los inversores.

Ambos son citados nada menos que en el templo de Banesto. Mario y Juan se dirigen al segundo sótano de Castellana 7, y aparcan allí el Mercedes blindado de Abelló. Desde el garaje suben directamente por un ascensor hasta la planta 11. Cuando ambos se ven encerrados en el pequeño habitáculo forrado de madera rubia, brillante como una jarra de cerveza, Juan ironiza con Mario, «¡aquí dos ''pelaos'' como tú y yo, entrando en el *sancta sanctorum* de la banca..!»

Los recién llegados pasan primero al despacho de López de Letona desde el que, todos juntos, se dirigen al de don Pablo Garnica, donde va a tener lugar la reunión. Juan Abelló, un reputado *connaisseur*, no puede evitar fijarse al instante en un hermoso retrato de Goya, «A Meléndez Valdés su amigo Goya, 1797», y en otra bella pintura de Le Brun; hay cuatro jarrones de china sobre cortas columnas de jade; la mesa de don Pablo, roída como la de un maestro de escuela de la postguerra; una minúscula mesa ovalada, igualmente discreta, en la que apenas caben seis personas; y gran número de tresillos y sofás forrados de lo que a primera vista parece piel artificial de un feo color verde aceituna, cuyo tono se impone sobre cualquier otra sensación.

Es la primera vez que Mario Conde y Pablo Garnica Mansí se ponen la vista encima. Lo nuevo y lo viejo. Don Pablo le mira de reojo con desconfianza. Antes de tres meses estará llorando a su lado en una asamblea, en La Unión y el Fénix, ante más de seiscientos directores del banco.

La conversación fue larga. Los cuatro se acomodan en un tresillo en ángulo recto. Don Pablo en la cabecera, Conde a su derecha, Abelló a su izquierda y más allá, Letona. Los dos amigos habían planificado con cierto detenimiento el encuentro, que consideraban trascendental para sus aspiraciones. Se trataba de ser sinceros, aunque discretos, romper el hielo y sentar las bases de otra reunión posterior donde pudiera entrarse ya en harina. Pero don Pablo no entiende de exquisiteces tácticas y no está para perder el tiempo en juegos florentinos. Lo suyo es ir directo al grano.

Letona hace una exposición genérica, y a continuación interviene Conde:

—Gran banco tiene usted entre manos, don Pablo, con un grupo industrial que es una maravilla, a nosotros nos gustan las empresas, podríamos poner nuestro granito de arena, no tenemos apetencias directas de poder, pero, eso sí, queremos participar en la gestión, porque creemos que tenemos algo que aportar, y estamos dispuestos a invertir lo que haga falta en Banesto, 20.000, 30.000, 50.000 millones de pesetas. Los que hagan falta...

—O sea —interviene lentamente don Pablo— que lo que queréis es entrar aquí por derecho, como si los demás estuviéramos de prestado; nos dejáis, pero si queréis nos echáis a la puta calle, y eso no puede ser....

Mario Conde comienza a sentir un sudor frío. Percibe entonces que el nudo de la corbata le aprieta demasiado y tiene ese gesto suyo característico de incomodidad: con el dedo índice bordea el cuello de la camisa, como si quisiera ampliar su tamaño o reducir su cuello, necesitado de tomar aire.

—No se trata de eso, don Pablo —trata de salir al quite Abelló...

—No, no, si no me parece mal —aclara el presidente— si a mí lo que me molestan son los subterfugios. Yo no veo mal el que queráis invertir en Banesto, siempre que las cosas queden claras.

—Nosotros queremos entrar en el Consejo, los dos, y queremos participar en la gestión, porque creemos que tenemos cosas que aportar —dice Abelló.

—Pero, ¿qué quiere decir eso de colaborar en la gestión, a ver, qué quiere decir? —interviene Letona con síntomas de nerviosismo— porque aquí hay ya una gerencia que está para algo...

Cuando la pareja abandona los sótanos de Castellana 7, van contentos, seguros de haber superado la prueba con un aprobado alto.

El 11 de septiembre, los dos amigos tiene un primer encuentro a solas con el consejero delegado en el Hotel Villamagna. Letona había solicitado un sitio discreto, y cuando él mismo propone la cita en el hall del concurrido hotel, Abelló piensa que es como si hubieran quedado en la Puerta del Sol en Nochevieja. En el Villamagna tendrán lugar varias reuniones de este tipo, reuniones que, como no podía ser menos, son coreadas por medio Madrid. Letona, siempre tan poco partidario de ''radiar la jugada'', en una de sus expresiones favoritas, asegura que «no me podía exponer a encuentros clandestinos, que si hubieran llegado a saberse hubieran dado la impresión de que estábamos conspirando».

Ese día, a las 10 de la mañana, los tres protagonistas toman asiento en el desangelado hall del Villamagna en torno a unas tazas de café.

—Nuestra idea es comprar un paquete importante.

—¿Qué es para vosotros importante?

—Un 4% o un 5%, pero si hace falta un 10%, lo que sea necesario, vamos —replica Mario—, podemos levantar todo el dinero que necesitemos.

—Y ¿qué pretendéis?

—Pues mira, en línea con lo hablado anteayer, queremos entrar en el Consejo y con los asientos que nos correspondan. Queremos las dos vicepresidencias; queremos imponer nuestra filosofía de empresa, nuestros modos de gestión, porque de esto nosotros sabemos algo... y para ello, lógicamente, queremos despacho en el banco...

—Ah, pero entonces queréis mandar —se alarma Letona.

—Pues claro, José María, queremos mandar, eso está claro.

—Pero bueno, no se os escapa que entonces habría dos centros de poder en el banco, con lo que eso supondría...

—Vamos a ver, no lo entiendes José María —interviene Abelló...

—No, no, escuchadme un momento —reclama Letona— me parece que vuestras exigencias son un poco exageradas. Empezando por las dos vicepresidencias, ¿no os parece demasiado eso con el 4% del capital social?

—Según se mire —replica Conde—, porque eso es mucho más de lo que tiene todo el actual consejo junto...

—Y luego lo de la gestión —vuelve a la carga, incómodo, Letona—. En un banco sólo se participa en la gestión sentándose en el Consejo de Administración, en la comisión ejecutiva, o siendo consejero delegado...

—Nosotros no queremos el puesto de consejero delegado. En la estricta gestión bancaria no queremos intervenir, porque de eso no sabemos y tú sabes mucho más que nosotros.

—¡Bueno, pues entonces no sé muy bien qué quiere decir eso de participar en la gestión! —exclama Letona—. A lo máximo que podéis aspirar es a entrar en la comisión ejecutiva, pero no se me ocurre otra cosa, a menos que...

—No, no, si nosotros contamos contigo, tú serás el presidente del banco si tú quieres, por nosotros no va a haber problema en ese sentido.

—Insisto en que me parece que vuestras pretensiones son excesivas, porque ¿qué paquete tenéis del banco ahora mismo?

—Pues no lo sabemos todavía con exactitud...

—Comprenderéis que antes de que yo os empiece a enseñar el banco me tendréis que explicar vuestra posición accionarial, porque no voy a empezar a contar los secretos del banco a unos señores porque digan que tienen tanto y cuanto; me lo tendréis que demostrar...

—Es que no sabemos exactamente cuánto tenemos ahora mismo, José María, porque lo estamos haciendo por distintos canales, pero no te preocupes que en la próxima reunión te lo diremos al céntimo.

—Resumiendo —manifiesta Letona—, y aunque vuelvo a

repetir que vuestras exigencias me parecen excesivas, tratándose de un 4% como habéis dicho, yo estoy de acuerdo en que os incorporéis al Consejo y a la comisión ejecutiva y me parece además que es bueno el rejuvenecimiento del Consejo. Ahora bien, todo esto habrá que plantearlo ante la ejecutiva y el consejo y ambos se van a negar...

—Pues proponlo, me parece estupendo —afirma Conde.

—Pero que conste que lo primero que tenéis que hacer es justificar vuestras compras, porque yo no voy a hablar de boquilla con un señor que venga y diga que tiene tantas acciones del banco...

Letona abandona la reunión, camino de la cercana sede de Banesto, con una clara sensación de incomodidad, quizá de disgusto. Las exigencias de los dos inversores le parecen desmesuradas; su pretensión de participar en la gestión parece apuntar un peligro directo contra su propio *status* de futuro número uno del banco. Empezar a pedir esto y lo otro con el 4%... eso se hace cuando se tiene el 60%, va rumiando Letona, y entonces uno hace y deshace a su antojo, pero con el 4%... Son empresarios conocidos, con buenas relaciones a nivel nacional e internacional, es cierto, pero me desagrada ese intento de entrar a tambor batiente; la prensa ha empezado ya a hablar de ''desembarco''. Letona cree que ésa no es forma de poner el pie en una institución, sin respetar unas normas no escritas que incluyen la compra de un paquete, la invitación a entrar en el consejo, y la paulatina integración en el tejido de la casa... pero todo con su ritmo y su tiempo.

«Yo adopto una posición dura», reconoce Letona, «entre otras razones porque ése es el mensaje que yo recibo de la comisión ejecutiva, ojo con estos señores, resistirse, nada de facilitarles la tarea... ellos empiezan a ver que tienen delante un interlocutor duro, que no se pliega, e inmediatamente empiezan a recelar de mí...»

El 14 de septiembre, Mario y Juan Herrera celebran una entrevista en Petromed. Hablan de la marcha de la operación, de la posición de Letona... y del encuentro se van directamente al domicilio de Mario.

El nuevo *superstar* español de los negocios celebra hoy su 39 cumpleaños con una cena en su casa, servida por La Criolla. Es la puesta de largo, el primer aniversario de Mario Conde como miembro del restringido club de los multimillonarios. En menos de un año su patrimonio ha dado un salto abismal. Ya es un hombre muy rico. Por las paredes de su residencia cuelgan telas de pintores famosos, mucho arte moderno, algún Picasso rescatado del extranjero. El servicio ha aumentado de forma radical, bajo la atenta mirada de Arcadio, el fiel mayordomo. A finales de la primavera Conde se ha convertido ya en terrateniente, cordón umbilical que une a la moderna oligarquía financiera española con la antigua nobleza agraria que asentaba su poder en la propiedad de la tierra, hoy paso obligado por mor de las modas, atributo sin el cual ningún rico en España puede gozar plenamente de la condición de tal: una hermosa finca de tres mil hectáreas comprada en la provincia de Ciudad Real al torero Marcial Lalanda, el «Marcial tú eres el más grande» del pasodoble, una finca con monte, labrantío, agua de sobra... una delicia de finca.

Los invitados, cuidadosamente seleccionados, sobrepasan los ciento cuarenta. Todo está preparado en el jardín como para un encuentro entre el príncipe azul y la bella durmiente. Suave música ambiental, mazos de flores, velas encendidas sobre mesas preparadas con mimo para el banquete. A partir de las 9.30 de la noche un aluvión de gente importante comienza a invadir la casa. ''Los Albertos'', Plácido Arango, Fernando Asúa, Alfonso de Borbón, Jaime Botín, Andrés Elosúa, Alejandro Fernández de Araoz, Alfonso Fierro, Pablo Garnica jr., Juan Herrera, Antonio Hernández Mancha, Carlos March, Jesús Polanco (editor de *El País*), Juan March, Borja Prado y Colón de Carvajal, Miguel Primo de Rivera, Eduardo Punset, el almirante Regalado, Jaime Soto, Eduardo Serra, José Antonio Segurado. Abogados. Agentes de Cambio y Bolsa. Todos con sus respectivas esposas y/o amigas. Y una nutrida representación de la nobleza: marqueses de las Almenas, de la Estapa, de Corvera, de Grigny... Duques de Calabria, de Sevilla. Apenas una representación testimonial del poder socialista: José María Rodríguez Colorado y... Julio Feo.

Entre los invitados se esperaba al *supermán* italiano, Raúl Gardini, quien, en vuelo relámpago desde Milán, había prometido asistir a la fiesta de su joven amigo español. Pero a media mañana la confirmación de un encuentro importante ha requerido su presencia en París esa misma noche: una cena con el ex primer ministro fracés, Jacques Chirac y su ministro de Industria. Quien sí estuvo presente en el ágape fue Arturo Ferruzzi, el único hijo barón de Serafino Ferruzzi, el fundador del imperio del mismo nombre, acompañado de su esposa, Emanuela Serena Monghini. La hermana mayor de Arturo, Ida Ferruzzi, es la mujer de Raúl Gardini, que el magnate italiano no es en el fondo más que un príncipe consorte.

Aquella fue una fiesta muy divertida, que se prolongó hasta altas horas de la madrugada. José María López de Letona figuraba también entre el selecto plantel de invitados, pero por la tarde disculpó su asistencia ante el anfitrión. «No sería bueno que nos viesen juntos, porque iban a pensar que estamos ya muy de acuerdo...»

El 14 de septiembre, el diario catalán *La Vanguardia* apuntaba por primera vez a los movimientos que se estaban cociendo desde hacía tiempo en la trastienda de la gran Banca privada. En un comentario titulado «temblores bancarios», el columnista Feliciano Baratech señalaba que «a la luz de las transacciones bursátiles del verano, algunos inversores indígenas han abierto los ojos. Nada tendría de extraño que un día de éstos empresas o ciudadanos españoles se hagan con paquetes importantes de la Banca mediante el simple expediente de su adquisición en el mercado». Más adelante aludía a que «insistentes rumores madrileños aseguran que una legendaria y multimillonaria familia está tomando poco a poco posiciones en el Banco Hispano Americano. Otro ejemplo: amigos del grupo antes citado, provistos también de grandes recursos, están llevando a cabo una acción similar respecto de Banesto, con la tácita complacencia del banco emisor. El otoño promete ser movido». Verde y con asas.

El 15 de septiembre, López de Letona habla ya claramente ante la comisión ejecutiva de Banesto de la entrada de Mario

Conde y Juan Abelló en el banco. El consejero delegado relata las conversaciones que ha mantenido con los inversores y da cuenta de sus puntos de vista y exigencias.

Ese mismo día 15 tiene lugar una entrevista importante en la Plaza de La Cibeles de Madrid. Conde y Abelló acuden a recibir la venia del señor gobernador del Banco de España, la autoridad. Mariano Rubio ya conoce a Juan Abelló, y tiene interés en echarle el ojo a ese muchachito de quien hablan maravillas. El encuentro tiene lugar a las 6 de la tarde y el Gobernador, cual corresponde a su alta condición, recibe a la pareja reservón y un punto altanero.

Los visitantes le exponen las líneas maestras de su proyecto de vida, ahora orientado definitivamente hacia el mundo bancario. Cuentan que disponen de una fuerte suma de dinero y explican por qué han elegido precisamente Banesto para invertir.

—Somos ciudadanos españoles, tenemos el dinero y queremos hacer esa inversión. Contamos ya con una participación importante, y queremos hacerlo ahora, porque éste es el momento de hacer cosas importantes en España desde un banco con el potencial de Banesto...

—Bueno, y ¿qué queréis?, ¿de qué forma os habéis planteado entrar?

—Ya hemos explicado a don Pablo y a López de Letona nuestras ideas: queremos entrar en el Consejo y contar con las dos vicepresidencias. Nuestra intención es participar con nuestro equipo en la gestión del grupo industrial; Letona se encargaría de la bancaria, porque nosotros de eso no sabemos nada. Por supuesto, que queremos colaborar con Letona...

—Yo veo con preocupación esa división que sugerís ahí, porque hay o puede haber intereses contrapuestos entre la división bancaria y la gerencia del grupo industrial.

—Bueno, ése es un tema a discutir. Comprendo tu preocupación pero creo que el grupo industrial de Banesto tiene un enorme potencial como generador de riqueza...

—Y en lo de las dos vicepresidencias a la vez, tal vez sea mucho pedir de golpe; quizá una sí y más adelante ya se verá...

—Ah, pues en tal caso no hay problema, que sea para Juan, yo me puedo esperar —asegura Conde.

—Ni hablar —replica Juan—, tenemos que entrar los dos a la vez.

—Bueno, tranquilos —interviene Mariano con una sombra de nerviosismo—, tranquilos porque me podéis organizar un cisco considerable, con la prensa de por medio...

—Nosotros queremos hacer las cosas bien, Gobernador.

—Eso es muy importante, porque la situación interna de la entidad no es la más adecuada para un intento como el vuestro; si pretendéis ir de prisa, se va a complicar el proceso sucesorio de don Pablo. Yo os aconsejaría que fuerais despacio. Además, para vosotros no creo que sea el mejor momento para negociar, con el lío interno que vive la casa; ya sabéis que están enfrentados y no sé cómo va a reaccionar el Consejo, controlado por las viejas familias, como seguro conocéis...

—Una cosa tenemos que decirte, no sé cual será la posición definitiva del consejo, pero nosotros estamos en condiciones de lanzar una OPA limitada por el 20% del capital social de Banesto, pagando al 1.500%...

—¡No, no, por Dios! —replica, escandalizado, Mariano mientras se le hiela la sonrisa—. Tranquilos, tranquilos, no creo que haya ningún problema para vuestra entrada; no hay nada que oponer, pero esto hay que hacerlo con tranquilidad, despacio, hay que tener mucho cuidado que no empiecen a circular rumores en Bolsa...

Cuando la conversación toca a su fin, Mariano se muestra afable y desea mucha suerte a la pareja. Conde se siente satisfecho.

—Creo que le hemos convencido, Juan, ha sido un buen detalle el que nos haya acompañado al ascensor.

—No te fíes mucho.

—Sí hombre, que le hemos caído bien, que se ha dado cuenta de que somos gente legal, que vamos con buenas intenciones. Yo creo que le tenemos de nuestra parte y eso es media batalla ganada, por lo menos.

—Que no te fíes demasiado, Mario, te repito...

—Pero joder, Juan, no sé por qué estás hoy tan desconfiado, si el gallego soy yo...

El Gobernador no queda tan contento como supone Mario. En realidad queda muy preocupado. Éramos pocos y pare la abuela. La llegada de esta pareja de espontáneos es un incidente que puede dar al traste con la fina obra de ingeniería que con tanta paciencia ha diseñado el Gobernador para el futuro del Banco Español de Crédito. En esta partida se juega mucho de su futuro inmediato, y quizá del no tan inmediato. Hay que echar el freno de mano a estos chicos.

Pero los chicos van a hacer justamente lo contrario de lo que acaba de sugerir el Gobernador. Darse prisa. Y aprovechar el río revuelto, el *mare magnum* en que está inmerso el consejo de Banesto para conseguir sus objetivos.

Al día siguiente, 16 de septiembre, a Conde y Abelló les llega un mensaje al que conceden absoluta fiabilidad: Mariano Rubio y José María López de Letona han desenterrado el hacha de guerra y van a por ellos.

Este chivatazo introduce una enorme fractura en la estrategia diseñada y seguida hasta entonces por la pareja inversora: entrar de la mano de López de Letona, en tanto en cuanto ello significaba entrar con las bendiciones del Banco de España. Se impone un giro radical, pero es un giro que aparentemente complica la operación, la hace más difícil. La decisión es dramática: se trata de abandonar a Letona y echarse en manos de ''las familias'', jugar la carta de don Pablo.

Para los conocedores de las interioridades de la casa, la nueva era precisamente la estrategia adecuada, la que debieron seguir desde un principio: nada se podía hacer en Banesto sin el visto bueno o la aprobación pasiva de don Pablo, un hombre que dominaba completamente el consejo. Una negativa de don Pablo hubiera supuesto el final de los deseos de Conde y Abelló, por más que hubieran contado con el apoyo de Letona.

Todo parece encajar de pronto. Las constantes alusiones de Letona a ''la preocupación'' de la autoridad monetaria. El énfasis puesto por Mariano Rubio en que las cosas se hagan con calma, despacio... Para el equipo de Conde y Abelló la estratagema está clara: los *beautifuls* tratan de ganar tiempo. La fecha clave es el 12 de diciembre, día para el que está convocada la reunión del consejo en la que don Pablo debe decir adiós. Si para entonces no han conseguido entrar en el banco y Letona se convierte en presidente de Banesto con poderes ejecutivos, habrán perdido la batalla.

Toman conciencia entonces de su papel de aguafiestas. Todo parecía estar preparado por el famoso clan para la toma de control del segundo banco privado del país, después de haberse hecho con el tercero, el Hispano Americano. Ellos vienen a estropear el invento. Es una batalla contra el tiempo. Porque la tutela del Banco de España va perdiendo fuerza conforme avanza el saneamiento de la entidad y, por otro lado, el propio Mariano está a meses vista del final de su mandato en el banco emisor.

El 16 y el 17 de septiembre son días de intensa incertidumbre para ambos amigos. La estrategia marcada ha topado con un escollo. El paquete que poseen es muy corto para imponer determinadas condiciones. Son días de conciliábulos, de reuniones, de intercambios de ideas. Es preciso hacerse con algún paquete accionarial importante. Se trata de sondear a la familia Coca, por si alguna de las ramas estuviera dispuesta a vender. Y el jueves 17, por la noche, Javier de la Rosa visita el domicilio madrileño de Mario Conde.

Mario y Juan habían efectuado ya semanas atrás un tímido acercamiento al financiero catalán, a través de la firma Asesores Bursátiles, una de las encargadas de sus compras de acciones en Bolsa. Si existe un paquete de Banesto en manos de De la Rosa, la pareja ofrece comprar a precio de mercado. El hombre de KIO, muy sensibilizado ante todo lo que suene a Banesto, se pone al principio a la defensiva y se limita a oír. Y niega tener una acción de su antiguo banco. Toda prudencia es poca y nadie sabe dónde puede surgir una trampa. Y, en cualquier caso, si lo tuviera tampoco vendería, porque le desagrada enterarse de que Mario y Juan han pactado con su enemigo natural, López de Letona, para entrar en el banco...

Pero a estas alturas de septiembre, y con el horizonte tan

cargado de nubes, los dos amigos quieren salir de dudas de una vez. Quieren saber si Javier de la Rosa tiene o no los Banestos que alguien le atribuye y en qué condiciones podrían comprar o pactar con su dueño. La cena entra en una fase distendida y se habla ya sin tapujos. Los inversores detallan al financiero catalán su proyecto y éste, más ducho en el ambiente navajero del mundo de las finanzas madrileño, les advierte que con el candor bienintenciondo de que hacen gala no llegarán a ninguna parte. Al final hay acuerdo, y De la Rosa cooperará.

El 18 de septiembre, *El País* y *Cinco Días* aluden por primera vez a la entrada de Mario Conde y Juan Abelló en el capital del Banco Español de Crédito. El primero ofrece una información bastante detallada donde sólo hay un pero: que la historia que se cuenta era válida hace quince días, pero no en el día de la fecha. En efecto, el diario relata una negociación plenamente amistosa donde todos, la pareja inversora, el Banco de España y el propio López de Letona están a partir un piñón, siendo así que las hostilidades hacía días que ya se habían roto.

El cambio de estrategia toma cuerpo en el fin de semana del 19 y 20 de septiembre. Sin embargo, lo llamativo de la historia es que el pacto no se hace con don Pablo, sino con "las familias". Don Pablo consiente, es un espectador pasivo, un hombre que ha perdido su prestigio de banquero entre sus propios seguidores a causa de "las tres estafas", como las llama el propio protagonista. Todo lo más que hará don Pablo será subirse finalmente al carro de los ganadores. Pero son "las familias", ya hace tiempo en pie de guerra, las que están dispuestas a morir matando y a frustrar la alternativa de Letona.

Por la nueva senda emprendida, el viernes 18 tiene lugar un episodio fundamental para el curso de los acontecimientos. Se trata de un almuerzo en la residencia de Juan Abelló, en la colonia madrileña de El Viso. Pablo Garnica hijo es el adalid de este encuentro, la chispa que pone en movimiento la maquinaria. Esa reunión va a suponer el punto de confluencia de ambas partes, el principio de un matrimonio teóricamente "contra natura" entre una gente que llega con ideas innovadoras y unos consejeros entrados en años, con problemas de oído, que quieren ''conservar''.

El almuerzo es también la presentación ante el sanedrim de Banesto de Mario Conde, para muchos un perfecto desconocido. Los asistentes son Dicky Gómez-Acebo, Antonio Sáez de Montagut, César de la Mora, José Luis Oriol y Pablo Garnica jr., además del anfitrión, Juan Abelló, y su socio y amigo.

Mientras los invitados degustan un menú compuesto de huevos escalfados con salmón y brocheta de solomillo, preparado por la nueva cocinera portuguesa de Juan, la pareja explica su estrategia. Su idea no es nueva. Hace mucho tiempo que vienen acariciando el sueño, porque eso es exactamente, un sueño, de entrar en Banesto.

—¿Pero qué pensáis realmente del banco, si se puede saber? —pregunta Montagut.

—Claro que se puede saber —responde Conde— ya he dicho que creo que es la entidad de mayor potencial de España, pero pienso que lleva varios años dormida y acusando una cierta falta de gestión, de capacidad de liderazgo, lo cual ha hecho posibles los tropiezos que conocéis mejor que yo. Precisamente esto nos anima a intentar aportar nuestro grano de arena; de Banca sabemos poco, pero creemos que sabemos mucho de cómo crear una filosofía de empresa y de cómo imponer una cultura de gestión determinada.

—Y ¿hasta dónde queréis llegar? —pregunta Dicky.

—Queremos ser sinceros —manifiesta Abelló—. Desde el principio adoptamos la decisión de hablar claramente y no andar con subterfugios y así queremos seguir. Como alguno de vosotros sabréis, ya hemos hablado con Letona y con el propio don Pablo de nuestras intenciones, que están centradas en la entrada en el Consejo, las dos vicepresidencias y la participación en la gestión del grupo industrial.

—Y ¿cómo lo pensáis conseguir?

—Hasta hace muy pocos días, y lo digo siguiendo con esta línea de franqueza, hemos creído siempre que para entrar habría que contar con el visto bueno del Banco de España y por lo tanto, que habría que hacerlo de la mano de Letona.

—Pues creo que es una mala estrategia —ironiza Dicky.

—No te oculto que aparte de Letona hemos visto ya al propio Gobernador del Banco de España.

—Si me lo permitís, creo que habéis elegido el camino equivocado —asegura Sáez de Montagut—. Al haber expuesto con tanta claridad lo que queréis, habéis puesto sobre aviso a Letona de vuestras intenciones y le habéis preparado contra vosotros. Yo creo que el camino más adecuado hubiera sido entrar primero en el Consejo y la comisión ejecutiva y haber planteado después vuestras exigencias.

—Y ¿qué pensáis vosotros de Letona?, si puede saberse —pregunta Mario.

—Pues pensamos mal... —replica unos de los comensales, provocando la hilaridad del resto.

—Es un hombre que ha entrado pisando callos, avasallando, que ha llevado una política de enajenación de activos anárquica... pero lo más grave es que no busca la defensa de los intereses del banco sino los suyos propios.

—¿Y don Pablo...?

—Don Pablo va a su aire; es un hombre al que todos queremos mucho, porque ha dado su vida al banco, pero, por qué no decirlo, ha comedito errores importantes que le han costado muy caro a la institución. Hemos pasado por momentos de desánimo muy fuertes, algunos incluso han pensado en irse, como Moisés Cossío, o en vender sus acciones, como Suñer. Lo del Garriga ha sido un palo muy fuerte para todos...

Mario Conde saca de esa comida dos conclusiones: que prácticamente todo el consejo está en contra de Letona, hasta el punto de que su ascenso a la presidencia está muy en el alero, a pesar del trauma que eso supondría. Y que las famosas ''familias'' no son en aquel momento más que un clan descabezado, un grupo en busca de un líder que les defienda de lo que consideran inevitable: la barrida de Letona en cuanto se haga con todos los poderes, a partir del 12 de diciembre. Aquellos hombres, que de forma paulatina han ido perdiendo el miedo a la autoridad monetaria, viven en un clima emocional de pie de guerra contra el ejecutivo impuesto por el Banco de España.

Letona no ha sabido ganarse la confianza de casi nadie y el consejo no lo considera un hombre adecuado para el futuro del banco. Conde y Abelló extraen otra información fundamental: don Pablo es un hombre contestado —empezando por su propio hijo, y de qué forma— por ''las familias'', y aunque sigue contando con un respeto casi reverencial, sus colegas creen que hace tiempo rebasó ya la barrera de la toma de decisiones y, por tanto, están decididos a actuar por su cuenta.

Los comensales se muestran encantados de la apertura con la que se han abordado los temas. El contraste con los modos autoritarios de don Pablo, por un lado, y los monólogos de Letona, por otro, es demasiado evidente. En todos hace mella la fuerza y la capacidad de comunicación de Conde, el *glamour* que conscientemente despliega el personaje en todo primer encuentro. Dos de los comensales descubren que sintonizan de una manera especial: Dicky Gómez-Acebo y el propio Conde.

Al abandonar el domicilio de Abelló, el clima es de franca camaradería. Los visitantes elogian la pinacoteca de Juan y, ya en confianza, Sáez de Montagut se atreve a manifestar que no le dicen nada los Juan Gris, Tapies, Maria Blanchard, Picassos, que cuelgan con profusión, mientras le emocionan los maestros clásicos, dos espléndidos retratos de Goya (Juan Martín de Goicoechea y Juana Galarza de Goicoechea), un Greco magnífico, un Juan de Flandes que es pieza maestra, una *madonna* de Pedro Berruguete...

La alianza, que se concretará en otro posterior almuerzo en la misma casa de Abelló, había tomado cuerpo de forma tácita. Los planes del dúo inversor van a salir casi calculados, aunque con otros protagonistas: López de Letona será sustituido por ''las familias''. «Lógicamente, nunca nos planteamos entrar en Banesto para salvar a ''las familias'', sino para modernizar el banco; lo que ocurrió fue que las circunstancias nos obligaron a cambiar de apoyos», asegura Conde.

El lunes 21 de septiembre a las 5 de la tarde, Conde y Abelló celebran una nueva reunión con López de Letona en el Hotel Villamagna, donde plantean una queja.

—Tenemos la sospecha de que el banco está actuando a la

contra, haciendo subir la cotización de sus títulos en Bolsa, y esto parece una actitud defensiva que contradice el espíritu de lo hablado.

—Pues estáis equivocados, nosotros no estamos moviendo el precio de las acciones. Las acciones se han disparado porque la Bolsa va para arriba, y yo no estoy actuando ahora de forma distinta a como lo hice en abril, mayo o junio. Os puedo enseñar unos cuadros en los cuales se ve claramente las cifras de negociación en Bolsa y la intervención del banco.

—Pues tenemos noticias de que Jacobo Argüelles está manipulando la cotización del banco para impedirnos la entrada...

—Eso no es verdad; eso lo ha podido decir algún consejero que quiere indisponeros contra Jacobo; tened cuidado porque os están intoxicando... estáis equivocados, están subiendo todos los valores bancarios y no sólo el nuestro.

En el acta de la reunión del Consejo de septiembre, adelantado esta vez al martes, día 22, se citan por primera vez los nombres ''malditos''. «Se trata», manifiesta solemne don Pablo, «del grupo de los señores Conde y Abelló, con quien se han iniciado ya los primeros contactos para materializar su deseo de participar en la gestión del banco».

En dicho Consejo, López de Letona informa de la insistencia de Parretti porque en el contrato de compraventa de la deuda Coca se incluyan las acciones que eran propiedad de Ignacio Coca, «lo que no puede ser atendido porque dicho paquete ha sido enajenado por el banco». En su lugar, al italiano se le han cedido un millón de acciones en la autocartera, aunque este paquete queda ligado al buen fin del contrato de compraventa de la mencionada deuda.

Este martes, por la noche, Giancarlo Parretti está cenando con un grupo de amigos en La Albufera, uno de los restaurantes del Hotel Meliá Castilla, del que el italiano es dueño y señor. Una de las personas que comparten mesa y mantel, personaje bien informado, saca a colación el tema de Banesto.

—Interesante lo que está ocurriendo en Banesto, ¿no?

—Sí, molto interesante, ¿perche?

—Porque Conde y Abelló están moviendo muy bien sus peones. Yo creo que Letona es hombre muerto...

—Ni hablar. La pelota está todavía en el tejado y puede caer de uno u otro lado. Lo que ocurra mañana en Londres puede ser decisivo.

—Yo creo que Letona ha perdido ya la partida.

—Si Letona quiere, todavía no ha perdido... —responde enigmático Parretti.

—¿Y qué pasa mañana en Londres, si se puede saber?

—No se puede. En todo caso, te enterarías por los periódicos...

El miércoles 23 de septiembre Arturo Romaní, consejero de Antibióticos, S.A., y uno de los hombres de confianza de Mario Conde volaba desde Madrid con destino a París. Sentado a su derecha va un caballero de mediana edad, pelo negro, complexión fuerte, y típico aspecto mediterráneo. En un momento determinado, y cuando Romaní trata de matar el tiempo con el crucigrama de un periódico, alguien se acerca a su vecino y le espeta en voz alta.

—Hombre Giancarlo, qué casualidad, ¡cómo estás!

—Benissimo... ¿E tu?

—Muy bien, muy bien; oye Giancarlo, qué haces que no paras de salir en los periódicos... primero Meliá, ahora Renta Inmobiliaria, eres la monda...

—Sí, sí —ríe el aludido— son los periodistas que no me dejan. ¡Qué bonito lo de Renta!, ¿no?

—Sí, una operación estupenda. Oye, y ¿qué tal va lo de Banesto? —pregunta el visitante bajando ostensiblemente la voz...

—Ah, molto bene, beniiissimo. Lo de Banesto va molto bene... ya tengo 8 millones de acciones, mucho más que Conde y Abelló...

—¡Qué me dices!

—Lo que oyes.

—Y, ¿qué vas a hacer? ¿Vas a entrar en el Consejo?

—No, hombre, no. Yo, tranquilo. Ya tengo mi hombre dentro de la organización, que no es otro que Jacobo Argüelles...

De esta forma se entera Arturo Romaní de que su vecino

de asiento es nada menos que Giancarlo Parretti. Y se entera, sobre todo, de un asunto del mayor interés para sus amigos.

En cuanto Romaní llega a París, lo primero que hace es llamar por teléfono a Milán, donde desde la mañana se encuentra Mario Conde. Jacobo Argüelles es el hombre de Parretti. Juan Abelló es inmediatamente puesto al corriente, y todo el equipo de apoyo de los inversores comienza a evaluar la importancia del nuevo dato. Los 8 millones de acciones de que alardeaba Parretti equivalían a ¡más del 11% del capital social del banco...!

Desde París, y tras entrevistarse sobre la marcha con una persona, Parretti prosigue viaje a Londres. Al final de la mañana hacía su entrada en la sede de Morgan Grenfell, dispuesto a comprar el paquete de Banesto en poder del banco británico. Sus amigos españoles han puesto a su disposición en el Crédit Lyonnais de Rotterdam la suma de 400 millones de dólares para que pueda llevar a cabo la operación completa. Pero cuando Giancarlo explicita sus intenciones, recibe una ducha de agua fría.

—Lo siento, pero lo hemos vendido esta misma mañana...

Tras un instante de desolación, Parretti intuyó enseguida lo que había ocurrido. Sus contactos italianos le ayudaron pronto a resolver el *puzzle*. Uno de los directores generales de Morgan es Eugenio Cefis, ex presidente del ENI y de Montedison, y ese paquete tenía desde hace tiempo designados otros destinatarios.

En efecto, una versión que ha circulado por Milán sostiene que el paquete de Morgan fue traspasado por Montedison a Mario Conde y Juan Abelló como parte del pago de la operación Antibióticos, una interpretación que ha sido radicalmente desmentida por Conde.

Mientras tanto, Mario Conde se pone a funcionar en el mismo Milán. En realidad, más que a atender asuntos de Montedison, Mario ha viajado esta vez a Italia para poner en marcha un complicado dispositivo que implica a la Internacional Socialista. Conde y Abelló quieren utilizar de nuevo los buenos oficios de Bettino Craxi. El asunto de Montedison ha salido a la perfección y todos han ganado dinero. Ahora quieren pedirles un nuevo servicio. Se trata de saber qué demonios piensa de verdad el Gobierno español de su entrada en Banesto.

¿Hay algún tipo de prejuicio contra nosotros? Si es así, que nos lo digan y nos vamos. Si no lo hay, pedimos neutralidad, y sobre todo neutralidad en el Banco de España.

Ésta es una de las claves de la operación. Necesitan que el Gobierno ponga firme al Gobernador del Banco de España ante la decisiva batalla que se avecina y en la que se perfila como perdedor un amigo de Mariano.

En la oficina de apoyo de Bettino Craxi, Conde entra en contacto de nuevo con Ferdinando Mach di Palmstein. Ahora los encargos serán dos: conseguir el visto bueno del Gobierno español para su golpe de mano en Banesto, y enterarse de quién demonios es el tal Parretti.

El 23 por la noche, Conde regresa a Madrid, siempre en el jet birreactor de la Montedison, y el 25 por la mañana vuelve a salir con destino Milán. Desde la ciudad italiana emprende el día 26 viaje a Saint Tropez, en la Costa Azul, donde va a participar en unas regatas con su barco, el Pitágoras, en las que también está presente Raúl Gardini. El Pitágoras, es un *Swan*, algo así como el Rolls Royce del mar, que normalmente vegeta atracado en Punta Portal (Mallorca), atendido por Steve, el *skipper* escocés empleado a tiempo completo de Conde.

A finales de septiembre, ya de vuelta a Madrid, Parretti llama decepcionado a López de Letona.

—Caro amico, está usted perdiendo la partida...

Pero el consejero delegado despacha al italiano, un hombre que tiene la virtud de sacarle de quicio, casi con cajas destempladas.

—Si Letona hubiera dejado a Jacobo Argüelles dirigir la batalla, a estas horas sería rey y señor de Banesto —asegura convencido Giancarlo Parretti.

El 30 de septiembre, fecha tope que figuraba en los contratos de la ''deuda Coca'', está encima, con un Parretti sumido en la encrucijada. ¿Qué hacer? El italiano se reúne con Jacobo Argüelles, a quien hace partícipe de sus cuitas.

—La situación está muy mal para Letona, y yo necesito saber qué es lo que va a pasar en el banco para hacerme cargo de los compromisos firmados, porque esto es ahora mismo un *bordello...*

—¡Si yo lo supiera!

—Es que con esta incertidumbre no me puedo hacer cargo del asunto Coca..

—En todo caso, lo que podemos hacer es prorrogar todos los contratos al 30 de noviembre.

—Muy bien, puede ser una solución de emergencia en espera de ver cómo se decantan las cosas.

En efecto, a pesar de que la "deuda Coca" era en sí un buen negocio al precio pactado, Giancarlo Parretti entendió siempre este asunto como un favor que él y su amigo Fiorini le hacían al tándem Letona-Argüelles, y que debía tener la adecuada recompensa futura con alguna de las hermosas piezas que lucían en las vitrinas de Castellana 7, a saber: el Banco de Madrid; La Unión y el Fénix, o Bandesco. De esta cuestión arranca precisamente la precipitada OPA que Conde, ya presidente de Banesto, se vio obligado a formular el lunes 29 de febrero de 1988, por las "isas", las sociedades de cartera de Banesto.

El jueves 1 de octubre, tras el regreso de Mario de la Costa Azul, el hombre del maletín llega de Italia con noticias importantes. A las 12.50 Fernando Garro recoge en Barajas a Ferdinando Mach, y ambos se dirigen directamente a las oficinas de Torreal en la calle Fortuny 37, donde se va a celebrar una especie de ensayo general con todo, al que asiste el equipo completo de Conde-Abelló: Ramiro Núñez, Luis Ducasse, Arturo Romaní, Salvador Salort, Francisco Ortiz (el abogado personal de Juan Abelló) y Fernando Garro; se hace recuento de las acciones de Banesto que poseen, del estado de las negociaciones con algunos paquetes que han sido localizados, de la estrategia seguida hasta el momento. Ferdinando Mach trae noticias frescas desde Italia sobre la vida y milagros de Giancarlo Parretti. Ha lanzado ya las redes para intentar acercarse al paquete de Banestos en poder de Interpart y Sasea. Pero, asegura Mach, el interlocutor debe ser Florio Fiorini. Es el cerebro y es, además, un tipo con caché, cosa de agradecer cuando se trata de discutir de algo tan prosaico como dinero. Se ha localizado en Roma un importante paquete, del orden de 400.000 acciones, que fue adquirido en primera instancia por el Banco di Roma tras la colocación de 1.750.000 acciones efectuada por J. Henry Schroder Wagg & Co. Hay indicios, además, de otros paquetes cuyo rastreo se ha iniciado ya.

El plato fuerte de Ferdinando Mach, sin embargo, lo constituyen las noticias tranquilizadoras que trae sobre la actitud del Gobierno. Neutralidad absoluta. A las 5 de la tarde, después de haber almorzado todos unos sandwiches en la oficina de Fortuny, Ferdinando se dirige a una importante cita que tiene concertada en La Moncloa, mientras Conde y Abelló cruzan la calle para entrar en la sede de Petromed, donde les espera Juan Herrera.

La gestión italiana parece ser de primera calidad. De hecho, por aquellos días, el Gobernador del Banco de España hace unas manifestaciones que los aludidos interpretan como una clara señal de que La Cibeles ha recibido algún toque del Ministerio de Economía o de la mismísima Moncloa. Ante estos datos, Conde y Abelló deciden tirar del carro de forma definitiva.

Las compras de acciones de Banesto siguen estando a cargo de los ya citados Asesores Bursátiles y de Reit, la firma que dirige Antonio Torrero. Las compras en la Bolsa española se han puesto imposibles, con la cotización de los títulos Banesto por las nubes. El 16 de julio Banesto cotizaba al 740%, mientras que el 17 de septiembre lo hacía al 1.200%. En dos meses había subido 460 enteros. La cuenta de resultados del banco comenzaba a mostrar indicios de superación de la crisis. A fin de mes el consejero delegado de la entidad anunció un dividendo a cuenta de 70 pesetas por acción, tras las 63 pesetas repartidas el año anterior con cargo a reservas. Para final de año se anunciaban unos resultados netos del orden de 30.000 millones de pesetas, aunque buena parte de ellos correspondían a los llamados beneficios atípicos (ventas de activos).

A pesar de los precios de la Bolsa, el dinero, sin embargo, no es problema para el dúo inversor. Durante el mes de septiembre, la pareja ha estudiado la posibilidad de efectuar un

funding con vistas al eventual lanzamiento de una OPA limitada sobre el capital de Banesto, idea que ya fue adelantada
al Gobernador del Banco de España. Goldman Sachs, especialista en este tipo de trabajos, sería pieza clave en este asunto.
Las ofertas de fondos no faltaban. Un grupo suizo ligado a capitales árabes había anunciado su disposición a poner en órbita hasta 700 millones de dólares, cerca de 80.000 millones
de pesetas, en el proyecto. Otro grupo de la misma nacionali-
dad ofrecía 200 millones de dólares. Ellos mismos podían disponer de entre 30.000 y 40.000 millones de pesetas. Se estaba
hablando, pues, de la posibilidad de disponer de financiación
por importe comprendido entre los 120.000 y los 180.000 millones de pesetas.

Naturalmente y a causa de las cautelas anunciadas por Mariano Rubio sobre la inversión de extranjeros en la Banca española, había que pensar en una sociedad con mayoría de capital nacional como lanzadera del proyecto. En este sentido se
trabajó en la realización de una ampliación de capital de alguna de las sociedades de Mario y Juan (Torreal, Proaser), a
través de la cual se diera entrada al dinero de terceros, cubrién-
dose cualquier necesidad adicional por la vía de los bonos convertibles, *junk bonds* (bonos chatarra) o similares.

Para dar los primeros pasos en la instrumentalización de
dicho *funding*, el 14 de septiembre se había celebrado en las oficinas de Fortuny una reunión con Mauricio Hatchwell, representante de Goldman Sachs en España. De hecho Conde proyecta un viaje a Londres para entrevistarse con Bob Rubin,
el CEO (presidente-consejero delegado) de Goldman. ¿Toma-
ría Goldman Sachs una participación directa en la operación?
La respuesta del banco norteamericano es negativa: es práctica habitual no participar en los riesgos de los clientes.

En esta búsqueda de posibles apoyos para forzar la entrada
en Banesto, Conde y Abelló han venido trabajando en otra apasionante vía de cooperación. Se trata del multimillonario, de
pasaporte español, Marc Rich. Rich, cuya fortuna ha sido estimada en torno a los 10.000 millones de dólares, más de un
billón de pesetas, hace tiempo que quiere entrar a fondo en

España, aunque sin demasiado éxito. El *lobby* de los "limpios de sangre", entre los que se encuentra algún empresario socialista de medio pelo junto a ilustres apellidos del Círculo de Empresarios y de la APD, se opone ardorosamente a la concreción de tales deseos. Curiosamente, este *lobby* se opone por igual a la entrada de judíos como a la de árabes, léase Kuwait Investment Office. Es un caso digno de estudio en el que la España Una, la cristiana, opuesta a las Tres Españas que analizaron algunos de nuestros pensadores clásicos, trata de reverdecer históricos laureles.

Conde y Abelló habían entrado en contacto con Marc Rich ya en el mes de julio. Se trataba de saber si Marc, ciudadano español de pleno derecho, estaría dispuesto a ser un inversor institucional en Banesto. La reunión se celebra en el Hotel Tryp Fénix, propiedad de Marc, y a ella asiste, además de los tres citados, Samuel Toledano, presidente de la comunidad judía de Madrid. Los reunidos analizan las posibilidades de ir juntos en la aventura de Banesto. Marc Rich está de acuerdo, aunque muestra una preocupación casi obsesiva porque todo esté bien aprobado, santificado y aceptado por la Administración española, y en concreto que no haya el menor roce con el Banco de España.

Las negociaciones prosiguen con calma y en septiembre tiene lugar al menos una nueva reunión entre Conde, Abelló y Rich. Éste sigue sin ver clara la postura del Gobierno socialista en torno a la operación. Y se plantea ya el dilema para Marc: ¿compro o no compro Banestos? Por aquel entonces el multimillonario, cuyo cuartel general se halla en Zug, Suiza, había iniciado ya su aventura inversora personal en el Banco Hispano Americano, del que llegó a poseer cerca de un 2% del capital social.

Muy pronto Rich crea Ron Investment, una sociedad en la que cobijar y dar forma a sus intereses financieros en España, a cuyo frente coloca a Petra Mateos, en su tiempo una de las musas del socialismo burgués, jefa del gabinete de Miguel Boyer cuando éste era ministro de Economía y Hacienda. El nombramiento de Petra, una buena profesional, por lo demás, muestra hasta qué punto está Marc preocupado por lograr la bendición del Gobierno socialista y del *establishment* económico-financiero madrileño para sus actividades en España.

Los contactos entre Conde-Abelló y Marc van entrando en una etapa de inconcreción. Mario plantea el tema de Rich en una cena celebrada con un miembro del actual Gabinete socialista, y el asunto va perdiendo fuerza poco a poco. Cuando, tras el 6 de octubre, la pareja inversora consigue franquear por sí misma las puertas de Banesto, la posibilidad de pacto se desvanece y de alguna forma se llega al acuerdo tácito de que Rich orientará su fusilería —la artillería pesada descansa, por el momento, en Zug— hacia otros pagos, como el Hispano, sin apuntar a Banesto.

Marc Rich volvió a visitar Banesto el 2 de diciembre, reuniéndose con ambos amigos y con Arturo Romaní, para hablar ya de otro tipo de temas, en concreto de Asturiana de Zinc.

A finales de septiembre Conde y Abelló poseen algo más del 3% del capital de Banesto. Las últimas compras de Reit en Bolsa se realizan a primeros de octubre. El paquete localizado en Italia de 400.000 títulos Banesto, que se suponía propiedad de un fondo de inversiones italiano, podrá ser adquirido finalmente a primeros de octubre, al precio medio de 1.050%, cuando el precio de Bolsa está ya en el 1.300%. La operación la realiza el *merchant bank* Kidder, Peabody & Co., y el dueño resulta ser el mismo J. Henry Schroder & Co. con quien Banesto había realizado en julio su presuntuosa colocación en los mercados internacionales.

Schroders, los amigos de Jacobo Argüelles, remiten a Conde-Abelló una curiosa misiva en la que ruegan discreción sobre la procedencia de ese paquete: ellos habían recibido el encargo de colocarlo en el extranjero fuera del alcance de manos potencialmente hostiles a los intereses de la gerencia que encabeza Letona.

La pareja, sin embargo, deja en vía muerta la posibilidad de contar con el hipotético paquete que maneja Javier de la Rosa. Tras el encuentro del 16 de septiembre, éste queda en espera de noticias que, incomprensiblemente, no llegan. Los nuevos amigos del dúo en el seno de "las familias" sondean en los libros registro de accionistas del banco y no encuentran para nada a Javier de la Rosa, con lo que aquéllos piensan que el tal paquete es un *bluff*. La realidad, como se demostrará cuando salte la OPA del Banco de Bilbao, era bastante más compleja, puesto que eran acciones a nombre de fondos de pensiones y otros inversores institucionales norteamericanos y británicos, sobre las que De la Rosa tenía algún tipo de control en cuanto a su gestión española.

Al mismo tiempo que efectúan su inversión en Banesto, Conde y Abelló realizan un *raid* de menor importancia en el Banco Popular, donde llegan a colocar en torno a los 1.000 millones de pesetas, o unas 250.000 acciones.

El 1 de octubre, a las 6.30 de la tarde y después de abandonar Petromed, Conde y Abelló mantienen una importante reunión en el Hotel Villamagna con López de Letona, que supone el definitivo punto de ruptura entre la pareja inversora y el consejero delegado de Banesto. Ambas partes abordan el espinoso asunto del calendario.

—Bueno y ¿cuándo queréis entrar? —pregunta Letona.

—Cuanto antes, ya mismo —responde Conde.

—Ah, no, creo que en ningún caso debéis hacerlo antes de que yo sea presidente, que como sabéis será el 12 de diciembre.

Cuando oyeron esta fecha, ambos inversores se quedaron un momento helados. «En aquel mismo instante supe que Letona nos había traicionado.» Para ellos, ésta era la prueba irrefutable de que Letona jugaba con las cartas marcadas.

—No entendemos por qué hay que demorar esta entrada, si ya somos accionistas del banco —argumenta Abelló.

—Pues muy sencillo —contesta Letona—. Yo creo que no es bueno que entréis en este momento y sí cuando yo sea presidente, y os voy a hacer una confidencia que os ruego mantengáis en secreto: la sustitución de don Pablo está produciendo tal cúmulo de tensiones que vuestra presencia en el Consejo y en la ejecutiva antes de su salida contribuiría a complicar más este proceso que ya de por sí es complejo, difícil y fastidioso. Una vez que yo me haga con la presidencia procedemos a una modificación del Consejo y ahí entráis vosotros también.

—Ah, ¿pero entonces tú estás pensando en la entrada de otros consejeros al mismo tiempo que nosotros?

—Sí, por supuesto; pienso que el Consejo de Banesto tiene que rejuvenecerse y me parece que sería un buen comienzo de mi etapa presidencial el que yo procediera a una remodelación profunda del Consejo, entre otras cosas porque la prensa siempre me está echando en cara que yo no he modificado el Consejo.

—Comprenderás que eso no nos gusta nada —dice seco Conde.

—Pero, ¿por qué no os gusta que rejuvenezca el Consejo? ¡No lo entiendo! —asegura perplejo Letona—. Tiene toda la lógica del mundo que si entro el 12 de diciembre, en el primer consejo que presida plantee una amplia renovación y que en ese momento entren los señores Conde y Abelló y los señores Pepito y Juanito...

—Pues es muy fácil de entender, José María —interviene Abelló—. No nos gusta porque nuestro caso no es igual que el de cualquier consejero que tú nombres sin una acción en el banco...

—¿Y eso qué tiene que ver?

—Pues que para esta historia no hemos invertido nosotros nuestro dinero en esta aventura. Y esos señores que tú puedes nombrar no se han jugado un duro aquí...

—Pero no os entiendo. Yo creo que con un 4% tampoco es para ponerse así, vamos, digo yo... ¡No os entiendo!

—Ya se ve, ya se ve que no...

—Pero vamos a ver, en el Consejo cada consejero es igual que el anterior; un consejero es un voto, tenga una o diez millones de acciones. Por acciones se vota en las juntas, no en los consejos.

—Mira, José María, ese planteamiento no nos interesa —corta Mario Conde.

—Pero hombre —dice Letona con su típica voz de los momentos de nerviosismo— entonces es que lo que queréis es llegar en plan de desembarco, y eso es malo.

—Bueno, no sé si será malo para ti...

—Pero, ¿por qué no entráis como Dios manda? Ya se sabe

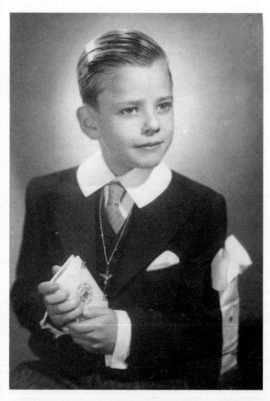

Juan Abelló Gallo, con el uniforme de Eton, el día de su primera comunión, celebrada en 1947, con 6 años, en el convento de las Reparadoras de Madrid.

El equipo de fútbol de Elemental A del colegio del Pilar, año 1947.

Juan, con su padre, el día que estrenó su primer traje oscuro de pantalón largo, en diciembre de 1956, con 14 años.

Juan Abelló en la Milicia Aérea Universitaria, en el campamento de Villafría (Burgos).

Boda de Juan Abelló y Anna I. Gamazo Hohenlohe, celebrada el 1 de junio de 1968 en la finca El Quexigal, propiedad de los Hohenlohe, abuelos de la novia. La primera de las damas de honor por la derecha es Marina Fernández de Córdoba Hohenlohe, casada a primeros de julio de este año con Jaime Soto.

La familia Abelló-Gallo al completo, el 1 de octubre de 1969. Con Juan, sus 4 hermanas: María Teresa, Victoria, Nieves y Beatriz.

El matrimonio Abelló-Gallo y su hijo varón, Juan, el 1 de octubre de 1969.

Padre y abuelo, Juan Abelló Gallo y Juan Abelló Pascual, contemplando el 21 de marzo de 1969 a Juan Claudio, primer hijo del matrimonio Abelló-Gamazo.

En su finca de Las Navas (Ciudad Real) en mayo de 1970.

Bodas de oro del matrimonio Abelló-Gallo, el 4 de diciembre de 1980. Detrás, de izquierda a derecha, Juan Claudio, Miguel, en brazos de su madre, Anna I. Gamazo Hohenlohe, Alejandro, Christian, y Juan Abelló.

La familia Abelló-Gamazo el 26 de diciembre de 1986 en Las Navas. De izquierda a derecha, Alejandro, Juan Claudio, Miguel, Juan Abelló, Anna Gamazo y Christian.

Mario y Juan en la primera comunión del último de los hijos del matrimonio Abelló-Gamazo, Miguel, en julio de 1987, en Las Navas.

que con un respaldo accionarial como el vuestro, cuando hable en el Consejo Mario Conde no será lo mismo que cuando hable Perico de los palotes...

—Mira, José María, esto definitivamente no nos gusta...

—Bueno, mi opinión es que debéis esperaros a que yo sea presidente, pero es mi opinión, y lo que voy a hacer es plantearlo en la próxima comisión ejecutiva.

Esta era una de las espinas que tenía clavadas Letona desde su entrada en el banco, un ya lejano 1 de abril de 1986: no haber podido hacer equipo, no haber modificado el Consejo de arriba abajo. Ésa era la gran suerte que había tenido Boada en el Hispano Americano, que había barrido con todo lo anterior. Él llegó a Banesto maniatado, hipotecado, y ésa había sido la causa primera de sus sufrimientos.

Y ése era precisamente el gran miedo de ''las familias''. Si Letona se instalaba definitivamente el día 12 de diciembre —el consejo fue finalmente aplazado al 16 del mismo mes— su suerte estaba echada. La disyuntiva era simple: o ellos o Letona. Algunos de los nombres que el consejero delegado dejó caer entre sus fieles como posibles aspirantes al Consejo llegaron a oídos de la otra parte, convirtiéndose en un nuevo motivo de escándalo: «¡Quiere llenar el Consejo de Banesto de ex ministros franquistas!» Letona ha negado haber pronunciado nombres concretos, pero hay testigos que aseguran haber oído de sus labios los de Vicente Mortes y Carlos Pérez de Bricio; no hay constancia de otros nombres que también se barajaron por la casa, como los de Fernando de Liñán y José Lladó.

El ex ministro Carlos Pérez de Bricio es uno de los personajes que mayor capacidad han demostrado en la historia de España para simultanear cargos y puestos en consejos de administración de empresas diversas. Cuando su nombre sonó en Banesto, era presidente de Sniace (del grupo Banesto), de Sandvik Española, de Celulosas de Asturias (Ceasa) (vendida en la polémica operación en que intervino el hijo de López de Letona), y de Industrias Químicas Textiles; presidente honorario de Unión de Empresas Siderúrgicas; vicepresidente ejecutivo de Andaluza de Piritas, y consejero de Citroën Hispania, de Compañía Española de Petróleos (Cepsa), de Material y Construcciones, de Fibracolor y de Acerinox. Vicente Mortes tampoco era un alevín: presidente de La Seda de Barcelona, de la Sociedad Europea de Restauración y de Nestlé España, y consejero de Compagnie International de Wagons Lits y de Seguros Hispania.

Conde y Abelló salen esa tarde del Hotel Villamagna convencidos de que Letona no quiere su entrada en el banco. La llegada de nuevos consejeros adictos al futuro presidente suponía una pérdida real de peso de la pareja. Letona podría entonces afianzar su poder.

—Una de dos —dice Conde a su amigo Abelló— o no quiere que entremos, o si entramos de acuerdo con sus planes va a desnaturalizar lo que nosotros queremos hacer, hasta el punto de que no nos interesa en estas condiciones.

—¿Qué podemos hacer?

—Seguir por la senda de "las familias" y acelerar esto al máximo.

—No sé si te has dado cuenta que la tesis de Letona es exactamente la misma que mantuvo Mariano Rubio el día 15 de septiembre...

—Justamente la misma.

Puestos al corriente de la entrevista con Letona, el bloque mayoritario de "las familias" coincide en que hay que actuar. Y actuar cuanto antes. Se trata de preparar una encerrona a Letona. La clave puede estar en la próxima reunión de la comisión ejecutiva. El martes 6 de octubre es el día "D". El único problema es que hay que convencer a don Pablo para que dé el paso al frente.

El 5 de octubre es un día de intenso trabajo preparatorio de la sesión que se avecina. A las 7 de la tarde Mario Conde y Juan Abelló visitan uno de los primeros números de la calle Serrano, residencia privada de Pablo Garnica. El abogado Ramón Hermosilla está presente en la reunión. Los tres intentan convencer a don Pablo de que ha llegado la hora de pasar a la acción, de que hay que abandonar las actitudes pasivas. Don Pablo no ve mal la entrada inmediata de la joven pareja, pero siente cierto respeto por López de Letona. Conde y Abelló quieren que sea él quien aborde directamente el tema al día siguiente. Si lo hace, el asunto está ganado, porque sus hombres son mayoría en la ejecutiva: Pero es difícil arrancar a don Pablo una postura concreta. En realidad el drama de Letona es que no entendió nunca que don Pablo era su mejor aliado en Banesto.

Cerca de las 9.30 de la noche, cuando ya hace rato que Conde y Abelló han abandonado el lugar, Antonio Sáez de Montagut y José Luis Oriol hacen su entrada en el domicilio de don Pablo. Ambos vienen comisionados por el resto de sus compañeros de ejecutiva, convencidos por Pablo Garnica jr. de que su padre «necesita otro empujoncito». Allí emplean casi hora y media tratando de poner en ebullición la caldera emocional de don Pablo. Sáez de Montagut lleva la voz cantante.

—Mira Pablo, hay que decidirse de una vez, es hora de jugárnosla contra Letona...

—No lo ha hecho tan mal, y en algunas cosas lo ha hecho bien, hay que ser justos...

—Lo ha hecho bien gracias a los recursos del banco, pero el banco le importa un pimiento; en realidad lo único que le importa es su ambición, y por ser presidente está dispuesto a pasar por encima de cualquiera.

—No es tan fácil como dices.

—No es un hombre para dirigir esta casa y tú lo sabes, ya has visto lo que ha hecho, se rodea de sus amigos y margina a gente valiosa, como tu propio hijo, por el hecho de que no piensa como él y puede hacerle sombra. Hay que salvar el banco, Pablo, hay que salvar el banco, pero ¡no te das cuenta...!

—Sí, sí —asiente don Pablo abrumado— pero esto es gravísimo, si nos cargamos a Letona el Banco de España no nos va a dejar dar dividendo...

—Pues hay que jugarse el todo por el todo, hay que echarle pelotas, Pablo, y si hacen eso, reunimos a los accionistas y les contamos lo que está pasando y cuáles son las razones del Banco de España para no dejarnos dar dividendo...

Don Pablo queda al final poseído del ímpetu, del calor de

Sáez de Montagut, aparentemente listo para encabezar la pelea de la sesión de mañana.

Y llega el día clave. La reunión, como todas las de la comisión ejecutiva, tiene lugar en el despacho de don Pablo. Cuando Sáez de Montagut está a punto de apearse del ascensor que le ha conducido a la planta once, ve salir a Jaime Argüelles del despacho de López de Letona. Al cruzarse, Argüelles le musita casi al oído:

—¿Tú estás donde siempre?

Montagut no comprende en aquel instante el sentido de aquellas palabras, pero pronto saldrá de dudas.

José María López de Letona abre la reunión, asegurando que, en su opinión, el principal asunto a tratar en esta comisión es el problema planteado por Mario Conde y Juan Abelló, quienes, tras haber adquirido un paquete de acciones del banco, desean entrar en los órganos de administración de la entidad.

—He tenido con ellos la última entrevista el pasado día 30 —comenta Letona— y debo decir que sus exigencias me parecen totalmente fuera de lugar para el porcentaje accionarial del que ahora mismo son dueños, poco más de un 3%. Creo que no es de recibo esa actitud de ''desembarco'' con la que están planteando su entrada en esta casa. Y en vista de que, en mi opinión, las condiciones que proponen son inaceptables, tengo una propuesta concreta que haceros, y es pediros que si el Consejo y esta comisión tienen confianza en mí, se me autorice para negarles la entrada hasta el día en que yo ocupe la presidencia. En caso contrario, yo tendría que dimitir, porque esto sería otra vez una prueba de falta de confianza...

A continuación toma la palabra Jaime Argüelles, quien, con lentitud, extrae un pequeño papelito del bolsillo de su chaqueta, que lee con alguna dificultad ante los reunidos:

—Yo estoy completamente de acuerdo con lo que acaba de decir el consejero delegado —viene a decir Jaime— y mi opinión es contraria a la entrada de estos dos señores.

A continuación le toca el turno a don Pablo, pero, oh sorpresa, el veterano presidente se queda mudo e inmóvil como una estatua de sal, con los ojos perdidos en el infinito...

El resto de los reunidos no salen de su asombro.

Y toma la palabra Sáez de Montagut. El presidente de Tudor ha llegado con las pilas bien cargadas y entra en faena sin dilación.

—En primer lugar, José María, quiero decirte que no vuelvas a las andadas con tus amenazas de dimisión. No te hemos retirado la confianza y cuando lo hagamos te lo diremos con al menos veinticuatro horas de antelación, para que estés preparado. En segundo lugar, no coincido en nada de lo que has dicho sobre Juan Abelló y Mario Conde. Creo que estos señores son personas muy honorables y sumamente interesantes para este banco y por tanto soy partidario de que entren inmediatamente, tanto en el Consejo como en la comisión ejecutiva. Y te vuelvo a reiterar que retires tu dimisión...

Seguidamente interviene Dicky Gómez-Acebo, quien, sin titubeos, insiste en las mismas tesis que Montagut. Gabriel Garnica, Inocencio Figaredo y César de la Mora, que por este orden toman la palabra sucesivamente, se unen a la propuesta de Montagut.

Y cuando Mora termina de hablar y el silencio puede cortarse con un cuchillo de madera, don Pablo levanta su dedo índice. Todos vuelven a él los ojos.

—Yo creo, José María, que sería muy malo para el banco que tú dimitieras hoy...

Fue todo lo que salió de su boca. Don Pablo, sin pronunciarse de forma explícita, había decidido el resultado de la batalla.

Cuando Letona, completamente ofuscado, y Argüelles abandonan el campo, sobre la mesa queda olvidada la nota que acaba de leer Jaime, un corto escrito con tres ''noes'', aparentemente redactado por Letona y entregado cinco minutos antes de la reunión en su despacho.

Los que han propiciado el revolcón de Letona acosan ahora a don Pablo tratando de conocer las razones de su misterioso comportamiento, siendo así que la noche anterior parecía haber resuelto todas sus dudas. Don Pablo se resiste, pero sus interlocutores no cejan. Sáez de Montagut tiene una intuición.

357

—Pablo, ¿qué ha pasado esta mañana en el Banco de España?

—Me he comprometido a guardar secreto.

Semejante afirmación no hace sino incentivar la curiosidad de sus colegas de Consejo y ejecutiva, quienes al final terminan derribando las murallas. Don Pablo acaba confesando.

—Es muy sencillo. Esta mañana nos han citado a Letona y a mí, aparentemente para leerle la cartilla a él, pero sobre todo para que lo oyera yo...

En efecto, a primeras horas de la mañana, Pablo Garnica y José María López de Letona han sido llamados con urgencia al despacho del Gobernador del Banco de España. Muy al tanto de lo que se va a dilucidar en la reunión de la comisión, el Gobernador se ha mostrado duro, intransigente. Ha manifestado que el Banco de España no permitirá la entrada de Conde y Abelló en el Consejo de Banesto, porque ello supondría un peligro de desgarre para el banco entre el área bancaria y la industrial. «Eso sería cargarse el banco y no lo vamos a permitir.» El Gobernador ha dirigido su filípica directamente a Letona, pero el destinatario no era éste, obviamente, sino don Pablo, que, cuando a las 11 de la mañana se inicia la ejecutiva, está todavía impresionado.

La rebelión de los barones de Banesto había triunfado sobre las presiones del Banco de España. Fue una reacción numantina, muy a la española; una reacción contra el poder establecido. Una señal de que algo empezaba a cambiar contra la actitud de una autoridad monetaria que, bajo el manto amable de la más exquisita imparcialidad, sufre tentaciones de un intervencionismo vertiginoso.

Casi inmediatamente, don Pablo es llamado de nuevo al despacho del Gobernador del Banco de España. Rubio está furioso. Es una insubordinación en toda regla que la autoridad monetaria no está dispuesta a permitir.

Pero entonces, y sólo entonces, don Pablo tiene un gesto de rebeldía, quizá el primero de su vida, y, cuando el Gobernador termina su filípica, se mantiene erguido como un chopo castellano y, con toda dignidad, rechaza las presiones.

—Esta casa es soberana y como tal su comisión ejecutiva ha obrado. Los señores Conde y Abelló son dos ciudadanos honorables, libres de hacer con su dinero lo que quieran, y que pueden ser muy valiosos para el banco. No creo que la autoridad monetaria tenga nada que oponer. Y quiero que quede claro que esto no es un desafío al Banco de España y tampoco significa en absoluto un ataque al señor Letona.

Y el Banco de España y Mariano Rubio tienen que plegar velas por primera vez en muchos años.

En la trascendental reunión de la ejecutiva del 6 de octubre hubo ocho miembros, pero faltó uno: Juan Herrera Martínez. La ausencia del marqués de Viesca de la Sierra no pasó inadvertida. El presidente de Petromed tenía su coartada: como presidente del patronato de la Fundación para el Apoyo a la Cultura, que preside la reina Sofía, no había podido hurtar su presencia en París, donde el 8 de octubre la Reina inauguraba una importante muestra de pintura española que se abría en la capital francesa. Para el resto de sus colegas del Consejo de Banesto, sin embargo, la reunión perdida era demasiado importante para que la coartada pudiera funcionar. Cogido entre dos fuegos, Herrera prefirió poner tierra por medio. Firme apoyo de Letona en su entrada en Banesto, a la hora de la verdad Herrera no quiso consumar el cambio de alianzas que le había llevado a ser la punta de lanza de Conde y Abelló en Banesto. Con esta ausencia, sin embargo, Herrera perdió los papeles ante unos y otros y consumó su particular condición de perdedor en esta batalla.

Letona estaba enfurecido.

—¡Ah, ingenuo de mí! Mientras yo hablaba con Conde y Abelló ellos iban a continuación al Consejo a contar lo que yo les había dicho, y los señores del Consejo les dicen, no seáis tontos, no caigáis en la trampa, si esperáis a que Letona sea presidente no entraréis nunca; la única manera de entrar es aliándoos con nosotros. Y mientras yo, como un incauto, les digo que esperen a que sea presidente, porque entonces será más fácil, ¡ellos van por detrás y pactan a mis espaldas...! ¡Y pactan la vicepresidencia para Gómez-Acebo! ¡Y pactan el cuidado de "las familias"! ¡Lo pactan todo, pactan hasta cargarse al señor López de Letona!... ¡si pueden, claro!

En la comisión ejecutiva del martes 13 de octubre se ratifican los acuerdos del día 6.

La primera víctima importante de la derrota del consejero delegado es Jacobo Argüelles, su delfín, un hombre altamente elogiado por Letona y llamado a sustituirle como consejero delegado en el momento en que él mismo ocupara la presidencia.

Tras el 6 de octubre, la propuesta que en tal sentido efectúa López de Letona choca frontalmente contra el resto del Consejo, apoyado por Conde y Abelló. Argüelles jr. parece haber concitado en su persona, con rara unanimidad, las iras de todo el personal del banco, sean jóvenes o viejos, ordenanzas o miembros del Consejo.

El miércoles 14 de octubre *El País* daba cuenta de la incorporación de Conde y Abelló al Consejo de Banesto. Y, ¡gran novedad!, ese mismo día el Gobernador del Banco de España sorprende a tirios y troyanos con una declaración, de gran impacto en los centros de decisión, según la cual el banco emisor no veía con malos ojos un proceso de fusiones bancarias, lo cual constituía toda una novedosa toma de postura. Algunos avisados navegantes encuentran muy sintomático que el Gobernador se apresure a hacer esa declaración al día siguiente de hacerse oficial el revolcón de su hombre en Banesto, y sostienen que la OPA del Banco de Bilbao sobre Banesto comienza a gestarse ese mismo día.

El 15 de octubre, Fernando Castromil, secretario del Consejo de Banesto y uno de los peones de confianza de López de Letona, llama por teléfono a Mario Conde. Parece una decisión de elemental prudencia. Castromil es abogado del Estado, como Mario Conde y como Arturo Romaní, de quien es, además, compañero de promoción. Fernando felicita a Mario por su entrada en el Consejo, le desea muchos éxitos y éste, sobre la marcha, concibe una operación de acercamiento a Letona e invita a Castromil a pasar por su casa.

—Te supongo al corriente de los últimos acontecimientos ocurridos con motivo de nuestra entrada en el Consejo. El clima de enfrentamiento es brutal; es un problema que ya se arrastra de muchos meses atrás con la entrada de Letona y ahí estamos nosotros, en medio, viendo cómo se despedazan. Y la verdad es que estamos preocupados...

—Yo también creo que es para estarlo, porque esto no se sabe cómo puede acabar.

—Este hombre va a ser presidente y quizá consejero delegado a partir del 16 de diciembre, y me preocupa el clima en el que se va a desarrollar nuestro trabajo allí. Yo creo que habría que intentar reconducir esa situación de enfrentamiento a un clima de diálogo. Hay que hablar y nadie mejor que tú para que nos facilites un encuentro con Letona en donde todos podamos explicarnos...

—Yo, encantado. Vosotros y Letona tenéis que entenderos, no podéis estar enfrentados.

Y muy en su papel de mediador, Fernando Castromil actúa como anfitrión en una cena a cuatro, que tiene lugar en su domicilio el día 20 de octubre, y a la que acuden la pareja de inversores y Letona. El consejero delegado está ya convencido a estas alturas que la aparición de Conde y Abelló es casi una anécdota en la particular guerra que libra en el seno de Banesto, la gota que colma el vaso. Para él, lo sustancial son los largos meses de enfrentamiento soterrado, a veces a cielo abierto, entre él y su corto equipo y el resto del Consejo. Letona quiere poner a sus interlocutores en antecedentes, porque piensa que no entenderán nada si no tienen su visión de lo ocurrido.

Y así Letona ocupa buena parte de la cena en la descripción pormenorizada de la batalla mantenida en estos meses. Relata los intentos modernizadores, su decisión de recortar los privilegios y prebendas de ''las familias'', y cómo éstas se han revuelto contra él con los cuchillos afilados.

Mario y Juan le insisten en que siempre pensaron que su vía de entrada a Banesto sería López de Letona.

—Pero los hechos han demostrado que habéis hecho justamente lo contrario...

—Pero no ha sido por nuestra culpa, nosotros hemos recibido informaciones en el sentido de que tú nos estabas boicoteando, que habías prohibido incluso que se nos vendiera una sola acción de la autocartera...

—Pues eso no es verdad; vosotros habéis sido víctimas de las patrañas inventadas para hundirme, habéis sido objeto de muchas intoxicaciones, habéis elegido mal el intermediario...

—Tú dirás...

—Sí, por ejemplo, en el tema de vuestro acercamiento al banco, vosotros elegisteis mal el interlocutor, porque Herrera ha tergiversado los mensajes de forma interesada. Si vosotros hubierais venido directamente a mí, eliminando al intermediario, no hubiéramos tenido ni la cuarta parte de problemas...

—Pues puede ser que tengas razón. En todo caso, estamos convencidos de que tú has hecho ahí una labor importante de saneamiento.

—Seguro —interviene Juan— hasta el punto de que yo digo que si no existiera un Letona en Banesto habría que inventarlo...

—Yo creo, efectivamente, que he hecho un trabajo y los resultados ahí están y se van a ver a final del ejercicio, y en todo caso quiero deciros que yo no tengo grandes aspiraciones de tipo personal; ya he sido casi todo lo que se puede ser en este país... Sólo aspiro a completar mi labor, para lo que necesito un año y pico más, quizá dos años y luego puedo hasta marcharme.

La cena en casa de Castromil es seguida, dos jornadas después, el día 22, de otra celebrada en el domicilio de Mario Conde. «En estas reuniones, que se desarrollan en un clima muy distendido, ambas partes comprueban que en realidad hablan el mismo lenguaje y persiguen idénticos objetivos para el banco», asegura Fernando Castromil. El ágape en casa de Mario está centrado en uno de los temas más enquistados de las relaciones entre Letona y el Consejo: el papel de Jacobo Argüelles.

Hasta Mario y Juan han llegado testimonios de cómo Jacobo ha calentado el ambiente contra ellos por los despachos del Banco de España. Letona defiende a su hombre de confianza con sus mejores argumentos.

El viernes 23, tiene lugar el tercer y último encuentro de la serie de acercamiento entre el dúo y Letona. Se trata de un desayuno que tiene también como marco el domicilio de Conde, y al cual se incorpora Arturo Romaní.

La vía de diálogo se ha restablecido, aunque Conde y Abelló dejan claro que tienen un compromiso moral adoptado con el Consejo, las llamadas "familias", y que piensan mantenerse fieles al mismo. Cuando los visitantes abandonan esa mañana la residencia de Conde, confiados en tiempos mejores, no podían sospechar que el lunes próximo iban a ser protagonistas de un nuevo enfrentamiento de grandes proporciones.

Con todas las batallas ya consumidas, que habían sido muchas, la del día 27, jornada previa al consejo clave del 28 de octubre de 1987, donde debían ratificarse los nombramientos de Conde y Abelló como consejeros, es quizá la más tensa y violenta de las vividas en los 20 meses de presencia en Banesto de José María López de Letona.

Las escaramuzas se inician el lunes 26. A primera hora de la mañana Ricardo Gómez-Acebo recibe una llamada telefónica que, aparentemente, reviste la mayor importancia.

—Tengo un recado especial del Banco de España para entregar a Mario Conde.

Como el enviado ruega discreción absoluta y asegura que quiere entregar directamente su mensaje, Gómez-Acebo se pone en contacto con los afectados y, a las 10.30 de la mañana, en la residencia de Mario, se dan cita éste, Abelló, Pablo Garnica junior., Gómez-Acebo, y el misterioso enviado.

—Mariano Rubio quiere saber antes de la reunión del Consejo del 28 cómo va a quedar en todo esto su amigo, López de Letona.

—Pues queda como "reina madre": de presidente, pero sin poderes efectivos...

—No creo que esto lo pueda aceptar Mariano...

—Muy bien, cuéntaselo y danos la respuesta antes de las cuatro de la tarde.

Cuando el mensajero se ha despedido, los reunidos comentan impactados el suceso. Hay expresiones de asombro para todos los gustos. Y de pronto, alguien plantea la duda. ¿Y si se tratara de un trampa?

A través de una tercera persona ligada a Juan Abelló, el grupo efectúa un sondeo en el entorno del Gobernador. La respuesta final llegará a medio día. Los reunidos almuerzan juntos, preocupados por resolver este enigma, y a los postres una llamada de teléfono aclara el misterio: el Banco de España no ha variado su postura, ya conocida, y no ha encargado ninguna gestión a nadie. El mensajero era un falso mediador.

Pero en este episodio se ha perdido más de medio día.

Por la tarde, don Pablo, Letona, Conde y Abelló mantienen una importante reunión en el despacho del presidente. Una reunión que puede ser definitiva. Todos se lo juegan todo a una carta. Letona plantea que las propuestas de la ejecutiva del pasado día 13 fueran examinadas por el consejo del 28 de octubre, pero no se aprobarán hasta el consejo del 25 de noviembre. Es un envite de órdago, al que Conde responde con un no rotundo. Ese retraso podía enmascarar alguna jugada de largo alcance. En cualquier caso, Conde y Abelló hubieran perdido un mes de tiempo mientras Letona lo ganaba.

Al final, éste resultó ser un detalle fundamental. Si la entrada se hubiera aplazado, la OPA del Bilbao —en el supuesto de que se hubiera presentado— habría cogido a Conde y Abelló fuera del organigrama de Banesto, y el banco se hubiera encontrado sin posibilidad de reacción.

Conde propone que tanto la entrada como la toma de posesión como nuevos consejeros se efectúe en la misma reunión del consejo, la del día 28 de octubre. A Letona no le queda otra alternativa que aceptar.

Y llega el momento de discutir el reparto del poder para el día siguiente de la retirada de don Pablo, el próximo 16 de diciembre. El bloque de los ''barones'' de Banesto, con el firme apoyo de Pablo Garnica jr. había presionado hasta la saciedad a Conde y Abelló para que de ninguna forma permitieran a Letona continuar al frente del banco como presidente y consejero delegado. El futuro consejero delegado debía ser, en opinión de la mayoría, Mario Conde, pero éste dudaba, atemorizado por la responsabilidad de asumir un puesto de tal envergadura sin ninguna experiencia bancaria. Don Pablo, mientras, callaba.

Letona propone a cara de perro que, puesto que tras lo sucedido el 6 de octubre el Consejo ha rechazado claramente su plan, consistente en nombrar a Jacobo Argüelles para el cargo, lo más lógico es que él asuma ambas funciones tras el 16 de diciembre, una situación que no se había dado nunca en la historia del banco. La gran cuestión está planteada. Letona quiere además que se haga una declaración pública aclarando definitivamente la cuestión. Pero sus oponentes no aceptan el envite.

—El Consejo, José María, no aprobará ese reparto de papeles.

—¿Y qué significa eso?

—Que deberás conformarte con una salida más modesta.

Conde propone una solución de compromiso consistente en que Letona sea "presidente ejecutivo", mientras los dos socios y amigos ocupen unas "vicepresidencias ejecutivas" para el área industrial y participadas del banco. Ninguna de las dos partes empleará el término "consejero delegado".

Letona acepta todo el planteamiento global y se llama a Fernando Castromil para que tome nota y redacte los términos del pacto. La tensión ha sido grande, y a veces se han escuchado voces subidas de tono, pero Mario Conde está convencido en la noche del 26 de haber cerrado un importante acuerdo.

Pero al día siguiente, 27 de octubre, cuando a las 11 de la mañana se inicia la reunión de la comisión ejecutiva, López de Letona anuncia, para sorpresa de los reunidos, que él seguirá siendo presidente y consejero delegado a partir del 16 de diciembre. Letona rompe la baraja.

—Pero bueno, José María —interviene Gómez-Acebo—, si tengo entendido que ayer por la noche has pactado algo que no tiene nada que ver con lo que acabas de decir...

—Puede ser, pero me he vuelto atrás y estoy dispuesto a dimitir si se mantiene lo hablado ayer.

La guerra ha estallado. A la salida de la comisión, muy breve, Gómez-Acebo pone a Conde y Abelló al corriente de lo que sucede. Hay gritos de indignación.

—Y como ha amenazado que piensa dimitir, debéis tomarle la palabra de una vez y decirle que de acuerdo, que dimita y se le aceptará. Ya veréis cómo entonces se asusta y da marcha atrás y tiene que coger la presidencia monda y lironda.

Cerca del mediodía, Mario Conde y Juan Abelló visitan el despacho de Ramón Hermosilla en la calle Velázquez. Al poco rato llega don Pablo con aspecto apesadumbrado. Conde está preocupado, no tanto por Letona, sino por don Pablo. El presidente parece a punto de doblar la cerviz ante la presión de la autoridad monetaria.

—¿Qué? —pregunta Conde a Hermosilla—. ¿Crees que don Pablo aguantaría la dimisión de Letona?

—Yo creo que sí —contesta el abogado—; está preocupado, pero éste aguanta carros y carretas.

Hermosilla, Conde, Abelló y Pablo Garnica jr. se van a almorzar al restaurante Alkalde, y allí tratan de clarificar ideas y preparar la estrategia para la tarde trascendental que se avecina.

López de Letona ha convocado nueva reunión de la comisión ejecutiva a última hora de la tarde, y prácticamente todos están convencidos que el consejero delegado va a presentar la definitiva renuncia de sus cargos.

A las 5 de la tarde del 27, los mismos cuatro protagonistas, en el mismo despacho, afrontan una reunión que, en opinión de Mario Conde, es de las más violentas y tensas que ha tenido en su vida.

—¡Yo dimito, yo dimito, porque esto no lo puedo tolerar, no lo puedo tolerar...! ¡Yo no puedo aceptar lo que hablamos ayer porque afecta a mi prestigio profesional, y no lo puedo tolerar, así que yo dimito...!

El consejero delegado está realmente excitado, y Conde siente como si una nube le embotara de repente el cerebro, impidiéndole actuar con serenidad.

—Pero vamos a ver, José María, si tú has aceptado esto ayer, ¿cómo es posible que ahora te vuelvas atrás?, ¿cómo es posible? ¡Contesta, contesta!

Los reunidos han dejado ya de hablar: discuten poco menos que a grito pelado.

—Sí, yo lo acepté, pero lo he pensado mejor esta noche y estoy en mi derecho de hacerlo, ¡y no lo acepto, no lo puedo aceptar! Yo no puedo presentarme ante la comunidad bancaria con un acuerdo vejatorio para mí como era el de anoche...

—Pero no entiendo por qué o quién te ha hecho cambiar de opinión de la noche a la mañana.

—He cambiado porque estoy en mi derecho de hacerlo, y yo este acuerdo no lo puedo aceptar; si no soy presidente y consejero delegado yo definitivamente dimito; me voy a mi casa y punto...

—Mira, José María —interviene amenazador Juan Abelló—, a nosotros no nos preocupa nada que dimitas, no te vayas a pensar que nos asusta tu dimisión, porque por ahí vas muy equivocado, lo que ocurre es que no es bueno para el banco...

La reunión es muy dura, y las afirmaciones se lanzan como puñetazos al rostro del adversario. No hay lugar para los cumplidos ni las reglas de cortesía.

Entonces interviene don Pablo en tono conciliador. Él quiere a toda costa el pacto con Letona, le asusta que se vaya en este momento, temeroso de las consecuencias que esa marcha pueda tener de cara al Banco de España.

—Venga, dejaros de historias —anuncia la voz cascada de don Pablo—. Que sea presidente y consejero delegado y punto...

«Yo vi enseguida que don Pablo no aguantaba la dimisión de Letona», sostiene Conde, «y, además, yo era consciente de que no era bueno que dimitiera; no había nadie en ese momento que pudiera hacerse cargo del banco. Para mí era muy prematura por distintos motivos, entre otras cosas porque el tema Montedison estaba entrando en una fase caliente».

La actitud conciliadora de don Pablo, que busca el acuerdo hasta la saciedad, induce a Conde y Abelló a batirse en retirada. López de Letona gana el gran duelo. Él será presidente y consejero delegado ''hasta'' el 31 de diciembre de 1988. Ostentará pues, ambos cargos a término del próximo ejercicio;

Conde y Abelló serán vicepresidentes ejecutivos para el área industrial. Fernando Castromil toma nota de los términos del acuerdo.

Cuando el grueso de la tormenta ya ha pasado, Conde argumenta ante Letona.

—Te das cuenta, José María... todo lo que hemos acordado ahora es ni más ni menos que lo que te pedimos la primera vez que nos vimos en el Villamagna, a primeros de septiembre. Si hubieras dicho entonces que sí, ¡cuántas peloteras nos hubiéramos ahorrado!

—La culpa es de las dos partes, no sólo mía. No nos hemos entendido hasta ahora y punto.

Cuando abandonan el despacho de don Pablo, Mario Conde, sudoroso, luce una cara cetrina, el pelo engominado en desorden y el gesto de cansancio como si acabara de aprobar de nuevo las oposiciones a la abogacía del Estado. Letona sale huidizo, secretamente satisfecho, convencido de haber arreglado el desaguisado en que se metió la tarde anterior. En su despacho comenta a un hombre de su confianza lo bien que se entiende con Mario Conde, «porque es una persona que razona, y va a ser un verdadero placer trabajar con él; justo lo contrario de Juan Abelló, con quien no hay forma de entenderse».

La reunión de la ejecutiva es muy corta y en ella Letona se limita a anunciar el pacto alcanzado. Los "barones" se llevan las manos a la cabeza. La caída en desgracia de Jacobo Argüelles, abandonado a su suerte, es a estas alturas un magro consuelo para quien esperaba oír algo más enjundioso.

—Así que, tras la renuncia de don Pablo, yo seré presidente y consejero delegado. Y se ha terminado la historia.

—No, no se ha terminado —interviene Dicky Gómez-Acebo— y quiero que conste que llegado el momento en que hubiera que votar por un consejero delegado, yo votaría a Mario Conde.

—Pero bueno —corta don Pablo— ¡si eso no se ha planteado...!

—Pues que conste en acta mi opinión.

Por la noche, tras esta reunión, varios de los "barones" se reúnen en el domicilio de Juan Abelló. Con Juan y Mario, en gran estado de nerviosismo, están Dicky y Pablo Garnica, jr. Hay sensación de derrota, apasionamiento y abiertas críticas al acuerdo.

—Yo creo que esto es muy malo; es el peor acuerdo que se podía haber conseguido —asegura Gómez-Acebo.

—Opino lo mismo, un año y pico con "éste" investido de plenos poderes va a ser insoportable. Se ha perdido una buena oportunidad para haberle admitido la dimisión... ¡Habéis dado marcha atrás en el crítico momento...!

—Ha sido tu padre el que ha dado marcha atrás; él es quien se ha rajado —se defiende Conde.

—¡Eso no necesitas decírmelo!

—Pero de todas maneras opino que estáis equivocados —trata de reaccionar Conde con la voz alterada— que la cosa no es así, que no había manera de lograr otro acuerdo. A ver, Juan, ¿tú qué opinas?

—Hombre, ya te lo ha dicho Pablo, que podíamos haber logrado otra cosa. Tiene razón, nos hemos rajado y tú eres el primer responsable de que Letona siga ahí...

—¡Pero, hombre!, ¿cómo dices tú eso?

—Lo que oyes, que había que haberle dejado que se largara de una puta vez...

—Yo creo que debéis romper ese acuerdo —opina Dicky— porque va a ser un año de guerra terrible...

—Vais a ver —insiste Pablo Garnica jr.—, en un año y pico "éste" va a hacer y deshacer a su antojo; va a cambiar el Consejo de arriba abajo.

—¡Pero hombre, será si le dejamos, no me jodáis...! —exclama Mario.

—Insisto en que yo creo que después de tanto pelear hemos salido con el rabo entre las piernas...

—No, no y no. No se podía hacer otra cosa. No seáis cabezotas. La dimisión de este hombre es muy mala en este momento; no se puede tensar tanto la cuerda con el Banco de España; las cosas no se pueden hacer a la brava. Y luego está don

Pablo, que ésa es otra... don Pablo no ha aguantado; no me ha apoyado y se ha pasado la tarde intentando que Letona no dimitiera. Es un hombre que está acojonado por lo que pueda hacer La Cibeles.

Pero la batalla no estaba cerrada. Iba a continuar en las próximas horas a propósito de los términos exactos del acuerdo alcanzado, de lo que dependía que Letona cesara en sus cargos a finales de 1988.

A las 10.30 de la mañana del miércoles 28 de octubre, Fernando Castromil acude a las oficinas de Torreal, en la calle Fortuny, donde presenta a Mario Conde la redacción del pacto alcanzado la noche anterior.

—No Fernando. Esto no es lo que acordamos ayer. Los términos exactos, que son los que hay que presentar al Consejo, te los voy a enviar ahora mismo al banco.

Conde llega casi de inmediato a Castellana 7, y se dirige al despacho de Letona.

—Oye José María, el papel que ha redactado Castromil no es lo que hablamos anoche...

—¡Ah, pues no he podido ni verlo!

—Es este papel —dice Conde, sacando del bolsillo de su chaqueta unos folios.

—En efecto, esto es lo pactado. Pero vamos a ver, Fernando, ¿por qué has modificado la redacción? —recrimina Letona a Castromil visiblemente alterado—. Limítate a recoger lo escrito en el documento que te entrega Mario. Eso es lo pactado y es lo que hay que cumplir.

Mario Conde, delante de sus interlocutores, coge entonces un sobre y, tras introducir en él el documento, escribe el nombre del destinatario: don Pablo Garnica.

Conde habla un instante con Juan Herrera, a quien da cuenta de la importancia del acuerdo alcanzado.

—Y hay que estar muy atentos a que don Pablo lea ante el Consejo la fecha de 31 de diciembre del 88, porque ese es el punto clave.

A las 11.15 de la mañana, daba inicio la decisiva reunión del Consejo de Administración de Banesto. Tras la lectura del acta de la sesión anterior por el secretario del Consejo, toma la palabra don Pablo, mientras rasga el borde de un sobre que extrae del bolsillo interior de su americana.

—Bueno, ya sabéis que hoy aprobamos el acuerdo adoptados por la comisión ejecutiva del pasado 6 de octubre, por el que los señores Conde y Abelló se incorporan al Consejo de Administración de esta casa y a su comisión ejecutiva. Después de esa reunión, estos señores han llegado a unos acuerdos con el señor Letona, que son los que vamos a refrendar y que están contenidos en este documento.

1.º Don José María López de Letona actuará como presidente y consejero delegado de la entidad hasta la junta general que apruebe los resultados de la sociedad correspondientes al ejercicio económico que se cierra el 31 de diciembre de 1988.

2.º Don Juan Abelló y don Mario Conde serán vicepresidentes con poderes ejecutivos sobre las sociedades participadas o controladas por el banco y que formen parte de su grupo industrial e inmobiliario.

Don Pablo elogia las figuras de los nuevos consejeros y vicepresidentes, con un recuerdo especial para Juan Abelló Pascual, padre de Juanito Abelló. Los aludidos responden con palabras de gratitud, en las que prometen dedicar sus mejores esfuerzos para el bien de la institución. Juan Abelló está especialmente impresionado. Para él, «es un honor sentarse al lado de personas tan ilustres». Por fin ha conseguido el sueño de su juventud, llegar a sentarse en el Consejo de Banesto.

A continuación don Pablo ratifica su salida definitiva del banco para el 16 de diciembre, y acepta el nombramiento de presidente de honor. A propuesta de Mario Conde, el Consejo aprueba la incorporación al mismo de Pablo Garnica Gutiérrez.

El Consejo toma el acuerdo de crear una tercera vicepresidencia y aprueba la modificación de la comisión ejecutiva, dando entrada en la misma a Conde y Abelló.

Letona, pues, podría haber sido presidente y consejero delegado hasta finales de mayo de 1989, puesto que estatutariamente el balance del año anterior tiene que ser aprobado en junta general durante los cinco primeros meses del año siguiente.

Pero el Consejo adoptó aquel día una importante limitación de los poderes reales de Letona: «La comisión ejecutiva deberá ser informada de toda operación financiera, industrial, bursátil, de contratación de personal, de relaciones con los medios de comunicación, o cualquier otra operación que por su importancia requiera el acuerdo de dicha comisión ejecutiva.» Es lo que en técnica jurídica se llama una limitación de poder por medio de un mandato interno.

Al dia siguiente 29 de octubre, López de Letona remitía una carta a *El País* desmintiendo «de un modo rotundo» la información aparecida en el diario esa mañana, en la que se afirmaba que «ambos cargos (presidente y consejero delegado del área bancaria) serán desempeñados por Letona hasta el 31 de diciembre de 1988». El vicepresidente de Banesto aseguraba en su misiva que tal cosa «no se trató en la reunión del Consejo y, en consecuencia, mal podía ser recogido por el acta de la reunión».

Cuando el 30 de octubre, Conde ve la rectificación de Letona en el periódico, monta en cólera y, como un cohete, entra de buena mañana en el despacho del todavía vicepresidente para exigir una explicación. López de Letona se muestra firme.

—He enviado esa rectificación porque yo quedo como un guiñapo en estos términos...

—José María, tú quedarás como quieras, pero eso fue lo que se dijo en el Consejo...

—Eso no se dijo...

—Mira, José María, conmigo por las buenas, lo que quieras; ¡pero por las malas a ningún lado! ¡Que venga Castromil!, —urge Conde a un ordenanza.

—Vamos a ver, Fernando, ¿recuerdas si en la reunión del Consejo del miércoles se citó expresamente el 31 de diciembre del 88 como fecha a término para el mandato de José María?

—Pues no, no me acuerdo.

—Pero, ¿cómo no te vas a acordar? Un secretario del Consejo tiene obligación de acordarse de las actas que redacta... —exclama Conde excitado—. ¡Tampoco te acuerdas que minutos antes del Consejo te he enseñado un folio, que delante de ti he metido en un sobre, y que iba a ser leído por don Pablo ante el Consejo?

—Sí; me acuerdo.

—Además Juan Herrera es testigo, porque yo se lo comenté expresamente el otro día.

Mario tira de teléfono y se pone al habla con el presidente de Petromed.

—Oye Juan, ¿tú te acuerdas si en el consejo del otro día se citó expresamente la fecha del 31 de diciembre del 88 en los acuerdos que leyó don Pablo?

—Pues no, no me acuerdo...

Mario Conde creía alucinar.

—Pero vamos a ver, Fernando, ¿no bajamos Letona y yo contigo a tu despacho una vez finalizado el consejo, y no te dije que para hacer el acta te limitaras a copiar el documento que acababa de leer don Pablo? ¿Sí o no?

—Sí.

—¿Y en ese documento no figuraba la fecha del 31 de diciembre de 1988? ¿Sí o no?

—Sí.

En este punto, José María López de Letona permanece un instante perplejo, antes de responder:

—Pero Mario, si no estamos discutiendo eso. Si lo que quiero es que no figure en acta...

—¡José María... los acuerdos deben figurar en acta!

—Sí, pero si pactamos todos que no sea así... ten en cuenta que si se llega a saber que soy presidente hasta finales del año que viene, mi papel va a quedar muy disminuido; la gente va a estar más pendiente del que realmente va a mandar en el banco a partir de entonces...

—Pero, ¿qué me estáis proponiendo...? A ver, Fernando, para modificar un acta no es necesario el acuerdo unánime de todos los consejeros...

—Sí, por supuesto —responde pálido el aludido.

—Pues entonces. Yo a eso no juego, José María. Otra cosa es que yo te doy mi palabra de honor de que nadie tendrá una

373

copia de ese acta mientras tú seas presidente y consejero delegado...

En aquel mismo instante López de Letona perdió definitivamente a otro de sus fieles. Las arenas movedizas del mundo de los negocios, donde vivir depende a veces de saber cambiar de acera en el momento oportuno, tienen esos riesgos.

A partir de aquel momento, Conde y Abelló comenzaron a trabajar asiduamente con López de Letona, tratando de ponerse al corriente de los asuntos del banco. La comunicación entre Mario y José María es francamente buena, hasta el punto de que ambos exponen en comisión ejecutiva posturas muy coincidentes.

Letona había conseguido una victoria auténticamente pírrica. De hecho, se trata de una honrosa salida por la puerta de servicio, aplazada para finales de 1988. Para ello, además, ha tenido que abandonar a sus fieles en el camino.

Giancarlo Parretti era uno de los más feroces críticos de Letona a primeros de noviembre. El italiano se mostraba apesadumbrado por la suerte corrida por su amigo Jacobo Argüelles, y dedicaba palabras duras al hombre que «le había cortado la cabeza». A partir de entonces, Parretti querrá rescatar de la desgracia a su amigo, haciendo valer su paquete accionarial en Banesto. Con este motivo, el italiano intentará entrevistarse con Juan Abelló durante casi dos semanas, sin conseguirlo.

Como en un complicado *puzzle*, las fichas han ido encajando con precisión matemática. En octubre del 86, solamente un año antes, nadie sabía quién era Mario Conde, y muy pocos habían oído hablar de Juan Abelló. Ambos soñaban con vender Antibióticos y poder pegar el salto a continuación. La entrada en la fortaleza de Banesto, algo que muchos de sus amigos consideraban una misión imposible, se ha logrado en tiempo récord. Por delante tienen ahora año y pico para prepararse tranquilamente para el gran salto. Eso será, si no ocurre nada extraño, a partir del 1 de enero de 1989.

Capítulo 15

OPERACIÓN EUROPA

Georg Everest fue un geógrafo británico que, a mediados del siglo pasado y como director del servicio topográfico de la India, descubrió y midió el pico más alto del Himalaya y del Globo, logrando el paso a la posteridad al incorporar su nombre al del misterioso monte tibetano. Everest era un típico representante de su época, afanado en el dominio de la naturaleza. En diciembre de 1986 el Banco de Bilbao planteó una ambiciosa operación que denominó con el nombre clave de Operación Everest, un intento de llegar a dominar el mercado financiero y bancario español. El anagrama elegido para la Operación Everest era precisamente el de un pico nevado, más que una alegoría para dar a entender que el banco norteño creía llegado el momento de dar el paso definitivo que le situará en la cumbre del sistema financiero español.

Everest, lo más alto, fue el código secreto utilizado en los debates efectuados por el comité ejecutivo del banco en el último trimestre del año 1986: Se trataba de dar una sacudida a la institución, ponerla en tensión y plantear para el año 1987 la conquista de los objetivos más ambiciosos de la historia de la entidad. El grupo, en su conjunto, debía aspirar al logro de unos beneficios superiores en más de un 30% a los del año anterior, porcentaje que, acumulado al de los dos años precedentes, supondría duplicar el beneficio neto en un plazo de tres años, colocándolo en los 35.000 millones de pesetas.

Pero la Operación Everest, como ocurre a menudo con la mítica montaña, tuvo su cara oculta para la práctica totalidad del personal y cuadros directivos, excepción hecha de un reducido cuerpo de elite. Se trataba de una operación de dimensión. El Banco de Bilbao tenía que dar un paso adelante en el reforzamiento de su dimensión. A principios de 1987 la Operación Everest queda reservada exclusivamente al objetivo de la dimensión, un tema de gran importancia estratégica que por su delicada naturaleza sería tratado exclusivamente a nivel de comité ejecutivo. El resto de los temas que originariamente se incluían en Everest queda englobado en el más prosaico nombre de Operación Bancobao 87.

La Operación Bancobao 87 fue presentada a los directores del Bilbao de todo el país en una concentración llevada a cabo durante dos días, en diciembre de 1986, en el Palacio de Exposiciones y Congresos de Madrid. Cerca de seiscientas cincuenta personas vibraron de ganas de comerse el mundo. El 87 iba a ser un año importante en la historia del banco: Calidad, rentabilidad y comunicación eran los tres grandes objetivos ideológicos de una movilización destinada a lograr un crecimiento cualitativo.

Había un cuarto objetivo: la cumbre del monte Everest. Era un asunto muy confidencial, orientado al crecimiento cuantitativo. Había llegado la hora de dar el gran paso adelante. José Ángel Sánchez Asiaín, el Hillary de esta historia, encarga al *sherpa* Luis Bastida, director de Planificación, la realización de un estudio en profundidad de los otros seis grandes bancos españoles. Se trataba de hacerles una radiografía completa: rentabilidad, problemas estructurales, redes de oficinas, grupos financieros e industriales, negocio exterior... Descubrir las complementariedades, si las hubiera, y las posibles sinergias.

En mayo de 1987 el comité ejecutivo efectuó una revisión completa del estado de los objetivos señalados para el ejercicio en la Operación Bancobao 87. Al mismo tiempo se empieza a caminar por las laderas que conducen al monte Everest. En los planteamientos estratégicos del Bilbao de cara a 1992 se considera objetivo prioritario situar el banco en condiciones de competir en Europa, que para entonces será ya un mercado único. España se convertirá en cuatro años en un mercado de carácter regional. El equipo que encabeza Asiaín reconoce que la dimensión no es una condición *sine qua non* para ser un banco rentable. Alguno de los bancos medianos españoles son más rentables que los de su clase y muchos de los grandes. El problema

aparece cuando una entidad se plantea como objetivo estratégico el ser un banco internacional de verdad, una condición
que lleva aparejada la necesidad de dimensión. La dimensión
es el paso obligado para conseguir mayor rentabilidad en aquellas entidades que quieran situarse estratégicamente en un mercado más global que el español.

Estas ideas forman el núcleo del discurso pronunciado por
el presidente del Banco de Bilbao con motivo de su ingreso en
la Real Academia de Ciencias Morales y Políticas, el 26 de mayo
de 1987. El hermano cofrade Asiaín cuenta ya al detalle la estrategia que va a poner a punto ese mismo año, pero sus colegas no se inmutan: Asiaín había anunciado ya tantas veces con
pífanos y tambores la llegada del lobo, que...

El debate en el seno del comité ejecutivo del Banco de Bilbao absorbe sus buenos mayo, junio y julio. Es un período de
maduración y reflexión, que nuestro Hillary aprovecha para
ir perfilando los contornos de su teoría sobre las fusiones bancarias en España.

Poco antes de las vacaciones de verano se llega a la conclusión de que Bancobao está maduro para abordar una operación en serio de redimensionamiento durante 1987, una operación que se entendía como una adquisición destinada a
romper el mercado. Y en la reunión del comité ejecutivo del
29 de julio, la cúpula del Bilbao se concentra exclusivamente
en el estudio de tres bancos españoles: Hispano Americano, Español de Crédito y Central.

El comité se sirve entonces de los trabajos de Bastida —a
los que se han incorporado algunas aportaciones de tipo doc-
trinal efectuadas por el Servicio de Estudios— y discute las alternativas. Una operación de dimensión puede abordarse mediante la compra de otra entidad de menor tamaño —la forma
de crecer que históricamente han puesto en práctica los dos grandes bancos ''madrileños'', Banesto y Central—, o a través de
una operación de fusión. La fusión, teniendo en cuenta el panorama de los siete grandes españoles y las especiales relaciones entre presidentes, impone la condición de realizarse entre
iguales, lo cual excluía a bastantes candidatos.

El comité ejecutivo del banco constata que es muy difícil
plantear una operación de fusión amistosa en España, y con-

cluye que la OPA es la única forma de llevar adelante su proyecto. Una fusión entre iguales requiere una voluntad común, voluntad que no se había explicitado de forma reciente salvo en el caso del Banco de Bilbao, cuyo presidente ha sido siempre un decidido propagandista de la bondad de tal sistema.

En efecto, nadie puede disputarle en España a José Ángel Sánchez Asiaín la paternidad del debate —en realidad un monólogo— sobre la necesidad de las fusiones bancarias. De hecho el presidente del banco norteño ha ido mucho más allá de los meros enunciados teóricos: ha querido fusionarse en época muy reciente con dos de los principales bancos españoles, Central, primero, y Popular, después.

La elección no era caprichosa. Bilbao, Central y Popular mantienen desde hace tiempo un intercambio de información contable, referida a los datos que sobre la marcha del negocio salen del ordenador central al final de cada mes. Ningún otro banco de los grandes quiso unirse a este esquema que sigue funcionando en la actualidad. Ello se traduce —salvada la sospecha de que se trate de información amañada— en que cada banco conoce la marcha, mes a mes, y casi al detalle, de los otros dos.

Durante 1984 y 1985, coincidiendo con los rumores que hablaban de una crisis seria en el Banco Central, José Ángel ''trabaja'' con gran dedicación a Alfonso Escámez, intentando hacerle ver los efectos beneficiosos de una operación de este tipo. El Central adolecía claramente de *management*, algo de lo que parecía sobrado el Bilbao. Los aspectos de modernidad del banco vasco, unido a la fortaleza intrínseca del Central, podían deparar un cóctel bancario de enorme potencial. Pero Escámez no era seguramente el tipo de banquero que perdiera el sueño por un proyecto de futuro de altos contenidos teóricos.

Cuando Sánchez Asiaín deja a Escámez por imposible, comienza a hacerle la rueda a Luis Valls Taberner, presidente del Banco Popular. «Yo estaba encantado de hablar con él, porque ambos somos estrategas a largo plazo; además, él es un conversador, un hombre culto y sumamente entretenido. Lo que ocurre es que él sólo trabaja con expectativas a corto, mientras que a mí me gustan más las largas distancias.»

Tanto con Escámez como con Valls, Sánchez Asiaín establece una relación de diálogo que hubiera hecho impensable la posibilidad de una OPA hostil. Valls y Sánchez Asiaín hablan de fusiones el 21 de octubre de 1985, el 8 de enero, el 15 de abril y el 4 de septiembre de 1986, y, finalmente, el 2 de febrero de 1987.

Esta última es una fecha significativa, porque delata las urgencias de que el banquero vasco estaba ya imbuido por entonces. Aquel día, como casi todas las ocasiones en que ambos se han encontrado para tratar el tema, era lunes, y Asiaín le hace a Valls una pregunta muy directa:

—Dime, Luis, con toda sinceridad, ¿podemos estudiar la fusión Bilbao-Popular con urgencia?

—¡Hombre, José Ángel, así a bote pronto...!

Es que yo necesito una respuesta ya...

—Pues mira, si es con esas prisas, francamente, no.

La Operación Everest estaba ya en marcha a principios de 1987, y a José Ángel le urgía saber si iba a poder ser abordada mediante una fusión amistosa con alguno de sus colegas o tendría que pensar en un esquema agresivo. Las negativas de Escámez, primero, y de Valls, después, van a ser el caldo de cultivo en que germinará la OPA hostil contra Banesto.

El 10 de agosto, el citado Luis Bastida y José Luis Marcaida, director financiero, viajan a Londres para entrar en contacto con la firma especializada norteamericana Salomon Brothers, a quien plantean los objetivos del banco, de forma global, sin entrar en detalles concretos, al tiempo que solicitan la formulación de una oferta de colaboración. En los primeros días de octubre, sin embargo, Salomon ya conocía el nombre concreto del objetivo.

El 27 de agosto, José Ángel Sánchez Asiaín toca generala. Pedro Luis Uriarte, que estaba de vacaciones en la costa vasca, es llamado con urgencia al cuartel general bilbaíno de Gran Vía 12. El festejo iba a empezar. En la biblioteca de la sede social, Sánchez Asiaín, en una larga e intensa reunión, da la voz de ¡ar! a los forzados, en presencia de José Luis Marcaida, Luis Bastida, Pedro Luis Uriarte, subdirector general, y José Luis Nagore, director de Programación Financiera (Bolsa). Acababa de nacer la Operación Europa: el objetivo era crear un gran banco con posibilidades ciertas de competir en la CE.

Del encuentro en la biblioteca sale el reparto de papeles. Uriarte será el responsable de la coordinación técnica de la operación. Bastida se encargará de los contactos con Salomon. Marcaida se hará cargo de los aspectos contables, financieros y bursátiles. Más adelante, José María Concejo asumirá los temas jurídicos; Antonio López los informativos, y José María Echevarría atenderá los contactos con los accionistas más importantes de la entidad elegida como *target*. Conforme avanzaba el tiempo, el esquema se fue complicando, adquiriendo la clásica estructura de la pirámide. El 19 de noviembre estaban trabajando en la operación hasta medio centenar de personas.

Uriarte y Bastida, junto a Emilio Ybarra, vicepresidente y consejero delegado; Gervasio Collar, vicepresidente, y el propio Sánchez Asiaín, compondrán el gabinete de crisis de la Operación Europa, que comenzó a reunirse activamente, en contacto con el Consejo de Administración y el comité ejecutivo.

El comité ejecutivo efectúa un nuevo repaso a la situación de los otros seis grandes bancos privados españoles, se hace un planteamiento ante la comisión permanente del Cnsejo, y ya para los primeros días de septiembre hay un nombre que se perfila sobre los demás: el Banco Hispano Americano.

Tras el fracaso de los intentos amistosos acerca de Escámez y Valls, el Hispano Americano de Claudio Boada ofrecía algunas interesantes ventajas. Por un lado, seguía siendo el tercer banco privado por volumen de depósitos, y la comunidad bancaria daba ya por sentado que el ejercicio 87 iba a suponer el casi definitivo saneamiento de la entidad, tras el estado comatoso que atravesó en 1984-85. Por otro, es el banco donde, precisamente a consecuencia de dicha crisis, la tutela de la autoridad monetaria es más evidente, de forma que una fusión que contara previamente con las bendiciones del poder político y del Banco de España, difícilmente podría encontrar resistencias en el seno de un equipo directivo prácticamente puesto a dedo por La Cibeles. Finalmente, y detalle de extrema importancia, era el banco más barato en Bolsa, con mucha diferencia sobre los demás.

La versión del Banco de Bilbao, remitida por escrito, asegura, por el contrario, lo siguiente: «Al final, tras sucesivos descartes, quedaron dos bancos como posibles objetivos. Finalmente, por razones técnicas y profesionales, se eligió Banesto. Esta elección se realizó en la sesión que celebró el comité ejecutivo del banco el 8 de septiembre.»

Tras un largo párrafo dedicado a las razones técnicas que aconsejaron la elección de Banesto («el tipo de clientela, la geografía de su red de oficinas, su cartera industrial, el negocio internacional, o el grupo financiero, eran aspectos que complementaban con los del Banco de Bilbao perfectamente. A esto se unía el alto nivel de integración de la plantilla con la empresa, y su destacada profesionalidad, y los bajos costes operativos con los que operaba Banesto, así como el bajo nivel comparativo de capitalización bursátil. Todo ello contribuyó a definir que éste era el banco que más nos convenía adquirir, sin ocultar las ventajas que también ofrecían otros»), el escrito del Bilbao, incluye otro, muy breve, que dice así:

«Fue, por tanto, una decisión cuidadosamente sopesada (llevó semanas de estudios, análisis y debates) que valoró los pros y los contras que ofrecía cada una de las alternativas y en la que al final nos inclinamos por Banesto.»

Conviene tener en cuenta que entre el 29 de julio, en que el Bilbao afirma haber seleccionados tres bancos, y el 8 de septiembre, en que opta por Banesto, hay veintiocho días hábiles, con las vacaciones de por medio.

Desde un primer momento la Operación Europa se dota de una amplia cobertura, en base a nombres en clave. Es la conocida historia de los relojes. El Banco de Bilbao era Omega, la máquina perfecta. El Hispano era Rolex, un objetivo codiciado. Banesto era Tissot, el recambio, una marca de segunda categoría. Los señores de Salomon eran ''los mineros'', en alusión a los oficios subterráneos del rey de Israel. Para los hombres de Salomon que dirigía Donald Johnston, el nombre codificado de Mario Conde era *chemist*, el farmacéutico. Estas claves, según Pedro Luis Uriarte, ayudaron en gran medida a mantener el secreto de la operación evitando filtraciones, de forma que una iniciativa que llegó a ser conocida por cincuenta personas consiguió burlar el cerco del rumor hasta muy al final.

Del cogollo de los iniciados se hacen partir rumores intencionados, maniobras de diversión destinadas a confundir a propios y extraños. Rumores, a menudo, paralelos. En una primera etapa, se trata de no levantar sospechas entre el propio personal de a pie del banco, tanto en las sedes de Bilbao como en la de Madrid.

Así, para justificar la presencia de veinte señores reunidos de forma permanente en las últimas plantas de la torre de Azca con unos americanos, se filtra que se está trabajando en la cotización de las acciones del banco en la Bolsa de Nueva York.

Pero los rumores, como algunas frutas de temporada, tienen una vida corta, por lo que es preciso al poco tiempo sustituirlos por otros nuevos. En la sede del Bilbao se deja correr a continuación la especie de que la presencia de los americanos se debe a que están estudiando la situación del banco para emitir un *rating*, un asunto muy confidencial, no lo comentes...

Cuando esta interpretación se desvanece, tomó cuerpo una más audaz: en realidad el banco estaba en estudios avanzados, con la ayuda de una firma especializada norteamericana, para la compra de una entidad financiera en Estados Unidos. A los dos días de extendido el rumor, algún audaz del segundo nivel llama al director de la sucursal de Nueva York y le comenta la buena nueva. Al otro lado del charco ponen cara de poker y comentan con resignación: malvados, lo están haciendo todo a mis espaldas...

A finales de septiembre el banco vasco contacta con el bufete madrileño Uría Menéndez, con un doble encargo. «Sólomon Brothers nos pide a mí y a mi equipo que actuemos como abogados suyos», señala Rodrigo Uría, jr., «mientras que mi padre y Aurelio Menéndez reciben el encargo del Bilbao para un asesoramiento en materias específicas de derecho mercantil a la asesoría jurídica del propio banco. Son, por tanto, dos equipos distintos con cometidos diferentes, aunque al final terminen unificando sus tareas. En todo caso, conviene dejar claro que no fuimos abogados del Banco de Bilbao en sentido estricto, puesto que no teníamos capacidad de decisión, la cual correspondía a la asesoría jurídica del propio Bilbao».

Tanto el Bilbao como Salomon llegan al prestigioso bufete de la calle Hermosilla argumentando que la entidad vasca tiene el propósito de llevar a cabo una operación financiera de fusión, que posiblemente pueda terminar en una OPA. El bufete trabaja sin conocer el objetivo, y sólo a caballo entre octubre y noviembre, sin que Rodrígo Uría pueda precisar una fecha exacta, conoce el *target*: Banesto.

La Operación Europa se preparó fundamentalmente en las instalaciones del banco en Bilbao, lugar de reunión del Comité Ejecutivo, y donde estaban radicados los equipos de dirección financiera, planificación y Bolsa, que son los que desde el principio trabajan en el desarrollo técnico del proyecto, bajo la coordinación de Pedro Luis Uriarte. En una fecha indeterminada de octubre, el teatro de operaciones se traslada a Madrid.

A partir de septiembre, el equipo de choque del Bilbao comienza a seguir con atención la cotización del Hispano y, residualmente, la de Banesto. El Hispano estaba registrando una posición compradora bastante fuerte, con la operación de entrada del grupo March en marcha, y las relaciones de intercambio que se pensaban ofrecer comenzaban a no ser técnicamente las más convenientes para el Bilbao, aunque seguía siendo, con mucho, el más barato en Bolsa de los grandes.

Las sociedades de cartera del banco se dedican a comprar acciones del Hispano. «Como estábamos defendiendo las dos alternativas, compramos también Banestos», asegura Uriarte, «y como el Hispano estaba más barato que el Banesto, llegamos a tener del orden de las 500.000 acciones del Hispano, bastante más que del Banesto». Según Uriarte, «en la decisión final intervinieron razones de cotización».

Hay constancia de la existencia de encuentros muy tempranos entre José Ángel Sánchez Asiaín y Claudio Boada, y también la hay de que el presidente del Banco Hispano no acoge la idea con entusiarmo.

Ya a finales de junio de 1978, un conocido abogado madrileño, tradicionalmente bien relacionado con el Hispano, descubrió de forma involuntaria sobre la mesa de un director general del banco un listado de ordenador con una simulación de la fusión Bilbao-Hispano. Como el abogado, intrigado, se extrañara por el significado de aquel trabajo, el ejecutivo aclaró: «Tranquilo, que no va a pasar nada. Lo estamos haciendo para defendernos.»

Para Boada, la fusión con el Bilbao tenía escasos alicientes. Tras haber fracasado como banquero en el Banco de Madrid, y a menudo como empresario, la iniciativa de Asiaín podía dar al traste con la gran labor de su vida, el saneamiento del Hispano, algo que estaba a punto de madurar.

Las relaciones entre ambos presidentes se estropean definitivamente cuando Boada se entera, a primeros de septiembre, que el banco vasco está comprando títulos del Hispano para llevar adelante su plan. Aquello es considerado en la Plaza de Canalejas como una canallada. Asiaín también reacciona: definitivamente no es posible en España llevar adelante una fusión amistosa. No hay otra forma que ir con la OPA por delante.

El 14 de octubre, Mariano Rubio lanza su globo sonda, anunciando que el Banco de España no vería con malos ojos una operación de fusión entre algunos de los grandes bancos privados. Una declaración sorprendente, por cuanto por primera vez establece una pauta oficial sobre tema tan controvertido, que es examinada con lupa en muchos centros de decisión.

El 23 de octubre, Sánchez Asiaín declara en un acto público que la Banca española no necesita fusiones, «porque cuenta con una sólida base de recursos propios y una sanidad crediticia notable». ¿Razones de esta aparente contradicción? «Seguir garantizando la confidencialidad de nuestro proyecto», en palabras de José Luis Uriarte.

La declaración de Mariano Rubio tenía todos los visos de ser una comparecencia teledirigida. Antes de que el ministro de Economía y Hacienda saliera para Washington, para asistir a finales de septiembre a la asamblea anual del Fondo Monetario Internacional (FMI), el presidente del Gobierno ha comentado a Carlos Solchaga una interesante novedad existente en el tema de las fusiones que con tanto ardor defiende el presidente del Banco de Bilbao.

—Oye, Carlos, que éste parece decidido esta vez a pasar de las palabras a los hechos.

—¿Qué me dices?

—Sí, sí. Que ahora parece que va en serio lo de las fusiones y está decidido a lanzarse al ruedo. Así que recíbele y que te cuente...

Existe una sugestiva versión que enmarca el proceso de fusiones lanzado por Sánchez Asiaín en un estadio superior de orden político. Según esta lectura, de difícil confirmación, en las conversaciones entre el Partido Nacionalista Vasco y el PSOE para establecer una línea de cooperación plasmada en la coalición de Gobierno en Euzkadi y en el acuerdo contra el terrorismo de ETA, se habló también de economía. Y mucho. El PNV habría exigido, y el Gobierno aceptado, determinadas gabelas para colaborar con el PSOE en materia de Estado tan importante como la solución del problema vasco. Una de ellas sería el control por los vascos del sistema bancario español. El Banco de Bilbao absorbería al Hispano Americano, y Vizcaya haría lo propio con el Central. Se trataba de un nuevo pacto de San Sebastián, similar al que en agosto de 1930 firmaron en la ciudad vasca socialistas, republicanos e izquierda catalana, y que contribuyó a la llegada de la II República española.

Sea o no cierta explicación tan ambiciosa, lo que está claro es que las dos grandes instituciones bancarias vascas estaban llamadas a despejar los interrogantes de futuro que pesaban sobre dos de los grandes bancos ''madrileños'', el Central y el Hispano, con problemas internos y sin línea sucesoria claros, al tiempo que se concretaba la operación de redimensionamiento de la Banca española sobre cuya importancia Sánchez Asiaín tanto había calentado los oídos del presidente González en sus clases de economía gratuitas. Ésta era una operación auspiciada, o al menos vista con simpatía, por el Gobierno, como se ha visto ya en las conversaciones mantenidas entre el propio Pedro Toledo y Carlos Solchaga poco después de la llegada del PSOE al poder. Las parejas estaban claras: el Bilbao se haría cargo del Hispano, mientras el Vizcaya haría lo propio con el Central. La entrada de López de Letona en Castellana 7, arreglaba por unos años la tercera pata del lío madrileño, el Banesto.

El 28 de octubre tiene lugar la decisiva reunión de consejo del Banco Español de Crédito, donde se confirma el triste destino de López de Letona, obligado a compartir el poder con los dos recién llegados Conde y Abelló. La fórmula solivianta los ánimos de Mariano Rubio, que, además de ver su orgullo herido, considera el reparto de poder entre el área bancaria e industrial una herejía intolerable.

Pero hay otro edificio madrileño donde el ascenso de Mario Conde es visto todavía con mayor recelo: se trata del Ministerio de Economía y Hacienda. No se sabe muy bien cómo y cuándo se origina, pero a estas alturas el alma de Carlos Solchaga alimenta una más que notable animosidad contra Mario Conde, y en las conversaciones privadas con sus *aides de chambre* se manifiesta despectivo hacia el aprendiz de banquero. La clave que provoca la acción del Gobierno es el *in crecendo* de la toma de posiciones de Conde y Abelló.

Y así, durante el fin de semana del viernes 30 de octubre, al domingo 1 de noviembre, toma cuerpo en Economía y Hacienda, con el visto bueno de Presidencia, una compleja trama urdida contra el Banco Español de Crédito. El proyecto de Sánchez Asiaín brinda en bandeja la posibilidad de arreglar el problema de Banesto de una vez por todas. El objetivo del banco vasco, no será el Hispano Americano, al fin y al cabo un banco todavía con exención de coeficientes, saliendo de un programa de saneamiento, y controlado por un hombre del *establishment*, sino el Español de Crédito.

Solchaga ya tiene experiencia en este tipo de intervenciones; él fue quien colocó a José María Escondrillas al frente de Explosivos Río Tinto cuando la Administración poco tenía que ver en el asunto. Ésta es la ocasión de arreglar varias cuentas pendientes: Garnica y los supuestos devaneos que en áreas del partido socialista se le atribuyen con el golpe del 23-F; las familias y la extrema derecha, y esos nuevos ricos, con ramalazo de señoritos andaluces, que son Conde y Abelló. Como ha señalado uno de los presidentes de los siete grandes no fusionados, «se trataba en el fondo de echar a Banesto del terreno de juego». El Gobierno había sacado tarjeta roja al Español de Crédito.

En buena medida, la OPA del Banco de Bilbao sobre Banesto no fue, en el fondo, más que una violenta reacción del *establishment* al avance de una pareja de advenedizos que parecían dispuestos a colocarse el país por montera. Un avance tan arrollador no podía tener lugar sin producir chirridos en los centros de poder tradicional, tanto políticos como económicos. Y así, cuando se anunció la OPA, muchos observadores pensaron que a Conde y Abelló les había llegado su hora. El poder establecido pasaba factura...

Hay indicios suficientes para creer que Mariano Rubio acoge con cautela el cambio de objetivo que imponen Carlos

Solchaga y La Moncloa. Más aún, al Gobernador le parece una idea peligrosa, aunque se plegara a las instrucciones superiores y, más aún, las apoyara con ardor, como se verá.

Las relaciones entre Rubio y Solchaga nunca han sido fáciles. De hecho, Mariano no ha dejado de añorar los días felices de la UCD, cuando el Banco emisor, cn el marco del desbarajuste general, se convirtió en un verdadero centro de poder autónomo. En aquella época dorada, con Álvarez Rendueles en el papel residual de ''reina madre'', Rubio se convirtió en el terror de los banqueros, asustados al tiempo por la dimensión de la crisis bancaria. Ahora las cosas han cambiado, y Mariano y el Banco de España son un mero apéndice, un organismo consultivo, a lo sumo, del Ministerio de Economía y Hacienda.

Como en todo, las relaciones personales juegan de nuevo una baza decisiva. Las amistades de Rubio, los *beautifuls,* no han contribuido a enaltecer su prestigio ante el Gobierno socialista, donde tiene feroces críticos. Más aún, Carlos Solchaga considera a Mariano Rubio un personaje bastante simple e intelectualmente mediocre. Algunas de las frases mordaces que el Ministro dedica al Gobernador son de este tenor:

—Ya me gustaría a mí saber quién fue el listo que dijo que Mariano era un tío brillante...

Sin embargo, Mariano es para Solchaga un tipo de gobernador muy conveniente. Nuestro aspirante a Lord Lieutenant of Kent es un tipo con imagen de moderado, que produce sensación de continuidad ante el mundo financiero nacional y extranjero. Es el perfecto *yes-man*, que cumple a la perfección las órdenes recibidas, y que, sobre todo, permite al Ministro salir en la foto si al político le place, o retirarse si así le conviene.

En estas coordenadas, Mariano Rubio recibe con prevención el encargo de transmitir a José Ángel Sánchez Asiaín el cambio de objetivo. «Yo tuve que dar esta batalla sin gustarme», manifestó Mariano, pasada la tormenta, a un íntimo amigo. Lo que Mariano no podrá negar nunca es que se subió al tren con un entusiasmo encomiable, muy superior al del subordinado que se dedica a cumplir órdenes. Al final, cuando ya Sánchez Asiaín era un hombre derrotado, Rubio se retirará a sus cuarteles de invierno, dejando al presidente del Bilbao con el único apoyo moral del ministro Solchaga. «Cómo no se va a perder si aquí se ha equivocado hasta el apuntador», comentó también el Gobernador al mismo amigo.

Pedro Toledo opina que una decisión como la del Bilbao, de lanzar esa amenaza de OPA, sólo se puede concebir, desde fuera, «estando medio pactada con Letona y considerando a Conde y Abelló como *Outsiders* de Banesto».

Para Luis Valls, «si uno se entrena para correr los 100 metros lisos y dos días antes de que empiecen los Juegos Olímpicos le dicen que no, que tiene que correr los 10.000, el fracaso es seguro».

El lunes 2 de noviembre de 1987, una fecha para la historia, el presidente del Banco de Bilbao, enfrascado en la guerra del Hispano, recibe el aviso de pasarse por la sede del Banco de España, donde le será notificada la buena nueva. Sánchez Asiaín escucha perplejo la noticia, pero inmediatamente comprende la dimensión que para él y su banco tiene el cambio de *target*. No es lo mismo el Hispano Americano que el Banesto.

Es una operación avalada por el Gobierno, que no se puede perder. Letona, mal que bien, sigue al frente del Banesto, y no se opondrá a la negociación. Las "familias" están divididas y no tendrán capacidad de resistencia. En cuanto a los recién llegados, habrá que sondear sus intenciones, aunque lo más probable es que acepten embolsarse unos buenos duros e irse con la música a otra parte. Si hubiera necesidad de hacer una OPA con dinero, el Gobierno está de acuerdo en que el Banco de España apoye financieramente la operación. El asunto parece claro. Sin embargo, José Ángel Sánchez Asiaín exige al Gobernador seguridades de que la propuesta viene endosada de más "arriba".

El miércoles 4 de noviembre, el presidente del Bilbao se entrevista a solas con Carlos Solchaga. El ministro explica las razones por las cuales el Gobierno avala un cambio de objetivo. El Hispano ha dejado de ser problema, y el quebradero de cabeza es ahora mismo Banesto, donde la quiebra de la solución

Letona y la presencia de Conde y Abelló no puede sino alarmar al Ejecutivo.

El banquero vasco, sin embargo, quiere todavía más seguridades, y el lunes 9 de noviembre se entrevista de nuevo con Carlos Solchaga, aunque esta vez con un invitado importante: el propio Presidente del Gobierno, Felipe González. Ahora sí, ahora todo parece meridianamente claro. La operación, a pesar de lo apresurado, piensa Asiaín, no puede fallar.

Con todo, Mariano Rubio sigue opinando que es muy difícil que salga una OPA hostil en banca, pero la diosa fortuna ha venido a ayudarle con un detalle que puede resultar fundamental.

Un conocido banquero y su hijo acaban de pasarse por el despacho del Gobernador para contar una historia que a primera vista parece inverosímil. Alguien les acaba de ofrecer un importante paquete de acciones del Banco Español de Crédito. Se trata de una interesante oportunidad, pero quieren conocer la opinión del Banco de España antes de entrar en faena. El Gobernador coge la oportunidad al vuelo y ruega a los ilustres visitantes que se abstengan de hacer nada. Es un favor personal que les pide, que no quedará sin recompensa.

Mariano dispone así de una información que vale su peso en oro días antes de que el Bilbao se lance en picado sobre Banesto. El Gobernador comunica la novedad a Sánchez Asiaín y a Donald Johnston, jefe del equipo de Salomon Brothers, para que monten su estrategia sobre la base de adquirir este paquete que colocaría al Bilbao en una posición de fuerza para doblegar cualquier hipotética resistencia en Banesto.

Mientras tanto, el banquero vasco ha tomado en sus manos las riendas políticas del asunto. Con el frente gubernamental inmejorablemente cubierto, al banquero le queda sondear a la oposición conservadora.

En torno al 10 de noviembre, Antonio Hernández Mancha recibe en su despacho de la calle Génova una llamada del presidente del Bilbao, con quien había departido tras su ascenso a la presidencia de AP para hablar de las deudas de la coalición con el banco. Asiaín invita al político a un desayuno en su despacho, que tiene lugar al día siguiente.

En su fortaleza de Azca, Asiaín propina al político una cumplida referencia profesoral sobre el tamaño de la Banca, estructuras y costes de transformación, antes de ir al grano.

—Con criterios políticos, Antonio, ¿cómo verías la posibilidad de ir a una fusión entre bancos?

—No sé, es un planteamiento tan global el que haces, José Ángel, que sin saber de qué bancos se trata...

—No es una cosa cerrada, porque aún caben diferentes posibilidades, pero ¿cómo verías tú una fusión Bilbao-Banesto?

—¿Fusión o algo más?

—Una fusión por absorción que podría revestir la forma de OPA.

—Hombre, desde el punto de vista económico-financiero no tengo nada que decirte, como es natural. Desde un punto de vista político, me preocupa que pueda darse la imagen de hostilidad entre la comunidad bancaria si no se hacen bien las cosas.

—Es un enfoque interesante que prometo meditar. De todas maneras, Antonio, te he llamado para algo más...

—Tú dirás.

—Me gustaría pedirse un favor. ¿Podrías hacerme una gestión personal ante Mario Conde para saber cuáles serían sus pretensiones de cara a esa eventual fusión, con vistas a llegar a una fórmula pactada?

—Yo te hago esa gestión, en el bien entendido de que estamos tratando al margen de la política, porque si en un momento determinado la cuestión derivara por otros derroteros, yo me vería obligado a adoptar posiciones políticas...

Días después, Mario Conde visita el despacho de Hernández Mancha en la calle Génova. El político transmite su mensaje y el aspirante a banquero ironiza con la situación.

—Hombre, tener un profesor de banca como Sánchez Asiaín es lo que he deseado siempre, así que ¿qué más puedo pedir...?

El político remite el mensaje a la sede del Banco de Bilbao y cuando el 19 de noviembre estalla el anuncio de la operación, Hernández Mancha está convencido de que ambos personajes se encuentran «en buena longitud de onda».

El 11 de noviembre, en el curso de un almuerzo, el Gobernador comunica la buena nueva de la existencia de esos paquetes de Banesto —al parecer divididos entre tres o cuatro importantes fondos de pensiones extranjeros—, a Manuel de la Concha, socio de Investcorp, para que como *broker* los localice y los compre para el Banco de Bilbao. La clave está en Javier de la Rosa. Mariano, craso error, está convencido de que el financiero catalán odia todo lo que suene a Banesto y se va a prestar encantado a la operación, con ánimo de pasar factura a sus antiguos superiores, empezando por Pablo Garnica. Antes de que termine el almuerzo, Manuel de la Concha se ausenta para visitar a Javier de la Rosa con la embajada que se relata en otro lugar.

El sábado 14 de noviembre, a niveles muy restringidos de la gran Banca se da por hecha la fusión Bilbao-Hispano Americano, y de hecho se producen algunas llamadas telefónicas de alto nivel al banco vasco para inquerir la veracidad del supuesto. Cuando el objetivo es ya claramente Banesto, es el propio Bilbao quien deja correr los rumores sobre la operación con el Hispano. Ese mismo sábado por la noche, un consejero del Popular llama por teléfono a un amigo, consejero a su vez del Banesto.

—Oye, pon el telediario de las 8.30, que va a salir la fusión Bilbao-Hispano.

El mismo consejero repetirá su llamada el jueves 19 de noviembre.

—Oye, vuelve a poner el telediario, que hoy sí sale lo que te dije el otro día.

—¡Qué, la fusión Bilbao-Hispano!, ¿no?

—No, la del Bilbao-Banesto, tu banco...

Cuando De la Concha consigue por fin la famosa lista, se encuentra ante una serie de instituciones de renombre internacional, que tienen Banestos en su portafolio junto a decenas, centenas de valores de otros muchos países. La inversión había sido recomendada tiempo atrás por Javier de la Rosa, a través de Quail España. Él sabía mejor que nadie lo que valía Banesto, con un cotización bursátil ridícula a lo largo de todo 1986 y primera mitad del 87. De la Rosa se ha quedado con una opción que implica el control político de esos paquetes. Si deciden vender, primero se lo consultarán a él. Son los

Warburg Securities, Morgan Grenfell, Paribás, Unión de Banque Suisse, B.A., etcétera.

Llega el lunes 16 de noviembre. Con la ayuda de Mónica Durning, y del resto de los socios de Investcorp, De la Concha se somete al suplicio de rastrear telefónicamente esos ''Banestos'' por Estados Unidos y Gran Bretaña.

—Sabemos que tiene usted un paquete de tantas acciones del Banco Español de Crédito que estamos interesados en comprar. Podemos pagar un buen precio.

—Ah, muy bien. Lo consultaremos...

Al día siguiente, martes, la gente de Investcorp se pone de buena mañana a trabajar con la lista de Londres. Con el mismo resultado. Todos toman nota del precio ofrecido y prometen contestar. Por la noche de este martes, De la Concha tiene claro que los títulos existen, pero que sus dueños no tienen ánimo de vender.

El miércoles 18 de noviembre, por la mañana, hay dos o tres que, en principio, parecen dispuestos a vender al 1.400%. Pero juntos no representan más allá del 20% del total perseguido. Uno de ellos ha sido explícito: «o 1.400% o nada, porque nos hemos enterado que va a haber una OPA y lo que ofrece usted es muy poco».

El mismo miércoles, por la mañana, un ejecutivo de uno de estos fondos londinenses llama por teléfono a López de Letona.

—¿Qué está pasando en Madrid, señor Letona, que hay un *broker* que nos ha ofrecido comprar Banestos a un precio muy superior?

Letona tira inmediatamente de teléfono y se pone en contacto con Manuel de la Concha, con quien juega al tenis casi todas las semanas.

—¡Pero Manolo, cómo haces estas cosas...!

Algunas fuentes apuntan a que es entonces cuando López de Letona se entera de lo que se está preparando contra su banco. En todo caso se abstiene de comunicarlo al Consejo de la entidad.

La noche del miércoles 18 tiene lugar una cena en casa de Ignacio (Paddy) Gómez-Acebo, en la zona residencial de Puerta de Hierro de Madrid. El presidente de la Bolsa de Nueva York, John Phelan, había llegado invitado a Madrid para dar una conferencia en el edificio de la Plaza de la Lealtad, sede de la Bolsa madrileña. Y Paddy, amigo personal de Phelan, quiso aprovechar la ocasión para reunir en torno a una mesa a algunos de sus conspicuos amigos: Juan March, Carlos Ferrer, Luis Solana, Juan Tomás de Salas (editor de *Diario 16*), José María Entrecanales, Juan Antonio Ruiz de Alda, Reginald Bartolomew, Guillermo de la Dehesa, Fernando Pombo, Mariano Rubio y José María López de Letona, con la sorprendente ausencia de Jaime Argüelles, que también estaba invitado.

«Aquella fue la cena más inocua de mi vida», asegura Paddy Gómez-Acebo. «Es cierto que hubo bastantes apartes antes de pasar al comedor, pero una vez sentados a la mesa, no se habló ni siquiera de fusiones bancarias. Lo cierto es que yo me enteré de la OPA del Bilbao por el telediario de la noche siguiente.»

«Luego até cabos y supe que, por varios gestos que observé, había varios que estaban en el ajo», señala el abogado Fernando Pombo. «En todo caso, a mí no me hicieron partícipe del asunto.»

Esta cena de casa de Paddy Gómez-Acebo levantó en días sucesivos las especulaciones más ardientes en la sede del Banco Español de Crédito, donde algunos consejeros parecían convencidos de que se había tratado de un aquelarre de todos los confabulados contra la suerte de Banesto.

Manuel de la Concha arroja la toalla a media mañana del miércoles, llama a sus amigos de La Cibeles y del Banco de Bilbao y les pone al corriente de la situación. No hay nada que hacer. Ni norteamericanos ni británicos quieren vender. El Banco de Bilbao tendrá que ir a la OPA sin un paquete significativo de acciones de Banesto. Ni el más audaz de los *raiders* de Wall Street hubiera siquiera pensado en intentar una OPA en Estados Unidos, la patria del invento, sin contar previamente con un paquete accionarial importante del banco o empresa elegida como objetivo.

Además de no conseguir nada, la operación está ya tan pinchada que puede estallar en cualquier momento. Manuel de la Concha y sus socios se han visto obligados a revelar detalles del asunto a demasiada gente, dentro y fuera del país. Llegó un momento, en la noche del miércoles 18 de noviembre, en que era impensable que el secreto pudiera ser mantenido por más tiempo.

Donald Johnston, el jefe de Salomon, que ha visto cómo Javier de la Rosa se escondía estos días, está convencido de que el famoso paquete del que tanto se ha especulado no existe. Habrá que tirar para adelante a pecho descubierto. Tampoco es eso, piensa Sánchez Asiaín... Con el Gobierno detrás apoyando la operación, el éxito está asegurado.

El mismo día 19 de noviembre hay una gestión a través de otro *broker* madrileño sobre Javier de la Rosa. Es un último intento desesperado. Alguien parece haberse dado cuenta de la importancia real de contar con algún paquete significativo de Banesto. Al Banco de Bilbao no le importa si es de KIO o de quien sea; está bien dispuesto a pagar lo que sea y a quien sea. El Bilbao quiere esas acciones.

Sobre las 4.30 de la tarde de este jueves 19 de noviembre de 1987, histórico para la Banca española, Joaquín Estefanía, redactor jefe de la sección de economía de *El País*, recibe una llamada telefónica desde Ginebra (Suiza), en la que un influyente abogado español le pone al corriente con pelos y señales de la operación que el Bilbao está a punto de anunciar. El periodista descuelga inmediatamente su teléfono para llamar a Antonio López, jefe de prensa del Bilbao. Como éste no está en su despacho, el redactor deja un mensaje con ruego de absoluta confidencialidad: *El País* saldrá al día siguiente en primera página y sin ninguna duda con la historia de la fusión Bilbao-Banesto, por lo que necesita contactar con toda urgencia con algún responsable de la institución.

Esta llamada sería utilizada por la alta gerencia del Bilbao como la razón última que decidió a Sánchez Asiaín a adelantar por un día el anuncio de la operación, que estaba fijada para el fin de semana. En efecto, según Pedro Luis Uriarte, el anuncio estaba previsto para el mediodía del viernes 20 de noviembre, una vez cerradas las Bolsas de valores. El objetivo era disponer de dos días y medio de conversaciones en los cuales rematar la faena antes de la apertura de las Bolsas del lunes

23 de noviembre, «que es como normalmente se hacen estas cosas en el extranjero». Aquí te pillo, aquí te mato.

Ese mismo día, al atardecer, cuando las redacciones de los periódicos eran ya un hervidero de rumores, un importante financiero telefonea desde el Hotel Ritz de Madrid a don Emilio Botín, presidente del Banco de Santander.

—Don Emilio, el Banco de Bilbao está a punto de lanzar una OPA sobre Banesto...

—Imposible; absolutamente imposible. Pero voy a mirarlo. ¿Dónde estás?

—En el Ritz.

Al cabo de veinte minutos, el viejo presidente del Santander, presa de inusitada excitación, devuelve la llamada.

—¡Oye, es verdad! Acabo de hacer mis averiguaciones y me dicen que sí, que eso está hecho...

—Claro que está hecho... como que está a punto de estallar. Yo creo que lo sacan esta misma noche, no aguantan más...

—¡Qué sorpresa!

—¡Puede ser una oportunidad para usted, don Emilio...! ¡Usted tiene liquidez suficiente...!

—¿Qué quieres decir?

—¡Podría usted plantear una contra-OPA a través de Bankinter...!

—Déjame pensarlo, te llamo en cinco minutos.

Al cabo de un rato, de nuevo suena el teléfono en la suite del Ritz.

—De acuerdo, lo acabo de hablar con mi hijo y en principio sí. Vamos a empezar a trabajar sobre ello. Te llamo ahora mismo.

Y quince minutos después se produce la definitiva llamada.

—Oye que no, que no hay nada que hacer...

—¿Pero qué ha pasado?

—No, que me dicen del Gobierno que eso está hecho, y que no nos metamos donde no nos llaman...

El jueves 19 de noviembre, Emilio Ybarra habla por lo menos cuatro veces con Mariano Rubio, Gobernador del Banco de España. Dura jornada al lado del teléfono tiene también Sánchez Asiaín, quien uno a uno va comunicando a sus colegas de los ''siete grandes'' la novedad.

—Que hacemos un acuerdo con Banesto, que puede tener la forma de OPA.

—Pues muy bien, enhorabuena.

—Te lo cuento para que no te enteres por la tele...

En la noche del 19 de noviembre tuvo lugar en Madrid una de esas *soirés* para el recuerdo; en el marco elegante del Hotel Ritz, el ex embajador Enders y su esposa daban una multitudinaria fiesta que servía de presentación en España de Salomon Brothers, y a la que estaban invitadas las tres cuartas partes de las duquesas de Madrid y un surtido completo de condes, marqueses, empresarios, banqueros, la *creme* de la abogacía madrileña, miembros de la Trilateral y simpatizantes distinguidos de la causa norteamericana.

Aquella cena, más que la fiesta española de los embajadores norteamericanos, ahora embajadores volantes de Salomon Brothers, era la celebración de la muerte anunciada de Banesto a manos del Bilbao. La televisión acababa de dar la noticia, y cuando Enders recibía las enhorabuenas emitía sonrientes guiños de complicidad a sus invitados. Los comentarios circulaban de mesa en mesa. Mario Conde y Juan Abelló, que figuraban en la lista, decidieron a última hora no asistir, librándose así de un notable bochorno.

La suerte de Conde estaba echada. El cántaro había recorrido ya demasiado tiempo en la cabeza de la lechera sin caerse...

Capítulo 16

HA ESTALLADO LA OPA

El 19 de noviembre de 1987 amaneció nublado sobre Madrid, aunque la temperatura seguía siendo extraordinariamente benigna para esa época del año. Los periódicos salieron a la calle con el ultimátum de los secuestradores de la niña Melodie en primera página. El jefe de bomberos de Madrid había sido procesado por imprudencia temeraria a cuenta del incendio de los Almacenes Arias. En el terreno económico, España y el mundo entero seguían acusando los coletazos del terrible ''lunes negro'' de Wall Street. Las Bolsas mostraban una debilidad extrema, y el más ligero soplo de aire las sumía de inmediato en una seria pulmonía. Con este material entre manos, los directores de periódicos parecían haber topado la tarde anterior con serias dificultades para seleccionar las noticias de primera página, como si de un mes de agosto se tratara.

El 19 de noviembre, a las 9 de la mañana, un lujoso automóvil atravesaba la entrada de carruajes del Ministerio de Economía y Hacienda, en la calle de Alcalá, a un tiro de piedra de la Puerta del Sol. En el patio interior del edificio, José Ángel Sánchez Asiaín descendía instantes después del vehículo. En el viejo caserón construido por el rey Carlos III que sirve de sede al Ministerio, el presidente del Banco de Bilbao fue recibido en seguida por Carlos Solchaga. El Consejo del Bilbao, reunido la tarde anterior, estaba de acuerdo en lanzar ya la operación de abordaje del Banco Español de Crédito. Los hombres del Bilbao consideraban que no era posible mantener por más tiempo el secreto del asunto, a la vista del número de personas que, por un motivo u otro, estaban al tanto de lo que se preparaba.

En torno a las 10 de la mañana, el mismo automóvil repetía idéntica operación en el palacio que sirve de sede al Banco de España, unos números más abajo de la calle de Alcalá, en la acera de enfrente, al pie de la plaza de La Cibeles. Sánchez Asiaín procedía a dar cuenta al todopoderoso Gobernador del banco emisor de la puesta en marcha de la operación.

Mario Conde había dormido bien la noche anterior, como si una premonición le hubiera aconsejado cargar las baterías ante la tormenta que se avecinaba. A pesar de las alarmantes evidencias que sobre el futuro inmediato de Banesto, y el suyo propio, ya obraban en su poder, no parecía sentirse especialmente preocupado. Aunque desde el 28 de octubre tanto él como Juan Abelló eran parte importante del *staff* directivo de la entidad, ambos no tenían aún asignado despacho en la sede central, de forma que su cuartel general seguía siendo Antibióticos, S.A. Por esta razón, los futuros vicepresidentes, en espera de la junta general del 16 de diciembre que habría de ratificar sus cargos, solían aparecer por Banesto a media mañana, con tiempo suficiente para asistir a la reunión de la directiva que diariamente tiene lugar a partir de la 1 de la tarde.

Aquella mañana Conde había encontrado a Letona muy nervioso. Mientras ambos despachaban temas diversos, el consejero delegado y futuro presidente del banco había dado muestras de un extraño desasosiego. Cuando los miembros de la comisión se hallan sentados en torno a la enorme mesa circular instalada en la sala de consejos, Letona comunica a sus colegas un recado urgente.

—Ha llamado Sánchez Asiaín preguntando por don Pablo, y como está de viaje, ha hablado conmigo y me ha pedido que vaya a almorzar con él, porque tiene algo importante que comunicarme.

—Pues muy bien, no pasa nada —asegura Conde.

—Sí, no sé de qué se trata, no sé —repite Letona con gesto preocupado—, pero debe ser algo muy importante.

A partir de las 2 de la tarde, todos parten para sus almuerzos respectivos. El de Juan Abelló tenía lugar ese día en la sede de Gil y Carvajal y era un ágape con gente importante: Fernando de Ybarra, presidente de Sevillana y consejero del Banco de Vizcaya; Julián Trincado, presidente de Unión-Fenosa; Alfonso Escámez, presidente del Banco Central; Santiago Gil de Viedma, presidente de Gil y Carvajal; Javier Gil de Viedma, conde de Sepúlveda, Josechu Isasy Isasmendi, presidente de Domeq, de Azucarera Española y del Círculo de Empresarios, entre otros ilustres comensales. El almuerzo es distentido. Juan Abelló, uno de los pocos españoles que se puede permitir hablar sin pelos en la lengua, aprovecha la ocasión para despotricar contra determinado tipo de gestores y empresarios hispanos, siempre ansiosos de echarse flores sin arriesgar un duro de su propio peculio, provocando la hilaridad del resto de los comensales.

Cuando el almuerzo se hallaba en los postres, Abelló recibe una llamada de su secretaria, con el mensaje de que Emilio Ybarra está buscándole con suma urgencia para darle un aviso importante.

—Oye Juan, te llamo desde Barcelona y quiero decirte que tanto José Ángel como yo tenemos un gran interés en veros hoy mismo, a ti y a Mario, y nos gustaría convidaros a cenar esta noche, en la sede del banco, si no os importa.

—Muy bien, chico, yo encantado, pero ¿por qué tanta urgencia?

—No te lo puedo decir ahora, aunque es muy importante. ¿Tú podrías avisar a Mario?

—Sí, sí, no te preocupes; de eso me encargo yo.

—Ah, mira, como yo no podré salir de Barcelona antes de las 9.30 si no os importa fijamos la cena a partir de las 10.30. Yo llegaré a Madrid en avión privado.

En aquel instante, Juan deduce por algún comentario de los que comparten mesa en Gil y Carvajal, que alguno de los presentes sabe algo que él ignora, y a partir de entonces se muestra bastante más prudente en sus afirmaciones.

Sobre las 5 de la tarde, López de Letona, de vuelta en Castellana 7, llama urgentemente a capítulo a todos los miembros de la ejecutiva de Banesto y ordena que se localice inmediatamente a don Pablo en Andalucía, para que regrese de inmediato a Madrid.

Letona, con voz cortada, comienza a relatar el almuerzo que acaba de mantener con Sánchez Asiaín en la sede del Bilbao.

—El asunto es de extraordinaria importancia. José Ángel me ha propuesto un acuerdo de fusión con el Banco de Bilbao; un proyecto que, en realidad, es una absorción de Banesto por el Bilbao y que piensa llevar a cabo con o sin el acuerdo del Consejo de este banco. Y me ha enseñado dos comunicados para los medios de comunicación: si nosotros aceptamos será éste —asegura Letona, enarbolando una hoja de papel en su mano derecha—, y si no aceptamos será este otro.

—Pero vamos a ver, José María —interrumpe Conde con gesto duro—, cómo es posible que te propongan un proyecto de fusión así por las buenas y ya estén preparados dos comunicados de prensa; es algo inaudito. ¡Pero qué locura es ésta...!

—Sí, sí, por eso yo le he dicho que no podía aceptar ningún comunicado —asiente Letona—; así que ellos harán su comunicado.

—Ellos que hagan lo que quieran; que cuenten lo que les dé la gana —se reafirma Conde, enfadado—. Lo que no es de recibo es sentarse por primera vez a oír hablar de un tema y dar tu conformidad a un comunicado para los medios de difusión que ya está preparado de antemano sin nuestra intervención...

Algunos consejeros piden aclaraciones adicionales, pero Letona no parece contar con la frialdad necesaria para poder expresarse adecuadamente. Su actitud, su modo de hablar, le resultan profundamente desagradables a Juan Abelló.

Comienzan entonces a oírse los primeros comentarios con sordina que aluden al papel de López de Letona en todo el *affaire*.

—¡Qué almuerzo tan singular! —exclama Dicky Gómez-Acebo, en su cáustico humor inglés—. ¡Y qué fecha tan señalada ha ido a elegir el Bilbao, precisamente el único día que don Pablo está fuera de Madrid...!

Comenzaba así la última estación del vía crucis personal

de José María López de Letona en Banesto, camino del Gólgota de su dimisión.

Cuando la noche cae sobre Madrid, Juan se dirige a su casa en espera de la hora de la cena en la sede del Bilbao. Después de escuchar la noticia por televisión, trata de pensar y serenar los ánimos dando un paseo por el jardín de su residencia. Desde él se divisa perfectamente la torre del Bilbao, con el anagrama de la doble B brillando ya en lo alto. Con una media sonrisa recuerda la anécdota de una noche del verano pasado, en el curso de una fiesta que tenía lugar en aquel mismo escenario. Con la operación de su entrada en Banesto en marcha, uno de los invitados había ironizado señalando que lo peor de su futura condición de banquero iba a consistir en tener que contemplar todas las noches desde su propia casa las siglas luminosas de un banco rival como el Bilbao.

—No te preocupes —interrumpió jovial Abelló—, también se compra...

Mientras paseaba en esta fresca noche de noviembre, la nueva situación le pareció a Juan el final de un relato fantástico. El *establishment* político-económico español parecía decidido a cortar la progresión de dos caballeros que habían ascendido demasiado deprisa por la escala del poder...

Esa misma tarde, Mario Conde había recibido una interesante llamada en la sede de Banesto. Se trataba de Julio Feo, durante años asesor del presidente Felipe González y desde el pasado mes de septiembre dedicado al lucrativo negocio del tráfico de influencias, una actividad que ha tomado gran auge en España con el Gobierno socialista. Desde principios de enero de 1987, Conde había venido utilizando a Feo de abrelatas ante el Gobierno para conocer la reacción de La Moncloa y los ministros económicos, especialmente Carlos Solchaga, al proyecto de invertir en Banesto los excedentes de la venta de Antibióticos. Hoy en día, en una economía de libre mercado integrada en la CE, no es posible hacer nada serio en España si no se cuenta con la venia del partido y su Gobierno.

Pero Julio Feo, tras abandonar La Moncloa, se había pasado a la acera de enfrente, ya que uno de los clientes más importantes de su nuevo negocio era precisamente el Banco de Bilbao. A pesar de todo, Feo quiere nadar y guardar la ropa:

—Oye Mario, que acabo de estar con Sánchez Asiaín y me ha contado la operación. Quiero que sepas que yo no he tenido nada que ver en esto...

—No te preocupes, hombre, mensaje recibido...

La llamada de Feo venía a confirmar lo evidente: Mario Conde y Juan Abelló olían aquella noche que apestaban a cadáver.

Tras la información facilitada por Letona, en Banesto reina ya el caos. A Castellana 7 comienzan a fluir amigos, directores generales, consejeros, representantes de las viejas familias que durante años han ostentado el poder en la institución. Nadie da crédito a lo que está ocurriendo. Conde y Abelló, con cara de circunstancias, parecen sólo interesados en saber qué piensa el Gobierno. Ese es para ellos el dato fundamental. Entre los viejos prohombres de la casa que se acercan con rostro compungido al teatro de operaciones, el comentario es unánime: «Pero, ¿cómo se atreven con Banesto?» La conmoción es total. Comienzan a producirse llamadas de periodistas y muy pronto la avalancha de los medios de comunicación es general.

Una de las cosas que hace Conde aquella tarde es llamar por teléfono a Hamburgo, República Federal de Alemania, donde se encuentra el abogado Ramón Hermosilla, que había jugado un destacado papel en la entrada en el banco de los hombres de Antibióticos, para pedirle que regrese con toda urgencia a Madrid.

Otra medida que adopta es trasladar en bloque a buena parte de su equipo desde Antibióticos a la sede de Banesto: Ramiro Núñez, Fernando Garro —su inseparable hombre para todo—, y Arturo Romaní. Con ello, la población de ejecutivos por metro cuadrado en las plantas 11 y 12 de Castellana 7 se eleva esos días hasta límites insospechados, añadiendo así nuevos ingredientes al tumulto reinante. Por la noche, antes de acudir a la cita del Bilbao, Conde toma por asalto el despacho en Banesto del vicepresidente Jaime Argüelles, que no abandonará hasta que días más tarde pase a ocupar el del propio Letona.

A partir de esa tarde, el Consejo de Administración de Banesto se reúne prácticamente en sesión permanente. En realidad, se trata de reuniones abiertas de la comisión ejecutiva, a las que pueden incorporarse los miembros del Consejo que lo deseen.

La posición de Letona comienza a ser sumamente incómoda. Las sospechas se generalizan. La palabra ''traidor'' se pronuncia esa tarde con profusión en pasillos y despachos. ¿Sabía de antemano lo que se estaba preparando?

—Yo creo que no —asegura a posteriori don Pablo, con ese modo suyo de arrastrar las palabras, más parecido a un empedernido bebedor de cazalla que a un banquero—, porque creo que todos tenemos una dignidad, mientras no se demuestre lo contrario.

Otros notorios personajes de la institución opinan que está fuera de duda que Letona conocía lo que se preparaba, aunque luego se viera obligado a mantener el tipo en la casa... Se cita al respecto una supuesta reunión en La Unión y el Fénix, apenas unos días antes del estallido de la operación, a la cual habrían asistido Letona, Jaime Argüelles y Tom Enders, ex embajador de Estados Unidos en Madrid y nuevo hombre fuerte de Salomon Brothers. Esa reunión habría estado dedicada a la preparación de la OPA. Citan también un almuerzo celebrado días antes en el restaurante Casa Lucio entre Letona y Mariano Rubio. Pero nadie ha podido aportar pruebas de que tales encuentros tuvieran efectivamente lugar.

Conde comparte la opinión de don Pablo de que Letona no conocía la operación. En todo caso, el propio López de Letona desmiente de forma tajante cualquier implicación en la intentona del Bilbao. «Creen que porque yo fuera amigo de Mariano tenía que saberlo, sin valorar que el Gobernador es persona absolutamente reservada en los asuntos de su trabajo profesional.»

Algunas gentes neutrales achacan a Letona que, en cualquier caso, hubo en él un pecado de omisión, ya que el teórico hombre fuerte del banco debía haber estado al corriente de lo que se tramaba contra la institución, más aún si se tiene en cuenta su especial vinculación con el Gobernador del Banco de España.

La noticia pilló a don Pablo en Hornachuelos (Córdoba), donde había acudido para visitar a su hija Mercedes, monja carmelita en el convento de dicha localidad. El próximo iba a ser el último domingo antes de Adviento, y, por tanto, la última posibilidad de ver a su hija hasta después de la Navidad.

Pasadas las 9 de la noche, don Pablo estaba de vuelta en el aeropuerto de Barajas, procedente de Sevilla, donde le está esperando su hijo, Pablo Garnica, jr. Camino de Banesto, don Pablo pronuncia la frase que durante varios días será casi monotemática en él: «Esto es un atraco».

Los viejos temores que desde hace años, exactamente desde que el banco tuvo que pechar con la compra del Banco de Madrid, han anidado en su interior, cobran de repente todo su significado y dimensión. Don Pablo cree entonces firmemente que Banesto es víctima de un atraco organizado por gente que tiene nombre y apellidos. Al entrar en Castellana 7, el presidente tiene tiempo para cambiar brevemente impresiones con Mario Conde, que está a punto de salir para la cena con Sánchez Asiaín.

Tras la llegada de don Pablo, los consejeros que están en la casa cenan juntos en torno a la mesa circular que utiliza para sus reuniones la comisión ejecutiva. El restaurante Jockey sirve a los comensales un primer plato de verduras y unos filetes de lenguado enrollados al vino blanco. A la cena asiste el abogado Hermosilla, directamente llegado desde Barajas, un hombre que ya se está moviendo sin dilación, revolviendo papeles, viendo listas de accionistas, consultando posibles vías de actuación.

Letona vuelve a repetir, con ligeros matices, el encuentro sostenido a medio día con Sanchez Asiaín en la sede del Bilbao. En un momento determinado, don Pablo pregunta a Hermosilla su opinión sobre el tema.

—Esta fusión, tal y como la cuenta el consejero delegado, es imposible de hacer sin la conformidad del Banco Español de Crédito. Yo creo que aquí hay que defenderse a toda costa, porque el asunto tiene defensa.

Hermosilla se da cuenta inmediatamente de que la rotundidad de su pronunciamiento es muy bien acogida por la inmensa mayoría de los comensales.

Tras la cena, y mientras hacen tiempo en espera del regreso de Conde y Abelló, los reunidos toman café en la misma sala de consejo, informalmente distribuidos en torno a un tresillo que ocupa uno de los ángulos del gran salón, al que se añaden asientos suplementarios. Cuando Letona se ausenta, los comentarios derivan la charla de forma automática hacia su supuesta implicación en la operación.

En un momento determinado el consejero delegado anuncia que hay que redactar un comunicado del banco, que debería enviarse inmediatamente a los medios de comunicación. Pero Ricardo Gómez-Acebo, apoyado por Hermosilla, se niega a hacer nada definitivo hasta que no se produzca la vuelta de la pareja que se encuentra en la sede del Bilbao.

En torno a las 11.45 de la noche se produce una llamada de Mariano Rubio para don Pablo. Hay gestos de sorpresa e intercambios de miradas expectantes, y mientras el viejo presidente se dirige a una cabina situada al lado de la sala de consejos, se oyen fuertes imprecaciones contra el Gobernador.

—Aplícale un antídoto duro —recomienda Dicky Gómez-Acebo.

—Sí —añade otro—, utiliza el ''Epifanio 3''...

—Mándale a tomar por el c... —opina un tercero.

Es una llamada que no puede disociarse de las dos que se han producido aquella noche en la planta 26 de la sede del Banco de Bilbao, de una de las cuales los propios Conde y Abelló son protagonistas directos. El Gobernador, que tiempo después se quejará de haber tenido que jugar un papel que le desagradaba, se emplea a fondo esta noche en favor de la carta del Banco de Bilbao. La llamada a don Pablo es un acto más de una puesta en escena intimidatoria destinada a propiciar que Banesto acepte una situación de hechos consumados, según convenía a los autores del compló.

—Pues si ellos me hacen a mí una OPA, yo se la hago a ellos.

—Eso no lo permitirá la autoridad monetaria, porque Banesto no está para esas aventuras.

—¿Que no me lo permite? Vamos a verlo...

Y don Pablo le cuelga el teléfono al mismísimo señor Gobernador del Banco de España, en presencia de varios consejeros del banco que se han arremolinado en torno a la puerta abierta de la cabina.

A la 1.45 de la madrugada, Conde y Abelló están de regreso tras la larga cena mantenida con Asiaín e Ybarra. A esas horas, los ánimos alterados se mezclan en Banesto con el cansancio. Las sospechas seguían flotando en las mentes de unos hombres abrumados por lo acontecido. Los recién llegados explican el desarrollo de la cena con Sánchez Asiaín. Terminada su exposición, Conde propone que, dado lo avanzado de la hora y lo exaltado de los ánimos, lo mejor sería irse a descansar para la jornada clave que se avecina.

La operación del Bilbao sobre Banesto va a despejar durante muchos días a los directores de periódicos la incógnita diaria de saber con qué asunto abrir la primera página. El día 20 la prensa anuncia con grandes titulares la más trascendental noticia económica ocurrida en España durante los últimos años.

La operación del Bilbao recibe una favorable acogida en toda la prensa española. Pocos se plantean algún signo de interrogación. Para entender este coro uniforme habría que aludir a la tradicional postura de respeto que la prensa ha adoptado siempre ante la gran Banca y sus primeros espadas. Los grandes prebostes de las finanzas son seres intocables para los directores de periódicos, en general, y los periodistas económicos, en particular. Las empresas editoras son con frecuencia cautivas de los compromisos financieros (vulgares deudas) contraídos con la Banca. Y donde no hay deudas, hay negocios comunes o amigos, que a menudo son más exigentes que aquéllas. El resultado es que es prácticamente imposible encontrar en la prensa española una crítica, por liviana que sea, a un banquero.

El 20 de noviembre se vivía una situación un tanto peculiar, puesto que eran dos los bancos enfrentados. ¿Hacia dónde se inclinarían las lanzas? El interrogante desaparece enseguida. La prensa percibe que sólo hay un banco en liza, el Bilbao, un banco con fama de moderno y bien gerenciado, con un presidente que goza del prestigio de ser un reputado intelectual (de "intelectual orgánico" lo calificó *El País*, en un apelativo de raíces gramscianas no muy acorde con su básica profesión de banquero), y que además es amigo del poder establecido. En suma, una verdadera "vaca sagrada".

¿Y enfrente? Enfrente hay una institución antigua, pesada, antipática, sobre la que cuelga el sambenito de ser el banco de la derecha española más recalcitrante. Un verdadero diplodocus. Por si fuera poco, frente al liderazgo indiscutido de Sánchez Asiaín al frente del Bilbao, Banesto ofrece estos días la clara imagen de un banco en descomposición, una jaula de grillos, con un Consejo donde con frecuencia salen a relucir los más finos aceros de Albacete en la lucha sin cuartel que distintos grupos mantienen por hacerse con el poder. Si el Bilbao es el futuro, Banesto es claramente el pasado.

Todo ello se traduce en que para la prensa es tan fácil alabar la acción del Bilbao como criticar las intenciones defensivas del Banesto o, como mal menor, ignorarlas. Por la implicación del Gobierno en el asunto se pasa de puntillas, como si no existiera. Televisión Española va más allá, hasta el punto de llegar a amedrentar a los responsables de Banesto.

La prensa, en particular, y los medios de comunicación, en general, bendicen en la mañana del 20 de noviembre la absorción del Banesto por el Bilbao y la dan por hecha. *El País* titula: «Los bancos de Bilbao y Español de Crédito inician un proceso acelerado de fusión», afirmación que poco tenía que ver con la realidad. El rotativo incluía en su primera página un párrafo especialmente significativo del entorno político de la operación: «Esta filosofía (de las fusiones bancarias) ha sido adoptada como propia por el Gobierno, y entre su presidente, Felipe González; el ministro de Economía, Carlos Solchaga; el gobernador del Banco de España, Mariano Rubio, y el propio Sánchez Asiaín se han diseñado una operación que ni los más aventurados se habían atrevido a pronosticar.» Queda, pues, claro que los mentores de la operación le tenían reservado a Banesto el papel de convidado de piedra.

Para *Diario 16*, «El Banco de Bilbao trata de imponer a Banesto la fusión de las dos entidades», un titular mucho más ajustado a lo que en realidad estaba pasando. Una interpretación equidistante entre las de *El País* y *Diario 16* era la de *La Vanguardia* de Barcelona, para quien «El Bilbao propone a Banesto la creación de un grupo bancario único». ''Órdago'' de Sánchez Asiaín es una expresión común en la prensa de la jornada. El presidente del Bilbao recibe elogios de todo tipo: «Profeta» *(La Vanguardia)*; «imagen abierta a los nuevos tiempos» *(El País)*; «banquero hecho a sí mismo», «teórico del sistema bancario y destacado intelectual», son algunos de los calificativos de *Diario 16*. «Aliado del futuro», le llama el diario económico *Cinco Días*, mientras el periódico de la competencia, *Expansión*, claramente volcado a favor del Bilbao en toda la operación, no encuentra suficientes palabras de elogio. Por su parte, ABC, dentro del tono pintoresco de su información, pronto claramente decantada a favor de Banesto, incluía un inefable editorial en el que recomendaba prudencia a los contendientes para «evitar la imagen de una banca dividida y dar con ello pie a la necesidad de una intervención».

En los medios financieros, la noticia causó una verdadera conmoción. Las cúpulas bancarias vivían momentos de zozobra. La intervención del Gobierno es tan evidente que para alguno de los patriarcas de las ''siete grandes'', la sombra de Rumasa planeaba de nuevo sobre el sistema bancario. En alguna de las salas de derrota de este grupo de élite de la Banca privada se da por segura la aparición de un decreto-ley, cuya existencia nunca se pudo demostrar, autorizando nada menos que el cambio de administradores en Banesto si los actuales se negaban a plegarse a lo que parecía un ataque combinado Bilbao-Gobierno socialista. Un reputado banquero, deseoso de conservar el anonimato, mantiene que ese proyecto existió, aunque al final no vio la luz a causa de la mala recepción que en el extranjero recibió el asunto FECSA, y la polémica suspensión de la cotización de la compañía eléctrica.

A nivel global, la imagen del Bilbao, excelente en sí misma, ganaba puntos y se perfilaba como la gran marca bancaria española del futuro. En medios de la Banca extranjera presente en Madrid, la operación causó no poco escándalo. «¿Podría alguien imaginar a Robin Leigh-Pemberton, Gobernador del Banco de Inglaterra, maquinando con un banco privado como el Midland, con ayuda del Canciller del Exchequer (Ministro de Hacienda), un plan para absorber a otro banco privado como el Barclays?», se preguntaba, con gesto de asombro, un banquero británico afincado en Madrid.

Los perdedores del ataque combinado Bilbao-Gobierno-Banco de España son para todo el mundo Mario Conde y Juan Abelló. Para *El País*, el peso específico de ambos inversores «se verá disminuido en el futuro».

Una rendición honrosa era lo único que aparentemente quedaba al alcance de Banesto. El consejo de Castellana 7 se reúne a primeras horas de la mañana del viernes 20, y allí se informa de manera oficial a quienes no pudieron llegar la noche anterior. Es el caso del mexicano Moisés Cosío, hombre de gran fortuna y uno de los tradicionales accionistas de Banesto, que llega de México dispuesto a aportar su ayuda. O el de Pedro Masaveu, que deja su Oviedo natal para aparecer por Banesto con cara de consternación.

El Consejo del viernes por la mañana es dramático. Hay que tomar una decisión y dar una respuesta al envite del Bilbao. Las opiniones son contrarias. Don Pablo, que ha aparecido a primera hora con rostro apesadumbrado, ya ha tomado una determinación.

—Yo no acepto esta fusión y voto en contra, aunque comprendo que otras personas aquí presentes pueden tener puntos de vista diferentes. Pero yo no entrego Banesto al primero que llega; ésta es una obra mía, a la que he dedicado 55 años de mi vida y no me da la gana dilapidarla...

Conocido es el enorme peso de don Pablo en el Consejo de la entidad. Algún consejero opina que podría irse a una fórmula de negociación consistente en un intercambio de acciones cruzadas. Después de muchos cabildeos, los reunidos llegan a la conclusión de que deben evitar cerrarse en banda. Conde tiene claro que es conveniente hablar.

Los reunidos, sobre la base de varias fórmulas discutidas la larga noche anterior, acuerdan emitir un comunicado muy corto, de apenas cuatro breves párrafos, que es una pequeña obra maestra del sí pero no, de la ambigüedad calculada, que Mario Conde redacta personalmente. El punto primero alude a las dos reuniones con mantel que el día anterior mantuvieron Letona, por un lado, y Conde-Abelló, por otro, con Sánchez Asiaín. El segundo incluía la primera andanada seria contra los deseos de la entidad norteña, al afirmar que «el mismo día, el Banco de Bilbao solicitó unilateralmente de la Junta Sindical la suspensión de la cotización de las acciones de ambos bancos». Era el tercer punto, sin embargo, el que revelaba a las claras el clima de opinión que reinaba en las entrañas de Banesto: «El Banco Español de Crédito declina cualquier responsabilidad que pudiera derivarse de las acciones unilaterales adoptadas hasta el momento por el Banco de Bilbao y las que, del mismo tipo, puedan adoptarse en el futuro.» Tras este varapalo, Banesto daba la de cal en el cuarto y último párrafo, afirmando que el banco «estudiará con el máximo interés cualquier proyecto o iniciativa que pueda ser beneficiosa para sus accionistas y su personal, así como para la estabilidad del sistema financiero». Se habla de «cualquier proyecto o iniciativa», sin mencionar precisamente la palabra fusión.

Tras la redacción del comunicado, Conde descuelga el teléfono y llama al Banco de España:

—Mariano, acabamos de salir de una reunión del Consejo, y lo que sí te puedo decir es que Banesto va a negociar, va a hablar con el Bilbao de su propuesta, aunque no nos haya gustado nada la forma en que lo han planteado.

—Me alegra mucho oír eso, de verdad. No dudéis en plantearme cualquier duda que tengáis, no sé..., haré todo lo que esté en mi mano para facilitaros la tarea.

Conde se sorprende de encontrarse hoy, apenas doce horas después de haber catado al Mariano violento y amenazador, con un Gobernador todo amabilidad, suave como un guante, cauteloso y afable.

—Muchas gracias, Gobernador, nosotros vamos a intentar llegar a un acuerdo con el Bilbao.

—Pues nada, lo dicho. Si en algún momento alguna de las partes adopta aptitudes o posiciones irracionales, yo me brindo a actuar como intermediario, a colaborar desde mi posición de Gobernador.

Conde, al borde ya de la hora del almuerzo, descuelga de nuevo el aparato para ponerse en contacto con Sánchez Asiaín, a quien trasmite idéntico mensaje, con un ruego importante:

—Mándanos, por favor, los términos de vuesta oferta, para empezar a estudiarla y trabajar sobre ella este mismo fin de semana.

—Sí, te la enviaré mañana a primera hora.

—¿Y no podría ser hoy mismo? Porque eso lo tendréis que tener ya hecho —responde Conde.

—Sí, sí, por supuesto. Te la enviaremos en seguida. Y ya sabes que yo estaré todo el fin de semana a tu disposición por si quieres cualquier cosa —manifiesta Asiaín.

El Consejo de Ministros, reunido en La Moncloa como todos los viernes, fue informado por Carlos Solchaga de la iniciativa tomada por el Banco de Bilbao. El Ministro de Economía se expresó en términos elogiosos para la figura de Asiaín y calificó la operación de trascendental para el futuro del sistema financiero español. Solchaga añadió que la iniciativa contaba con el pleno respaldo del Banco de España y del propio Ministerio que presidía. En este momento, un miembro del gabinete se expresó manifestando su preocupación por la aparente involucración oficial en el acontecimiento, una circunstancia que la prensa de la mañana había resaltado.

—Supongo que esto estará bien amarrado...

—Y yo supongo que mi colega amarrará bien sus propios asuntos —vino a replicar Solchaga malhumorado.

En la posterior rueda de prensa, el portavoz y ministro de Cultura, Javier Solana, fue concluyente: «El Gobierno ha conocido todo el proceso de esta operación de fusión, que ve con buenos ojos», porque «es bueno que haya empresas con la suficiente entidad para competir con la Banca europea». Para Solana, con esta fusión «España podrá tener un banco entre los 20 primeros del *ranking* europeo y entre los 40 primeros de la Banca internacional», lo cual no era cierto en absoluto, puesto que la suma de Bilbao más Banesto ponía a la entidad resultante bastante más atrás en las mencionadas clasificaciones.

Las declaraciones de Solana tuvieron un efecto demoledor sobre la comunidad financiera y los medios de comunicación. Contando con todas las bendiciones oficiales, no cabía ya ninguna duda de quién iba a ser el vencedor de la pelea. Primo González, un reputado comentarista económico, resumía en *Diario 16* el sentir general: «El Banesto, con un Consejo seriamente dividido, se va a sentar a negociar este mismo fin de semana las condiciones de lo inevitable.»

Un acontecimiento de gran importancia que se produce en los primeros momentos de la batalla y que tendrá gran trascendencia en el desenlace final de la misma es la llegada a la sede de Banesto de varios conocidos abogados, cuya tarea fundamental en los primeros momentos será levantar la moral de las tocadas huestes de la casa. Ramón Hermosilla acude el mismo jueves, 19 de noviembre, y es testigo ya de la maratoniana reunión de la tarde-noche de ese día. Rafael Pérez Escolar, que había sido secretario del Consejo de Banesto durante muchos años, es llamado por el propio don Pablo.

Más espectacular es la contratación del catedrático de Derecho Mercantil, Jaime Zurita, autor de la única obra publicada en España sobre el mecanismo de las OPAS, y que tuvo un importante peso específico en la victoria final de Banesto. En la tarde del viernes 20, Conde recibe varias llamadas del catedrático, al que conocía de sus tiempos en San Sebastián, pero a quien había olvidado casi por completo. Mario, con mil cosas en la cabeza, no le presta excesiva atención. Pero entonces interviene Enrique Lasarte, quien pondera a Zurita como un tipo importante, que puede ser de gran utilidad al banco.

En esta tesitura, Mario decide tener un contacto previo con Zurita y catar directamente la mercancía que el abogado quiere venderle. A causa de las sospechas de traición, el clima en el banco se había convertido en irrespirable. Todo aquel que hubiera participado en el equipo de López de Letona, incluidas secretarias y conserjes, era considerado sospechoso. Las circunstancias aconsejaban extremar la prudencia en todos los sentidos. A través de Lasarte, Zurita recibe el encargo de estar a las 7 de la tarde paseando por la acera de Castellana 29, a la altura de la entrada principal de Bankinter.

Justo a la hora fijada, un Senator negro se detiene silenciosamente junto a un hombre de mediana edad, ligeramente cargado de espaldas, que, enfundado en un gabán azul marino, pasea distraídamente por la acera contigua a Bankinter. Un escolta se apea del Senator, agarra al paseante por el brazo y lo conduce al automóvil que le espera con la puerta trasera abierta. Inmediatamente Conde ordena al chófer ponerse a dar vueltas por Madrid.

—Y bien, ¿qué quieres de mí?

—Bueno, yo de Banesto, nada; quizá a Banesto le vendrían bien algunas cosas mías...

—Pues tú dirás. Te escucho.

—No sé si sabrás que llevo años trabajando en el tema de las OPAS. He analizado la iniciativa del Bilbao y creo que reúne todos los ingredientes de una agresión en toda regla. Y aquí —continúa Zurita, pasando a Conde un informe que extrae de una cartera de mano— tienes un mecanismo para defenderte de esa OPA con éxito, y, además, gratis.

—Muchísimas gracias —responde Conde—. Como comprenderás yo no lo voy a leer, pero lo dejaré en manos de Arturo Romaní, que lo estudiará a fondo. No te preocupes, que tendrás noticias nuestras.

Terminada la conversación, el coche se detiene en una calle cualquiera de la ciudad, y de él se apea Jaime Zurita, mientras Conde y sus escoltas regresan a Castellana 7. Días más tarde, cuando Jaime Zurita estaba ya plenamente integrado en el equipo de abogados de Banesto, el catedrático recibió una llamada del Banco de Bilbao. Sánchez Asiaín quería incluirle en su equipo de asesores.

Este viernes decisivo tiene lugar un acontecimiento que, en el tumulto global, pasa completamente desapercibido, pero que en sí mismo parecía contener una bomba de relojería. Se trata del nombramiento de López de Letona como consejero de La Unión y el Fénix, la aseguradora del grupo que presidía entonces su único hombre de confianza en el Consejo de Banesto, Jaime Argüelles. Letona asegura que ese nombramiento, como parece lógico, estaba acordado tiempo atrás, pero algunos rumores apuntan en Castellana 7 a una operación de más calado. De hecho, la prensa publica esos días que el sector asegurador es el primero donde el Banco de Bilbao proyecta materializar la fusión.

Cuando el tema llega a oídos de Conde y Abelló, apenas veinticuatro horas antes del citado consejo, ambos se aproximan en la mañana del jueves 19 a la llamativa sede de La Unión y el Fénix en el Paseo de la Castellana, para tener un cambio de impresiones con Argüelles.

—Nos hemos enterado que vas a nombrar consejero a Letona...

—Pues sí, es cierto.

—Es que nosotros también queremos serlo.

—Ah, me parece estupendo —responde Jaime—. Ya lo plantearemos...

—No, Jaime, ya lo plantearemos, no... ¡Es que nosotros vamos a ser consejeros...!

—Que sí, sí —balbucea Argüelles— pero habrá que...

—No me entiendes, Jaime —corta Conde con sequedad— que es que Juan y yo vamos a ser consejeros del Fénix ya... ¡No sé si me explico!

Jaime Argüelles, acostumbrado durante decenios a una disolución del poder en el grupo que permitía el cómodo sesteo, no salía de su asombro.

—¡Pero es que no hay puestos suficientes en el Consejo...!

—Pues se amplía.

—De cualquier forma —asegura un Argüelles que parece haber recobrado el ánimo— en ningún caso estoy dispuesto a nombraros en el consejo de mañana.

—Mira, Jaime, quiero que tengas claro que mañana nombras a Letona, como tienes previsto, pero también mañana amplías el Consejo y propones a la vez nuestro nombramiento como consejeros...

—Eso ya lo veremos...

—¡Lo vas a ver por cojones...! —replica Conde desafiante.

Y, en efecto, Mario parlamenta en la noche del 19 con don Pablo, y ambos acuerdan que Juan Abelló sea nombrado consejero de La Unión y el Fénix, de forma automática, en la misma sesión del viernes. Conde colocaba a su socio y amigo en un frente tan importante como el de la aseguradora.

Frustrando los deseos del presidente del Bilbao, cuyo proyecto original consistía en rematar la fusión durante el fin de semana, las gentes de Banesto, como habían amenazado, se ponen el viernes por la noche en camino de sus fincas respectivas. Mario Conde y su mujer, Lourdes, se van a La Salceda. El matrimonio Conde tenía previsto este fin de semana recibir en su finca a un personaje importante, don Juan de Borbón, Conde de Barcelona. Por fortuna, el ilustre invitado había anulado el compromiso ante la inminencia de su ingreso en una clínica para someterse a una intervención quirúrgica.

López de Letona se queda en Madrid, con el encargo de trabajar, con ayuda de Jacobo Argüelles, Fernando Castromil, Corral y el resto de su equipo, en el estudio de la propuesta del Bilbao y en el análisis de las ventajas e inconvenientes para el banco de una fusión.

Con la amenaza del Bilbao, el vacío de poder en Banesto había llegado a rozar el paroxismo. Nadie sabía realmente quién controlaba las riendas del mando. La situación era patética: por un lado, don Pablo, representante del viejo poder, aglutinador de las voluntades mayoritarias del Consejo, que aunque ya había expresado su voluntad de resistir el asalto, no dejaba de ser un señor a las puertas del retiro y a quien el suceso había dejado como extrañamente tocado, encerrado en sí mismo, incapaz de superar aquella idea de que el banco, ''su'' banco, había sido objeto de un atraco. Por otro, López de Letona, objeto de las murmuraciones de consejeros, directores e incluso de la plantilla entera. Su posición no puede ser más incómoda: el Gobernador del Banco de España, su tradicional valedor, es considerado una pieza clave en el engranaje de la operación lanzada por el Bilbao. Ha perdido la *potestas* para ostentar el liderazgo de la casa. Finalmente, Mario Conde, un poder emergente a quien la iniciativa del Bilbao ha devuelto a su habitat natural: la habilidad negociadora, la capacidad de improvisación, de repentización, de regate sobre la marcha. Estas facultades comienzan enseguida a brillar con luz propia en Banesto, a llamar la atención de los consejeros y, consecuentemente, a imponerse. Mario Conde pasará en unos día a convertirse en el gran baluarte del Banesto en su enfrentamiento con el Bilbao.

Todo el equipo de Conde, más Juan Abelló, queda citado para el sábado 21 de noviembre, a la hora del almuerzo, en La Salceda, donde se va a celebrar un cónclave para analizar a fondo la situación.

Los primeros invitados llegan a la casa de campo con la prensa del día bajo el brazo. Los dos cerebros del secuestro de Melodie Nakachian habían sido detenidos en Francia. Ana Carezo, una malagueña residente en un barrio obrero de Málaga, ganadora de 861 millones de pesetas en el juego de la loto. Y de Banesto, ¿qué? La prensa se mostraba dura con los intereses del viejo banco fundado a iniciativa francesa el 1 de mayo de 1902. El comunicado del Consejo emitido el día anterior era recogido y analizado de las más variopintas maneras. *El País*, que seguía empeñado en coger el rábano por las hojas, titulaba en primera: «Banesto no impide inicialmente su fusión con el Banco de Bilbao.» *Diario 16* afirmaba: «Banesto denuncia los métodos del Bilbao, pero acepta negociar», y *La Vanguardia*, «Banesto considera hostil la propuesta de fusión hecha por el Bilbao». El económico *Expansión* era quien más arriesgaba, al asegurar que Conde y Abelló habían paralizado el *placet* de Banesto para su fusión con el Bilbao, a menos que se les garantizara «una salida política digna tras la fusión, o un precio lo suficientemente razonable (por su paquete accionarial) como para hacer olvidar las aspiraciones de poder».

El País recogía un esclarecedor comentario de «un alto cargo de la Administración» que se felicitaba por el secreto con que se había llevado la operación. «Es una de las pocas veces que no se ha filtrado algo que era de vital importancia que no se supiera hasta que llegara el momento oportuno.» De vital importancia para el Bilbao, naturalmente. El mismo diario incluía otro comentario en el que involuntariamente facilitaba una de las claves de la operación. Se refería a Mariano Rubio, calificado de «el artífice de los procesos de fusión», y señalaba que «en estos momentos (...) será muy difícil que Mariano Rubio sea sustituido por cualquier otra persona» al frente del Banco de España. Mariano Rubio aparecía como uno de los grandes triunfadores de la operación.

La prensa diaria aludía también a que la Bolsa no había mostrado ninguna reacción a lo acontecido. El diario *Ya* echaba la culpa de ello a las noticias catastrofistas sobre el futuro de la economía norteamericana difundidas en Madrid por el ex director de la oficina de Presupuestos de la Administración Reagan, David Stockman, actualmente director general de Salomon Brothers, que, ¡oh casualidad!, también se encontraba en la capital del Reino, como su compañero de trabajo, el ex embajador Thomas Enders.

Los sindicatos, por su parte, habían sacado ya tarjeta roja. Justo Fernández, todo un carácter en el sindicalismo del sector, adelantaba la postura contraria de UGT a la fusión, «porque puede suponer la desaparición de hasta 14.000 puestos de trabajo de los 34.000 que sumarían las dos entidades».

En este panorama, básicamente monocolor, de la prensa, una voz rompía de forma radical con el tono y las interpretaciones generales que se estaban vertiendo sobre el acontecimiento. Se trataba de *El Independiente*, un semanario de reciente aparición y en cuyo accionariado el propio Mario Conde ostenta una participación del 20%. *El Independiente*, decidido a llamar a las cosas por su nombre, titulaba el sábado 21 de noviembre de esta guisa: «Operación política para comprar Banesto. El Bilbao decidido a la fusión por interés financiero y con apoyo del Gobierno.» La iniciativa del banco norteño «constituye una operación política y financiera sigilosamente preparada e inspirada desde las más altas instancias del Gobierno. (...) Mariano Rubio se ha convertido en el gran artífice de toda la iniciativa en la parte que le compete».

A media mañana del sábado, Fernando Garro, que permanecía de guardia en Castellana 7, llama por teléfono a La Salceda para comunicar que la oferta del Bilbao no acaba de llegar.

—¡Pero, cómo es posible! —exclama Conde— si la tienen que tener hecha...

—Sí, eso dicen, pero por aquí no aparece.

El equipo de Conde inicia el almuerzo sin contar con dicha oferta, la esperada pieza documental sobre la que pensaban trabajar, y que Garro había quedado en llevar a los reunidos en cuanto estuviera en su poder.

A las 3 de la tarde, Garro vuelve a llamar mostrando su extrañeza por la tardanza del documento, y la comunicación se repite a las 5 de la tarde, ante la absoluta sorpresa de los reunidos en La Salceda. Finalmente, cerca de las 7 de la tarde, cinco hojas grapadas llegan a la sede de Banesto procedentes del Banco de Bilbao. Fernando Garro hace varias fotocopias, toma su coche y enfila sin dilación la carretera de Toledo.

La tardanza en aportar el escrito había hecho pensar a Mario Conde y Juan Abelló que el banco que preside Sánchez Asiaín no tenía preparadas las condiciones de la operación sobre Banesto, de lo que extrajeron la conclusión de que la iniciativa estaba mucho más verde de lo que Asiaín había querido aparentar en un primer momento.

Cuando Fernando Garro llegó a La Salceda, al filo de las 8.30 de la tarde, los reunidos se toparon con un documento que distaba mucho de ser una oferta formal. Se trataba de un escrito de doce folios, el grueso del cual, bajo el epígrafe «presentación de la propuesta», estaba dedicado a exponer las conocidas teorías de Asiaín sobre la bondad de las fusiones. Tras justificar brevemente el porqué de la adopción de la vía de la OPA en lugar de la fusión, el escrito señalaba que «el precio que se sugiere es una combinación de acciones del Banco de Bilbao y de efectivo por un total de 5.640 pesetas por cada acción del Banco Español de Crédito. Este importe representa una prima de 1.140 pesetas por acción, que supera ligeramente el 25% sobre el precio de cotización en bolsa al 19 de noviembre. En otros términos, supondría una relación de intercambio equiparable a 4 acciones del Banco de Bilbao por cada 5 del Banco Español de Crédito».

Como forma de pago, el Bilbao ofrecía a los accionistas de Banesto «una contraprestación consistente en acciones del propio banco y efectivo. La proporción es, aproximadamente, de un 27% en efectivo y un 73% en acciones del Banco de Bilbao. Es decir, por cada paquete de cinco acciones de Banesto el accionista de éste recibirá tres acciones del Bilbao y 7.500 pesetas».

En las conclusiones, el escrito señalaba que «un órgano-cúpula, bajo la dirección del Banco de Bilbao, respondería al máximo nivel de la gestión del nuevo grupo y de las instituciones que lo componen. En dicho órgano-cúpula existiría una representación del Consejo de Administración del Banco Español de Crédito».

Hace mucho tiempo que es ya noche cerrada en La Salceda. Los reunidos intercambian opiniones, discuten, se acaloran, ocupando todos los asientos del salón de la residencia, frente a una chimenea donde chisporrotean unos leños de encina. De vez en cuando, entre gritos y risas, hacen su aparición los niños, que juegan a policías y ladrones. En un momento en que la confusión es notable y hay en marcha varias conversaciones paralelas, Mario Conde hace oír su voz sobre la algarabía reclamando silencio.

—Señores, así no llegamos a ninguna parte. Yo creo que aquí pueden ocurrir dos cosas. Primero, que haya pacto. Segundo, que no se pueda pactar porque las condiciones sean inaceptables, en cuyo caso para plantear batalla al Bilbao con posibilidades de éxito son necesarias varias premisas.

»a) que se lleve a cabo una reforma drástica del Consejo de Administración de Banesto, dando entrada a gente con una imagen nueva y reduciendo el peso de las familias tradicionales.

»b) que se gane la batalla de la opinión pública mediante una campaña eficaz, para lo cual yo tengo que ser presidente del Banco Español de Crédito, porque con Letona al frente esto no tendría pase ante el Gobierno y la opinión pública.

Esta intervención de Conde, que los reunidos bautizarán irónicamente más tarde como "el espíritu de La Salceda", se convertiría en una pieza premonitoria de lo que habría de ocurrir pocos días después en la realidad.

Casi inmediatamente después de su "catilinaria", Mario Conde se ausenta del salón con la excusa de ir al servicio, no sin antes hacer una seña a Ramiro Núñez, a quien Mario ve como el más sereno de los reunidos. A la puerta de la casa, y sin decir palabra al resto de los invitados, Mario y Ramiro se montan en un coche y enfilan hacia Madrid a toda velocidad.

En la capital, ambos personajes se van directamente a cenar al restaurante La Trainera, en la calle Lagasca. Lejos del apasionamiento de La Salceda, los dos amigos intercambian opiniones en un clima de tranquilidad. Mario se confiesa por primera vez.

—La situación está muy "cruda", tanto para Banesto como para nosotros. Ésa es la verdad.

—Sí, no es fácil —reconoce Núñez— pero se puede dar la batalla.

—Si queremos salir a flote es necesario jugar las bazas que tenemos en la mano, que no son muchas, con suma habilidad...

En un momento determinado, y cuando nuestros hombres acaban de pedir el café, dos jóvenes con aspecto de ejecutivos, que están cenando en la mesa de al lado en compañía de sus esposas, irrumpen en escena.

—Oye, tú eres Mario Conde, ¿no?

—Pues sí, lo soy.

—Es que os hemos visto entrar y nos gustaría, si no es molestia, sentarnos a tomar café con vosotros...

—Hombre, por mí encantado, pero estamos tratando de aclarar varias cosas... —objeta Mario.

—Ya lo supongo, pero es que hemos estado hablando de lo del Bilbao y es acojonante cómo se le está viendo el plumero al Gobierno en esta operación; no quieren dejar respirar a la gente joven; siempre los mismos...

420

Las mesas acaban juntándose y unos y otros acabarán despidiéndose a las 3 de la madrugada, después de haber tomado copas en distintos lugares de Madrid. Mario, que por primera vez en muchos días se siente eufórico, explica con vehemencia sus teorías sobre el cambio económico que está por llegar en España, la necesidad de abrir las puertas a las nuevas generaciones, de promover la investigación, de crear riqueza, y el papel que una Banca moderna puede jugar en todo este proceso. A la tertulia se han ido agregando nuevos miembros en el nocturno peregrinar. Uno le ofrece a Mario un talón por 8 millones de pesetas que, asegura, le han tocado a la lotería, porque hay que luchar para que las nuevas generaciones consigan por fin emerger en un país siempre dominado por gerontócratas. Otro maquina un complicado plan que incluye la apertura de una línea de crédito en Banesto para facilitar créditos a los jóvenes que quieran participar en el proyecto de modernidad auspiciado por Mario: con el dinero recibido los interesados comprarían acciones de Banesto, al objeto de sindicarlas y oponerse así a la fusión planteada por el Bilbao...

Lo acontecido esa noche, en el fondo una simple anécdota, vino a confirmar a Mario la enorme carga de interés popular que almacenaba la batalla Bilbao-Banesto. El aspirante a banquero se da cuenta de que lo que se ha planteado no es un mero problema financiero, por importante que sea, ni simplemente generacional, sino que es un tema de opinión pública, un asunto de dimensión nacional. Conde percibe que es posible captar ese apoyo popular. Si lo consigue, si logra dar la vuelta a la tortilla de la opinión pública, puede ganar la guerra. Conde procesa esa noche esta información como si de un *chip* más se tratara.

El domingo 22 de noviembre el aspirante a banquero aparece a media mañana por Castellana 7, y allí se encuentra con López de Letona y su grupo. Y se percata con estupor que el vicepresidente y consejero delegado está preparando números, está haciendo relaciones de equivalencia, que si 7 por 6, que si 5 por 4, que si 3 por 2. De manera evidente, Letona y su equipo tenían asumida la realidad de la fusión, su inevitabilidad.

Conde llama a Jacobo Argüelles, dispuesto a sondear el estado de ánimo de uno de los reconocidos cerebros de Banesto.

—¿Y tú qué opinas de todas esta movida?

—Pues mira, yo creo que ha llegado lo que tenía que llegar. Hay siete grandes bancos y todos son muy pequeños en relación a los europeos; demasiados bancos y de pequeño tamaño. Esto se tenía que producir. Que sea el Bilbao no me parece mal: son mejores que nosotros, tienen más capacidad de gestión.

Conde completa con esta conversación una adecuada descripción del paisaje que ofrecían las distintas facciones de Banesto, cara a la semana crítica que se avecinaba.

Por la tarde, tanto él como Letona hablan telefónicamente por separado con Sánchez Asiaín, y fijan un primer encuentro negociador para la mañana del lunes. El presidente del Bilbao, aparentemente alarmado al ver cómo se ha perdido todo un fin de semana, ha dejado dos avisos urgentes en el domicilio madrileño de Mario expresando su deseo de entablar contacto con él.

Mientras el grupo de Conde se reunía el sábado en La Salceda, Pablo Garnica, jr., decide también irse a su finca campestre de El Roblecillo, en la provincia de Ciudad Real, llevándose a Santibáñez, su hombre de confianza en el Banco de Madrid. Garnica hijo había tenido una activa participación en la jornada-tumulto que se había vivido en Banesto el día anterior ''soliviantando a las masas'', los cargos medios y altos del banco, y tratando de elevar el ánimo de los consejeros más afines.

El domingo por la mañana llama por teléfono a La Salceda y allí le comunican que ya están todos de vuelta en Madrid. Así que Pablo decide hacer otro tanto. Telefonea a Ricardo Gómez-Acebo y juntos, en el precioso Jaguar de Dicky, se dedican a dar vueltas por las calles de Madrid sin rumbo fijo, mientras desmenuzan el tema que ya se ha convertido para todos en obsesión. En un momento determinado, ambos parecen darse cuenta de la cómica situación que están protagonizando y deciden irse directamente al banco.

Allí estaba reunida, en el despacho de Letona, parte de la comisión directiva, a la que, a instancias del consejero delegado, se incorporan Conde y Abelló en un momento determinado. Cuando Garnica jr. y Gómez-Acebo se asoman por la planta 11 y conocen lo que está ocurriendo, hacen que un ordenanza les franquee la entrada del despacho de don Pablo, en el que se instalan, e inmediatamente envían un mensaje urgente a Juan Abelló para que abandone la reunión con urgencia.

—Pero Juan, ¿qué estáis haciendo?

—Estamos hablando de los números que ha hecho el equipo de Letona. Él es partidario de negociar.

—No hagáis más disparates, por Dios. ¡Aquí hay que aguantar a toda costa!

Por la noche, Garnica jr., Mario y Juan van juntos a cenar a Aymar, una marisquería de la calle Fuencarral. Se trataba de una cita importante. Cuando los hombres de Banesto aparecen en el restaurante, José María Cuevas, presidente de la CEOE, y José María Fernando Fernández-Tapias, presidente de CEIM, hacía ya media hora que estaban esperando.

Los representantes del banco están muy molestos con la patronal por la declaración de apoyo al Bilbao aparecida en la prensa.

—¿Cómo se come eso, José María, que salgáis apoyando una cosa que huele a mangoneo del Gobierno de lejos?

—Perdonadme, pero ha sido un error. La noticia me cogió en Murcia y de la forma en que la dieron pensé que estaba todo pactado, así que cuando me preguntó allí mismo un periodista pues dije que me parecía bien...

Los reunidos hablan hasta las 2 de la madrugada con acaloramiento de la implicación gubernamental, de la amenaza a la libre empresa que eso supone, de los ramalazos totalitarios de los socialistas... Fernández-Tapias es especialmente beligerante, mientras Cuevas pone a disposición de Banesto todo lo que fuera necesario de la CEOE.

Mario y Juan, tras haberles fallado su contacto tradicional con La Moncloa, Julio Feo, seguían dándole vueltas al dato que ellos consideraban fundamental: ¿qué piensa el Gobierno? ¿hasta qué punto está involucrado en la operación?

Y Pablo Garnica junior, cuando ya todos estaban calientes con las copas, comenta que ha hecho algunas averiguaciones entre sus amigos y que la postura del Gobierno no es monolítica. «Pero sobre todo», asegura enigmático, «esta tarde he recibido un mensaje muy importante: Si Banesto aguanta el tipo hasta el martes 2 de diciembre, la batalla está ganada».

Capítulo 17

RESISTIR A CUALQUIER PRECIO

Tras los contactos telefónicos mantenidos en la tarde del domingo 22 de noviembre, entre Sánchez Asiaín, por un lado, y López de Letona y Mario Conde, por otro, ambas entidades acuerdan mantener una primera reunión negociadora el lunes día 23, al objeto de examinar en detalle la oferta de fusión presentada por el Bilbao. En torno a las 10 de la mañana, Conde y Letona llegaban a la sede del Banco de Bilbao, en el Paseo de la Castellana 81, para entrevistarse con José Ángel Sánchez Asiaín y Emilio Ybarra.

La reunión, que se celebra en un clima distendido, tiene una apertura por parte de Conde, quien aborda la difícil situación en que la iniciativa unilateral del Bilbao ha colocado a Banesto.

—Hemos sido designados por el Consejo del Banco Español de Crédito para negociar con vosotros y, de entrada, queremos dejar claro que Banesto quiere negociar, que nosotros vamos a negociar, eso sin ningún tipo de duda.

—Me alegra oír eso —replica Sánchez Asiaín.

—Ahora bien, queremos negociar en un clima distinto al que se ha creado con vuestra salida a la opinión pública. El Consejo de Banesto se siente presionado; la televisión está jugando muy fuerte en apoyo de vuestra opción, y nosotros necesitaríamos disponer de un clima de tranquilidad para negociar sin presiones.

—No veo ningún inconveniente en que se haga como dices; estamos entre caballeros...

—Sí, pero ocurre que para nosotros es muy difícil hablar bajo la amenaza de una OPA hostil pendiendo sobre nuestras cabezas, porque eso es tanto como partir de una posición de inferioridad para Banesto.

—Bueno, no veo por qué no podemos dejar al margen el tema de la OPA. Quiero que os sintáis liberados de cualquier tipo de amenaza, algo que no está en mi ánimo plantear. Yo soy el primer interesado en que este proceso se lleve de una forma amistosa y en que, en definitiva, se alcance un pacto de caballeros que permita culminar nuestra iniciativa sin menoscabo para nadie.

Emilio Ybarra expone a continuación las ideas maestras de la operación del Bilbao.

—Se trataría de crear un gran *holding* financiero que agrupara a los dos bancos y desde el que se empezara a trabajar en seguida en un proceso acelerado de fusión...

—En realidad, los dos bancos seguirían manteniendo una vida propia durante bastantes años —matiza Sánchez Asiaín— con sus propios Consejos de administración. La creación de ese *holding* serviría de nexo de unión entre ambas instituciones, y desde ella se empezaría a trabajar en la armonización de las políticas de ambos bancos, procediendo paulatinamente a la fusión de aquellas actividades donde se vea que pueden ir apareciendo economías de escala.

—¿Cual sería la composición de ese *holding* desde el punto de vista directivo? —pregunta López de Letona.

—Sin duda alguna vosotros estaríais representados en la cúpula directiva.

—Se podría pensar en establecer la figura de los copresidentes —sugiere Letona.

—Podría pensarse —responde Asiaín sin excesivo entusiasmo.

—¿Pero ese *holding* de que habláis será una sociedad anónima o no?

La pregunta no tiene respuesta. Los hombres del Bilbao se referían una vez a una sociedad anónima, mientras otras aludían a la misma como un órgano de dirección.

—El Banco de Bilbao —aclara Ybarra— tendría lógicamente mayoría de ese organismo...

—Parece bastante lógico —dice Conde con una sonrisa.

Para el consejero de Banesto, estaba fuera de duda que la dirección política de esa cúpula directiva, si la fusión llegaba a plasmarse, debía recaer en la persona de Sánchez Asiaín. Para Conde la idea de presidir el banco, no ya un *holding*, era algo que quedaba todavía, a pesar del "espíritu de La Salceda", a dos años vista. El problema podía residir en López de Letona, y ésta es una de las razones por las que el actual presidente de Banesto creyó siempre que Letona no participó en la «conspiración» Bilbao-Gobierno-Banco de España. Conde siempre pensó que esta operación arruinaba la carrera del entonces consejero-delegado, cercenando su opción a presidir Banesto.

—Y nosotros pondríamos un director general al frente de Banesto para coordinar la política común —añade Ybarra.

—¿Habéis pensado en la posibilidad de un intercambio de participaciones accionariales entre ambas entidades? —pregunta Conde—. Podría ser una fórmula alternativa interesante... con el correspondiente intercambio de consejeros entre ambas entidades.

—Se puede estudiar, sin duda alguna —añade Ybarra.

—Y hay que pensar en la relación de intercambio —interviene de nuevo Conde— porque, insisto, yo considero absolutamente necesario efectuar una valoración de los bancos.

—Hombre —replica Ybarra— yo creo que esas valoraciones ya las hace la Bolsa todos los días. Para eso están las cotizaciones.

—Eso no es así, y tú lo sabes. Las Bolsas no valoran exactamente la riqueza de un banco... porque en la determinación de la cotización de un título intervienen muchos factores ajenos a la entidad en cuestión.

En un momento determinado, Asiaín aborda el tema de los grupos industriales:

—Creo que podríamos pensar en la separación futura del grupo resultante de la fusión; ese grupo industrial podría llegar a tener incluso una composición accionarial distinta de la de los bancos.

El mensaje de Asiaín a Mario Conde no pasa inadvertido para ninguno de los participantes en la reunión. El presidente del Bilbao dejaba abierta la posibilidad de una salida airosa para los dos primeros accionistas de Banesto, sugiriendo claramente que allí podrían mandar ellos.

La conversación es corta, como casi todas las que en días sucesivos se desarrollarán entre los cuatro personajes. López de Letona mantiene en ellas una postura clara en defensa de los intereses de Banesto.

Los reunidos se despiden con el compromiso del Bilbao de estudiar la posibilidad de ese cruce de participantes accionariales que ha sugerido Conde.

Tras abandonar la sede de Azca, los negociadores de Banesto se dirigen a Castellana 7, en cuyas dos plantas «nobles» la confusión, envuelta en un clima de conspiración y recelo, parece haber sido entronizada como reina y señora.

En efecto. Mientras Letona y Conde parlamentan en la sede del Bilbao, una revuelta palaciega está teniendo lugar en la oficina que los antiguos dueños de Antibióticos poseen en la calle Fortuny. Un grupo de consejeros, miembros del bloque de control que lidera don Pablo, quieren ya, sin más dilación, la cabeza de José María López de Letona, al que creen firmemente comprometido con la intentona del Bilbao. Los reunidos conspiran inflamados de tal fervor pro Banesto que aquello adquiere tintes de guerra santa. Letona debe abandonar la casa cuando antes porque, como Roma, «Banesto no paga traidores».

Cuando Mario Conde se entera de lo ocurrido, una sensación de alarma se adueña de él. Por los pasillos, como puede, trata de abortar la iniciativa antes del inicio de la reunión del Consejo. Y lo consigue. Sus argumentos son muy claros. Una salida de Letona en esos momentos pondría al banco a los pies de los caballos de la autoridad monetaria. Los autores de la conspiración se cargarían de razón. La imagen de un banco descabezado vendría a reafirmar las tesis de los que, al menos teóricamente, abogan por poner orden en la casa, acabar con "las familias'' y democratizar la institución. La solución Bilbao cobraría toda su fuerza ante el Banco de España y el Ministerio de Economía y Hacienda.

Con estos ingredientes, la sede de Banesto hierve esa mañana con una serie de extraños rumores sobre la situación financiera del Banco de Bilbao. A media mañana ha llegado al banco, procedente del filial Banco de Madrid, un informe de tres folios, redactado a mano en la tarde del domingo y que una secretaria ha mecanografiado a primera hora del lunes, en el cual, con datos del Consejo Superior Bancario referidos al mes de septiembre, se analiza la iniciativa del Bilbao, se comparan someramente ambas instituciones y se recomienda rechazar la OPA.

El escrito comienza diciendo que «nuestra entidad ha comprobado por experiencias muy recientes (caso Coca y Madrid) y, por cierto, también recomendadas por la autoridad monetaria, que la mayor dimensión basada en fusiones hechas con precipitación por el imperativo de las circunstancias han resultado muy costosas».

Tras calificar la propuesta del Bilbao de ''leonina'', se asegura que se han tergiversado las macrocifras de ambas instituciones: «Se valora en 325.000 millones de pesetas a cada una de las dos entidades, sin tener en cuenta que Banesto ha efectuado ya el saneamiento de los activos en situación de insolvencia como consecuencia de la crisis económica 1974-80, lo que no consta en el caso del Bilbao. No obstante, a pesar de la concentración geográfica de su actividad, con excesivas oficinas en el País Vasco, estas cotizaciones suponen valorar los beneficios del 87 a un PER (relación entre el precio de una acción en Bolsa y los beneficios anuales) de 9,6 veces en el caso de Banesto contra 16 veces en Bancobao. Es decir, los dos se valoran igual, a pesar de que en la actualidad la capacidad de generar beneficios del Banesto es superior en un 65%.»

«Por otra parte», prosigue el escrito, «si atendemos a la valoración de mercado de los elementos patrimoniales, resulta una plusvalía de la cartera de valores de Banesto del orden de 80.000 millones de pesetas, y otra plusvalía de 30.000 millones de pe-

429

setas en la cartera de inmuebles. Ninguna de estas plusvalías es tenida en cuenta. Por el contrario, el 73% de la cartera de valores del Banco de Bilbao está concentrada en entidades bancarias, financieras y auxiliares de financiación, sin cotización en su mayor parte, lo que reafirma la idea de la importancia relativa del grupo industrial Banco Español de Crédito».

El breve documento trata a continuación de rebatir la supuesta mayor eficacia del Banco de Bilbao: «Banesto tiene 818 sucursales más que el Bilbao con tan sólo 786 empleados más. Ello se traduce en 443.000 millones de pesetas de recursos de clientes por encima de los que tiene el Bilbao. La elocuencia de estas cifras es todavía mayor si se considera que los gastos ordinarios de la explotación del negocio bancario por el Bilbao son 10.000 millones de pesetas superiores a los de Banesto año tras año», lo que da pie a asegurar al redactor del informe que la organización de Banesto es más eficaz que la del Bilbao.

En cuanto al mayor dinamismo del banco norteño, el escrito analiza su expansión internacional, señalando que a consecuencia de ello los créditos en divisas del Bilbao son de 189.000 millones de pesetas, frente a los 29.000 de Banesto, cuando son conocidas las dificultades para recuperar esos créditos. «Banesto, en cambio, ha apostado por la mediación de títulos del Estado (...) Así, el saldo de los activos intermediados por Banesto es superior en 299.000 millones de pesetas a los 128.000 millones del Bilbao».

El escrito se atreve también con el resbaladizo tema de la liquidez y solvencia, asegurando que «llama poderosamente la atención que en el mes de septiembre, el Bilbao presente un exceso de inversión en pesetas sobre los recursos de clientes del orden de los 225.000 millones, con un aumento de 50.000 millones en este saldo excedentario, a pesar de la dureza de las condiciones del mercado interbancario del segundo y tercer trimestre. Por otra parte hay que mencionar que los fondos de provisión de insolvencia son de 98.000 millones de pesetas en Banesto contra 44.000 en el Bilbao».

El autor o autores terminaban desaconsejando «por completo» la aceptación de la oferta del Bilbao. «Una fusión entre dos entidades de tanta importancia requiere, por la complejidad de las valoraciones a efectuar y el riesgo que implica, de un estudio detallado y efectuado por expertos auditores de nuestra confianza (recordamos los precedentes de los auditores que ostentaban los bancos Urquijo e Hispano Americano antes de sus respectivos problemas), como condición previa indispensable a cualquier decisión favorable que se tome para esta o cualquier otra fusión.»

La moneda de que la operación del Bilbao no es otra cosa que una huida hacia adelante comienza a correr por toda la organización Banesto. Se esgrime ese endeudamiento en el mercado interbancario de 225.000 millones; se alude al riesgo latinoamericano... «Lo que pasa es que el Bilbao está mal», es la frase que circula por los pasillos de Castellana 7. «Lo que el Banco de España necesita no es salvar a Letona sino al Banco de Bilbao.» La aparente inconsistencia de las propuestas del banco vasco, que los negociadores de Banesto consideran muy poco elaboradas, exentas de la maduración que cabía suponer en una institución que se arriesga a iniciar una operación de este tipo, sirven de caldo de cultivo a los rumores. Conde insiste en que los mismos no se generaron dentro del banco, aunque, «lógicamente, fueron allí bien recibidos». Cualquier cosa es buena a la hora de contribuir a forjar el Fuenteovejuna que necesitaba Banesto para defenderse y que en este lunes logra ya avances significativos.

Sin embargo, ésta es una de las razones que figuraban en la lista de agravios que días después sería esgrimida por Letona a la hora de justificar su dimisión como consejero delegado y vicepresidente. Letona consideró indignas ese tipo de acciones, de cuya paternidad acusó más o menos veladamente a don Pablo. Distintas personas del entorno de Banesto trataron a partir del lunes de filtrar las supuestas dificultades del Bilbao a la prensa, sin que nadie recogiera el testigo. En el mundo financiero y periodístico madrileño, la solvencia y dinamismo del Bilbao parecían fuera de duda.

Mario Conde valora ante el Consejo de Banesto como muy importante la reunión de la mañana del lunes, día 23. Consi-

dera que se ha logrado arrancar al Bilbao una posición negociadora de mayor equilibrio, casi en plano de igualdad. El
avance, en el fondo, es más psicológico que real. Conde se ha
dado cuenta de que la iniciativa del Bilbao está verde, lo que
va a favorecer extraordinariamente su táctica de ganar tiempo,
de dilatar la presentación de una OPA. Conde palpa con su
propia mano que el león del Bilbao no es tan fiero como lo habían supuesto durante el fin de semana.

El diario *La Vanguardia* aseguraba este lunes, por el contrario, que «la convocatoria de las negociaciones es una primera
victoria formal de Sánchez Asiaín».

La única novedad aparecida esa mañana en la prensa figuraba en el diario económico *Cinco días*, donde se aseguraba que
Javier Gúrpide, director general de Banca Corporativa del Bilbao, sería el ejecutivo puente que desde Banesto aseguraría la
coordinación de las políticas de ambas instituciones. Ese papel, sin embargo, era atribuido por el confidencial *Euroletter* a
Aristóbulo de Juan, un alto funcionario del propio Banco de
España, actualmente desempeñando un *stage* en el Banco Mundial y que a la sazón sería fichado por el Bilbao para colocarlo
al frente de Banesto tras la firma del acta de fusión.

Por su parte, el semanario *El Nuevo Lunes*, tradicionalmente
bien relacionado con el ala ''guerrista'' del PSOE, atribuía de
forma directa a Felipe Gónzalez la paternidad de la operación
Bilbao-Banesto. Según ello, la intentona había recibido el visto
bueno del Presidente en un reunión mantenida con Sánchez
Asiaín el jueves, 12 de noviembre.

A la 1 de la tarde del lunes tiene lugar la reunión del Consejo Superior Bancario (CSB) que, de acuerdo con la Ley de
Ordenación Bancaria de 31 de diciembre de 1946, debe autorizar la operación de toma de control del Banesto por el Bilbao. El CSB es un organismo en el que confluyen la autoridad monetaria y la Banca española y extranjera que opera
en nuestro país. La reunión de José Abascal 57, sede del CSB,
podía ser un espléndido barómetro para medir el clima que
se respiraba en la Banca a consecuencia de la operación de
Bilbao y, como algunos preveían, resultó más tormentosa de

lo esperado, al convertirse en una exposición pública de los malos humores que la *blitzkrieg* del Bilbao había generado en la gran Banca española.

Abrió el acto el secretario del organismo, José María Latorre, para leer un «escrito del Banco de Bilbao solicitando autorización para la adquisición de acciones del Banesto, en proporción que lleve, de hecho, anejo el control del mismo, y para el reparto de un dividendo con cargo a reservas».

Tras la lectura de este informe, el presidente del organismo y secretario de Estado de Economía, Guillermo de la Dehesa, concede la palabra al representante del Banco de Bilbao, Emilio Ybarra, quien expone las razones que han movido a su banco a imponer el correctivo a Banesto, dentro de la tradicional filosofía de creación de entidades financieras cuyas dimensiones permitan competir en el contexto mundial con posibilidades de éxito. La escasa dimensión de la Banca española repercute en sus cuentas de resultados, cuyos costes de transformación son un 50% más altos que el de los competidores internacionales. El Bilbao considera que este objetivo se puede conseguir mediante el procedimiento de la OPA, aunque reconoce que «el método puede parecer agresivo».

A continuación interviene López de Letona, quien viene a señalar que frente a los teóricos que cantan con las ventajas de las fusiones existen los teóricos que resaltan sus inconvenientes. Lo que interesa a Letona es poner de manifiesto «la sorpresa de Banesto por la forma en que el Bilbao les ha notificado la invitación al diálogo». De no llegarse a un acuerdo, asegura Letona, Banesto se encontraría ante la amenaza de una OPA hostil de la que tendrá que defenderse, sentando un precedente funesto para el futuro de las relaciones bancarias.

José María Amusátegui, vicepresidente y consejero delegado del Hispano Americano, pregunta a continuación cuál va a ser la posición que las autoridades monetarias van a adoptar ante este tipo de operaciones. Era lo único que Claudio Boada quería sacar en limpio de este aquelarre, por aquello de las barbas del vecino, y allí esta presente Juan Antonio Ruiz de Alda, vicepresidente del CSB y subgobernador del Banco de España, para aclararlo. Pero es De la Dehesa quien responde, recordando que las manifestaciones del portavoz del Gobierno, Javier Solana, el viernes pasado son suficientemente explícitas...

Amusátegui, para quien «son de desear bancos de dimensión europea, sin que todos deban necesariamente serlo...», se muestra finalmente partidario de una solución rápida y amistosa entre Bilbao y Banesto.

Epifanio Ridruejo, director general del Banco Central, transmite a continuación el rechazo de Alfonso Escámez a la operación del Bilbao. «El CSB debe abstenerse de emitir juicio sobre este asunto, porque no tiene conocimiento suficiente y preciso de los objetivos de la operación.»

Ildefonso Ayala, del Banco Popular, refuerza las tesis del Central. El CSB no puede informar favorablemente de una operación que echa mano de la OPA, un procedimiento «absolutamente perturbador para la convivencia futura del sistema financiero».

Las cosas se estaban torciendo para los mentores del CSB y sus aliados, de forma que Guillermo de la Dehesa, primero, y Juan Antonio Ruiz de Alda, después, deben llamar al orden a los reunidos. No se han reunido allí para discutir si es fusión o es absorción, o si el método de la OPA es o no reprobable. «La pregunta que se somete al pleno es si emite informe favorable para que el Banco de Bilbao tome un paquete de control del Banesto, atendiendo a criterios jurídicos y de legalidad en cuanto al procedimiento.»

Alfredo Lafita, vicepresidente ejecutivo de Banca March y hombre de confianza de los March en el negocio bancario, echa entonces una mano, dando por sentada la absorción y poniendo de relieve un obstáculo concreto. La operación puede peligrar porque, al no realizarse el canje de acciones como consecuencia de una fusión, sino de una OPA, ello va a dar lugar a la afloración de importantes plusvalías sometidas a una alta tributación. Por ello, Lafita sugiere que el Gobierno tome nota de forma inmediata y suprima ese trato fiscal diferente para casos de canje de acciones mediante fusión o mediante OPA.

Ybarra se suma naturalmente a esta petición, muy necesa-

434

ria para que este tipo de operaciones, «que el Gobierno manifiesta impulsar», puedan llegar a un final feliz.

Letona vuelve a intervenir para aclarar las dudas de Ridruejo: se trata, primero, de una toma de control, para después ir a una fusión por absorción. Y a continuación el consejero delegado de Banesto hace una interesante revelación sobre su estado de ánimo, tan alejado del resto del Consejo de Banesto, en torno a la operación. «Mi voluntad es la de sentarme a negociar, porque una mayor dimensión puede ser buena para los intereses generales, y si la solución es imaginativa puede favorecer también a los accionistas y a los empleados.»

Tras intevenciones de Lafita, Luis Butragueño («esto rompe la paz y el consenso en la comunidad bancaria»), y el marqués de Aledo, Guillermo de la Dehesa trata de llegar a una fórmula de consenso que salve la tradición del organismo, «donde las decisiones siempre se han tomado por unanimidad sin llegar a votaciones».

¡Ah!, pero entonces surge Amusátegui para recordar que la utilización del mecanismo de la OPA es un derecho que no puede ser negado a ninguna empresa española, aseveración que corrobora inmediatamente Emilio Botín. Ya están, pues, claros los dos bandos que la iniciativa del Bilbao ha dividido a la gran Banca española.

La solución de compromiso señala que el CSB «previa deliberación, no tiene objeción que oponer en cuanto a la solicitud del Banco de Bilbao, que informa favorablemente, si bien hace constar que es deseo de sus miembros el que ambas entidades lleguen a un acuerdo amistoso». Epifanio Ridruejo, que considera que la transcendencia del acuerdo sienta jurisprudencia, deja constancia expresa de su opinión contraria, mientras Letona ''salva'' su voto en el acuerdo que se propone.

Guillermo de la Dehesa salió de la reunión del CSB con la esperanza de haber abierto quizá una vía al arreglo amistoso, convencido, por otro lado, de «la imposibilidad de que fructifiquen OPAS hostiles entre bancos. No conozco un caso entre grandes bancos en que uno de menor tamaño relativo se haya comido a otro de más envergadura».

Con todo, el aspecto más llamativo de la reunión del CSB fue la ausencia de representantes del Banco de Vizcaya. El mutis de Pedro Toledo fue toda una revelación, un gesto que valió por mil explicaciones. «El no opinar en esta reunión fue una decisión sabia, porque yo no sabía con quién me iba a casar en un plazo de dos semanas... así que, ¿cómo iba yo a manifestarme a favor o en contra de la iniciativa del Bilbao?»

La mañana del lunes, 23 de noviembre, de Pedro Toledo en Madrid había resultado agitada. A las 9.30, el elegante banquero vasco había descendido de su automóvil blindado en el antiguo patio de carruajes del Ministerio de Hacienda.

—Bueno, Carlos, no necesito decirte la sorpresa que la iniciativa del Bilbao me ha causado. Sorpresa y quizá consternación.

—No sé por qué consternación... explícate.

—Sí, porque esto supone un cambio radical en los usos y costumbres de la comunidad bancaria y yo creo que es malo para el sistema en general.

—No sé por qué te extrañas, Pedro. El otro día te pregunté si te estabas moviendo, porque sabía de alguno que sí estaba preparando algo... creo que más explícito no pude ser.

Toledo quiere saber de primera mano qué piensa el Gobierno de esta movida, y nada mejor que preguntárselo al amigo, casualmente ministro de Economía y Hacienda.

—Ya lo sabes, Pedro, el Gobierno cree que eso es bueno y, por tanto, lo apoya plenamente.

—¿Y qué tengo que hacer...? —pregunta Toledo con fingida ingenuidad.

—Tú sabrás... ¡Pero está claro que te fusionas o te fusionan...!

—Pues muchas gracias.

A Pedro Toledo le habían desaparecido las últimas dudas. Enfundado en su elegante gabán gris salió caminando a la calle Alcalá, dobló por Sevilla, y en la Plaza de Canalejas, apenas a 150 metros del Ministerio que acababa de abandonar, penetró en la sede central del Banco Hispano Americano dispuesto a todo.

El presidente del Hispano, Claudio Boada, era aquellos días

un hombre perplejo. Hasta hace muy poco estaba convencido de que los planes del Bilbao apuntaban al banco que preside como objetivo. Boada se había resistido a los argumentos de Asiaín, provocando el enfriamiento de las relaciones entre ambos, pero el temor de un golpe por la espalda seguía latente. Él quería terminar la obra de saneamiento iniciada en la Plaza de Canalejas. Si era absorbido por el Bilbao, nunca se reconocería su trabajo. Más aún, habría parecido un salvamento desesperado...

Cuando Toledo y Boada están hablando de las posibilidades de un acuerdo entre ambas instituciones, José María Amusátegui aparece en el despacho de Boada.

—Perdonad que os interrumpa, pero es que tengo que salir ya para la reunión del Consejo Superior Bancario.

—Ah, sí, sí, vete.

—Perdonad, pero, ¿qué reunión es esa? —pregunta Toledo.

—Hombre, la del Consejo para dar el visto bueno a la operación del Bilbao.

—¡Pues no tenía ni idea!

—Bueno, ¿y qué digo? —inquiere Amusátegui—. ¿Lo que hemos hablado?

—Justamente, sí señor...

La operación había dividido a la "gran familia" bancaria española. La idílica imagen de los almuerzos de los siete grandes, con la foto de rigor donde siete hombres de bien, siete caciques provincianos entrados en carnes, aparecen en actitud de amistosa plática, dispuestos a comerse la lubina para después pasar a disputar una fraternal partida de mus en el casino local, había quedado rota en mil pedazos. Las cosas seguramente ya no volverán a ser nunca como antes del 19 de noviembre. El presidente del Bilbao había roto el *status quo*, había hecho trizas el *gentlemen's agreement* que durante años llegaba incluso al compromiso de no robarse ejecutivos entre las entidades.

Y el autor del descosido había sido precisamente Sánchez Asiaín, «el único bien visto por todos en la mesa de los siete grandes», según señala Luis Valls Taberner, presidente del Banco Popular, «el único que siempre ha gozado de unanimidad, que no ha sufrido los recelos. Nadie podía imaginar que hiciera algo que supusiera un gesto hostil hacia otro colega».

Desde otro punto de vista, la acción de Asiaín entrañaba un gesto de modernidad, en el sentido de que acababa con una época de corporativismo tradicional en la Banca, herencia clásica del franquismo. Era el cambio. Era también la aparición en España del capitalismo financiero en su estado puro, un poco a la americana. No caben repartos pactados ni reinos de taifas. A partir de ahora el más listo se quedará con la pieza más codiciada.

¿Y los partidos políticos? Sin novedad, señora baronesa. La oposición al partido socialista no ha sabido sacar tajada del acontecimiento. Ha visto desfilar ante sus narices un portaviones de gran calado y lo ha confundido con un bote de remos. A pesar de que la involucración del Gobierno en el asunto estaba clara, porque, por una vez, había sido el propio ejecutivo el que se había encargado de airearlo.

A Antonio Hernández Mancha el estallido de la operación le había sorprendido en Córdoba. El viernes 20 de noviembre, tras la aparición en escena del portavoz del Gobierno, Javier Solana, el líder de AP comienza a preocuparse, y llama por teléfono a Sánchez Asiaín.

—José Ángel, yo estoy encantado con la confianza que tanto Mario como tú me habéis demostrado, pero esto me pone en una situación desairada, porque si mi partido decide que es una iniciativa del Gobierno yo no me puedo estar quieto...

—Ciertamente, yo creo que la intervención del portavoz ha sido muy desafortunada, pero quiero que sepas que nosotros no tenemos ningún interés en politizar esto, antes bien lo contrario...

—Bueno, a mí me parece una metedura de pata impresionante, y creo, José Ángel, que debes intervenir para que el Gobierno rompa con la situación creada, porque o se corta la politización del tema o yo me veré obligado a intervenir, como no podría ser de otro modo... .

Este lunes, 23 de noviembre, la posición de Antonio Hernández Mancha se ha hecho más y más incómoda dentro de

438

su partido, y le es casi imposible resistir la presión de los que, dentro de AP, reclaman una acción política denunciando la presencia del Gobierno en la iniciativa del Bilbao. Un problema más se le venía encima a Conde.

—Mira Mario, estamos pensando en pedir la suspensión del Pleno del Senado que va a debatir mañana el Estado de las Autonomías. Aquí hay gente que piensa que esto es una vergüenza, y que tiene toda la pinta de ser una nacionalización encubierta de la Banca utilizando a Sánchez Asiaín como testaferro...

—No, Antonio, por Dios... si haces eso nos partes por la mitad. Es lo que me faltaba por oír...

—No te entiendo Mario, no te entiendo. Te estoy ofreciendo el apoyo de mi grupo...

—Mira Antonio, tranquilízate, pero comprende que lo último que a mí me interesa ahora es que se politice el tema, ¿no lo entiendes?

—Te entiendo, pero he estado hablando con mi gente y no puedo embridar la situación por más tiempo.

—Antonio, procura contener los ímpetus de tus parlamentarios... ¡que nadie pueda decir que entre todos la mataron y ella sola se murió!

—Ya te comprendo, Mario, pero estamos corriendo el riesgo de que alguien nos acuse de ser cómplices de una extorsión, porque esto es una vergüenza...

—Pues ya lo sabemos, pero hazme el favor de no menearlo, te lo pido por favor; no quiero que esto se politice bajo ningún concepto. Me entiendes, ¿verdad?

—Bueno, bueno, voy a comentar con mi gente lo que opinas, y ya te llamaremos.

El episodio no hace sino añadir presión a la caldera que este lunes es el cerebro de Conde. Recibe a gente, habla constantemente por teléfono, ve papeles, despacha con abogados. Capaz de manejar varios asuntos importantes a la vez y tomar decisiones sobre cualquiera de ellos, este lunes Conde está a punto de rebosar...

En Banesto, el mensaje que transmiten al Consejo los negociadores de la casa surte el efecto de alterar más los ánimos. La acción emprendida por el Bilbao es interpretada como una afrenta personal, como un insulto. Empieza a cristalizar el bloque de los partidarios de resistir a cualquier precio.

En torno a las 8.30 de la noche ambas entidades emitieron una "nota conjunta", la primera de este género, en la que señalan que «ha tenido lugar la primera reunión entre representantes de ambas entidades».

A partir de las 9 de la noche, en el despacho de López de Letona en Castellana 7, tiene lugar uno de los enfrentamientos más violentos ocurridos en el banco durante esta semana crítica. López de Letona hace llamar a Rafael Pérez Escolar y Ramón Hermosilla a su despacho. El motivo no viene al caso; es una disculpa que aprovecha Letona para intentar reconducir una situación que se le escapa de las manos. Al consejero delegado no le ha pasado inadvertido el decisivo papel que ambos abogados están realizando en el banco llamando a la confrontación jurídica con el Bilbao, elevando el ánimo de las "familias" y postulando, en suma, una decidida oposición frente a los deseos del banco norteño. Los resultados de la labor de zapa de ambos eran ya evidentes este lunes, de forma que Letona decide jugar duro para ver de neutralizarlos.

Frente a ambos juristas, Letona realiza una larga exposición de los errores que ambos están cometiendo con sus comentarios y asesoramientos legales, viniendo a decir que de la negativa a negociar sólo pueden derivarse males para el banco.

Pero Pérez Escolar contraataca fuerte, asegurando que Banesto jamás debe negociar y ceder a los deseos del Bilbao, puesto que jurídicamente el caso tiene una defensa clara.

Es entonces cuando Letona pronuncia una frase que se hizo célebre por aquellos días en el banco.

—¡Es que no conviene provocar a la fiera...!

—Perdona —responde Escolar con la voz alterada— las fieras me merecen mucho respeto, pero yo únicamente sigo los dictados del Derecho; yo soy un jurista, no un político, y como jurista me opondré con todas mis fuerzas a esta operación.

—¡Sois unos insensatos! —grita Letona— yo tengo información que me permite asegurar que una negativa a ultranza es mala, muy mala, para Banesto. Las autoridades monetarias no van a permitir esto, estoy seguro...

La discusión ha subido de tono y es casi una bronca fenomenal. Ramón Hermosilla parece asustado, pero Rafaél Pérez Escolar se mantiene firme, como un gallo de pelea frente a otro gallo que tiene la sensación de estar librando su definitivo combate.

—¡Con el Derecho por delante, a mí no hay quien me haga una OPA hostil, y menos a Banesto...! —replica Escolar.

El papel intimidatorio que Letona había querido atribuir a esta reunión se vuelve en su contra. El consejero delegado pierde definitivamente los papeles, agacha la cabeza y se va. La vía intermedia que aparentemente Letona representa en Banesto, la de negociar en las mejores condiciones posibles para el banco, pero negociar al fin y al cabo, cediendo naturalmente a la iniciativa del Bilbao, entra en vía muerta. Letona, un hombre con escasa capacidad de repentización, que se achanta en los momentos más duros, queda desarbolado con esta discusión. A partir de este momento es un hombre sin prestigio dentro de la casa, a quien sólo le queda la última carta: la amenaza de dimisión.

Mario Conde y Juan Abelló continuaban preocupados por la posición del Gobierno en el contencioso, que seguía siendo el dato clave por conocer. Entre los rumores que como olas a la playa llegan este lunes a Banesto figura uno que asegura que Felipe González está molesto con Conde porque «cree que le ha traicionado». Su alianza con "las familias" de Banesto podía estar en el transfondo de ese rumor que, aunque mínimamente consistente, no hace más que aumentar la inquietud de Conde. La televisión, cuyos signos interpretan ambos inversores como el estado de ánimo del Ejecutivo, sigue mostrándose como un decidido adalid de la operación de absorción.

Carlos Solchaga ha vuelto este lunes a echar su cuarto a espadas en favor de la iniciativa del Bilbao, al mostrar claramente cuál es la posición de su Ministerio en el tema. Un nuevo golpe de presión sobre Banesto. El ministro ha comentado en un almuerzo con periodistas que «el proceso de fusión bancaria es imparable» y que «el Gobierno vería bien que se produjeran nuevas fusiones».

Conde decide entonces que es imprescindible bucear en el entorno de La Moncloa, y pone de nuevo en marcha la ''conexión italiana'', léase Bettino Craxi, para tratar de saber qué piensan en las alturas. Y a última hora del mismo lunes recibe una llamada de un cualificado personaje del entorno presidencial, quien viene a decir que no es verdad que Felipe respalde la operación. «El presidente ha tenido conocimiento de la iniciativa del Bilbao, como de otras muchas iniciativas, pero de respaldar, nada de nada.»

Conde acude también en busca de la ayuda de su amigo de Deusto, José María Rodríguez Colorado, director general de la Policía. ''El Colo'', como es conocido popularmente, hace su particular sondeo entre sus amigos del partido y del Gobierno y obtiene una respuesta similar. No hay una involucración directa de La Moncloa. Más aún, la decisión de resistir el asalto, de no vender, sería bien considerada por el Gobierno y aumentaría el margen de crédito ante el ejecutivo de la pareja inversora. Sólo parece resistirse Carlos Solchaga, como verdadero bastión de la operación Bilbao, y el cortejo de los *beautifuls*, que ha propagado por Madrid una imagen de Conde y Abelló como puros especuladores dispuestos a embolsarse 6.000 millones de beneficio en la operación y aquí paz y después gloria.

El martes 24 de noviembre, Mario Conde se despertó a las 5 de la madrugada. A pesar de necesitar poco tiempo para dormir, la tensión de la crisis que estaba viviendo había alterado el ritmo de su comportamiento psicosomático. Los nervios comenzaban a jugarle una mala pasada, así que, incapaz de volver a conciliar el sueño, a pesar de haberse acostado a las 2 de la madrugada, decidió darse un baño e iniciar su jornada laboral.

En el silencio de su despacho, Conde trata de pensar, de hacer un examen global de la situación. Tanto él, como su socio y amigo Juan Abelló, han decidido ya jugar la carta Banesto hasta el final. Correrán la misma suerte que el último de los accionistas. Hay razones de índole sentimental: el entusiasmo de los miembros del Consejo, decididos a salvar a la institución; el afecto con que han sido recibidos; la esperanza que han puesto en las capacidades negociadoras de Mario para salir del trance. Ya no es posible la marcha atrás. Pero hay también razones económicas. Desde el pasado 28 de octubre, en que oficialmente se instalaron en el banco, han ido descubriendo que Banesto es ''mucho banco'', y que, en definitiva, su dinero está bien situado donde está. Y las razones del dinero son siempre poderosas razones.

Y no es que fueran a perder con el Bilbao, no, piensa Conde en el silencio de la madrugada. Sánchez Asiaín le ha insinuado casi un futuro de rosas, y él estuvo en un instante a punto de aceptarlo. Conde y Abelló seguirían siendo los mayores accionistas individuales del banco fusionado; Asiaín es un hombre de 62 años; le pueden quedar 3 en la presidencia de esa cúpula. Conde, si todo va bien, puede ser el gran beneficiado a medio plazo de esta operación de fusión...

De hecho, son bastantes las personas que en el mundo financiero creyeron honestamente que Conde se equivocaba al no subirse al carro de Asiaín. Ignoraban que el personaje tenía su propia vía elegida para convertirse en el candidato número uno a primer banquero de España.

Conde piensa aquella madrugada que la suerte está echada. Parece convencido de que la operación no le sale al Bilbao. En su opinión, el banco norteño no tiene estudiada una OPA hostil. En caso de que hubiera acuerdo para una OPA amistosa, Mario cree que se puede arrancar un precio para Banesto al 1.400% (el último día de cotización había cerrado al 900%, pero antes del *crash* del ''lunes negro'', había rozado el 1.250%). Y una OPA hostil tiene, por definición, que ser más cara que una amistosa.

Considera que el precio que el Bilbao ha adelantado para esa potencial OPA no es atractivo para al accionista de Banesto. En esas condiciones «no va nadie», piensa convencido; «los impuestos se llevarían las tres cuartas partes de las plusvalías».

Conde trata de imaginar el escenario de una potencial OPA

hostil. Ese mismo día habría que convocar junta general extraordinaria de Banesto, movilizar la organización, cuidar a los accionistas y montar una gran campaña de información e imagen. En suma, «montar un chocho», como asegura en lenguaje cheli uno de los colaboradores de Mario. Ello exigiría adelantar la estrategia esbozada en La Salceda.

Por otro lado, en el banco consideran que a estas alturas controlan ya cerca del 40% del capital social. Pablo Garnica, don Pablo, se ha movido ya en esa dirección y las respuestas comienzan a llegar en cascada. En muchos casos no va a hacer falta ni el trabajo de rastreo y convencimiento de los directores de sucursales. Los ofrecimientos de fidelidad a la institución han comenzado a llegar de *motu proprio*.

A la hora del desayuno, Mario repasa todos los periódicos de Madrid. En la prensa del martes 24 de noviembre, toda la información quedaba oscurecida por la fascinación de una foto, una foto de *Efe* publicada en todos los periódicos del día y que, por una vez, sí valía más que mil palabras. En ella podía verse a Guillermo de la Dehesa y a Juan Antonio Ruiz de Alda camino de la sede del Consejo Superior Bancario para asistir a la reunión celebrada el día anterior. El secretario de Estado, con sus papeles bajo el brazo, parece el alumno aplicado que trata de pasar inadvertido, oscurecido por la espectacular arquitectura del personaje que camina a su derecha, el subgobernador del Banco de España, que, la chaqueta abrochada, las manos en los bolsillos, sonríe campechano con la suficiencia del que va a arrollar. Aquélla era la expresión del poder o, como sugirió alguien, la segura sonrisa de la *beautiful*, convencida de estar embarcada en la mayor aventura del siglo.

A las 9.30 de la mañana, José Angel Sánchez Asiaín y Emilio Ybarra han acudido a la sede de Banesto para mantener una nueva sesión negociadora. El cambio de escenario, que los negociadores del Bilbao interpretan como un signo de cortesía, es considerado en Castellana 7, como un síntoma de esa «negociación en plano de igualdad» que reclama Conde para llevar a buen puerto la nave.

Sánchez Asiaín manifiesta en ella que, por una serie de complejos problemas fiscales, no es posible considerar la propuesta de Conde de proceder a un cruce de participaciones entre ambas entidades.

En un momento de descanso, Emilio Ybarra comenta a Conde:

—Oye Mario, se dice por ahí que quieren hacerte presidente de Montedison...

—Mal dicho —responde Mario riéndose—. Por cierto, esto me recuerda que tengo que llamar ahora mismo a Milán, porque esta tarde hay comité ejecutivo de Montedison y Raúl Gardini quiere que vaya a toda costa.

A los pocos minutos, Conde, en presencia de Sánchez Asiaín, Ybarra y Letona, en el despacho de este último, efectuaba una brillante puesta en escena con Raúl Gardini, el poderoso *condottiero* italiano, presidente del grupo Ferruzzi y nuevo hombre fuerte de Montedison, al otro lado del aparato.

—Mira Raúl, tenemos aquí una situación muy complicada como sabes, y me viene francamente mal ir esta tarde a Milán.

—¡Ah, te necesitamos, caro Mario! —responde Gardini —No puedes fallar, esta reunión es sumamente importante para el futuro de Montedison y tú lo sabes.

—¿No hay posibilidad de que aplaces uno o dos días esa reunión?

—¡Ma no! —replica el italiano—. Tu lo sai... todo está preparado, todo el mundo avisado. No puedes fallar.

—Bueno, bueno, haré todo lo posible por estar allí.

—Te espero. A medio día tendrás el avión de Montedison en Barajas. Podemos quedar antes en la sede de Ferruzzi para charlar un rato, y desde allí nos vamos a Foro Bonaparte.

—De acuerdo —concluye el español.

—No ha sido posible aplazarlo —comenta Conde a los reunidos, que han asistido en silencio a la conversación telefónica—. Tengo que estar en Milán esta tarde.

Cerca de las 12.45, los reunidos acuerdan posponer la nueva reunión para el miércoles por la mañana en la sede del Bilbao. Emilio Ybarra sale de Banesto convencido de que Mario Conde va a Italia a recabar apoyo financiero de Gardini para oponerse a la OPA.

¿Resultado de este encuentro en Banesto? Ninguno. Para el Bilbao, se entiende. Excelente para Banesto. La estrategia de Conde de ganar tiempo, de marear la perdiz, comenzaba a dar sus frutos. El providencial viaje a Milán permitía ganar un día más. Era posible doblar el ecuador de la semana sin que el Bilbao hubiera activado la espoleta de su OPA hostil.

¿De qué se habla en esas reuniones? «Del mar y de los peces», suele decir Conde. En realidad se pierde el tiempo. Es un gambeteo en el que Mario se mueve como pez en el agua. Se habla de filosofías de gestión, de eficacia bancaria... palabras, conceptos etéreos, generalidades. Todos toman notas, como alumnos aplicados ante un profesor hueso. Y así transcurren un par de horas, y llega el momento de despedirse hasta la nueva reunión.

A la altura de este martes, José Angel Asiaín se ha dado ya cuenta de que esto no va a ser una marcha triunfal, que se van a presentar muchas más dificultades de las esperadas. Esta mañana, el presidente del Bilbao recibe por segunda vez al líder de Alianza Popular, Antonio Hernández Mancha. El banquero explica al político su visión de la operación y trata de tranquilizarle sobre los fantasmas nacionalizadores que el hombre de AP cree adivinar en la involucración del Gobierno. En un momento de la conversación, Asiaín suelta una frase críptica. «Antonio, creo que nos han engañado; a mí, unos, y a ti, otros.»

Como factor añadido a sus preocupaciones, Conde tiene que seguir cuidando el frente político, un trabajo centrado en mantener cortas las bridas de los hombres de Hernández Mancha (que con este motivo será recibido por el ministro Solchaga el 2 de diciembre, y posteriormente por Mariano Rubio), cuidando de que no se politice el tema. El asesoramiento de Goldman Sachs apunta claramente en esa dirección, que tiene también en Pérez Escolar un apoyo decidido.

A las 2 de la tarde, el jet birreactor de la Montedison, matrícula de Milán y tripulación italiana, despegaba de Barajas rumbo a la capital del Piamonte, llevando a bordo a un espa-ñolito incrustado en el Consejo de Administración de Mon-tedison.

Durante el viaje, Mario comienza a sentir los efectos del cansancio. Aunque intenta dormir, no lo consigue. Sólo pen-sar, darle vuelta a miles de estrategias, planes, posibilidades, conjeturas... Algo muy importante ha variado en las últimas horas: Conde ya no está a la defensiva. Está convencido de que el Bilbao lo tiene muy difícil. Y lanza esa famosa frase que pronto repetirá en la sede de Ferruzzi ante Gardini: «Como mínimo empatamos; seguramente ganamos, y probablemente lo hagamos por goleada...»

Cuando en torno a las 3.40 el aparato aterriza en el aero-puerto de Milán, una lluvia fría, punzante como alfileres, está cayendo sobre una ciudad donde comienza a oscurecer. A la salida del bloque de vuelos privados, el coche personal de Gar-dini, un lujoso Audi, está esperando a Conde. El conductor en-fila inmediatamente en dirección a la sede milanesa de Ferruzi, donde ya le espera ese *enfant terrible* del mundo de los negocios transalpinos que es Raúl Gardini.

Tras cambiar impresiones durante media hora en Ferruzzi, ambos personajes se dirigen en el mismo automóvil hacia Foro Bonaparte, sede de Montedison, donde a las 5 de la tarde está previsto el inicio de una trascendental reunión del comité eje-cutivo. Gardini, con el 47% del accionariado de Montedison, ha decidido dar el golpe de mano definitivo y apear de la pre-sidencia a Mario Schimberni, el hombre responsable de la com-pra de Antibióticos.

La reunión es muy tensa. Gardini pide la cabeza de Schim-berni, pero éste se resiste. Reclama que sólo podrá ser dimi-tido por el voto mayoritario del Consejo. La posición de Conde no puede ser más comprometida: en el alto organismo, el grupo Ferruzzi cuenta con once consejeros, con otros once el grupo de Schimberni. Conde hace el número 23. Idéntica situación se repite en el comité ejecutivo: cuatro contra cuatro, con Conde en medio como árbitro de la situación. Su voto puede inclinar el fiel de la balanza a uno u otro lado.

A las 8 de la tarde, cuando acaba la reunión, es noche cerrada sobre Milán. La lluvia se ha convertido a esas horas en un aguanieve que parece calar los huesos. Una noche ideal para estar sentado frente a una chimenea. Camino de regreso al aeropuerto, Mario siente de pronto un cansancio infinito, unas ganas profundas de abandonar... con una sonrisa forzada se pregunta, incrédulo, cómo es posible encontrarse en dos países a la vez en el vórtice del huracán; cómo resistir la tensión de estar enfrascado en las dos más importantes batallas que en el terreno económico-financiero tienen lugar tanto en España como en Italia en muchos años. Gardini le ha presionado. ¿Qué hacer? El líder de Ferruzzi ha llegado a ofrecerle la presidencia de Montedison. Hasta la mañana del 26 la prensa italiana no dará cuenta de lo ocurrido esa noche en Foro Bonaparte.

A mitad del recorrido, suena el teléfono móvil.

—Il capo vuole parlare con lei —dice el conductor.

Gardini y su plana mayor van también camino del aeropuerto. Quieren intercambiar de nuevo opiniones con Conde. Y en efecto, cuando a los pocos minutos el Audi alcanza la terminal de vuelos privados, Gardini le espera en una humilde sala donde ambos charlan durante cerca de quince minutos.

Cerca de las 9 de la noche, el mismo jet vuelve a despegar en dirección a Madrid. La azafata, una preciosa italiana de formas redondas, sirve canapés de caviar y champán francés. Conde piensa en voz alta. Mi puesto está en España. Si tengo algo que hacer y que decir en el mundo de la empresa debo decirlo en España, no en Italia. No aceptaré ningún ofrecimiento de Gardini. El viaje, en contra de lo esperado a causa del mal tiempo milanés, resulta plácido. Al calor del champán, Mario se anima. Mira fijamente el trasero de la italiana acodada entre el piloto y el copiloto y ésta, como atravesada por un rayo, vuelve sonriente su rostro, ofreciendo sus servicios:

—Volete cualche cosa?

—Nada, preciosa, que estás muy rica. ¡El próximo día que venga a Milán me voy a quedar a pasar la noche y te voy a meter unos meneos...!

La chica sonríe sin comprender muy bien, mientras sus interlocutores ríen. Unos minutos más tarde, Mario repite el mismo experimento, con idéntico resultado. Nuevas risas. Es como si tuviera un imán en los ojos. Cuando el aparato se adentra sobre tierra española, el aguerrido ejecutivo duerme plácidamente.

El jet vuelve a aterrizar en Barajas pasadas las 10.30 de la noche. En Madrid luce una noche clara, aunque fría. Para Mario Conde no ha terminado la jornada laboral. En su domicilio le espera una cena con un banquero extranjero. El nuevo hombre fuerte de Banesto está maquinando a toda prisa una eventual alternativa anti-OPA.

Kidder Peabody, un *merchant bank* británico con una relación histórica con el grupo Ferruzzi, está dispuesto a montar un crédito sindicado por importe comprendido entre los 200.000 y los 250.000 millones de pesetas. El propio Kidder aportaría 200 millones de dólares; un socio suizo ha ofrecido 500 millones de dólares. La estrategia de contraataque estaría coordinada por Goldman Sach, con quien Banesto ya estaba en contacto. El problema es la autoridad monetaria, que negaría el permiso para esa contraoperación. Pero ahí también cree Conde haber adivinado una falla: la contra-OPA no la formularía Banesto contra el Bilbao. ¿Qué haría entonces don Mariano?

Mario Conde tiene además otra bala en la recámara, que puede explotar al día siguiente, miércoles 25, por la noche, o a lo sumo el jueves 26. ¿Qué pasaría si Banesto suscribe un acuerdo de intenciones con otro banco español, con vistas a ir a la fusión de sus negocios? Banesto tendría así su *white knight*, en la terminología anglosajona de las OPAS, su caballero blanco, dispuesto a acudir en socorro de la vieja dama de Castellana 7.

Mario mantiene abiertas dos posibles vías: Vizcaya y Santander. Conde y Toledo han quedado muy amigos, han ''enganchado'' tras el viaje relámpago efectuado a Barcelona el pasado septiembre en unión de Carlos March, en el avión privado de este último. Se trataba de presentar el proyecto ''Advent''a Jordi Pujol, presidente de la Generalitat de Cataluña. La cena con Pujol y Lluis Prenefeta en el Palau de la Generalitat resultó amena y divertida. Cuando los ilustres visitantes parten de regreso a Madrid, a primeras horas de la madrugada, su ánimo, ya relajado por los buenos caldos catalanes, se apresta a todo tipo de bromas y fantasías, mientras en el vuelo sigue corriendo el champán. Entre risas, se hacen mangas y capirotes de muchas cosas: de los problemas de Conde con Letona; de los de Carlos con Boada; de Mariano Rubio, de Sánchez Asiaín («oye, este tío esta obsesionado con las fusiones; qué perra ha cogido. Habría que decirle algo a Felipe...») Mario Conde y Pedro Toledo quedan en hablar de una serie de cosas.

Tras el estallido de la operación del Bilbao, Conde y Toledo cenan dos veces en el período que va del 20 al 30 de noviembre, con escenario cambiante. La primera en la sede de Banesto y la segunda en la del Vizcaya.

Ambos personajes hablan de colaborar en una estrategia defensiva con la que oponerse a la operación de Asiaín. Una contra-OPA de Banesto con financiación, en parte, del Vizcaya es considerada una eventualidad muy difícil. El Banco de España no lo permitiría. Pero hay otras vías a considerar. Esa contra-OPA podía ser presentada por ciudadanos españoles individuales, no necesariamente un banco, con lo que la objeción de las autoridades monetarias se dificultaba. Pero, sobre todo, podía tratarse de un proyecto alternativo de fusión Vizcaya-Banesto, con lo que Asiaín, para empezar, podría verse obligado a "opar" a ambas instituciones a la vez...

«Estando ya cerrada la vía del Central, en mi estrategia de fusiones están en ese momento abiertas todas las vías, empezando por el propio Banesto», asegura Toledo. Entre Vizcaya y Banesto se habían producido dos intentos de fusión en épocas pasadas, culminados ambos en fracaso. La última en 1970. El conde Cadagua y Manuel de Gortázar, presidente y consejero delegado, respectivamente, del Vizcaya, se reunieron con José María Aguirre Gonzalo en la sede del Banco Guipuzcoano de San Sebastián. A los pocos días, ya sin Cadagua, tuvo lugar una segunda reunión en la sede madrileña de la constructora Agromán. Pero Aguirre, considerado entonces un presidente interino en Banesto, no consiguió la aprobación de la comisión ejecutiva del banco.

«Banesto podía ser un banco interesante para nosotros de cara a una fusión. ¿Por qué no?», señala Pedro Toledo. «Además, a mí Conde me parecía un hombre con mucho empuje, muy interesante de cara a una operación de este tipo. Pero actuar de *white knight* no, porque era impensable en una OPA como la del Bilbao apoyada por el Gobierno y el Banco de España.»

«Yo sabía que la operación del Bilbao no podía tener éxito. Además del problema fiscal que existía, muy importante, si la OPA hubiera salido, Asiaín se hubiera encontrado con dos organizaciones funcionando en paralelo y enfrentadas...», sostiene Toledo.

La otra alternativa eran los Botines. Sabida es la vieja amistad entre Juan Abelló y Jaime Botín, el líder de Bankinter. Con todo, se sospecha que la relación había quedado algo tocada tras la experiencia de Antibióticos, en la cual la familia Botín llegó a exprimir demasiado el limón. Hay constancia, sin embargo, de la existencia en estas fechas de varias reuniones entre Conde y Jaime Botín con el tema de fondo de la operación del Bilbao. Aparentemente no se llegó a nada. Quizá de nuevo la sombra de Antibióticos sobrevoló la escena...

La última carta de Conde llevaba sello británico. Se trataba, nada más y nada menos, que de Barclays Bank. En efecto, tras haber adquirido en España el antiguo Banco de Valladolid de Domingo López, lo que les otorgó el estatus de banco español, los británicos se dejaron regalar los oídos con una propuesta que podía convertirles, de golpe, en la primera potencia bancaria española con mucho. La cena que al regreso de Milán aguardaba a Conde en su domicilio tenía precisamente como invitados a directivos de la entidad británica. El órdago podía ser de aúpa...

CAPÍTULO 18

EL ESPÍRITU DE LA SALCEDA

A las 11.30 de la mañana del miércoles 25 de noviembre de 1987, Conde y Abelló se apean de un automóvil a la puerta del Banco de España, en la calle de Alcalá. Van a ser recibidos por el señor Gobernador y todo hace suponer que va a ser un encuentro importante, quizá decisivo y, en cualquier caso, tenso. Desde las 9 de la mañana del viernes 20 de noviembre, en que el Gobernador quiso tener a Conde en su despacho, hasta las 11.30 del miércoles en que finalmente lo tuvo, ha transcurrido casi un siglo de acontecimientos precipitados.

De «altamente desagradable» ha calificado esa entrevista Juan Abelló. La situación había dado ya un giro importante para los que estaban en el meollo del asunto, aunque en los medios de comunicación todavía siguiera dándose por sentado la virtualidad de la absorción. Conde y Abelló han logrado ya contactar con los poderes del Estado, y Mariano Rubio no está en babia.

—Vosotros podéis haber maniobrado, pero no olvidéis que el Gobernador sigo siendo yo... —asegura en un tono poco tranquilizador.

—Nosotros seguimos donde estábamos —interviene Conde—; como te manifesté por teléfono, queremos negociar, somos partidarios de negociar, pero tenemos que saber qué es lo que vamos a negociar. No se puede hacer una fusión de la noche a la mañana.

El Gobernador se queja de las maniobras dilatorias que, en su opinión, Conde está poniendo en práctica, y advierte:

—Yo tengo que ver con recelo, por principio, la entrada en Banca de unos señores que pueden tener experiencia industrial, pero que no conocen nada del negocio bancario.

—Todo se puede aprender en esta vida...

—Sí, pero un banco no es ningún juguete. A las pruebas me remito. La crisis bancaria española ha sido debida en gran medida a los casos de industriales metidos a banqueros, y hay ahí un punto que me preocupa mucho de vosotros...

—Perdona Mariano, nosotros no somos industriales, —interrumpe Abelló—. No tenemos una sola industria de nuestra propiedad, porque todo lo hemos vendido. Nuestro dinero está ahora en Banesto, así que no tenemos que financiar ninguna empresa.

De 9.30 a 11.15 de la mañana, los equipos negociadores de ambas instituciones han estado reunidos de nuevo, esta vez en la sede del Banco de Bilbao. La negociación se vuelve a reanudar a las 4.30 de la tarde durante un par de horas más. Conde sigue insistiendo en la necesidad de abordar la realización de un estudio que valore las entidades y establezca relaciones de equivalencia. El Bilbao no presta oídos a tales demandas por una razón elemental: tal iniciativa supondría ralentizar todavía más el proceso lanzado el pasado jueves, una de cuyas premisas de éxito consistía precisamente en la rapidez de actuación.

En el seno de Banesto va creciendo según pasan las horas la marea anti-Bilbao. El Consejo, reunido casi de forma ininterrumpida va tomando paulatinamente moral y está decidido a plantear batalla. No habrá fusión. «Banesto se resistirá a la fusión hasta el final», titulaba el diario económico *Cinco Días*. «Conde y Abelló dispuestos al acuerdo con el Bilbao», aseguraba, por su parte, *Expansión. Cinco Días* aludía en otro trabajo a un tema de trascendental importancia para el futuro de la OPA del Bilbao: «Habrá neutralidad fiscal para las OPAS», señalaba, asegurando que el Gobierno estaba dispuesto a instrumentar una vía fiscal para hacer posible la operación de fusión. La medida sería recogida en el anteproyecto de ley sobre Disciplina e Intervención de las Entidades de Crédito.

En efecto, a tenor de la legislación española en vigor, la OPA del Bilbao sobre Banesto, con canje de acciones del primero por el segundo, tendría el tratamiento de una pura y simple venta, con el resultado de que los accionistas que fueran a la misma tendrían que tributar un 50% sobre la plusvalía obtenida. Este problema podía convertirse en uno de los mayores obstáculos para el éxito de la propuesta del Bilbao.

Al término de la reunión del Consejo de Banesto, que ha sido seguida de un almuerzo en el seno del banco, el órgano de dirección emite un escueto comunicado de apenas nueve líneas en el que afirma haber «fijado el marco en el que se pueden desarrollar las negociaciones con el Banco de Bilbao». El ''marco'' aludía a la negociación en plano de igualdad, la necesidad de que un hombre de Banesto siguiera dirigiendo el banco tras una eventual fusión y la retirada de la amenaza de la OPA hostil. Banesto se atrevía a lanzar un farol. El banco vasco se había mostrado amable con los argumentos de Conde-Letona de negociar en plano de igualdad. Ahora se trataba de avanzar un paso más y oficializar esa pequeña conquista, ponerla en un papel. Era todo un envite. Si el Bilbao ''tragaba'', Conde estaba seguro de haber ganado la partida. No habría OPA hostil. Si no, la respuesta fulminante que debía esperar Castellana 7 era la presentación de la OPA.

Ese día, un boletín de la entidad financiera británica Barclays de Zoete Wedd, dirigido a su clientela bursátil, abordaba con gran precisión el proceso Bilbao-Banesto aconsejando a sus clientes «vender» en el caso del Bilbao, y «comprar» o «esperar» en el caso de Banesto. «El Banco de Bilbao tendrá que sacrificar su actual condición de líder agresivo y altamente eficiente del sector bancario español», en el caso de que la fusión se lleve a efecto. Para el Bilbao, «la absorción será gradual y dolorosa», por lo que «dadas las considerables dificultades a las que deberá enfrentarse a medio plazo, recomendamos vender sin ninguna duda».

Por su parte, la firma norteamericana Standard & Poor's, especializada en la emisión de calificaciones (*ratings*) a bancos y empresas en cuanto a su solvencia, seguía también de cerca la operación. Esas calificaciones son importantes para toda entidad que quiera salir a los mercados de capitales en busca de financiación. Gozar del *rating* más alto, la «AAA», supone que el banco en cuestión puede hacer, por ejemplo, una emisión de obligaciones ofreciendo un tipo de interés más bajo, porque, a cambio, el inversor cuenta con las máximas probabilidades de recuperar su dinero.

Una calificación inferior, por el contrario, obliga a dar intereses más atractivos, porque aumenta el potencial riesgo del inversor. Según la agencia francesa France Presse, Standard, a consecuencia de la operación Banesto, estaba estudiando la posible degradación de la A1 concedida al Bilbao para la emisión de papel comercial, sobre la base de que «la integración implicaría dificultades de dirección y crearía problemas estructurales».

Los sindicatos seguían confundidos, sin adoptar una posición clara. UGT había anunciado una genérica convocatoria de movilizaciones contra lo que consideraba una nueva «reconversión», al tiempo que aludía a las numerosas opiniones de expertos que descartaban las fusiones como la vía más adecuada para mejorar la competitividad del sector.

A estas alturas, ambas entidades están enfrascadas en el rastreo de paquetes accionariales. Pero una vez aclarada la voluntad de Javier de la Rosa de permanecer fiel a Pablo Garnica con el importantísimo paquete que tutela, no hay mucho donde elegir. Sólo queda la familia Coca y el dúo Parretti-Fiorini.

Éstos son los primeros en poner el cartel de «se vende». «No somos especuladores y no queremos meternos en líos», aseguraba el miércoles 25, un Giancarlo Parretti con el gesto preocupado de quien trata de huir de la quema. El italiano olfateaba una batalla compleja, con Gobierno de por medio, y temía llevarse alguna torta no deseada en la refriega. «Al fin y al cabo nosotros no somos ni carne ni pescado en Banesto, y cada país puede arreglar sus cosas como mejor le parezca.» Parretti, quejoso de la nula atención que le habían prestado tanto Conde como Abelló, ponía a disposición del mejor postor su paquete de Banesto, de algo más de 1 millón de acciones, equivalente a casi un 1,5% del capital social del banco. El financiero italiano, sin embargo, utilizaba el reclamo de otro u otros supuestos paquetes de su propiedad radicados en el extranjero y que elevaba su participación a casi el 4%.

Pero las acciones de Parretti no estaban libres de compromisos. De hecho, y como se ha visto ya, era un paquete sometido a numerosas cautelas: no podía ser enajenado en un plazo de tres años, a partir del cual y en caso de serlo, Banesto contaba con derecho de tanteo, y los derechos políticos estaban cedidos a Castellana 7, por igual período de tiempo. «No es cierto», asegura Giancarlo, «porque era un poder cedido en la persona de Jacobo Argüelles, que iba a ser consejero delegado; al no cumplirse esta condición, era un poder perfectamente revocable». Pero sobre todo, el de Parretti era un paquete ligado al buen fin de la operación de compra de la ''deuda Coca''.

El financiero italiano pedía por su millón de acciones un cambio de 1.480%, lo que parecía abusivo para unos títulos cuya última cotización había sido del 900%, «pero ayer (por el martes 24 de noviembre) se han hecho operaciones de Banestos en Londres al 1.400%», señalaba el inversor. Además, el italiano había cambiado de planes. Su objetivo estaba ahora en Explosivos Río Tinto (ERT) y los 10.000 millones de pesetas que esperaba obtener por su paquete quería dedicarlos por entero a la piadosa obra de echar una mano a José María Escondrillas, el atribulado presidente de ERT, víctima de las voraces garras de los KIO. A tal efecto, el martes 24, había tenido lugar un encuentro secreto entre Escondrillas, Parretti y Fiorini.

Un día antes de que hiciera público el deseo de abandonar el barco de Banesto, Parretti, a través de una persona de su confianza, ya había contactado con el Banco de Bilbao para ofrecer ese paquete. El miércoles 25, tras una conversación telefónica por la mañana, tiene lugar un encuentro en el Hotel Meliá Castilla, cuartel de operaciones del italiano en Madrid, con representantes del Bilbao entre los cuales se encuentra Julio Feo. Los negociadores vascos conocen entonces la existencia de la carta de Parretti a Banesto ofreciéndose a comprar, en caso de que los accionistas no la cubrieran, la sexta emisión completa de bonos convertibles que por importe de 20.000 millones había lanzado Letona con fecha 20 de octubre de 1987. «Y como no se cubrió, ese documento en manos del Bilbao podía ser de extraordinaria importancia, porque podía suponer el control de más del 5% del capital de Banesto», asegura Parretti.

A última hora de la noche, el Banco de Bilbao aseguraba a *Diario 16* haber llegado a un acuerdo con Parretti para la compra de su paquete, y el diario así lo anunciaba en su edición del jueves. Era una maniobra con mucha sustancia: Parretti se convertía en el primer accionista significativo de Banesto que abandonaba la nave.

Si el Bilbao se mueve, Banesto tampoco se queda quieto. Don Pablo ha tomado por su cuenta y riesgo una iniciativa que va a provocar las iras de Letona en la noche del miércoles. El presidente, en uso de las funciones que considera le competen, ha redactado una carta-circular a los directores de sucursal animándoles a que visiten a los accionistas y les pidan lealtad a la casa, es decir, la sindicación de sus acciones en Banesto. Cuando Letona se entera de ello, cree estar siendo suplantado en sus tareas de primer ejecutivo de la entidad y revoca el envío de la misiva.

Los abogados de Banesto llevan varios días dándole vueltas a las posibles vías de defensa contra una eventual OPA del Bilbao. Jaime Zurita ha confeccionado un prontuario de medidas de carácter general. Cuando queda claro que hay que preparar una OPA competidora, nadie sabe bien dónde residenciarla, qué empresa del grupo debe correr el riesgo. ¿Quién le pone el cascabel al gato? Ramón Hermosilla, tras pensarlo mucho, lo tiene decidido: nadie mejor que Petromed. El abogado mantiene desde hace tiempo una buena amistad con el marqués de Viesca de la Sierra, pero éste es un trago demasiado gordo...

Ya muy avanzada la noche de este miércoles día 25, Hermosilla ha despedido a Juan Herrera a la puerta del ascensor camino del garaje y, de pronto, en un impulso, toma rápidamente otro ascensor y consigue alcanzar a Herrera cuando éste, a bordo ya de su automóvil, se disponía a salir a la calle.

—Oye Juan, ¿te importaría subir de nuevo un momento? Hay una cuestión muy importante que queremos plantearte.

En el despacho de don Pablo, Ramón Hermosilla, Jaime Zurita y Pablo Garnica jr. convencen a Juan Herrera de que la sociedad que preside debe afrontar el riesgo de la contra-OPA sobre Banesto.

El presidente de la petrolera reacciona al instante, y, ante testigos, pone a disposición del banco no sólo Petromed, sino sus bienes personales. Con una única condición:

—Hago lo que haga falta por Banesto; lo único que necesito es la garantía de que ni Petromed ni sus accionistas van a correr riesgo alguno, y que además no van a hacer un mal negocio si hay efectivamente que saltar a la arena.

Tanto Zurita como Hermosilla explican con todo detalle a Herrera las implicaciones legales del asunto, las estrategias a seguir y la ausencia de compromisos definitivos.

Juan Herrera se dio por satisfecho con las explicaciones, y cuando pasadas las 12 de la noche abandonaba el banco lo hacía después de haber dada luz verde al proyecto. Cerca ya de la 1 de la madrugada, Herrera llama por teléfono a Hermosilla en Banesto.

—Oye, que le he contado el asunto a Osorio y quiere verte.

—Encantado.

Cerca de las 2 de la madrugada Alfonso Osorio, vicepresidente de Petromed, se reunía con Hermosilla en la casa del abogado situada en la zona residencial de La Moraleja.

El jueves 26 de noviembre de 1987, se inicia para Mario Conde con una llamada telefónica sumamente inquietante. Cuando está a punto de abandonar su casa para dirigirse a Castellana 7, Arcadio, el mayordomo, le pasa una llamada importante. Al otro lado del hilo se encuentra un amigo del presidente Felipe González.

—Mira Mario, tengo un mensaje que trasmitirte del Presidente. Allí están muy intranquilos porque creen que el asunto Bilbao-Banesto se está pudriendo...

—No será por mi culpa, porque yo no he tenido nada que ver con la iniciativa del Bilbao.

459

—El Presidente quiere que pactes. Ése es el mensaje. Que pactes y luego se te darán todas las explicaciones habidas y por haber; Felipe te recibirá y te lo explicará todo...

—Pero vamos a ver, Julio, a mí no me vale que me lo explique Felipe a toro pasado; necesito saber ahora qué es lo que está pasando. Éste es un asunto muy feo, en el que yo no me he metido por gusto.

—No Mario, te repito lo que a mí se me ha dicho; que pactes y luego se te explicará todo.

—Y yo te repito a ti, Julio: estoy dispuesto a ver al Presidente dónde y cuando quiera; dile que me tiene a su disposición. Porque puede ser que se trate de un problema de Estado cuyas dimensiones a mí se me escapen... Puede ser que el Bilbao esté en quiebra y haya que hacer esta fusión por patriotismo, puede ser el problema vasco... No sé, mil cosas.

—Mario no insistas, el Presidente no te puede ver ahora. Yo creo que el mensaje está claro, tú verás lo que haces...

—Mira, Julio, en esas condiciones, vete a freír puñetas...

Durante toda la jornada a Mario Conde le quema el secreto de esta llamada de Julio Feo. Desea contárselo a alguien, pero le atenaza el temor a una indiscreción. Y aguanta con su problema hasta la mañana del viernes, en que se inicia el congreso del PSOE.

Esa mañana, antes de que los delegados se sumerjan en las tareas congresuales, Mario habla telefónicamente con un destacado dirigente del partido.

—Estoy muy preocupado con la posición de La Moncloa en este asunto, y más después del mensaje que te acabo de contar.

—Tranquilo, hombre, no hagas demasiado caso. Son muy pocos los que dentro del partido pueden ver a este tipo... Lleva no sé cuánto tiempo trabajando para el Banco de Bilbao...

—Claro, pero es que a mí me dijo que el mensaje era de parte del Presidente...

—Sí —responde su interlocutor— pero no te aclaró de parte de qué Presidente, si del presidente del Bilbao o del Gobierno, ¿verdad? Esa es la cuestión.

460

Ese jueves 26, el Banco de Bilbao da muestras de entrar en una fase nueva. Cuando los dos equipos negociadores se encuentran frente a frente, Sánchez Asiaín anuncia de pronto:

—Os compramos un 30% de las acciones del banco... aunque sólo sea un 20%... os pagamos con un talón y listo.

—Pero cómo vamos a hacer eso...

—Sí, nos vendéis algo, lo que sea, un 10%, un 15%, lo que sea. Os pagamos en el acto y así ya podemos empezar a andar.

—Pero me parece que ése es un planteamiento completamente distinto —insinúa Conde.

—Puede ser, pero estamos topando con demasiadas dificultades. Surgen problemas por todas partes. Con esa operación podríamos echar a andar de una vez...

—Y entonces, con ese paquete en la mano ¿qué haríais con la idea de fusión?

—Podemos pensar en un proceso de integración a 10 años, manteniendo las marcas y respetando en ese período las características de ambos bancos, incluidas las personas y los órganos de representación de Banesto...

Conde saca la conclusión de que los que están al otro lado de la mesa quieren salir del paso de cualquier manera y quizá a cualquier precio, como si hubieran llegado a la conclusión de estar metidos —o haber sido metidos por alguien— hasta el cuello en un lío fenomenal, una madeja que poco a poco se va complicando más y más.

«Tengo la sensación de que a Asiaín le entra miedo según pasan los días y va tomando conciencia de las dificultades crecientes de la absorción», asegura el presidente de uno de los antiguos ''siete grandes''. «Él se va replegando psicológicamente cuando constata que la operación es mucho más difícil y compleja de lo que había imaginado en un principio, y quizá se siente manipulado o engañado.» Sánchez Asiaín es una especie de Laocoonte asediado por mil serpientes.

Para un destacado hombre de negocios español, que sostiene la tesis de la existencia de promesa de ayuda financiera al Bilbao por parte del Banco de España, «Sánchez Asiaín se arruga cuando ve que no le dan lo que le prometieron. Si hubiera tenido acciones de Banesto, el Banco de España le hubiera facilitado el dinero para una OPA o al menos los avales de la misma, contra la garantía de esas acciones de Banesto. Al no tenerlas, el Banco España se echa para atrás y el Bilbao tiene que ofrecer autocartera». Una opinión tan sugestiva como difícil de probar.

El diario económico *Cinco Días* aludía ya este jueves a los rumores sobre una posible dimisión de Letona. La noticia del día se refería a la concesión del premio Cervantes al novelista mexicano Carlos Fuentes.

Este jueves Mario Conde ve la batalla ganada. El Bilbao está buscando una salida airosa, concluye. Y se produce el envío de un mensaje casi subliminal y altamente significativo: un consejero del Banco de Bilbao mantiene ese día una conversación con una persona que una hora más tarde se confiesa con Conde. El consejero vasco manifiesta ante su interlocutor su extrañeza ante el hecho de que Conde esté planteando batalla, «porque los grandes beneficiados de la operación serían Conde y Abelló, que pasarían a ser los mayores accionistas del nuevo banco, entrarían en el Consejo y Conde podría ser incluso vicepresidente... y al final, si todo iba bien, podía llegar un día no lejano a presidir el gran banco fusionado».

Pero la pareja inversora hace ya días que ha decidido quemar sus naves en Castellana 7. Sólo jugará con una baraja. «Hemos invertido nuestro dinero en Banesto y queremos saber qué va a pasar con él; ése es el juego de la verdad para nosotros.»

El Consejo recibe en Castellana 7, información por escrito de la nueva oferta del Bilbao.

a) Banesto facilitaría al Banco de Bilbao una participación mínima del 30% de su capital.

b) Las actividades del nuevo grupo se estructurarían en tres campos en los que se englobarían respectivamente los bancos, las sociedades financieras y las de carácter industrial.

c) Los negocios parabancarios y las participaciones industriales dependerían directamente de la cúpula de dirección que, progresivamente, adoptaría la estructura de *holding*.

Pero el órgano supremo de Banesto rechaza la posibilidad

de vender a la entidad vasca el paquete que sugiere, «porque eso supondría que el Bilbao pasaría a convertirse en el mayor accionista, de lejos, de Banesto, y sería tanto como admitir una posición de control definitivo». Para el Español de Crédito, la única forma de seguir negociando consiste en la retirada de la amenaza de OPA.

El Consejo de Banesto se siente ya liderado, y el nuevo líder indiscutido es Mario Conde, que cuenta con el respaldo total de don Pablo. Al ser evidente la aparición del líder del que el banco ha carecido en los últimos tiempos, el Consejo se envalentona. La postura de Banesto es ya definitiva en este jueves: no haremos nada.

Letona es a estas alturas un fantasma que deambula por la planta 11 de Castellana 7. Un incidente que tiene lugar estos días ilustra la situación. En una comisión ejecutiva, López de Letona se queja de que Pablo Garnica jr. esté hablando con los sindicatos y con el personal a sus espaldas, soliviantando a la gente...

Entonces interviene Dicky Gómez-Acebo y corta la palabra al vicepresidente.

—No te permito que difames a un señor que ha prestado grandes servicios a esta casa, y no pienso seguir escuchando una palabra más en este sentido.

—Pues tengo pleno derecho a decir lo que pienso, porque para eso soy el consejero delegado.

—Y yo tengo derecho a no oírlo. Además, también han venido aquí diciendo que tú estás confabulado con el Bilbao y tampoco lo hemos creído...

En la prensa del viernes día 27 de noviembre, se advierte un hecho insólito: por primera vez desde el 19 de noviembre, el tema Bilbao-Banesto ha pasado a un segundo plano, ante la aparición de otra bomba financiero-bancaria: el grupo Construcciones y Contratas (Conycon) y KIO habían constituido el día anterior una sociedad para la tenencia y administración del 12,25% del capital social del Banco Central.

Apenas hay hoy un rincón para el ya largo proceso Bilbao-Banesto. La entrada de Goldman Sachs se hace oficial en Castellana 7. El diario *Expansión* adelantaba ya que el "marco" fijado el miércoles por Banesto para la negociación y entregado a la entidad vasca el jueves por la mañana, había sido rechazado. La OPA parece el último argumento. *Cinco Días* aseguraba que Aristóbulo de Juan, que hasta julio de 1986 había sido director general del Banco de España, había sido contactado por el Bilbao para que se hiciera cargo de Banesto en el proceso de fusión.

Este viernes 27 de noviembre, toma cuerpo la dimisión de Letona. Incapaz de soportar por más tiempo la tensión ambiental a la que se ve sometido en Castellana 7, el hombre que en enero del 86 entrara en Banesto como "tapado" de Mariano Rubio para desalojar de la presidencia a don Pablo Garnica, arroja la toalla a poco más de quince días de la fecha en que habría de hacerse realidad su sueño.

A primera hora de la mañana, López de Letona da cuenta a Juan Abelló de la situación. Se marcha. Juan llama al despacho de Conde:

—Oye Mario, vente para acá, que José María quiere decirte algo importante.

Y José María López de Letona le explica que se va. Repite como un autómata que se va; que lo ha pensado muy detenidamente, y que se va. Conde, igual que Juan Abelló, tratan de convencerle de la necesidad de meditar esa decisión, de sopesarla. La amenaza de dimisión de Letona, aunque ha perdido parte de la carga explosiva que tenía días atrás, sigue preocupando seriamente a Conde y Abelló, que tratan de pararla por todos los medios.

—Pero hombre, si no te queda nada para ser presidente, espérate...

—Vuelvo a decirte que lo he pensado detenidamente y esta situación es insostenible para mí; y no puedo seguir aquí ni un minuto más así...

—Pero si diciembre está a la vuelta de la esquina...

—Mira, sólo hay una posibilidad de que me quede —interrumpe Letona con el ánimo alterado— y es que hoy mismo, pero hoy mismo, cese don Pablo Garnica y sea yo nombrado presidente...

—¡Pues todo podría ser! —responde Conde, perplejo, sin pensarlo dos veces.

La conversación, que ha tenido algún testigo, se propaga como una mancha de aceite por las plantas nobles de la casa. Surgen las interpretaciones. La más común apunta a que ésta era la última carta que le quedaba a Letona en la manga. Los más suspicaces aseguran que era una carta marcada con Mariano Rubio e incluso con el propio Bilbao. Si el órdago hubiera triunfado, cumpliéndose ese día los deseos de Letona, la fusión seguramente se hubiera hecho, porque tal era la posición del potencial presidente y a la vez consejero delegado. José María López de Letona ha desmentido tajantemente que llegara a plantear esa exigencia.

A las 9.30 da comienzo la reunión del Consejo. López de Letona lee una carta de tres folios en la cual ha recopilado una larga relación de agravios desde que se produjo su entrada en la casa, un ya lejano 1 de abril de 1986. Cuando termina el escrito, el consejero delegado extrae de su americana una pluma estilográfica, y, con solemnidad, estampa su firma al pie de la carta-documento de dimisión, que a continuación entrega a Pablo Garnica Mansí.

Nadie sabe bien por qué, de pronto estalla una bronca considerable entre López de Letona y Juan Herrera.

—He sido un incomprendido en esta casa; he sido una víctima de las falsedades y las insidias de muchos de los que se sientan alrededor de esta mesa —asegura el todavía consejero delegado.

—Perdona, José María —interviene Juan Herrera— has sido una víctima de tus propios errores...

—¡Tú tienes mucho que callar, Herrera! —acusa Letona— ¡porque has sido uno de los que más ha conspirado!

—Yo me he mantenido siempre donde me ha parecido oportuno, pero no he engañado a nadie. No he hecho como tú, que trataste por todos los medios de oponerte a la entrada de los dos nuevos consejeros.

—¡Mentira!, ¡mentira!, fuisteis todos los que os opusisteis a su entrada, yo únicamente cumplí las órdenes que me dio el Consejo... y tú eres el menos indicado para hablar, porque cualquier cosa que venga avalada por ti queda automáticamente descalificada ante el Consejo, ¡estás mal visto por todos...!

El enfrentamiento verbal ha alcanzado proporciones inauditas. Es la degradación del ceremonial corporativo, la refriega callejera, el insulto.

Conde levanta la voz y zanja la pelea.

—¡Bueno, se ha acabado la discusión! Aquí hay que hablar de cosas más importantes para el futuro inmediato del banco.

Interviene a continuación Federico Silva Muñoz, ex ministro y fundador, en su día, de una de aquellas agrupaciones políticas con las que Franco quiso disfrazar la ausencia de partidos. Silva asegura que le da muchísima pena la dimisión de Letona. Habla también Vicuña y cuatro o cinco consejeros más y todos parecen coincidir en no entender los motivos de esa dimisión.

Mientras esto ocurría en la planta del consejo, en la 10 se hallaban reunidos en un pequeño despacho los abogados Rafael Pérez Escolar, Ramón Hermosilla y Jaime Zurita. Pasadas las 10 de la mañana, un conserje llega con el recado de que suban a la planta 12, donde se halla reunido el Consejo. Durante largo rato se funden en el hall de la planta con conserjes, secretarias, guardaespaldas... componiendo un cuadro más del confuso magma que aquellos días era Banesto. Los abogados se preguntan con cara de circunstancias qué está pasando, sin obtener respuesta.

En un momento determinado, José María Sainz de Vicuña aparece por la doble puerta de madera que da acceso a la sala del Consejo y se dirige directamente a Ramón Hermosilla:

—Que dice don Pablo que pases.

Los abogados se miran un instante sin saber qué hacer y Pérez Escolar reacciona:

—¿Qué hacemos?

—Vamos a entrar todos —anima Hermosilla.

—No, no —corta Vicuña— que pases tú solo, Ramón.

—Adelante —le urge Pérez Escolar— si han dicho que entres tú, entra.

Ramón Hermosilla se encara de repente con el senado de Banesto en pleno, reunido en torno a la gran mesa del consejo, cada uno con su carpeta de piel verdosa delante, descoloridas por el paso de los años, con los nombres en oro de los distintos ilustres apellidos que a lo largo del tiempo fueron sus titulares. Todo un espectáculo. El abogado está un poco azorado, no sabe bien dónde se sienta, y pronto nota que tiene a su izquierda a Vicuña, y nota también que la cabecera de la mesa, que preside don Pablo, no está lejos; no recuerda quién le habla primero, pero percibe que el ambiente está cargado, que hay tensión...

—Te hemos llamado para que expliques al Consejo la estrategia que habéis ideado con la OPA alternativa de Petromed.

—¿Qué queréis exactamente que explique? —pregunta dubitativo Hermosilla.

—Que cuentes por qué se hace, qué razones jurídicas hay... —le anima Conde.

Hermosilla empieza entonces a hablar, y trata conscientemente de hacerlo con reservas. El banco es estos días un enjambre de rumores, los espías, hay que ser precavidos, no se puede decir todo, ¿qué pasa con Letona? Hemos recibido el mandato profesional de defender al banco, y eso incluye guardar la debida reserva de lo que profesionalmente hagamos, se sospechan filtraciones, hay suspicacias, dudas sobre determinado personal importante de la casa, así que mi obligación es decir lo estrictamente necesario y nada más.

—Me parece que si el Bilbao se decide finalmente por una OPA sobre Banesto, es improbable que se formule por la totalidad de las acciones, por el enorme coste que ello supondría, y tal como está regulada esta materia por el Decreto de 24 de enero de 1984, tras consultar con Pérez Escolar y Jaime Zurita he creído oportuno preparar una oferta competidora. Pero en vez de que compita a *posteriori*, la quiero presentar de forma que tenga carácter simultáneo, cosa que también prevé la ley.

—¿Y eso qué quiere decir? —pregunta López de Letona.

Hermosilla se queda un instante desconcertado... ·

—Vamos, vamos, explícalo —le urge Conde.

—Pues que esa simultaneidad obligará al Bilbao a ir a por el 100% de las acciones de Banesto.

—¿Cuál será el porcentaje de la OPA de Petromed? —pregunta un consejero.

—El 20% solamente.

—Pero eso nos obliga a preparar un aval de entre 80.000 y 100.000 millones de pesetas —interviene López de Letona.

—En efecto —replica Hermosilla.

—¿Y usted sabe si el banco tiene recursos ahora mismo por esa cantidad?

—Si los servicios de tesorería de la casa funcionan normalmente, sobran recursos...

—¿Quién le ha dicho a usted eso?

—He estado a primera hora de la mañana con los señores Muelas y Menéndez, hemos consultado también con los servicios de auditoría, y todos coinciden en que hay más que de sobra para los 86.000 millones precisos...

—¿Pero con quién ha contado usted para hacer todo esto? —urge un Letona muy alterado—, ¿quién le ha autorizado a usted para dar todos estos pasos?

—¡El Consejo de Administración, de quien estoy mandatado para defender al banco!

Y es entonces cuando José María López de Letona, aprieta de forma ostensible la tecla de su interfono:

—¡Desde este momento presento mi dimisión irrevocable al Consejo...!

—Pero hombre —salta Conde con la voz alterada—, ¡otra vez con el tema de la dimisión! ¡que tontería, José María!

—¡No es una tontería! Aquí se está haciendo todo a mis espaldas, y yo no puedo consentir esto ni un minuto más. Ruego al Consejo que desde este momento me considere ausente, y si queréis ahora mismo abandono la reunión.

Varios consejeros intervienen pidiendo calma. Don Pablo también pide serenidad a Letona, y éste no cumple su amenaza de abandonar la reunión.

Hermosilla presiente entonces que debe redoblar sus precauciones. Y tiene una idea sobre la marcha.

—Si os parece bien, podemos decir a Zurita que pase un instante. Yo os agradezco mucho vuestra confianza, pero puede ser bueno oír otra voz; él es un gran experto en OPAS, y os será de interés conocer su visión de la estrategia que queremos seguir.

Y en efecto, el profesor Zurita hace su entrada en el consejo. Ajeno al drama que acababan de vivir los reunidos, y mucho menos impuesto que Hermosilla en el *who is who* de Banesto y en lo que se está cocinando entre bastidores, el profesor comienza a desgranar sus ideas con franqueza. Y Hermosilla se ve forzado a darle puntapiés por debajo de la mesa para indicarle comedimiento, cuando no le interrumpe abiertamente en las opiniones comprometidas.

Cuando el consejo se suspende para el almuerzo, hay un revuelo controlado de sillas y personas que se ponen de pie. Varios consejeros se acercan a la salida. Hermosilla está al lado de la puerta mientras pasa Letona, y hay un instante de gran violencia contenida cuando éste se pone a su altura y le lanza una mirada fría, directamente a los ojos, mientras casi le roza sin dirigirle la palabra.

Al abandonar la sede del banco para el almuerzo, Conde fuerza el diálogo con Letona.

—Bueno, dimites de consejero delegado, pero ¿qué pasa con tu puesto en el Consejo? Porque ahí no tienes motivo para irte.

—No, no —replica rotundo Letona—, también abandono mi puesto en el Consejo...

Por la tarde, la situación en el fortín de Banesto es de alivio. Es como si la marcha de Letona, que todos dan ya por hecha, hubiera supuesto la desaparición de un lastre. En otros, este sentimiento de liberación va unido a un interrogante pleno de incertidumbre: ¿Qué va a pasar ahora? ¿Quién se hace cargo de la nave en esta situación? ¿Cuál va a ser la respuesta del Banco de España?

El Banco de Bilbao, por su parte, ha celebrado esta mañana una reunión de su Consejo para fijar las condiciones técnicas de su oferta pública de adquisición de acciones sobre Banesto, que Sánchez Asiaín proyecta hacer públicas en una rueda de prensa anunciada para las 12 de la mañana del sábado.

Por la tarde, Mario Conde juega de nuevo a encantador de serpientes. Se trata de ganar algún día más de tiempo. Y a última hora llama por teléfono a Sánchez Asiaín. Las horas de López de Letona en Banesto, informa Mario, están contadas. En Castellana 7, se van a producir acontecimientos. Espérate. El Consejo cambiará también. Será más fácil adoptar una postura concreta cuando esto suceda.

También a última hora intentaría Conde un postrer acercamiento a Letona. La dimisión tenía que hacerse oficial en el consejo del día siguiente, sábado, y quedaba por tanto un resquicio de maniobra.

—Vuelve a pensarlo esta noche con la almohada, José María...

—Mira, Mario, yo no soy una persona que actúe a la ligera. Cuando tomo una decisión lo hago muy meditadamente, así que es muy poco lo que yo suelo meditar con la almohada.

Conde no consigue aquella noche conciliar el sueño. Le preocupa la dimisión de Letona y, lo que es peor, no la entiende. Piensa que a estas alturas no hay una razón de verdadero peso para marcharse cuando le quedan poco más de dos semanas para ser presidente. El nuevo hombre fuerte de Banesto repasa los argumentos esgrimidos por el consejero delegado. «La incompatibilidad con don Pablo, evidente, pero don Pablo está a punto de coger la puerta... Que el consejero delegado es él, pero que quien realmente manda allí soy yo... pues quizá no le falte razón, pero algo de culpa tendrá él en esa situación; en cualquier caso, estamos yendo juntos a todas partes, así que tampoco es para tanto... Que se están tomando decisiones sin su consentimiento y autorización, como el alquiler de un local para una junta general extraordinaria... pues es un poco de risa, porque si el Bilbao va a la OPA tendremos que hacer una junta general y habrá que alquilar un local.»

Para Letona, por el contrario, el abandono al final del túnel era una especie de refinada venganza. «Estaban sorprendidos porque con mi dimisión desmontaba todas las historias que durante meses se habían urdido sobre mis supuestas ansias de poder. Si eso hubiera sido verdad, con aguantar unos días más hubiera sido presidente.»

El sábado 28 de noviembre, Mario Conde visita a las 8.30 de la mañana a José Ángel Sánchez Asiaín en la sede del Banco de Bilbao. El hombre de Banesto explica la dimisión de Letona y pide la suspensión de la rueda de prensa prevista para mediodía y la reanudación de las negociaciones. Sánchez Asiaín queda en responder en unos minutos.

El consejo de Banesto, fijado para las 9.30 de la mañana de este sábado, se presentaba movido. Minutos antes de la hora prevista, un ascensor llega hasta la planta 11 y de él sale Mario Conde. Cuando apenas ha iniciado los saludos con los que por allí ya pululan, el teléfono suena en una mesita que, atendida por una secretaria, está instalada en una de las esquinas del hall de la planta. Es una llamada para Conde. Mario se pone al teléfono y casi inmediatamente comienza a hacer señas ostensibles a los presentes.

—Es Sánchez Asiaín —dice en tono confidencial, mientras tapa el auricular con la palma de la mano.

Junto a Conde se arremolinan varios consejeros, entre ellos el propio don Pablo, que pueden seguir los detalles de la conversación.

—He estado pensando en tu propuesta —afirma el presidente del Bilbao— y yo soy en principio partidario de un último intento negociador.

—Sabes, José Ángel, que para negociar siempre me tendrás a tu disposición.

«Eso es que no les ha dado tiempo de preparar la OPA», comenta en voz baja con sorna uno de los testigos de la escena.

—Pero, ¿estáis dispuestos a negociar de verdad? —inquiere Asiaín con determinación.

—José Ángel, he estado siempre dispuesto a negociar, ya te lo he dicho; ahora bien, si quieres negociar tiene que ser dentro del marco que te hemos contado y en ese terreno siempre encontrarás buena voluntad; aquí no estamos intentando engañar a nadie, porque precisamente por eso te he dicho que no negociaríamos en otras condiciones.

—Es que si estáis de verdad decididos a negociar, yo estoy dispuesto a suspender la rueda de prensa...

—Haz lo que creas conveniente; a mí me parece muy bien que suspendas esa rueda de prensa y hablemos de nuevo. Ya sabes que ha dimitido Letona...

—Sí, sí, ya me lo has dicho.

—Y ya te adelanté que eso podía alterar la situación.

—Pues podemos volver a reunirnos hoy mismo si te parece.

—Sí, claro que me parece bien. Tú dirás...

—Si no te importa podemos quedar aquí en el Bilbao. He pensado, Mario, en que vinieras tú y alguna gente más, algún representante de las viejas familias del banco, si no te parece mal...

—Por mí no hay ningún inconveniente —contesta Conde— no tengo el más mínimo problema.

—Pues si es así, yo desconvoco ahora mismo la rueda de prensa.

—Me parece muy bien, José Ángel; te vuelvo a repetir que no me he movido ni un ápice y que siempre que tú aceptes esas condiciones podremos hablar cuando quieras...

Y efectivamente, el Banco de Bilbao suspende una rueda de prensa que había levantado enorme expectación en todo el país, y a la que habían acudido muchos profesionales de distintos medios de comunicación regionales.

En Banesto la llamada de Asiaín provoca todo tipo de cábalas. La rueda de prensa ha sido suspendida, pero el presidente del Bilbao no ha aportado ningún dato nuevo sobre sus intenciones.

El Consejo de Banesto, por su parte, acepta la dimisión de López de Letona. La escena es un poco patética.

—Bueno, José María, entonces ¿presentas tu dimisión como vicepresidente y consejero delegado? —pregunta Mario Conde.

—Sí, por supuesto.

—Se acepta la dimisión. ¿Y quiere decirse que dimites también como miembro del Consejo?

—Naturalmente que sí.

472

—Se acepta la dimisión.

Ni una sola voz de apoyo o protesta. Silencio. Letona recoge sus cosas, se levanta, abre la puerta y se va. Una etapa tormentosa en la historia de Banesto quedaba atrás.

Los reunidos adoptan a continuación una decisión más trascendente: nombrar vicepresidente y consejero delegado a Mario Conde Conde. Lo de consejero delegado nunca estuvo del todo claro, ya que la nota informativa que por la tarde distribuye el banco calla sobre el particular. El Consejo aborda también el nombramiento de la comisión que acompañará a Conde a negociar esa tarde en la sede del Bilbao. La integran César de la Mora, Ricardo Gómez-Acebo, Juan Herrera y Juan Abelló, además del propio Conde.

Cuando después de almorzar en la propia sede del banco los comisionados abordan los ascensores para descender al garaje, camino de la torre de Azca, Pablo Garnica protagoniza una de las escenas más celebradas de la tensa historia de esta batalla:

—Bueno, pero, ojo ¿eh? —dice don Pablo arrastrando las palabras, con ese involuntario tono de cheli madrileño—. Que tengáis muy claro que vais de comparsas... porque aquí el único que habla es éste (apuntando a Mario). ¡Si queréis algo, se lo decís antes a Mario, no vayamos aquí a meter la pata...!

A partir de las 5 de la tarde, en la planta 26 del Bilbao, en la baranda que da al precioso jardín botánico, las dos delegaciones se reúnen en un nuevo intento negociador. Por parte del Bilbao están presentes su presidente, Sánchez Asiaín; el vicepresidente, Ybarra, y los consejeros Faustino García Moncó, ex ministro de Franco, y Gervasio Collar. «Y ahí es donde yo definitivamente alucino», asegura Conde, «ante el menú verdaderamente variado de soluciones dispares que proponen los hombres del Bilbao».

Asiaín comienza dando a los recién llegados a la negociación una pequeña lección magistral sobre la bondad de las fusiones. Pero en un momento determinado, el banquero da un giro llamativo a su intervención, asegurando que de todo lo

473

hablado no hay nada, ya que tiene una nueva propuesta que hacer al equipo de Banesto:

—Os propongo que este fin de semana tomemos el acuerdo de disolver los bancos de Bilbao y Español de Crédito...

—¡Cómo dices! —interrumpe Mario admirado.

—Sí, propongo que se reúnan los consejos de administración de las dos entidades y acuerden la disolución de ambas, para integrarse en un nuevo banco. Se hace una convocatoria de junta general extraordinaria de ambos y de aquí a entonces formamos una comisión que se encargaría de decidir el nuevo nombre, logotipo, sede...

Los negociadores de Banesto se miran con gesto de sorpresa. Hay un momento en que Gómez-Acebo desliza con sigilo un papelito a Conde. Cuando éste lo abre, puede leer la siguiente leyenda: «Estos romanos están locos».

La conversación es cordial; interviene uno, le replica amablemente el otro... Oye tú, Gervasio, explica lo de las ventajas fiscales... mira a ver, Faustino, qué opinas de esta otra cuestión...

—Y podemos pensar en otras posibilidades de OPA —sugiere Ybarra.

—A ver, cómo es eso —inquiere Abelló.

—Sí. Existe la posibilidad de una OPA neutra.

—¿OPA neutra?

—Una OPA hostil es la que se haría sin vuestro consentimiento, ¿no? Una OPA pactada es la que contaría con vuestra recomendación favorable para que fuese aceptada por los accionistas, y una OPA neutra sería aquella en la que vosotros ni consentís ni rechazáis; simplemente os abstenéis.

—O sea —interviene Conde— que lo que me propones es que si viene un accionista de mi banco y me pregunta, señor Conde, usted como vicepresidente y consejero delegado qué opina, debo aceptar o no la OPA del Bilbao, yo le responda, ah, no sé nada de eso... ¡Me pegan mis accionistas una patada que me sacan de España!

Los negociadores tampoco logran hoy ningún avance concreto. Todo el mundo toma notas aplicadamente, y ambos equipos quedan citados para desayunar el domingo por la mañana en Castellana 7.

La tarde del sábado Mario Conde reúne a su Consejo. En Banesto se considera una *boutade* la idea de Sánchez Asiaín que disolver ambos bancos, aunque don Pablo cree sinceramente que es una insensatez. El Consejo, en suma, rechaza la propuesta. A petición de Conde, Fernando Castromil, un hombre del equipo de Letona, se incorpora a la comisión negociadora de Banesto como secretario de las reuniones. Conde quiere que exista un testigo de «la otra parte».

Cuando la composición de esta nueva comisión negociadora de Banesto llega a las redacciones de los periódicos, la noticia causa sensación. "Las familias" se incorporan a la negociación por parte de Banesto», es la lectura general. Y en efecto, ése es el punto que destacan prácticamente todos los medios. La falta de conocimiento de lo que realmente está pasando induce a la especulación. Si Letona ha salido disparado, y "las familias" se han metido en la negociación, es que la situación de Banesto es de descomposición. Aquello sonaba a jauría dispuesta a repartirse a mordiscos los mejores trozos de la presa.

¿Por qué quiso Sánchez Asiaín que "las familias" entraran en la negociación? «Nunca lo explicó, pero es fácil suponer que deseaba tener información de primera mano sobre el estado de cohesión interna del Consejo de Banesto, sobre todo tras la marcha de Letona», asegura Juan Abelló. Si fue así, el banquero vasco debió sentirse decepcionado, porque el Consejo de Banesto, en cuanto desapareció la figura de Letona, acabó de cristalizar en un bloque monolítico dispuesto a la pelea, decidido a rechazar cualquier intento de negociación con la entidad vasca. Para Pedro Luis Uriarte, del Bilbao, se trataba de «valorar con mayor exactitud la posición del Consejo de Banesto, que hasta entonces sólo se conocía por las manifestaciones de Letona y Conde, y algunas manifestaciones privadas de otros consejeros, no siempre coincidentes con las que se recibían de aquéllos». Al nuevo hombre fuerte de Banesto, por su parte, la sugerencia de Asiaín le vino bien en esos momentos iniciales para cubrirse ante su propio Consejo y contar con testigos de lo que se hablara.

Y, ¿cómo estaba el Consejo del Bilbao? Nunca se supo y pocos trataron de investigarlo. Uno de ellos fue Conde, pero una complicada maniobra-puente montada con tal propósito no dio ningún resultado apreciable. El Consejo del Bilbao parecía unido de forma monolítica tras su presidente.

Hubo, sí, varios intentos de acercamiento paralelo por parte del Bilbao hacia el Consejo de Banesto. Emilio Ybarra, por ejemplo, telefoneó un buen día a César de la Mora, anunciándole su deseo de mantener con él una charla como amigo, no como consejero de Banesto. De la Mora planteó a Conde la situación, pidiendo parecer. Y Conde fue tajante:

—No, aquí no hay conversaciones de amigos. El señor Ybarra es vicepresidente y consejero delegado del Banco de Bilbao y tú eres César de la Mora, consejero de Banesto, y conversaciones de amigos no existen sobre el problema planteado. Por tanto, le llamas ahora mismo y le dices que no. A menos, claro, que se trate de algo que no tenga nada que ver con esto, en cuyo caso, naturalmente, puedes hacer lo que te parezca.

El domingo 29 de noviembre, a las 9 de la mañana, los cuatro negociadores del Bilbao, encabezados por Sánchez Asiaín, se presentan en Castellana 7.

El breve ágape es cordial. Se habla de todo en general y de nada en particular. Cuando el café se termina, los reunidos pasan, en la misma planta 12, a la sala contigua donde se reunía la comisión ejecutiva, en realidad el antiguo comedor que ha sido devuelto posteriormente por Conde a su primitiva función.

Mario abre la sesión para relatar al equipo del Bilbao el resultado de la última meditación del Consejo de Banesto:

—Hemos analizado las alternativas que propusisteis ayer y realmente no vemos posibilidad de acuerdo; nos parecen inviables. Lo de la OPA neutra, como ya os manifesté ayer sobre la marcha, creo que no tendría pase ante nuestros accionistas...

—Sí, yo también creo que eso no podría plantearse ante vuestro accionariado —coincide Asiaín.

—Y en cuanto a la idea de tomar el acuerdo de disolver el banco para ir a la fusión en uno nuevo, pues, la verdad, a nosotros nos parece que sería una imprudencia tomar en veinticuatro horas una decisión de tal naturaleza... creo que alguien podría llevarnos a los tribunales por negligencia.

—Sí, sí, tienes razón —interviene de nuevo Asiaín—. Lo he estado pensando esta noche y realmente eso tampoco funcionaría; creo que tienes toda la razón.

Hay unos momentos de indecisión, que resuelve el propio Asiaín:

—Y entonces ¿qué propones?

—Pues mira, también yo he estado pensando esta noche y quiero plantearte la siguiente cuestión: hacemos ahora un documento conjunto, sobre el que previamente debemos llegar aquí a un acuerdo, lo presentamos esta tarde a los consejos para que lo aprueben y comenzamos a trabajar...

—Un documento, pero ¿en qué términos?

—Yo te propongo que levantes la amenaza de la OPA y nos sentemos a negociar; creemos una comisión negociadora, la cual encarga a Goldman Sachs, por un lado, y a Salomon Brothers, por otro, que hagan las valoraciones de los bancos, descubran las sinergias y preparen la estrategia de fusión. Para que tengas margen de maniobra ante tu Consejo, me contestas esta tarde proponiendo que en vez de esa comisión negociadora se constituya una *holding,* en la cual tendríamos representación paritaria y cuya presidencia ocuparías tú. Yo te contesto que de acuerdo y listo.

—Me parece muy bien, pero, claro, estamos en las mismas. ¿Cómo me aseguras que realmente queréis llegar a la fusión y no se trata de una estrategia de dilación?

—Si esos estudios demuestran que es buena la fusión, yo me comprometo solemnemente a llevar a mi consejo la propuesta, y a que el Consejo apruebe la fusión o la fórmula de colaboración que se busque...

—En ese caso estoy de acuerdo —remacha Sánchez Asiaín. Ambas delegaciones se levantan de la mesa negociadora convencidas de haber llegado a un principio de acuerdo por primera vez en muchos días.

Banesto reúne su Consejo a continuación y procede a la redacción del documento. Se trata de tres folios mecanografiados, cuya redacción definitiva efectúa el propio Mario sobre otros borradores alternativos, y que, en forma de carta dirigida al Excmo. Sr. D. José Ángel Sánchez Asiaín, presidente del Banco de Bilbao, Madrid, se inicia con un «Mi querido amigo».

La misiva comienza afirmando que «es objetivo de la presente carta resumir de forma clara la posición del Consejo de Administración del Banco Español de Crédito en relación con las conversaciones mantenidas en estos días». A continuación se sintetizan las propuestas efectuadas por el Banco de Bilbao, bastante dispares y algunas aparentemente contradictorias. Sobre tales propuestas, Banesto expone a continuación su conocida tesis sobre la necesidad previa de disponer de estudios en profundidad, dada la trascendencia de lo que se propone. Finalmente, el tercer bloque de la carta, que ocupa casi la mitad de la extensión total, está dedicado a la formulación de «la siguiente oferta negociadora al Banco de Bilbao», cuyos términos coinciden con lo hablado entre ambas delegaciones durante la mañana.

Cuando el texto, en presencia de un notario, se remite por télex al Banco de Bilbao, hay rostros de satisfacción entre los consejeros de Banesto y felicitaciones efusivas a la habilidad negociadora de Mario Conde. Y de pronto Conde pide un momento de silencio y les dice:

—Pues ¿sabéis lo que os digo? ¡Que no me lo creo...!

—¿Qué es lo que no te crees? —pregunta alguien.

—¡Nada, no me creo nada; os digo que no hay acuerdo, y que nos van a meter un ''opazo'' como la copa de un pino...!

—¡Pero cómo dices eso, hombre!

—Que sí, es una cuestión de olfato. Porque estas reuniones de ayer sábado y de hoy han sido cómicas, como de opereta, y cuando una cosa es cómica es que pasa algo...

—Anda, ya salió el gallego que llevas dentro —ironiza Juan Abelló—. No seas tan desconfiado, coño.

—Ya veréis como aquí hay gato encerrado... —se reafirma Conde.

Los reunidos se van a almorzar con su moral un tanto afectada por la ducha fría que Mario les acaba de proporcionar.

El presidente del Bilbao había quedado en remitir su respuesta a Banesto a media tarde, pero las horas de este domingo suave van cayendo sin que termine de recibirse la contestacion, lo que no hace sino aumentar las sospechas de Conde. A última hora de la tardé, Mario visita su domicilio para cambiarse antes de salir a cenar. Allí se entera de que Pedro Toledo, a través de su hombre de confianza, Luis Abril, está intentando localizarle. Ambos entran por fin en contacto telefónico. El presidente del Vizcaya sigue muy de cerca lo que acontece, convencido como está de que si el Bilbao fracasa, Conde y Banesto son una buena alternativa de acuerdo amistoso. Él también opina que no habrá OPA, porque su coste es muy alto, y que al final se impondrá una salida pactada.

Cuando Mario sale a cenar, en compañía de Arturo Romaní y Fernando Garro, la respuesta de la entidad vasca no ha llegado aún, y ese dato confirma a Conde que sus temores son fundados. En torno al mantel de una marisquería de la calle Ibiza, Mario hace el siguiente vaticinio:

—Ya veréis cómo el papel llega a última hora de la noche, sin que nosotros tengamos ninguna capacidad de reacción y, lo que es más grave, no tiene nada que ver con lo que hemos hablado esta mañana...

En torno a las 12 de la noche, Sánchez Asiaín llama al domicilio de Conde. No lo encuentra, pero deja aviso de que va a llegar un mensajero con un documento para él.

Cuando a las 12.45 Mario entra en su casa, rasga el sobre expectante y se echa a la cara el papel, se encuentra con que, efectivamente, aquello tenía poco que ver con lo hablado por la mañana. Punto primero: se acuerda la disolución del Banco Español de Crédito... Conde deja el papel sobre una mesa, sin terminar de leerlo. El juego de las cuatro esquinas con el Banco de Bilbao había terminado.

Capítulo 19

LA DERROTA DEL VIEJO PROFESOR

El lunes 30 de noviembre la amenaza del Banco de Bilbao de hacerse con el control de Banesto mediante una OPA hostil, que Conde ha conseguido parar durante once largos días, se hace realidad. Tras la negociación de opereta registrada el domingo día 29, donde queda claro que cada una de las partes está decidida a defender sus posiciones sin ceder un ápice, no parecía quedarle a José Ángel Sánchez Asiaín otra salida honorable que el cumplimiento de su anuncio de OPA.

Cuando esto se produce, el Bilbao ha perdido ante el mundo financiero su condición de favorito. Más aún, el reducido núcleo de los centros decisorios piensa que el Bilbao acude a la Bolsa a pesar suyo, un poco a remolque, como si tratara de buscar una salida decorosa al embrollo. «No nos hemos ido; nos han echado», aseguraría Sánchez Asiaín días después. Por el contrario, Banesto se ha ganado a estas alturas la simpatía de la gente común, acostumbrada desde el principio de los siglos a tomar postura por el más débil, aunque sólo aparentemente lo sea. El Bilbao es el agresor y Banesto el agredido, y en toda historia con ribetes numantinos el pueblo llano está dispuesto a colocar su corazón del lado del teórico perdedor.

Mario Conde ha pasado prácticamente otra noche en vela. Se ha levantado muy pronto y ha intentado racionalizar el proceso que se avecina y que, a su juicio, va a estar marcado por la presentación de la OPA del Bilbao.

En torno a las 9 de la mañana, el hombre fuerte de Banesto llega a Castellana, 7 y un cuarto de hora después recibe una llamada telefónica de Sánchez Asiaín. La entidad vasca va a presentar su OPA dentro de unos minutos.

—Sólo hay una posibilidad de frenar ese paso —asegura Asiaín— y es que tú, Mario, dirijas un escrito a la junta sindical de la Bolsa de Madrid pidiendo que se prorrogue la suspensión de las cotizaciones de ambos bancos...

—Me parece difícil eso que me pides —responde Conde— pero dame unos minutos para consultar con mi Consejo.

Mario parlamenta de forma casi improvisada con sus compañeros de sillón. La opinión unánime es que no debe atenderse la exigencia de Asiaín. El olfato gallego de Conde le induce a sospechar que quizá el banquero vasco pretenda traspasarle algún tipo de responsabilidad que no es suya.

—Mira José Ángel, hemos estado analizando brevemente esta cuestión y lamento decirte que no podemos acceder a tu petición. Y por una razón muy sencilla, porque nosotros no fuimos quienes pedimos la suspensión de las cotizaciones. ¡Cómo vamos a solicitar que se prorrogue una situación en la que no hemos tenido nada que ver!

—En ese caso, Mario, no me queda otra alternativa que presentar inmediatamente la OPA...

—¡Pues muy bien, José Ángel, preséntala, quizá sea lo mejor para salir de este tumulto de una vez!

Conde no estaba fingiendo. Tras doce días de tensión, está convencido de que la ruptura de hostilidades es un paso inevitable en el proceso.

En muy pocas horas, esa ruptura va a convertirse en el factor exógeno que permitirá ver culminados, con varios años de antelación, los sueños de un hombre joven y ambicioso.

Banesto, con sus espías estratégicamente situados en el edificio de la Plaza de la Lealtad, hace valer su condición de primer operador madrileño y se entera al instante de la presentación de los documentos de la entidad vasca. No habían transcurrido ni cinco minutos cuando en el registro de la Bolsa entraba la OPA alternativa sobre Banesto formulada por Petromed.

Pero el Bilbao tampoco se estaba chupando el dedo. Alguien

sopla a la entidad vasca que Banesto, a través de una de sus filiales, tiene lista una OPA simultánea para obstaculizar su intentona. Y el Bilbao, que tenía preparada su oferta pública para comprar el 51% de las acciones del Banesto, la modifica sobre la marcha para presentarla por el 100% objetivo de la OPA de Petromed.

El banco vasco ofrece por cada 10 acciones de Banesto 6 acciones nuevas del Bilbao más una vieja y 15.000 pesetas en metálico, lo que viene a suponer una prima del 40%. A nivel global, la equivalencia propuesta supone cambiar 10 acciones de Banesto por 9,17 del Bilbao.

La oferta de Petromed, que ofrece pago en metálico, se limita por su parte a comprar un 20% del capital de Banesto al 1000%, lo que supone una prima del 11% sobre el precio efectivo de las acciones. En dinero contante y sonante, Petromed pagaba 5.000 pesetas por una acción de Banesto, 500 pesetas más que el precio de mercado al último día de cotización.

Poco después de las 10 de la mañana llegan a Castellana 7, desde la Bolsa de Madrid, los textos de la OPA del Bilbao, lo que provoca en la sede de Banesto un revuelo sin precedentes. Hay carreras, voces, petición de documentos, versiones contradictorias. Todo el mundo quiere dar su opinión. «Esto no es una OPA; esto es una excusa», asegura el abogado Rafael Pérez Escolar. Cuando Conde consigue imponer un poco de calma, los responsables de Banesto creen adivinar importantes fallas en la iniciativa del banco norteño. «Las ventajas que ofrecía el Bilbao a los accionistas de Banesto eran muy modestas», señala Conde, «porque a consecuencia de las cargas fiscales, se producía una dilución de los beneficios que hacía que el 40% de plusvalía anunciada se quedara prácticamente en nada. De hecho, el dinero en metálico que ofrecía el Bilbao no alcanzaba casi para pagar el impuesto sobre las plusvalías». Alguien descubre un asunto importante que al final se demostraría decisivo: el Bilbao está ofreciendo unas acciones que no tiene... «Está claro», opina Ramón Hermosilla, «Sánchez Asiaín quiere salir del paso echándole la culpa a la junta sindical».

Mientras todo esto ocurría en la planta 11 de Castellana

7, en la 10 un hombre discreto tejía en su despacho una trama de misterio que, de forma impensada, iba a colocar a Conde ese mismo día en la presidencia de Banesto.

A las 9 de la mañana, J.P., profesor de la Universidad de Salamanca y pintor cotizado en sus ratos libres, sale de su casa, en la calle Ortega y Gasset, casi esquina a la Plaza Marqués de Salamanca, y se dirige a la cercana sucursal de Banesto sita en Jorge Juan 43. Desde hace tiempo conoce al director, Ricardo Gómez-Acebo, hijo del actual vicepresidente y consejero del banco, Ricardo (Dicky) Gómez-Acebo, marqués de Deleitosa. J.P. ha bromeado muchas veces con él, y otras tantas han tomado café juntos en el bar de al lado.

Aquella mañana J.P. tiene un mensaje muy importante que comunicar a tan señalado director de agencia urbana. Ambos caminan al bar y en un rincón discreto de la barra, el artista transmite su recado.

—Una parte, sólo una parte pero muy importante, del Gobierno está dispuesta a echar una mano decisiva a Banesto en esta hora no menos decisiva. Compréndelo, el Español de Crédito ha sido el banco de la oligarquía española más reaccionaria; hay sospechas de apoyo a la intentona de golpe de Estado del 23-F desde Castellana 7, y encima se colocó como sucesor de Garnica a un ex ministro de Franco. Además no es un banco con imagen de moderno, y las recientes rencillas internas son del dominio público. Pero las cosas pueden cambiar si el Consejo de Banesto acepta hoy un envite. Y debe ser hoy mismo. Mario Conde tiene que pasar a presidir el banco y Pablo Garnica debe abandonar inmediatamente la presidencia y pasar al retiro. Además debe abordarse la renovación a fondo del Consejo, con la entrada de gente nueva...

—Pero bueno, estoy alucinando... ¡Tendrás que dar alguna prueba de que lo que dices es cierto!

—No puedo. Pero Banesto debe saber que si esto se cumple, la parte del Gobierno que me envía está decidida a apoyar. Hay gente que está dispuesta a dar guerra a Mariano Rubio y a Carlos Solchaga; gente que está decidida por encima de todo a que la operación de tiburoneo del Bilbao no salga, porque eso supondría el triunfo de Solchaga y porque quieren acabar de una vez con Mariano y sus *beautifuls*...

—No sé, chico, me dejas de una pieza...

—Anda, tómatelo en serio y llama a tu padre de inmediato.

—Sí, sí, por supuesto, ahora mismo.

—Si quieren verme, estoy en mi casa. Ya sabes dónde vivo.

El hijo de Dicky Gómez-Acebo se pone inmediatamente en contacto con su padre, a quien relata el encuentro que acaba de protagonizar, con mensaje incluido.

El marqués de Deleitosa se toma el asunto muy en serio e inmediatamente entra en contacto con Rafael Pérez Escolar, a quien encarga una misión delicada: se trata de entrevistarse de nuevo con J.P. y calibrar la consistencia del mensaje en cuestión.

En torno a las 10.30 de la mañana, Pérez Escolar se encontraba frente a J.P., en el tercer piso de una vivienda de clase media situada en la antigua calle Lista de Madrid, cómodamente instalado en un tresillo forrado con una tela de color rosa. La mañana es oscura y las cortinas apenas dejan traslucir un poco de luz. J.P. enciende una lámpara de pie, mientras el abogado elogia las pinturas que cuelgan en las paredes del salón. Algunas son del propio J.P.; otras son de amigos con quienes suele hacer intercambios. El salón está en completo silencio, pero de la calle llega amortiguado el molesto ruido del tráfico.

Pérez Escolar pasa brevemente revista a su pasada experiencia de secretario del Consejo de Banesto. Alude a los problemas de aquella casa, pero también a su potencialidad. Resalta lo que ha significado la llegada de Mario Conde y Juan Abelló, y el tremendo *shock* de la operación del Bilbao. Explica los costes laborales que, en su opinión, esa fusión implicaría. Critica la precipitación demostrada por Sánchez Asiaín, y se lamenta de la ruptura de las «buenas formas» que la iniciativa del Bilbao ha introducido en la comunidad bancaria.

J.P. asiente y se explaya con la pobre imagen que hoy ofrece el banco entre amplias capas de la población española. Pero afirma que la llegada de Conde puede producir un cambio en profundidad. Y ofrece el pacto.

—¿Puedo preguntarte por qué esta ayuda? ¿Cuál es la razón? —inquiere Pérez Escolar.

—Sí; hay una colusión de intereses muy clara: gente importante del partido y del Gobierno está dispuesta a ayudar al banco, porque le interesa que la operación fracase y con ello fracasen determinados elementos. Cita especialmente al ministro de Economía y Hacienda y al Gobernador del Banco de España. La contrapartida son los cambios que debe introducir Banesto. Si esos cambios se producen, la nueva cúpula de Castellana 7, podrá jugar a fondo sus cartas, sin temor a interferencias gubernamentales.

Cuando Pérez Escolar, a bordo de un taxi, volvía de regreso a la sede central, lo hacía reflexionando sobre la importancia de los personajes secundarios, en cuya mano reside a veces la facultad de cambiar el curso de la historia. J.P. era claramente un personaje secundario, un verdadero *go-between* surgido por sorpresa. En un momento determinado del corto viaje, el abogado sonríe para sus adentros mientras trata de memorizar los términos exactos de la conversación mantenida, porque es muy importante, se dice, poder transmitirla con la máxima fidelidad posible.

A su llegada a Banesto, Pérez Escolar comunica a Dicky en privado el mensaje recibido de las huestes de Alfonso Guerra por intermedio de J.P. Gómez-Acebo entra inmediatamente en contacto con Mario Conde, a quien pone al corriente de lo ocurrido minutos antes de que dé comienzo una decisiva reunión del Consejo de Administración. El cambio debe realizarse ya mismo, sobre la marcha. Pero no hay tiempo de informar al resto de los consejeros, aparte de que es preciso mantener la confidencialidad de lo ocurrido. Conde duda, pero Dicky Gómez-Acebo acepta el reto de entrar en el consejo a cara descubierta y proponer por sorpresa el ascenso de Mario Conde a la presidencia.

«Yo arriesgué mucho; en realidad lo arriesgué todo», reconoce Gómez-Acebo cuando la tormenta está ya lejos. «Pero era fundamental que el nombramiento de Conde como nuevo presidente de Banesto saliera en el telediario del día, porque el apoyo del Gobierno se ganaba con ese cambio, solamente con ese cambio y ese mismo día.»

El Consejo de Banesto se reinicia a las 13.45 con una ausencia notable, precisamente la de Mario Conde. Una oportuna llamada telefónica le mantiene alejado de la sesión al tiempo suficiente para que Dicky Gómez-Acebo efectúe su sorprendente propuesta. Aunque estaba claro que Conde iba a ser el nuevo presidente, y que el banco no podía permitirse una situación de aparente vacío de poder que fuera aprovechada por sus enemigos, el hecho de que la sustitución se plantee sin haber sido previamente consensuada causa perplejidad en una mayoría de consejeros.

Hay miradas de asombro y gestos de sorpresa cuando, poco después de tomar asiento, Dicky pide la palabra y anuncia que es necesario poner fin de manera inmediata a la situación provocada por la dimisión de Letona.

—Pablo, creo que ante las especulaciones que han surgido otra vez sobre tu retiro, tenemos que hablar ahora mismo de tu relevo en la presidencia...

—¡Cómo! ¡Qué es eso...!

—Sí, sí, Pablo. Hace tiempo tú anunciaste que te ibas, pero creo que conviene dejar muy claro que te vas ya. Además, tengo información de tipo confidencial, que me vais a permitir que no revele, por la cual es absolutamente necesario proceder hoy al relevo en la presidencia. Sabéis que mi entrega por la causa del Banco Español de Crédito es total y absoluta, y apelando a esa entrega y a la confianza que siempre habéis tenido en mí, debo proponeros ahora mismo el cambio.

—Y ¿quién me va a sustituir? ¿En quién habéis pensado?

—En Mario Conde...

Todos enmudecen, en espera de la decisión de Pablo Garnica, y don Pablo, tras unos instantes de silencio que parecen eternos, se arranca con una de sus breves y explícitas intervenciones.

—¡Ah!, bueno, si es así, lo que tú digas...

Éste fue todo el discurso del gran patrón de Banesto.

A José María Sainz de Vicuña, sentado a la derecha de

Dicky, todavía no le ha desaparecido la sorpresa del rostro, y, con un oportuno codazo, trata casi por señas de interrogar a su colega.

—¿Qué pasa?

—Luego te cuento —le musita Dicky al oído.

Casi inmediatamente entra Mario Conde en la sala del Consejo. Cuando toma asiento, Gómez-Acebo pide de nuevo la palabra y le comunica la buena nueva.

—Acabo de proponer al Consejo tu nombramiento como nuevo presidente del Banco Español de Crédito, y la propuesta ha sido aceptada por unanimidad. Mi enhorabuena más cordial.

Conde parece abrumado. Quiere reflejar serenidad, y consigue transmitir una cierta indiferencia que deja perplejo a más de uno. Con un lenguaje estereotipado muestra a los reunidos su agradecimiento, dando signos inequívocos de querer pasar rápidamente a otra cuestión.

Y en efecto, el nuevo presidente da cuenta de la preparación de una serie de medidas dirigidas a los accionistas y al personal de la casa, tras el anuncio de presentación de la OPA del Bilbao. Presenta también un proyecto de comunicado, que se aprueba por unanimidad.

El texto del mismo señalaba que «a propuesta de don Pablo Garnica Mansí y por unanimidad de todos los señores consejeros asistentes al mismo, ha designado a don Mario Conde Conde presidente del Banco Español de Crédito, quedando delegadas en su persona todas las facultades ejecutivas que corresponden al Consejo de Administración y que hará efectivas, formalmente, a partir de la reunión que el Consejo celebrará el próximo día 16 de diciembre de 1987.

Asimismo, el consejo ha acordado por unanimidad proponer a don Pablo Garnica Mansí como presidente de honor vitalicio del Banco Español de Crédito.

»Por otra parte, ha designado consejero del banco, para ocupar la vacante producida por José María López de Letona, a Arturo Romaní Biescas».

Los reunidos aprueban la emisión de otro comunicado de mayor enjundia, en relación a la presentación de la OPA del

Bilbao. Es un texto que escribe el propio Conde en una máquina eléctrica situada en un despacho de la planta 11. El miedo a los espías seguía estando presente. El comunicado de Conde, que intenta sea lo más profesional y aséptico posible, envía a la papelera a otros tres que aspiraban a los honores, todos con el denominador común de su carga patriótica y agresiva hacia la institución contraria.

El texto, hecho público hacia las 5 de la tarde, daba cuenta de la «sorpresa» de Banesto porque «otra institución financiera, con la que históricamente mantiene relaciones de cordialidad, de manera unilateral y apremiante formule una OPA de carácter HOSTIL» (con mayúsculas en el original). En el segundo punto, Banesto asegura que «en ningún país de la CE una institución bancaria de tal importancia ha formulado una OPA hostil sobre otra institución de rango y nivel superiores». En los puntos siguientes, el Consejo expresa su conocida posición sobre el contencioso, para terminar declarándose dispuesto «a defender por todos los medios a su alcance» los intereses de clientes, trabajadores y accionistas, al tiempo que aconseja a estos últimos no tomar en consideración la propuesta del Banco de Bilbao.

Las medidas adoptadas por el Consejo de Banesto en relación a su accionariado incluían la movilización de los directores de sucursal. Se trataba de visitar a los accionistas y averiguar qué es lo que pensaban hacer ante la oferta pública del Bilbao. La respuesta es que un mínimo del 85%, y en algunas provincias hasta el 99% de los consultados dicen que no piensan acudir a la OPA. La situación no parecía especialmente comprometida. De hecho, el propio Consejo podía razonablemente controlar entre un 38% y un 51% del capital social del banco, resultado de la suma de un 12% de Petromed, La Unión y el Fénix y las «Isas» (sociedades de cartera); el 11,7% (8,5 millones de acciones) de los fondos extranjeros controlados por Javier de la Rosa; un 10% en manos de los empleados; el 7,5% de Conde-Abelló, y cerca de un 3% del resto del Consejo. A ello se añadió pronto un 2,5% de Parretti, más otro 2,5% en poder de Julián Coca. Mario Conde llegó pronto a la conclusión de que el Bilbao no podía sacar adelante su OPA, porque no hubiera podido comprar más allá de un 10% a un 15% de Banesto.

Don Pablo, por su parte, dirige dos misivas. Una a los directores de zona y personal cualificado del banco, y otra a los accionistas, dándoles cuenta de las consecuencias económicas y fiscales de la OPA del Bilbao. El Consejo aprueba también una carta convocatoria de junta general de accionistas.

La lucha por algunos paquetes accionariales dispersos se intensifica a partir de este lunes. Banesto mantiene conversaciones con tres ramas de la familia Coca. Arturo Coca es el más perseguido, porque controla cerca de 1,8 millones de acciones, pero está también la llamada ''estirpe de Béjar'', y una tercera representada por el abogado García Leániz. Conde se ve con las tres y, al final, la pregunta es siempre la misma: ¿Quieren ustedes seguir con Banesto? La respuesta es «sí, queremos». Julián Coca, en particular, se presentó en la sede de Banesto el jueves día 3 de diciembre, a las 5.45 de la tarde, con la decisión definitiva sobre el futuro de su paquete.

Cuando el nombramiento de Conde llega a los medios de comunicación, la presión informativa sobre Banesto se hace agobiante. Hay un dato revelador. Todo el mundo valora como más importante, o al menos más interesante informativamente hablando, el nombramiento de Conde como presidente de Banesto que la presentación de la OPA del Bilbao. La entrada y el hall de Castellana 7, aparecen por la tarde prácticamente tomados por los medios de comunicación, y hay un trasiego constante de periodistas, cámaras, trípodes y focos que suben y bajan por los ascensores en busca del nuevo fenómeno de las finanzas hispanas.

A las 6 de la tarde de este lunes intenso, Mario Conde y Pablo Garnica acuden al Ministerio de Economía y Hacienda a cumplimentar al ministro Solchaga tras el cambio en la presidencia.

Este mismo día, Manuel de la Concha, agente de Cambio y Bolsa, remite una carta al semanario *El Independiente* para desmentir una supuesta participación de la entidad financiera que dirige, Investcorp, en la compra de acciones de Banesto antes del 19 de noviembre, valiéndose para ello de información confidencial. El mencionado semanario había puesto dos días antes en letras de molde un asunto que era la comidilla del «todo Madrid», afirmando que De la Concha, con conocimiento previo de la operación que tramaba el Bilbao, había adquirido 3.000 millones de pesetas en acciones de Banesto para Investcorp, con destino a una sociedad denominada Iberian Fund.

La acción de *El Independiente* surte el efecto de amedrentar no tanto a Manuel de la Concha como a Mariano Rubio. El Gobernador del Banco de España contempla horrorizado la posibilidad de escándalo. Alguien de su entorno ha sugerido que a partir de entonces desea incluso que fracase la operación del Bilbao, para que nadie pueda acusar a sus amigos de haberse enriquecido con el evento y, por tanto, no pueda alcanzarle ninguna salpicadura. Rubio está especialmente sensibilizado por el giro detectado en la posición del Gobierno. J.P. demuestra en seguida a Banesto que no era un charlatán. El tratamiento que TVE dedica al conflicto, durísimo días atrás con Castellana 7, cambia de modo radical. Y el Gobernador, que recibe esas señales, comienza a abandonar a su suerte al Banco de Bilbao.

Prudentemente, Mariano Rubio se retira a sus cuarteles de invierno, dejando la ya frágil moral de Sánchez Asiaín al exclusivo cuidado de Carlos Solchaga. En efecto, desde el lunes 30, hasta el viernes 4, en que el Bilbao anuncia su retirada, es el ministro de Economía y Hacienda quien casi de forma exclusiva trata, la mayor parte de las veces por teléfono, de levantar el ánimo decaído de Asiaín.

Dos cosas se hacen pronto evidentes: que la batalla de la opinión pública la está ganando Conde, y que la OPA del Bilbao tiene un futuro más que incierto. «Yo desde este momento estoy tranquilo», asegura Conde, «y me dedico a ser presidente de Banesto y a preparar la próxima junta general, porque estoy convencido de que lo que busca Sánchez Asiaín es que sea la junta sindical la que le diga que no».

El presidente del Bilbao se dedica este lunes a arropar la

presentación de su OPA con numerosas intervenciones en prensa y radio. En la Cadena SER, el banquero catedrático señala que su oferta «constituye un acto democrático en un mercado abierto, ya que solicitamos la confianza de los accionistas». Para Asiaín, «la respuesta a nuestra oferta no se ha producido todavía, ya que son los accionistas quienes tienen que hacerlo y no el Consejo de Administración de Banesto». El presidente del Bilbao estaba planteando por primera vez en España, como de forma casi simultánea lo hacía KIO en el asunto de ERT, los términos de una polémica ya vieja en Estados Unidos, la patria de las OPAS y del capitalismo financiero. ¿Quién es el verdadero dueño de una empresa, la gerencia o sus accionistas?

En esta ocasión se producían algunas interesantes variaciones sobre el planteamiento tradicional de la disputa. En primer lugar, porque en el caso de Conde y Abelló se daba la circunstancia, extraña en el contexto bancario español, de ser a la vez gerentes e importantes accionistas. En segundo, porque era un gerente puro, Sánchez Asiaín, quien planteaba la cuestión. Al final, el catedrático vasco parecía metido en esta movida por un prurito personal de categoría intelectual. Casi un convencimiento mesiánico, desprovisto de bases empíricas, sobre la bondad de las fusiones.

A partir de la presentación de las OPAS en Bolsa, la pelea se convierte en una batalla jurídica entre abogados. A juicio de los expertos, la OPA del Bilbao adolecía desde el punto de vista de la legislación mercantil española de varios puntos débiles, los más importantes de los cuales eran:

a) Oferta de cosa futura. El banco vasco ofrecía acciones nuevas cuya emisión debía ser autorizada en junta general de accionistas que, sin embargo, no había sido convocada. Para algunos, era una operación bursátil a plazo, prohibida por la legislación española.

b) Renuncia al derecho preferente de suscripción. En efecto, los accionistas del Bilbao debían renunciar en dicha junta al derecho preferente de suscripción que les asiste, de forma que el banco pudiera dedicar esa emisión a los fines de OPA.

Es evidente que esos derechos tenían un precio y los accionistas del Bilbao no iban a renunciar a ellos tan fácilmente.

c) Legalidad de la autocartera. Al ofrecer una acción vieja del Bilbao por cada 10 de Banesto, el banco vasco estaba revelando la existencia de una autocartera de más del 15% del capital social de la entidad, cuya existencia en el balance del banco o en el de sociedades de su grupo no estaba clara.

El martes 1 de diciembre de 1987, Banesto reúne a las 9 de la mañana a buena parte de sus directores en la sede de La Unión y El Fénix. Cerca de 800 hombres no podían apartar la mirada del ''delfín''de don Pablo, un hombre joven, trajeado a la italiana, gesto duro, el pelo brillante, que al lado de su protector lanzó una arenga instando a los cuadros del banco a resistir el asalto de la OPA. Sentado a su lado, don Pablo se emocionó al escuchar la llamada a la lucha de un personaje que apenas cuatro meses antes no conocía.

La OPA del Banco de Bilbao empezaba a estar bajo las baterías de la Junta Sindical de la Bolsa de Madrid, que requirió información sobre la existencia de los nuevos títulos ofrecidos en el canje. Esos títulos no existían, y ése era el problema de la institución vasca. Al mismo tiempo exigía la formalización de las garantías para el pago en metálico que demandaba la operación.

El presidente del Gobierno, Felipe González, hace hoy una declaración de imparcialidad. Al Gobierno le parece razonable un proceso de fusiones, «pero no está en favor de uno y en contra de otro. Eso es un error de interpretación». Al Gobierno se le había ido de las manos la operación. Conde había sabido levantar la moral de los viejos banqueros contra el poder político, cogido en un llamativo traspié.

Entre Sánchez Asiaín y Conde parece entablarse un pujilato radiofónico: allí donde sale en antena el presidente del Bilbao, le sigue sin dilación el de Banesto. La estrategia de La Salceda comenzaba a cumplirse punto por punto. La batalla de la opinión pública está en su punto culminante. Sánchez Asiaín ha aparecido el lunes en televisión explicando las razones de la presentación de la OPA. Asiaín no ha dado una imagen convincente y Conde decide este martes, día 1, salir a la palestra y jugarse el tipo. «Fue la decisión más difícil de toda mi vida.» Le temblaban las manos, le temblaban las piernas y prácticamente tuvo que ser empujado por Fernando Garro, su hombre de confianza, para que entrara en el despacho donde TVE había instalado sus artilugios para efectuar un minuto de filmación para el telediario de la noche.

Conde se mostró comedido y diplomático en extremo como banquero, aunque como actor dio muestras de gran nerviosismo. La nueva estrella de las finanzas estaba todavía muy verde para salir en pantalla. Sin embargo, aquella cara nueva caló en la audiencia. Era el rostro de un hombre joven que por sorpresa se encarama en la cúspide del más tradicional de los bancos españoles. El sueño americano en versión hispana. «Ese nombramiento toca una fibra muy sensible de la opinión pública. Es el despertar de la idea de renovación que está latente en amplias capas de opinión y que, de pronto, toma cuerpo en una persona determinada», asegura Ramiro Núñez.

El miércoles 2 de diciembre a las 10.30 de la mañana, Pablo Garnica y Mario Conde visitan protocolariamente a Mariano Rubio.

El jueves 3 de diciembre una amplia mayoría de expertos y medios financieros estaban convencidos de que la OPA del Bilbao tenía escasas posibilidades de salir adelante. Manuel de la Concha, ex síndico, que el día anterior había almorzado con Mariano Rubio en Jockey, se manifestaba convencido de que su sucesor, Enrique de Benito, no tendría más remedio que rechazarla, «a menos que el Bilbao la retire, que es lo que creo que hará». Otros ilustres nombres de la abogacía se expresaban en el mismo sentido. «Creo que el Bilbao ha perdido», aseguraba José Mario Armero. Daniel García Pita, del bufete Garrigues, hacía patente su sorpresa señalando que «no me puedo imaginar que el tiburón sea tan malo que no tenga un as en la manga». Fernando Pombo, de Gómez-Acebo y Pombo, se mostraba seguro del «fracaso de los planteamientos del Bilbao». Rodrigo Uría jr. discrepaba. «Si se mantiene la tesis de que no se pueden hacer ofertas públicas con acciones nuevas (oferta de cosa futura), quiere decirse que en España no se podrá nunca hacer una OPA de gran calibre.»

En la Bolsa de Bilbao, la entidad vasca lograba, sin embargo, una victoria parcial al anunciarse en la tarde de este jueves la aprobación de las dos OPAS presentadas sobre Banesto. El Banco de Bilbao había movido adecuadamente sus peones en la Bolsa vasca, donde su posición de control era parecida a la ejercida por Banesto en la de Madrid. La situación caminaba hacia una trampa mortal: si la junta sindical de Madrid rechazaba finalmente la OPA del Bilbao, la decisión final, de acuerdo con la legislación en la materia, pasaba al Ministerio de Economía y Hacienda.

Esa tarde el banco vasco salía a la palestra con un duro comunicado contra la junta sindical madrileña, a la que calificaba de «arbitraria y reglamentista». El escrito del Bilbao será respondido el viernes por Banesto. Dos instituciones bancarias de gran tamaño aparecían así, ante los sorprendidos ojos de los españoles, enfrascadas en un cuerpo a cuerpo que nadie hubiera podido imaginar un año antes. Era la demostración palpable de que todo había cambiado en el mundo español de las finanzas.

El jueves por la noche, circuló por Madrid el rumor de que el Consejo del Bilbao estaba reunido e iba a emitir un comunicado anunciando la retirada de su OPA. José María Cuevas, presidente de la CEOE, echaba en Barcelona su cuarto a espadas a favor de Banesto, señalando que «una fusión hostil traerá más perjuicios que beneficios».

El viernes 4 de diciembre, a última hora de la tarde, la junta sindical de la Bolsa de Madrid, con el apoyo de las de Barcelona y Valencia, anunció el rechazo a la OPA presentada por el Banco de Bilbao. Adicionalmente, tampoco admitía a trámite la de Petromed, al tener una cláusula que la condicionaba suspensivamente a la del Bilbao.

El sábado 5 de diciembre el Bilbao anuncia su retirada. Conde se entera de la noticia recién llegado a su finca de La Salceda. Alguien le pone al corriente desde Madrid de que Radio Nacional, en su boletín de las 7 de la tarde, acaba de anunciarlo.

Lo primero que hace el nuevo presidente de Banesto es tirar de teléfono y llamar a José Ángel Sánchez Asiaín a su despacho de Madrid.

—No está el presidente.

—Dígale, por favor, que le ha llamado Mario Conde.

A los tres minutos era el propio Asiaín quien devolvía la llamada a La Salceda. Aquélla fue una conversación cariñosa y corta, cargada de emotividad. Conde agradeció al banquero vasco su retirada, «una decisión valiente y arriesgada», que, estaba convencido, iba a ser beneficiosa para el mundo bancario. Asiaín agradeció el gesto de Conde al llamarle y le reiteró su alta consideración personal al margen de lo ocurrido.

El combate había terminado con victoria clara de Conde.

¿Por qué no recurre el Bilbao la resolución de la junta sindical de la Bolsa de Madrid? Porque no quiere la OPA, «esa» OPA, algo que ya no tenía nada que ver con el proyecto que, desde las alturas, le habían vendido a Sánchez Asiaín. El dictamen que a mediados de mes solicita el Ministerio de Economía y Hacienda al Consejo de Estado se refiere simplemente a si era o no competente la Junta Sindical para emitir ese fallo, pero no aborda el fondo de la cuestión.

El domingo 6 de diciembre, José Ángel Sánchez Asiaín se lamentaba de la resolución de las Bolsas en la edición dominical de *El País*, el periódico de Jesús Polanco que, a causa de los negocios comunes, entre otros la sociedad para la futura cadena privada de televisión, tan decididamente le había apoyado en toda la crisis.

Cuando ya la OPA del Bilbao ha sido retirada, Mario Conde parlamenta un día con Pedro Toledo.

—¿Quieres que sigamos hablando por el camino que habíamos iniciado?

—Mira no, mejor lo dejamos por el momento.

—¿Por qué, si puede saberse?

—Ahora es imposible hacer contigo cualquier operación que

no signifique una absorción por tu parte... ¡No sería creíble que alguien presidiera a Mario Conde!

El lunes 14 de diciembre, Conde y Abelló son recibidos a la 1 de la tarde en La Moncloa por Felipe González. Es una visita protocolaria donde se habla del futuro, de la Banca, y de la economía española, pero nada de OPAS.

Este día el nuevo presidente de Banesto aborda una audaz operación para remozar de arriba abajo el Consejo de Administración, de cara a la reunión del organismo prevista para el día 16. Era una de las exigencias planteadas por el misterioso J.P., en su no menos misteriosa aparición del 1 de diciembre pasado. Los nombramientos de nuevos consejeros los hará personalmente Conde con tal celeridad que ni el mismo Abelló se enterará hasta el final.

Los ojos de Conde se habían ido a posar en lo que, pocos meses antes, hubiera sido una fruta prohibida en Banesto: Paulina Beato, catedrática de Teoría Económica, presidenta de Red Eléctrica Española (Redesa); Antonio Torrero, catedrático también de Teoría Económica en la universidad de Alcalá, presidente de Reit, consejero del INH, y ex presidente del Banco Hipotecario de España, y Juan Belloso, ex director general de Campsa y del Banco de Crédito Industrial, entre otros cargos. Tres destacados personajes filo-PSOE iban a hacer su entrada en el templo del conservadurismo bancario. Lo nunca visto.

Los dos primeros conocen la oferta de Conde el mismo día 14, a menos de cuarenta y ocho horas de la celebración del consejo donde debían ser propuestos. Conde quiere jugar con el efecto sorpresa y a fe que lo consigue.

Torrero recibe una llamada telefónica del presidente de Banesto, y acude a Castellana 7, para mantener una entrevista. Allí, escucha en silencio las ideas renovadoras que Mario Conde alberga para Banesto, y cuando el banquero calla, el catedrático le hace una observación.

—Mario, antes de nada quiero decirte que yo soy un hombre de izquierdas; no tengo carné de nada, pero soy un hombre con inquietudes sociales...

—¡Y yo también!, ¡mira tú...!

Roto el hielo, Conde se explaya describiendo el paisaje futurista en que quiere convertir al más tradicional de los bancos españoles. Cuanto termina su perorata, de nuevo interviene Torrero.

—Me puedes nombrar consejero, conserje, asesor áulico, archimandrita... lo que quieras, ¡pero no me dejes fuera de ese proyecto...!

—Tú, tranquilo. Puede ser que lo saque o que no, porque estas cosas nunca se sabe; pero confía en mí, y, por supuesto, confidencialidad absoluta..

A Paulina, el nuevo presidente la llama por la mañana de este lunes a su despacho de Redesa. Ambos celebran por la tarde una entrevista de poco más de media hora. «Me contó su proyecto para el banco y lo que él pensaba que podía ser mi contribución al mismo; me pareció una idea apasionante y le dije que sí», asegura la propia Beato.

Conde pregunta si tiene carné de algún partido.

—En absoluto, aunque no te niego que veo con simpatía el proyecto socialista.

—Eso no me importa; lo que me interesa es vuestra capacidad profesional.

—De todas maneras, Mario, tendré que consultar con Solchaga...

—Pero me vas a prometer que no lo harás hoy, porque si no, de aquí al miércoles se puede montar un lío fenomenal. Lo que vas a hacer es lo siguiente: mañana llamas a la mujer de Solchaga por la tarde y le dejas un aviso. El consejo empieza a la 1 de la tarde del miércoles, de modo que el Ministro no tendrá tiempo para maniobrar...

Juan Belloso, el tercer filosocialista del elenco, anuncia también su deseo de consultar.

—Tú consulta con quien quieras.

Paulina no podía disimular su nerviosismo, y a lo largo de la jornada del 15 llama al domicilio de Conde cerca de una decena de veces en busca de información.

—Pero por fin, ¿sale o no sale...?

Su preocupación no era para menos. Ni el más audaz hubiera podido imaginar un mes antes semejante cambio en el Consejo de Banesto.

La llave del asunto estaba en Pablo Garnica. El martes 15, por la tarde, Conde y don Pablo mantienen una larga y relajada conversación

—Bueno Mario, y ¿a quién quieres nombrar consejeros?

—Pues tengo tres pensados que quiero consultarte. Juan Belloso, que vendría como director general del área bancaria, y Antonio Torrero y Paulina Beato para el Consejo.

—Ya me han hablado de que los tres cojean un poco de la misma pata, ¿no te parece?

—Pablo, es que aquí necesitamos cerrar de una vez el abismo que hay con la Administración socialista.

—Bueno, bueno, si no digo nada. Pues a mí la Paulina esta me gusta mucho; me han dicho que esa chica es muy lista. Me parece que es mejor que la otra, que la Mestre... —dice don Pablo arrastrando las palabras.

—Pues sí, es una mujer que vale muchísimo.

—En cambio, a ese Torrero no le conozco de nada.

—Es un catedrático de Teoría Económica, con el que Juan y yo estudiamos la inversión en Banesto.

—Ah, bueno. ¿Y este Belloso, al que nombras director?

—Pues no lo conozco mucho, ésa es la verdad; ha estado en Campsa y en el BCI. He hablado con él 3 o 4 veces, pero me da la impresión de que es un tío de una vez.

—Pues muy bien; ten en cuenta, además, que si uno se equivoca al nombrar un «director» pues se le quita y ya está... no pasa nada.

—No, éste es un hombre muy válido.

—¿Y qué vamos a hacer con mi hermano? —pregunta don Pablo.

—Pues que hay que quitarle también...

—Pero eso se lo anuncias tú, ¿eh?

Por la noche, en una recepción que en el Palacio del Pardo ofrecía el presidente portugués, Mario Soares, a los reyes de España, Mario Conde se acerca a Carlos Solchaga.

—Ministro, hay algo que quiero contarte con respecto a algunas novedades que quiero introducir en el Consejo del banco.

—Sí, me han dicho que piensas hacer un par de cambios.

—Bueno, alguno más... Voy a nombrar director general a Juan Belloso.

—Eso está bien, muy bien. Lo de Belloso ya lo sabía.

—Pero voy a hacer algún nombramiento más... —dice Mario con cierto aire de suspense.

—Pues tú dirás. ¿A quién?

—Creo que hay una señora que te ha dejado una llamada telefónica en casa. Interésate por esa llamada porque es importante —dice Conde riéndose.

—¿Pues de quién es esa llamada?

—De Paulina Beato. También te quiero comentar que voy a nombrar consejero a Antonio Torrero...

Solchaga se queda mudo y sentencia.

—Éste es el cambio de poder económico más importante de la historia de España.

A partir de este momento, la actitud de Solchaga para con Mario Conde, que tan cerca como el viernes 11 de diciembre, había dejado traslucir en el Congreso de los Diputados su desencanto por la derrota del Bilbao, comienza a cambiar perceptiblemente.

El presidente de Banesto se acerca después a Mariano Rubio. La situación no es fácil, porque los nombramientos no han sido consensuados ni anunciados al Gobernador.

—Oye Mariano, te he llamado esta mañana porque quería consultarte una serie de cambios que quiero hacer en el Consejo, y luego me han dicho de mi oficina que me has devuelto la llamada, pero yo ya no estaba. De todas maneras pensé que te vería aquí. En fin, que quería consultarte esos nombramientos, por si tienes alguna objeción.

—¿Y a quién vas a cambiar?

—Voy a nombrar once nuevos consejeros.

—¿Once...?

El miércoles 16 de diciembre de 1987, Mario Conde vive una de las mañanas más intensas, más duras, de su vida. A primera hora ha citado al vicepresidente, Jaime Argüelles. El presidente de La Unión y el Fénix acepta resignado su salida del Consejo. Es uno de los perdedores de la batalla, y lo sabe. Lo único que le preocupa es el futuro de su hijo, y para Jacobo Argüelles, marqués de San Severo, casado con una Gamazo (y por tanto emparentado de lejos con Juan Abelló) trata de conseguir el sillón de consejero que él abandona. Después van pasando sucesivamente los consejeros Federico Silva Muñoz, Gabriel Garnica, José María Sainz de Vicuña e Inocencio Figaredo. Hay caras de asombro y algún tímido intento de resistencia.

—¡Pero cómo me voy a ir ahora, que empieza la época buena...!

—Pues sí, te tienes que ir, porque yo soy ahora el presidente y lo quiero ser con el equipo que yo elija.

Con estos antecedentes, el consejo se inicia a partir de la 1 de la tarde en un ambiente tan denso que podía cortarse con un cuchillo de palo.

Don Pablo inicia su parlamento, que se prolonga más de lo acostumbrado, como si pretendiera incrementar la tensión, hablando de asuntos varios del diario discurrir de la institución. Y al rato, con la delicadeza que le caracteriza, el hachazo.

—Todo esto es una tontería, porque este consejo tiene dos partes. Una ésta, que es lo que acabo de decir y que no vale para nada, y otra la que viene ahora... Yo siempre he dicho que me iba y ha llegado el momento. Me voy. Y ahora entra un nuevo presidente, bueno, ¡que lleva actuando de presidente desde que puso los pies en el banco...! ¡Porque ésa es otra...! Pues bien, este hombre nos ha defendido en la OPA del Bilbao con gran acierto, ha demostrado su amor a esta casa sobradamente, y ahora tiene que proponeros una serie de cosas que podrían pareceros como un asalto por la espalda... (Conde había empezado a sudar, «yo ya dije, adiós a los nombramientos»). Pero ni asalto ni nada... en esta casa siempre ha mandado el presidente, y si hemos decidido que él sea presidente, pues que se haga lo que él diga, a mí me parece muy bien...

El silencio es sepulcral. Tiempo después, Fernando Castromil, que asistía a su último consejo como secretario, diría que «sólo por haber vivido esos momentos, merece la pena haber pasado por el banco».

Mario Conde toma entonces la palabra.

—Me nombrasteis presidente en unos momentos de máxima tensión, con el banco acosado por un peligro inminente. Aquélla fue una reacción histérica, incluso una operación de imagen. Ahora el peligro ha pasado; se ha ganado la OPA y éste es el momento, sin ninguna amenaza inminente, de volver a replantear la cuestión. Y voy a deciros un par de cosas: primero, quiero que el Consejo ratifique mi nombramiento; y, segundo, quiero deciros, que si me ratificáis, voy a ser presidente con todas sus consecuencias, porque a mí me gusta mandar y mando.

De nuevo se hace un silencio sepulcral.

—Que sí, hombre, que sí... —intervine don Pablo con su acento peculiar.

—Es que yo quiero ser presidente por unanimidad, Pablo —vuelve Conde a la carga.

—¡Pero bueno, qué tonterías estás diciendo! ¡Pero tú qué quieres! ¿que votemos? ¡Pero si está clarísimo...!

Las caras de algunos consejeros habían adquirido una cierta tonalidad verdosa. Y entonces, en un clima lleno de electricidad, el nuevo presidente comienza a desgranar, con lentitud, el rosario de cambios. Cesa como vicepresidente y consejero don Jaime Argüelles y Armada; censan también Luis Sela Figaredo, Inocencio Figaredo Sela, José Súñer, Pablo Garnica Mansí, José María Sainz de Vicuña, Federico Silva Muñoz, Gabriel Garnica Mansi y Francisco Luzuriaga. Entran a formar parte del Consejo Jacobo Argüelles, Vicente Figaredo, Juan José Abaitúa, Pablo Garnica Gutiérrez, Luis Ducasse, Enrique Lasarte, Juan Belloso... Conde se detiene para trazar el perfil del próximo consejero.

—Entra el catedrático de Teoría Económica, autor del primer libro sobre la estructura del sistema financiero español y posiblemente una de las personas más prestigiosas del mundo financiero... don Antonio Torrero Mañas.

El presidente repite idéntico panegírico para la nueva consejera, Paulina Beato, y cuando Conde ha terminado de pronunciar su nombre hay gestos de asombro, mientras Jaime Argüelles echa sus brazos por detrás de su sillón y se queda boquiabierto mirando al techo...

Cesa como secretario del Consejo Fernando Castromil y le sustituye Ramiro Núñez-Villaveirán.

Tras la reunión del Consejo, interminable, crispante, los reunidos celebran el tradicional banquete en la antigua sede social, en la calle de Alcalá esquina a Sevilla.

El jueves 17 de diciembre, las páginas de los periódicos reflejaban el enorme impacto protagonizado por el *shake up* de Conde en el Consejo de Banesto. Aquello sonaba a verdadera revolución. La entrada de tres personalidades muy próximas al PSOE es interpretada como una jugada maestra de nuevo presidente, tendente a cerrar el flanco más débil de Banesto: sus relaciones con el poder socialista. El mundo financiero habla abiertamente de «pacto».

«Más que un cambio, lo del Consejo de Banesto sí que es ahora una revolución», asegura Primo González en *Diario 16*. «Un desembarco en toda regla que se convierte por derecho propio en la reconversión más drástica y posiblemente más audaz de cuantas se han llevado a cabo en un consejo de administración de un gran banco en España.»

El semanario *El Independiente* habla el sábado 19 de diciembre, de que Conde «se ha asegurado una línea de contacto con el Gobierno y el PSOE, que le lleva hacia el despacho de Alfonso Guerra, el vicepresidente del Gobierno y vicesecretario general del PSOE».

Banesto, sin embargo, no había bajado la guardia. Las apariciones del nuevo presidente en los medios de comunicación son constantes. El martes 22 de diciembre, interviene en un programa de la televisión catalana, en una decisión impuesta por su hombre de confianza, Fernando Garro. Conde sigue sintiendo pavor ante las cámaras, pero Garro piensa que hasta el 24 de diciembre, en que se cumple el plazo para un posible recurso del Banco de Bilbao contra la decisión de la Junta Sindical de Madrid, Banesto y su hombre fuerte tienen necesidad, como pura medida preventiva, de estar en pie de guerra, permanentemente de actualidad.

Una vez alejado definitivamente el peligro, toda la maquinaria de Banesto se pone a trabajar de cara a la junta general extraordinaria del 8 de enero de 1988.

Durante la noche anterior a la citada junta, Mario y Juan Abelló, acompañados por Lourdes Arroyo y Ana Gamazo, acuden a cenar a Jockey. Allí estaba haciendo lo propio Javier de la Rosa, acompañado por Salvador García Atance y Santiago Eguidazu, de Asesores Bursátiles. Ambos grupos, sin embargo, sólo se descubrirán a la salida. Cuando De la Rosa se levanta en un momento de la cena para acudir al teléfono, un joven y elegante italiano se acerca a saludarle en pleno pasillo. Es Ferdinando Mach, que está acompañado por María Trujillo. Ferdinando ha venido a Madrid con su patrón Bettino Craxi, que, en unión de Silvio Berlusconi, está esa noche de incógnito en Madrid para ver a Felipe González.

Cerca ya de la salida, el catalán se topa con los hombres de Banesto.

—¡Ven aquí a saludar al presidente...! —urge jovial Abelló.

Cuando Javier de la Rosa se acerca, Conde le interpela.

—Hola, Fernando...

—No, Ferdinando es aquél que estaba cenando allí —dice De la Rosa volviéndose, mientras señala con un gesto en la dirección adecuada.

Mario se queda aparentemente sorprendido de la presencia de Ferdinando Mach en Jockey aquella noche.

—Ferdinando estaba ahí y bien acompañado, pero ya se ha ido...

—¡No tenía ni idea!

—Veo que ha venido a vuestra junta... —dice con guasa De la Rosa.

—¡No digas coñas! —le corta Conde—. Oye, Mustafá, ¡que no me has enviado las representaciones...

—Míralas, aquí están... —afirma De la Rosa, extrayendo un sobre de su americana—. Pero ya sé que no las necesitas, porque tienes *quórum* de sobra...

—Pues mañana tienes que venir y colocarte en primera fila.

—Sí, hombre, en eso estaba yo pensando...

—Bueno, y esto de Grucycsa (Grupo Construcciones y Contratas) que habéis hecho, ¿qué es? —inquiere Juan Abelló.

—Pues lo que ya os conté hace tiempo que pensaba hacer. Vosotros no quisisteis, pues nada...

Tras sopesarlo mucho, De la Rosa había decidido, cuando ya estuvo al corriente de que sus amigos de Banesto contaban con más del 60% de los votos de la junta, abstenerse de enviar la representación del 12% de Banesto por él manejada. No quería dar más pistas al Banco de España y al ministro Solchaga.

El 8 de enero, Mario Conde, ante un auditorio lleno a rebosar, se consagra como líder del Banco Español de Crédito con ocasión de la junta general extraordinaria del banco, que tiene lugar en el marco del Palacio de Exposiciones y Congresos de Madrid. Perdido entre la muchedumbre está Pablo Garnica, a quien el nuevo presidente dedica un encendido elogio. Para López de Letona hay respetuoso silencio. Conde, de pie, con las manos entrelazadas a la espalda, improvisa su discurso, dirigiéndose sin titubeos a la mayor audiencia concentrada jamás en una junta general de Banesto. Es la hora de recibir las ovaciones por la victoria de la OPA. La hora del triunfo.

El nombramiento de Mario Conde como presidente supone la entronización del cambio en Banesto. Y, más que cambio, transición. Mientras Mario Conde oficia de Adolfo Suárez, Pablo Garnica es el Álvarez Miranda de la representación, el hombre que, como un nuevo Sócrates, se toma voluntariamente su ración de cicuta para que la institución siga viviendo con otras gentes y por otros derroteros que él nunca habría imaginado. Y, lo que es más importante, ayuda a otros consejeros, poco propicios a hacerse el harakiri, a tomársela también. López de Letona no era el cambio; era el continuismo. La caída del hombre impuesto por el Banco de España escenifica la rebelión de una oligarquía tradicional contra el nuevo poder político establecido. La alianza de "las familias" con

Conde es un matrimonio «contra natura» que lleva en sí el germen de su propio aniquilamiento a medio plazo. De alguna forma la rebelión de "las familias" es un gesto exquisito de modernidad, en tanto en cuanto implica aceptar el cambio a sabiendas de que con ello están firmando su propia defunción como clan.

Capítulo 20

EL PACTO DE NEGURI

La decisión del sábado 5 de diciembre de 1987, de retirar la OPA presentada sobre el Banco Español de Crédito supone para el Banco de Bilbao conocer el amargo sabor de la derrota. El prestigio de la institución queda maltrecho por lo que parece una concatenación de errores de bulto.

La figura de José Angel Sánchez Asiaín queda también tocada. Aunque la prensa, aun en el momento del fracaso, sigue tratando al presidente del Bilbao con una corrección exquisita, en los círculos financieros y de poder, donde no valen los juegos florales, el banquero-profesor es, más pronto o más tarde, hombre muerto. Sólo una fusión de verdad podía salvarle del desastre.

Y a esa tarea dedica Sánchez Asiaín y el Consejo del Bilbao sus mejores esfuerzos al día siguiente mismo del fracaso de Banesto. El mismo lunes 7 de diciembre, el presidente del Bilbao telefonea de nuevo a Luis Valls, del Banco Popular.

—Bueno, ya sabes que el sábado nos retiramos...

—Sí, sí, ha sido una pena chico, lo siento.

—Mira Luis, he descansado este fin de semana, y he pensado que me gustaría hablar contigo. ¿Podríamos vernos?

Pero el presidente del Popular, después de lo acontecido, está más reacio que nunca y no quiere ni siquiera dar pie a la duda, por lo que opta de entrada por desanimar a su obstinado pretendiente.

El miércoles 9 de diciembre, los máximos responsables del Banco de Bilbao volvieron a reunir en la sede madrileña de

Azca a unos 300 directivos para explicarles la estrategia de futuro tras el fiasco de la OPA sobre Banesto. No había ahora ni rastro de la euforia de aquel 21 de noviembre, en que los mismos hombres se encontraron por primera vez en olor de multitudes. Sánchez Asiaín y Emilio Ybarra transmitieron a los reunidos la voluntad de la institución de seguir caminando hacia un dimensionamiento adecuado de cara a la integración europea.

Había que trabajar en otra dirección. El comité ejecutivo celebra dos reuniones a partir del 9 de diciembre dedicadas exclusivamente a examinar la situación y los posibles caminos a seguir. Las alternativas no eran muchas. La vía de adquisición mediante una OPA se antojaba inviable después de la experiencia pasada. Quedaba la fusión, pero ésta parecía exigir una operación entre iguales, dada la dificultad de culminar cualquier intento donde una de las partes jugara el papel de protagonista. Una fusión en plano de igualdad exigía la existencia de dos bancos iguales.

Uno de los últimos días del año, José Ángel Sánchez Asiaín descuelga el teléfono y llama personalmente a su vecino Pedro Toledo, presidente del Banco de Vizcaya.

—Oye Pedro, que he pensado que un día de estos podíamos quedar a almorzar en un sitio tranquilo y hablamos un poco de todo lo que ha pasado con el lío de la OPA y de cómo ves tú este tema de las fusiones...

—Cuando quieras, José Ángel. Si quieres que te diga la verdad, ¡estaba esperando tu llamada...!

—¡No me digas...!

—Sí, la estaba esperando. La verdad es que yo también tengo ganas de comentar contigo estas cuestiones.

—Si quieres nos vemos antes de fin de año; mira, podemos quedar aquí en el banco, que es más discreto.

—Lo veo difícil. Voy a tener unos días muy apretados antes de Año Nuevo, y tengo ya todo listo en casa para irme con la familia del 1 al 6 de enero a Sierra Nevada. Pero mira, si quieres hacemos una cosa: Como el 7 de enero estamos citados en Madrid en el asunto ese de las monedas que organiza el

Banco de España, pues nos vemos allí y ya quedamos para almorzar.

—Perfecto.

El equipo de trabajo establecido tras el 9 de diciembre para que busque vías alternativas culmina pronto sus tareas. En realidad, se trataba de revisar el material acumulado durante todo el año 87. El Consejo del Banco de Bilbao se reúne el 4 de enero de 1988 para examinar la cuestión. Y ahí tropezó con la gran piedra. Por muchas vueltas que se diera al asunto, el único banco que aparecía en el horizonte español en situación de igualdad era... sí, precisamente el Vizcaya, el rival, si no el enemigo, de toda la vida. La cosa parecía demasiado dura de admitir.

El Consejo registra un debate acalorado.

—Si nos presentamos con esta embajada al Vizcaya nos va a mandar con cajas destempladas... —argumentan horrorizados algunos consejeros.

—¿Por qué? —replican otros—. ¿Conoce alguien el estado de ánimo de Pedro Toledo después de lo que ha pasado? Todo el mundo cambia...

—Su silencio cuando la reunión del Consejo Superior Bancario es muy significativo —argumenta alguien—. Ello quiere decir que no están cerrados a una operación de este tipo. Además, conocemos sus intentos con el Central...

—Yo también creo que todo ha cambiado —interviene el propio Asiaín—. En todo caso, por intentarlo no se pierde nada.

Uno de los que con más ardor defiende la aproximación al Vizcaya es Pedro Luis Uriarte. Sus cuatro años como consejero de Economía y Hacienda del Gobierno vasco le han aportado la ductilidad de los políticos y el sentimiento de que todo es relativo y negociable en un momento determinado.

—Creo que hay que plantear el tema con toda claridad. Las diferencias patrimoniales entre los dos bancos son apenas de 20.000 millones de pesetas. La situación de explotación del Vizcaya es óptima y cuenta con los mismos auditores que nosotros, lo cual nos da una seguridad añadida. Estoy convencido de que el Vizcaya es el candidato idóneo. Si dicen que no, ya pensaremos en otra alternativa.

Esa alternativa podía ir por el camino de una operación con una entidad extranjera. Si Europa camina hacia el mercado único, no tendría nada de extraño una alianza con otro banco comunitario.

El 7 de enero de 1988, como habían quedado, los presidentes del Bilbao y del Vizcaya se encuentran en torno a las 12 de mediodía en el viejo palacio de la Plaza de La Cibeles, para asistir a la clausura de la exposición de monedas hispánicas del siglo XVI, organizada por el Banco de España. Allí, en medio de una nube de banqueros, ambos presidentes hacen un discreto aparte.

—¿Te parece bien que quedemos a almorzar en la torre de Azca a las 2.30?

—Perfecto.

En ese almuerzo en la planta 26 de la sede del Banco de Bilbao, que ha sido testigo reciente de tantos tensos compromisos, se plasma la fusión Vizcaya-Bilbao. «A los postres ya nos habíamos puesto de acuerdo en los temas fundamentales», asegura el propio Sánchez Asiaín.

El asunto se lleva a partir de entonces con el máximo secreto entre los protagonistas. Los cálculos iniciales hablaban en ambos bancos de anunciar públicamente la noticia durante la última semana de enero, pero el tema se va a precipitar de forma clara.

Para el viernes 22 de enero estaba fijada una reunión del Consejo de la Fundación Antidroga, que preside la reina Sofía. Aquel día el Consejo, donde se sienta la flor y nata de los negocios hispanos, está al completo, pero hay dos notables ausencias, dos significados miembros, banqueros ambos, que anuncian la imposibilidad de asistir mediante sendos telegramas de disculpa: Pedro Toledo Ugarte y José Angel Sánchez Asiaín.

Dos de los miembros de dicho Consejo, Jesús Polanco, dueño de PRISA, editora de *El País*, y Claudio Boada, presidente del Hispano Americano, encuentran extraño que ambos banqueros falten a cita tan señalada, la primera que preside la Reina, y caen en seguida en la sospecha de que algo gordo puede estar ocurriendo. Para nadie enterado era un misterio que la "enfermedad" de Asiaín tras el fracaso de la OPA de Banesto sólo se podía curar con otra fusión.

La operación estaba ya más filtrada de lo que sospechaban los dos banqueros. De hecho, prácticamente todas las redacciones de los periódicos estaban ya aquella tarde del viernes 22 en pie de guerra, persiguiendo una gran noticia relativa a una fusión. Aunque el Vizcaya figuraba en casi todas las quinielas, había combinaciones para todos los gustos. En *Diario 16* se estuvo trabajando durante horas aquella tarde en una hipotética baraja de fusiones que ligaba a Vizcaya con Santander y a Bilbao con Popular.

Poco después de las 7 de la tarde, un redactor de la sección de Economía de *El País* recibía una llamada telefónica. Cuando el interesado identifica al comunicante al otro lado del hilo, recibe un escueto mensaje.

—No des más palos de ciego: Bilbao-Vizcaya, a la par.

El periodista intenta reponerse de la sorpresa e inquirir algún detalle adicional, pero lo único que consigue oír es el clik al otro lado de la línea. La "garganta profunda" había colgado.

En torno a las 10 de la noche, Toledo y Asiaín estaban cenando mientras discutían los últimos detalles de su proyecto, cuando el presidente del Vizcaya recibe una llamada del ministro de Economía y Hacienda, Carlos Solchaga.

—Oye Pedro, ¿cómo vais?

—Muy bien, esto está prácticamente cerrado.

—Mira, es que hay un follón fenomenal; los ministros me están llamando pidiendo información; *El País* dice que lo publica mañana en primera página... yo creo que tenéis que salir ya y hacer una declaración esta misma noche...

Ante esta situación, ambos banqueros acuerdan rematar allí mismo los pocos detalles pendientes y, en torno a las 11 de la noche, emiten un comunicado dando cuenta de la buena nueva.

El 27 de enero tenía lugar en Bilbao la firma del acuerdo de fusión que daba lugar al nacimiento del Banco Bilbao-Vizcaya (BBV), un acontecimiento histórico que alteraba de plano el mapa bancario español, mantenido incólume durante décadas. El nuevo banco, con activos totales de 4,32 billones de pesetas, equivalentes a 38.250 millones de dólares, se sitúa en el puesto 91 del *ranking* bancario mundial y en el 45 europeo, de acuerdo con la última clasificación realizada por el semanario norteamericano *Business Week*.

Fue un anuncio que hizo crujir las estructuras. En efecto, la rivalidad entre los dos grandes bancos vascos ha sido un tema recurrente en años pasados, cuyos ecos llegaban a la competencia, a los clientes y a la prensa. El antagonismo alcanzaba a menudo cotas cómicas: ambas casas evitaban referirse a la otra por su nombre concreto, para lo que recurrían a expresiones tales como «los otros», «los de la acera de enfrente» y similares...

Entre ambos bancos se había producido ya a lo largo de los años cuatro intentos de fusión zanjados con otros tantos fracasos. Esas tentativas habían dejado un poso amargo difícil de superar. La última intentona había tenido lugar en 1975. El conde de Cadagua había decidido dejar la presidencia del Vizcaya, sin que en el banco se perfilara una sucesión clara: Manuel de Gortázar, con 67 años, estaba ya pasado de edad, mientras Pedro Toledo era aún un pipiolo. Así que Cadagua, que siempre había acariciado la idea de la fusión con el Bilbao como el proyecto de su vida, habló con Sánchez Asiaín y le ofreció, sin resultado positivo, la presidencia del futuro Bilbao-Vizcaya.

Los proyectos recientes de Pedro Toledo, sin embargo, no caminaban en la dirección del Bilbao. Como se ha visto, el elegante presidente y consejero delegado del Vizcaya se había movido activamente durante el 87 en torno a Alfonso Escámez para propiciar una fusión con el Central. Más aún, en plena OPA del Bilbao sobre Banesto, Toledo y Conde estuvieron muy cerca de hacer del Vizcaya el *white knight* del Banesto, en una operación destinada a hacer fracasar la tentativa de Sánchez Asiaín. Con antecedentes tan inmediatos de este calibre, no es extraño que el anuncio de fusión Bilbao-Vizcaya provocara una verdadera conmoción en todos los estamentos de la vida española. Acuerdos de este calibre, que en otra época se hubieran tomado años para madurar, se concretaban ahora casi en un almuerzo. Era el síntoma más espectacular de la súbita aceleración histórica que se había apoderado del mundo económico español.

¿Qué había ocurrido? Para un destacado banquero, que prefiere mantener el anonimato, «es algo normal dentro de la naturaleza cambiante de los negocios. Seguramente el Bilbao era para Toledo la última posibilidad imaginable de fusión, pero si alguien llama un día a la puerta de un banquero y le ofrece otro banco de regalo, nadie rechaza así como así un presente de esa naturaleza, sobre todo si el obsequio es nada menos que el Banco de Bilbao».

La fusión de los bancos Bilbao y Vizcaya camina ya hacia su culminación, tras haber sorteado el peligroso acantilado de los personalismos. A finales de febrero pasado, el proyecto estuvo a punto de irse al traste precisamente por problemas personales. Los bancos son fundamentalmente organizaciones humanas, y los humanos son mamíferos con ambiciones. El proyecto parece navegar ahora a toda vela. Pedro Toledo es un hombre feliz, que apenas se acuerda ya del susto que un día de julio del 87 le metió en el cuerpo un grupo llamado Kuwait Investment Office (KIO). El futuro hombre fuerte del BBV, sin embargo, tendrá seguramente que volver a vérselas más pronto o más tarde con los kuwaitíes, ya que todo apunta a que el grupo KIO sigue siendo el mayor accionista individual del nuevo banco fusionado, con un paquete comprendido entre el 5% y el 6% del capital social.

Al Gobierno le sale así la primera fusión, pero seguramente la menos deseada de las posibles. Sus esquemas habían saltado por los aires. Nada de lo previsto en el laboratorio de Carlos Solchaga (Bilbao-Hispano y después Bilbao-Banesto; Vizcaya-Central) ha fraguado. La fusión de los dos bancos vascos coloca al Gobierno ante un incómodo panorama. Las gerencias de ambos bancos son productos ''made in Deusto''. Son los Zubiría, Aguirre, Galíndez, Careaga, Asiaín, Toledo, Ybarra, Dóriga, Churruca, Delclaux, Oráa, Barrenechea... Apellidos ilustres, miembros de la aristocracia de Neguri. El enorme peso del banco fusionado en la economía española rompe el equilibrio existente en el viejo esquema de los ''siete grandes'', haciendo que el primer interlocutor futuro del Gobierno central en el sistema financiero, con Sánchez Asiaín o con Pedro Toledo a la cabeza, sea en el fondo el PNV, el nacionalismo vasco de derechas. Madrid y el Gobierno socialista necesitaban una nueva fusión que equilibrara la balanza...

CAPÍTULO 21

LA GUERRA PRIVADA
DE "LOS ALBERTOS"

El martes 19 de enero de 1988, el abogado Matías Cortés celebró su 50 cumpleaños con una espléndida cena en su residencia de Puerta de Hierro. Cerca de cien invitados, la *crème* madrileña, se dieron cita en los salones del catedrático. Aquéllos que pensaron con regocijo que el abogado Cortés era hombre muerto tras el escándalo provocado el año anterior por su pasante, se llevaron un chasco considerable, porque Matías consiguió reunir en su celebración a mucha gente importante. Mariano Rubio, Miguel Boyer, Manuel de la Concha, Jaime Soto, Juan Abelló, Álvaro Álvarez Alonso, Jesús de Polanco, Francisco Lozano, Javier de la Rosa, el embajador de los Estados Unidos, el de la República Federal de Alemania, abogados, empresarios, políticos...

Cuando apenas acababa de terminar la cena, Mariano Rubio, que estaba acompañado de su novia, Carmen Posadas, luciendo un espectacular escote trasero, levanta la mesa presidencial ante las disimuladas miradas de asombro de muchos de los comensales. Acto seguido, el Gobernador, precedido por la hermosa mujer, inicia un solemne desfile hacia la puerta de salida, pero, al pasar junto a la mesa donde se encuentra Juan Abelló, éste le espeta.

—Oye Gobernador, primera cuestión, ¿por qué has levantado tú la mesa presidencial?

Y el Gobernador sigue impertérrito su camino, como si la interpelación no fuera con él...

Y entonces Abelló, elevando el tono de voz, añade:

515

—Y además, Mariano, ¿sabes lo que te digo? ¡Que estás ya para partido de homenaje...!

Juan Abelló y Mario Conde se habían encaramado ya a la cúpula de uno de los grandes bancos privados españoles, en un proceso que, curiosamente tratándose de España, les había granjeado escasos enemigos. Juan, como en la cena de Matías Cortés, seguía dispuesto a no morderse la lengua, a ser el Abelló distendido, locuaz, a veces cáustico, de toda la vida, aunque ello no le granjeará precisamente las simpatías de mucha gente.

Mario Conde, por su parte, tras el éxito de su junta general extraordinaria del día 8, adivinaba por delante unas semanas, quizá unos meses, de relativa tranquilidad, después de la alucinante serie de episodios vividos en el último semestre.

Pero el 22 de enero de 1988 no fue una jornada agradable para Mario Conde. Ese día, el anuncio de la fusión de los bancos Bilbao y Vizcaya vino a hacer añicos los planes relajados que el nuevo banquero albergaba para su futuro inmediato.

Es cierto que al día siguiente de la junta general de accionistas de Banesto, Mario había encargado a los hombres de Goldman Sachs un estudio a fondo de una hipotética fusión con cada uno de los cuatro grandes bancos privados restantes: Central, Hispano, Santander y Popular. Era casi una forma de dar trabajo a los chicos de Mauricio Hatchwell, con contrato en vigor.

Pero también lo es que el nuevo hombre fuerte de Castellana 7, se había mostrado sincero cuando tras la celebración de su junta se manifestaba escéptico sobre la posibilidad de una fusión que involucrara al Banco Español de Crédito. Sin cerrar claramente la puerta, Conde creía que había por delante cosas más importantes que hacer que enfrascarse en una fusión. Pero la noche del 22 de enero, significó para él el sobresalto, la frustración. Por primera vez ocurría algo verdaderamente importante en lo que él no era protagonista. Aquella noche Conde se movilizó, llamó por teléfono a otros presidentes, prometió, pactó y quiso rematar en unos minutos un acuerdo que en condiciones normales absorbería varios meses de trabajo. A la mañana siguiente, sin embargo, su Consejo le hizo entrar en razón: no había por qué precipitarse; era necesario dar tiempo al tiempo.

Tras la batalla con el Bilbao, Conde alimentaba ilusiones en torno a una eventual *liaison* con Luis Valls Taberner, presidente del Banco Popular. El florentino Valls le había hecho concebir esperanzas tras su amable comportamiento en los duros días de la OPA. Conde llegó a pensar que, más que amabilidad, había interés por parte de Valls.

De hecho, Conde está convencido en enero de que la única fusión que está dispuesto a acometer si se presenta la menor oportunidad es con el Popular de Luis Valls. Se trata de un banco de tamaño muy manejable y sobre todo muy saneado. Una fusión apetitosa y fácil para Banesto. Pero la mente de Luis Valls no es asequible a lecturas elementales, y Conde comprende enseguida que ha juzgado a la ligera. La semana del 15 al 20 de febrero, a través de Reit, la sociedad que preside Torrero Mañas, encarga la compra de un paquete de casi el 4% del Banco Popular. Alguien revela la intentona a Valls, quien se ve obligado a montar con toda urgencia una operación puente para que esas acciones no caigan en poder de Banesto. Este episodio supone el final de la luna de miel entre Conde y Valls.

El problema cobra entonces toda su dimensión para Conde. Banesto no es un banco para ir de segundón por la vida, pero menos lo es su nuevo presidente. Tras la creación del nuevo Banco Bilbao-Vizcaya, una nueva fusión que involucrara a Central e Hispano dejaría al Español de Crédito fuera de juego de cara al futuro. Banesto tenía por vocación que estar presente en la próxima operación que se anunciara. Olvidado el Santander, cerrado el Popular a cal y canto, sólo quedaban dos posibles candidatos: Central e Hispano.

El miércoles 17 de febrero, en la entrega a Mario Conde del *ABC* de oro, el banquero había hecho una confidencia a "los Albertos":

—Si no os importa, voy a hacer correr el rumor de que quiero fusionarme con el Central, porque a mí quien realmente me interesa es el Hispano.

El domingo 21 de febrero, Conde cena con José María Amusátegui, vicepresidente y consejero delegado del Banco Hispano Americano, en un primer movimiento de aproximación. El asunto no llegará a cuajar debido, según todos los indicios, a las excesivas pretensiones de Claudio Boada.

Juan García de Madariaga, durante muchos años representante en España de la firma de *brokers* norteamericana Drexel Burnham Lambert, suele frecuentar el restaurante Jockey, uno de los templos madrileños de los negocios. Jockey es un planeta aparte. Al franquear la discreta puerta del piso bajo se tiene ocasión de recorrer con una simple mirada el vasto mundo de los negocios hispanos. Banqueros, industriales, agentes de cambio y bolsa, nuevos aristócratas del sector inmobiliario... Ir a Jockey sigue siendo casi una obligación, aunque se esté sin apetito: hay lugar para los saludos, las chanzas, los recordatorios. A la hora del café es frecuente ver corrimientos de sillas, gente que cambia de bando, negocios que empiezan a encajar apresuradamente, citas que se concretan. Hay ocasión incluso para adivinar los movimientos del adversario. Hombre, qué casualidad, qué estará haciendo fulanito con menganito....

Aquel día de primeros de febrero Juan G. Madariaga vió almorzando en Jockey a Alfonso Escámez con José María Fernández-Tapias, presidente de CEIM. Madariaga había invitado a Escámez a conferenciar en unas jornadas sobre Banca que Drexel iba a patrocinar en Madrid. Pero el *broker* tenía en mente para el presidente del Central algo más importante que hacer de él un nuevo maestro de la oratoria. De hecho, ya había visitado a Ridruejo para sondearle a propósito de su iniciativa. Ahora, entre los 5 tenedores de Jockey, era el momento de acercarse al patriarca del Central.

A la hora del café, Madariaga se acerca a la mesa de Escámez y, grato detalle, el banquero le invita a sentarse. Juan saca a colación una historia querida del banquero. La historia de un barquito casi permanentemente atracado en Águilas, Murcia, y sus excursiones veraniegas, con don Alfonso a bordo, por la costa cercana. Al banquero le gustaba acercarse a Garrucha, Almería, lugar de nacimiento de Madariaga, pero el pequeño puerto no tenía calado suficiente para acoger al paquebote de don Alfonso, que debía fondear en la ensenada. No importa, cada día, a las 2 de la tarde, llegaba puntual la famosa «paella de don Alfonso» que preparaban como nadie en un barucho de tablas del puertecito almeriense. Don Alfonso ríe complacido. Y de repente, ¡zass...!

—Don Alfonso, yo necesito que usted me reciba para tratar de un asunto importante.

El 19 de febrero de 1988, a las 11 de la mañana, nada más franquear la puerta del despacho del presidente, Madariaga decide jugárselo todo a una carta. Es la prueba de fuego. Don Alfonso suele mirar directamente a los ojos de aquéllos que entran de nuevas en su vida, para, inmediatamente, dividir a sus interlocutores en fiables o no fiables. De la mayoría no se fía. Y Madariaga le espeta.

—¿Qué le parece si nos tuteamos?

Don Alfonso, cogido por sorpresa, asiente.

—¡Sí, sí, cómo no...!

Pero en cuanto entran en materia, el banquero vuelve al «usted», y Madariaga al «tú», y en el «tú» se mantiene en un inconsciente *tour de force*, hasta que Escámez, como los caballos recién domados, va entrando mansamente en el tuteo...

El broker habla de lo que está ocurriendo en la Banca española, de las nuevas necesidades del sector, de los problemas de comunicación de don Alfonso con el Gobierno socialista, y le propone un estudio para ver qué se puede hacer con el banco, en todos los órdenes, de cara al futuro inmediato.

—Y hay un banco que encajaría bien con el Central...

—Sí, pero yo estoy ahora en conversaciones con el Hispano y no puedo abrir otro frente.

—Pero, ¿puedo hacer alguna gestión al margen?

—Sí, no puedo impedírtelo. Pero me interesa más que trabajes en lo que me has dicho antes. Prepara alguna propuesta sobre el futuro del banco y ven a verme.

Madariaga había conseguido algo importante de Alfonso Escámez, pero aún le quedaba mucha tela que cortar. Principalmente que el banquero no le colocara en alguna de las vías muertas en que suele aparcar los asuntos que no le motivan demasiado.

El 3 de marzo, Madariaga queda a almorzar en el Hotel Tryp Fenix con un viejo conocido, Juan Belloso, director general del área bancaria de Banesto. Los rumores sobre una posible fusión Central-Hispano Americano están en plena ebullición.

—Yo creo, Juan, que para Banesto es muy peligroso que el Central y el Hispano se fusionen. Si eso ocurre, vosotros podéis quedar descolgados como un banco de segunda fila. Es una encrucijada de gran importancia.

—Sí, pero parece que por ahí van los tiros...

—Hombre no, porque hay una fusión que está cantada, que es la del Banesto-Central...

—Pero eso es una utopía, porque lo del Central con el Hispano parece que está hecho.

—No está hecho —responde Madariaga.

—¿Estás seguro?

—Lo estoy.

—De todas maneras, pienso que una fusión nuestra con el Central es difícil, por la personalidad de Alfonso Escámez.

—Yo tengo algo que ofreceros, y es que con el permiso de Mario Conde, a quien no conozco, me dejéis intentar un acercamiento hacia Escámez.

—Mario está fuera de Madrid, pero esta misma tarde le llamo y le cuento la historia.

El 13 de marzo, los chicos de Goldman Sachs entregan en Banesto los resultados de sus trabajos comparativos sobre una serie de bancos españoles. Noy hay ninguna sorpresa: el Popular es el *partner* ideal para una fusión con Banesto. Como segunda opción, el Banco Hispano Americano. Finalmente, el Banco Central.

El 10 de marzo Claudio Boada, presidente del Hispano Americano, escribe una carta a Alfonso Escámez proponiéndole reanudar las conversaciones entre ambas entidades, interrumpidas el 18 de febrero. Esta misiva es un buen documento en manos del presidente del Central.

El miércoles 16 de marzo, Madariaga saludaba a Mario Conde en su despacho de Castellana 7. Juan aguanta impertérrito la mirada dura que le dirige el joven banquero, como si con ella quisiera desentrañar las secretas intenciones del visitante. Cuando Madariaga termina de contar su historia, Mario parece tomar sus precauciones.

—El asunto puede interesarnos, pero yo no quiero interferir si hay conversaciones con otra institución, como parece el caso.

—Yo acabo de ver a Alfonso y no creo sinceramente que llegue a nada con el Hispano.

—Entonces vamos a esperar a que eso se confirme.

Pero Conde se pone enseguida a trabajar, empezando por chequear los antecedentes del mensajero. Al día siguiente, el presidente de Banesto le confiesa a Belloso: «Éste es el contacto con Alfonso Escámez.»

Madariaga veía dos culturas bancarias con grandes similitudes. Dos organizaciones con un gran componente industrial, muy fuertes en la captación de pasivo, con redes muy sólidas, necesitadas ambas de una profunda modernización en los cuadros gerenciales medios y altos, con un presidente de 72 años, una, y de sólo 39 la otra. «Era casi una fusión de libro», se decía alborozado el *broker*. La fusión Banesto-Central creaba el primer grupo bancario de España con mucho; un *megabank*, como ha escrito alguna prensa extranjera; una de las más importantes entidades bancarias de Europa. A nivel industrial, la resultante no tenía comparación posible en el país, y seguramente tampoco a nivel asegurador. Por el lado de los números uno, las complementariedades parecían obvias. Conde, un hombre sin experiencia bancaria, pero con una capacidad de liderazgo fuera de duda. Escámez, un personaje hecho a sí mismo, oscuro en algunos aspectos, pero que lo sabe todo de Banca. Un cóctel interesante. El problema era hacer compatibles esas dos culturas en un nuevo esquema de gestión.

Los problemas personales, como siempre, iban a resultar decisivos. «Convencer a Escámez de que Conde era un hombre honesto fue fácil, porque yo estaba convencido de ello», asegura Madariaga. «Lo que ya no resultó tan sencillo fue convencer a Conde de que Escámez era sincero cuando hablaba de fusión.»

La operación Central-Hispano definitivamente no cuaja. Era muy difícil que Alfonso Escámez, aún acorralado por todos ''los Albertos'' del mundo, se embarcara en una solución que, con los auspicios del Gobierno y de la autoridad monetaria, hubiera supuesto su definitiva desaparición del mapa bancario.

El martes 22 de marzo de 1988, fue una fecha importante. Madariaga, reunido en Banesto con Belloso y Conde, tiene por primera vez en sus manos un primer borrador de la fusión. Se trata de cuatro folios redactados por Ramiro Núñez, el secretario del Consejo de Banesto, donde se relatan en qué condiciones puede plantearse una eventual fusión Banesto-Central y los pasos a dar. La fusión se concibe en esta primera fase como la consolidación de las dos entidades en una, mediante un intercambio accionarial a la par, lo cual implicaba la equiparación de los capitales sociales mediante la oportuna ampliación en Banesto.

El documento, con sucesivos añadidos, correcciones y enmiendas a las enmiendas, dará mil paseos entre Castellana 7 y Alcalá 49, hasta convertirse, varias semanas después, en el documento de siete folios que será firmado el miércoles 18 de mayo. El muñidor, el *go-between*, será siempre Juan G. Madariaga, que a partir de ese 22 de marzo se ve o habla por teléfono prácticamente todos los días con los principales protagonistas de la operación.

A finales de marzo se inicia entre ambos bancos un proceso de colaboración industrial —especialmente en el área de las compañías eléctricas y petroleras—, que, obviamente, iba a propiciar todo tipo de interpretaciones. Aunque entonces no había acuerdo ni cosa que se le pareciera, aquello parecía una forma encubierta de fusión. Arturo Romaní, por Banesto, y

Luis Magaña, por el Central, oficiaban la ceremonia industrial desbrozada por los sumos sacerdotes Conde y Escámez.

Después de que ese primer documento de fusión saliera del horno, Escámez parece aparcar la idea en vía muerta. La operación sufre su primera crisis. Da la impresión de que Escámez huye de Conde. El banquero de Águilas tiene una buena coartada. «Hay un momento en que Alfonso Escámez pone siempre como excusa para no ver a Conde el hecho de que su madre, muy mayor, está internada en grave estado en un hospital de Alicante», asegura Madariaga. Pero el líder del Central da facilidades.

—Dile a Conde que si quiere pongo mi avión a su disposición para que venga a verme a Alicante.

Y Conde, que está en Mallorca regateando el fin de semana del 26 y 27 de marzo, cuando el lunes 28, toma su avión privado de regreso a Madrid, desvía su ruta y aterriza a las 7 de la tarde en Alicante.

La pareja acude a cenar a un restaurante de Elche, y en la ciudad de las palmeras toman la decisión de la fusión, porque allí descubren que ambos, el viejo banquero de 72 años hecho a sí mismo, y el joven triunfador de 39, pueden llegar a quererse. Allí comprueban que sus filosofías coinciden y también sus planteamientos de futuro. A partir de este encuentro, Mario y Alfonso comienzan a negociar directamente, aunque Madariaga seguirá desempeñando un activo papel de intermediario.

Tras la cena, Mario emprende el vuelo de regreso a Madrid, donde llega pasadas las 2 de la madrugada, en lugar de quedarse a dormir en la habitación de un hotel de Alicante que estaba reservada a nombre de Fernando Garro.

El miércoles santo 30 de marzo, Escámez propone a Conde un nuevo viaje a la costa mediterránea. Don Alfonso quiere invitar a Mario a ver las afamadas procesiones de Semana Santa de Lorca, Murcia, pero el joven banquero duda.

—Que dice Alfonso que si vamos a Lorca —pregunta Conde por teléfono a Madariaga.

—Yo iría, porque este hombre es un sentimental solitario,

y a lo mejor al final todo se reduce a un problema de cariño, el hijo que no pudo tener y que de pronto puede haber encontrado en ti...

Mario teme que puedan ser vistos en público y reconocidos, y de pronto le asalta la sospecha que eso puede ser precisamente lo que ande buscando Escámez. Pero al de Águilas, efectivamente un sentimental, ya le había conmovido el gesto de Conde yendo a visitarle a Alicante, donde su madre se hallaba al borde de la muerte.

El 11 de abril, Mario Conde anima a Juan Madariaga a seguir en la brecha con el mismo entusiasmo. «A ver si lo consigues, que hacemos historia.» En realidad, Madariaga necesitaba pocos estímulos. Estaba tan convencido de que ésa era la operación de su vida que hacía ya semanas que había roto notarialmente su relación con Drexel Burnham Lambert para afrontar él solo la prueba.

El 12 de abril, Conde y Escámez viajan juntos a visitar las obras de la Expo-92 de Sevilla. El presidente del Central no ha sido invitado, pero Conde consigue que lo sea. Es otro detalle que Escámez agradece en lo que vale. Ambos viajan en el jet privado de don Alfonso y tienen ocasión de parlamentar ampliamente. A la vuelta, Conde informa a Madariaga.

—Oye, he charlado largo y tendido con Alfonso y creo que esto va muy bien...

El presidente de Banesto veía la fusión al alcance de la mano, pero el tema de ''los Albertos'' y su Cartera Central estaba ahí, como el gran obstáculo en medio del camino. El jueves 21 de abril, Mario Conde invita a cenar en su residencia a Javier de la Rosa. Juan Abelló se une a ellos al final de la noche. Era el último encuentro amistoso que ambas partes iban a celebrar en mucho tiempo. Mario explica la operación a su invitado con pelos y señales.

Los dos amigos desean la fusión con el Central, pero no quieren saber nada de Alberto Cortina y Alberto Alcocer, ''los Albertos'', dueños del grupo Construcciones y Contratas y titulares del 51,8% de Cartera Central. Quieren que De la Rosa les quite de en medio a la pareja de constructores, y hay buenas ofertas de futuro si accede a ello.

—Tú tendrías que unirte a este proyecto...

—No puedo, Mario, yo fui quien os ofreció hace tiempo la posibilidad de comprar y no os interesó.

—Pues tendrías que sacarnos a "los Albertos" de aquí.

—¿Sí?, y ¿cómo?.. Yo no puedo hacer nada a estas alturas, ¿no te das cuenta? He adquirido unos compromisos que tengo que cumplir. Además, estoy contento con esta gente; se han portado muy bien conmigo y no voy a hacer nada que pueda perjudicarles...

—¡Entonces no se hará la fusión! —exclama Conde.

—¡Ah, eso es cosa vuestra...!

—Nosotros no queremos saber nada con "los Albertos".

—¡Pues a buenas horas acudís a mí! Desde antes del verano os he venido diciendo lo que iba a hacer y no me creísteis...

El hombre de KIO se siente especialmente fuerte ante la perspectiva de esta fusión: él y sus amigos árabes están bien apalancados en ambos bancos, que, juntos o por separado, seguirán teniendo al grupo árabe, de lejos, como primer accionista. De nuevo Javier de la Rosa se va a convertir en árbitro de la situación, como ya lo fuera meses atrás con ocasión de la OPA del Bilbao sobre Banesto. Nada se podrá hacer sin contar con el "hombre de la manguera".

Un asunto clave para entender lo que ha ocurrido en la primera mitad del año 1988 ha sido el deterioro de las relaciones entre Mario Conde y Javier de la Rosa, proceso que se inicia casi inmediatamente después del triunfo del gallego sobre la OPA del Banco de Bilbao. El financiero catalán decía tener grandes esperanzas puestas en Mario Conde. «Yo les apoyé porque son gente nueva y creía que eran necesarios para el país, pero me han decepcionado. Son como los demás.»

De la Rosa esperaba que el nuevo presidente de Banesto le devolviera el favor que le había prestado en tal ocasión, ayudándole a lavar de una vez por todas el gran pecado de su vida: el asunto del Banco Garriga Nogués. De la Rosa cree firmemente que Conde puede contribuir a su rehabilitación definitiva. «No hace falta que sea ahora mismo. Dentro de unos meses, sería un gesto de agradecimiento por tu parte que, directa o indirectamente, dijeras lo que pasó realmente en el Garriga. Sólo te pido eso, y te lo pido por mis hijos...»

Pero Mario tiene otros planes bien distintos con Javier de la Rosa y el tema Garriga. El asunto se puede convertir en una buena mercancía con la que negociar la recuperación de ese 12% de acciones que tan decisivo se ha demostrado en la batalla contra el Banco de Bilbao o la ruptura de Cartera Central. *Do ut des.*

Hay, además, otra cuestión más prosaica. En plena batalla del Bilbao, De la Rosa se enteró de la existencia de un fondo británico dispuesto a vender a Manuel de la Concha un buen puñado de acciones de Banesto. Para evitar que cayera en manos del Bilbao, el catalán compró personalmente dicho paquete haciendo un favor a sus amigos, con la promesa de Mario de recomprar al mismo precio en cuanto pasara la marea. La marea pasó, pero Mario no cumplió. De la Rosa había comprado caro y tuvo que vender barato, lo que le supuso perder de su peculio cerca de 900 millones de pesetas. «Este chico no cumple sus compromisos...»

A la altura del miércoles 27 de abril, las posiciones de Mario Conde y Alfonso Escámez están ya muy cercanas. Los retrocesos, sin embargo, eran moneda corriente. El puntillismo juridicista de Ramiro Núñez, redactor de unos documentos casi perfectos, tenían la propiedad de irritar a don Alfonso por una cuestión de simple terminología...

Los chispazos saltaban, cómo no, a la hora del reparto de poderes. A finales de abril, en uno de los últimos borradores de acuerdo que llegan a las manos de Escámez a través de Juan Madariaga, el presidente del Central saca su estilográfica y comienza a corregir sobre la marcha. Y allí donde Ramiro Núñez había escrito que «Mario Conde presidirá tal y cual», el presidente del Central enmienda y pone «Mario Conde copresidirá...». Y Madariaga se echa las manos a la cabeza.

—Mira Alfonso, yo no puedo presentar esto, porque son alteraciones sustanciales a lo que habíamos acordado. Aquí hay una sílaba que se repite cuatro veces y que sobra, porque no es lo hablado...

—No importa, tú enséñaselo a Mario.

—Esto es un salto atrás, Alfonso.

El martes 3 de mayo, los socios de Cartera Central al completo están almorzando en Jockey: Khaled Jaffar, Javier de la Rosa, Manuel Guash, Alberto Cortina, Alberto Alcocer... Allí les sorprende Madariaga, quien se apresura a comunicar el descubrimiento a la parte contraria.

Más interesante es la reunión que esa misma noche tiene lugar en el palacete de Escámez en La Moraleja. El presidente del Central ha invitado a cenar a Mario Conde y Juan Madariaga. El de Banesto, tras la refriega de los «copresidirá», está convencido de que Alfonso Escámez le está tomando el pelo, como se lo ha tomado antes a Sánchez Asiaín, a Pedro Toledo, a Claudio Boada, y a Mariano Rubio. Madariaga quiere romper definitivamente la barrera del sonido.

Pero la fortuna le es adversa. Conde regresa de La Salceda en la mañana del lunes 2 de mayo, convencido de que por la noche tiene una cena en casa de Escámez, porque el martes 3, tiene compromiso adquirido desde hace tiempo en casa de Vicente Figaredo, que no le es posible soslayar.

Así que Mario está en La Moraleja hasta las 10.30, hora en que se despide para presentarse en el ágape que ofrece el último representante de la familia Figaredo en el Consejo de Administración de Banesto.

Tamaña espantada duele profundamente a Escámez, un hombre aparentemente rodeado de un círculo de hierro que, al decir de quienes le conocen en profundidad, es en realidad una simple barrera defensiva tras la que oculta su sentimentalismo.

Madariaga disculpa al huido y consuela al herido y, al abrigo de la noche, Alfonso Escámez rompe el nudo gordiano de la fusión, centrado en el tema del mando supremo

—El *holding* puede ser el consejero delegado de los dos bancos, con lo cual se solventa el tema...

—No te entiendo muy bien, Alfonso.

—Sí; que el consejero delegado del *holding* lo sea también de ambos bancos...

Madariaga y Escámez se dan la mano a través de la mesa. La fusión está hecha. Escámez había dado un paso fundamental. En lugar de considerar el *holding* como un instrumento, de vida limitada al servicio de la fusión, le convertía en un órgano de rango superior que absorbe, como si de un gigantesco aspirador se tratara, a ambos bancos.

El viernes 6 de mayo, Mario Conde mantiene una conversación con Madariaga.

—Es que Alfonso está preocupado con esas declaraciones tuyas a la prensa en Asturias.

—Eso es una tontería, Juan. Un periodista me preguntó en Oviedo si íbamos a fusionarnos con alguien y yo le dije que no, naturalmente.

—¡Ah bueno, bueno!

—Dile a Alfonso que nada ha cambiado; que no se preocupe, y que el lunes sin falta tendrá el papel definitivo en su poder.

Y, en efecto, el lunes 9 de mayo, el documento de fusión estaba casi listo para sentencia. Pero aún Escámez reñirá su última pelea por no ceder toda la gloria a Conde. La redacción original señalaba que Alfonso Escámez ocuparía la presidencia del Consejo de Administración del *holding*, mientras que Mario Conde sería el presidente de su comisión ejecutiva, «en quien se delegarán todas las facultades delegables del Consejo». Pues bien, el banquero de Águilas quiere cambiar la expresión «en quien» por la de «en quienes», un plural de enorme trascendencia y no sólo semántica, lo que da origen a una escaramuza que no se resolverá finalmente hasta el 13 de mayo.

El martes 10 de mayo, los socios de Cartera Central anuncian su intención de proceder a una ampliación del capital de la sociedad en otros 20.000 millones de pesetas, hasta un total de 61.000 millones. El objetivo es seguir comprando acciones del Central, aunque en el fondo se trata de ir aflorando el paquete adicional que KIO posee desde hace tiempo en la entidad que preside Escámez. El anuncio de esta ampliación es un elemento nuevo que añade presión a la necesidad de la fusión y, definitivamente, la acelera.

El miércoles 11 de mayo, a media mañana, el jefe de la sección de Economía del diario *El País*, Joaquín Estefanía, recibe una llamada telefónica del portavoz del Gobierno, Javier Solana, quien le pone al corriente de la inminencia del acuerdo entre Alfonso Escámez y Mario Conde. «La fusión está hecha», asegura el político. ¿Por qué esa filtración? La respuesta parece obvia. El Gobierno, o más bien una parte muy importante de él, quiere pinchar la operación con su aparición en la prensa. Mario Conde estaba a punto de convertirse en el hombre más importante del sistema financiero y económico español. Ante las manifestaciones de incredulidad de algún redactor de la sección de Economía, Estefanía repite al menos dos veces a lo largo del día su llamada a Solana, y en todas ellas recibe seguridades oficiales de que la cosa está hecha. El diario sale el jueves 12 de mayo, con la exclusiva, anunciando en primera página la inminente fusión entre Banesto y Central.

El 13 de mayo, viernes, es un día clave en la superación del último escollo surgido entre los banqueros, centrado en el plural «quienes» por el que lucha Escámez. Ambos tienen ocasión de intercambiar opiniones con motivo de la presentación pública de la salida de la compañía eléctrica Endesa a Bolsa.

A las 4.30 de la tarde, Mario Conde, Fernando Garro y Juan Madariaga llegan a la sede del Banco Central por la entrada de la calle Barquillo. Madariaga rehúsa la invitación a subir que le hace Conde.

—No, no; vete tú solo, que sospecho que Alfonso quiere rematar el asunto a solas...

En efecto, Escámez estaba convencido de la necesidad de otorgar a Conde los poderes ejecutivos, pero no quería que ello fuese obra de un abogado, por inteligente que fuera, ni de un *broker*. Escámez deseaba hacer entrega personalmente a Conde de los derechos de primogenitura. A última hora de la tarde, cuando Madariaga pretende averiguar el estado de la cuestión, Escámez le espeta:

—No hay nada que hacer, nos hemos enfadado...

Pero lo hace con un gesto de malicia en el rostro, que no hace sino aumentar la perplejidad del *broker*. Éste tira de teléfono y llama a Conde.

—Ya lo sé. Todo se ha ido al carajo, ¿no?

—Qué va, hombre, ¡si va de maravilla...!

Por la noche de este viernes 13 de mayo, ambos personajes cenan solos en la residencia de Escámez en La Moraleja, un palacio lleno de bronces, dotado de los mejores equipos de alta fidelidad para satisfacer la afición de su dueño por la música clásica. Y allí se plasma el acuerdo definitivo. Conde cede también. Sabe que no se puede condenar a Escámez a un papel de figura decorativa como el que le tenía reservado Claudio Boada para el caso de una eventual fusión Central-Hispano. Alfonso Escámez tendrá durante tres años la presidencia del *holding*, con una capacidad ejecutiva muy superior al de un *chairman* americano clásico, y después de ese período dirigirá un *advisory board*, un consejo asesor, cuya tarea, siguiendo el modelo anglosajón, se orientará a la determinación de las estrategias a largo plazo, las relaciones internacionales, etcétera.

Sólo quedaba el paso formal de comunicar oficialmente la operación a las autoridades.

El viernes, *El País* decide olvidarse de la fusión y en su edición del sábado no hace mención del tema. *Diario 16*, sin embargo, aparece el sábado atacando el meollo del asunto, con una información que abría sus páginas de Economía según la cual «el Gobierno no es partidario de una posible fusión entre los bancos Central y Banesto», aduciendo como razón de fondo la excesiva concentración de poder en manos de Conde que ello supondría.

Ocurría, sin embargo, que el Gobierno era víctima de su propia trampa. Después de haber sembrado los vientos de las fusiones, llegaba la tempestad Central-Banesto. ¿Cómo justificar ahora su oposición?

El anuncio oficial estuvo a punto de hacerse público el mismo viernes 13 de mayo, por la noche. Aunque este extremo no ha sido confirmado por los interesados, a última hora de la tarde Alfonso Escámez intentó visitar al Gbernador del Banco de España, pero en La Cibeles, alertados de la posibilidad de esta visita, pusieron tierra por medio con premura para iniciar el descanso semanal.

El fin de semana del 14 y 15 de mayo, la fusión queda vista para sentencia. A la 1 de la tarde del lunes 16 de mayo, el presidente de Banesto presentó al ministro Solchaga el proyecto de fusión. A las 6 de la tarde, hacía lo propio Escámez. Tras ver al ministro y almorzar, Conde se fue a los toros en compañía de su socio y amigo Juan Abelló.

Este lunes, destacados miembros del Consejo de Banesto, incluido el presidente de honor, Pablo Garnica Mansi, seguían sin tener la menor indicación oficial de lo que se preparaba. Otro tanto ocurría en el Central, donde únicamente Luis Blázquez, al margen del propio Escámez, conocía la aguja de marear. De hecho, las cosas parecían tan apresuradas que, de acuerdo con la versión directa de un destacado miembro del Consejo de Banesto, el lunes 16, todavía no se habían cerrado todas las puertas a una posible operación... ¡con el Banco Hispano Americano!

El martes 17 de mayo, a las 10.30 de la mañana, dio inicio la reunión de las comisiones ejecutivas del Central y de Banesto. Alfonso Escámez se toma buen cuidado en que los socios de Cartera se enteren de la operación al mismo tiempo que el resto de sus colegas de Consejo.

A las 12.30, los presidentes de ambos bancos se van a ver al ministro de Economía y Hacienda, Carlos Solchaga, con el acuerdo ya hecho.

Por la tarde, tienen lugar las reuniones de los consejos. Mario abre el de Banesto con una exposición de los contactos mantenidos con otras entidades. El acuerdo con el Banco Popular no ha sido posible a causa de la negativa de Valls, y las conversaciones con el Hispano no fructificaron debido a las excesivas exigencias de Claudio Boada.

—Pero lo que sí me constaba —asegura Conde ante sus colegas del Consejo— era la existencia de negociaciones serias entre el Central y el Hispano Americano. Y si esa fusión se hubiera llevado a cabo, hubiera dejado a Banesto de número tresa el resto de sus días, a mucha distancia de los otros dos

531

nuevos grandes bancos. Yo creo en la indiscutible vocación de número uno de esta casa. Esta institución no fue creada para sestear, ni para vivir en la cola del pelotón, y si hubiéramos caído ahora en el pozo no hubiéramos podido salir jamás de él.

»or esta razón de estrategia de futuro os propongo este acuerdo con el Central. Tenemos por delante tres años en los que razonablemente se pueden ver los bancos por dentro. No espero que haya sorpresas, porque, si las hubiera, éste no es en el fondo más que un acuerdo de intenciones. Banesto lidera esta fusión, de la que seré presidente al cabo de tres años. Me parece, en suma, que se cumplen todas las condiciones para que aprobemos un acuerdo que permitirá a Banesto hacer efectiva su vocación elitista, de número uno. Es una oportunidad que yo no dejaría escapar. Ahora bien, señores, ustedes tienen la palabra, ustedes deciden...

La mayoría de los miembros del Consejo intervienen a continuación, y la mayoría se manifiesta tocada por la capacidad comunicativa del presidente. Torrero sonríe un poco avergonzado:

—Ya sabes que mis números dicen que todas las fusiones son costosas y desaconsejables, pero tú piensas en grande y nada hay que objetar a un planteamiento de otra dimensión.

Todos dan su aprobación menos Pablo Garnica jr. El hijo de don Pablo acepta por disciplina la decisión colectiva, pero plantea serias dudas sobre la conveniencia de una fusión que un mes antes se descartaba con aparentes buenas razones. Garnica jr. encuentra cómico que la fusión se haga precisamente con el banco menos interesante para Banesto de los tres posibles.

Las reticencias del hijo del mítico don Pablo no eran una casualidad. Hay motivos fundados para creer que la fusión con el Central se hizo completamente de espaldas a don Pablo y en contra de su opinión. Las relaciones entre el que durante décadas fuera hombre fuerte de Banesto y el nuevo presidente han entrado así en una fase de frío siberiano.

La novedad de la reunión del Consejo del Banco Central es que los representantes de Cartera Central dan su aprobación al acuerdo de fusión, «aunque consideran que el procedimiento que se ha utilizado es poco respetuoso con los primeros accionistas». A primera hora de la tarde, Alberto Cortina y Alberto Alcocer han sido recibidos por Solchaga. No se puede boicotear la fusión. Sin embargo, dos días después ''los Albertos'' emplazarán su artillería gruesa y comenzarán a hostigar la operación. ¿Por propia iniciativa?

Por la noche, los dos presidentes intervienen en el telediario de las 8.30. Mario Conde demuestra haber cogido cierta soltura ante las cámaras. Entre la beatífica imagen de abuelo de don Alfonso y el perfil roqueño del locutor De Benito, Mario Conde parecía Robert Redford.

De regreso a Banesto, Conde pide a Fernando Garro que monte precipitadamente la habitual cena de celebración con la que el nuevo Napoleón español de los negocios festeja sus victorias rodeado de su fiel estado mayor. Y así, una vez más, acompañados por sus mujeres, a partir de las 10.30 de la noche se reúne en el restaurante El Bodegón el equipo habitual: Mario Conde, Fernando Garro, Ramiro Núñez, Enrique Lasarte, Luis Ducasse y Arturo Romaní.

La firma de la fusión se produce el día 18 de mayo, dos guarismos cuya suma es 9, de nuevo el número mágico de Mario Conde. A las 10.30, Mario visita a Mariano Rubio en su despacho del Banco de España. Cerca de las 12, Juan Madariaga llega a Banesto con el documento bajo el brazo, después de que Alfonso Escámez estampara su firma en Alcalá 49. Y a las 13.20 de la tarde de ese 18 de mayo de 1988, Conde, en su despacho y en presencia de Madariaga, Ramiro Núñez y Fernando Garro, ponía su rúbrica en el documento que oficializaba la operación financiera más importante de la historia económica de España.

El nuevo Banco Español Central de Crédito, S.A. (BECC), pasa a ocupar el puesto número 36 entre los grandes bancos europeos y el 79 a nivel mundial, de acuerdo con el citado *ranking* de la revista *Business Week*, con una cifra de activos de 48.050 millones de dólares, equivalente a 5,43 billones de pesetas.

La operación no se hace sin coste personal para Mario

Conde. Por un lado, enajena, quizá para siempre, el respaldo personal de los Garnica. Por otro, la amistad inquebrantable con su socio de toda la vida, Juan Abelló, sufre su primer golpe serio, asunto de gran transcendencia, posteriormente arreglado, en el que intervienen factores de muy diversa índole, entre ellos algunos familiares.

La reacción de ''los Albertos'' no se hace esperar. La fusión ya estaba firmada, pero el problema de Cartera Central seguía estando ahí, sin resolver, quizá ahora más envenenado que nunca. De repente, el clan de los nuevos ricos saltaba por los aires hecho añicos. De pegar tiros juntos en la misma trinchera de Las Navas, Las Cuevas, o El Roblecillo, pasan de pronto a verse las caras con un frente de por medio. De amigos, a enemigos. La indignación de ''los Albertos'' no tiene límites. «Nosotros le respetamos cuando entró en Banesto. Nos reímos con el relato de sus desdichas con Letona o con don Pablo, como él se rió con nuestras chanzas sobre Escámez, ''el tío Bartolillo''. Él eligió Banesto; nosotros optamos por el Central. ¿Por qué se mete ahora en nuestro terreno? ¡Este tío quiere echarnos del círculo de los elegidos! ¡Se ha creído que sólo él tiene derecho a ser banquero! Pelearemos a muerte...»

Toda la artillería de los dueños de Construcciones y Contratas se va a concentrar de cara a la junta general anual del Banco Central, prevista para el sábado 25 de junio. Es la ocasión de hacer «saltar la Banca».

Los virulentos ataques que comienzan a prodigar los constructores no son respondidos por Mario Conde. El planteamiento del presidente de Banesto sigue siendo que ése es un problema del Banco Central, que por lo tanto tiene que resolver Alfonso Escámez. Y de hecho el de Águilas lo ha intentado. Al margen de las visitas de Luis Blázquez al domicilio barcelonés de De la Rosa, el 28 de abril tuvo lugar una cena en Barcelona, en casa de Luis Magaña, el hombre de Fecsa, a la que asistieron el propio De la Rosa, Manuel Garí, Eduardo Santos y Fernando Abril Martorell. El político de UCD despliega todo su tesón tratando de convencer a De la Rosa, hasta altas horas de la madrugada, para que rompa su compromiso con "los Albertos". A cambio, le ofrece un puesto en el con- sejo de administración del Central.

Pero Conde no se ha quedado quieto, ni mucho menos. Él tiene su propia estrategia para acabar con el aparentemente sólido bloque de Cartera Central. Si Javier de la Rosa cambia de aliados, "los Albertos" pasarán de repente a ser enemigos de segundo orden, al quedar privados de su fuente de suminis- tro de liquidez y acciones...

Y así, lo que ha ocurrido desde el 17 de mayo, en que se oficializa la fusión Central-Banesto, hasta el 25 de junio, en que Alfonso Escámez y "los Albertos" llegan a un sorprendente acuerdo una hora antes de la junta del Central, no es más que la crónica de un desamor entre Javier de la Rosa y Mario Conde, un desamor intensamente vivido tras las bambalinas...

A decir verdad, la estrategia de separar a De la Rosa de sus nuevos amigos, "los Albertos", ya fue utilizada con obsti- nada perseverancia por Escámez antes de la entrada en liza de Conde. Con una diferencia fundamental: El gallego cree dis- poner de un argumento demoledor, su gran arma secreta con- tra Javier de la Rosa, para hacerle entrar en razón y forzar la división en Cartera: Se trata del asunto Banco Garriga Nogués.

Conde pone manos a la obra el mismo día de la firma del acuerdo de fusión. En efecto, el 18 de mayo, el futuro hombre fuerte del Banco Español Central de Crédito recibe en su des- pacho, uno tras otro, a algunos cualificados periodistas para explicarles la operación BECC y otras cosas más interesantes. Y los que preguntan, obtienen respuesta: el banquero tiene bien trincado a Javier de la Rosa con el asunto Garriga.

La eterna espada de Damocles pendiendo, de nuevo, ame- nazadora sobre la cabeza del financiero catalán.

Las primeras andanadas en la prensa contra De la Rosa no se hacen esperar. El viernes 20 de mayo, cuando está a punto de salir de fin de semana a su chalé de Cadaqués, el hombre de KIO, pleno de furia, llama a uno de sus hombres de con- fianza en Madrid:

—Si no cambia de actitud, este chico se va a enterar. ¡A mí no se me hace ese chantaje! Él no sabe que tengo encima de mi mesa todo lo que ha contado a los periodistas, porque tiene los teléfonos superpinchados... Le doy de plazo hasta el martes. Si no se calla, lo hundo; le voy a sacar todos sus trapos sucios, que son muchos. Lo tengo todo. Tanto él como Escámez van a tener que salir botados de aquí, porque ni Mariano Rubio ni Solchaga les han apoyado en el tema de la fusión. ¡Y ''los Albertos'' están como motos con el apoyo a tope de Felipe...!

A pesar de sus amenazas, el catalán intenta a través de su anónimo comunicante una mediación con Conde.

—Dile que yo sólo quiero que me deje en paz, ¿es tan difícil?

En el fondo, Javier de la Rosa sólo quiere un pequeño lugar al sol de los justos de este país, pero eso significa enterrar de una vez por todas el tema Garriga Nogués...

Pero la mediación no es posible porque Mario y su gente se van al Rocío y no están de vuelta hasta el jueves 26 de mayo, y además vienen enfermos a consecuencia de una salmonella...

La información de De la Rosa no era completa. En efecto, el Banco de España, en carta de fecha 24 de mayo firmada por el subgobernador, Juan Antonio Ruiz de Alda, bendice de forma explícita la fusión Central-Banesto. La misiva, de cinco puntos, señala en el primero que el proyecto «sigue las directrices de la política gubernamental en la materia», mientras en el segundo le reconoce conforme «con los intereses de ambos bancos, sus accionistas y la economía nacional».

El viernes 27 de mayo, Javier de la Rosa comparecía en Madrid en el restaurante La Máquina ante la Agrupación de Periodistas de Información Económica (APIE). Cuando en el aeropuerto del Prat se echa de buena mañana la prensa del día al coleto, se lleva un susto de muerte. Allí estaba. En la revista *Cambio 16*, y a través del periodista argentino de origen judío E. Ekaiser, Mario Conde le enviaba por fin el temido recado.

En una página de la revista titulada «dinero sangriento», el presidente de Banesto anunciaba haber encargado al abogado Pérez Escolar «el estudio de una querella por responsabilidades civiles y penales contra De la Rosa».

A estas alturas, el *lobby* judío en España, estaba ya rindiendo algunos importantes servicios al joven presidente de Banesto. Goldman Sachs, como todos los grandes *investment banks* de Wall Street que han pasado por España, no había servido por obvias razones para otra cosa que no fuera cobrar a Banesto más de 1.500 millones de pesetas en minutas, pero Conde estaba sacando buen provecho de ciertos trabajos marginales encargados a su representante en nuestro país, Mauricio Hatchwell Toledano, destacado miembro de la comunidad judía española. De nuevo las claves de la España profunda: árabes por un lado; judíos por otro.

¿Y qué es lo que pretende Conde?

Pues una especie de sencillo pacto, según unos, o más bien un chantaje, según De la Rosa: A cambio de dar carpetazo al tema del Garriga Nogués, tú rompes con "los Albertos" y me vendes tu paquete en Cartera Central, o Cartera Central entera, si al final resulta que el dueño de todo eres tú...

Porque Conde cree disponer de información confidencial, una verdadera bomba, según la cual "los Albertos" no son más que unos meros testaferros de Javier de la Rosa y el grupo KIO.

De acuerdo con una versión que ha circulado por Madrid, cuya autenticidad no ha sido posible verificar, el 12,25% del capital social del Banco Central adscrito a Cartera —luego ampliado al 13%— seguiría siendo en su totalidad propiedad de KIO, puesto que "los Albertos" no habrían efectuado ningún desembolso cierto por el 5,30% que ellos habrían comprado al grupo árabe para aportar a Cartera en el momento de su costitución.

La misma versión sostiene que lo que compran "los Albertos" son los derechos políticos de las acciones de KIO, más una opción para hacerse con la propiedad de las mismas. Como garantía, entregan a KIO los terrenos de la Plaza de Castilla propiedad de Urbanor, lo que, en estricto sentido, funciona como una colateral en espera de que se materialice el pago real de ese paquete del 5,30. En derecho español, la propiedad se acredita mediante la existencia de un pago, lo que incluye la determinación de un precio cierto. El hecho de que la operación de intercambio de acciones se haya efectuado mediante un *affidavit* suscrito ante un agente británico, contribuye a incrementar las dudas.

Pero aparentemente el catalán no se arredra por ese «dinero sangriento». A Javier de la Rosa el cuerpo le pide guerra. Y más guerra aún quieren "los Albertos", a quienes la fusión Banesto-Central ha dejado en postura desairada ante la opinión pública. Ellos, los poderosos "Albertos", han aparecido como perdedores. ¡Se va a enterar este Marito de lo que cuesta hacernos un feo a nosotros...!

Y entonces surge la gran idea: convertir a Cartera Central en accionista del Banco Español de Crédito. Todo un torpedo en plena línea de flotación de Mario Conde.

En torno al viernes 3 de junio, "los Albertos" visitan a Mariano Rubio, a quien ponen al corriente de sus planes. Enrique Sarasola Lerchundi, amigo del presidente Felipe González, está ya trabajando a tope con los constructores, y ello significa que cuando éstos acuden a La Cibeles tienen ya en el bolsillo el placet de La Moncloa y, subsidiariamente, de Carlos Solchaga. Sarasola se va a convertir en un elemento de capital importancia en el desarrollo de esta batalla, al asegurar a "los Albertos" el enlace directo con Presidencia del Gobierno, por encima del Ministerio de Economía y Hacienda y del Banco de España. Mientras esto ocurre, sus señorías estaban enfrascados en el Parlamento en una ardua discusión a propósito del tráfico de influencias.

Mariano Rubio no pone objeciones a la entrada de Cartera en el accionariado de Banesto, aunque aclara que la fusión, mal que bien, tiene que hacerse, porque es asunto prioritario.

Los socios de Cartera Central ven el camino político despejado. El objetivo último con este movimiento estratégico es lograr el 10% del capital social del futuro banco fusionado BECC.

Con su táctica del palo y la zanahoria, Conde empieza a dejar a Javier de la Rosa mensajes de buena voluntad en todas las paradas de postas. El viernes 3 de junio, el banquero se ausenta de fin de semana a su casa de Pollensa, Mallorca, e invita a De la Rosa a viajar a la isla. Él está dispuesto a verle donde y cuando quiera.

—Y va diciendo por ahí que me quiere mucho, y que yo no le quiero ver... y me lo dice hasta Luis Valls.

El domingo 5 de junio, "los Albertos" reciben el visto bueno de La Moncloa para pisar a fondo el acelerador, tras una larga reunión de más de dos horas, propiciada por Sarasola, que tiene lugar en el marco de La Bodeguilla. La jugada política es clara. Si a Felipe González no le hubieran salido "los Albertos" en medio del camino, tendría que inventarlos. Los constructores van a jugar el papel de aquellas tropas de apoyo que tenían ocupado a buena parte del ejército enemigo antes de la gran batalla.

Y en efecto, el lunes 6 de junio, "los Albertos" anuncian su bomba: ¡Cartera Central accionista de Banesto...! La sociedad afirmaba haber adquirido un 2% del Español de Crédito, manifestando su voluntad de seguir comprando... Conde ya no podía seguir argumentando que aquél era un problema de Alfonso Escámez.

Para financiar la compra de ese 2%, Cartera ha contado con financiación importante del Banco de Santander. De acuerdo con versiones solventes, los Botines ya habrían prestado su ayuda a los socios de Cartera con ocasión de las últimas compras de títulos del Banco Central, de forma que una parte de esos títulos estarían hipotecados en el Banco de Santander. De nuevo la sombra de don Emilio Botín, buen amigo de Javier de la Rosa, moviéndose en la trastienda de todo lo que ocurre en la gran Banca española.

La reacción de Castellana 7, es de aparente tranquilidad:

—¡Se han equivocado! ¡Están perdiendo los nervios!

Mario Conde está convencido de que ese 2% procede de la «bolsa» de acciones de Banesto que KIO y Javier de la Rosa tienen almacenadas desde tiempo ha, y que tan decisivo papel jugó en la OPA del Bilbao.

El presidente de Banesto plantea sus sospechas ante el Banco de España y la autoridad monetaria abre una investigación a la sociedad "Albertos"-KIO sobre el origen de ese 2% y su financiación. Romualdo García Ambrosio acude con los libros de contabilidad de Cartera a La Cibeles, mientras "los Albertos'' remiten una carta de protesta a Mariano Rubio por haber filtrado a los medios de comunicación el inicio de esa investigación.

El martes 7 de junio, cuando la prensa anuncia con grandes titulares la presencia accionarial de Cartera Central en Banesto, Mario Conde, a través de una persona de su confianza, desliza en el Gobierno la especie de que está cansado de la pelea con ''los Albertos'' y puede arrojar la toalla, abandonando la fusión con el Central. La respuesta llega de inmediato: «La fusión se hace, eso es prioritario...»

Y además el Gobernador sale a la palestra afirmando que las disputas bancarias deben resolverse con la ley de Sociedades Anónimas en la mano, el gran parapeto argumental de Alfonso Escámez. Y con la ley de Sociedades Anónimas, que consagra la representación proporcional, a ''los Albertos'' les corresponden de 2 a 3 asientos en el Consejo de Administración del Central, ¡Ni uno más...!

Conde sigue firme en su estrategia de castigar el hígado de Javier de la Rosa. En la tarde del 9 de junio, en plena guerra entre ambos bandos, el líder de Banesto mantiene una interesante conversación telefónica.

—Que yo no te persigo, Javier, que te olvides de eso. Te he dicho por activa y por pasiva que eso está olvidado —asegura Conde, visiblemente enfadado.

—Pues no lo parece, porque esos recados que me envías a través de la prensa...

—Estás equivocado, Javier y te lo vuelvo a repetir...

—El viejo no parece pensar lo mismo.

—Pues es que entonces el viejo no ha entendido nada. He estado dos horas con él esta mañana y se lo he explicado todo punto por punto.

—Él está muy preocupado...

—Es que este hombre no se entera. ¡Pues se lo tendré que volver a explicar!

—Y tú ¿cómo estás? —pregunta Javier de la Rosa.

—Pues muy cabreado, porque tú les has vendido a éstos...

—¡Yo no les he vendido ni una acción y te lo puedo demostrar!

—Que sí, Javier, que ese 2% es tuyo y yo lo sé...

—Mira, Mario, si yo empezara a soltar acciones de Banesto te ibas a enterar...

—De todas maneras te vuelvo a repetir que estoy en la mejor disposición para contigo, que podemos sentarnos y charlar. Mira, esta noche ceno en Jockey...

En efecto, Conde había perdido dos horas aquella mañana hablando con Pablo Garnica para tranquilizarle de que el fuego cruzado en torno al Garriga Nogués no va a afectarle para nada...

A pesar del golpe moral que supone la entrada de "los Albertos" en Banesto, Conde sigue aparentando tranquilidad. Su guardia de corps en Castellana 7, ha decidido no mover un dedo y no responder a ninguna de las provocaciones que, a través de la prensa, llegan diariamente de "los Albertos" buscando el cuerpo a cuerpo dialéctico. Juan Madariaga, el *broker* de la fusión, le anima a que responda con contundencia.

—Es que no quiero hacer nada. Mira, esto es agua de borrajas comparado con la OPA del Bilbao. Se van a estrellar. La opinión pública está girando en su contra y al final no tendrán más salida que vender...

—No comparto tu optimismo.

—Creeme. ¡Esto está chupado...! Tienen de plazo hasta el día 16 de junio, en que nos recibe Felipe González. Ese día presentaremos al Presidente las bases de la fusión y se ha terminado la historia. ¡Fíjate si estarán nerviosos que hasta cuatro recados me han enviado hoy, 9 de junio, por distintos canales...!

La única táctica de Conde es seguir firme en su particularísimo pulso con Javier de la Rosa. El de Banesto está convencido que es ahí donde tiene que golpear. Y ha ido aumentando la presión. El sábado 11 de junio, le llega el mensaje final: Si de aquí al jueves día 16, no se aviene a razones, habrá querella...

—¡Atrévete! ¡Atrévete! ¡Como hagas eso te echaré encima toda la mierda de tu entrada en Banesto!

Para el caso de que su táctica tenga éxito, Conde debe tener listos en torno a 90.000 millones de pesetas para afrontar la operación. Pero ya ha encontrado un socio francés, relacionado con una compañía de seguros gala, dispuesto a poner 100.000 millones de pesetas y a ceder sus derechos políticos sobre esas acciones.

El domingo 12 de junio, Javier de la Rosa vuela al anochecer a Madrid para mantener una reunión de más de tres horas con ''los Albertos''. Se trata de trazar la estrategia de Cartera ante una semana que se presume importante. Las presiones de Conde empiezan a hacer mella en De la Rosa, pero ''los Albertos'' se muestran arrolladores y relatan el último encuentro mantenido con Felipe, ayer mismo, sábado, y tenemos todo el apoyo, todo, para ir a por él...

A las 12 de la mañana del día 16, como estaba previsto, Alfonso Escámez y Mario Conde visitan al Presidente del Gobierno en La Moncloa. La entrevista es distendida y amable, pero el Presidente hace tiempo que está jugando a dos barajas y los reunidos lo saben. Aquí se está jugando una partida política de enorme importancia futura, en la cual ''los Albertos'' son poco más que una pieza del ajedrez del Gobierno socialista. Conde no es Hernández Mancha, hace tiempo que Felipe se dio cuenta. El hombre que controle el futuro Banco Español Central de Crédido tendrá en sus manos el 6% del Producto Interior Bruto español. Y el PSOE no está dispuesto a hacerse voluntariamente el harakiri, contribuyendo a la ascensión de un hombre que dentro de muy pocos años puede convertirse en la única alternativa real al felipismo.

A las 5 de la tarde del mismo día, los consejos de administración de ambas entidades se reúnen para sancionar las bases de fusión.

La próxima gran cita será la junta general anual del Banco Central, prevista para el sábado 25 de junio, donde todo hace suponer que saldrán a relucir los más finos aceros toledanos entre ''los Albertos'' y Alfonso Escámez y su gente.

Al margen de los comunicados, los socios de Cartera Central propalan por el método del boca a boca algunos asuntos de mayor gravedad: Mario Conde no está interesado en la gestión de los bancos sino en hacer determinados negocios. La fusión enmascara una operación de lucro personal más que corporativo, centrado en los beneficios atípicos del Banco Central, como los importantes activos inmobiliarios de algunas de las sociedades participadas por el banco de Escámez. Y está la operación Campofrío, un turbio asunto, en opinión de ''los Albertos'', en el que empieza a trabajar Ramón Hermosilla. Los dueños de Conycon, aseguran que la fusión es un fraude para los accionistas del Central, porque este banco vale mucho más que Banesto.

Conforme se aproxima la mencionada junta, las oficinas que Conycon mantiene abiertas en la calle Orense, en el llamado «edificio bronce», se pueblan de expertos de distinto caletre. ''Los Albertos'' han contratado los servicios de Salomon Brothers, que tras su brillante pase por el Banco de Bilbao con ocasión de la OPA de Banesto han quedado ociosos en España. Han fichado, sobre todo, a Ramón Hermosilla, el hombre que con Rafael Pérez Escolar organizó la defensa jurídica contra la OPA del Bilbao. El cambio de trinchera de Hermosilla, saltando por encima de todas las *chinese walls* habidas y por haber, es encajado como un golpe bajo en Castellana 7, donde critican «que un abogado se pase a la parte contraria con toda la información confidencial del banco de que dispuso cuando el asunto del Bilbao».

Este ejército de abogados, que Hermosilla ha ido engordando paulatinamente, trabaja en la preparación de una serie de acciones legales contra el acuerdo de fusión y de impugnación de la anunciada junta general del Central.

Todo ello va incrementando el temor de Javier de la Rosa al escándalo. El lunes 20 de junio, Javier de la Rosa ya había aclarado sus dudas. La táctica de Conde parece que va a dar sus frutos.

A finales de la semana anterior, el 17 de junio, mientras Mario Conde clausuraba las jornadas bancarias que anualmente organiza Banesto en Estepona, Juan G. Madariaga, de nuevo en la brecha, llama por teléfono al banquero a la localidad malagueña.

—Tenemos la posibilidad de comprar Cartera Central. ¿Escucho o no?

—Escucha.

A través de César Aliarte y Borja Usía, los socios de Beta Capital, una sociedad mediadora controlada por el grupo KIO, Madariaga ha visto la posibilidad de dar otro buen golpe con la compra de Cartera.

El *broker* habla de dinero con Javier de la Rosa. Éste quiere el 1.500%, pero al final se llega a un principio de acuerdo en el 1.400%. Como forma de pago entraría la cesión por Banesto de una de sus sociedades cementeras, asunto con el que De la Rosa pensaba seguramente negociar con sus socios y amigos, los dueños de Conycon. Pero en el último instante, algo o alguien cortocircuita a Madariaga y le inhabilita para adoptar el compromiso definitivo.

El fin de semana del 19 y 20 de junio, Javier de la Rosa cae en cama a consecuencia de una inoportuna gripe que, en el fondo, estaba enmascarando la insoportable tensión que el financiero sufría aquellos días. Para su sorpresa, '' los Albertos'' comienzan también a tantear la posibilidad de una salida airosa. Su problema es que ya no son libres para decidir, tutelados como están por sus poderosos amigos políticos.

—Yo quiero vender —asegura De la Rosa— porque esto ya no tiene mucho sentido. ¡No quiero quedarme en el Central o en el futuro BECC a cortar el cupón! ¡porque ése es el futuro que nos espera! Mira lo que le ha pasado a Benedetti con el 49% en la Société Générale de Belgique...

¿En qué se habían equivocado?

—El error mayúsculo de ''los Albertos'' fue meter a Romualdo y a Alepuz de consejeros en el Banco Central en contra de mi opinión; siempre les dije que tenían que meterse ellos. Y algo mucho más grave: la actitud de ambos hacia Escámez. Se han puesto chulos con él, en lugar de hacer lo que ha hecho Conde, dejarle reinar durante varios años y luego fuera, pero ''los Albertos'' se han mostrado intransigentes...

La alarma sobre la flaqueza de ánimo de Javier de la Rosa ya había llegado a ''los Albertos''. Y el martes 21 de junio, ambos primos van a visitarle a Barcelona para insuflarle ánimos. Ellos también quisieran vender, pero Enrique Sarasola está atizando el fuego, dispuesto, con la inestimable ayuda de Romualdo García Ambrosio, a montar el circo en la junta del Central. ''Los Albertos'', en todo caso, se sienten plenamente seguros del apoyo de Felipe González, a quien le interesa tener a Conde ocupado en este frente.

En Barcelona, los dueños de Conycon presentan a su socio un largo comunicado de Cartera contra la fusión, un texto de extraordinaria dureza, que al día siguiente, miércoles 22 de junio, merece las primeras páginas de los periódicos, y en el cual no se salva ni el propio Gobernador del Banco de España.

Este miércoles, Javier de la Rosa, visita a sus amigos y patrones del 150 de Cheapside Street, para exponer ante Khaled Jaffer un cuadro bastante sombrío: las expectivas, tras haber creado Cartera Central porque así lo recomendó el Gobierno, eran muchas, pero ¿cuáles son las realidades? Una lucha enconada con los dos bancos privados más importantes de España y con pocas posibilidades de conseguir la victoria. En esta batalla los palos los recibe el KIO y Javier de la Rosa, porque ''los Albertos'' cuentan con poderosos amigos que les posibilitan un trato de favor en los medios de comunicación.

—Sell —dice tajante Jaffer—. We can't afford to get involved in a mess like that...

Los KIO, que días atrás habían prometido vengar la afrenta que el «dinero sangriento» de Conde había infringido a su amigo, apoyando financieramente a ''los Albertos'' hasta el final, cambian de opinión y deciden arrojar la toalla.

Javier de la Rosa no podía aguantar más el cerco. A sus oídos llega que la revista *El Globo*, el semanario que el grupo Polanco intenta introducir en el mercado, prepara una historia sobre el Garriga Nogués, obra del periodista Ekaizer, con material procedente de Banesto. Conde sigue golpeando en la parte más débil de la cadena. De la Rosa pide ayuda al propio Jesús de Polanco, con quien días atrás almorzó en el restaurante Fortuny, y el editor le devuelve el jueves 23 la llamada para anunciarle que no ha podido pararlo, pero ha leído el texto y personalmente ha podado algunos párrafos especialmente duros con su persona.

Y hay más. Hay informes que circulan por los despachos de los servicios secretos donde se habla de KIO, de su supuesta financiación a algunos movimientos revolucionarios árabes, del Mosad (servicio secreto israelí), del general Manglano, de la embajada norteamericana en Madrid... Un asunto realmente peligroso.

En medios políticos del Gobierno se acusa en la mañana del miércoles el impacto del duro comunicado de "los Albertos". La prensa internacional se está haciendo eco de la batalla, y la junta del sábado va a proporcionar suficiente carnaza para exhibir en el exterior. De La Moncloa llega un mensaje al Ministerio de Economía y Hacienda. Eso hay que arreglarlo antes del sábado. Carlos Solchaga llama a Mariano Rubio y transmite la orden.

El jueves 23 de junio, De la Rosa está ya en Madrid, reunido casi de forma permanente en el edificio bronce. Por la mañana, los socios de Cartera Central tienen sobre la mesa una oferta, presentada por intermedio de un notario madrileño, de compra por su paquete del 13% en el Banco Central. El "tapado" era Alfonso Escámez. "Los Albertos", aunque su posición es más ambigua que la de De la Rosa, parecen dispuestos a vender y realizar unas importantes plusvalías. Escámez se ofrece a presentarse donde sea preciso para firmar los correspondientes documentos. Sólo hace falta que los abogados pongan manos a la obra.

Pero entonces llega Enrique Sarasola y monta en cólera. Se opone rotundamente a esa solución. Sus argumentos se centran en que «qué va a decir Felipe; eso no le va a gustar al Presidente». El amigo de La Moncloa asegura que la oferta en cuestión sólo esconde una nueva trampa de Alfonso Escámez. Y "los Albertos" optan por la opción Sarasola.

Por la tarde, De la Rosa encuentra un hueco para mantener una fugaz entrevista con Mario Conde. Está dispuesto a vender y venderá.

Esa misma tarde del jueves, "los Albertos" y Alfonso Escámez pasan a distintas horas por el palacio de La Cibeles, sede del Banco de España, llamados con urgencia por el Gobernador. Mariano Rubio está molesto con unos y otros. ''Los Albertos'', vía Sarasola, le han punteado de forma descarada, como un mes antes hicieron Conde y Escámez en el tema de su fusión. Pero de nuevo, por órdenes superiores, Rubio se ve obligado a hacer de fontanero y bailar con la más fea. Su papel de correa de transmisión de Carlos Solchaga no había sido nunca tan claro.

Mariano Rubio, que, como su admirado Leigt-Pemberton, había sido ya de facto renovado por el presidente del Gobierno para otros cuatro años de mandato, está duro con los dueños de Conycon.

—Ese caballero (por Mario Conde) entró en Banesto contra la voluntad de esta casa, pero una vez que está allí y que se ha firmado esa fusión, desde aquí vamos a intentar ayudarle para que saque adelante la nave, porque la fusión es un asunto prioritario... ¿Qué queréis para que haya arreglo?

«Siete consejeros y una vicepresidencia en el Central, dos en Banesto, cuatro en la BECC Holding...»

Cuando, poco después, Alfonso Escámez entra en el despacho del Gobernador, el banquero de Águilas recibe un mensaje muy claro:

—Tengo instrucciones del Gobierno para hacer todo lo posible por arreglar esta situación, de forma que en la junta del sábado no se produzca un espectáculo lamentable, que dejaría en mal lugar al banco, al país, al Gobierno... La prensa extranjera está publicando cosas, y eso no beneficia la imagen de España...

—Comparto tu preocupación y la del Gobierno. Yo quiero el acuerdo, lo digo con total sinceridad, pero las pretensiones de estos caballeros son excesivas...

—Bueno, Alfonso, como ellos han expresado ya suficientemente sus intenciones, que claramente parece que no son aceptables para el banco, ¿por qué no me permites que haga yo una propuesta de compromiso?

—Por mí, encantado.

Y Mariano Rubio propone la entrada como consejeros en el Banco Central de Aristóbulo de Juan, alto funcionario del Banco de España con un destino temporal en el Banco Mundial, y de José Ramón Álvarez Rendueles, ex Gobernador del banco emisor y actual presidente del Banco Zaragozano, participado en un 30% por ''los Albertos''. Propone también la entrada de ''los Albertos'', satisfaciendo un viejo deseo de Escámez. Los representantes de Cartera en el consejo del Central serían, pues, Aristóbulo de Juan, Álvarez Rendueles, Alberto Cortina, Alberto Alcocer y Alfonso Cortina. Ello implicaba la salida del mismo de Romualdo García Ambrosio, la bicha de Escámez, y de Álvaro Alepuz. Además, Mariano Rubio proponía la creación de una vicepresidencia para uno de ''los Albertos'', y la entrada de un representante de Cartera en el BECC Holding.

Alfonso Escámez cruza la calle de Alcalá de regreso a su despacho, con la promesa de contestar lo antes posible.

¿Estaba esa propuesta del Gobernador pactada de antemano con ''los Albertos''? En cualquier caso, Escámez se pone enseguida al habla con Conde. El presidente de Banesto se resiste a tope. «Por ahí no paso.» Si le fuerzan a pactar en esas condiciones, no habrá fusión con el Central. Es su gran baza. Está dispuesto a reunir a su Consejo en la mañana del viernes para dar cuenta de la situación y romper el acuerdo con el Central.

La jornada del viernes 24 de junio de 1988, podría pasar a los anales como una de las más turbulentas habidas jamás en la historia de las finanzas españolas. El intervencionismo del Gobierno socialista alcanzaba cotas nunca vistas.

A primera hora de la mañana, el Gobernador del Banco de España ya sabe que la respuesta de Escámez y Conde a su oferta de mediación es negativa.

En torno a las 10.45, Javier de la Rosa mantiene una tensa conversación telefónica desde la habitación de su hotel madrileño.

—¡Ya te he dicho que lo voy a hacer! ¡Ya te lo dije bien claro ayer...!

—Es que si no es hoy, yo no respondo...

—¡Que sí; que lo voy a hacer! ¡Pero no me amenaces, por Dios, deja de amenazarme...!

—Llevas muchos días ya Javier diciendo lo mismo, y me da la impresión de que me estás tomando el pelo...

—Te vuelvo a repetir que lo voy a hacer, pero estoy esperando a ver cómo reaccionan éstos cuando les llamen del Banco de España...

—¿Todavía no saben nada?

—No, todavía no les han dicho nada, pero yo lo voy a hacer, y que conste que lo hago porque me conviene a mí y a mis amigos de Londres, no porque tú me amenaces, que quede claro...

—A ver si es verdad, Javier...

—Que sí, Mario, no sé en qué idioma repetírtelo. Pero, por favor, cierra la boca; no digas ni una palabra a nadie... ya sabes a quien me refiero, a los que tienes a tu lado...

Javier de la Rosa piensa que cuando él manifieste su decidida intención de vender, ''los Albertos'' no tendrán más remedio que vender también.

La posición de los constructores podía llegar a ser crítica, de ser cierta la versión citada anteriormente sobre la titularidad real de las acciones del Central en poder de Cartera. Si las acciones aportadas por ''los Albertos'' no están pegadas, KIO puede teóricamente vender la totalidad cuando quiera. Y de hecho Borja Usía, en las negociaciones que mantiene con Madariaga, habla siempre de vender el 100% de Cartera Central y no sólo el 48,2% correspondiente a KIO. Y Conde prepara igualmente financiación para comprar la totalidad. Esta situación («estaban tirando con pólvora del Rey», en expresión de un agente de cambio y bolsa madrileño) explicaría el arrojo con que ''los Albertos'' han tratado toda la crisis.

La versión es desmentida tajantemente por Javier de la Rosa. Para un notorio abogado madrileño, «Conde ha perdido dos meses preciosos porque ha creído que ''los Albertos'' son unos testaferros de KIO, y se ha equivocado».

De la Rosa confía en que se pueda conseguir una salida honrosa para todos ante la opinión pública, algo parecido al ya célebre «no nos hemos retirado; nos han echado» de Sánchez Asiaín. Pero esta salida airosa no será posible si mañana, en la junta del Central, "los Albertos" montan su *show*.

La retirada unilateral de KIO no era fácil, porque en el acuerdo de Cartera Central el grupo árabe se comprometió a no vender en cinco años y, aún después, "los Albertos" tendrían derecho de tanteo. En todo caso, los compradores no podrían ser otros que los propios constructores. Pero el arma de Javier de la Rosa consistía en sacar por la tarde un comunicado anunciando la retirada de KIO del campo de batalla. Si "los Albertos" querían guerra, sólo podrían hacer valer su 51,8% de la sociedad.

El financiero catalán asegura que planteó a sus socios de Cartera en la tarde del viernes sus intenciones de vender. Cuando el hombre de KIO llegó sobre la 1 de la tarde al "edificio bronce", en compañía de César Alierta, de Beta Capital, su estrategia era clara: si hay follón, vendo; si hay posibilidad de acuerdo, ni lo planteo. Pronto, sin embargo, estuvo claro que aquélla no era la batalla del día. El Gobierno iba a imponer el pacto.

¿Conocía Solchaga las intenciones de KIO-De la Rosa? En todo caso, al imponer su dictado cuando los dueños de Conycon estaban a punto de quedar al descubierto con la retirada de KIO, el Gobierno defiende sus intereses estratégicos a largo plazo: "los Albertos", como un nuevo caballo de Troya, deben entrar en la fusión Central-Banesto. Su retirada supondría la definitiva entronización de Mario Conde como número uno de la economía española.

Por la mañana, los socios de Cartera habían recibido una nueva oferta para vender la sociedad, esta vez procedente de Banesto y presentada por mediación de un agente de cambio y bolsa madrileño.

A lo largo de este viernes 24 de junio, "los Albertos" hacen tres veces el viaje entre el "edificio bronce" y la sede del Banco de España en La Cibeles. Su interlocutor es el subgobernador, Juan Antonio Ruiz de Alda, aunque Ramón Pais, uno de los abogados incorporados al equipo de Ramón Hermosilla, asegura que aquel día «hablamos con Mariano Rubio y dos escalones más...»

En el segundo viaje, los hombres de Conycon anuncian su rechazo a la mediación propuesta por Mariano Rubio. Ellos son leales a su gente y no sacrificarán a sus fieles Romualdo Garcia Ambrosio y Álvaro Alepuz.

A las 6 de la tarde, Escámez ha convocado una reunión de la comisión ejecutiva, engordada con la presencia de algunos significados miembros del Consejo. El de Águilas explica con detalle la situación y relata la propuesta de mediación efectuada por el Banco de España. ¿Qué pensáis?

Los reunidos participan en un vivo debate como resultado del cual sale una postura uniforme: No a la entrada de Aristóbulo y de Álvarez Rendueles. Los reunidos lucharán a brazo partido por evitar que el Banco de España coloque a sus peones en el Banco Central. La sombra de una nueva "operación Letona" flotaba en el ambiente. No a la vicepresidencia. Un consejero comenta que esa vicepresidencia no haría otra cosa que preparar el *sprint* a alguno de lo barones del clan de los *beautifuls* para la presidencia del banco.

Como contrapartida, el Central ofrece la entrada en el Consejo de uno de "los Albertos", ampliable al otro. A cambio, exige que los socios de Cartera aprueben las bases de la fusión Banesto-Central, de forma que la junta transcurra en paz y armonía.

Cuando termina la reunión en Alcalá 49, Escámez se acerca al Banco de España para entrevistarse con Mariano Rubio, a quien presenta la contraoferta de su banco. El Gobernador, tras asegurar que la alternativa le parece técnicamente buena, da las gracias a Escámez y queda en comunicarle la respuesta de los constructores en menos de una hora.

Antes de las 9 de la noche, los dueños de Conycon hacen su tercer y último viaje de la jornada hasta La Cibeles. Pero su respuesta es negativa. No aceptarán la oferta de Escámez. Entre las 9 y las 11.30 de la noche, la situación está empantanada, mientras Mario Conde espera inútilmente en Castellana 7 la gran noticia de la ruptura de Cartera Central.

Poco después de las 10 de la noche, Escámez abandona desesperado la sede del Central, camino de su residencia de La Moraleja. No habrá acuerdo. Sin embargo, el viejo zorro encarga a Epifanio Ridruejo que permanezca en el banco, porque sospecha que puede haber novedades.

Por la noche, Juan Antonio García Díez, ex ministro de UCD, celebraba en su casa la verbena de San Juan con una fiesta a la que estaban invitados muchos personajes importantes, entre ellos el Gobernador y subgobernador del Banco de España, Mariano Rubio y Juan Antonio Ruiz de Alda. El subgobernador, no puede acudir al festejo porque, como Epifanio Ridruejo (ambos formaron parte de la primera promoción de españoles que se graduó en Harvard), debe quedarse de guardia en La Cibeles.

Cuando Mariano Rubio llega a casa de García Díez, pide un cuarto con un teléfono, en el que se encierra en compañía de otro importante personaje. A las 11.40 de la noche, cuando los invitados ya amenazaban con terminar con todas las copas, desesperados en espera de la cena, el Gobernador y su acompañante abandonan el cuarto con aspecto relajado.

En torno a las 11.30, Alfonso Escámez había recibido una llamada telefónica de Carlos Solchaga. El ministro es tajante:

—Si no arreglas esto, mañana te intervengo el banco.

Una llamada tan perentoria como la de Escámez habían recibido a la misma hora "los Albertos" en el "edificio bronce". Javier de la Rosa descuelga por casualidad el teléfono y escucha sorprendido una voz que declama con solemnidad: un momento, que le va a hablar el señor Ministro de Economía y Hacienda...

Escámez llama urgentemente a Ridruejo y a Abril Martorell y, tras ponerles al corriente de la novedad, les ordena que esperen la llegada de "los Albertos" para negociar. El banquero quiere que preparen un documento susceptible de ser ajustado y firmado en la mañana siguiente, antes de que dé comienzo la junta.

Mientras tanto, en torno a las 11 de la noche la edición de provincias de *El País* llega a algunos puntos de venta de prensa de Madrid. ''Los Albertos'' montan en cólera cuando ven en letra impresa las disposición de su socio KIO a huir de la quema. Le exigen que desmienta al periódico.

Cuando a las 0.30 de la madrugada del sábado Alberto Cortina, Alberto Alcocer y Javier de la Rosa abandonaban el ''edificio bronce'', los dos primeros para dirigirse a la sede del Banco Central; el tercero con dirección al aeropuerto de Barajas, todos sabían que el pacto estaba hecho por imperativo superior. El financiero catalán cree haber ensartado una jugada de poker. No vendiendo le acaba de hacer un gran favor a Carlos Solchaga y su Gobierno y, subsidiariamente, al Banco de España. ¡Puede ser el gran paraguas del que tan necesitado está!

Epifanio Ridruejo, Fernando Abril Martorell, Alberto Cortina, Alberto Alcocer y los abogados Hermosilla y Echevarría, permanecen en el Banco Central hasta cerca de las 3 de la madrugada. El acuerdo quedaba visto para sentencia.

El pacto se remata y sella en el Palacio de Cristal de la Casa de Campo de Madrid, donde a las 12 de la mañana iba a dar comienzo la junta del Banco Central. A las 9 de la mañana ya estaba allí Alfonso Escámez. El de Águilas, Epifanio Ridruejo y los dos ''Albertos'' sellan el pacto. Cinco consejeros para Cartera Central, incluidos los dos ''Albertos'', quienes además pasan a formar parte de la comisión permanente del banco, y dos representantes en el BECC *holding*. A cambio, los constructores reconocen las bases de la fusión, la valoración de los bancos y la estructura de poder. Todas las graves imputaciones contra la fusión contenidas en el documento de Cartera del martes 21, olvidadas de un plumazo.

Ante la asamblea de accionistas, Escámez explica la entrada ''los Albertos'' en estos términos.

—Habíamos hablado de la entrada de uno de ellos en el Consejo, pero, total, son primos, y cómo vamos a meter a uno y dejar al otro fuera...

La mañana del 25 de junio de 1988 es una de las más tristes de la reciente historia de Mario Conde. Es una mañana de derrota, porque ''los Albertos'' se le cuelan en el *holding*. El acuerdo final Escámez-''Albertos'' le coge por sorpresa, y entre 9.30 y 10 de la mañana se hará presente en el Palacio de Cristal de la Casa de Campo, donde mantiene un corto parlamento con Alfonso Escámez.

Cuando Juan Madariaga acude a primera hora al domicilio de Conde, el *broker* le espeta a boca de jarro:

—Escámez nos ha traicionado...

El banquero no dice una palabra, pero asiente con gesto contrito, para, casi al instante, reaccionar con brío quitándole importancia...

La junta general ordinaria del Banco Central transcurre entonces como una balsa de aceite. ¿Acuerdo definitivo? Más bien una tregua momentánea. A la vuelta de las vacaciones de agosto, la caldera volverá a tomar presión de cara a las juntas generales extraordinarias de accionistas de ambas entidades, previstas para octubre, que deberán aprobar la fusión.

EPÍLOGO

Mario Conde, que el viernes 24 de junio de 1988, estaba a punto de lograr una victoria definitiva, apartando, gracias a la decisión de Javier de la Rosa de vender, a "los Albertos" de su camino, cosechó en la madrugada del día siguiente su primera gran derrota estratégica. En realidad, el catalán no podía vender dejando al pairo a los constructores, porque Cartera Central es un proyecto santificado por el Gobierno, con los fines políticos que se han descrito. El felipismo quiere que haya una tercera fuerza en el futuro Banco Español Central de Crédito, S.A. El Gobierno socialista, que con su torpeza contribuyó a elevar a Conde a la condición de primer financiero español, ha rectificado a última hora sus errores, metiendo en la fortaleza de Conde una cuña, un caballo de Troya, cuya importancia sólo el tiempo dirá.

¿Una derrota definitiva? Probablemente no. Conde está ya tan instalado que depende sólo de él mismo, no de cómo jueguen los demás. Sin embargo, su situación es ahora más comprometida y deberá jugar sus bazas con tiento para lidiar los formidables enemigos que enfrenta.

Su problema inmediato es cómo quitarse a "los Albertos" de encima. Pero sólo el inmediato. "Los Albertos" son la avanzadilla de un ejército compuesto por ellos mismos, los March, el bloque Bilbao-Vizcaya, la *beautiful people*, y una parte muy importante del Gobierno, especialmente el área económica que encabeza Solchaga y La Moncloa. El partido socialista y la derecha financiera unidos en santa cruzada. Todos estos nobles caballeros se sientan en torno a la tabla redonda de *El País* de Jesús de Polanco.

A su lado, Conde tiene las huestes de sus pro-PSOE, los Belloso, Beato, Cuervo, Torrero, hombres que le unen con la otra parte del Gobierno, el ala guerrista. Pero el horizonte no es demasiado alentador tras el aparente retroceso de las posiciones de Guerra en la última remodelación ministerial.

La batalla va a ser espectacular. La «revolución de los superricos», cuyo más notorio protagonista es el mismo Conde, ha traído una floración de multimillonarios personajes que en un futuro inmediato van a tratar de dilucidar una partida decisiva: quién es el jefe indiscutido de la tribu. Lo que está en juego es el liderazgo económico-financiero —también el político— de las próximas décadas.

Si Mario Conde y Juan Abelló, tras hacerse millonarios con la venta de Antibióticos se hubieran dedicado a visitar el casino de Montecarlo, no hubiera pasado nada. Todos felices. Si, a pesar de todo, hubieran permanecido quietos con su juguete de Banesto, mal que bien el trago se hubiera admitido. Pero el salto cualitativo y cuantitativo que supone el control de la fusión Banesto-Central, que otorga a Conde el primer lugar en la parrilla de salida, ha hecho crujir la viga maestra del poder establecido. Conde no es sólo un nuevo centro de decisión con enorme capacidad de maniobra (el 6% del PIB español), cuyo control escapa a los grupos de poder tradicionales, sino que en cuanto aspira al liderazgo, incluso político, es un peligro letal para el viejo *establishment* y sus nuevos aliados.

El papel de Javier de la Rosa volverá a ser decisivo. Un papel de árbitro por partida doble. Por un lado, porque él y sus KIO son los mayores accionistas individuales, con mucho, tanto del Banesto como del Central.

En el Banco Español de Crédito con el 12%, al margen del 2% en manos de la propia Cartera Central. En el Banco Central, con el 13% en poder de Cartera, más otro porcentaje similar, en el exclusivo poder de KIO. La abrumadora posición de dominio del grupo kuwaití en el accionariado del Banco Central es, así, evidente.

Estos paquetes, sobre cuya existencia le caben pocas dudas a las autoridades monetarias, son de escasa o nula operatividad al estar bloqueados en cuanto a sus derechos políticos se refiere, ya que violan claramente los postulados de la ley de Control y Disciplina Bancaria. Son, por tanto, paquetes sobre los que no caben más que dos alternativas: o convertirse en inversión a largo plazo del grupo KIO, en busca del dividendo anual, o su venta al mejor postor.

Algo parecido ocurre con el paquete de casi el 6% que, según todos los indicios, el grupo árabe mantiene en el nuevo Banco Bilbao-Vizcaya, o con el 4% que De la Rosa poseía a principios de 1988 en el Banco Popular.

¿Hacia donde se inclinará el corazón de Javier de la Rosa en la batalla Conde-''Albertos''? El futuro del financiero catalán es el único interrogante, con el del propio Conde, verdaderamente apasionante que se divisa en el firmamento español. Conde y De la Rosa están hechos en muchos aspectos de la misma pasta: la capacidad de repentización, el olfato para los negocios, la habilidad para la maniobra...

El bloque de Cartera Central se ha resquebrajado tras la sangrienta batalla previa al 25 de junio de 1988.

Javier de la Rosa parece de nuevo un perro sin collar y eso es lo que tiene despistados a los distintos clanes de poder madrileños, y lo que, de forma evidente, le hace vulnerable a los ataques, muchos de ellos pura rapiña, de sus enemigos. Las cosas en este Madrid de fin de siglo no son fáciles para un hombre de las características de De la Rosa, que se siente incómodo en la capital del Reino. Aquí, los collares para posibles perros están contados: Los *beautifuls*, los grandes derrotados en esta «revolución de los superricos», pero todavía con una cota importante de poder como administradores de eventuales espacios vacíos. El *Opus Dei*, un poder fáctico aún poderoso en España. Los March y sus apoyos políticos, línea García Díez, con Jesús de Polanco en la trastienda... Pero, ¿dónde se encuadra Javier de la Rosa? Una potencial alianza natural con Mario Conde parece lejos. De ahí la importancia que para él tenía la unión con ''los Albertos'', sin duda otro de los poderes que cada día se yerguen con más fuerza en el horizonte español.

Mario Conde tendrá que cuidar otro frente en los próxi-

mos meses: la fidelidad de Alfonso Escámez a los pactos sus-
critos en la fusión. Conde es el caso más llamativo en toda la
Europa Occidental de hombre surgido de la nada. En la primavera de 1986, era el gerente de una empresa, perdida en el
ranking español, que facturaba menos de 30.000 millones de pesetas al año. Hace solamente doce meses era sólo un millonario de nuevo cuño, gracias al brillante «pase» protagonizado
con Antibióticos a la multinacional Montedison. Pero en el verano de 1987 había bastantes nuevos millonarios en la España
del *boom* bursátil e inmobiliario. De *yuppie* exitoso en la primavera de 1987, a personaje más importante del sistema
económico-financiero español en la primavera de 1988.

«Hubo una época en que yo creí que Conde iba a ser el
Juan March de la segunda mitad del siglo XX», asegura un
político en activo de centro-derecha, que quiere guardar el anonimato. «Hoy estoy convencido de que va a ser mucho más.
Porque March tenía una concepción más economicista de las
cosas, mientras que Mario trasciende lo puramente económico.
Conoce muy a fondo España y seguramente tiene más fe en
este país que el mallorquín, sin olvidar que su formación básica es muy superior, y ello sin demérito de la figura de Juan
March...»

Para un abogado muy significado en los últimos años de
la dictadura franquista, ahora en el ostracismo, «el fenómeno
Conde es lo más importante acontecido en España desde la Restauración». Seguramente son exageraciones a las que tan pro-
clives son los hispanos.

Conde, como ''los Albertos'', o los March, perfectamente
asimilados al entorno madrileño a pesar de su origen insular,
significan el renacimiento del centro frente a la periferia. La
meseta, deprimida durante siglos mientras la periferia, especialmente el País Vasco y Cataluña, bullía en ideas y negocios,
se toma a las puertas del siglo XXI su desquite. De hecho, la
importancia de Madrid, del centro, se relanzó con la entrada
en la CEE, el 1 de enero de 1986, y nunca ha sido tan grande
como en esta era de las Autonomías, lo cual comporta toda una
llamativa paradoja.

El fenómeno Conde supone también la exaltación del individuo (¿del individualismo?) frente al todopoderoso Estado. «Hace veinte años, la cultura dominante era la cultura del Norte. Todos admirábamos el modelo sueco, que no era otra cosa que una sociedad basada en la seguridad, una sociedad de funcionarios. Ahora se impone otro modelo, otra cultura. La cultura de la iniciativa. Ahora el individuo se reafirma frente al Estado. Éste es el modelo del Sur. Yo soy un representante de esa cultura.»

La importancia de la figura de Conde rebasa inevitablemente sus coordenadas económicas para convertirse en un gran interrogante de interés nacional. En las encuestas, y sin ser específicamente incluido, es más popular que cualquiera de los líderes de la derecha. ¿Se encaminará Conde por los derroteros de la política? He aquí un tema para especular en los próximos años. Tan sólo cuarenta y ocho horas después del último desastre electoral de AP en las elecciones catalanas, se sentaba a almorzar con Marcelino Oreja y Abel Matutes. La cuestión preocupa, y mucho, al partido socialista. Conde y Felipe González son, de acuerdo con muchas opiniones, los dos personajes con más gancho personal que ha dado este país en muchas décadas.

Por todo ello, el hoy presidente de Banesto es visto como una carga explosiva colocada en la línea de flotación del buque socialista. Que explote o no en un futuro depende de muchas variables.

Mario Conde es, pues, la gran incógnita del futuro español. Este hombre ha demostrado un extraordinario talento para fajarse en las cortas distancias, en el cuerpo a cuerpo, pero ahora llega para él la prueba de fuego: demostrar que es un *long runner*, que es capaz de trabajar doce horas diarias y sacar adelante ese mastodonte que será el Banco Español Central de Crédito, S.A. Es una tarea que le absorberá 4 o 5 años. Años de trabajo duro, sin *flashes* de fotógrafos, sin loas gratuitas. Si Mario Conde Conde es capaz de hacer ese trabajo, si no sale huyendo, si demuestra su capacidad de corredor de fondo, el futuro es suyo. Incluida La Moncloa, si ese fuera su deseo. Si no, habrá dado la razón a los que piensan que es poco más que un *bluff.*